AF539323

भारतीय सेना का गौरवशाली इतिहास

अमर
जवान

भारतीय सेना का गौरवशाली इतिहास

संपादन

मेजर जनरल इयान कारडोजो

अनुवाद

विनोद कुमार मिश्र

प्रकाशक • **प्रभात प्रकाशन प्रा. लि.**
4/19 आसफ अली रोड,
नई दिल्ली–110002

संस्करण • 2026
मूल्य • बारह सौ पचास रुपए
मुद्रक • नरुला प्रिंटर्स, साहिबाबाद

BHARATIYA SENA KA GAURAVSHALI ITIHAS
Ed. Major General Ian Cardozo ₹ 1250.00
Published by Prabhat Prakashan Pvt. Ltd., 4/19 Asaf Ali Road, New Delhi-2
e-mail: prabhatbooks@gmail.com ISBN 978-93-86231-45-1

भारतीय सेना के
अतीत,
वर्तमान
व भविष्य के
अधिकारियों एवं जवानों को समर्पित।

आभार

प्रस्तुत पुस्तक के लिए लेख तैयार करनेवाले सहयोगियों के साथ-साथ मैं विभिन्न प्रशिक्षण संस्थानों, संगठनों और सैन्य दल केंद्रों तथा व्यक्तियों के प्रति हार्दिक आभार प्रकट करना चाहता हूँ, जिन्होंने आवश्यक सामग्री और सूचनाएँ उपलब्ध कराने में उत्साहपूर्वक सहयोग प्रदान किया। किसी विशेष वरीयता-क्रम के बिना उनका उल्लेख नीचे किया जा रहा है।

प्रशिक्षण संस्थान

कमांडेंट, आर्मी स्कूल ऑफ फिजिकल ट्रेनिंग, पुणे; कमांडेंट, इंस्टीट्यूट ऑफ नेशनल इंटिग्रेशन, पुणे; कमांडेंट, कॉलेज ऑफ इलेक्ट्रिकल एंड मेकैनिकल इंजीनियरिंग, सिकंदराबाद; कमांडेंट, इंडियन मिलिट्री एकेडमी, देहरादून; कमांडेंट, इन्फैंट्री स्कूल, महू; कमांडेंट, नेशनल डिफेंस एकेडमी, खड़कवस्ला, पुणे; कमांडेंट, ऑफिसर्स ट्रेनिंग एकेडमी, चेन्नई; कमांडेंट, आर्मी वार कॉलेज, महू (पूर्व नाम कॉलेज ऑफ कॉम्बैट) एवं आर्मी ट्रेनिंग कमांड (ARTRAC), शिमला।

सैन्य केंद्र

58 गोरखा प्रशिक्षण केंद्र, हैप्पी वैली, शिलांग; सेना शिक्षा कोर प्रशिक्षण कॉलेज एवं केंद्र, पचमढ़ी; मिलिट्री पुलिस सैनिक केंद्र एवं स्कूल, बंगलौर; डोगरा रेजिमेंटल सेंटर, फैजाबाद; ग्रेनेडियर्स रेजिमेंटल सेंटर, जबलपुर; गढ़वाल राइफल्स रेजिमेंटल सेंटर, लैंसडाउन; कुमाऊँ रेजिमेंटल सेंटर, रानीखेत; मद्रास रेजिमेंटल सेंटर, वेलिंग्टन (नीलगिरि); मराठा लाइट इन्फैंट्री रेजिमेंटल सेंटर, बेलगाँव;

मेकैनिकल इन्फैंट्री रेजिमेंटल सेंटर, अहमदनगर; रिमाउंट एंड वेटरिनरी कोर सेंटर एंड स्कूल, मेरठ।

निदेशालय/शाखाएँ/संस्थान/रक्षा मंत्रालय

मुख्य अभियंता की शाखा; सैन्य प्रशिक्षण निदेशालय; क्षेत्रीय सेना निदेशालय; एम.ओ. (MO) निदेशालय, रक्षा मंत्रालय का जनसंपर्क निदेशालय (DPR) फोटो अनुभाग; सशस्त्र बल फिल्म एवं फोटो प्रभाग (AFFPD); रक्षा मंत्रालय इतिहास प्रभाग; भारतीय संयुक्त सेवा संस्थान; सशस्त्र बल ऐतिहासिक अनुसंधान केंद्र; राष्ट्रीय संग्रहालय; महाराजा रणजीत सिंह संग्रहालय, अमृतसर; शीश महल मेडल गैलरी, पटियाला।

व्यक्तिगत

लेफ्टिनेंट जनरल (सेवानिवृत्त) वी.के. नायर (परम विशिष्ट सेवा पदक, सेना पदक); श्री जी.बी. सिंह; श्रीमती रेवा धनेधर; श्री दीपक दास एवं डॉ. दलजीत। इनके अतिरिक्त मैं संपादकीय सहायता के लिए स्क्वाड्रन लीडर (सेवानिवृत्त) टी.आर.एस. छिना एवं श्री ज्योतिर्मय चौधुरी और पुस्तक का प्रारूप तैयार करने के लिए श्री राकेश कुमार अग्निहोत्री तथा सचिवीय सहायता के लिए श्रीमती पुष्पा बलोदी का विशेष रूप से उल्लेख करना चाहूँगा।

—मेजर जनरल इयान कारडोजो

प्राक्कथन

भारतीय सेना के आरंभिक काल से लेकर आज तक के इतिहास को सँजोए यह पुस्तक स्वयं में एक बेजोड़ प्रस्तुति है। पुस्तक की एक अन्य विशिष्टता इसे और भी रोचक और महत्त्वपूर्ण बनाती है—इसमें परंपरागत सैन्य-लेखन की सीमाओं से हटकर पाठक के समक्ष कम-से-कम सैन्य शब्दावली का प्रयोग करके व्यापक विवरण प्रस्तुत किया गया है, जिससे पुस्तक की विषय-वस्तु सामान्य पाठकों के लिए भी सुग्राह्य हो गई है।

मुझे आशा है, पुस्तक में दिए गए विवरणों से जनसाधारण इस तथ्य से आसानी से अवगत हो जाएँगे कि भारतीय सेना विशुद्ध रूप से सैनिक व्यवस्था की सीमा से बँधी हुई नहीं है, बल्कि यह राष्ट्र के विकास में विभिन्न रूपों में अपना योगदान देती है।

अपने अधिकारियों के नेतृत्व में भारतीय जवानों ने देश की सीमाओं की रक्षा के लिए समय-समय पर असाधारण साहस और शौर्य का प्रदर्शन किया है। कारगिल युद्ध के दौरान, जब मीडिया युद्ध की पल-पल की जानकारी घर-घर तक पहुँचा रहा था, यह बात कुछ नाटकीय ढंग से लोगों के सामने आई। भारतीय जनता ने भी इसपर उत्साहवर्धक प्रतिक्रिया जताई। वैसे यहाँ ध्यान देने योग्य बात यह है कि युद्ध की स्थिति उस समय उत्पन्न होती है, जब कूटनीति असफल हो जाती है। युद्ध प्रायः राजनीति का ही विस्तार होता है। अच्छे और कुशल—राजनीतिक या सैनिक—नेता सदैव यह सुनिश्चित करने का प्रयास करते हैं कि युद्ध न हो, क्योंकि इसमें वस्तुतः कोई विजयी नहीं होता और क्षति दोनों पक्षों की होती है। इसके लिए यह सुनिश्चित करना आवश्यक हो जाता है कि देश के सशस्त्र बल पूरी तरह से सुसज्जित, सुप्रशिक्षित और तैयार हों। इसका अर्थ यह

हुआ कि सशस्त्र बलों को ऐसी लड़ाई के लिए हमेशा तैयार रखने की जरूरत होती है, जो युद्ध की स्थिति को रोकने की दिशा में तत्पर हो। हमें अपने सैनिकों की उपेक्षा नहीं करनी चाहिए, क्योंकि ऐसा करने का स्पष्ट अर्थ है कि हम अपने देश की उपेक्षा कर रहे हैं।

शांतिकाल में, राष्ट्रीय आपदा—चाहे वह बाढ़ अथवा सूखा हो या भूकंप अथवा अन्य कोई आपदा—के दौरान भारतीय सैनिक सेवा के लिए सदैव तैयार रहता है। अपने कार्यक्षेत्र में वह देश की वन्य-संपदा, प्राकृतिक वनस्पतियों का रक्षक और संरक्षक होता है। सीमावर्ती क्षेत्रों में अत्यंत कठिन परिस्थितियों से जूझते हुए वह सीमा की रक्षा करने और शांति बनाए रखने में जी-जान से लगा रहता है। नागरिकों के साथ सहानुभूतिपूर्ण सहयोग करते हुए वह आतंकवाद का मुकाबला करता है। भारतीय जवान सियाचिन के बर्फीले सीमा क्षेत्रों और पूर्वोत्तर की सीमाओं से लेकर मरुस्थलों के तपते रेतीले क्षेत्र की सीमाओं की रक्षा करता है, ताकि देश की जनता अमन और चैन की नींद सो सके। युद्ध के दिनों में वह देश और देश की जनता के रक्षार्थ भूख-प्यास और असहनीय पीड़ाओं को सहन करता है तथा जरूरत पड़ने पर युद्ध की अग्नि में अपने प्राणों की आहुति देने से भी पीछे नहीं हटता।

इस प्रकार, यह भारतीय सेना का ही नहीं अपितु भारतीय जवानों का इतिहास है; उनके साहस, शौर्य और समर्पण की कहानी है। यदि यह पुस्तक सेना को नागरिकों के और अधिक निकट लाने में सफल हुई तो इसका रचना-कार्य सार्थक हो जाएगा।

—ले. जनरल मैथ्यू थॉमस

(प.वि.से.प., अ.वि.से.प., वि.से.प.)

चेयरमैन, प्रबंधन बोर्ड, भारतीय

संयुक्त सेना संस्थान,

सशस्त्र बल ऐतिहासिक अनुसंधान केंद्र

आमुख

प्रस्तुत पुस्तक भारतीय सेना, उसके विकास एवं विस्तार तथा राष्ट्रीय विकास में उसके योगदानों के संबंध में पाठकों के समक्ष संक्षिप्त जानकारी प्रस्तुत करने का एक प्रयास है। यद्यपि इसमें भारतीय सेना द्वारा लड़े गए युद्धों की चर्चा की गई है, तथापि उसकी पठनीयता और सुग्राह्यता की ओर विशेष ध्यान दिया गया है। अत्यधिक आभियानिक विवरणों और विश्लेषणों से बचने का प्रयास किया गया है, ताकि सामान्य पाठकों के लिए भी इसकी विषय–सामग्री रुचिकर बनी रहे। पाठक को सेना, जो उसकी रक्षा करती है, के निकट लाने में मदद करना ही पुस्तक का प्रमुख उद्देश्य है। इस लक्ष्य को ध्यान में रखते हुए पुस्तक के क्षेत्र को विभिन्न सैनिक अभियानों और लड़ाइयों की सीमा से आगे तक विस्तृत किया गया है, जिससे देश के वर्तमान तथा भावी नागरिक यह समझ सकें कि सेना का कार्यक्षेत्र मात्र लड़ाई लड़ने तक ही सीमित नहीं है, अपितु राष्ट्र–निर्माण में भी इसकी महत्त्वपूर्ण भूमिका है। प्रत्येक अध्याय के अंत में दिए गए 'संदर्भ' और पुस्तक के अंत में दिए गए घटनाओं के कालानुक्रम तथा संदर्भ–

ग्रंथ सूची से इतिहास का अध्ययन करनेवाले विद्यार्थियों को संबंधित घटनाओं का विस्तृत विवरण प्राप्त करने में मदद मिलेगी।

यद्यपि प्रत्येक अध्याय स्वयं में अलग-अलग विषय अथवा घटनाक्रम से संबंधित विवरण सँजोए हुए है, तथापि सभी अध्याय एक-दूसरे से अंतर्संबद्ध हैं; इससे पाठकों को भारतीय सेना को उसके आरंभिक काल से लेकर वर्तमान तक प्रभावित करनेवाली घटनाओं की जानकारी आसानी से प्राप्त हो सकती है। साथ ही, लेखकों ने सिंहावलोकन के लिए विभिन्न घटनाओं और उनके कालानुक्रम को भी संक्षेप में प्रस्तुत किया है। इस प्रकार जितने समय के विस्तृत इतिहास को कई ग्रंथों में समाहित किया जा सकता है, उसे बड़ी कुशलता से संक्षेप में प्रस्तुत किया गया है; इससे विषय-सामग्री की रोचकता बनी रहती है। पुस्तक में एक अध्याय ऐसा है, जो पाठकों के समक्ष भविष्य की झाँकी प्रस्तुत करता है। यदि हम अतीत के अनुभवों से अपने भविष्य का संभावित स्वरूप तैयार नहीं कर सकते तो इतिहास के ज्ञान का महत्त्व ही क्या रह जाता है? पुस्तक के लिए अलग-अलग अध्याय के रूप में सामग्री उपलब्ध करानेवाले प्रत्येक लेखक की अपनी विशिष्ट लेखन-शैली है; फिर भी स्पष्टता, सरलता और संक्षिप्तता का विशेष ध्यान रखा गया है। विवरणों को जीवंत, रोचक और सुग्राह्य बनाने के लिए आवश्यक चित्रों और मानचित्रों को भी शामिल किया गया है।

—मेजर जनरल इयान कारडोजो

भूमिका

भारतीय सेना ने देश के प्राचीन इतिहास, संस्कृति, परंपराओं और दार्शनिकों से प्रेरणा ग्रहण की है। इनसे ही भारतीय सेना के लिए वह स्रोत तैयार हुआ है, जिसने युद्ध और युद्ध-कला से संबंधित उसकी दिशा और दृष्टिकोण को तय किया है। साहस, शौर्य, बहादुरी, त्याग और धैर्य ही ऐसी विशिष्टताएँ रही हैं, जो आज के भारतीय सैनिकों का दिशा-निर्देशन कर रही हैं और उन्हें प्रेरणा प्रदान कर रही हैं। इन विशिष्टताओं और मूल्यों-मानों के परिप्रेक्ष्य में ही सैनिक इकाइयों तथा सैनिकों ने स्वयं को देखा है, साथ ही इस अमूर्त छवि से प्रेरणा लेकर ही उन्होंने युद्ध में अपने प्राणों की बाजी लगाते हुए असाधारण प्रदर्शन किया है।

प्रकृति शून्य (रिक्त स्थान) को महत्त्व नहीं देती है और कोई भी राष्ट्र, जो अपनी रक्षा-सुरक्षा के लिए अपनी सन्नद्धता को महत्त्व नहीं देता, वह स्वयं अपने लिए ही खतरा पैदा करता है। प्राचीन समय में भारत ऐसे कई छोटे-छोटे राज्यों का एक समूह था, जो निरंतर संघर्षरत रहते थे। परस्पर संघर्षरत रहने के कारण ही वे अपने बाह्य शत्रुओं के खिलाफ कभी एकजुट नहीं हो पाए। भारत में उपलब्ध संसाधनों और उसकी समृद्धि के कारण तथा यहाँ एकता एवं किसी प्रकार के संयुक्त मोरचे के अभाव के कारण बाह्य आक्रमणकारियों का ध्यान इस ओर आकृष्ट हुआ। नवीनतम हथियारों और तकनीकों के ज्ञान तथा एकता का अभाव छोटे-छोटे और स्वतंत्र भारतीय राज्यों की हार का कारण बने। इस क्रम में भारत पर सबसे पहले आर्यों द्वारा आक्रमण किया गया और उसके बाद पारसी, यूनानी, शक, पार्थियन, कुषाण, हूण, अरब आक्रमणकारियों ने भारत पर लगातार आक्रमण किए और यहाँ अपना शासन स्थापित किया। इसके बाद भी यह क्रम जारी रहा— महमूद गजनवी, मुहम्मद गोरी, तैमूर, मुगल, नादिरशाह, अहमदशाह अब्दाली,

डच, फ्रांसीसी, पुर्तगाली और अंतत: ब्रिटिश—ये बाद के आक्रमणकारियों में हैं। दुर्भाग्य की बात है कि छोटे-छोटे और स्वतंत्र भारतीय राज्य न सिर्फ एक-दूसरे के प्रतिद्वंद्वी बनकर एक-दूसरे को नष्ट कर रहे थे, बल्कि इसके लिए वे बाह्य आक्रमणकारियों को भी स्वयं ही आमंत्रित करते थे। इन आक्रमणकारियों में से कुछेक को छोड़कर शेष सभी यहाँ आकर स्थायी रूप से बस गए और यहाँ के लोगों के साथ घुल-मिलकर भारत की संस्कृति को समृद्ध बनाया। उन्होंने पूर्ण भारतीय बनकर अगले बाह्य आक्रमणकारी का मुकाबला करने के लिए भी स्वयं को तैयार रखा। इस प्रकार, भारत अपनी संयोजित संस्कृति और अनेकता में एकता के अपने विशिष्ट लक्षण को विस्तृत तथा व्यापक बनाते हुए समय के साथ-साथ अनेक जातियों, धर्मों, भाषाओं और रीति-रिवाजोंवाला देश बन गया।

बंगाल पर अधिकार करने और मैसूर, मराठों एवं सिखों के खिलाफ लड़ने के बाद अंग्रेजों ने डचों, फ्रांसीसियों और पुर्तगालियों को पीछे कर दिया तथा भारत के अलग-अलग स्वतंत्र राज्यों-रियासतों को—प्रत्यक्ष अथवा परोक्ष—आर्थिक, राजनीतिक और भौगोलिक रूप से एक करके यहाँ अपने शासन को मजबूत बनाया। वे सिविल सेवा, पुलिस और सशस्त्र बलों के माध्यम से भारत में प्रशासन चलाते थे। अधिकारी वर्ग में प्राय: अंग्रेज ही शामिल किए जाते थे। सेना के अधिकारी स्तर के पदों से भारतीयों को वंचित रखा जाता था। तत्कालीन सैनिकों की संस्कृति के साथ सामंजस्य न बैठा पाने और समझ की कमी के कारण ब्रिटिश शासन को सन् 1857 के सैनिक विद्रोह का सामना करना पड़ा। इस विद्रोह ने भारत में ब्रिटिश शासन की नींव को हिलाकर रख दिया; लेकिन सन् 1859 के अंत तक उन्होंने भारत पर अपने शासन को पुन: मजबूत कर लिया। सन् 1857 के विद्रोह को कुचलने के बाद एक संसदीय अधिनियम पारित करके भारत पर शासन का अधिकार ईस्ट इंडिया कंपनी से लेकर ब्रिटिश सम्राट् को हस्तांतरित कर दिया गया। भविष्य में इस तरह के विद्रोह को रोकने के उद्देश्य से बंगाल, बंबई और मद्रास की प्रांतीय सेनाओं का एकीकरण और पुनर्गठन किया गया। इसे ही आज की भारतीय सेना के गठन की शुरुआत माना जा सकता है, जिसके पहले प्रमुख मेजर स्ट्रिंगर लॉरेंस थे।

इस अवधि में विभिन्न ओजस्वी और सशक्त नेताओं—राजा राममोहन राय, दादाभाई नौरोजी, सुरेंद्रनाथ बनर्जी, लोकमान्य तिलक और उसके बाद महात्मा गांधी, पं. नेहरू, सुभाषचंद्र बोस, सरदार पटेल—के माध्यम से भारत में राष्ट्रवाद का विकास हुआ। प्रथम विश्वयुद्ध के दौरान भारत ने अपने लाखों सैनिकों को ऐसे उद्देश्य हेतु लड़ने के लिए यूरोप में भेजा था, जिसमें उसका अपना कोई हित नहीं

था। द्वितीय विश्वयुद्ध के दौरान भी यही बात दोहराई गई, जब पहले से ज्यादा सैनिकों को ब्रिटिश साम्राज्य की ओर से लड़ने के लिए यूरोप और दक्षिण-पूर्व एशिया में भेजा गया। युद्ध की समाप्ति तक महात्मा गांधी और भारतीय राष्ट्रीय कांग्रेस के नेतृत्व में भारत में राष्ट्रवाद का विकास अपने चरम पर पहुँच गया था। आजादी की माँग के साथ-साथ ही भारतीयों ने सशस्त्र बलों में उच्च पदों पर भारतीयों की नियुक्ति के लिए भी संघर्ष किया। राष्ट्रवादी नेताओं के दबाव में आकर ब्रिटिश सरकार को अंततः सशस्त्र बलों में भारतीय अधिकारियों के लिए द्वार खोल देना पड़ा। भारत में सांप्रदायिक अलगाव की स्थिति पैदा करने के लिए अंग्रेजों ने 'फूट डालो और राज करो' की नीति अपनाई तथा मुसलमानों को अलग मुसलिम राज्य की माँग करने के लिए उकसाया। उप-महाद्वीप के विभाजन और बँटवारे के कारण उत्पन्न आतंक से स्वतंत्र राष्ट्र के रूप में अस्तित्व में आए भारत को गंभीर आघात पहुँचा। उसके बाद भी जम्मू-कश्मीर को भारत से बलपूर्वक अलग करने के लिए पाकिस्तान द्वारा पहली बार किए गए प्रयास के कारण आजादी की खुशी पर शोक का साया पड़ गया। उसके बाद से अब तक पाकिस्तान ने भारत पर तीन बार लड़ाई थोपी—सन् 1965, 1971 और 1999 में। आज भी वह अपने राजनीतिक उद्देश्यों की पूर्ति के लिए आतंकवाद को एक हथियार के रूप में इस्तेमाल करते हुए भारत के खिलाफ परोक्ष युद्ध की गतिविधियों में लिप्त है।

भारत के इतिहास पर दृष्टि डालें तो यह स्पष्ट हो जाता है कि अतीत में एकता का अभाव ही हमारी पराजय का कारण रहा था। अंग्रेजी शासन से पूर्व भारत में चंद्रगुप्त मौर्य, अशोक, समुद्रगुप्त, हर्षवर्धन और अकबर जैसे शक्तिशाली शासकों ने अपना शासन स्थापित किया था। इन शासकों ने विदेशी आक्रमण से भारत की रक्षा करने के साथ-साथ देश की प्राकृतिक सीमाओं के उस पार जाकर भी अपनी विजय-पताका फहराई।

आजादी के बाद हमने जो लड़ाइयाँ लड़ीं, उनमें बुद्धिमत्ता और तैयारी की कमी के रूप में हमारी कमजोरी सामने आई—सिवाय सन् 1971 के भारत-पाक युद्ध के, जिसका हमने पूरी तैयारी के साथ मुकाबला किया और सिर्फ तेरह दिनों की लड़ाई में ही एक राष्ट्र को मुक्त कराते हुए तथा 93 हजार पाकिस्तानी युद्धबंदियों को अपने कब्जे में लेकर शानदार जीत हासिल की। अन्य सभी लड़ाइयों में हमें व्यापक क्षति उठानी पड़ी और अपने अधिकारियों के नेतृत्व में भारतीय जवानों को कुरबानियाँ देनी पड़ीं। अत्याधुनिक तकनीक से हथियारों की उत्कृष्टता और उसकी मारक क्षमता में हो रही लगातार वृद्धि के कारण वर्तमान और भविष्य की लड़ाइयों

का स्वरूप अत्यधिक जटिल हो गया है। भारत को आधुनिक युद्ध की तकनीक में हो रहे विकास को ध्यान में रखकर अपनी नीति तय करने और नई-नई तकनीकें अपनाने की आवश्यकता है, ताकि वह हर स्थिति के लिए स्वयं को तैयार कर सके। नई सहस्राब्दी में आतंकवाद मानवता के लिए सबसे बड़ी चुनौती है, जिससे निपटने के लिए आर्थिक, राजनीतिक और सैनिक समाधान ढूँढ़ा जाना शेष है।

पिछले पाँच दशकों में भारतीय सेना ने न सिर्फ पाँच लड़ाइयों का सामना किया, अपितु जम्मू-कश्मीर तथा पूर्वोत्तर के राज्यों में आज भी वह लगातार विद्रोह और उपद्रव से जूझ रही है। इसके साथ ही नागरिक अधिकारियों को सहायता पहुँचाकर तथा सीमावर्ती क्षेत्रों में रह रहे लोगों के विकास में सहयोग प्रदान करके यह राष्ट्र के विकास में भी अपने तरीके से योगदान दे रही है। भारतीय सेना द्वारा समय-समय पर प्रस्तुत किए गए उत्कृष्ट उदाहरणों के बावजूद देश के सुरक्षित भविष्य के लिए तीनों सेनाओं और सरकार के मध्य सहयोग अत्यंत महत्त्वपूर्ण है।

भारतीय सेना का संगठन और स्वरूप समस्त भारत देश का परिचायक है। इसकी शक्ति जाति-धर्म के भेदभाव से परे इसकी अखंडता, इसकी व्यवस्था और इसके अधिकारियों तथा कर्मियों के कौशल में निहित है। इनमें से कोई एक पहलू भी यदि कमजोर पड़ जाता है तो सेना की शक्ति ही नहीं बल्कि देश की सुरक्षा भी खतरे में पड़ सकती है। राष्ट्रीय सुरक्षा को दृष्टि में रखते हुए युद्ध के स्वरूप में आ रहे परिवर्तनों की ओर भी ध्यान दिए जाने की आवश्यकता है। जब तक हम नई-नई तकनीकों और अवधारणाओं को अपनी आवश्यकता के अनुसार अपनाने में सक्षम नहीं होंगे, तब तक इनसे देश के भविष्य के लिए खतरा बना ही रहेगा।

—मेजर जनरल इयान कारडोजो

विषय-सूची

मानचित्र-सूची

लेखकगण

इस पुस्तक के लेखन में भारतीय सेना के सेवानिवृत्त अधिकारियों ने बहुमूल्य योगदान दिया है। इन अधिकारियों को अपने-अपने क्षेत्रों में विशिष्टता प्राप्त है और पुस्तक में वर्णित घटनाओं एवं प्रसंगों से वे सीधे जुड़े रहे हैं या प्रत्यक्षदर्शी रहे हैं। इनके परिचय का यह क्रम इनके द्वारा लिखित अध्यायों के क्रमानुसार है।

मेजर जनरल अशोक के. वर्मा, अ.वि.से.प. ***(अध्याय 1)***

मेजर जनरल अशोक कल्याण वर्मा ने जून 1956 में राजपूत रेजीमेंट की दूसरी बटालियन में कमीशन प्राप्त किया था। सन् 1971 के भारत-पाक युद्ध के दौरान उन्होंने 18 राजपूत की कमान सँभाली थी। लड़ाई में इन बटालियनों के जौहर का वर्णन उनकी पुस्तक 'रिवर्स ऑफ साइलेंस' में किया गया है। उन्होंने लद्दाख में एक ब्रिगेड की और बाद में ज़म्मू-कश्मीर में एक डिवीजन की कमान सँभाली थी। उन्हें राजपूत रेजीमेंट का कर्नल भी नियुक्त किया गया। उनकी दूसरी पुस्तक 'कारगिल : ब्लड ऑन द स्नो' भी काफी चर्चा में रही। शिकार के शौकीन, किंतु प्रकृति के संरक्षक जनरल अशोक वर्मा इन दिनों कुल्लू-मनाली की सुरम्य वादियों में निवास करते हैं।

लेफ्टिनेंट जनरल वी.के. सिंह, प.वि.से.प. ***(अध्याय 2, 5, 7)***

दिसंबर 1955 में मद्रास रेजीमेंट में कमीशन प्राप्त लेफ्टिनेंट जनरल वी.के. सिंह नेशनल डिफेंस कॉलेज से स्नातक हैं। उन्होंने सन् 1962 के भारत-चीन युद्ध और 1965 व 1971 के भारत-पाक युद्धों में हिस्सा लिया था। मद्रास रेजीमेंट के कर्नल पद सहित अनेक महत्त्वपूर्ण कमानों व स्टाफ असाइनमेंट के अलावा वे महानिदेशक, सैन्य ऑपरेशंस तथा सैन्य सचिव जैसे महत्त्वपूर्ण पदों पर नियुक्त रहे हैं। सैन्य सेवा विषय पर वे लेखन करते हैं और रक्षा अध्ययन एवं विश्लेषण संस्थान में प्रशासनिक निकाय के सदस्य हैं।

मेजर जनरल एल.एस. लेल, प.वि.से.प., वी.च. *(अध्याय 3, 4)*

मेजर जनरल लछमन सिंह लेल को जुलाई 1943 में आर्टिलरी रेजीमेंट में कमीशन प्राप्त हुआ था। सन् 1973 में वे सेना से सेवानिवृत्त हुए। नेशनल डिफेंस कॉलेज से स्नातक मेजर जनरल लेल स्कूल ऑफ आर्टिलरी, देवलाली में तोपखाने के प्रशिक्षक रह चुके हैं। द्वितीय विश्वयुद्ध के दौरान बर्मा तथा सन् 1947-48 में जम्मू-कश्मीर की लड़ाई में उन्होंने बढ़-चढ़कर हिस्सा लिया था, जिसमें जख्मी भी हो गए थे और असाधारण वीरता के लिए उन्हें 'वीर चक्र' प्रदान किया गया। सन् 1971 के भारत-पाक युद्ध के दौरान उन्होंने पर्वतीय डिवीजन का नेतृत्व किया। युद्ध में असाधारण नेतृत्व-कौशल के प्रदर्शन पर उन्हें 'परम विशिष्ट सेवा पदक' प्रदान किया गया। वह वार डेकोरेटेड एसोसिएशन के वाइस प्रेसीडेंट हैं। उन्होंने 'इंडियन स्वोर्ड स्ट्राइक्स इन बँगलादेश', 'विक्ट्री इन बँगलादेश' और 'मिस्ड अपोरच्युनिटीज 1965 इंडो-पाक वार' पुस्तकों का लेखन भी किया है।

मेजर जनरल इयान कारडोजो, अ.वि.से.प., से.प. *(अध्याय 6, 11, 12)*

जून 1958 में 1/5 गोरखा राइफल्स (एफ एफ) में कमीशन प्राप्त मेजर जनरल इयान कारडोजो ने सन् 1962 के भारत-चीन युद्ध तथा 1965 व 1971 के भारत-पाक युद्धों में दुश्मन से लोहा लिया। सन् 1971 की लड़ाई में वह अपंग हो गए थे; पर बाद में उन्होंने एक बटालियन, ब्रिगेड और फिर एक डिवीजन की कमान सँभाली तथा दूसरे विकलांग अधिकारियों के लिए मिसाल कायम की। राष्ट्रीय रक्षा अकादमी में स्वर्ण व रजत, दोनों पदक प्राप्त करनेवाले वह पहले कैडेट बने। सन् 1960 में भारत-चीन सीमा पर गश्त के दौरान अद्‌भुत वीरता का प्रदर्शन करने पर उन्हें वीरता के लिए प्रथम सेना पदक प्रदान किया गया। वह प्रथम विकलांग अधिकारी थे, जिन्हें इन्फैंट्री बटालियन की कमान सौंपी गई। वह 5 जी आर (एफ एफ) की रेजीमेंट के कर्नल रहे। वर्तमान में वह विकलांग सैनिकों के पुनर्वास और सशक्तीकरण के लिए कार्यरत हैं और भारतीय पुनर्वास परिषद् के चेयरमैन हैं।

मेजर जनरल अशोक कृष्ण, अ.वि.से.प. *(अध्याय 8)*

सन् 1957 में 4/8 गोरखा राइफल्स में कमीशन प्राप्त मेजर जनरल अशोक कृष्ण ने सन् 1971 की लड़ाई में बटालियन की कमान सँभाली थी। सन् 1974 में उन्होंने 1/8 गोरखा राइफल्स की कमान सँभाली, जो अब 3 मेकैनाइज्ड इन्फैंट्री है। सन् 1988 में उन्हें आठवीं गोरखा राइफल्स की रेजीमेंट का कर्नल नियुक्त किया गया। वह कंपनी और ब्रिगेड स्तर पर उपद्रव-रोधी ऑपरेशनों में सक्रिय रूप से शामिल होते रहे हैं। सेना मुख्यालय में सैन्य ऑपरेशंस निदेशालय सहित अनेक महत्त्वपूर्ण प्रशिक्षणात्मक व स्टाफ पदों को वह सुशोभित कर चुके हैं। सेवानिवृत्ति के पश्चात् वह रक्षा अध्ययन एवं विश्लेषण संस्थान में वरिष्ठ फैलो और शांति एवं युद्ध अध्ययन संस्थान में उपनिदेशक रह चुके हैं। उन्होंने 'इंडियाज आर्म्ड फोर्सेज : फिफ्टी ईयर्स ऑफ वार एंड पीस' नामक पुस्तक का लेखन और 'कारगिल : द टेबल्स टर्न्ड' नामक पुस्तक का सह-संपादन किया है।

लेफ्टिनेंट जनरल सतीश नांबियार, प.वि.से.प., अ.वि.से.प., वी.च. *(अध्याय 9)*

20 मराठा लाइट इन्फैंट्री में कमीशन प्राप्त जनरल नांबियार ने रेजीमेंट की दो बटालियनों—मेकैनाइज्ड ब्रिगेड ग्रुप और एक मेकैनाइज्ड डिवीजन की कमान सँभाली है। ऑस्ट्रेलियन स्टाफ कॉलेज से स्नातक जनरल नांबियार ने इराक में प्रशिक्षण दल के साथ सेवा की है और डिफेंस सर्विसेज स्टाफ कॉलेज की फैकल्टी में भी रहे। वह लंदन में भारतीय उच्चायोग में सैन्य सलाहकार और सैन्य ऑपरेशंस के महानिदेशक भी रह चुके हैं। पूर्व यूगोस्लाविया में वह संयुक्त राष्ट्र बलों के प्रथम फोर्स कमांडर व प्रमुख थे। वह आर्मी स्टाफ के डिप्टी चीफ के पद से सेवानिवृत्त हुए। सन् 1971 की लड़ाई में उन्हें वीरता के लिए 'वीर चक्र' प्रदान किया गया। वर्तमान में वह यूनाइटेड सर्विस इंस्टीट्यूशन ऑफ इंडिया के निदेशक हैं। वह शांति प्रक्रिया के अनेक पक्षों पर श्रीलंका सरकार के सलाहकार हैं और फॉल्क बर्नाडोटे एकेडमी, स्वीडन की अंतरराष्ट्रीय सलाहकार परिषद् के सदस्य भी हैं। 2 नवंबर, 2003 को उन्हें संयुक्त राष्ट्र संघ के महासचिव द्वारा 'थ्रेट्स, चैलेंजेज ऐंड चेंज' पर गठित 16 सदस्यीय उच्च स्तरीय अंतरराष्ट्रीय पैनल में नियुक्त किया गया।

कर्नल एन. कुमार, प.वि.से.प., की.च., अ.वि.से.प. *(अध्याय 10)*

कर्नल नरिंदर कुमार को तीसरी कुमाऊँ (राइफल्स) में कमीशन प्राप्त हुआ था। गत तीस वर्षों से वह भारत में साहसिक गतिविधियों में सक्रिय हैं। 14 चोटियों पर 24,000 फीट की चढ़ाई में से 9 उनके नेतृत्व में संपन्न हुई हैं। सन् 1965 में संपन्न भारतीय एवरेस्ट अभियान का उन्होंने सफलतापूर्वक नेतृत्व किया था। सियाचिन ग्लेशियर को एक छोर से दूसरे छोर तक पार करनेवाले वह प्रथम भारतीय हैं। वह हिमालयन माउंटेनियरिंग इंस्टीट्यूट, दार्जिलिंग; नेशनल स्की स्कूल और कमांडेंट हाई अल्टिट्यूड वारफेयर स्कूल के प्रिंसिपल रह चुके हैं। उन्होंने पर्वतारोहण, स्कीइंग और राफ्टिंग पर पाँच पुस्तकों का लेखन किया है। उन्हें पद्मश्री, अर्जुन पुरस्कार तथा इंडियन माउंटेनियरिंग फेडरेशन का स्वर्ण पदक प्राप्त है। वर्तमान में वह इंडियन ओलंपिक एसोसिएशन के वाइस प्रेसीडेंट व विंटर गेम्स कमीशन के चेयरमैन हैं।

लेफ्टिनेंट जनरल विजय ओबराय, प.वि.से.प., अ.वि.से.प., वि.से.प.

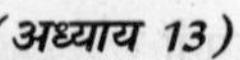

(अध्याय 13)

लेफ्टिनेंट जनरल विजय ओबराय को सन् 1961 में मराठा लाइट इन्फैंट्री में कमीशन प्राप्त हुआ। सन् 1965 के भारत-पाक युद्ध में भाग लिया और जख्मी हुए। यूनाइटेड स्टेट्स आर्मी वार कॉलेज से स्नातक जनरल ओबराय क्वालालंपुर में रक्षा सलाहकार रहे और इन्फैंट्री ऑफीसर के रूप में उन्हें आर्म्ड डिवीजन की कमान सँभालने का सम्मान मिला। उन्होंने स्ट्राइक कोर की कमान सँभाली और मिलिट्री ऑपरेशंस के महानिदेशक भी रहे। वह मराठा लाइट इन्फैंट्री के कर्नल, आर्मी ट्रेनिंग कमांड में जीओसी-इन-सी तथा पश्चिमी कमान में जीओसी-इन-सी रह चुके हैं। सेवानिवृत्ति के पश्चात् उन्होंने स्वयं को युद्ध में विकलांग हो चुके सैनिकों के पुनर्वास कार्य में समर्पित कर दिया है और वार वाउंडेड फाउंडेशन ऑफ इंडिया के प्रेसीडेंट हैं। सेना मुख्यालय द्वारा उन्हें सेंटर फॉर लैंड वारफेयर स्टडीज का निदेशक भी नियुक्त किया गया है।

आरंभ एवं विकास

• मेजर जनरल (सेवानिवृत्त) अशोक के. वर्मा

(अति विशिष्ट सेवा पदक)

भारतीय सेना का लिखित इतिहास सन् 1599 में भारत में ईस्ट इंडिया कंपनी की स्थापना के साथ आरंभ होता है, जिसने 1612 में सूरत में अपनी पहली फैक्टरी स्थापित की और बाद में 1640 में मद्रास में सेंट जॉर्ज फोर्ट का निर्माण कराया। इसी वर्ष इंग्लैंड से पहला अभियान-दल बंगाल भेजा गया, जिसके बल पर हुगली में दूसरी फैक्टरी की स्थापना हुई। बंगाल के नवाब ने शुरू में अंग्रेजों को 'एक प्रतीक चिह्न और तीस व्यक्तियों' के अतिरिक्त किसी प्रकार की सैनिक शक्ति रखने की अनुमति नहीं दी थी।[1]

भारतीय सेना के संबंध में और अधिक विवरण प्राप्त करने के लिए ब्रिटिश शासनकाल में जाने से पहले भारतीय उपमहाद्वीप के प्राचीन समय के सैनिक इतिहास पर एक नजर डालने से हमें इस क्षेत्र में विकसित किए गए अतीत के युद्धों के स्वरूप और सैनिक-व्यवस्था की जानकारी प्राप्त करने में आसानी हो जाएगी।

भारत में युद्ध के इतिहास के संदर्भ में जानकारी प्राप्त करने के लिए कुछ निश्चित आवर्ती कारकों को समझना आवश्यक है। भारत में युद्ध का स्वरूप काफी हद तक यहाँ की भौगोलिक स्थिति, जलवायु और जनसंख्या के स्वरूप जैसे कारकों द्वारा निर्धारित होता रहा है। मध्य भारत में हिमालय और विंध्य की

पर्वत-श्रेणियों के बीच गंगा का विशाल उपजाऊ मैदान है, जहाँ रक्षा का कोई प्राकृतिक कारक मौजूद नहीं है। संभवत: अपर्याप्त संचार सुविधाओं के कारण इस क्षेत्र के छोटे-छोटे राज्य निरंतर राजनीतिक संघर्ष में उलझे रहे। सामान्यतया आंतरिक कारणों से ही इन राज्यों का अंत हुआ; किंतु राजनीतिक अस्थिरता के लिए जिम्मेदार एक अन्य महत्त्वपूर्ण कारक था—उत्तर से दक्षिण की ओर जनसंख्या का निरंतर पलायन।[2]

आर्यों के आगमन से पूर्व उत्तर-पश्चिम भारत में 3000 ई.पू. से 1500 ई.पू. के बीच सिंधु घाटी सभ्यता फल-फूल रही थी, जिसके दो प्रमुख नगरीय केंद्र हड़प्पा और मोहनजोदड़ो थे। दूसरी शताब्दी ई.पू. में सिंधु घाटी सभ्यता का पतन शुरू हो गया और 1500 ई.पू. तक, जब आर्यों ने हिंदूकुश पर्वत के दर्रों से होते हुए उत्तर-पश्चिम भारत में प्रवेश किया, वह पूरी तरह से बिखर चुकी थी। अधिकांश इतिहासकारों का मानना है कि आर्य भारोपीय (इंडो-यूरोपियन) थे, जो भाषा, धर्म और रीति-रिवाज में पारसियों अथवा ईरानियों से निकट का संबंध रखते थे। काले रंग के और सुसंस्कृत पूर्व निवासियों—द्रविड़ों—तथा आक्रमणकारियों के मध्य हुए संघर्षों के संबंध में कुछ भी ज्ञात नहीं है; लेकिन इतना जरूर ज्ञात है कि द्रविड़ों को दक्षिण की ओर भगाकर आर्य पूरे उत्तर भारत में फैल गए थे। लगभग 1000-600 ई.पू. तक आर्य हिंदुओं ने सिंधु और ऊपरी गंगा की घाटियों में स्वयं को पूरी तरह से स्थापित कर लिया था। उनका अधिकांश समय अपने जनजातीय राज्यों और गणराज्यों के मध्य निरंतर संघर्ष में ही बीता।

600 ई.पू. के युद्ध के स्वरूप और सैनिक अभियानों के संबंध में जानकारी प्राप्त करने के स्रोत ऋग्वेद और महाभारत ग्रंथ हैं। उस समय की सेनाओं में प्रमुख रूप से पैदल सैनिकों को शामिल किया जाता था। धनुष और बाण उनके प्रमुख हथियार होते थे। घुड़सवार सेना अस्तित्व में नहीं थी, क्योंकि अच्छी नस्ल के घोड़ों की कमी थी; अच्छी नस्ल के उपलब्ध घोड़ों को युद्ध में राजाओं और कुलीनों के रथों में इस्तेमाल करने के लिए रखा जाता था। योद्धाओं को समाज के सबसे सम्मानित और अग्रणी वर्ग में रखा जाता था। भारत में लोहे के हथियार पाँचवीं शताब्दी ई.पू. में ही प्रचलित हुए।

देश के उत्तर-पश्चिम की ओर से आक्रमण का मार्ग अरक्षित रह गया था, जिसके कारण प्राचीन काल से ही विदेशी आक्रमणकारी दर्रों को पार करके भारत में प्रवेश करते आ रहे थे। इसी बीच पहले यूनानियों ने और उसके बाद तुर्कों, हूणों, मंगोलों और पारसियों ने उत्तर-पश्चिमी मार्ग से भारत में प्रवेश किया। 2400

ई.पू. से 1500 ई.पू. के बीच इस क्षेत्र के मूल निवासियों को विदेशी आक्रमणकारियों द्वारा बार-बार दक्षिण की ओर खदेड़ा जाता रहा। दक्कन का पठार जैसे कुछ क्षेत्र पहाड़ी और विरल थे, जो लंबे-चौड़े आदमियों के आने-जाने के लिए उपयुक्त नहीं थे। इस विशाल क्षेत्र के कारण मराठों जैसे योद्धाओं को आक्रमण का प्रतिरोध करने में मदद मिली। भारत में युद्ध को प्रभावित करनेवाला दूसरा प्रमुख कारक जलवायु है। जून से सितंबर के मध्य में होनेवाली मानसूनी वर्षा के कारण इस अवधि में सैनिक अभियान पूरी तरह से असंभव हो जाता था। इस तरह के अभियान के लिए सबसे उपयुक्त समय अक्तूबर और नवंबर का हुआ करता था, जब फसलें पक चुकी होती थीं और चारों ओर हरियाली दिखाई देती थी। इस प्रकार देश से बाहर जाना संभव हो जाता था।

प्राचीन भारत के राजनीति-साहित्य में युद्ध को सबसे ज्यादा महत्त्व दिया जाता था। ऐसा प्रतीत होता है कि गंगा के मैदानों के मुख्य रणक्षेत्र में विभिन्न राजाओं के मध्य लगातार लड़ाइयाँ चलती रहती थीं। बीच-बीच में मौर्य, गुप्त और हर्ष आदि शासकों ने भूभाग पर नियंत्रण स्थापित करने और वहाँ के लोगों को एकता के सूत्र में बाँधने में सफलता प्राप्त की; किंतु ऐसा बहुत कम समय तक ही चल सका था। 2000 ई.पू. से 1100 ई.पू. तक के सैनिक इतिहास के संबंध में कोई लिखित जानकारी उपलब्ध नहीं है; लेकिन इस अवधि में युद्ध के प्रति लोगों में प्रचलित दृष्टिकोण और युद्ध के लिए प्रयुक्त तरीकों से संबंधित कुछ विवरण प्राप्त किए जा सकते हैं। राज्य नीति की नियमावलियों—उदाहरण के लिए, 300 ई.पू.-100 ई.पू. से संबंधित कौटिल्य का अर्थशास्त्र—में यह संकेत मिलता है कि युद्ध राज्य की नीति का प्रमुख तत्त्व था। 'अर्थशास्त्र' अब तक लिखे गए सबसे महत्त्वपूर्ण ग्रंथों में से एक है। इसमें तीसरी शताब्दी ई.पू. और उसके बाद मौजूद सैनिक एवं राजनीतिक स्थिति का स्पष्ट चित्रण मिलता है। अर्थशास्त्र पूर्व काल में प्रचलित शासन, कानून और युद्ध से संबंधित धारणाओं पर लिखा गया एक व्यापक ग्रंथ है। इसके सैन्य खंडों में सेनाओं के गठन और उनकी संरचना, हथियारों और सेवाओं की व्यवस्था और उसकी भूमिका, प्रशिक्षण के तरीकों और संबंधित धारणाओं, विभिन्न सैन्य अधिकारियों के कर्तव्यों, रणनीतिक एवं कूटनीतिक धारणाओं, सुदृढ़ रक्षा व्यवस्थाओं तथा बड़ी-बड़ी सेनाओं के नेतृत्व एवं प्रबंधन से संबंधित व्यापक जानकारियाँ प्रस्तुत की गई हैं। अनुशासन एवं प्रशिक्षण के महत्त्व से तो सभी परिचित थे, लेकिन इन सिद्धांतों को अपनाने में शासकों को कठिनाई अनुभव होती थी।

फारस के साइरस ने 537 ई.पू. के आस-पास आज के पेशावर क्षेत्र में प्रवेश किया और उसके परवर्ती शासक डेरियस ने उत्तरी-पश्चिमी पंजाब के कुछ हिस्सों को जीत लिया। साइरस और डेरियस के हमलों से भारतीयों ने घुड़सवार सेना के महत्त्व और उसकी उपयोगिता को अच्छी तरह समझ लिया; यद्यपि भारत की जलवायु संबंधी स्थितियाँ अच्छी नस्ल के घोड़े पालन के लिए उपयुक्त नहीं थीं और इसलिए युद्ध में निर्णायक हथियार के रूप में रथों का ही इस्तेमाल किया जाता रहा। छठी शताब्दी के आस-पास युद्धक्षेत्र में हाथियों का प्रयोग आरंभ किया गया और भारतीय योद्धा सत्रहवीं शताब्दी तक इन्हें प्रयोग में लाते रहे। हाथी पर बैठकर चलाया जानेवाला प्रमुख हथियार धनुष-बाण था।

युद्ध में राजा, यानी राज्य का प्रमुख, पारंपरिक रूप से सेना को नियंत्रित और संचालित करता था। सेना चार भागों में विभक्त होती थी—चतुरंग बल, जिसमें घोड़ों द्वारा खींचे जानेवाले रथ होते थे, जो युद्ध-हाथियों के आगे-आगे चलते थे और सबसे पीछे पैदल सैनिक होते थे। युद्ध में रथों और हाथियों को सबसे ज्यादा महत्त्व दिया जाता था, क्योंकि इनसे शत्रु-सेना में दहशत पैदा की जा सकती थी और साथ ही, इनके माध्यम से युद्ध में हथियार चलाने के लिए उपयुक्त आधार मिलता था। रकाब का आविष्कार उस समय तक नहीं हुआ था। युद्ध में पैदल सेना को ही तीव्रतम प्रहार सहना पड़ता था।

भारत के राजनीतिक इतिहास का प्रथम प्रामाणिक और लिखित तथ्य है 327 ई.पू. में सिकंदर के नेतृत्व में यूनानियों द्वारा किया गया आक्रमण। सिकंदर ने हिंदूकुश पर्वत को पार करके तक्षशिला नगर पर कब्जा कर लिया और झेलम नदी के किनारे युद्ध में राजा पोरस को पराजित किया। पोरस के नेतृत्ववाली सेना में भी रथ सबसे ज्यादा महत्त्वपूर्ण थे। ये रथ लकड़ी के पटरों से बने होते थे, जो चमड़े की पट्टियों से एक-दूसरे से बँधे होते थे। प्रत्येक रथ पर एक सारथि और एक धनुर्धारी योद्धा होता था। कुछ रथ अपेक्षाकृत भारी होते थे, जिन्हें चार घोड़ों द्वारा खींचा जाता था और उनमें छह योद्धा बैठ सकते थे—जिनमें दो कवचधारी योद्धा, दो धनुर्धारी और दो सारथि होते थे। ये सारथि भी मार-काट के समय भाले-बरछों से लैस होते थे। झेलम के युद्ध में रथ कामयाब नहीं हो सके, क्योंकि उनके पहिए कीचड़ में धँसकर फँस जाते थे। राजा पोरस स्वयं हाथी पर सवार होकर युद्ध में आए थे।

उन दिनों की भारतीय सेनाओं में हाथियों को मुख्य आक्रामक हथियार माना जाता था। मुसलिम शासकों के समय में भी हाथियों को वही स्थान प्राप्त रहा। इस

प्रकार सत्रहवीं शताब्दी में आग्नेयास्त्रों के प्रभाव के कारण हाथियों की उपयोगिता में कमी आई।

झेलम के युद्ध में राजा पोरस के मोरचे पर 85 हाथी लगाए गए थे, जो सौ-सौ फीट की दूरी पर तैनात किए गए थे; बीच के स्थानों में चुने हुए पैदल सैनिकों को तैनात किया गया था। राजा पोरस के पराक्रम और वीरतापूर्ण नेतृत्व के बावजूद सिकंदर की मजबूत अश्वारोही सेना द्वारा अप्रत्याशित मोरचे से किए गए हमलों के सामने उनकी सेना असहाय दिखाई देने लगी। भारतीय घोड़ों की खराब नस्ल भी पराजय का एक कारण थी। लंबे अभियान के कारण थक चुकी सिकंदर की सेना ने कुछ समय के बाद सिकंदर से यूनान वापस जाने का आग्रह किया और इस प्रकार यूनानी भारत से वापस चले गए।[3]

पुनः गुप्त शासनकाल में हूण आदि मध्य एशियाई आक्रमणकारियों, जिन्होंने अपने समय में विश्व के कई प्रमुख ज्ञात स्थानों को लूटा था और उन्हें अस्त-व्यस्त कर दिया था, को छठी शताब्दी तक पराजय का सामना करना पड़ा। चंद्रगुप्त मौर्य ने मकदूनिया के बचे हुए आक्रमणकारियों को परास्त कर प्रथम विशाल साम्राज्य—मौर्य साम्राज्य—की स्थापना की। परवर्ती शासक बिंदुसार ने मौर्य साम्राज्य का विस्तार किया और उसके बाद अशोक ने साम्राज्य के गौरव और उसकी शक्ति को चरम तक पहुँचा दिया। चंद्रगुप्त मौर्य ने साम्राज्य की सीमा का विस्तार किया था। वह ऐसा प्रथम शासक था, जिसने विशाल और स्थायी सेना रखी थी। बाद के अदूरदर्शी और अंतर्मुखी शासक उत्तर-पश्चिम की ओर से होनेवाले आक्रमणों के खतरे के प्रति सचेत नहीं रह पाए। हिंदूकुश की ओर से रणनीतिक खतरों के प्रति उदासीनता और राज्यों के छोटे-छोटे भागों में विघटित होने के कारण विभिन्न जातियों के आक्रमणकारियों के द्वारा लगातार आक्रमण किए जाते थे।

उत्तरवर्ती स्थितियों के संबंध में जानकारी प्राप्त करने से पहले उस समय की सेनाओं की स्थिति और स्वरूप पर एक नजर डालना आवश्यक है। उस समय की सेनाओं में एक बड़ा हिस्सा पैदल सैनिकों का होता था। निस्संदेह जन्मजात योद्धाओं एवं जंगली जनजातीय योद्धाओं द्वारा प्रयुक्त हथियारों और कूटनीतिक धारणाओं अथवा युक्तियों में काफी अंतर रहा होगा। संभवतः अनियमित पैदल सैनिकों का इस्तेमाल हथियार ढोने, भोजन तैयार करने और खाईबंदी करने के लिए श्रमशक्ति के रूप में किया जाता था; किंतु पहाड़ी क्षेत्रों तथा ऐसी लड़ाइयों में—जहाँ सैनिकों की संख्या ही निर्णायक कारक होती थी—पैदल सैनिकों पर ज्यादा निर्भर रहा जाता था।

मौर्यकाल की स्थायी सेना में अधिकांश पैदल सैनिक थे, जिसकी प्राथमिक इकाई में दस सैनिक होते थे और जिसके नेता को 'पादिक' कहा जाता था। दस पादिकों—जो आज की इन्फैंट्री की कंपनी के समकक्ष थी—का समूह एक सेनापति के अधीन कार्य करता था और दस सेनापतियों के अधीन काम करनेवाले सैनिकों का समूह एक नायक के अधीन कार्य करता था। सैनिक अपने लिए निर्धारित किए गए कार्यों या भूमिका के अनुसार विभिन्न प्रकार के अस्त्र-शस्त्र लेकर चलते थे, जिनमें कुल्हाड़ी, तलवार, कृपाण, भाला, ढाल और धनुष-बाण शामिल थे। कौटिल्य के समय में सैनिकों के प्रशिक्षण और अभ्यास के लिए एक विशेष समय निर्धारित किया गया था।

युद्ध में सफलता के लिए हाथियों पर निर्भरता का परिणाम हानिकारक रहा। निस्संदेह, हाथी शक्तिशाली और भयानक होते थे, वे दुश्मन के सैनिकों को अपने पैरों तले रौंद सकते थे, सामने आनेवाली बाधा को हटा सकते थे और अनुभवहीन सैनिकों तथा अप्रशिक्षित घोड़ों को आतंकित कर सकते थे। किंतु इसके बावजूद उनमें ऐसी ढेर सारी कमियाँ थीं, जिनके कारण युद्ध में आक्रामक हथियार के रूप में उनका प्रयोग पूरी तरह से विश्वसनीय नहीं था। उन्हें नियंत्रित करना बहुत मुश्किल काम होता था; ऐसे कई उदाहरण देखने को मिले हैं, जिनमें युद्ध के दौरान घायल हुए अथवा आतंकित हाथियों ने अपने ही पक्ष की सेना में खलबली बचा दी थी।

महाभारत, जिसका वर्ण्य-विषय युद्ध है, की ऐतिहासिक प्रामाणिकता अस्पष्ट और दबी हुई रह गई है। उसमें वर्णित 'भगवद्गीता' का मूल संदेश यही है कि युद्ध में प्रत्येक योद्धा को अपने कर्तव्य का पालन करना चाहिए। इसमें यह संदेश भी निहित है कि युद्ध में अपने स्वाभिमान की रक्षा के लिए अपने कर्तव्यों का पालन करते हुए वीरगति प्राप्त करना सैनिकों का धर्म है। इससे युद्ध में साहस, बहादुरी और बलिदान की प्रेरणा मिली; किंतु युद्धकला से संबंधित नवीनतम तकनीकों, युक्तियों और रणनीतियों के बिना इस तरह के व्यक्तिगत प्रदर्शन का ज्यादा महत्त्व नहीं रह जाता। कहा जा सकता है कि भारत सभ्यता और संस्कृति के क्षेत्र में विश्व में अग्रणी रहा है, लेकिन राजनीतिक एकता के अभाव के कारण यह रणनीतिक दृष्टि से संवेदनशील बना रहा और बाह्य आक्रमणकारियों ने इसका भरपूर लाभ उठाया। भारत के स्वर्णकाल की यही कटु सच्चाई है, जो शासकों की निष्क्रियता और उदासीनता के कारण समाप्त हो गया।

भारत में चौथी सहस्राब्दी ई.पू.—जिसके बारे में बहुत ही कम जानकारी

उपलब्ध है—से लेकर उन्नीसवीं शताब्दी तक धनुष-बाण ही मुख्य हथियार के रूप में प्रयोग में लाया जाता रहा। शुरू-शुरू में जो धनुष प्रयोग में लाए जाते थे, वे लकड़ी—प्राय: बाँस की लकड़ी—से बनाए जाते थे। यह लकड़ी आसानी से उपलब्ध थी और साथ ही यह मजबूत एवं लचीली भी होती थी। बाद में जो धनुष उपयोग में आए वे धातु, सींग और लकड़ी से बने थे, जिनमें सन, सिल्क अथवा चमड़े की डोरी लगाई जाती थी। कुशल भारतीय धनुर्धारी योद्धाओं द्वारा छोड़े गए तीरों को कवच और ढाल की सहायता से भी नहीं रोका जा सकता था। चूँकि धनुष चलाने के लिए दोनों हाथों की जरूरत पड़ती है, इसलिए धनुष धारण करनेवाला योद्धा किसी तरह भी ढाल लेकर नहीं चल सकता था। पैदल सैनिकों के पास धनुष-बाण के अलावा अन्य हथियार भी होते थे। धनुष-बाण के स्थान पर तलवार का प्रयोग किया जाने लगा था और बाद के अरबी साहित्य में तलवारें सबसे ज्यादा प्रसिद्ध हो गईं, जो अलग-अलग क्षेत्रों की निर्माण-कला के अनुसार अलग-अलग प्रकार की होती थीं। कौटिल्य ने अपने अर्थशास्त्र में तीन प्रकार की तलवारों को अधिक महत्त्व दिया है—एक, खुकरी से पहले प्रयोग में लाई जानेवाली तलवार, जो धारवाले किनारे से भीतर की ओर मुड़ी हुई होती थी; दूसरी, लंबी और सीधी तलवार और तीसरी, पत्ती के आकार की सिरेवाली तलवार। तलवार रखने के लिए म्यान प्राय: चमड़े की बनाई जाती थी। तलवारबाजी का प्रदर्शन खूब बढ़-चढ़कर किया जाता था। महाभारत में इस तरह के इक्कीस विशेष अभियानों का वर्णन मिलता है।

कई अलग-अलग प्रकार के भाले और बरछे प्रयोग में लाए जाते थे—उदाहरण के लिए, छह सिरोंवाला कुंता और कई सिरोंवाले अन्य भाले और बरछे। शुरू में तलवार की तरह ही गदा को भी महत्त्वपूर्ण माना जाता था, जिसे भाँजकर प्रहार किया जाता था। कुलीन वर्ग के हथियार के रूप में कुठार का विकास हुआ, जबकि ढेलवाँसा और डिस्क का प्रयोग भी कभी-कभी किया जाता था। धनुर्धारी के अतिरिक्त सभी योद्धा भैंस के चमड़े से बनी ढाल लेकर चलते थे। बख्तर अथवा रक्षा-कवच सिर्फ कुलीनों के पास होता था, जबकि सैनिक रुई की मोटी परतवाला गद्देदार कोट प्रयोग में लाते थे।

मौर्यकाल की स्थायी सेना यद्यपि इन्फैंट्री (पैदल सेना) पर आधारित थी, फिर भी उसमें 30 हजार घुड़सवार, 8 हजार रथ और 9 हजार हाथी थे। घुड़सवार सेना सुप्रशिक्षित होती थीं, जिसे घेरा बनाकर आक्रमण करने के लिए तैनात किया जाता था। वह आगे बढ़कर घेरों और मोरचे की रक्षा करती थी। घुड़सवार सेना को

सामान्यतया रक्षा के लिए आरक्षित रखा जाता था और आक्रमणकारी सेना में खलबली मचाकर, उसे निराश करने और पराजित होने पर उसका पीछा करने के लिए प्रयोग किया जाता था। घुड़सवार सेना की रणनीति में हमला करना, चारों ओर घूमते हुए शत्रु-सेना में घबराहट पैदा करना, अप्रत्याशित दिशा से शत्रु-सेना के मोरचों पर धावा बोलना और पीछे हटती हुई शत्रु-सेना पर हमला करना शामिल था। सबसे छोटी रणनीतिक इकाई को 'पत्ति' कहा जाता था, जिसमें 1 रथ, 1 हाथी, 3 घोड़े और 5 पैदल सैनिक होते थे।

सिकंदर ने पोरस की सेना की बाईं कमान को तितर-बितर करने के लिए अपने सिथियन घुड़सवार तीरंदाजों को तैनात किया था। पोरस की सेना के वामपक्ष की रक्षा के लिए मोरचे पर कमजोर घुड़सवार सेना तैनात की गई थी। मध्य एशिया के आक्रमणकारियों, जिन्होंने बाद में गुप्त साम्राज्य के उत्तरी सीमा प्रांतों पर भी हमला किया, ने घुड़सवार तीरंदाजों को ज्यादा महत्त्व देना शुरू कर दिया था। बाद में भारतीयों ने भी अनुभव किया कि आतंकित होकर अपनी ही सेना में खलबली मचानेवाले हाथियों और रथों की अपेक्षा तेजी से आगे बढ़नेवाले घुड़सवार तीरंदाजों का ज्यादा महत्त्व है। गुप्त वंश के शासकों ने अपनी घुड़सवार सेना में सुधार लाने के प्रयास किए, लेकिन परवर्ती शासक उसे कायम रखने में असफल रहे।

पुराने समय में लोग घुड़सवार सेना को इन्फैंट्री से कहीं श्रेष्ठ, किंतु रथों और हाथियों से घटिया मानते थे। संभवतः इसका मूल कारण भारत में अच्छे किस्म के घोड़ों की कमी था। राजा पोरस के घुड़सवार सैनिक संभवतः टट्टुओं अथवा घटिया किस्म के घोड़ों पर सवार होकर लड़ाई में गए थे और अच्छे किस्म के यूनानी घोड़ों पर सवार सैनिकों द्वारा उन्हें आसानी से पछाड़ दिया गया। घुड़सवार सेना के कार्यों का विवरण कौटिल्य ने अपने 'अर्थशास्त्र' में इस प्रकार दिया है— 'शत्रु-सेना के पड़ाव में खलबली मचाना, सैनिकों को एक साथ इकट्ठा करना, घेरा डालना एवं विविध अभियान संचालित करना, सेना के पिछले हिस्से को दूर हटाना और बिखरी हुई शत्रु-सेना पर टूट पड़ना।'

यह स्पष्ट है कि जैसे-जैसे घुड़सवार सेना के महत्त्व को पहचाना जाने लगा वैसे-वैसे उसका स्तर भी ऊँचा किया जाने लगा। इस क्रम में दो तरह की घुड़सवार सेना का विकास हुआ—भारी और हलकी। भारी घुड़सवार सेना शत्रु-सेना पर हमला करने के लिए मध्य में स्थिति सँभालती थी, जबकि हलकी घुड़सवार सेना गुप्तचर शाखा में अपनी स्थिति सँभालती थी। हमले के लिए बाँस के लंबे बरछे प्रयोग में लाए जाते थे और मार-काट करने के लिए तलवारों का इस्तेमाल किया

जाता था; किंतु घुड़सवार तीरंदाजी का विकास नहीं किया जा सका था। घुड़सवार सेना के लिए अच्छी किस्म के घोड़ों की कमी भारत की एक बड़ी कमजोरी थी; पहले यूनानी सेना द्वारा और उसके बाद तुर्क सेना द्वारा हुई पराजय को एक अच्छी, सशक्त और कुशल नेतृत्ववाली घुड़सवार सेना के हाथों एक कमजोर घुड़सवार सेना की पराजय कहा जा सकता है। चुस्ती और फुरती पर ज्यादा जोर देते हुए आक्रमणकारियों ने घुड़सवार सेना का कुशलतापूर्वक और भरपूर प्रयोग किया।

यातायात के साधन के रूप में सेना के पास ऊँट, हाथी, टट्टू, बैल और बैलगाड़ियाँ आदि थे। सेना के पीछे-पीछे पुजारियों, वेश्याओं, गायकों और वादकों तथा व्यापारियों की भीड़ चलती थी। सेना के प्रयाण के समय का दृश्य बहुत आकर्षक होता था, जिसमें विभिन्न भव्य सामानों—बहुमूल्य धातुओं, पंखों और छत्रों—से सुसज्जित राजसी हाथी और कुलीन घुड़सवार होते थे। नगाड़े की आवाज और जयघोष की ध्वनि के साथ पूरी भीड़ बहुत धीरे-धीरे आगे बढ़ती थी।

'महाभारत' में युद्ध-व्यूहों को 'क्रौंच', 'मंडल', 'श्येन' और 'मकर' के रूप में वर्णित किया गया है। चक्र व्यूह एक ऐसा व्यूह था, जिसमें वीर अभिमन्यु को भी फँसा लिया गया था। कौटिल्य ने भी अपने 'अर्थशास्त्र' में चार प्रकार के युद्ध-व्यूहों का उल्लेख किया है—'ध्वजदंड', 'सर्प', 'मंडल' और 'वियोजित व्यवस्था'—प्रत्येक की अपनी अलग-अलग विशेषताएँ थीं; किंतु ऐसा प्रतीत होता है कि युद्ध शुरू हो जाने के बाद अनुशासन अथवा उत्साह कम ही रह पाता था। वाद्य यंत्रों का प्रयोग योद्धाओं में उत्साह भरने, मार्च में लगनेवाले समय को आसानी से बिताने और युद्ध के शोरगुल में सैनिकों को आदेश का संकेत देने के लिए किया जाता था। कुछ भावनात्मक उद्धरणों के माध्यम से साहस और देशभक्ति जैसे गुणों को सर्वोच्च स्थान दिया गया, जैसे—'विजय हर तरह की प्रसन्नता और धार्मिकता का मूल है।' किंतु जब अपने पक्ष का सेनापति गिर जाता था तो उसकी सेना खंडित और तितर-बितर हो जाती थी।

अतीत के युद्धों के स्वरूप पर दृष्टि डालें तो हम यह मानने के लिए बाध्य हो जाते हैं कि युद्ध-कौशल और उसमें प्रयुक्त तकनीकों के विकास से काफी कुछ हासिल हुआ। योद्धा की युद्ध में विशेष रुचि होती थी और साथ ही उनके पास युद्ध-कौशल भी होता था, लेकिन एकता और उद्‌देश्य की कमी उसका सबसे बड़ा अभिशाप था। इसके अतिरिक्त भारत की सेनाओं की एक और बड़ी कमजोरी स्वयं उसकी संरचना और संगठन में थी। युद्ध में हाथियों, घटिया किस्म के घोड़ों और सैनिकों की भरती की सामंती प्रणाली पर ही निर्भरता के कारण संगठन और

हथियारों के मानकीकरण तथा नियंत्रण की एकता पर विपरीत प्रभाव पड़ा था। सैनिकों और उनके सेनापतियों में साहस की कमी तो नहीं थी, लेकिन चंद्रगुप्त मौर्य, स्कंदगुप्त, यशोवर्मन आदि शक्तिशाली शासकों के पास भी संभवतः रणनीतिक बुद्धिमत्ता की कमी थी। उत्तर-पश्चिम के दर्रों पर नियंत्रण नहीं रखा गया था। सेनाएँ अत्यधिक उबाऊ और धीमी गति से आगे बढ़ती थीं।

हिंदुस्तान में कभी भी अपना एक अखंड साम्राज्य नहीं रहा। कोई भी शासक सुरक्षित और पूर्ण प्रभुसत्ता हासिल नहीं कर सका, जबकि वास्तविक एकता, सैनिक शक्ति और व्यापक बहिर्मुखी नीति के लिए यह अत्यंत आवश्यक था। स्थानीय युद्ध को साधारण बात ही समझा जाता था; खेती करनेवाले किसान उन्हें महत्त्व नहीं देते थे। सन् 1000 तक भारत की सभ्यता उदासीन और रूढ़िवादी हो चुकी थी। मुसलिम आक्रमणकारियों के समय में ये सभी कमजोरियाँ स्पष्ट रूप से सामने आईं।

शांतिवादी संस्कृति—जिसने बौद्ध धर्म को भारत से चीन, जापान, तिब्बत और अफगानिस्तान तक फैलाया—का झुकाव नैतिकता की ओर था और उसने अहिंसा का मार्ग अपनाया। इस नैतिक अथवा आध्यात्मिक 'विजय' में भूभागीय या क्षेत्रीय सामंजस्य तथा राजनीतिक एकता का अभाव था, जिसके कारण उत्तर-पश्चिम की संवेदनशील सीमा की ओर से होनेवाले आक्रमणों का मुकाबला नहीं किया जा सका। किंतु उत्तर में विंध्य पर्वतमालाओं द्वारा रक्षित दक्षिण भारत की ओर से चोलों (985-1054) ने श्रीलंका, मलाया प्रायद्वीप, जावा, सुमात्रा और बोर्नियो पर आधिपत्य जमाने के उद्देश्य से सुदृढ़ नौसेना से युक्त सैनिक शक्ति का प्रदर्शन किया। चोल वंश के शासक राजराजा प्रथम और राजेंद्र प्रथम ने सुदूर पूर्व में स्थित थाईलैंड तथा वियतनाम तक अपना प्रभाव जमाया था। इस विजय का उद्देश्य आधिपत्य स्थापित करना कम और व्यापार तथा हिंदू संस्कृति का विस्तार करना अधिक था। धीरे-धीरे इन देशों में भी भारत की सभ्यता और संस्कृति का प्रसार होने लगा। 'बृहत्तर भारत' हमारे गौरवशाली अतीत की कहानी बयाँ करता है, परंतु साथ-ही-साथ इसमें प्राचीन भारत में सैनिक शक्ति के प्रदर्शन के प्रति व्याप्त प्रतिकूलता और उदासीनता का दृष्टिकोण भी झलकता है। उल्लेखनीय है कि इन देशों में भारतीय कला एवं संस्कृति का प्रभाव हजार वर्ष बाद भी मौजूद है।[4]

अगले काल—भारत पर तुर्क-मुसलिम विजय—में जाने से पहले भारत के इतिहास पर प्रभाव डालनेवाली कुछ निश्चित भौगोलिक दशाओं पर चर्चा करना

प्रासंगिक होगा। अपनी विशिष्ट भौगोलिक स्थितियों के कारण भारतीय उपमहाद्वीप शेष एशिया से बिलकुल अलग दिखाई देता था। विशाल और विस्तृत हिमालय पर्वत से घिरे और संसाधनों की दृष्टि से समृद्ध इस प्राकृतिक क्षेत्र की प्रवृत्ति सदैव ही अंतर्मुखी रही। प्राचीन समय में यहाँ बिरल जनसंख्या निवास करती थी तथा अधिकांश क्षेत्र विभिन्न प्रकार के वनों से घिरा हुआ था। वन्य-जीव और बड़ी संख्या में पाए जानेवाले पक्षियों की प्रजातियों के कारण इस विशिष्ट क्षेत्र की एक और अलग पहचान थी।[5] (भारत में पाई जानेवाली 75 हजार जानवरों की प्रजातियों में 3 सौ स्तनपायी और 12 सौ पक्षियों की प्रजातियाँ हैं। यहाँ पुष्पवाले पौधों की 15 हजार प्रजातियाँ पाई जाती हैं।) कला, हस्तशिल्प, संगीत एवं चिकित्सा के क्षेत्र में हुए विकास से सभ्यता की उन्नति का पता चलता है, जिसने अलग-अलग बोलियों, भाषाओं और सामाजिक-जनसांख्यिकी स्वरूप के बावजूद यहाँ के लोगों को एकता की एक अद्वितीय पहचान प्रदान की। इससे यहाँ के लोग शांतिप्रिय तथा नियतिवादी बन गए। 'यजुर्वेद' की एक प्रार्थना देखें—

आकाश में शांति हो;
वातावरण शांतिपूर्ण हो
पृथ्वी पर शांति हो
वह शांति हम पर छाए।[6]

मुसलिम आक्रमण

भारत पर तुर्क-मुसलिम विजय का मार्ग एक निश्चित और पूर्व नियोजित पद्धति से प्रशस्त हुआ। यह एक क्रमिक प्रक्रिया थी, जो दसवीं शताब्दी में आरंभ होकर सत्रहवीं शताब्दी तक चलती रही। भारत के बिखरे हुए राज्य और इनकी समृद्धि से आकर्षित होकर तुर्कों ने इस पर लगातार आक्रमण किए। पहले वे सीमावर्ती प्रांतों में छापा मारकर उसे लूटते रहते थे। धीरे-धीरे उन्होंने आक्रमण करना शुरू कर दिया, जिसमें उन्होंने निकटस्थ हिंदू शासक को युद्ध के मैदान में पराजित किया। पहली विजय से आगे के अभियानों के लिए मार्ग प्रशस्त हो गया। उसके बाद जैसे-जैसे मुसलिम हमलावर दक्षिण और पूर्व की ओर आगे बढ़ते गए, हिंदू-शासित क्षेत्र एक-एक करके समाप्त होते चले गए। ये गतिविधियाँ सत्रहवीं शताब्दी तक लगातार चलती रहीं—जब असम के घने जंगलों में निवास करनेवाली जनजातियों ने पतन की ओर उन्मुख मुगल शक्तियों को रोककर उनका मुकाबला

किया। चूँकि पूर्वकाल के आक्रमणकारी भारत में आकर यहाँ के स्थायी भारतीय शासक बन चुके थे, इसलिए उत्तर-पश्चिम की ओर से होनेवाले आक्रमणों के कारण धीरे-धीरे उनका भी पतन हो गया। इस तरह आक्रमण और विजय-अभियानों का सिलसिला आठ सौ वर्षों तक लगातार चलता रहा।[7]

भारत पर आक्रमण करनेवाला प्रथम तुर्क-मुसलिम विजेता महमूद गजनवी (997-1030) था, जिसने भारत पर सत्रह बार आक्रमण किए। उसी ने सिंधु पर मुसलमानों का आधिपत्य स्थापित किया, जो हिंदुस्तान के समृद्ध मैदानी क्षेत्र के लिए एक मजबूत अवरोधक की तरह था। सन् 1008 में उंद और पेशावर के मध्य आनंदपाल की सेना पर प्राप्त की गई विजय उसकी सबसे बड़ी विजय थी। धीरे-धीरे उसने फारस से लेकर गंगा के मैदानों तक अपना प्रभाव जमा लिया।

दूसरा प्रमुख आक्रमणकारी मुहम्मद (शहाबुद्दीन) गोरी था। सन् 1191 में दिल्ली के निकट तराइन की ओर बढ़ती उसकी सेना को हिंदू राजा पृथ्वीराज चौहान की सेना ने परास्त कर दिया। किंतु कूटनीतिक दूरदृष्टि की कमी के कारण पृथ्वीराज चौहान इस जीत के बाद निश्चिंत हो गया और परिणामस्वरूप 18 महीने बाद सन् 1192 में मुहम्मद गोरी ने तराइन के दूसरे युद्ध में अपनी हार का बदला ले लिया। अंततः उसने उत्तर के संपूर्ण मैदानी भाग को जीत लिया।

कुछ समय बाद दिल्ली सल्तनत (1206-1526) की स्थापना हुई, लेकिन लगभग दो शताब्दियों के बाद उत्तर-पश्चिम की ओर से आगे बढ़ती हुई तैमूर की सेना ने उसे उखाड़ दिया। इस निर्दयी विजेता ने सन् 1398 के दौरान पूरे पाँच महीने तक भारत में लूटपाट की और फिर दिल्ली को लूटता हुआ वह अपनी राजधानी समरकंद वापस चला गया। तैमूर के आक्रमण और दिल्ली सल्तनत के पतन के कारण उत्तर भारत पचास वर्षों से भी अधिक समय के लिए पूरी तरह से बिखर गया। हिंदू राज्य उड़ीसा, जिसने दिल्ली सल्तनत के समय में उसका दृढ़ता मुकाबला किया था, का विस्तार सुदूर दक्षिण तक हो गया। राजस्थान के कुछ राजपूत राजाओं ने अपनी खोई हुई शक्ति दोबारा प्राप्त करने के लिए दिल्ली सल्तनत की कमजोरी का फायदा उठाया। दिल्ली सल्तनत की कमजोरी का फायदा उठानेवाले राज्यों में मेवाड़ राज्य प्रमुख था। मेवाड़ के राजा राणा साँगा के नेतृत्व में राजपूतों की खोई हुई शक्ति पुनरुज्जीवित हो गई। मुसलिम राज्यों में फैली अराजकता से काबुल के शासक बाबर, जो चंगेज खाँ का वंशज था, का ध्यान भी इस ओर आकृष्ट हुआ। उसने मुगलों का नेतृत्व किया और सन् 1525 में भारत पर हमला किया। सन् 1526 में उसने दिल्ली के अफगान शासक इब्राहिम लोदी को पानीपत

के युद्ध में पराजित किया और उसके बाद उसने आगरा के निकट सीकरी में खानवा के युद्ध में राणा साँगा के नेतृत्व में लड़ रही संयुक्त राजपूत शक्ति का अंत कर दिया। बाबर का साम्राज्य सन् 1530 में उसकी मृत्यु के समय ऑक्सस से लेकर बंगाल के सीमा प्रांतों तक तथा हिमालय से लेकर ग्वालियर तक फैला हुआ था। इस प्रकार बाबर ने भारत में मुगल साम्राज्य की नींव डाली, जिसे उसके पौत्र अकबर ने और अधिक मजबूत बनाया तथा उसका विस्तार किया।

देशी शासकों में कुछ आवश्यक गुणों की अत्यधिक कमी थी, जबकि आक्रमणकारियों में वे गुण पर्याप्त मात्रा में थे; इसी कारण वे लगातार सफलता प्राप्त करते गए। देशी शासकों के समानता और सहिष्णुता के आदर्शों पर आक्रमणकारियों ने इसलाम में अटूट विश्वास से उत्पन्न कट्टर और बर्बरतापूर्ण दृष्टिकोण के बल पर विजय प्राप्त की। इसलाम में धर्मांतरण पर अधिक जोर दिया गया है, साथ ही मुसलमानों में सामाजिक एकजुटता की धारणा विद्यमान थी, जबकि हिंदुओं में इनमें से कोई भी लक्षण नहीं था। आक्रमणकारी तुर्क जोश-ओ-खरोश से भरे हुए थे। उनके पास तुर्की और अरब के अच्छी नस्ल के घोड़े थे। इससे उनकी संगठनशीलता और चुस्ती में भी वृद्धि हुई। उनकी सेना में कुशल घुड़सवार और तीरंदाज होते थे। वे संयोजित कमान का प्रयोग करते थे, जो हमारे यहाँ प्रयोग में लाए जानेवाले किसी भी हथियार से बेहतर होता था; साथ ही वे अपनी कमान का प्रयोग भी अत्यधिक कुशलतापूर्वक करते थे। उनमें साहस कूट-कूटकर भरा था; हालाँकि साहस की कमी तो देशी शासकों और उनके योद्धाओं में भी नहीं थी, लेकिन वे आक्रमणकारियों की तरह उच्च रणनीतिक सूझ-बूझवाले नेता और योग्य कमांडर नहीं बन सकते थे।

तुर्क आक्रमणकारियों की रणनीति की सबसे महत्त्वपूर्ण विशेषता थी—विशाल क्षेत्र पर नियंत्रित संगठनशीलता। वे शत्रु के राज्य अथवा शासन-क्षेत्र पर घेरा डालकर और घुड़सवार तीरंदाजों की सहायता से पहले तो उसे असमंजस की स्थिति में डाल देते थे, जिससे उसका मनोबल टूट जाए और फिर घुड़सवार सेना का हमला करके शत्रु पर विजय प्राप्त कर लेते थे।

किंतु तुर्क भारत में आकर और यहाँ स्थायी रूप से बसकर धीरे-धीरे अपनी मूल पहचान तथा जिंदादिली खो बैठे और कुछ हद तक यहाँ के प्राचीन, अपरिवर्तनीय तौर-तरीकों में ढल गए। साथ ही, आग्नेयास्त्रों के विकास के कारण उनकी युद्ध-योजना पर भी विपरीत प्रभाव पड़ा। पानीपत के युद्ध में बाबर की सेना उसके पूर्ववर्ती शासकों की सेनाओं से काफी अलग थी। उसके पास पूर्ववर्ती आक्रमणकारियों

की अपेक्षा कम तुर्की घुड़सवार थे; यद्यपि जो घुड़सवार थे वे आभिजात्य वर्ग से संबंधित थे। इसके अतिरिक्त उसके पास अपने परंपरागत तीर-कमान, तलवारों और भालों का प्रयोग करनेवाले स्थानीय भारतीयों की सैनिक टुकड़ियाँ थीं तथा बंदूकों एवं अन्य हथियारों से सुसज्जित पैदल सेना थी। सेना में हाथियों का इस्तेमाल शुरू कर दिया गया था। यद्यपि घुड़सवार सेना को पहले की अपेक्षा और अधिक महत्त्व दिया जाने लगा था। तथापि उनकी संगठनशीलता में कमी आई थी। अठारहवीं शताब्दी तक मुगल सेना पुरानी व्यवस्था पर आधारित भारी सेना से अलग नहीं रह गई थी।

अग्निबाण हिंदुओं के परंपरागत हथियारों में से थे, जो मुगल सेना द्वारा भी प्रयोग में लाए जाते रहे तथा बाद में अठारहवीं शताब्दी की मराठा सेना द्वारा भी उसका प्रयोग जारी रहा। अग्निबाण लोहे की एक इंच व्यासवाली और लगभग एक फुट लंबी ट्यूब की तरह होता था, जो बाँस के एक खंभे से जुड़ा हुआ होता था। यह लगभग एक हजार गज की दूरी तक मार कर सकता था; किंतु इसे जो व्यक्ति चलाता या छोड़ता था, उसके लिए भी उतना ही खतरा होता था जितना दुश्मन के लिए। इसके फटने से अप्रशिक्षित सेना डर जाती थी और घोड़े भागने लगते थे अथवा आग लग जाती थी। दक्षिण भारत में बंदूकों का आयात काफी समय पूर्व ही होने लगा था। 1360 के दशक में उनका प्रयोग विजयनगर के शासकों द्वारा दक्कन में किया जाता था। उन्हें चलानेवाले तुर्क और यूरोपीय होते थे। उसके बाद तुर्क और पुर्तगाली भारत में काफी संख्या में बंदूकें लेकर आए।

उत्तर भारत में, सन् 1526 में पानीपत की पहली लड़ाई में बाबर ने भारतीय सेनाओं के खिलाफ पहली बार तोपखाने का प्रयोग किया। उसकी सेना द्वारा प्रयुक्त बंदूकें दो प्रकार की थीं—भारी तोपें, जो एक जगह स्थिर होती थीं और जिनका प्रयोग किलों दर्रों की रक्षा के लिए किया जाता था और हलकी अथवा चल बंदूकें, जिन्हें हाथियों, घोड़ों, ऊँटों या कभी-कभी आदमियों द्वारा युद्ध में ले जाया जाता था।

बंदूकों के प्रयोग में भारतीयों ने भी पश्चिमी तुर्कों द्वारा प्रयुक्त तरीके अपनाए। बाबर ने इनका प्रयोग बड़ी कुशलतापूर्वक किया था—विशेषकर खानवा के युद्ध में, जिसमें उसने अपनी सुदृढ़ इन्फैंट्री और बंदूकों की सहायता से राजपूतों की शक्ति को छिन्न-भिन्न कर दिया था। बाबर के पास पहले से एक विशाल मोर्टार भी थी, जिसे लड़ाई में तीन बार दागा जाता था और उसके बाद वह फट जाती थी। तुर्क बड़ी-बड़ी बंदूकें बहुत पसंद करते थे; भारत में निर्मित कुछ तोपें 40 से 50 मीट्रिक टन

वजनवाली होती थीं। बाद में छोटी बंदूकों का निर्माण होने लगा और उन्हें भारत की रणनीतिक व्यवस्था में शामिल कर लिया गया। उनमें हाथ से चलाई जानेवाली बंदूकें तथा हाथियों और ऊँटों पर रखकर चलाई जानेवाली बंदूकें शामिल थीं।

भारत में मुगल शासन का आरंभ सन् 1526 में हुआ, जो अगले तीन सौ वर्षों तक जारी रहा। इसने भारत को हमेशा के लिए एक नए स्वरूप में ढाल दिया। बाबर की मृत्यु के बाद भी जहाँ-जहाँ मुगलों की शक्ति कमजोर थी, वहाँ-वहाँ राजपूतों, अफगानों तथा मुसलिमों द्वारा प्रतिरोध जारी रहा, जो मुगल शक्ति के लिए एक चुनौती थी। समय के साथ-साथ जातीय सम्मिलन और विभिन्न राजनीतिक गुटों के कारण विरोधी शक्तियाँ भी एक-दूसरे से समानता रखने लगीं। मुगल जब तक अपनी परंपरागत विशिष्टता के प्रति सच्चे रहे, तब तक उनकी श्रेष्ठता भी कायम रही। किंतु धीरे-धीरे वे भी हाथियों पर अत्यधिक निर्भर होते चले गए और इस तरह वे भी अपना युद्ध-कौशल और संगठनशीलता खो बैठे।

बाबर की मृत्यु के बाद उसका पुत्र हुमायूँ मुगल साम्राज्य की गद्दी पर बैठा। हुमायूँ के बाद उसके पुत्र अकबर ने मुगल साम्राज्य की बागडोर सँभाली। उसके बाद सौंदर्य और कला-प्रेमी जहाँगीर तथा शाहजहाँ ने शासन किया। शाहजहाँ ने आगरा में प्रेम और सौंदर्य की जीती-जागती मिसाल ताजमहल का निर्माण करवाया। मुगल साम्राज्य के अंतिम शासक औरंगजेब के हठी स्वभाव और दक्कन पर कब्जा करने की उसकी सनक के कारण मुगल साम्राज्य का पतन हो गया।[8]

तीन सौ वर्षों की इस अवधि में मुगल धर्म और संस्कृतियों के सम्मिश्रण की प्रक्रिया से गुजरे। फारसी संस्कृति कला, संगीत, वास्तुकला एवं भाषा के क्षेत्र में हिंदू संस्कृति के साथ मिल गई। इसलाम भारत में तलवार अर्थात् असहिष्णुता और हिंसा की धारणा लेकर आया था; लेकिन यहाँ आने के बाद उसमें सूफी मत का विकास हुआ, जो प्रेम और सहिष्णुता के सिद्धांत पर आधारित था। अधिकांश मुसलिम शासकों ने यहाँ प्रचलित धर्मों एवं मतों से सामंजस्य बैठा लिया।

किंतु मुगल आधिपत्य के इन तीन सौ वर्षों के दौरान लगातार संघर्ष भी चलते रहे, जिससे भारत की राष्ट्रभावना को ठेस पहुँची। इसी अवधि के दौरान मेवाड़ के महाराणा प्रताप, छत्रपति शिवाजी, गुरु गोविंद सिंह जैसे वीरों ने अपने वंश को लड़ाका पंथ के रूप में तैयार करके एक अलग पहचान बनाई। इन महान् वीर नायकों को भारत में आज भी बड़े आदर के साथ याद किया जाता है; और भारतीय सेना आज भी इनकी बहादुरी और देशभक्ति की भावना से प्रेरणा ग्रहण करती है। गुरु गोविंद सिंह की घोषणाएँ इसका एक उदाहरण हैं—

दे हे शिवा वर मोहे यही
शुभ कर्मन से कबहूँ न डरौं
न डरौं अर सौं जब जाय लरौं
निश्चय कर अपनी जीत करौं
और सिख हों अपने ही मन सियाँ
यह लालच हूँ गुन तौन उचरौं
जब आर की औध निधान बने
अत ही रन में तब जूझ मरौं॥

[अर्थात् हे प्रभु (शिव)! मुझे यही वरदान चाहिए कि मैं शुभ कार्यों से कभी विमुख न होऊँ; जब मैं युद्ध के लिए जाऊँ तो मेरे मन में किसी तरह का भय न हो और युद्ध में अपनी जीत सुनिश्चित करके लौटूँ; तुम्हारे सच्चे भक्त के रूप में मैं तुम्हारा ही गुणगान करूँ और जब मरने की बारी आए तो (देश की रक्षा के लिए) लड़ते हुए अपने प्राण न्योछावर कर दूँ।]

ब्रिटिश काल का आरंभ

अकबर के मुगल साम्राज्य के सिंहासन पर आरूढ़ होने के डेढ़ सौ वर्षों के बाद, औरंगजेब की मृत्यु के समय तक, मुगल साम्राज्य का पतन हो गया—

> बाहर से देखने पर ऐसा लगता था कि मुगल साम्राज्य अब तक आश्चर्यजनक ढंग से फल-फूल रहा था, लेकिन भीतर से वह खोखला, बेदम हो चुका था। भूमि उजाड़ हो गई थी, साम्राज्य विघटित हो चुका था, अर्थव्यवस्था चरमरा गई थी, शासक अक्षम और भ्रष्ट हो गया था, उसकी विशाल सेना बिखरकर अक्षम हो चुकी थी, संस्कृति जीर्ण-शीर्ण हो गई थी और लोगों का उत्साह एवं मनोबल टूट चुका था…।[१]

मुगलकालीन भारत की छवि और उसकी समृद्धि के कारण यूरोपियों का ध्यान सोलहवीं शताब्दी से ही भारत की ओर आकर्षित होने लगा था। पूर्व के समृद्ध देशों तक समुद्री-मार्ग की खोज के क्रम में अमेरिका की खोज हुई। भारत के पश्चिमी तट पर सबसे पहले पुर्तगालियों का आगमन हुआ, जिन्होंने अलबुकर्क के नेतृत्व में वहाँ स्वयं को स्थापित किया। सत्रहवीं शताब्दी में अग्रणी यूरोपीय शक्ति के रूप में डचों ने भारत में पुर्तगालियों का स्थान ले लिया। इधर, भारतीय

शासकों के अधीन काम करनेवाले यूरोपीय बंदूकचियों की संख्या बढ़ रही थी। अठारहवीं शताब्दी के मध्य तक, डचों के कमजोर हो जाने के बाद, ब्रिटेन और फ्रांस के बीच संघर्ष की पृष्ठभूमि तैयार हो गई थी, क्योंकि वे भी भारत में स्वयं को स्थापित करना चाहते थे।

लगभग इसी समय स्किनर, प्रोबिन, हडसन, गार्डनर, बीटसन, वाटसन, जैकब और सैम ब्राउनी जैसे कई अन्य साहसियों ने सिलादार व्यवस्था पर आधारित अपनी 'अनियमित अश्वारोही सेना' के हथियार लहराने शुरू कर दिए। ये सेनाएँ आज भारतीय और पाकिस्तानी सेनाओं की सबसे प्रसिद्ध बख्तरबंद सैनिक टुकड़ियाँ हैं।

वस्तुतः अधिकांश भारतीय घुड़सवार सैनिक इकाइयाँ सिलादार व्यवस्था के आधार पर संचालित की जाती थीं। यह एक ऐसी व्यवस्था थी, जो प्रत्यक्ष रूप से मुगलों और मराठों की घुड़सवार सेना से प्राप्त की गई थी। इस व्यवस्था के अंतर्गत अनियमित अश्वारोही सैनिक टुकड़ियों में ऐसे सैनिकों की भरती की जाती थी, जो अपना स्वयं का घोड़ा और साज का सामान लेकर आते थे। इसमें भरती किए गए सैनिकों को पर्याप्त वेतन मिलता था, जिससे वे अपनी तथा घोड़े की जरूरतें पूरी कर सकते थे। सेना केवल हथियार और गोला-बारूद की व्यवस्था करती थी। बाद में उन साहसियों ने सेना को अपनी सेवाएँ देनी शुरू कर दीं और साथ ही उन्होंने अपने सेवकों को भी अपने साथ लगा लिया। इन सेवकों को 'बरगीर' कहा जाता था और इस प्रकार इस व्यवस्था को 'बरगीरदारी व्यवस्था' के रूप में जाना गया। कुछ समय बाद बरगीरदारी व्यवस्था अप्रचलित होने लगी और सन् 1871 में इसे समाप्त कर दिया गया। सिलादार प्रथा अभी तक चल रही थी, हाँ, उसमें कुछ सुधार जरूर किए गए थे; भरती के समय सैनिक अपने लिए घोड़ा और साज का सामान सैनिक टुकड़ी अथवा सेना से खरीद लेता था और सेवामुक्त होते समय वह उन्हें सैनिक टुकड़ी अथवा सेना को बेच जाता था। दो-दो आदमियों के जोड़े के रूप में ये लोग जुड़े होते थे और प्रत्येक जोड़े के पास अपने स्वयं के घोड़े, एक टट्टू, एक छोटा तंबू और एक साईस होता था। आदेश का संकेत मिलने पर सैनिक टुकड़ी मार्च करते हुए एक पूर्व व्यवस्थित कैंप में एक साथ मिलती थी, जहाँ घुड़सवार सैनिकों को उनका तंबू, साईस तथा उनके जानवरों के लिए चारा मिलता था।

अठारहवीं शताब्दी भारत में क्रांतिकारी परिवर्तन का युग सिद्ध हुई। शताब्दी के पूर्वार्द्ध में पुरानी दुनिया का विघटन और उत्तरार्द्ध में नई दुनिया का आरंभ इस

युग की महत्त्वपूर्ण विशेषता थी। भारत में मुगल साम्राज्य के विघटन का कारण उसका आंतरिक उतार-चढ़ाव रहा और नवीन भारत के निर्माण में सबसे महत्त्वपूर्ण भूमिका एक बाह्य शक्ति (ब्रिटिश) द्वारा निभाई गई।

अब तक अंग्रेजों ने मद्रास, बंबई और कलकत्ता में स्वयं को स्थापित कर लिया था, जबकि पांडिचेरी पर फ्रांसीसियों की पकड़ मजबूत थी। भारतीय घुड़सवार सेना को यूरोपीय युद्ध-पद्धति के अनुसार प्रशिक्षित करनेवाला पहला व्यक्ति एक फ्रांसीसी जोसेफ डूप्ले था। भारतीय शासकों में वह एक कुशल कूटनीतिज्ञ भी था, जो गुट बनाने और फ्रांसीसियों के लाभ के लिए एक के खिलाफ दूसरे को खड़ा करने में बड़ा कुशल था। यूरोप में ऑस्ट्रिया युद्ध (1740-48) से फ्रांसीसियों को भारत में अंग्रेजों पर आक्रमण करने का बहाना मिल गया और डूप्ले ने मद्रास के सेंट जॉर्ज किले पर कब्जा कर लिया। उसके बाद अंग्रेजों ने भी जल्दी ही फ्रांसीसियों की तरह का दाँव चलाना सीख लिया। अंततः रॉबर्ट क्लाइव अपने पूर्ववर्ती फ्रांसीसी गवर्नर डूप्ले से भी अधिक कुशल कूटनीतिज्ञ और सैनिक के रूप में उभरा। सन् 1751 में स्थितियाँ बदल गईं और डूप्ले को फ्रांस वापस बुला लिया गया।[10]

मेजर स्ट्रिंगर लॉरेंस भारत में सन् 1752 में ईस्ट इंडिया कंपनी की समूची सेना का कमांडर-इन-चीफ नियुक्त किया जानेवाला प्रथम सैनिक अधिकारी था।[11] इस प्रकार उसे भारतीय सेना के जनक के रूप में माना जा सकता है। सन् 1748 से वह मद्रास प्रेसीडेंसी में था; इससे पहले उसे फ्रांसीसियों द्वारा सेंट जॉर्ज किले में बंदी बना लिया गया था, लेकिन थोड़े ही समय बाद 1749 में उसे छोड़ दिया गया था। मद्रास अब अंग्रेजों के हाथ से निकल गया था; इससे वे फ्रांसीसियों का मुकाबला करनेवाली सैनिक शक्ति जुटाने में लग गए। कमांडर-इन-चीफ के रूप में स्ट्रिंगर लॉरेंस की नियुक्ति इस दिशा में पहला कदम थी। अंग्रेजों द्वारा यह कदम फ्रांसीसियों का मुकाबला करने के लिए उठाया गया था, क्योंकि सन् 1676 में ही पांडिचेरी के फ्रांसीसी गवर्नर फ्रैंकोइस मार्टिन ने अपनी छोटी यूरोपीय सेना को बड़ी और सुदृढ़ बनाने के लिए 3 सौ भारतीय सैनिकों को भरती किया था। फ्रांसीसी लोग सैनिक के लिए प्रयुक्त फारसी शब्द 'सिपाही' के स्थान पर 'सिपाई' (Cypayes) शब्द का प्रयोग करते थे।[12] सन् 1740 में फ्रांसीसियों ने 4 हजार यूरोपियों और 5 हजार भारतीयों की एक फौज तैयार की थी, जो यूरोपीय पद्धति से सुसज्जित थी। चूँकि दोनों पक्षों (फ्रांसीसी तथा अंग्रेज) के लिए और ज्यादा यूरोपीय सैनिकों की भरती करना संभव नहीं था, इसलिए वे भारतीय घुड़सवार सैनिकों की भरती करके ही अपनी सेना का विस्तार कर सकते थे। इस प्रकार अब

भारतीय घुड़सवार सैनिकों का महत्त्व बढ़ गया था।

उल्लेखनीय है कि स्ट्रिंगर लॉरेंस (1752) से पूर्व भी तीनों प्रेसीडेंसियों—बंबई, मद्रास और कलकत्ता—के पास छोटी-छोटी सैनिक इकाइयों के रूप में अपर्याप्त और छोटी सेना ही थी, जो इंग्लैंड द्वारा भरती किए गए यूरोपीय और भारतीय सैनिकों से तैयार की गई थी। ये भारतीय सैनिक अपने स्वयं के हथियारों से लैस होते थे और अपनी स्वयं की वरदी पहनते थे तथा उन्हें उनके स्वयं के अधिकारी ही नियंत्रित करते थे। इन घुड़सवार सैनिकों के पास बंदूक, तीर-कमान, भाले, तलवार या फिर कोई भी हथियार, जो उन्हें मिल जाता था, आदि होते थे। सैनिक टुकड़ियाँ अनुशासित और सुसंगठित नहीं थीं। वस्तुतः उन्हें सशस्त्र पुलिस के चौकीदार और अग्रदूत के रूप में ही माना जाना चाहिए, न कि स्ट्रिंगर लॉरेंस द्वारा नियमित सैनिक अभियान में भाग लेने के लिए गठित सैनिक इकाइयों के रूप में।[13]

ईस्ट इंडिया कंपनी की गतिविधियों की इस अवधि को दो भागों में बाँटा जा सकता है—पहला, सन् 1599 से 1752 के आस-पास तक, जब कंपनी मूल रूप से एक व्यावसायिक संस्था के रूप में थी और दूसरा, सन् 1752 से 1857 तक, जिस अवधि में वह भारत में तेजी से विस्तार और शासन की गतिविधियों में शामिल होने लगी थी। सन् 1746 में फ्रांसीसियों द्वारा मद्रास पर कब्जा कर लिये जाने के कारण दोनों (फ्रांसीसी और अंग्रेजी) शक्तियों के बीच लंबा सैनिक और कूटनीतिक संघर्ष चला, जिसमें दोनों ही पक्ष हस्तक्षेप की नीति के द्वारा दक्षिण भारत पर अपनी पकड़ बनाने के लिए एक-दूसरे से आगे बढ़ने की फिराक में थे। दोनों पक्षों के अपने अलग-अलग, सीमित और तात्कालिक उद्देश्य थे, जिसके कारण वे स्थिति की गंभीरता को नहीं समझ पा रहे थे। उनके बीच वास्तविक लड़ाई व्यापारिक हित को लेकर नहीं थी, बल्कि वे भारत पर अपना शासन स्थापित करने के लिए मुगलों का स्थान लेना चाहते थे। पूरे भारत पर अपना आधिपत्य जमाने का खुला अवसर प्राप्त करने के लिए अंग्रेजों को भारत में लगभग 150 वर्षों तक व्यापारियों के रूप में रहना पड़ा था। फ्रांसीसियों के साथ प्रतिद्वंद्विता में उन्होंने यूरोपीय सैनिकों की वरदियों और शस्त्रों से सुसज्जित भारतीय घुड़सवार सैनिकों का इस्तेमाल करना सीख लिया था, जिससे अंततः उनकी सफलता सुनिश्चित हुई।[14]

यद्यपि उस समय के भारतीय सैनिकों को उनके समकक्ष यूरोपीय सैनिकों से कम आँका जाता था, किंतु धीरे-धीरे यह बात स्पष्ट रूप से मानी गई कि जो अपने

भारतीय सेना के पास विश्व का प्राचीनतम संस्थागत वीरता पुरस्कार था। (इंडियन) 'ऑर्डर ऑफ मेरिट' नामक यह पुरस्कार सन् 1837 में स्थापित हुआ था और 1911 तक भारतीय सैनिकों के लिए 'विक्टोरिया क्रॉस' के समकक्ष था।

(साभार : यूएसआई)

पक्ष में भारतीय सैनिकों को सबसे ज्यादा उपयुक्त ढंग से सुसज्जित करने और उनके स्तर को ऊपर उठाने में सफल होगा, उसी की जीत होगी। फ्रांसीसियों में यह धारणा कामयाब भी हो चुकी थी और इसीलिए अंग्रेजों ने भी अब इसे अपनाना शुरू कर दिया था। बाद में, प्लासी के युद्ध से पहले (1757 ई.) क्लाइव ने भारत के घुड़सवार सैनिकों को कुछ यूरोपीय अधिकारियों के साथ मिलाकर नियमित बटालियनों के रूप में पुनर्गठित करना शुरू कर दिया था। उसने उन्हें यूरोपियों की तरह की वरदी एवं शस्त्रों से सुसज्जित किया था, जिससे लड़ाई में दूर से ही उन्हें पहचाना जा सके; इस प्रकार भारतीय सैनिकों को स्थानीय पद्धति के अनुसार सुसज्जित करने की धारणा खत्म हो गई है।[15]

भारतीय सैनिकों के स्तर को ऊँचा उठानेवाली इस आरंभिक अवस्था की विशेषताओं पर व्यापक चर्चा की जा सकती है। फ्रांसीसियों और अंग्रेजों के मध्य चल रही प्रतिद्वंद्विता 1763 ई. तक समाप्त हो गई थी। उस समय तक अंग्रेजों द्वारा भरती किए गए सिपाहियों को फ्रांसीसियों द्वारा भरती किए गए सिपाहियों से बेहतर माना जाता रहा था। इस असमानता का मूल कारण नियमित वेतन, बेहतर प्रशिक्षण, अनुशासन और सिपाहियों का अपने अधिकारियों में विश्वास था। भारतीय रीति-रिवाजों के प्रति अंग्रेज फ्रांसीसियों की अपेक्षा ज्यादा कठोर थे। उनके तौर-तरीकों और विचारों की कठोरता से ही उन्हें लड़ाइयाँ जीतने में मदद मिली। प्रशिक्षित सैनिकों से संबंधित छोटी-मोटी बातों—जीन, कपड़ों और अनुशासन—के संदर्भ में भी यही कठोरता बरती गई।[16]

अंग्रेजों ने कंपनी और बटालियन स्तर पर संभवतः बड़े अनुपात में अच्छे अधिकारियों की नियुक्ति की थी—ऐसे अधिकारियों की, जो अपने लोगों और अपने कर्तव्यों के प्रति समर्पित थे। इन अधिकारियों में व्यक्तिगत पहल तथा कमांडर के प्रति अनुशासित आज्ञाकारिता का अच्छा तालमेल देखने को मिला। उन्होंने पलटन को एक केंद्रीय इकाई के रूप में मानने की भावना का विकास किया। वे नई-नई बातें सीखने और योजना बनाने में निपुण थे। कंपनी के डायरेक्टरों के नियंत्रण में रहते हुए विकेंद्रीकृत निर्णय एवं नीति-निर्धारण तथा जोशपूर्ण नेतृत्व अन्य उल्लेखनीय विशेषताएँ थीं।[17]

अब अपना ध्यान दक्षिण भारत की ओर से हटाकर बंगाल की ओर केंद्रित करना प्रासंगिक होगा। ईस्ट इंडिया कंपनी स्थानीय राजनीति में शामिल हो चुकी थी, जिसका परिणाम सन् 1756 में कलकत्ता और कंपनी की कुछ फैक्टरियों पर नवाब सिराजुद्दौला के कब्जे के रूप में सामने आया। इससे चिढ़कर अंग्रेजों ने रॉबर्ट क्लाइव के नेतृत्व में मद्रास के राहत बल के माध्यम से जवाबी कार्रवाई की, जिसका परिणाम जून 1757 में प्लासी के युद्ध के रूप में सामने आया। इस युद्ध में नवाब सिराजुद्दौला की हार हुई। बंगाल में कंपनी के व्यापारिक विशेषाधिकारों की रक्षा के लिए जो प्रयास शुरू किए गए थे, वे पूरे प्रांत पर कंपनी का विधिवत् नियंत्रण स्थापित होने के साथ ही समाप्त हो गए। इस नियंत्रण का मूल उद्देश्य अंग्रेजों के हाथ की कठपुतली बने नवाबों को बेदखल करके उनका स्थान लेना था। अंततः लॉर्ड क्लाइव के निर्देशन में सन् 1765 में मुगल सम्राट् ने बंगाल, बिहार और उड़ीसा की दीवानी (राजस्व अधिकार) कंपनी को सौंपने की औपचारिक अनुमति दे दी; इसके परिणामस्वरूप कंपनी के समक्ष नवाबों की प्रतिष्ठा गिर गई तथा वे नाम मात्र के ही शासक रह गए।[18]

प्लासी का युद्ध, जिसने भारत के भविष्य पर इतना गंभीर प्रभाव छोड़ा, वास्तव में कोई बड़ा युद्ध नहीं था। 8 सौ यूरोपियनों, 2 हजार सिपाहियों—जो आठ तोपों से लैस थे—के साथ क्लाइव ने 34 हजार पैदल सैनिकों, 15 हजार घुड़सवारों और 53 तोपों का मुकाबला किया था। वास्तव में, हार अंग्रेजों की होनी चाहिए थी, जो आम के वृक्षों के एक घने कुंज में अपनी स्थिति सँभाले हुए थे। किंतु भारी वर्षा के कारण नवाब की तोपें निष्क्रिय हो गई थीं और दूसरी तरफ, मीर जाफर अंग्रेजों से मिल गया था। इसका परिणाम यह हुआ कि नवाब सिराजुद्दौला को अचानक मैदान छोड़कर भागना पड़ा। नवाब के पक्ष में नेतृत्व के समाप्त हो जाने के कारण युद्ध का जो परिणाम निकला, वह मुठभेड़ के बाद होनेवाली

पराजय से भी ज्यादा हानिकारक था। नवाब की मानसिक हार के कारण युद्ध का वास्तविक प्रभाव और उसकी गंभीरता काफी ज्यादा हो गई।[19]

अठारहवीं शताब्दी के भारत को, जिसमें राजनीतिक एकता और सामाजिक स्थिरता की कमी थी, मात्र एक भौगोलिक क्षेत्र का नाम देकर ही वर्णित किया जा सकता है। राष्ट्र अथवा राष्ट्रवाद की भावना का नामोनिशान नहीं रह गया था। देश के नेता और शासक, जिनकी संख्या सैकड़ों में थी, छोटे-छोटे मामलों को लेकर एक-दूसरे के साथ संघर्ष में ही अपनी शक्ति नष्ट कर रहे थे। 'सबसे ज्यादा दुःख की बात थी मुगलकालीन भारत में मानवीय चरित्र का पतन। सर्वोच्च वर्ग से संबंध रखनेवाले अमीरों, बल्कि स्वयं सम्राट् भी, से लेकर आम आदमी तक में नैतिकता और व्यक्तिगत निष्ठा का पूरी तरह से अभाव हो गया था।'[20]

भारतीयों की इस कमजोरी का अंग्रेजों ने भरपूर लाभ उठाया। अगले दो सौ वर्षों तक वे छल-कपट और कूटनीतिक चालों का सहारा लेकर अपने विरोधियों को लगातार मात देते रहे। भारत की राजनीतिक एवं सामाजिक एकता की कमी का लाभ उठाते हुए उन्होंने अपने स्थानीय विरोधियों पर अपनी पकड़ मजबूत बना ली। इस प्रकार वे अपनी छोटी सी सेना के बल पर भी बड़ी-बड़ी सफलताएँ हासिल करते गए, जिससे धीरे-धीरे उनकी शक्ति अजेय होती गई। हमारे ही देश में हमारे ही लोगों की मदद से अपना साम्राज्य स्थापित करने में अंग्रेजों की सफलता की कटु सच्चाई भारतीय इतिहास का अध्ययन करनेवाले आज के टिप्पणीकारों को चक्कर में डाल देनेवाला एक प्रश्न बनकर रह गई है।

क्लाइव ने प्लासी के युद्ध से पहले ही भारतीय घुड़सवार सैनिकों को कुछ यूरोपीय अधिकारियों के साथ मिलाकर अपने नियंत्रण में संगठित करना शुरू कर दिया था। उस समय तक अंग्रेज और फ्रांसीसी—दोनों ने सिर्फ कंपनियों के रूप में संगठित (जिसमें प्रत्येक में 120 आदमियों को शामिल किया जाता था) करके इस्तेमाल किया था। क्लाइव ने उन्हें यूरोपियों की तरह ही वरदी और हथियारों से सुसज्जित किया। अवधी, भोजपुरी, पुरबिया और रोहिल्ला लोग बंगाल में अंग्रेजी सेना में भरती होने के लिए तैयार थे। बंगाल में इस प्रकार की संगठित पहली बटालियन को 'लाल पलटन' के नाम से जाना गया, क्योंकि उसके घुड़सवार सैनिक लाल कोट पहनते थे। अंग्रेजी शब्द 'प्लैटून' (Platoon) फ्रांसीसी शब्द 'पलॅटन' (Pelotan) से लिया गया है; और 'पलटन' शब्द की उत्पत्ति इसी से हुई मानी जा सकती है, जिसका व्यावहारिक अर्थ 'बटालियन' के रूप में लिया गया। शुरू में लाल पलटन में यूरोपीय शैली में सुसज्जित दस कंपनियाँ थीं; प्रत्येक

कंपनी का अपना अलग झंडा था, जिसमें उसके सूबेदार का प्रतीक चिह्न भी अंकित होता था। शुरू में एक भारतीय कमांडेंट था और अंग्रेज अधिकारियों की तुलना में भारतीय अधिकारियों की संख्या ज्यादा थी। लाल पलटन में—एक भारतीय कमांडेंट, एक भारतीय सहायक अधिकारी (मेजर के समकक्ष), दस सूबेदार, तीस जमादार (आज के नायब सूबेदार) तथा 820 रैंक और फाइल शामिल थे; इनके अलावा—एक अंग्रेज कप्तान, दो सहायक अधिकारी, एक अंग्रेज सार्जेंट मेजर और दस अंग्रेज सार्जेंट थे।[21]

अंग्रेज कप्तान ज्यादा महत्त्वपूर्ण भूमिका निभाता था और बटालियन का नाम उसके पहले अधिकारी (कप्तान) के नाम पर चलने लगता था। लाल पलटन का नाम बाद में कप्तान प्रिमरोज गैलीज, जिसने कई वर्षों तक इकाई को नियंत्रित किया था, के नाम पर 'गिलीज की पलटन' रख दिया गया। इस बटालियन ने सन् 1857 में कानपुर में विद्रोह किया था।[22]

सन् 1765 तक भारतीय बटालियनों का गठन ब्रिगेड के रूप में हो गया। उनमें सेवा देनेवाले अंग्रेज अधिकारियों की नियुक्ति यूरोपीय रेजिमेंटों से उनकी योग्यता को ध्यान में रखकर की जाती थी। सन् 1796 तक की प्रेसीडेंसी सेनाओं में भारतीय और यूरोपीय इकाइयों के अनुपात को निम्न आँकड़ों से समझा जा सकता है[23]—

यूरोपीय सैनिक (राजा तथा कंपनी के)	13,000
भारतीय सैनिक (बंगाल प्रेसीडेंसी)	24,000
भारतीय सैनिक (मद्रास प्रेसीडेंसी)	24,000
भारतीय सैनिक (बंबई प्रेसीडेंसी)	9,000

प्रेसीडेंसी की सेनाओं के सन् 1796 के पुनर्गठन में मुख्य परिवर्तन यह किया गया कि भारतीय इकाइयों में अंग्रेज अधिकारियों की संख्या काफी बढ़ा दी गई। परिणामस्वरूप भारतीय अधिकारियों (सूबेदार एवं जमादार) के दायित्व में कमी आई।[24] सन् 1857 में हुए स्वातंत्र्य समर के संदर्भ में यह पहलू काफी महत्त्वपूर्ण था। अंग्रेज धीरे-धीरे अति-आश्वस्त होते चले गए और उन्होंने भारतीय सैनिकों की उपेक्षा करनी शुरू कर दी। आर्टिलरी (तोप चलानेवाली) बटालियनों का गठन भी किया गया था, जिनमें मुख्य रूप से यूरोपीय बंदूकचियों और भारतीय लश्करों तथा साईसों को शामिल किया गया था। यहाँ भी अपनी नीति के अनुसार अंग्रेजों ने भारतीय बंदूकचियों पर भरोसा नहीं किया; इससे भारतीय सैनिकों में असंतोष

फैला। सन् 1796 में पुनर्गठित एक सेना (बंगाल की सेना) इस प्रकार तैयार की गई थी[25]—

यूरोपीय आर्टिलरी	पाँच-पाँच कंपनियों की तीन बटालियन।
यूरोपीय इन्फैंट्री	दस-दस कंपनियों की तीन बटालियन।
भारतीय इन्फैंट्री	कुल मौजूद छत्तीस बटालियनों में से चौबीस को दो-दो बटालियनों की बारह रेजीमेंटों के रूप में पुनर्गठित किया गया।
भारतीय कैवेलरी (घुड़सवार सेना)	छह-छह घुड़सवार सैनिक टुकड़ियोंवाली चार रेजीमेंट।

अंग्रेजों के अधीन घुड़सवार सेना की शुरुआत अच्छी नहीं रही। तीनों प्रेसीडेंसियों में घुड़सवार सेना को कम महत्त्व देने की प्रवृत्ति पहले से ही मौजूद थी। अंग्रेजों को लगा था कि भारत में युद्ध में उनकी उत्कृष्टता बंदूकों और संगीनों से व्यर्थ जूझते हुए घुड़सवारों पर निर्भर रहने में नहीं, बल्कि इन्फैंट्री में निहित है। सन् 1765 में क्लाइव द्वारा किए गए संगठन में तीनों रिसालों को ज्यादा सक्षम नहीं पाया गया था, इसलिए उन्हें 1772 में बंद कर दिया गया। अब एक भी घुड़सवार सैनिक कंपनी की सेवा में नहीं रह गया था। सन् 1773 में 'अंगरक्षक' (Body Guard) दस्ते का गठन किया गया। उसके बाद यह अनुभव किया गया कि कम-से-कम गहन सर्वेक्षण और पराजित शत्रु-सेना का पीछा करने के लिए घुड़सवार सेना की उपयोगिता तो जरूर है। यह भी अनुभव किया गया कि अनुशासित घुड़सवार सैनिकों का छोटा सा बल भी, यदि सही मौके पर तैनात किया जाए तो, युद्ध में निर्णायक भूमिका अदा कर सकता है।[26]

सन् 1796 के पुनर्गठन में भारतीय घुड़सवार सेना को विशिष्ट सेवा के लिए एक घुड़सवार ब्रिगेड के रूप में गठित किया गया था, जिसके अधिकारियों को एक अलग घुड़सवार सैनिक सूची के आधार पर पदोन्नत किया जाता था। मेजर जनरल ई. रॉस्टोर्न इस ब्रिगेड की कमान सँभालने के लिए नियुक्त पहले अधिकारी थे।[27]

इस पुनर्गठन के अनुसार इन्फैंट्री में दोहरी बटालियनवाली सैनिक इकाइयाँ गठित की गईं। बंगाल की सेना की कुल 36 बटालियनों को दो-दो बटालियनवाली 12 सैनिक इकाइयों के रूप में पुनर्गठित किया गया था। ये बदलाव बड़े अव्यवस्थित तरीके से किए गए थे। बाद में 'लाल पलटन' जूनियर बारहवीं रेजीमेंट में मिल

गई। अब दो बटालियनोंवाली प्रत्येक रेजीमेंट में बटालियन कमांडर के रूप में एक कर्नल कमांडेंट और दो लेफ्टिनेंट कर्नल हो गए थे। प्रत्येक दो बटालियनवाली रेजीमेंट में 1,800 सिपाही, 40 भारतीय अधिकारी, 2 अंग्रेज मेजर, 8 कप्तान और 22 सहायक अधिकारी होते थे। इस प्रकार प्रत्येक बटालियन में कुल 940 पद रखे गए थे। परंपरागत रेजीमेंट कर्नल अथवा कर्नल कमांडेंट के पद इसी मौलिक व्यवस्था के आधार पर निर्धारित किए गए।[28]

भारतीय इन्फैंट्री में पहली बार लागू की गई सैन्य-व्यवस्था पूरी तरह से संतोषजनक नहीं थी। कर्नल कमांडेंट का अधिकार पूरी रेजीमेंट से संबंध रखनेवाले मामलों में प्रयुक्त किए जाने की बजाय बटालियन स्तर तक प्रभाव रखनेवाले मामलों में प्रयुक्त किया जाता था; इस कारण बटालियन कमांडर अपने अधिकारों से वंचित हो जाते थे। वे गैर-पदवीवाले अधिकारियों की पदोन्नति, भरती की स्वीकृति और छुट्टी की मंजूरी जैसे मामलों पर अपने वरिष्ठ अधिकारियों से चिढ़ते थे। इसके अलावा दो बटालियनें, जो एक रेजीमेंट के रूप में गठित की गई थीं, अलग इकाइयों के रूप में थीं, जिनका इस्तेमाल युद्ध की स्थिति की तरह किया जाता था। यद्यपि वे सैद्धांतिक रूप से आपस में एक-दूसरे से संबद्ध थीं, लेकिन उनके मध्य कोई आपसी तालमेल नहीं था। दोनों में कुछ संबंध था तो बस एक ही मामले में—बटालियन के आंतरिक मामलों में कर्नल कमांडेंट का अनावश्यक हस्तक्षेप।[29] दोहरी बटालियनवाली यह सैनिक व्यवस्था सन् 1824 तक चलती रही, जब एक-एक बटालियन को अलग रेजीमेंट के रूप में पुनर्गठित किया गया। किंतु 1857 के क्रांतिकारी विद्रोह के बाद बची बंगाल की कुछ सैनिक इकाइयाँ 1893 में भी सुसंगठित नहीं थीं। इस कारण से सन् 1922 में कई विशिष्ट बटालियन रेजीमेंटों का गठन किया गया, जिनका अपना अलग-अलग केंद्र और डिपो था। यह अंतिम व्यवस्था 20 से 25 बटालियनवाली प्रत्येक पैदल सैनिक फौज में अब भी अपने मूल रूप में प्रचलित है।

अब हम अठारहवीं शताब्दी की घटनाओं से आगे बढ़ते हैं। दक्षिण में पहले हैदर अली और उसके बाद उसके पुत्र टीपू सुलतान (शेर-ए-मैसूर) के खिलाफ लड़ाइयाँ लड़ी गईं। ये दोनों ही शासक अंग्रेजों की अपेक्षा अधिक सैन्य क्षमतावाले और दक्ष थे। बाद में मुगल साम्राज्य के पतन के बाद उसका स्थान लेने और भारत पर आधिपत्य जमाने के लिए चार प्रमुख शक्तियों में संघर्ष हुआ। ये चार प्रमुख शक्तियाँ थीं—मराठा संघ, अहमदशाह अब्दाली के नेतृत्व में अफगान, फ्रांसीसी और अंग्रेज। बाद में सिक्खों के उत्थान से एक नई चुनौती पैदा हो गई। उन्नीसवीं

शताब्दी के आरंभ में मराठों के खिलाफ युद्ध हुए; जनरल लेक, लॉर्ड वेलेजली तथा वॉरेन हेस्टिंग्स के अभियानों में पिंडारियों के खिलाफ लड़ाइयाँ हुईं; और फिर सिक्खों द्वारा नई चुनौती उत्पन्न कर गई थी। सिक्खों और मराठों ने भारत में अंग्रेजों के सामने कठिन चुनौती खड़ी कर दी थी। उनकी सेनाओं में कुछ राष्ट्र भावना जागती दिखाई पड़ी; लेकिन जब वास्तविक मुठभेड़ हुई तो वे असफल हो गए।

इन सभी लड़ाइयों में नीति का माध्यम सैनिक, अंग्रेज और भारतीय ही रहे थे। कभी तो एक अंग्रेजी बटालियन के साथ चार या पाँच भारतीय बटालियनें लड़ रही थीं; कभी अनुपात ज्यादा होता था तो कभी कम; लेकिन इन युद्धों में भारतीय सेना की महत्त्वपूर्ण भूमिका रही। उन्नीसवीं शताब्दी के मध्य तक समूचा भारत, प्रत्यक्ष अथवा परोक्ष रूप में, अंग्रेजों के अधीन हो गया। साथ ही एशिया का अधिकांश भाग इस नई शक्ति के नियंत्रण में आ गया। अफगानिस्तान के खिलाफ विनाशकारी युद्ध के अलावा कई अन्य अभियानों—मलाया, डच इंडीज (इंडोनेशिया), मिस्त्र, फारस, चीन, बर्मा और हिंद महासागर के फ्रांसीसी द्वीपों—में भी शक्ति-प्रदर्शन किया गया।

भारत में राष्ट्रवाद के विकास और 1857 के क्रांति काल की ओर बढ़ने से पहले इस विषय पर चर्चा करना प्रासंगिक होगा कि एक विदेशी शक्ति ने भारत में किस तरह इतनी चौंकानेवाली सफलता प्राप्त कर ली, और वह भी भारतीय सैनिक

हाथियों द्वारा खींचा जानेवाला तोपखाना, गोलकोंडा लगभग 1890।

(साभार : मेजर जनरल ए.के. वर्मा)

इकाइयों में देशी सैनिकों का इस्तेमाल करके। हालाँकि यह सवाल उलझानेवाला प्रतीत होता है, लेकिन निम्न टिप्पणी में इसका तर्कसंगत स्पष्टीकरण मिल जाता है—

अठारहवीं शताब्दी के भारत में आई सैनिक क्रांति, जिसने यूरोप में प्रशिक्षित और यूरोपीयों के नेतृत्ववाली सेनाओं को समकालीन भारतीय सेनाओं (मुगल, मराठा और अन्य) के खिलाफ अत्यधिक लाभ पहुँचाया, के संबंध में स्पष्ट रूप से जानने के लिए यूरोप में सोलहवीं शताब्दी में शुरू हुई सैनिक क्रांति के बारे में जानना आवश्यक है। इस काल के इतिहासकारों ने उस पहलू का उल्लेख किया है, जिसमें इन्फैंट्री की शक्ति में भारी वृद्धि हुई और उसे अपने नायक के अधीन काम करने के लिए सैनिक अनुशासन में पर्याप्त प्रशिक्षण दिया गया, जो दुश्मन द्वारा हमला किए जाने की स्थिति में भी अपनी सैनिक इकाई और अपने कामरेडों के प्रति निष्ठावान् थी। इस प्रकार के अनुशासित और प्रशिक्षित पैदल सैनिक मात्र भाले अथवा बरछे से लैस होने पर भी घुड़सवार सैनिकों का हमला बरदाश्त कर सकते थे। जब वे बंदूकों या संगीनों से लैस होते थे तो उनका हमला दुश्मन पर, जो इतने प्रशिक्षित और अनुशासित नहीं थे, विनाशकारी सिद्ध होता था।

परेड ग्राउंड में होनेवाले सैनिक अभ्यास, जो वर्तमान में मुख्य रूप से परंपरागत समारोहों के लिए उपयोगी है, का आरंभ मानव संगठन में सबसे महत्त्वपूर्ण क्रांतियों में से किसी एक के परिणामस्वरूप हुआ है। रोमन सैनिक दस्तों द्वारा की जानेवाली सैनिक कवायद और युद्धाभ्यास यूरोप में आत्म-चेतना एवं पुनर्जागरण के रूप में थे।

नई सैन्य-व्यवस्था की महत्त्वपूर्ण विशेषता यह थी कि उसके व्यापक प्रशिक्षण में अलग-अलग समूहों, यहाँ तक कि अलग-अलग देशों, के लोगों को लिया जा सकता था और उन्हें एक लड़ाका शक्ति के रूप में तैयार किया जा सकता था। इस तरह यह व्यवस्था किसी भी समूह पर लागू की जा सकती थी। संक्षेप में, इसे भारत में लागू किया जा सकता था—और किया भी गया।[30]

बंदूकधारी और चट्टान सदृश इन्फैंट्री का संयोग भारतीय उपमहाद्वीप में युद्ध के इतिहास में एकदम नया प्रयोग था। इससे पहले इन्फैंट्री को ज्यादा महत्त्व नहीं दिया जाता था; उसका प्रयोग सामान की रक्षा करने के लिए संतरी के रूप में और तैनात हाथियों के बीच के खाली स्थान को भरने के लिए किया जाता था। अब सबकुछ पूरी तरह से बदल चुका था। इन्फैंट्री युद्ध में आधारभूत और आक्रामक हथियार के रूप में प्रयुक्त होने लगी थी। यूरोपियनों द्वारा चलाई जानेवाली तोपें

स्थानीय सेनाओं की तोपों की अपेक्षा हलकी थीं और उन्हें एक स्थान से दूसरे स्थान पर ले जाकर दागा जा सकता था; यूरोपियनों द्वारा युद्ध में उनका प्रयोग बड़े आक्रामक ढंग से किया जाता था। 'गैलॅपर' बंदूकों का प्रयोग बड़ी हिम्मत के साथ युद्ध की पहल करने और उसे भड़काने के लिए किया जाता था। अच्छी किस्म के घोड़ों का प्रयोग करते हुए घुड़सवार सेना, जिसमें अकड़कर चलनेवाले वीर योद्धा होते थे, ने पूर्ण प्रतिष्ठा प्राप्त की। सैन्य-संचालन से संबंधित वस्तुओं की आपूर्ति स्थानीय स्रोतों पर आधारित थी और प्रायः उन्हें चलती हुई फौज के साथ बैलगाड़ियों पर रखा जाता था।

सन् 1752 से 1857 की अवधि में एक महत्त्वपूर्ण परिवर्तन यह देखने को मिला कि अब अंग्रेजों ने दक्षिण भारत से अपना ध्यान हटाकर पूर्वी भारत की ओर केंद्रित कर लिया था। इस परिवर्तन की अवधि के दौरान मद्रास प्रेसीडेंसी को केंद्र के रूप में प्रयुक्त किया गया। शुरू में दक्षिण भारत के तेलंगों को सेना में भरती किया गया, लेकिन बाद में भरती क्षेत्र बंगाल और बिहार की ओर स्थानांतरित कर दिया गया। बंबई प्रेसीडेंसी की फौज का इस्तेमाल एक पूरक और वैकल्पिक व्यवस्था के रूप में पहले दक्कन के पठार पर और फिर मध्य भारत पर नियंत्रण करने और अपने प्रभाव-क्षेत्र में वृद्धि करने के लिए किया गया।

उन्नीसवीं शताब्दी के आरंभिक वर्षों में उत्तर में वर्तमान उत्तरांचल और हिमाचल प्रदेश के क्षेत्रों को अपने प्रभाव-क्षेत्र में शामिल करने के उद्देश्य से गोरखों पर नियंत्रण स्थापित करने के प्रयास शुरू हो गए थे। अंग्रेजों की नजर अब भारत के प्राकृतिक सीमा प्रांतों से आगे तक पहुँच चुकी थी। उन्होंने उत्तर-पश्चिम के प्रति सक्रिय रणनीति अपनाई, जिसके परिणामस्वरूप प्रथम अफगान युद्ध (1838-42) लड़ा गया। इस कारण अंग्रेजी शासन की खूब किरकिरी हुई और चारों ओर चर्चा होने लगी कि भारत में अंग्रेजी शासन का अंत अब निकट ही है।[31]

जून 1839 में महाराजा रणजीत सिंह की मृत्यु के बाद अंग्रेजों और सिक्खों के बीच घमासान युद्ध (1845-49) हुए। अंततः पंजाब को ब्रिटिश शासन में मिला लिया गया। इस प्रकार, सन् 1850 तक अंग्रेज अपनी संपूर्ण सत्ता स्थापित करने के लिए अपने सभी विरोधियों को परास्त कर चुके थे। उसके बाद उन्होंने भारत को एक भौतिक (भूभागीय) स्वरूप प्रदान किया, जो पहले कभी नहीं किया गया था। टेलीग्राफ व्यवस्था की शुरुआत और रेल लाइनों का निर्माण इसी अवधि की देन हैं।[32]

सैन्य-शक्ति में अच्छी-खासी वृद्धि हुई। सन् 1857 के आरंभ में सैनिक

शक्ति की स्थिति कुछ इस प्रकार थी[33]—

बंगाल की सेना	1,37,500
अतिरिक्त स्थानीय सैनिक टुकड़ियाँ	40,000
मद्रास की सेना	49,000
सशस्त्र पुलिस	39,000
बंबई की सेना	48,000
कुल	3,13,500
कुल यूरोपीय सैनिक	38,000

ब्रिटिश काल : राष्ट्रीय जागृति

भारतीय सेना के इतिहास का अध्ययन करते समय सन् 1857 की घटनाओं का उल्लेख अवश्य किया जाना चाहिए। इन घटनाओं से जो एक महत्त्वपूर्ण प्रश्न उठता है, वह है कि ये क्रांतिकारी घटनाएँ देशव्यापी राष्ट्रीय भावना के विकास का परिणाम थीं या फिर ब्रिटिश शासन के प्रति क्षोभ के परिणामस्वरूप स्वाभाविक रूप से घटित हुई थीं? आधुनिक इतिहासकार इस प्रश्न के संदर्भ में बाद की घटनाओं का उल्लेख करते हैं; लेकिन इतना तो जरूर कहा जा सकता है कि 1857 की घटनाओं से देशव्यापी राष्ट्रीय जागृति के लिए पृष्ठभूमि तैयार हुई। इस क्रांतिकारी शुरुआत ने ही एक ऐसे राष्ट्रीय आंदोलन को जन्म दिया, जिसके बल पर सन् 1947 में भारत की स्वतंत्रता का मार्ग प्रशस्त हुआ।

उस समय अंग्रेजों की ओर से मिश्रित प्रतिक्रिया देखने को मिली। उन्नीसवीं शताब्दी के मध्य तक पूरा भारत, प्रत्यक्ष अथवा अप्रत्यक्ष रूप से, अंग्रेजों के अधीन हो गया था। मुगलकाल के बाद लागू की गई न्यायिक प्रणाली तथा सिविल सेवा की एकरूप व्यवस्था का देश भर में स्वागत किया गया। किंतु इन बदलावों ने कुछ निश्चित प्रतिक्रियाओं और जनता में क्षोभ को भी जन्म दिया। अंग्रेजों ने अपना ध्यान पंजाब और आस-पास के बाहरी क्षेत्रों की ओर लगाना शुरू कर दिया था और साथ ही, वे अवध और बिहार पर अपनी पकड़ मजबूत बनाने की कोशिश में थे। उन्होंने इस क्षेत्र से बड़ी संख्या में रंगरूटों की भरती भी की। इन सब बदलावों से देश की जनता में रोष उत्पन्न हुआ।

भारत पर नियंत्रण स्थापित करने में अंग्रेजों ने भारतीय सेना को ही एक मुख्य हथियार के रूप में इस्तेमाल किया; भारतीय सैनिकों में व्याप्त रोष और असंतोष के कारण ही सन् 1857 की क्रांति का इतना उग्र रूप देखने को मिला।

अंग्रेज बंगाल की सेना से संबंधित संवेदनशील मामलों के निपटने से आत्म-संतुष्ट हो गए थे और साथ ही अन्य मामलों में भी वे अति-विश्वस्त हो चुके थे; इस कारण बंगाल की सेना में भी असंतोष की लहर फैल गई। क्रांति की शुरुआत सुनियोजित रूप में नहीं की गई थी; साथ ही उसमें सशक्त नेतृत्व का भी अभाव था, इसलिए अंग्रेज सरकार उसे कुछ क्षेत्रों तक ही सीमित करके दबाने में सफल हो गई। सैनिकों में चर्चा थी कि उन्हें गाय और सुअर की चरबी से युक्त कारतूस चलाने के लिए दिए जा रहे हैं। इसके अलावा ईसाई मिशनरियों द्वारा हिंदुओं को धर्म-परिवर्तन के लिए मजबूर किए जाने की घटनाएँ भी सामने आई थीं। इन सब कारणों से भारतीय जनता और भारतीय सैनिकों में असंतोष चरम पर पहुँच गया। इस पर भी अंग्रेज अधिकारी बिना सोचे-समझे अपने रास्ते पर आगे बढ़ते जा रहे थे।[34]

सन् 1796 के पुनर्गठन के समय से और बाद में 1824 में, भारतीय सैनिकों पर अंग्रेज अधिकारियों के नियंत्रण में वृद्धि की जाती रही तथा इस विषय पर भारतीयों की भावनाओं की भी उपेक्षा की जाती रही। इससे योग्य भारतीय सैनिकों और अधिकारियों की पदोन्नति तथा उनकी प्रतिष्ठा पर विपरीत प्रभाव पड़ा, जिससे असंतोष और अविश्वास का वातावरण तैयार हुआ। धर्म के मामले में संकीर्ण असहिष्णुता से भी अंग्रेजों और अंग्रेजी शासन के प्रति भारतीय जनता तथा सैनिकों में सहानुभूति समाप्त होती चली गई, जिसे छिपाने के लिए अंग्रेजों द्वारा थोड़े-बहुत प्रयास भी किए गए। सेना को आगे लाने के पीछे जो प्रेरणा काम कर रही थी, वह सिक्खों के साथ हुई कठिन लड़ाइयों तथा उसके पूर्व के अफगान-युद्ध के विनाशकारी परिणामों के बाद अब मंद पड़ने लगीं थी। इससे पूर्व सैन्य भरती क्षेत्रों को उत्तर की ओर स्थानांतरित करने के कारण बंगाल की सेना में विशेष रूप से तनाव उत्पन्न हो गया था, क्योंकि इससे उनके महत्त्व और प्रतिष्ठा को ठेस पहुँची थी। इधर, भरती-क्षेत्र को तथा पहाड़ी क्षेत्रों से गोरखों को पंजाब क़ी ओर स्थानांतरित करने की कारवाई पहले से ही चल रही थी।

सर्वविदित है कि विद्रोह का केंद्र अवध क्षेत्र था, जो बंगाल सेना का प्रमुख भरती क्षेत्र था। धीरे-धीरे इसका असर दिल्ली, इंदौर, जबलपुर तथा दक्षिण के क्षेत्रों तक भी देखने को मिला।

विद्रोह भड़कने पर पहले तो अंग्रेज सरकार स्तब्ध रह गई; लेकिन जल्दी ही उसे और आगे तक फैलने से रोकने के लिए सख्त कदम उठाए। दिल्ली में वृद्ध मुगल सम्राट् बहादुरशाह जफर की स्थिति कमजोर थी; इससे अंग्रेजों को इस नाम

मात्र के केंद्र दिल्ली पर अपनी कठोर प्रतिक्रिया दिखाना आसान दिखाई पड़ा। इसके अतिरिक्त लखनऊ और कानपुर दो अन्य ऐसे केंद्र थे, जिन पर अंग्रेज सरकार ने अपनी कार्रवाई केंद्रित की। दिल्ली पर कब्जा करने में अंग्रेजों के 3,537 सैनिक हताहत हुए।[35] अंग्रेजों द्वारा दिल्ली पर कब्जा कर लिये जाने के बाद क्रांति की सफलता पर भारत के लोगों का जो विश्वास था, वह धराशायी हो गया।

सन् 1857-58 के दौरान विद्रोही भारतीय सैनिक अदम्य साहस के साथ अंग्रेजों से लोहा लेते रहे। किंतु यूरोपीय संगठन पद्धति अधिक श्रेष्ठ और प्रभावशाली सिद्ध हुई, क्योंकि अंग्रेजों के खिलाफ लड़नेवाले भारतीयों में संगठनात्मक नेतृत्व का अभाव था, जिनमें कई सूबेदार रातोरात जनरल बनकर सेना का नेतृत्व कर रहे थे। बंगाल की सेना के कुल 1,37,500 सैनिकों में से 70 हजार से अधिक सैनिक ही ऐसे थे जो विद्रोह में शामिल थे; 30 हजार अन्य सैनिकों को नि:शस्त्र करके प्रभावित क्षेत्र से बाहर कर दिया गया था।[36] लगभग 30 हजार सैनिक अंत तक अंग्रेजों के साथ बने रहे। इस प्रकार बंगाल की लगभग तीन-चौथाई सेना विद्रोह में शामिल थी। अंग्रेज सरकार ने विद्रोह को मद्रास तथा बंबई की सैनिक इकाइयों तक फैलने से रोक दिया।

मजेदार बात यह है कि बंगाल की इस तीन-चौथाई सेना की पूर्ति करने के लिए, जिसके गठन में पूरी एक शताब्दी का समय लग गया था, ऐसी सेनाओं में से सैनिकों की भरती की गई, जो कुछ ही वर्ष पहले तक अंग्रेजों की कट्टर शत्रु बनी हुई थीं (सिक्ख, गोरखा और पंजाब की सेनाओं से)। अंग्रेजों ने विद्रोह को बर्बरतापूर्वक कुचल डाला। उसके बाद के अन्य राष्ट्रवादी आंदोलनों के खिलाफ उन्होंने जो बर्बरता और निर्दयता दिखाई—उदाहरण के लिए, सन् 1919 का जलियाँवाला बाग हत्याकांड—उससे उनकी इस अत्याचारी प्रवृत्ति को समझा जा सकता है।

अंग्रेजों ने भारत में अपने हितों के लिए भाड़े के सैनिकों की एक फौज तैयार करनी शुरू कर दी थी। इस प्रक्रिया में उन्होंने एकता के प्रतीक के रूप में 'रेजीमेंट' और उसका प्रतीक 'रंग' तैयार करके भारतीय सैनिकों की सम्मान और पहचान की भावना के साथ एक चाल चली। किंतु सच्चाई यह है कि सम्मान और पहचान एक ऐसी तलवार के दो किनारों की तरह हैं, जो भड़कने पर सतही संबंधों को काट डालते हैं—और 1857 के विद्रोह के समय यही हुआ, जिसने 'भारतीय' होने की मजबूत राष्ट्रीय भावना को जन्म दिया। अंग्रेजों के खिलाफ जन-जागृति में सांप्रदायिक भेदभाव देखने को नहीं मिला। इसने भारतीय जनता का स्वतंत्रता के

लिए अंग्रेजों के खिलाफ युद्ध छेड़ने के लिए आह्वान किया। यह बात नहीं भूलनी चाहिए कि बाद में शुरू हुए संघर्ष में पहली गोली चलानेवाला भारतीय सैनिक ही था।

ब्रिटिश काल के अगले भाग की ओर आगे बढ़ने से पहले यह उल्लेख करना आवश्यक है कि अंग्रेजों को भारतीय सैनिकों में बढ़ते अविश्वास और असंतोष के बारे में पहले से कई चेतावनियाँ मिल चुकी थीं, जिसका परिणाम अंततः 1857-58 की घटनाओं के रूप में सामने आया। इससे पूर्व मई 1806 में ही दक्षिण भारत में वेल्लोर में सबसे भयंकर विद्रोह देखने को मिल चुका था, जिसमें चमड़े की नई तरह की टोपी लागू करने के मामले पर उत्पन्न रोष के कारण मद्रास इन्फैंट्री की कई बटालियनें शामिल हुई थीं। इसके अतिरिक्त सैनिकों के लिए 'जाति चिह्न' नामंजूर किए जाने संबंधी आदेश पर भी विरोध के मंद स्वर उठने लगे थे। विद्रोह में 14 अंग्रेज अधिकारी तथा 115 यूरोपीय सैनिक मारे गए थे; बदले की काररवाई में 350 भारतीय सैनिकों की जानें गई थीं। यह घटना स्थानीय जरूर थी, लेकिन इसके कारण ही अंततः भरती क्षेत्र को अवध और बिहार क्षेत्रों में स्थानांतरित किया गया था। बाद में, सन् 1824 में, बंगाल की सैनिक इकाइयों के समुद्र पार जाने से इनकार करने पर भी तनाव का वातावरण बन गया था।[37]

ब्रिटिश काल : पुनर्निर्माण और 'महारवेल'

सन् 1857-58 के प्रथम स्वतंत्रता संग्राम को शांत करने में कुछ समय लगा। नवंबर 1858 में ब्रिटेन की महारानी ने भारत पर शासन का अधिकार ईस्ट इंडिया कंपनी से अपने हाथ में लेने की घोषणा कर दी।[38] उसके बाद कई सुधार हुए, खासकर बंगाल की सेना के पुनर्निर्माण के रूप में; और सामान्य रूप से तीनों प्रेसीडेंसी की सेनाओं के पुनर्गठन के रूप में तथा यूरोपीय इकाइयों की स्थिति में सुधार के रूप में। यह तय किया गया कि शाही सैनिकों तथा कंपनी के यूरोपीय सैनिकों के बीच अंतर को नई तैयार होनेवाली अंग्रेज सैनिकों की रेजीमेंट्स के माध्यम से समाप्त किया जाए। इसी तरह सेना की आर्टिलरी इकाइयों को शाही तोपखाने में मिला दिया गया।

जुलाई 1858 में नियुक्त किए गए एक रॉयल कमीशन ने सुझाव दिया कि भारत की सेना में मुख्य रूप से भारतीय सैनिकों को ही रखा जाए; लेकिन साथ ही

रिसालदार मेजर गेंदा सिंह, सरदार बहादुर, ओबीआई, आईओएम, 19वीं फेंस हॉर्स। गेंदा सिंह सन् 1852 में चौथी पंजाब कैवेलरी में शामिल थे। उन्होंने सन् 1858 में लखनऊ के निकट सर रॉबर्ट सैंडमैन की जान बचाई थी और 1860 में द्वितीय अफीम युद्ध के दौरान कर्नल (बाद में मेजर जनरल) सर चार्ल्स मैक ग्रेगर की जान बचाने में महत्त्वपूर्ण भूमिका निभाई। सर चार्ल्स ने बाद में यूएसआई ऑफ इंडिया की स्थापना की। सन् 1889-1892 तक गेंदा सिंह ने लॉर्ड रॉबर्ट के भारतीय एडीसी के तौर पर उनके स्टाफ में सेवा की। वह सन् 1894 में सेना से सेवानिवृत्त हुए।

(साभार : छिना कलेक्शन)

उसने भारतीय और अंग्रेज सैनिकों के बीच अनुपात भी बदलने की सिफारिश की। इस प्रकार अब नया अनुपात 2 : 1 का हो गया और यह व्यवस्था की गई कि तोपखाना पूरी तरह से यूरोपियनों के हाथ में ही रहे (बाद में माउंटेन बैटरी के मामले में इसमें ढील दी गई)। आयोग ने 3,13,500 भारतीय और 38,000 अंग्रेज सैनिकों के स्थान पर कुल 1,90,000 भारतीय और 80,000 अंग्रेज सैनिकों की फौज रखे जाने की सिफारिश की थी। किंतु सन् 1863 के पुनर्गठन के बाद सेना में 1,35,000 भारतीय और 62,000 अंग्रेज सैनिक रखे गए। बाद में रूस की ओर से हमले के खतरे को देखते हुए उसमें कुल 30,000 सैनिकों की वृद्धि की गई। उसके बाद प्रथम विश्व युद्ध (1914) शुरू होने तक यही अनुपात चलता रहा। सन् 1895 तक एक-एक करके तीनों प्रेसीडेंसी सेनाओं को एक में मिला दिया गया और बंबई तथा मद्रास के लिए नियुक्त अलग-अलग कमांडर-इन-चीफ को हटा दिया गया।[39]

इस अवधि में भारत में पुनर्निर्माण और सुदृढ़ीकरण का दौर चलता रहा। सन् 1860 से लेकर 1878 तक प्रेसीडेंसी की सेनाएँ किसी बड़े अभियान में संलग्न नहीं की गईं, हालाँकि उत्तर-पश्चिम सीमाप्रांतों, पूर्वोत्तर सीमाप्रांतों तथा पूर्वी भारत में कई अभियान चलाए गए। चीनी युद्ध (1858-60) और अबीसीनिया की लड़ाई (1867-68) में तैनात किए गए सैनिकों में कुछ भारतीय सैनिक भी थे। सन् 1878 में एक सैनिक टुकड़ी माल्टा

भेजी गई थी। रूस के साथ 'महाखेल' (Great Game) प्रतिद्वंद्विता में उत्तर-पश्चिम, अफगानिस्तान और मध्य एशिया की ओर ज्यादा ध्यान दिया जा रहा था। रूसियों ने इसे 'भूतों का टूर्नामेंट' (Tournament of the Shadows) का नाम दिया।[40] इससे पूरे क्षेत्र में युद्ध के स्वरूप में बदलाव आया, जिसका भारतीय सेना के संगठन एवं प्रशिक्षण पर गहरा प्रभाव पड़ा।[41]

उत्तर-पश्चिम सीमाप्रांत में भारतीय सेना का सामना 400 मील लंबे और लगभग 100 मील चौड़े एक जंगली, पर्वतीय भूभागीय पट्टी से हुआ। इस क्षेत्र में विरोधी जनजातियों के खिलाफ लड़ाई के लिए नए नियम बनाए गए। हाथियों का मुकाबला करने के लिए अब इन्फैंट्री नहीं तैनात की जाती थी, जो कम दूरी पर स्थिति सँभालते हुए गोलियों की बौछार कर देती थी। पहले यह घमासान लड़ाइयों में 200 गज की दूरी तक गोलियों एवं तोपों की बौछार करने के लिए तैनात की जाती थी।[42] भारत की मैदानी लड़ाइयों में पंक्ति में बने रहना तथा फुरती से बंदूकें लोड करना सैनिकों की सबसे महत्त्वपूर्ण तकनीक थी। पहले के विपरीत अब नई सेना में किसी सैनिक को अलग समझा जाता था। उसे पहाड़ियों में अकेले चलना पड़ता था और दुश्मन की घात में छिपकर बैठते हुए मौका मिलते ही उस पर निशाना लगाना होता था। साथ ही, संचार में सुधार और अधिक सक्रियता से कम संख्या में होने के बावजूद उनकी क्षमता और प्रभावशीलता अधिक बढ़ गई।

सन् 1857 की घटनाओं और उपमहाद्वीप में युद्ध के स्वरूप में आए बदलाव को ध्यान में रखते हुए अंग्रेजों ने अपनी नीति कुछ इस तरह तैयार की ताकि नई भारतीय सेना को राष्ट्र-भावना से दूर रखा जा सके। उन्होंने भारतीयों को जाति, धर्म, भाषा तथा क्षेत्र के आधार पर बाँटने की पूरी कोशिश की। सैनिक इकाइयों में नियंत्रण एवं संतुलन बनाने की व्यवस्था भी की गई। इसी से पता चल जाता है कि 1857-58 की घटनाओं के राष्ट्रवादी प्रभाव के प्रति अंग्रेज कितने सतर्क हो गए थे। हालाँकि विद्रोह के समय किसी प्रकार का सांप्रदायिक भेदभाव देखने को नहीं मिला था, लेकिन अंग्रेजों ने अनुभव किया कि सांप्रदायिकता को आधार बनाकर भारतीयों को एक-दूसरे के खिलाफ खड़ा करने में मदद मिलेगी। अत: उन्होंने इसी आधार पर अपनी 'फूट डालो और राज करो' की नीति अपनाई। इस तरह सन् 1947 में देश के बँटवारे के लिए पृष्ठभूमि तैयार होने लगी। हालाँकि कुछ रेजीमेंट्स—उदाहरण के लिए, गोरखा, सिक्ख एवं गढ़वाल—एकल वर्गीय ही बनी रहीं और अपने-अपने क्षेत्रों में उनकी पकड़ भी सुदृढ़ बनी रही।

'नई सेना' की भरती प्रणाली में पंजाब की ओर ज्यादा ध्यान दिया जाने लगा

था। धीरे-धीरे रास्ता बनाने तथा खंदक खोदनेवाली (सफरमैना) सेना को छोड़कर पूरी मद्रास सेना को बाहर कर दिया गया। कुछ इकाइयों की इकाई संख्या और नाम ज्यों-के-त्यों रहने दिए गए, जबकि उनमें पंजाब और उत्तर भारत की लड़ाका जातियों से सैनिकों की भरती की गई। इसी तरह, बंगाल की मूल सेना की कुछ इकाइयों, जो अब तक वफादार बनी हुई थीं, को बरकरार रखा गया। इस बीच समूचे भारत का साम्राज्य ब्रिटिश राजसत्ता का केंद्र महारानी के हाथों में आ गया था और ब्रिटिश साम्राज्य के इस उपनिवेश को और मजबूती देने के उद्देश्य से भारत की रक्षा हेतु व्यापक घेरा बनाने के लिए राजकीय नीति लागू हुई। अफगानिस्तान, बर्मा और तिब्बत आंशिक विरोधी थे; जबकि भूमध्यसागर में ब्रिटिश नौसेना के वर्चस्व से उन्हें और भी आगे—सिंगापुर, हांगकांग, अदन और साइप्रस—तक सीमा-चौकियाँ स्थापित करने का मौका मिला। पैक्स ब्रिटैनिका (Pax Britannica) अपने चरम पर था और इसकी गतिविधियाँ भारत में केंद्रित हो गई थीं।

ब्रिटिश नीति के अनुसार, भारतीय इकाइयों को उनकी अलग पहचान के साथ बरकरार रखा गया था, क्योंकि अंग्रेजों को डर था कि भारतीय इकाइयों के एक साथ संगठित होकर एक बड़ी रेजीमेंट के रूप में उभरने से गंभीर चुनौतियाँ पैदा हो सकती हैं। सन् 1893 तक इकाइयों की संख्या में कई बार परिवर्तन किए गए। 1893 में उनका अलग-अलग स्तर निर्धारित किया गया, जो प्रथम विश्वयुद्ध के बाद तक कायम रखा गया। प्रथम विश्वयुद्ध के दौरान एकल इकाईवाली इन रेजीमेंटों के संचालन और नियंत्रण की आवश्यकताओं को ध्यान में रखते हुए अंततः सन् 1922 में बड़ी भारतीय रेजीमेंट्स तैयार की गईं। शुरू में प्रत्येक रेजीमेंट का अपना अलग केंद्र और उसकी पाँच बटालियनें थीं। (यह सैनिक व्यवस्था बाद में भी सफलतापूर्वक चलती रही; हालाँकि द्वितीय विश्वयुद्ध के दौरान और भारत की स्वतंत्रता के बाद कई अन्य नई रेजीमेंट्स भी बनाई गईं।)

द्वितीय अफगान युद्ध (1878-81), तीसरा आंग्ल-बर्मा युद्ध (1885) और फ्रैंसिस यंगहस्बैंड के समय का तिब्बत अभियान (1904)—इनसे अंग्रेजों की उस समय की साम्राज्यवादी नीति का स्पष्ट संकेत मिलता है। सन् 1885 से 1893 के दौरान फील्ड मार्शल लॉर्ड रॉबर्ट्स भारत में सबसे प्रभावशाली कमांडर-इन-चीफ रहे। सन् 1857-58 में उन्हें 'विक्टोरिया क्रॉस' से सम्मानित किया गया था। वह 'लड़ाका जाति' की धारणा के प्रमुख समर्थक थे और 'नई भारतीय सेना' में भरती के मामले में भेदभाव तथा स्थानांतरण के लिए भी बहुत हद तक जिम्मेदार थे।[43] 1878-81 के अफगान युद्ध में तथा उत्तर-पश्चिम सीमाप्रांत, अफगानिस्तान और

मध्य एशिया में चल रहे 'महाखेल' (Great Game) के दौरान उन्होंने प्रमुख भूमिका निभाई थी। यह क्षेत्र बीसवीं शताब्दी में उपद्रवग्रस्त रहा और आज भी उपद्रव की स्थिति में ही है।

भारतीयों को कमीशन-प्राप्त अधिकारी बनाए जाने के मामले में लॉर्ड कर्जन के शासनकाल में, सन् 1901 में 'इंपीरियल कैडेट कोर' के गठन के समय पहली बार कुछ कदम उठाए गए।[44] कुलीनों और राजघराने के सदस्यों को पहले मेरठ में, उसके बाद देहरादून—वर्तमान राष्ट्रीय इंडियन मिलिट्री कॉलेज (RIMC)—में प्रशिक्षण दिया गया। विभिन्न प्रांतों के राजघरानों के कुल 78 कैडेटों को प्रशिक्षण दिया गया; उसके बाद सन् 1914 में इंपीरियल कैडेट कोर को बंद कर दिया गया। हालाँकि इसमें प्रशिक्षित अधिकारियों को अंग्रेज कैडेटों के नेतृत्व का अधिकार नहीं था।

भारतीय सेना के व्यावसायिक पुनर्गठन को प्रथम विश्वयुद्ध आरंभ होने से पूर्व, भारत में सन् 1902 से कमांडर-इन-चीफ रहे जनरल किचनर के समय में, अंतिम रूप प्रदान किया गया। इस अवधि में उनके तथा वायसराय लॉर्ड कर्जन के बीच भारत में सेना पर नियंत्रण से संबंधित संगठनात्मक द्वैधता की धारण को लेकर टकराव चलता रहा।[45] अंततः किचनर अपनी बात मनवाने में सफल हो गए और लॉर्ड कर्जन ने इसी मामले को लेकर अपने पद से इस्तीफा दे दिया। इस मसले का उच्च रक्षा नियंत्रण तंत्र पर विपरीत प्रभाव पड़ा, क्योंकि इसने सेवा प्रमुखों को सरकारी नीति-निर्धारण संघों से दूर कर दिया, इस पहलू पर पर्याप्त ध्यान दिया गया और उसमें संशोधन भी किया गया।

सन् 1914 में प्रथम विश्वयुद्ध आरंभ होने के समय तक भारतीय सेना में कुल 1,50,000 सैनिक थे। सेना अपने सीमित उद्देश्यों की पूर्ति के लिए पूरी तरह सक्षम थी, जिनमें सबसे स्पष्ट और महत्त्वपूर्ण उद्देश्य था उत्तर-पश्चिम सीमाप्रांत में शांति बनाए रखना। कुल सैनिक शक्ति का लगभग पाँचवाँ हिस्सा घुड़सवार सैनिकों का था और उसके यातायात का प्रमुख साधन खच्चर थे। यह सेना मुख्य रूप से राइफलों से लैस थी, जो उस समय के लिए आधुनिक नहीं थी (ब्रिटिश सरकार की नीति के अनुसार भारतीय सैनिकों को नवीनतम हथियार ब्रिटिश इकाइयों के बाद ही जारी किए जाने थे।) सेना में तोपें भी नहीं थीं। सन् 1914-18 के महायुद्ध (प्रथम विश्वयुद्ध) के लिए उनकी संख्या में दस गुना की वृद्धि की गई थी। यह विषय भारतीय सेना के संक्षिप्त इतिहास के लिए अगले अध्याय के रूप में सामग्री तैयार करता है।

भलीभाँति प्रशिक्षित और सुसज्जित होने की स्थिति में भारतीय सेना इतनी सक्षम थी कि वह दुनिया की किसी भी सेना की बराबरी कर सकती थी।

संदर्भ

1. लेफ्टिनेंट एफ.जी. कार्डिव, 'ए स्केच ऑफ द सर्विसेज ऑफ द बंगाल नेटिव आर्मी', (कलकत्ता, 1903), पृष्ठ 1।
2. फील्ड मार्शल विस्काउंट बी.एल. मांटगुमरी, 'ए हिस्ट्री ऑफ वारफेयर', (लंदन, 1968), पृष्ठ 393–409; शोध—हैरॉल्ड लैंब, 'द मार्च ऑफ द बार्बरिएंस', (लंदन, 1941); जदुनाथ सरकार, 'मिलिट्री हिस्ट्री ऑफ इंडिया', (कलकत्ता, 1960); वी.आर.आर. दीक्षितर, 'वार इन एंशिएंट इंडिया', (दिल्ली, 1948)।
3. फिलिप मैसॅन, 'ए मैटर ऑफ ऑनर', (लंदन, 1988), पृष्ठ 41।
4. मिलिट्री हिस्ट्री टीम, इंडियन मिलिट्री एकेडमी (IMA), 'द जेंटलमैन कैडेट्स मिलिट्री हिस्ट्री बुक', (देहरादून, 1998), पृष्ठ 113।
5. आर.के. गंत, 'इंडियन बर्ड्स', (नई दिल्ली, 1994)।
6. मिलिट्री हिस्ट्री टीम, आई.एम.ए., 'द जेंटलमैन कैडेट्स मिलिट्री हिस्ट्री बुक', पृष्ठ 113।
7. फील्ड मार्शल विस्काउंट बी.एल. मांटगुमरी, 'ए हिस्ट्री ऑफ वारफेयर', पृष्ठ 393–409।
8. अब्राहम एराली, 'एंपरर्स ऑफ द पीकॉक थ्रोन', (दिल्ली, 1997), पृष्ठ 516।
9. वही, पृष्ठ 517–518।
10. लेफ्टिनेंट जनरल एस.एल. मेनीजेस, 'फाइडलिटी एंड ऑनर : दि इंडियन आर्मी', (नई दिल्ली, 1993), पृष्ठ 1–220।
11. वही, पृष्ठ 7।
12. वही, पृष्ठ 8।
13. वही, पृष्ठ 6–8।
14. वही, पृष्ठ 7।
15. वही, पृष्ठ 10।
16. फिलिप मैसॅन, 'ए मैटर ऑफ ऑनर', पृष्ठ 121–22।
17. वही, पृष्ठ 121।
18. लेफ्टिनेंट जनरल एस.एल. मेनीजेस, 'फाइडलिटी एंड ऑनर', पृष्ठ 9–10 व 12।
19. लेफ्टिनेंट जनरल एफ.जी. कार्डिव, 'ए स्केच ऑफ द सर्विसेज ऑफ द बंगाल नेटिव आर्मी', पृष्ठ 7।
20. अब्राहम एराली, 'एंपरर्स ऑफ द पीकॉक थ्रोन', पृष्ठ 518।

21. लेफ्टिनेंट जनरल एस.एल. मेनीजेस, 'फाइडलिटी एंड ऑनर', पृष्ठ 10।
22. लेफ्टिनेंट एफ.जी. कार्डिव, 'ए स्केच ऑफ द सर्विसेज ऑफ द बंगाल नेटिव आर्मी', पृष्ठ 66।
23. वही, पृष्ठ 67।
24. ले. जनरल एस.एल. मेनीजेस, 'फाइडलिटी एंड ऑनर', पृष्ठ 17।
25. ले. एफ.जी. कार्डिव, 'ए स्केच ऑफ द सर्विसेज ऑफ द बंगाल नेटिव आर्मी', पृष्ठ 66।
26. वही, पृष्ठ 51।
27. वही, पृष्ठ 67।
28. ले. जनरल एस.एल. मेनीजेस, 'फाइडलिटी एंड ऑनर', पृष्ठ 17।
29. वही, पृष्ठ 19।
30. स्टीफन पीटर रोसन, 'सोसाइटीज एंड मिलिट्री पॉवर : इंडिया एंड इट्स आर्मीज', (नई दिल्ली, 1996), पृष्ठ 141, जसवंत सिंह द्वारा उद्धृत, 'डिफेंडिंग इंडिया', (लंदन, 1999), पृष्ठ 85-86।
31. फिलिप मैसॅन, 'ए मैटर ऑफ ऑनर', पृष्ठ 219।
32. वही, पृष्ठ 228-29।
33. ले. जनरल एस.एल. मेनीजेस, 'फाइडलिटी एंड ऑनर', पृष्ठ 157।
34. फिलिप मैसॅन, 'ए मैटर ऑफ ऑनर', पृष्ठ 263।
35. ले. एफ.जी. कार्डिव, 'ए स्केच ऑफ द सर्विसेज ऑफ द बंगाल नेटिव आर्मी', पृष्ठ 275।
36. ले. जनरल एफ.जी. कार्डिव, 'फाइडलिटी एंड ऑनर', पृष्ठ 185।
37. फिलिप मैसॅन, 'ए मैटर ऑफ ऑनर', पृष्ठ 237-42।
38. ले. जनरल एस.एल. मेनीजेस, 'फाइडलिटी एंड ऑनर', पृष्ठ 185।
39. वही, पृष्ठ 189।
40. अशोक के. वर्मा, 'कारगिल : ब्लड ऑन द स्नो', (दिल्ली, 2001), पृष्ठ 17।
41. फिलिप मैसॅन, 'ए मैटर ऑफ ऑनर', पृष्ठ 334।
42. वही, पृष्ठ 334।
43. वही, पृष्ठ 345।
44. ले. जनरल एस.एल. मेनीजेस, 'फाइडलिटी एंड ऑनर', पृष्ठ 223-24।
45. वही, पृष्ठ 231।

□

विश्वयुद्ध और स्वतंत्रता की पृष्ठभूमि

• लेफ्टिनेंट जनरल (सेवानिवृत्त) वी. के. सिंह

(परम विशिष्ट सेवा पदक)

33वीं पंजाब इन्फैंट्री, 1903। (साभार : ए.सी. लॉवेट 'आर्मीज ऑफ इंडिया')

सन् 1914 के शरत्काल में अंग्रेज सरकार ने अपनी यह प्रतिबद्धता दोहराई कि भारत को किसी पड़ोसी देश के आक्रमण से सुरक्षित रखा जाना चाहिए और आक्रमण को उस समय तक टाला जाना चाहिए, जब तक इंग्लैंड से सहायता नहीं पहुँच जाती। इसका स्पष्ट अर्थ यह था कि सेना को उत्तर-पश्चिम सीमाप्रांत में फैले उपद्रव से निपटने के लिए तैयार रहना था, जिससे दूसरे अफगान-युद्ध की संभावना तेजी से बढ़ रही थी। साथ ही, रूस द्वारा हमला किए

जाने की स्थिति में दुश्मन को इंग्लैंड से सहायता पहुँचने तक के लिए उलझाकर रखना था।

उस समय भारतीय सेना की कुल संख्या 1,50,000 थी। किचनर के सुधारों के परिणामस्वरूप सेना को दो कमांड हेडक्वार्टर्स के अधीन नौ डिवीजनों में बाँटा गया था। कुल सैनिक शक्ति का पाँचवाँ हिस्सा घुड़सवार सैनिकों का था, जो हमले की पुरानी पद्धति में विश्वास रखते थे। इन्फैंट्री पर्वतीय युद्ध में कुशल और सुप्रशिक्षित थी; किंतु उसके पास आधुनिक युद्ध के अनुभवों की कमी थी। वह पुरानी राइफलों से लैस थी और प्रत्येक दो बटालियन पर दो ही मशीनगन थीं। कोई विशेष रेजीमेंटल प्रणाली नहीं थी; प्रत्येक बटालियन अपने लिए अलग-अलग सैनिकों की भरती करती थी, जिसमें 300 आरक्षित सैनिक रखे जाते थे। कुछ माउंटेन बैटरी को छोड़कर भारतीय सेना के पास अन्य कोई तोप नहीं थी। सफरमैना (रास्ता बनानेवाले और खाई-खंदक आदि तैयार करनेवाले सैनिक) तो थे, पर उनके पास पर्याप्त साधन और हथियार नहीं थे। वाहन यातायात की व्यवस्था नहीं थी; सेना युद्ध-सामग्री और अन्य सामान ढोने के लिए पशु-यातायात पर निर्भर थी।

सेना को अपनी इसी तैयारी के साथ फ्रांस और फ्लैंडर्स के गीले मैदानों और खंदकों में जर्मनी से लोहा लेना था। प्रथम विश्वयुद्ध समाप्त होने के पहले तक भारतीय सेना फ्रांस, बेल्जियम, गैलिपोली, सैलोनिका, मिस्र और फिलिस्तीन, मेसोपोटामिया (वर्तमान इराक) और फारस, पूर्वी अफ्रीका एवं उत्तरी चीन में सक्रिय रही। भारत ने अपने 1,00,000 सैनिकों को समुद्र-पार भेजा था। जो सेना मूल रूप से आंतरिक सुरक्षा के लिए तैयार की गई थी, वह अब यूरोप में एक महायुद्ध में झोंक दी गई थी—ऐसे वातावरण में, जिसके लिए न तो वह प्रशिक्षित की गई थी और न ही उसके अनुसार सुसज्जित थी। भारतीय डिवीजनें पुरानी चाल के (अप्रचलित) हथियारों से लैस की गई थीं, जो जर्मन सेना के हथियारों के सामने बहुत कमजोर थे। उनके पास प्रति बटालियन दो मशीन गन और नाम मात्र की तोपें थीं; सर्दी आने पर भी उन्हें गरमीवाली वरदियों में ही रहना पड़ रहा था। इसी स्थिति में भारतीय सेना को जर्मन सेना की आग उगलती तोपों और विनाशकारी गोलों का सामना करना था। किंतु युद्ध में उन्होंने अदम्य साहस और बहादुरी का प्रदर्शन किया, जिससे वे अंग्रेज और जर्मन दोनों पक्षों के सैनिकों की प्रशंसा के पात्र बने।

जैसा कि प्राय: देखा जाता है, युद्ध के बाद सैन्य व्यय में कमी करने और उनकी संख्या में कटौती की सिफारिशें की जाने लगती हैं। युद्ध के बाद भारतीय

चैंप्स एलिसी, पेरिस में भारतीय सैनिकों का अभिवादन करती कृतज्ञ फ्रांसीसी महिला, 1916।
(साभार : छिना कलेक्शन)

सेना फिर से उत्तर-पश्चिम सीमाप्रांत की रक्षा और आंतरिक सुरक्षा की भूमिका में आ गई। किंतु प्रथम विश्वयुद्ध से भारतीयों को अपनी सेना पर और ज्यादा नियंत्रण व प्रभाव बनाने की प्रेरणा मिली। सन् 1919 से लेकर 1939 तक अधिकाधिक भारतीयकरण, खासकर अधिकारी वर्ग का, रक्षा संबंधी बहस का प्रमुख मुद्दा बना रहा।

सितंबर 1939 में द्वितीय विश्वयुद्ध शुरू होने पर भारतीय सेना पर एक बार फिर उसी तरह की जिम्मेदारियाँ थोपी गईं, जिसके लिए उसे प्रशिक्षित अथवा संगठित नहीं किया गया था। किंतु पहले की तरह ही इस बार भी उसने चुनौती स्वीकार की। अगले छह वर्षों में उसकी शक्ति में अच्छी-खासी वृद्धि की जानी थी और इस तरह विश्वयुद्ध की समाप्ति तक उसे विश्व की सबसे बड़ी स्वयंसेवक सेना बनाया जाना था। भारतीय सेना ने इटली और मध्य-पूर्व में लड़ाई में महत्त्वपूर्ण भूमिका अदा की और साथ ही जापान के खिलाफ युद्ध में भी उसने अंग्रेजी सेना की ओर से अग्रणी भूमिका निभाई। सेना के तीव्र विस्तारीकरण से 'लड़ाका जाति' की धारणा को त्याग दिया गया और अब पूरे भारत से खुली भरती की जाने लगी। अधिकारी कैडर की भरती भी खुली कर दी गई और भारतीयकरण को बढ़ावा मिला। द्वितीय विश्वयुद्ध की समाप्ति तक भारतीय सेना अपने वास्तविक स्वरूप में उभर चुकी थी और यही सेना स्वतंत्र भारत को विरासत में मिली।

प्रथम विश्वयुद्ध (1914-1918)

ऑस्ट्रिया साम्राज्य के उत्तराधिकारी आर्कड्यूक फ्रैंज फर्डिनैंड की 28 जून, 1914 को बोस्निया के सराजेवो में हुई हत्या प्रथम विश्वयुद्ध का तात्कालिक कारण थी। हालाँकि यूरोप की प्रमुख शक्तियों में तनाव पहले से ही था, जिसे व्यापार एवं वाणिज्य में ब्रिटेन के प्रतिस्पर्धी के रूप में जर्मनी के यूरोप में प्रमुख शक्ति बनने की महत्त्वाकांक्षा ने और बढ़ाने का ही काम किया। इससे यूरोप में दो शक्ति-गुट उभरकर सामने आए—पहला जर्मनी, ऑस्ट्रिया और हंगरी का त्रिकोणीय गठबंधन; दूसरा इंग्लैंड, फ्रांस तथा रूस की मित्र शक्ति। बहुत कम ही लोगों ने यह कल्पना की होगी कि सराजेवो में पिस्तौल चलने का परिणाम चार वर्षीय भयानक युद्ध के रूप में सामने आएगा और वह विश्व के अधिकांश हिस्से को अपनी गिरफ्त में ले लेगा। भारतीय सेना ने तो शायद ही यह उम्मीद की होगी कि उसे पठानों के साथ हो रही लड़ाई से हटाकर जर्मन और तुर्कों के खिलाफ लड़ने के लिए खड़ा किया जाएगा।

4 अगस्त, 1914 को फ्रांस की ओर से लड़ने के लिए अपनी चार डिवीजनें भेजकर ब्रिटेन भी युद्ध में कूद पड़ा। उस समय उसके पास नियमित बल के रूप में उसकी अपनी सेना और भारतीय सेना ही थी। हालाँकि भारतीय सेना इस तरह के बड़े युद्ध के लिए प्रशिक्षित नहीं थी, लेकिन मौके पर आरक्षित बल के रूप में वही उपलब्ध थी। भारतीय सेना ने ब्रिटेन की ओर से सभी प्रमुख मोरचों पर युद्ध लड़ा।

फ्रांस

जर्मनी की युद्ध-योजना से फ्रांस जल्दी ही हार के कगार पर पहुँचनेवाला था, जिसमें बेल्जियम और उत्तरी फ्रांस के द्वारा प्रभावशाली रणनीति तैयार की गई थी। किंतु जर्मनी की कुछ गलतियों और गठबंधन के कड़े प्रतिरोध से यह हमला विफल हो गया। उसके बाद दोनों ही पक्षों की ओर से एक-दूसरे को घेरने के प्रयास किए गए, जिसे 'समुद्र की ओर दौड़' (Race to the Sea) कहा गया। अंततः वे उत्तरी सागर से आल्पस पर्वत तक की अटूट रक्षा-रेखा की ओर बढ़े। अब युद्ध में एक-दूसरे की रक्षा-व्यवस्था को ध्वस्त करने के लिए प्रयास तेज हो गए। तोपों, मशीनगनों और काँटेदार तारों से इतनी बड़ी संख्या में लोग हताहत होने लगे, जिसकी कल्पना भी नहीं की गई थी। अंग्रेजों की छोटी सी नियमित सेना, जो शांतिपूर्ण स्थितियों के लिए थी, बुरी तरफ फँस गई; तब ब्रिटेन ने अपनी एकमात्र

भारतीय कैवेलरी, फ्रांस, 1915। *(साभार : छिना कलेक्शन)*

दूसरी प्रशिक्षित सेना—भारतीय सेना—को बुलाया।

8 अगस्त, 1914 को भारतीय सेना की लामबंदी शुरू की गई और 24 अगस्त को लाहौर डिवीजन को कराची से रवाना किया गया। शुरू में तो इसे स्वेज नहर की रक्षा के लिए मिस्र जाने के आदेश दिए गए थे, लेकिन फ्रांस में स्थिति को देखते हुए बाद में उसे मार्सिलीज की ओर रवाना होने के आदेश दे दिए। लाहौर डिवीजन 26 सितंबर को मार्सिलीज पहुँची। वहाँ उसे छोटी ली एनफील्ड राइफलें जारी की गईं और कुछ दिन के बाद उसे ऑर्लीएंस के लिए रवाना कर दिया गया। 3 अक्तूबर को वह ऑर्लीएंस पहुँची, जहाँ 24 अक्तूबर, 1914 को उसे खंदकों में तैनात किया गया।

इस तरह का युद्ध भारतीय सैनिकों के लिए बिलकुल नया था। जिन खंदकों में उन्हें तैनात किया गया था, वे बहुत गहरे, गीले तथा कीचड़ भरे थे और भारी बमबारी में उनके ढह जाने का खतरा भी था। इस तरह वहाँ भारत के उत्तर-पश्चिम सीमाप्रांत के शुष्क पहाड़ियोंवाले और छोटी-छोटी झाड़ियोंवाले क्षेत्र से पूरी तरह अलग स्थिति थी। इसी बीच मेरठ डिवीजन भी फ्रांस पहुँच गई और मोरचे की ओर बढ़ी। ये दोनों डिवीजनें लेफ्टिनेंट जनरल सर जेम्स विलकॉक्स के नेतृत्व में एक भारतीय कोर के रूप में तैयार की गई थी। कोर को नियूव चैपेली

(Neuve Chapelle) के उत्तर से गिवेंची तक सात मील की दूरी में तैनात दो अंग्रेजी डिवीजनों का स्थान लेने के आदेश दिए गए। अगले चौदह महीने तक कोर (मेरठ तथा लाहौर डिवीजनें) उसी मोरचे पर डटी रहीं।

पहली प्रमुख लड़ाई, जिसमें भारतीय सैनिकों ने भाग लिया, वाइप्रस (Ypres) की पहली लड़ाई थी। वाइप्रस फ्लैंडर्स में बसा एक छोटा सा कस्बा था, जिसके चारों ओर हलके ढाल थे; ढालों की ऊँचाई कहीं भी 180 फीट से ज्यादा नहीं थी, लेकिन फ्लैंड्र्स के समतल मैदानों में यह ऊँचाई बड़ा महत्त्व रखती थी। 23 अक्तूबर, 1914 को 129 बलूची दूसरी घुड़सवार डिवीजन की सहायता के लिए पहुँचे और जल्दी ही वे लड़ाई में डट गए। 31 अक्तूबर को एक घमासान लड़ाई में बलूची अपनी डिवीजन से अलग हो गए; उनका कमांड ऑफिसर घायल हो गया और अंत में एक सिपाही—खुदा दाद खान—ही अकेला बचा। घायलावस्था में भी वह तब तक लड़ता रहा जब तक उसके मोरचे पर जर्मनों ने कब्जा नहीं कर लिया। जर्मनों ने उसे मरा हुआ समझकर छोड़ दिया, लेकिन खुदा दाद रात के अँधेरे में किसी तरह सुरक्षित स्थान पर पहुँच गया और वहाँ से अपनी बटालियन में वापस पहुँच गया। उसे 'विक्टोरिया क्रॉस' प्रदान कर सम्मानित किया गया और इस प्रकार वह यह पुरस्कार प्राप्त करनेवाला पहला भारतीय बना।

दूसरी बड़ी लड़ाई 27-28 अक्तूबर, 1914 को नियूव चैपेली में लड़ी गई, जिसमें भारतीय सैनिकों ने एक बड़े हमले में भाग लिया। 9 भोपाल इन्फैंट्री और सफरमैना (खंदक खोदनेवाले सैनिकों) की दो कंपनियों के साथ 47 सिक्ख बटालियन ने जर्मनी के मोरचे पर कब्जा करने में सफलता प्राप्त कर ली, लेकिन जर्मनी की ओर से किए गए भारी प्रत्याक्रमण के कारण उसे पीछे हटना पड़ा। सफरमैना की दोनों कंपनियाँ अपने अधिकारियों तथा हमले के लिए गए 300 सैनिकों में से 119 सैनिकों को खो बैठी। लड़ाई की भयानकता का अंदाजा इस बात से लगाया जा सकता है कि 57 राइफल्स (डिवीजन) ने बहत्तर घंटे की लड़ाई में अपने 6 अंग्रेज और 4 भारतीय अधिकारियों तथा 274 अन्य रैंक के सैनिकों को खो दिया।

23-24 नवंबर, 1914 को पहली बटालियन 39 गढ़वाल राइफल्स को जर्मनों द्वारा कब्जा किए गए एक खंदक खंड को वापस लेने के लिए आदेश मिला। बटालियन ने घेरा बनाकर खंदकों के साथ-साथ स्थिति सँभाल ली। उसका नेतृत्व नायक दरवान सिंह नेगी कर रहे थे और वह खंदकों पर पुन: कब्जा जमाते हुए आगे बढ़ रहे थे। इस हमले में वह गंभीर रूप से घायल भी हुए, लेकिन वह

15वीं सिख रेजीमेंट का फ्रांस में आगमन, 1914। *(साभार : छिना कलेक्शन)*

एक-एक खंदक पर अपना कब्जा बनाने तक आगे बढ़ते रहे। इस तरह 'विक्टोरिया क्रॉस' से सम्मानित किए जानेवाले वह दूसरे भारतीय बने।

कड़ाके की सर्दी में भारतीय सैनिक अपने खंदक-क्षेत्रों की रक्षा में लगे रहे, जबकि उनके पास मौसम के अनुसार पर्याप्त कपड़े भी नहीं थे। कड़ाके की सर्दी के बाद शरत्काल में पुन: आक्रामक काररवाई का निर्णय लिया गया। 10 मार्च, 1915 को अंग्रेजों ने वर्ष का अपना पहला बड़ा हमला नियूव चैपेली क्षेत्र पर किया। हमला मुख्य रूप से भारतीय सैनिकों द्वारा किया गया था और 12 अक्तूबर तक जर्मन खंदकों की चौथी पंक्ति का रास्ता खोल दिया गया। इसी लड़ाई में गढ़वाल डिवीजन की दूसरी बटालियन के राइफलमैन गबर सिंह नेगी को उनकी बहादुरी के लिए मरणोपरांत 'विक्टोरिया क्रॉस' से सम्मानित किया गया।

अगली बड़ी लड़ाई थी वाइप्रस (Ypres) की दूसरी लड़ाई, जो 22 अप्रैल को शुरू हुई थी—जब जर्मनों ने हमला किया था और पहली बार जहरीली गैस का प्रयोग किया गया। फ्रांसीसी लाइन टूट गई थी और लाहौर डिवीजन को स्थिति पर काबू पाने के लिए आदेश मिला। 47वीं सिक्ख तथा 57वीं वाइल्ड्स राइफल्स (Wilde's Rifles) को हमले का तीव्रतम प्रहार सहना पड़ा। जमादार मीर दस्त उस समय तक भी, जब उनके सभी अधिकारी या तो घायल हो चुके थे या फिर

मारे गए थे, खंदकों के एक क्षेत्र पर डटे रहे। वह वहाँ से तभी हटे जब उन्हें इसका आदेश दिया गया और हटते समय—घायलावस्था में भी—उन्होंने ८ अंग्रेज और भारतीय अधिकारियों को सुरक्षित स्थान पर पहुँचाने में मदद की। इस साहस और बहादुरी के लिए उन्हें 'विक्टोरिया क्रॉस' से सम्मानित किया गया।

मई 1915 तक स्पष्ट दिखने लगा कि भारतीय सैनिकों को विश्राम और सहायता की जरूरत है। मुक्त किए जाने से पहले उन्होंने लूस में एक और बड़ी लड़ाई में भाग लिया। इस लड़ाई में तीन घायल साथियों को भारी फायरिंग में से बचाकर निकालने के लिए तीसरी गोरखा राइफल्स की दूसरी बटालियन के राइफलमैन कुलबीर थापा को 'विक्टोरिया क्रॉस' से सम्मानित किया गया।

31 अक्तूबर, 1915 को भारतीय कोर को मुक्त किए जाने के आदेश आ गए और 4 नवंबर को 11 अंग्रेजी कोर ने उनका स्थान लेना शुरू किया। 10 नवंबर तक पूरी भारतीय कोर विश्राम के लिए मुक्त कर दी गई। उसके बाद वह मार्सिलीज की ओर बढ़ी और 26 दिसंबर, 1915 तक पूरी कोर फ्रांस से रवाना हो गई। किंतु इंडियन कैवेलरी (घुड़सवार सेना) फ्रांस में इन्फैंट्री की तरह लड़ती हुई रुकी रही। कोंट्राई (Contrai) और लाँस दफेदार (Lance Daffadar) क्षेत्र में अभियानों के दौरान 28 लाइट कैवेलरी के गोविंद सिंह को भारी गोलीबारी के बीच संदेश लाने के लिए 'विक्टोरिया क्रॉस' से सम्मानित किया गया। सन् 1918 के शरत्काल में भारतीय कैवेलरी ने फ्रांस छोड़ दिया और वहाँ से वह फिलिस्तीन में युद्ध-अभियान में भाग लेने के लिए आगे बढ़ी।

हालाँकि भारतीय सैनिक फ्रांस में बड़ी बहादुरी से लड़े, लेकिन उनके संगठन और प्रशिक्षण में कमियाँ स्पष्ट रूप से थीं। भारतीय सेना को खंदकों में लड़ने या तोपों का सामना करने के लिए कभी प्रशिक्षित नहीं किया गया था। साथ ही वह इस तरह की जलवायु, कड़ाके की सर्दी, वर्षा और कीचड़ से भरे क्षेत्र में लड़ने की अभ्यस्त भी नहीं थी। शुरू में जो सैनिक लड़ाई के लिए गए थे, उन्हें कड़ाके की सर्दी से बहुत कठिनाइयाँ झेलनी पड़ीं; क्योंकि वे अपनी गरमीवाली पोशाकों में ही थे। उनके संगठन की एक बड़ी कमजोरी यह थी कि युद्ध में हताहत हुए किसी बटालियन के सैनिकों के स्थान पर उसी श्रेणी के सैनिकों को तैनात किए जाने की कोई व्यवस्था नहीं थी। हताहत सैनिकों के स्थान पर जो सैनिक लगाए गए, वे प्रायः दूसरी श्रेणी और दूसरे क्षेत्र से संबंध रखते थे; इस कारण इकाई में समन्वय बना पाना मुश्किल हो जाता था। इससे भी बढ़कर समस्या हताहत अधिकारियों के प्रतिस्थापन की थी; हताहत अधिकारियों के स्थान पर

जिन अधिकारियों को लगाया गया, वे इकाई के सैनिकों की भाषा, व्यवहार आदि से परिचित नहीं थे और इस कारण वे अपने सैनिकों की प्रतिक्रिया भी नहीं समझ सकते थे। बहरहाल, सेना ने साहस और बहादुरी का प्रदर्शन किया। उसने उसी चुस्ती-फुरती, बहादुरी, साहस और दृढ़ता का परिचय दिया, जिसके लिए वह सदैव ही जानी जाती रही है। भारतीय सैनिकों से जूझनेवाले एक दुश्मन की निम्नलिखित टिप्पणी इसका सबसे बड़ा प्रमाण मानी जा सकती है। देखें, 'फ्रैंकफर्टर' जीटंग में मुद्रित एक जर्मन सैनिक के पत्र का अंश—

> आज हमें लड़ाई में पहली बार भारतीयों का सामना करना पड़ा और भगवान् जाने, खाकी वरदीवाले उन कठोर, दुःसाहसी लोगों को कम नहीं आँका जाना चाहिए। पहले तो हम भारतीयों की हँसी उड़ाते थे। पर आज हमने उनका दूसरा ही रूप देखा। भगवान् जाने, अंग्रेजों ने उन्हें क्या संकेत किया···भयानक चीख निकालते हुए हजारों खाकी वरदीवाले हम पर टूट पड़े। सौ मीटर की दूरी से हमने आग उगलती फायरिंग शुरू कर दी और उनके सैकड़ों साथी वहीं ढेर हो गए, लेकिन इस पर भी वे आगे बढ़ते रहे। देखते-ही-देखते वे हमारी खंदकों में थे; सचमुच खाकी वरदीवाले उन दुश्मनों की हँसी नहीं उड़ाई जानी चाहिए। बंदूकों के कुंदों, संगीनों, तलवारों और कृपाणों से हम एक-दूसरे पर वार कर रहे थे और हमें बहुत मशक्कत करनी पड़ी।[1]

गैलिपोली

अक्तूबर 1914 के अंत में जर्मनी की ओर से तुर्की भी युद्ध में कूद पड़ा। तुर्की साम्राज्य उत्तर में बाल्कंस से लेकर दक्षिण में मेसोपोटामिया तक फैला हुआ था। मित्र राष्ट्रों ने सोचा कि वे डार्डनेलीज—भूमध्य सागर को काला सागर से जोड़ने और यूरोप को एशिया से अलग करनेवाली सँकरी पट्टी—के बीच से रास्ता बनाने में सफल हो जाएँ, तो वे रूसियों से सीधे जुड़ जाएँगे और इस तरह वे ऐसा हमला करने में समर्थ हो जाएँगे, जिससे तुर्की युद्ध से बाहर हो जाए। डार्डनेलीज गैलिपोली प्रायद्वीप का प्रवेश द्वार था।

डार्डनेलीज की ओर रास्ता बनाने के लिए सबसे पहले 10 मार्च, 1915 को नौसैनिक बलों द्वारा प्रयास किए गए। किंतु यह प्रयास सफल नहीं हो सका। इससे तुर्क सतर्क हो गए और उन्होंने प्रायद्वीप में तैनात चार डिवीजनों के साथ एक अतिरिक्त डिवीजन तैनात कर दी। ब्रिटिश सैनिकों का पहला दस्ता 26 अप्रैल को

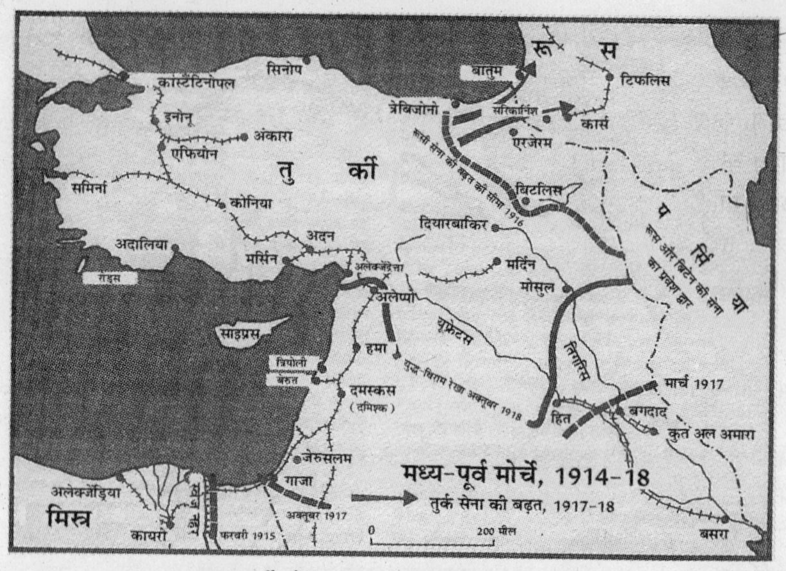

मध्य-पूर्वी मोरचा—प्रथम विश्वयुद्ध, 1914-1918

तट पर उतरा; ऑस्ट्रेलिया और न्यूजीलैंड के सैनिक भी तट की ओर बढ़े। तुर्क पहले से ही तैयार थे और देखते-ही-देखते उन्होंने भारी गोलीबारी शुरू कर दी। कठिन संघर्ष के बाद दोनों तट-क्षेत्रों पर सतही तट मोरचे तैयार किए जा सके, लेकिन उनका विस्तार नहीं किया जा सका। शुरू में इस प्रयास में दो माउंटेन बैटरी के साथ जो भारतीय सैनिक इकाइयाँ शामिल थीं, वे थीं—छठी (जैकब्स—Jacobs) तथा 21वीं (कोहाट—Kohat)।

1 मई, 1915 को 29 इंडियन इन्फैंट्री ब्रिगेड को युद्ध में उतारा गया। ब्रिगेड में शामिल 14 सिक्ख, 1/5 रॉयल गोरखा राइफल्स (FF), 1/6 तथा 2/10 गोरखा राइफल्स ने घमासान लड़ाई की। हालाँकि वे सेतु-मोरचे को और आगे बढ़ाने में सफल नहीं हो सके, लेकिन समुद्र में उतरनेवाले सैनिकों को पीछे हटाने के लिए किए गए तुर्की सैनिकों के हमलों को उन्होंने सफलतापूर्वक रोक दिया। 4 जून, 1915 को 14 सिक्ख को हमला करके एक सँकरी घाटी पर तुर्की खंदकों पर कब्जा करने का आदेश मिला।

हालाँकि इसमें उन्हें भारी क्षति उठानी पड़ी, किंतु अंततः वे घाटी के उस पार पहुँचकर तुर्की खंदकों तक पहुँचने में सफल हो गए। वे वहाँ तब तक डटे रहे जब तक उन्हें वहाँ से हटने के आदेश नहीं मिल गए। काररवाई से पहले बटालियन

में 15 अंग्रेज अधिकारी एवं 574 सैनिक थे और काररवाई समाप्त होने तक उसमें केवल 3 अधिकारी और 134 सैनिक ही बचे। 6 अगस्त, 1915 को सुवला की खाड़ी (Suvla Bay) पर अड्डा बनाकर आगे रास्ता तैयार करने के प्रयास किए गए। यद्यपि आश्चर्यजनक सफलता मिली, लेकिन पर्याप्त सहायता के अभाव में आगे गतिरोध उत्पन्न हो गया। चनूक बार (Chanuk Barr)—मुख्य लक्ष्य—की चोटी तक पहुँचनेवाली कंपनियाँ थीं पाँचवीं तथा छठी गोरखा राइफल्स। किंतु पीछे से सहायता न मिलने के कारण उन्हें पीछे हटना पड़ा।

मित्र राष्ट्रों के नेतृत्व को अब तक यह पता चल गया था कि गैलिपोली के अभियानों के सफल होने की संभावना नहीं है। दिसंबर 1915 में वापस लौटने का निर्णय लिया गया, लेकिन आखिरी सैनिक टुकड़ी जनवरी 1916 तक भी गैलिपोली नहीं छोड़ सकी थी। कड़ाके की सर्दी और पाले के कारण सैनिकों को बहुत कठिनाई झेलनी पड़ी। इस प्रकार गैलिपोली अभियान से मित्र राष्ट्रों को कुछ भी हासिल नहीं हो सका। उस समय वारविकशायर रेजीमेंट का नेतृत्व कर रहे लेफ्टिनेंट विलियम स्लिम गोरखों से बहुत प्रभावित हुए और उन्होंने उस रेजीमेंट को स्थानांतरित करवा दिया। इस प्रकार वह भारतीय सेना के सबसे योग्य अंग्रेज अधिकारी बने रहे।

मेसोपोटामिया

मेसोपोटामिया टिगरिस और यूफ्रेट्स नदियों के बीच स्थित भूभाग का नाम था, जिसे आज इराक के नाम से जाना जाता है। दोनों नदियाँ बसरा के कुछ ऊपर एक-दूसरे से मिलती हैं। शत्त-अल-अरब बसरा को जोड़ता है, जो वहाँ का एकमात्र समुद्री पत्तन है। सन् 1914 तक बसरा किसी भी तरह से विकसित पत्तन नहीं था और वह भारी यातायात के लिए उपयुक्त नहीं था। बसरा से 75 मील की दूरी पर टिगरिस नदी पर अमारा स्थित है तथा 150 मील की दूरी पर कूट नामक कस्बा स्थित है। मेसोपोटामिया उस समय एक अल्प विकसित क्षेत्र था, जहाँ सड़कों का विकास बहुत कम हुआ था। नदियों की ओर संचार तो संभव था, परंतु रेत के टीलों के खिसकने के कारण वह भी प्रभावित हो गया था। निम्न क्षेत्रों में उस समय भी बाढ़ की संभावना बनी रहती थी और आज भी वहाँ वही स्थिति है। ऊपरी क्षेत्र गरमियों में शुष्क और गरम रहते हैं तथा सर्दियों में बहुत ठंडे रहते हैं। मेसोपोटामिया तुर्की साम्राज्य की दक्षिण-पूर्वी सीमा पर स्थित था।

मेसोपोटामिया का महत्त्व—जैसा कि आज भी है—इराक और फारस के

तेल क्षेत्रों के प्रवेश द्वार के रूप में था। इन तेल क्षेत्रों, शोधशालाओं और पाइप लाइनों की रक्षा के लिए ही 16 अक्तूबर, 1914 को अबादान से एक छोटी सैनिक टुकड़ी भेजी गई थी। तुर्की ने 5 नवंबर, 1914 को इंग्लैंड के खिलाफ युद्ध की घोषणा कर दी और अगले ही दिन भारतीय आभियानिक बल डी (Indian Expeditionary Force D) फाओ में उतरा और उसने वहाँ के किले पर कब्जा कर लिया। यह पहला बल 16वीं इन्फैंट्री ब्रिगेड था। यह बल वहाँ से आगे बढ़ा और एक तुर्की प्रत्याक्रमण को विफल किया। तब तक दूसरी ब्रिगेड भी आकर उसमें मिल गई थी। दोनों ने मिलकर 22 नवंबर, 1914 को बसरा पर कब्जा कर लिया। उस समय तक छठी पूना डिवीजन भी उतर चुकी थी और अंततः तेल क्षेत्रों एवं संचार व्यवस्था की रक्षा करने का उनका मूल उद्देश्य पूरा हो गया।

भारत की ब्रिटिश सरकार, जो मेसोपोटामिया में युद्ध-अभियानों का संचालन कर रही थी, आरंभिक सफलता का फायदा उठाना चाहती थी; इसलिए वह बगदाद पर कब्जा करने के बारे में सोचने लगी। इस तरह की योजना बनाने के पीछे एक और उद्देश्य था—भारत की ब्रिटिश सरकार गैलिपोली में मिली असफलता के कारण हुई क्षति को बगदाद पर कब्जा करके पूरा कर सकती थी।

अप्रैल 1915 तक और भी बल गठित किए गए। उन्हें एक कोर में संगठित किया गया, जिसमें छठी और 12वीं डिवीजन तथा कैवेलरी ब्रिगेड शामिल थी। इस कोर में आर्टिलरी की कमी थी। ले. जनरल जे. डिक्सॅन को कोर का कमांडर नियुक्त किया गया। अप्रैल महीने की शुरुआत में सेना की एक अतिरिक्त कमांड आगे बढ़ी और उसने 3 जून तक अमारा पर कब्जा कर लिया। उसके बाद 26 जुलाई तक उसने नसारीयेह (Nasareyeh) को सुरक्षित कर लिया। मेजर जनरल टाउनशेंड, जी.ओ.सी., छठी डिवीजन अब कुत-अल-अमारा की ओर बढ़े और 28 सितंबर तक कठिन संघर्ष के बाद उस पर कब्जा कर लिया गया। यद्यपि उस समय कोर अपनी प्रशासनिक क्षमता की सीमा पर थी, लेकिन फिर भी उसे बगदाद पर कब्जा करने के लिए आगे बढ़ाने का निर्णय ले लिया गया। कोर आगे बढ़ी, लेकिन सिटीसेफॅन (Ctesephon) में उसे रूस की मजबूत स्थिति का सामना करना पड़ा। हालाँकि इसमें उसे सफलता मिली, लेकिन 16,000 सैनिकों में से 4,500 सैनिकों को खोकर। अब और आगे बढ़ना संभव नहीं था, इसलिए टाउनशेंड को वापस लौटना पड़ा। 2 दिसंबर को वह पूरी कोर के साथ कूट पहुँचे।

4 दिसंबर को तुर्कों ने हमला शुरू कर दिया और कड़े प्रतिरोध के बावजूद उन्होंने कूट को घेरकर उस पर कब्जा कर लिया। जनवरी-अप्रैल 1916 तक

रक्षित-सेना को छुड़ाने के कई बार प्रयास किए गए, लेकिन सफलता नहीं मिल सकी। इस प्रयास में लगभग 22,000 भारतीय और अंग्रेज सैनिकों की जानें गईं। अंततः खाद्य सामग्री समाप्त हो जाने पर रक्षित-सेना ने 29 अप्रैल, 1916 को आत्म-समर्पण कर दिया और 6,000 भारतीय तथा 3,000 ब्रिटिश सैनिकों ने हंथियार डाल दिए। ब्रिटिश सेना के लिए तब तक की यह सबसे बड़ी हार थी। वस्तुतः यह हार सैनिकों की कमजोरी के कारण नहीं हुई थी, उन्होंने तो पूरी लड़ाई में अदम्य साहस और उत्साह का प्रदर्शन किया था। कूत-अल-अमारा की रक्षा के दौरान 3 और भारतीय सैनिकों को 'विक्टोरिया क्रॉस' से सम्मानित किया गया—सिपाही छत्ता सिंह, 9वीं भोपाल इन्फैंट्री; लांस नायक लाला, 41वीं डोगरा और नायक शाह अहमद खान, 89वीं पंजाब।

ब्रिटिश सैनिकों को अब रुकना पड़ गया था; लाहौर और मेरठ डिवीजन को मिलाकर बल गठित किए गए थे और अब उनमें तीसरी तथा 7वीं डिवीजन को भी शामिल कर लिया गया। बलों से ज्यादा प्रशासनिक व्यवस्थाओं का पुनर्गठन और सुदृढ़ीकरण किया गया। मेसोपोटामिया का मामला इंग्लैंड में युद्ध समिति (War Committee) के अधीन रखा गया था और अब भारत सरकार के अधिकार-क्षेत्र में नहीं रह गया था। जनरल मॉड को मेसोपोटामियन कमांड का नेतृत्व करने के लिए नियुक्त किया गया और सैनिकों को दो कोरों और एक कैवेलरी डिवीजन में संगठित किया गया। सेना ने 13 दिसंबर, 1916 को बगदाद की ओर बढ़ना शुरू किया। फरवरी में कूट पर पुनः कब्जा कर लिया गया। 13 मार्च, 1917 को बगदाद को भी सुरक्षित कर लिया गया। आगे की लड़ाई के लिए तैयारी जारी रही।

घायल भारतीय सैनिक इंग्लैंड में स्वास्थ्य-लाभ करते हुए, 1915। *(साभार : छिना कलेक्शन)*

अंततः 3 नवंबर, 1918 को मोसुल पर कब्जा जमा लिया गया।

मेसोपोटामिया के अभियान में मुख्य रूप से भारतीय सेना और भारतीय सैनिकों ने ही लड़ाई लड़ी। कूट की ओर कूच करना और शुरू में सेना को विश्राम न दिया जाना भारतीय सेना की प्रशासनिक व्यवस्था की कमजोरी को दरशाता है। इसके अलावा सेना को देश के बारे में, उसकी भौगोलिक और जलवायु संबंधी दशाओं के बारे में तथा वहाँ की स्वास्थ्य समस्याओं के बारे में भी पर्याप्त जानकारी नहीं थी। हालाँकि बड़ी संख्या में सैनिकों की जानें गईं, लेकिन भारतीय सैनिकों ने पूरे अभियान में अपने अदम्य साहस और उत्साह का प्रदर्शन किया। भारतीय सेना ने अपने 6,00,000 सैनिकों के साथ मेसोपोटामिया अभियान में अपना महत्त्वपूर्ण योगदान दिया। एवं अभियान की समाप्ति तक वह अपने 364 भारतीय अधिकारियों और 29,191 सैनिकों को खो चुकी थी तथा 828 भारतीय अधिकारी और 31,780 सैनिक घायल हुए थे।

मिस्र और फिलिस्तीन

धुरी देशों की ओर से तुर्की के युद्ध में शामिल हो जाने से दक्षिणी पर्सिया के तेल क्षेत्रों और स्वेज नहर की रक्षा के लिए तात्कालिक चुनौती खड़ी हो गई। तेल क्षेत्रों की रक्षा के लिए मेसोपोटामिया में अभियान चलाना पड़ा, जिसका पहले उल्लेख किया जा चुका है; और स्वेज नहर की सुरक्षा के लिए तुर्कों को फिलिस्तीन व सीरिया से बाहर करने का अभियान चलाया गया।

शुरू में तीसरी भारतीय डिवीजन (लाहौर डिवीजन) की सरहिंद ब्रिगेड ने स्वेज नहर को सुरक्षा प्रदान की। फ्रांस जाते समय यह ब्रिगेड और माउंटेन आर्टिलरी का एक तोपखाना रास्ते में अपनी डिवीजन से अलग हो गए। सरहिंद ब्रिगेड के स्थान पर भारत से तुरंत वहाँ पहुँची सैनिक टुकड़ी को लगा दिया गया। दिसंबर 1914 तक मिस्र में भारतीय बलों ने दो डिवीजनें तैयार कर ली थीं—10वीं और 11वीं। इसके साथ ही, स्टेट फोर्स यूनिट की इंपीरियल सर्विस कैवेलरी ब्रिगेड, बीकानेर कैमल कोर तथा माउंटेन आर्टिलरी के तीन तोपखाने भी तैयार कर लिये थे। 10वीं डिवीजन को स्वेज नहर की रक्षा की जिम्मेदारी सौंपी गई। जनवरी 1915 में पहली बार 20,000 तुर्कों ने स्वेज नहर की ओर कूच किया। 3 और 4 फरवरी को तुर्कों ने नहर को पार करने का प्रयास किया, लेकिन वे सफल नहीं हो सके। मिस्र में वर्ष 1915 का शेष समय भारतीय सैन्य बलों के लिए शांतिपूर्ण रहा। एक भारतीय ब्रिगेड को अलग करके गैलिपोली भेज दिया गया और शेष को

बसरा तथा अदन की ओर रवाना कर दिया गया।

मार्च 1916 में जनरल आर्किबाल्ड मुरे ने मिस्र में चल रहे अभियान की कमान सँभाल ली। उन्हें लगा कि स्वेज नहर की रक्षा में सैनिकों को लगाकर रखना बेकार है। उन्होंने सेना को सिनाई प्रायद्वीप में आगे बढ़ने का आदेश दे दिया और साथ ही स्वयं उनके पीछे एक रेललाइन का निर्माण कराने लगे। तुर्कों ने उन्हें आगे बढ़ने से रोकने की कोशिश की और अप्रैल व जुलाई के मध्य दोनों में कई बार झड़पें हुईं। अंततः तुर्कों को पीछे हटना पड़ा और 9 जनवरी, 1917 को सिनाई पर कब्जा कर लिया गया। 26 मार्च को गाजा को जीतने की कोशिश में हमला किया गया, लेकिन तुर्कों के कड़े प्रतिरोध के कारण सैनिकों को पीछे हटना पड़ा। 19 अप्रैल को एक बार फिर हमला किया गया, लेकिन इस बार भी सफलता नहीं मिली; इस हमले में 6,500 ब्रिटिश सैनिक हताहत हुए।

अब मिस्र के अभियानिक बल की कमान जनरल सर एडमंड एलेनबी को सौंपी गई। उन्हें फिलिस्तीन पर आक्रमण करके वर्ष 1917 के क्रिसमस से पहले येरूशलम पर कब्जा करने के निर्देश दिए गए थे। पहले गाजा पर सीधा हमला किया गया; लेकिन जब उसमें सफलता नहीं मिली तो जनरल ने पहले बीरशेबा पर कब्जा करने और फिर वहाँ से गाजा की रक्षा व्यवस्था को ध्वस्त करने का निर्णय लिया। गरमियों के महीने यातायात तथा प्रशासनिक व्यवस्था में सुधार करने में बीत गए। तुर्कों को असमंजस में डालने के लिए एक छद्म योजना तैयार की गई और उसके अनुसार तुर्कों के सामने यह प्रकट किया गया कि गाजा ही ब्रिटिश सैनिकों का मुख्य लक्ष्य है। इस तरह उन्हें निश्चिंत करने के बाद 30–31 अक्तूबर की रात में अचानक हमला बोल दिया गया और 31 अक्तूबर की रात ढलते–ढलते बीरशेबा पर कब्जा कर लिया गया। उसके बाद 7 नवंबर को गाजा पर भी अधिकार कर लिया गया। लगातार हार से तुर्क भौचक्के रह गए थे; उनकी इस स्थिति का फायदा उठाते हुए हमले को आगे बढ़ाकर येरूशलम पर अधिकार करने का निर्णय लिया गया। 8 दिसंबर को पुनः हमला शुरू किया गया, जो 11 दिसंबर तक चलता रहा। अंततः येरूशलम जीत लिया गया। इस प्रकार जनरल एलेनबी ने क्रिसमस से पहले येरूशलम पर कब्जा करने के ब्रिटिश सरकार के निर्देशों का पूर्णतः पालन करके दिखा दिया। जब येरूशलम पर हमला जारी था, तभी 21वीं कोर ने आगे बढ़कर जाफा (Jaffa) पर कब्जा कर लिया था। इस तरह उन्हें युद्ध सामग्री और रसद आदि की आपूर्ति के लिए एक समुद्री पत्तन भी मिल गया। अभियान के दूसरे चरण में जोर्डन घाटी पर अधिकार करने का निश्चय किया गया और मई 1918

तक अभियान का यह दूसरा चरण भी पूरा हो गया। मिस्र में चलाए गए इस अभियान को मुख्यतः भारतीय बलों के योगदान से सफल बनाया जा सका, जिसमें तीसरी और 7वीं भारतीय डिवीजन, चौथी और 5वीं भारतीय कैवेलरी डिवीजन तथा 24 अन्य भारतीय बटालियनें शामिल थीं।

सितंबर 1918 में सीरिया में अभियान शुरू हुआ। इस बार भी जो योजना तैयार की गई थी, वह बीरशेबा-गाजा अभियान के लिए बनाई गई योजना की तरह ही थी। योजना के अनुसार दुश्मन को इस भ्रम में रखा जाना था कि हमला जोर्डन घाटी की ओर से आगे बढ़ते हुए पहाड़ियों की ओर से किया जाएगा, जबकि वास्तव में हमला तट की ओर से किया जाना था। 31वीं कोर को तुर्कों की रक्षा व्यवस्था को ध्वस्त करने की जिम्मेदारी सौंपी गई थी और चौथी तथा 5वीं भारतीय कैवेलरी डिवीजन को उनके पीछे रास्ता बनाते हुए चलना था। 19 सितंबर को सुबह 4:30 बजे हमला शुरू हुआ और 5:45 बजे तक आगे चलनेवाली सैनिक टुकड़ी ने तुर्कों की रक्षा व्यवस्था को ध्वस्त कर दिया। चौथी और 5वीं कैवेलरी डिवीजन भी अपने काम में लग गई। चौथी कैवेलरी डिवीजन 24 घंटे के भीतर 100 मील आगे तक बढ़ गई और उसने अल एफ्यूल (El Afule) पर कब्जा जमा लिया। 20 सितंबर को सुबह 5:30 बजे तक 5वीं डिवीजन की 13 कैवेलरी ब्रिगेड नजारथ (Nazareth) तक पहुँच गई, जो तुर्की सेना के कमांडर-इन-चीफ का मुख्यालय था।

तुर्की मुख्यालय में जर्मन सलाहकार जनरल लिमैन वॉन सैंडर्स किसी तरह जान बचाकर भाग निकला। सेना आगे बढ़ती रही और 22 सितंबर को वह हैफा (Haifa) पहुँच गई। अंदर जाने के लिए सिर्फ एक ही रास्ता था, जो एक सँकरी घाटी से होकर जाता था। 15 इंपीरियल सर्विस ब्रिगेड सेना की अगुवाई कर रही थी; उसमें सिर्फ दो इकाइयाँ—मैसूर और जोधपुर लांसर्स—थीं। ब्रिगेड ने घाटी पर तैनात तुर्कों पर जबरदस्त हमला करके रास्ता साफ किया और उसके बाद वह कस्बे में घुस गई। इस हमले में मेजर ठाकुर दलपत सिंह, मिलिट्री क्रॉस, (जोधपुर लांसर्स के कमांडेंट) दुश्मन की गोलियों के शिकार हो गए। 26 सितंबर को सेना को दमस्कस की ओर कूच करने के आदेश जारी किए गए और चार दिनों में 100 मील की दूरी तय करके सेना 30 सितंबर को दमस्कस पहुँच गई। दमस्कस से उसने अलेप्पो (Aleppo) की ओर कूच किया, जो वहाँ से 200 मील की दूरी पर स्थित था। 25 अक्तूबर, 1918 तक अलेप्पो शहर पर कब्जा कर लिया गया और फिर जल्दी ही युद्ध समाप्ति पर पहुँच गया।

मिस्र तथा फिलिस्तीन के अभियानों में भारतीय सैनिकों ने महत्त्वपूर्ण भूमिका निभाई। शुरू में उन्होंने स्वेज नहर को सुरक्षित किया और उस पर कब्जा करने की तुर्कों की कोशिशों को नाकाम बनाया। बाद में तुर्की रक्षा व्यवस्था को ध्वस्त करने और दमस्कस तक रास्ता बनाने में भी उनकी महत्त्वपूर्ण भूमिका रही। चौथी और 5वीं कैवेलरी डिवीजनें मोरचे को तोड़ने और दुश्मन पर मारक प्रहार करनेवाली मुख्य ताकतें थीं।

पूर्वी अफ्रीका

उपनिवेशों को कब्जाने के इस खेल में जर्मनी देर से शामिल हुआ था; बड़े जर्मन उपनिवेशों में से एक था—जर्मन पूर्वी अफ्रीका, जो वर्तमान तंजानिया तक फैला हुआ था। यह एक विशाल क्षेत्र है; उस समय यहाँ सड़कें बहुत कम थीं और तटीय क्षेत्र से नगरीय क्षेत्र की ओर जानेवाली सिर्फ दो ही रेल लाइनें थीं। सुरक्षा की दृष्टि से यह एक आदर्श क्षेत्र था, जो चारों ओर से काँटेदार झाड़ियों से घिरा हुआ था। जर्मनों की कमान जनरल वॉन लेटो वोर्बेक (General Von Lettow Vorbeck) ने सँभाली थी, जिसने लगभग 16,000 स्थानीय सैनिकों को साथ लेकर ब्रिटिश सैनिकों को चार साल तक खाड़ी में ही रोके रखा था।

जर्मन पूर्वी अफ्रीका पर हमला करने का ब्रिटेन का पहला प्रयास पूरी तरह से विफल रहा। भारत से आनेवाली एक ब्रिगेड ने हमला करके टाँगा पत्तन पर कब्जा करना चाहा। किंतु उसे तटीय क्षेत्र में हमला करने और मोरचा सँभालने का प्रशिक्षण प्राप्त नहीं था; इस कारण वह एक छोटी सी जर्मन सैनिक टुकड़ी द्वारा आसानी से पराजित हो गई। जर्मन सैन्य अधिकारी युद्धबंदियों की जिम्मेदारी का बोझ नहीं लेना चाहते थे, इसलिए उन्होंने हमलावरों को जाने दिया। सिर्फ एक बटालियन ही ऐसी थी, जिसे सफलता का कुछ श्रेय मिला; वह बटालियन थी—कश्मीर राइफल्स, जिसने दो जर्मन खंदकों पर कब्जा कर लिया और फिर हट गई।

जब 129वीं बलूची और 40वीं पठान बटालियनों को लड़ाई में उतारा गया तो स्थिति काफी बदल गई। दक्षिण अफ्रीका के जनरल स्मट्स को इसकी कमान सौंपी गई थी और इसमें कुछ दक्षिण अफ्रीकी, रोडेशियाई और भारतीय सैन्य बलों को मिलाया गया था। धीरे-धीरे आगे बढ़ते हुए बलों ने जर्मन सैनिकों को दार-एस-सलाम की ओर खदेड़ दिया। फरीदकोट फील्ड कंपनी सहित अन्य कंपनियों के इंजीनियर पीछे-पीछे सड़कें और पुल तैयार करते हुए चल रहे थे, जिनका नेतृत्व पूरी तरह से सिक्खों द्वारा किया जा रहा था। भारतीय सफरमैना की रेलवे

कंपनियाँ रेल लाइनें बिछाने और पुरानी रेल लाइनों की मरम्मत करने में जुटी थीं। पूर्वी अफ्रीका के अभियान में जितना शत्रु से नहीं लड़ना पड़ा, उससे कहीं ज्यादा बीमारियों से लड़ना पड़ा। मलेरिया, पीलिया, अनिद्रा रोग आदि कई तरह की बीमारियाँ फैली हुई थीं। एक समय तो 300 से भी ज्यादा बलूची बीमारों की सूची में थे।

दार-एस-सलाम को सुरक्षित करके जनरल स्मट्स एक पत्तन से दूसरे पत्तन की ओर आगे बढ़ते गए। एक पत्तन—किबाता—पर बलूचियों को किलवा पत्तन को कब्जे में लेने के लिए छोटी, पर साहसपूर्ण लड़ाई लड़नी पड़ी। अभियान अभी तक जारी था। जनरल वॉन लेटो की सेना धीरे-धीरे पीछे हटने लगी थी और जब उसे पूर्वी अफ्रीका से खदेड़ा जाने लगा तो उसने उत्तरी रोडेशिया के ब्रिटिश उपनिवेश पर धावा बोल दिया। जर्मनी के सम्राट् कैसर (Kaiser) द्वारा गद्दी छोड़ने और युद्ध-विराम की घोषणा किए जाने के बाद ही जर्मनों ने हथियार डाल दिए।

पश्चावलोकन

प्रथम विश्वयुद्ध आधुनिक परिस्थितियों में भारत द्वारा लड़ा गया पहला युद्ध था। वह पहला ऐसा युद्ध भी था, जिसमें बड़ी संख्या में भारतीय सैनिक समुद्र पार भेजे गए। सन् 1914 में भारत की सैनिक संख्या 2,39,511 थी, जो 1919 तक बढ़कर 14,40,428 हो गई। लगभग 1 लाख भारतीय सैनिकों ने समुद्र पार जाकर लड़ाइयाँ लड़ीं। 54 श्रम कंपनियाँ, जिनमें लगभग 50,000 श्रमिक कार्यरत थे, शेष भारतीयों को फ्रांस से वापस भेजने के बाद भी फ्रांस में कार्य कर रही थीं। एक अन्य तथ्य भी है, जिसकी अकसर उपेक्षा की जाती रही है, सेना में कोई भी कमीशंड अधिकारी नहीं था; लगभग 700 भारतीय चिकित्सक ही रेजीमेंटल मेडिकल ऑफीसर के रूप में और चिकित्सालय में भी साथ-साथ काम कर रहे थे। हडसन हॉर्स के रेजीमेंटल मेडिकल ऑफिसर कैप्टन एस. दत्त को भारी गोलीबारी के बीच घायल सैनिकों की चिकित्सा करने के लिए 'मिलिट्री क्रॉस' से सम्मानित किया गया था। इतना ही नहीं, एक जर्मन कर्नल, जिसका उन्होंने उपचार किया था, ने अपनी जॉकेट से आयरन क्रॉस निकालकर दत्त को लगा दिया था। मेसोपोटामिया में दो चिकित्सा अधिकारियों—कैप्टन एच.एम. कुरसेट्जी और नीलकंठ जतर को डिस्टिंग्विश्ड सर्विस ऑर्डर (Distinguished Service Order) से सम्मानित किया गया था।

युद्ध में भारतीय सेना के प्रशिक्षण और संगठन, दोनों की कमजोरियाँ सामने

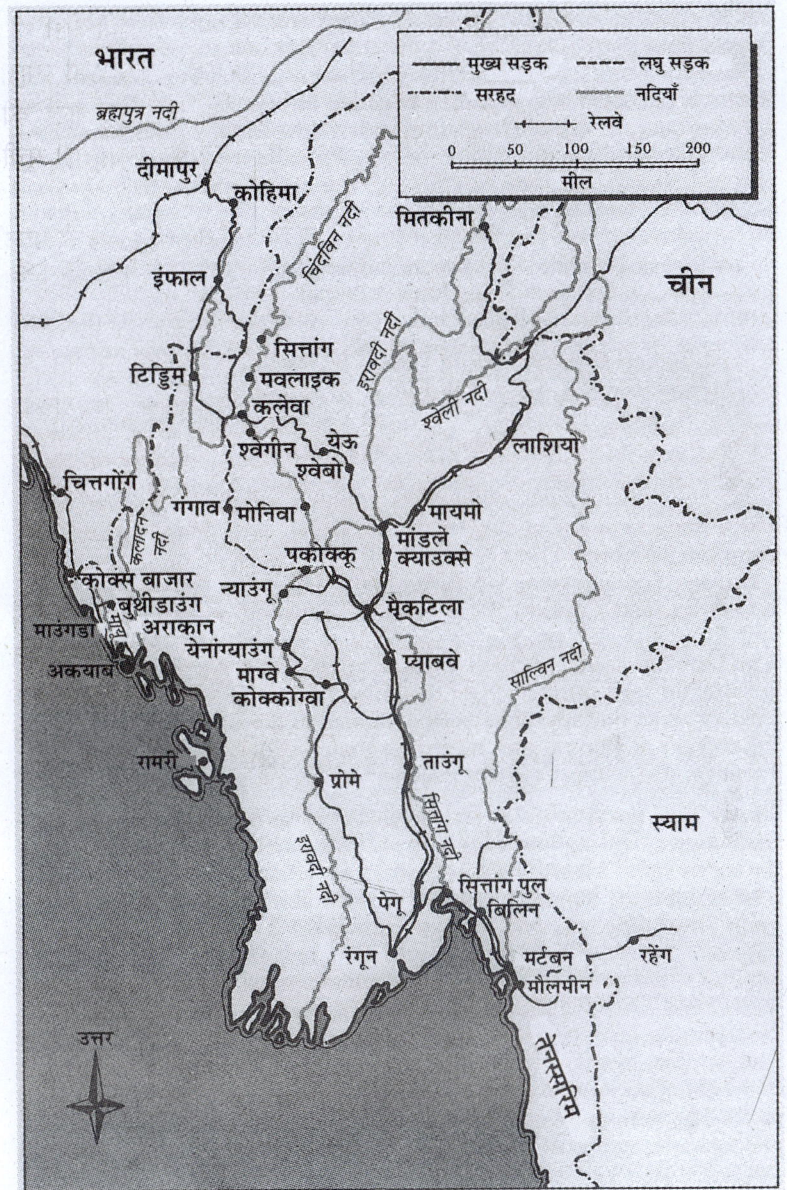

बर्मा (म्याँमार), 1939–1945

स्किनर्स हॉर्स की प्रथम व तृतीय रेजीमेंट। *(साभार : ए.सी. लॉवेट, 'आर्मीज ऑफ इंडिया')*

आईं। उनमें कुछ पर ध्यान दिया गया और प्रथम विश्वयुद्ध के अंत तथा द्वितीय विश्वयुद्ध के आरंभ तक उनमें सुधार किया गया। प्रशिक्षण तथा संगठन की कमियों के बावजूद भारतीय सैनिकों ने युद्ध में महत्त्वपूर्ण भूमिका निभाई। मेसोपोटामिया के अभियान में लड़ाई मुख्य रूप से भारतीय सैनिकों द्वारा ही लड़ी गई थी। इसके अलावा मिस्र, फिलिस्तीन और पूर्वी अफ्रीका में चलाए गए अभियानों में भी

भारतीय सेना की महत्त्वपूर्ण भूमिका रही। फ्रांस में सन् 1914 में अंग्रेजों को अपने सैन्य बलों की स्थिति मजबूत बनाने में भारतीय सैनिकों से काफी मदद मिली। तीन युद्ध स्मारकों (War Memorials) द्वारा भारतीय सैनिकों के त्याग और बलिदान को मान्यता मिली। फ्रांस से खाली कराए गए अस्पतालों में, घायल होने अथवा बीमारी के कारण, मरनेवाले सैनिकों की याद में दक्षिणी इंग्लैंड के ब्राइटॉन में एक छतरी (Chattri) का निर्माण करवाया गया था। फ्रांस के नियूव चैपेली (Neuve Chapelle) में उस क्षेत्र में वीरगति पानेवाले सैनिकों का एक स्मारक बनाया गया है। भारतीय सेना के शहीद हुए सैनिकों की यादगार में बनाया गया यह एकमात्र स्मारक है। द्वितीय विश्वयुद्ध अथवा बाद के युद्धों में शहीद होनेवाले सैनिकों की स्मृति में कोई अच्छा स्मारक नहीं बनाया गया है।

प्रथम विश्वयुद्ध के अंत से द्वितीय विश्वयुद्ध के आरंभ तक

सैन्य अभियान

प्रथम विश्वयुद्ध के अंत तक भारतीय सेना अत्यंत कमजोर हो चुकी थी। उस समय उसे विश्राम की दृष्टि से शांतिपूर्ण माहौल की आवश्यकता थी; लेकिन दोनों विश्वयुद्धों के बीच के 20 वर्ष बहुत ही अशांतिपूर्ण रहे। जर्मनी और तुर्की द्वारा ब्रिटेन के खिलाफ धर्मयुद्ध (Holy War) छेड़ने का अनुरोध किए जाने पर भी अफगानी युद्ध की ओर से उदासीन ही बने रहे थे। किंतु मई 1919 में अफगान सेना सीमा पार पहुँच गई और इस तरह उसने तीसरा अफगान युद्ध शुरू कर दिया। हालाँकि उन्हें सफलता नहीं मिली; उन्हें जल्दी ही वापस सीमा पार लौटा दिया गया और 8 अगस्त, 1919 को युद्ध समाप्त हो गया।

अफगानों के पीछे हटने पर वजीरिस्तान की जनजातियों ने विद्रोह शुरू कर दिया, बाद में उनके साथ मशूद भी मिल गए। एक फौज, डेराजाट कॉलम (Derajat Column), जिसमें दो ब्रिगेड, तीन माउंटेन आर्टिलरी और अन्य संबद्ध टुकड़ियाँ शामिल थीं, ने 23 दिसंबर, 1919 को मशूदी भूभाग पर हमला कर दिया; लेकिन उसके लिए यह हमला कठिनाइयों से भरा रहा। मशूद पहले से ही पूरी तरह तैयार थे; उनमें से कई तो कुछ समय पहले तक ही भारतीय सेना के साथ भी रह चुके थे और आत्मसमर्पण करने के पक्ष में बिलकुल नहीं थे। दूसरी ओर, भारतीय सेना

थक चुकी थी; उसे पूर्ण विश्राम की आवश्यकता थी। चार वर्षों के खंदक युद्ध के बाद अब भारतीय सेना उत्तर-पश्चिम सीमाप्रांत में लड़ने की कला भी भूल चुकी थी।

अफगान सेना को हार का मुँह देखना पड़ा और उसके कई सैनिक हताहत हुए। कुछ समय के बाद सैनिक पुनः सीमाप्रांतीय युद्धकला के अभ्यस्त हो गए और सन् 1921 तक विद्रोही जनजातियों को शांत कर दिया गया। सन् 1930 तक सीमाप्रांत पूरी तरह शांत हो गया। पेशावर में दंगा भड़कने पर अफरीदियों ने विद्रोह खड़ा कर दिया, लेकिन जल्दी ही उसे शांत कर दिया गया। सन् 1935 में पेशावर के मुसलमानों ने विद्रोह किया तो उसे कुचलने के लिए ब्रिगेडियर अलेक्जेंडर एवं ऑकिनलेक के नेतृत्व में चार ब्रिगेडवाली एक सेना भेजी गई। सन् 1936 में इपी (Ipi) के फकीर ने जेहाद (धर्मयुद्ध) का आह्वान किया और उसके समर्थकों ने 1940 के दशक की शुरुआत तक लड़ाई जारी रखी। भारतीय सेना को भी सन् 1926 में शंघाई और 1931 में बर्मा में अपने सैनिक भेजने के लिए कहा गया था।

पुनर्गठन

इससे पूर्व उल्लेख किया जा चुका है कि प्रथम विश्वयुद्ध में भारतीय सेना के संगठन और प्रशिक्षण से संबंधित कई कमजोरियाँ सामने आईं। उनमें अब सुधार के प्रयास किए जाने लगे थे। एक सबसे बड़ी कमी सेना के रंगरूटों के प्रशिक्षण और रख-रखाव में थी। इस कमी को दूर करने के लिए एक सैन्य प्रणाली (Regimental System) लागू की गई। उस समय मौजूद 131 बटालियनों को 19 इन्फैंट्री रेजीमेंट्स के रूप में संगठित किया गया था। प्रत्येक इन्फैंट्री रेजीमेंट में 5 सक्रिय बटालियनें, 1 प्रशिक्षण बटालियन और 1 इंडियन प्रादेशिक बल बटालियन थीं। सैनिकों की भरती सात वर्ष की सैनिक टुकड़ी सेवा के आधार पर की जाती थी। इस प्रकार स्थायी रूप से प्रशिक्षित आरक्षित सैन्य बल उपलब्ध रहता था। युद्ध से पूर्व 39 कैवेलरी डिवीजनें थीं, जिन्हें कम करके अब 21 कर दिया गया था। सिल्लादार प्रथा समाप्त कर दी गई थी। सन् 1937 में इनमें से तीन रेजीमेंट्स को प्रशिक्षण रेजीमेंट के रूप में बदल दिया गया। एक आर्टिलरी डिपो की स्थापना की गई और व्यवस्थित यातायात के लिए भी आवश्यक कदम उठाए गए।

हथियारों और उपकरणों के आधुनिकीकरण की गति धीमी रही, विशेषकर वित्तीय कमी के कारण, और घुड़सवार सेना के मामले में इसका कारण था—घोड़ों

11 सिख रेजीमेंट के मशीन गनर पश्चिमोत्तर सीमांत पर।

को छोड़ने के प्रति अनिच्छा। जनवरी 1935 में इंडियन आर्टिलरी की पहली फील्ड ब्रिगेड बनाई गई, जिसमें 4 तोपखाने थे—मद्रासी, पंजाबी मुसलमान, राजपूत और रंघार्स (Ranghars), प्रत्येक के एक-एक। किंतु इन सुधारों के बावजूद सन् 1938 में भारतीय सेना इराक, मिस्र और अफगानिस्तान की सेनाओं से पीछे रह गई थी। दो समितियों का गठन किया गया था—एक भारत सरकार के अधीन जनरल स्टाफ के उप-प्रमुख (Deputy Chief of General Staff) मेजर जनरल ऑकिनलेक की अध्यक्षता में तथा दूसरी, ब्रिटिश सरकार के अधीन लॉर्ड चैटफील्ड की अध्यक्षता में। जनरल ऑकिनलेक इस निष्कर्ष पर पहुँचे थे कि पाँच उद्देश्यों को ध्यान में रखते हुए सेना को संगठित किए जाने की आवश्यकता है। ये पाँच उद्देश्य थे—सीमाप्रांत की रक्षा; तटीय एवं वायुयान-विरोधी रक्षा; बाह्य रक्षा (फारस, इराक और मलाया की ओर से); आंतरिक सुरक्षा और सामान्य उद्देश्य के लिए आरक्षित बल, जो पर्याप्त रूप से सक्रिय हो और जिसमें बख्तरबंद इन्फैंट्री शामिल हो।

चैटफील्ड कमेटी ने आधुनिकीकरण के प्रस्तावों पर अपनी सहमति व्यक्त की तथा साथ-ही-साथ उसने सिफारिश की कि इसमें आनेवाले (3 करोड़ 40 लाख पौंड) खर्च का वहन ब्रिटिश सरकार करे। अत: सितंबर 1939 तक

आधुनिकीकरण की प्रक्रिया पर विचार-विमर्श चलता रहा; लेकिन अभी तक वह प्रक्रिया आरंभ नहीं की गई थी।

भारतीयकरण

दोनों विश्वयुद्धों के बीच के बीस वर्षों की अवधि के दौरान अधिकारी कोर के भारतीयकरण का मुद्दा बहस का विषय बना रहा। भारतीयों के लिए सेना के कमीशंड रैंक को खोले जाने की माँग बहुत पहले से उठाई जाती रही थी। लॉर्ड कर्जन ने इंपीरियल कैडेट कोर की स्थापना की और इसके साथ ही इस दिशा में भी कदम उठाए। यह कोर मुख्य रूप से राजघरानों के लिए थी, इसलिए इससे आम भारतीय की महत्त्वाकांक्षा की पूर्ति नहीं हो सकी। कमीशंड रैंक में भारतीयों के प्रवेश की माँग प्रथम विश्वयुद्ध के दौरान और तेज हो गई थी—खासकर भारतीय राष्ट्रीय कांग्रेस ने इस माँग को लेकर अपनी आवाज ऊँची कर दी थी। परिणामस्वरूप, जून 1918 में ब्रिटिश सरकार ने सैंडहर्स्ट (Sandhurst) के रॉयल मिलिट्री कॉलेज में प्रवेश के लिए भारतीय कैडेटों के चुनाव के लिए निर्देश जारी किए। चयन प्रक्रिया वर्ष में दस बार की जानी थी। इसके साथ ही अनियमित कमीशन के लिए भारतीय कैडेटों को प्रशिक्षित करने के उद्देश्य से इंदौर में एक स्कूल की स्थापना की गई। 1 दिसंबर, 1919 को इस संस्था का पहला बैच प्रशिक्षित होकर निकला। उसमें से 33 कैडेटों को 17 जुलाई, 1920 से किंग्स कमीशन (King's Commission) के लिए नियुक्त किया गया। फील्ड मार्शल करियप्पा इसी बैच के एक सदस्य थे।

आईजीएस 1908 पदक।
(साभार : छिना कलेक्शन)

भारतीयों ने अनुभव किया कि इस तरह वर्ष में दस कैडेटों को प्रशिक्षित करते हुए भारतीयकरण बहुत धीमी गति से और लंबे समय तक चलेगा; इसके लिए उन्होंने एक भारतीय सैंडहर्स्ट (Indian Sandhurst) की माँग

उठाई। इसी बीच, सैंडहर्स्ट में जानेवाले कैडेटों के स्तर में सुधार लाने के उद्देश्य से नागरिक परिवारों के इच्छुक सदस्यों के लिए देहरादून में इंडियन मिलिट्री कॉलेज की स्थापना की गई और वायसराय के कमीशन-प्राप्त तथा गैर कमीशन-प्राप्त अधिकारियों के बच्चों को प्रशिक्षित करने के लिए झेलम और जालंधर में किंग जॉर्ज रॉयल इंडियन मिलिट्री कॉलेजों की स्थापना की गई। कुछ समय बाद ही रैंकों से कैडेटों को प्रशिक्षित करके सैंडहर्स्ट में प्रवेश के योग्य बनाने के लिए नावगोंग में किचनर कॉलेज की स्थापना की गई।

इस अवधि में सेना में भारतीय अधिकारियों की बढ़ती संख्या पर उठनेवाले सवाल की जाँच के लिए समितियाँ गठित की गईं। कमांडर-इन-चीफ लॉर्ड रॉलिंसन की अध्यक्षता में गठित मिलिट्री रिक्वायरमेंट कमेटी का गठन सन् 1919 में गठित ईशर कमेटी (Esher Committee) के बाद मार्च 1921 में किया गया। रॉलिंसन कमेटी ने सिफारिश की कि भारतीय सेना प्रतिवर्ष कमीशन प्राप्त करनेवाले अधिकारियों में से कम-से-कम 25 प्रतिशत पर भारतीयों की नियुक्ति की जाए और साथ-ही-साथ इस अनुपात में प्रत्येक दूसरे वर्ष 2.5 प्रतिशत की वृद्धि की जाए। कमेटी ने यह भी सिफारिश की कि एक इंडियन मिलिट्री कॉलेज यथाशीघ्र खोला जाए और उसके कमीशंस को सैंडहर्स्ट के कमीशंस के समकक्ष का दर्जा दिया जाए। किंतु भारत में अधिकारियों के प्रशिक्षण के लिए किसी संस्था की स्थापना का मामला मात्र बहस का विषय बना रहा। सन् 1925 में चीफ ऑफ स्टाफ, जनरल सर एंड्र्यू स्कीन की अध्यक्षता में एक अन्य कमेटी का गठन किया गया। इसमें कुछ असैनिक सदस्य भी थे, जिनमें पं. मोतीलाल नेहरू और मुहम्मद अली जिन्ना प्रमुख थे। कमेटी ने सैंडहर्स्ट में रिक्तियों की संख्या में प्रतिवर्ष 10 से 20 प्रतिशत तक वृद्धि किए जाने और सन् 1930 तक 100 कैडेटों की क्षमतावाले एक भारतीय सैंडहर्स्ट की स्थापना की सिफारिश की। तीन वर्षीय पाठ्यक्रम के लिए प्रतिवर्ष 33 कैडेटों को लिया जाना था।

शुरू में सरकार ने इस सिफारिश को स्वीकार नहीं किया। किंतु इससे लोगों का दबाव बढ़ता गया और अंततः सरकार ने 1 अक्तूबर, 1932 को देहरादून में रेलवे स्टॉफ कॉलेज के पुराने भवन में एक इंडियन मिलिट्री एकेडमी की स्थापना की। 10 दिसंबर, 1932 को एकेडमी के औपचारिक उद्घाटन समारोह में तत्कालीन कमांडर-इन-चीफ फील्ड मार्शल चेटवुड ने अपने संबोधन में तीन सिद्धांत प्रस्तुत किए, जो किसी राष्ट्रीय सेना के लिए मार्गदर्शक सिद्धांत के रूप में आवश्यक माने गए। उनके ये सिद्धांत हैं—'पहला, देश का हित, उसकी सुरक्षा और सम्मान

सर्वोपरि है; दूसरा, जिनकी कमान आपको सौंपी गई है उनकी सुविधा, सम्मान और कल्याण की बात दूसरे स्थान पर आती है; तीसरा, आपकी अपनी सुविधा, सुरक्षा की बात हमेशा अंत में आती है।' ये सिद्धांत आज भी भारतीय अधिकारियों के मार्गदर्शक सिद्धांत के रूप में माने जाते रहे हैं।

यह सुनिश्चित करने के उद्‌देश्य से कि कोई भी ब्रिटिश अधिकारी किसी भारतीय के अधीन कार्य न करे, अंग्रेजों ने एक योजना तैय्रार की, जिसके अनुसार चुनी हुई इकाइयों में एक अवधि के बाद सिर्फ भारतीय अधिकारियों को ही रखा जाना था तथा अन्य इकाइयों की कमान पूरी तरह से ब्रिटिश अधिकारियों के हाथ में रखी जानी थी। किंतु द्वितीय विश्वयुद्ध के दौरान तीव्र विस्तारीकरण की आवश्यकता के कारण ऐसी स्थिति आ गई कि विश्वयुद्ध के अंत तक ऐसी कई इकाइयाँ थीं, जिनमें ब्रिटिश अधिकारी और सैनिक भारतीय अधिकारियों के अधीन कार्य कर रहे थे।

द्वितीय विश्वयुद्ध, 1939-1945

28 जून, 1919 को वारसा की संधि पर हस्ताक्षर के साथ प्रथम विश्वयुद्ध औपचारिक रूप से समाप्त हो गया। किंतु इसमें जर्मनी पर कड़ी शर्तें थोपी गई थीं। युद्ध के लिए जर्मनी को जिम्मेदार मानते हुए संधि में उस पर मित्र राष्ट्रों की स्वदेश वापसी का भार सौंपा गया था। इस शर्त का पालन करने में जर्मनी आर्थिक रूप से जर्जर हो गया और इससे जर्मनी की जनता में रोष उत्पन्न हो गया। मित्र राष्ट्रों के अन्याय और इस रोष के परिणामस्वरूप जर्मनी में एडोल्फ हिटलर और उसकी नेशनलिस्ट सोशलिस्ट जर्मन लेबर पार्टी, जिसे 'नाजी पार्टी' के नाम से भी जाना जाता है, का उदय हुआ। सन् 1933 में हिटलर ने जर्मनी की सत्ता अपने हाथों में ली और अपने देश की सैन्य शक्ति बढ़ाने में जुट गया। 13 मार्च, 1938 को उसने बलपूर्वक ऑस्ट्रिया को जर्मनी में मिला लिया; इसी वर्ष अक्तूबर में उसने चेकोस्लोवाकिया द्वारा अधिकृत जर्मन क्षेत्रों पर अधिकार कर लिया और मार्च 1939 में पूरे देश पर उसका अधिकार हो गया। एक और युद्ध की संभावना से आतंकित अंग्रेजों और फ्रांसीसियों ने शुरू में इसके विरुद्ध कोई कदम नहीं उठाया। सन् 1939 तक उन्हें लगा कि यदि स्थिति यही बनी रही तो उन्हें कभी-न-कभी जर्मनी के विस्तारवाद का सामना जरूर करना पड़ेगा। 1 सितंबर, 1939 को जर्मनी ने पोलैंड पर आक्रमण कर दिया। अत: 3 सितंबर, 1939 को ब्रिटेन ने जर्मनी के खिलाफ युद्ध की घोषणा कर दी।

8 भारतीय डिवीजन के सैनिक इटली में जर्मनी के मजबूत गढ़ पर 'धुएँ की ओट' में धावा बोलते हुए।
(साभार : रक्षा मंत्रालय, इतिहास विभाग)

दूसरा विश्वयुद्ध शुरू हो चुका था। वायसराय ने भारत की ओर से युद्ध में शामिल होने की घोषणा कर दी। हालाँकि वायसराय की घोषणा तर्कसंगत थी, लेकिन घोषणा से पूर्व उन्होंने किसी भी भारतीय से इस बारे में विचार-विमर्श नहीं किया था। इस कारण कांग्रेस, जो उस समय आठ प्रांतों में सत्ता में थी, ने इस पर आपत्ति जताई। कांग्रेस सरकारों ने इस्तीफा दे दिया और उन्होंने यह घोषणा कर दी कि वे सरकार के साथ कोई सहयोग नहीं करेंगे। यह घोषणा किसी पक्षपात के कारण नहीं, बल्कि एक सिद्धांत के आधार पर की गई थी। इस बहिष्कार से युद्ध के वास्तविक प्रबंध पर कोई खास असर नहीं पड़ा—सिवाय अधिकारी रैंक की भरती प्रभावित होने के।

युद्ध की शुरुआत के समय भारतीय सेना में 1,94,373 सैनिक थे; यह संख्या प्रथम विश्वयुद्ध के आरंभ के समय की भारत की सैनिक संख्या से कुछ ही ज्यादा थी। सेना में 96 इन्फैंट्री बटालियनें और 18 कैवेलरी रेजीमेंट्स थीं। सन् 1938 में प्रस्तावित आधुनिकीकरण की योजना तब तक शुरू नहीं हुई थी। कैवेलरी

भारतीय सैनिक इटली में जर्मनी के ठिकानों पर आक्रमण की तैयारी में।

(साभार : रक्षा मंत्रालय, इतिहास विभाग)

के पास टैंक नहीं थे और सैनिक ट्रकों पर सवार होते थे; इन्फैंट्री के पास कोई मोर्टार (छोटी तोपें) नहीं थीं और न ही टैंकरोधी हथियार थे। वायरलेस सेट ब्रिगेड हेडक्वार्टर और इससे उच्च स्तर पर ही उपलब्ध थे। ब्रिटिश सरकार अब भी यह नहीं सोच रही थी कि भारतीय सेना को देश के सीमावर्ती क्षेत्रों की रक्षा के अलावा बड़े युद्ध में शामिल करना पड़ेगा।

विश्वयुद्ध की समाप्ति से पहले भारतीय सेना की सैनिक संख्या बढ़ाकर 20,00,000 की जानी थी और उसे हांगकांग से लेकर इटली तक चलाए जानेवाले अभियानों में शामिल किया जाना था। बर्मा को पुन: जीतने के लिए चलाए जानेवाले अभियान में भारतीय सेना से बड़ी संख्या में सैनिक भेजे जाने थे और साथ ही, उत्तरी अफ्रीका तथा इटली के अभियानों में भी उसकी महत्त्वपूर्ण भूमिका थी।

युद्ध की घोषणा से पूर्व भी भारतीय सेना का कुछ हिस्सा समुद्र के उस पार तैनात था। अगस्त 1939 के आस-पास एक ब्रिगेड मिस्र के लिए और एक मलाया के लिए रवाना हुई थी। 4 भारतीय डिवीजन और 5 इंडियन इन्फैंट्री ब्रिगेड सितंबर में मिस्र में 11 इन्फैंट्री ब्रिगेड से जाकर मिल गई थीं। फ्रांस में मई 1940 में जाली

युद्ध (Phoney War) की और 8 जून, 1940 को इटली द्वारा ब्रिटेन के खिलाफ युद्ध की घोषणा से उत्तरी अफ्रीका की स्थिति और बिगड़ गई। इन काररवाइयों और इनसे जुड़ी पूर्वी अफ्रीका तथा मध्य-पूर्व की काररवाइयों पर विस्तार से चर्चा करने से पहले यह उल्लेख करना आवश्यक है कि फ्रांस में होनेवाली लड़ाइयों में एक छोटी सी भारतीय सैनिक टुकड़ी ने भाग लिया था। चार पशु यातायात कंपनियों (Animal Transport Companies) ने ही ब्रिटिश डिवीजनों का साथ दिया था और कठिन परिस्थितियों में भी अपने अनुशासन एवं कर्तव्य पालन से सबको प्रभावित करते हुए डनकिर्क (Dunkirk) की ओर सेना की वापसी में भाग लिया था।

मध्य-पूर्व

द्वितीय विश्वयुद्ध के आरंभ के समय मध्य-पूर्व की ब्रिटिश कमान फारस की खाड़ी से लेकर मिस्र और उसके बाद उत्तरी अफ्रीका के तटीय क्षेत्र तक फैली हुई थी। जून 1939 में जनरल वावेल को मध्य-पूर्व कमान का जनरल ऑफिसर कमांडिंग-इन-चीफ नियुक्त किया गया। उनकी कमान को प्रमुख खतरा लीबिया में इटली से था, जो इस क्षेत्र के प्रमुख पत्तन अलेक्जेंड्रिया से लगभग 250 मील की दूरी पर था। मिस्र का दक्षिण और सूडान इटली के कब्जे में तथा पूर्वी अफ्रीका

भारतीय बटालियन विदेशों में लड़ाई के लिए जहाज पर सवार होते हुए—द्वितीय विश्वयुद्ध।
(साभार : एएफएफपीडी, रक्षा मंत्रालय)

इंडिया सर्विस मेडल, 1939–1945।
(साभार : यूएसआई)

पर इथोपिया का अधिकार था, जिस पर उसने सन् 1936 में कब्जा किया था। लीबिया में इटली की करीब 8 डिवीजनें थीं। जनरल वावेल के पास उपलब्ध सैन्य टुकड़ियाँ थीं—ब्रिटिश बख्तरबंद डिवीजन, जो बाद में डेजर्ट रैट (Desert Rat) के नाम से जानी गई और एक ब्रिगेड कम भारतीय डिवीजन। यह डिवीजन सितंबर 1939 से ही रेगिस्तानी क्षेत्र में रही थी और पूरी तरह से प्रशिक्षित थी। ऑस्ट्रेलिया और न्यूजीलैंड की डिवीजनों की पहली ब्रिगेड फरवरी 1940 तक मिस्र पहुँच गई थी और अब वह प्रशिक्षण अवधि में थी।

8 जून, 1940 को इटली ने ब्रिटेन के खिलाफ युद्ध की घोषणा करके सितंबर के शुरू में मिस्र का सीमाप्रांत पार कर लिया। सितंबर के अंत तक उसकी सेना सिद्दी बैरानी (Sidi Barani) तक पहुँच चुकी थी। वहाँ सेना ने अपने शिविर लगा दिए। उसके बाद जनरल वावेल ने हमला शुरू करने का निर्णय लिया। हमला शुरू करने के लिए तैयार फौजें थीं—7 बख्तरबंद डिवीजन तथा 16 ब्रिटिश इन्फैंट्री ब्रिगेड सहित 4 भारतीय डिवीजन और 7 रॉयल टैंक रेजीमेंट। 9 दिसंबर, 1940 को 11 इंडियन इन्फैंट्री ब्रिगेड ने दुश्मन के प्रथम शिविर–समूहों पर हमला शुरू किया। एक घंटे के भीतर ही दूसरी कैमरॉन हाईलैंडर्स (2nd Cameron Highlanders) और 1/6 राजपूताना राइफल्स ने शिविर पर कब्जा कर लिया। उसी दिन शाम तक 5 भारतीय इन्फैंट्री ब्रिगेड ने तुमार वेस्ट (Tumar West) के कैंप पर कब्जा कर लिया। अगले दिन 16 ब्रिटिश इन्फैंट्री ब्रिगेड ने सिद्दी बैरानी (Sidi Barani) पर कब्जा कर लिया; 11 दिसंबर को 4 भारतीय डिवीजन को सूडान में लड़ रही सेना में शामिल करने के लिए वहाँ से हटा लिया गया। उसके बाद 6 ऑस्ट्रेलियाई डिवीजन और 7 बख्तरबंद डिवीजन ने लीबिया में युद्ध अभियान का संचालन किया।

इटली के अधिकार-क्षेत्र में आनेवाला पूर्वी अफ्रीका युद्ध की दृष्टि से महत्त्वपूर्ण था, क्योंकि उसकी सीमा लाल सागर से लगी हुई थी। साथ ही मसावा (Massawa) के जहाज तथा अंतर्समुद्री पनडुब्बियाँ इसके माध्यम से जहाजों की आवाजाही में हस्तक्षेप कर सकती थीं। सूडान के कमांडर-इन-चीफ जनरल प्लैट (General Platt) के पास शुरू में तो बहुत कम फौज थी, लेकिन सितंबर 1940 तक उसमें 5 भारतीय इन्फैंट्री डिवीजन को शामिल कर दिया गया। दिसंबर के अंत में 4 भारतीय डिवीजन की 11 इन्फैंट्री ब्रिगेड भी पहुँच गई। अतिरिक्त सेना देखकर जनवरी 1941 के मध्य तक इतालवी पीछे हटने लगे और 19 जनवरी को उनका पीछा करते हुए ब्रिटिश फौजें सीमा पार चली गईं। दुश्मन ने सड़कों पर व्यापक पैमाने पर सुरंगें बिछा रखी थीं। 1 से 4 फरवरी तक दुश्मन की भारी गोलीबारी के बीच इन्हीं सुरंगों को हटाने के लिए ही सेकंड लेफ्टिनेंट पी.एस. भगत को 'विक्टोरिया क्रॉस' से सम्मानित किया गया था। वे पहले भारतीय अधिकारी थे, जिन्हें यह सम्मान दिया गया था।

केरेन (Keren) पहुँचते-पहुँचते सेना का आगे बढ़ना रुक गया, क्योंकि वहाँ दुश्मन ने स्वयं को मजबूती से स्थापित कर लिया था। केरेन पर कब्जा जमाने के लिए सेना को घमासान लड़ाई लड़नी पड़ी, जो 2 फरवरी से 27 मार्च, 1941 तक चली और अंततः केरेन पर अधिकार कर लिया गया। इन्हीं अभियानों में 4/6 राजपूताना राइफल्स के सूबेदार रिछपाल राम को 'विक्टोरिया क्रॉस' से सम्मानित किया गया था। अभियान अब तेज हो गया था; 8 अप्रैल को मसावा को जीत लिया गया और 19 मई को आवोस्टा (Aosta) के ड्यूक तथा बाकी बची इतालवी फौजों के आत्मसमर्पण के साथ ही इटली की ओर से संभावित अंतिम प्रतिरोध का अंत हो गया। केरेन पर जीत दर्ज कराने के तुरंत बाद चौथी भारतीय डिवीजन को मिस्र के लिए रवाना कर दिए जाने पर अब सिर्फ 5वीं भारतीय डिवीजन ही वहाँ मौजूद थी। बाद में दक्षिण से एक अन्य ब्रिटिश फौज के केन्या की ओर आगे बढ़ने से आगे के अभियानों में भी गति बनी रही।

जब चौथी और पाँचवीं भारतीय डिवीजनें पूर्वी अफ्रीका में लगी थीं तो उत्तरी अफ्रीका की स्थिति बदल गई थी। इतालवी सेना की तबाही से जर्मनी को इस मोरचे पर सैनिकों की संख्या बढ़ाने के लिए बाध्य हो जाना पड़ा। जर्मन बख्तरबंद टुकड़ी के साथ जनरल एर्विन रॉमेल (General Erwin Romell) को अफ्रीका भेज दिया गया था। लीबिया में अब अंग्रेजी फौज में 2 बख्तरबंद डिवीजन, 9 आस्ट्रेलियाई डिवीजन और 3 इंडियन मोटर ब्रिगेड—जो मार्च 1941 में यहाँ

पहुँची थी—शामिल थी। इस ब्रिगेड में 3 कैवेलरी रेजीमेंट, 2 रॉयल लांसर, 11 प्रिंस अल्बर्ट विक्टर्स ओन कैवेलरी और 18 कैवेलरी थीं। यह सैन्य बल बिना बख्तर के ट्रकों पर सवार था और केवल ब्रेन गनों (Bren Guns) से लैस था। उनके पास कोई तोप नहीं थी। ब्रिगेड को टोब्रुक (Tobruk) से 100 मील पश्चिम मेकिली (Mechili) में मोरचा सँभालने का आदेश दिया गया। 31 मार्च, 1941 को जनरल रॉमेल ने हमला शुरू किया। तीसरी भारतीय मोटर ब्रिगेड, जो 8 अप्रैल, 1941 तक मेकिली में डटी थी, ने जर्मन सेनाओं को आगे बढ़ने से रोके रखा था। मेकिली से बच निकलने में सफल होनेवाली कुछ सेनाओं में बी स्क्वॉड्रन और मेजर राजेंद्र सिंहजी, जो बाद में भारतीय सेना के दूसरे चीफ ऑफ आर्मी स्टाफ बने, के नेतृत्ववाली 2 लांसर्स फौजें थीं। इसी स्थिति में 4 भारतीय डिवीजन पूर्वी अफ्रीका से वापस पहुँची थी। जर्मन टैंकों के मुकाबले में वावेल ने प्रत्याक्रमण—ऑपरेशन बैटल ऐक्स (Operation Battle Axe)—शुरू किया; किंतु सफलता नहीं मिली। उसके बाद वावेल के स्थान पर जनरल ऑकिनलेक को नियुक्त किया गया।

उत्तरी अफ्रीका के घटनाक्रमों के साथ-साथ उधर ईरान और इराक भी सक्रिय हो गए। मार्च 1941 में इराक में एक जर्मनी-समर्थक संगठन ने सत्ता हथिया ली थी। अत: 8 भारतीय डिवीजन को बसरा रवाना कर दिया गया था। वह बसरा पर अपनी जीत दर्ज कराते हुए बगदाद की ओर बढ़ी; 30 अप्रैल को उसके बगदाद पहुँचने पर वहाँ की सत्ता पूर्व सरकार के हाथ में दे दी गई।

10वीं भारतीय डिवीजन इराक में 8वीं डिवीजन के साथ मिल गई। जून के प्रथम सप्ताह में सीरिया को कब्जे में लेने के लिए अभियान शुरू किया गया। जून 1941 में जर्मनी द्वारा रूस पर हमला किए जाने के बाद रूस के लिए प्रवेश द्वार के रूप में ईरान को अपने कब्जे में लेना आवश्यक हो गया। चूँकि यह अनुभव किया जा रहा था कि ईरान का शाह रजा प्रथम जर्मनी का समर्थक है, इसलिए रूसियों और ब्रिटिशों ने मिलकर 25 अगस्त को ईरान पर हमला कर दिया। हमला करनेवाली ब्रिटिश सेनाओं में 8वीं तथा 10वीं भारतीय डिवीजनें शामिल थीं। उसके बाद यद्यपि सीरिया, ईरान अथवा इराक में कोई वास्तविक अभियान नहीं चलाया गया, फिर भी वहाँ लगभग पूरे युद्ध के समय तक 6 इन्फैंट्री डिवीजनें और एक बख्तरबंद डिवीजन तैनात की गई थीं। जिन फौजों को वास्तव में मुश्किल का सामना करना पड़ा, वे थीं—रॉयल इंडियन आर्मी सर्विस कोर की 203 और 204 कंपनियाँ। ये दोनों कंपनियाँ बलूचिस्तान से तबरूज (Tabruz) तक सैन्य आपूर्ति पहुँचाती थीं।

चालक के रूप में प्रशंसनीय कार्य के लिए सूबेदार नारायण राव निक्कम और हवलदार गजेंद्र सिंह को 'ऑर्डर ऑफ द रसियन रेड स्टार' (Order of the Russian Red Star) से सम्मानित किया गया।

जनरल ऑकिनलेक, जिनके हाथ में मध्य-पूर्व की कमान थी, पर प्रधानमंत्री चर्चिल की ओर से आक्रमण जारी रखने के लिए लगातार दबाव डाला जा रहा था। 18 नवंबर, 1941 को हमला, जिसे 'क्रूसेडर' (धर्म-युद्ध) नाम दिया गया, शुरू हुआ। शुरू में तो यह हमला सफल होता दिखाई दे रहा था, लेकिन जल्दी ही ब्रिटिश बख्तरबंद सेनाओं की कमजोरियाँ भी सामने आने लगीं। जर्मनों के अधिक शक्तिशाली टैंकों के सामने ब्रिटिश बख्तरबंद सैनिक टिक नहीं पा रहे थे। जर्मनों ने प्रत्याक्रमण कर दिया और उसके बाद दोनों सेनाओं में घमासान लड़ाई हुई। चौथी भारतीय डिवीजन अपनी पोजीशन पर डटी रही। पहली फील्ड रेजीमेंट ने खुले में फायरिंग करते हुए जर्मन पैंजर्स (German Panzers) को उनकी 25 पाउंडर गनों के साथ धराशायी कर दिया और सात टैंकों को नष्ट करते हुए उसने जर्मनों के दो हमलों को नाकाम कर दिया। जनरल ऑकिनलेक ने हमला जारी रखा और अंततः जर्मनों को ही पीछे हटना पड़ा। उसके बाद चौथी भारतीय डिवीजन ने अल अगेलिया (El Aghelia) उनका पीछा करने में भूमिका निभाई।

जब ब्रिटिश सैनिक हमले को पुनः आरंभ करने के लिए तैयारी कर रहे थे तो रॉमेल ने पीछे से हमला कर दिया। 21 जनवरी, 1942 को जर्मनों ने ब्रिटिश सेना की रक्षा व्यवस्था को ध्वस्त कर दिया। उस समय चौथी भारतीय डिवीजन बेंगाजी (Benghazi) क्षेत्र में 11वीं ब्रिगेड के साथ अपने मोरचे पर डटी हुई थी। जर्मनों ने बेंगजी के क्षेत्र में 7वीं ब्रिगेड़ को उसकी डिवीजन से अलग कर दिया; लेकिन 7वीं ब्रिगेड ने आत्मसमर्पण करने के बजाय किसी तरह अपने लिए सुरक्षित स्थिति बना ली। मार्च से मई 1941 तक रेगिस्तान में हमले की तैयारी कर रहे दोनों पक्षों को गतिरोध का सामना करना पड़ा। अंग्रेजों ने गजाला में मोरचा सँभाला था। 5वीं भारतीय ब्रिगेड की 29 भारतीय इन्फैंट्री ब्रिगेड तथा तीसरी भारतीय मोटर ब्रिगेड को इस मोरचे के रेगिस्तान की ओर के घेरे पर तैनात किया गया था। 31 मई को रॉमेल ने हमला कर दिया और तीसरी भारतीय ब्रिगेड पर करारी चोट की। ब्रिगेड की रेजीमेंट्स यद्यपि अब भी ट्रकों में थीं, लेकिन अब उनके पास आठ 2-पाउंडर टैंकरोधी गनें थीं और उनकी मदद के लिए भारतीय फील्ड रेजीमेंट, प्रथम भारतीय आर्टिलरी थी।

दो बख्तरबंद डिवीजनों ने 27 मई की सुबह ब्रिगेड पर हमला कर दिया।

इस पर फील्ड आर्टिलरी के साथ ब्रिगेड ने कड़ा प्रतिरोध किया। जब रेजीमेंट के पास गोला-बारूद समाप्त हो गया तो मेजर पी.पी. कुमारमंगलम ने छह में से पाँच सैनिक टुकड़ियों को किसी तरह लड़ाई से बाहर निकाल लिया; इसके लिए उन्हें 'विशिष्ट सेवा पदक' (Distinguished Service Order) से सम्मानित किया गया। बाद में उन्हें भारतीय सेना का चीफ ऑफ आर्मी स्टाफ नियुक्त किया गया। पीछे हटने से पहले ब्रिगेड ने दुश्मन के कम-से-कम 52 टैंकों को नष्ट कर दिया था। उसके बाद एक माह तक दोनों पक्षों में घमासान लड़ाई हुई, जिसमें चौथी, 5वीं और 10वीं भारतीय डिवीजनों ने हिस्सा लिया। 5वीं डिवीजन की 10वीं ब्रिगेड़ तथा 9वीं ब्रिगेड का आधा हिस्सा नष्ट हो गया और चौथी डिवीजन की ग्यारहवीं ब्रिगेड, जो टोब्रुक में फँसी हुई थी, को समर्पण करने के लिए मजबूर होना पड़ा। इससे सेना अल अलामीन (El Alamein) में अलेक्जेंड्रिया के बाहरी हिस्से की ओर पीछे हट गई और वहाँ से वह खाड़ी की ओर मुड़ गई तथा वहाँ उसने जर्मनों को आगे बढ़ने से रोक दिया।

अल अलामीन की प्राकृतिक रूप से एक मजबूत स्थिति थी और जनरल ऑकिनलेक के नेतृत्व में उसका और भी विकास हुआ। किंतु उसके बाद जनरल ऑकिनलेक के स्थान पर जनरल अलेक्जेंडर को नियुक्त किया गया और जनरल मांटगुमरी ने 8वीं सैनिक टुकड़ी की कमान सँभाल ली। मांटगुमरी ने सावधानीपूर्वक अपने युद्ध अभियानों की तैयारी करके 23 अक्तूबर, 1942 को हमला कर दिया। यद्यपि उस समय चौथी भारतीय डिवीजन भी मौजूद थी, लेकिन अभियान की शुरुआत में उसकी कोई खास भूमिका नहीं रही। जनरल मांटगुमरी के पास भारतीय सैनिक टुकड़ियों के संबंध में बहुत अच्छे विचार नहीं थे। किंतु उसमें जल्दी ही बदलाव आया; 8वीं सैन्य टुकड़ी एक पर्वत श्रेणी पर स्थित मैरेथ लाइन (Mareth line) में जर्मनों द्वारा घेर ली गई। ऐसी स्थिति में पर्वतीय युद्ध में विशिष्टता प्राप्त भारतीय सैनिकों की आवश्यकता महसूस की गई। चौथी भारतीय डिवीजन को मैरेथ लाइन में घुसकर रास्ता बनाने के लिए बुलाया गया और जब उसने पर्वतों के मध्य ऊबड़-खाबड़ रास्तों से होते हुए मैरेथ लाइन में प्रवेश किया तो सबके सब आश्चर्यचकित रह गए।

उसके बाद चौथी भारतीय डिवीजन फतनासा फीचर (Fatnassa Feature) पर कब्जा करने के लिए आगे बढ़ी, जहाँ से वादी अकारित (Wadi Akarit) पोजीशन तक पहुँचने का रास्ता था। इस हमले के दौरान दूसरी गोरखा की पहली बटालियन के सूबेदार लाल बहादुर थापा को उनके साहसपूर्ण नेतृत्व के लिए

'विक्टोरिया क्रॉस' से सम्मानित किया गया। 8वीं सेना अब जनरल आइजनहॉवर (Eisenhower) की फौज के साथ मिलने जा रही थी, जिसने मोरक्को और अल्जीरिया के माध्यम से उत्तरी अफ्रीका पर आक्रमण किया था और इस समय वह ट्यूनीशिया में थी। चौथी भारतीय डिवीजन और 7वीं बख्तरबंद डिवीजन को पहली ब्रिटिश सेना के स्थान पर लगा दिया गया। दोनों डिवीजनों ने एनफिदाविले (Enfidaville) पर अंतिम हमले में भाग लिया। ट्यूनीशिया में धुरी देशों की सेनाओं के कमांडर-इन-चीफ कर्नल जनरल वॉन अर्निम (Colonel General Von Arnim) ने पहली बटालियन दूसरी गोरखा के कमांडिंग ऑफीसर लेफ्टिनेंट कर्नल एल.सी.जे. शॉवर्स के समक्ष आत्मसमर्पण कर दिया। चौथी भारतीय इन्फैंट्री डिवीजन ने 1940 में ही उत्तरी अफ्रीका में अपना अभियान शुरू कर दिया था।

इटली

मित्र देशों की फौजों ने उत्तरी अफ्रीका को दुश्मन से सफलतापूर्वक मुक्त कराने के बाद इटली पर आक्रमण करने का निश्चय किया। इसमें सबसे पहले सिसली को सुरक्षित किया जाना था। 10 जुलाई, 1943 को ब्रिटिश और अमेरिकी सैन्य टुकड़ियाँ सिसली पहुँचीं और मध्य अगस्त तक द्वीप को कब्जे में कर लिया

8 भारतीय डिवीजन द्वारा इटली में सेनियो नदी पार करते समय बंदी बनाया गया जर्मन सैनिक अपने पहरेदारों के साथ रोटी-सब्जी खाता हुआ। *(साभार : रक्षा मंत्रालय, इतिहास विभाग)*

गया। 3 सितंबर, 1943 को 8वीं सेना इटली के तट पर और 9 सितंबर को 5वीं सेना सलेर्नो तट पर उतरी। घमासान लड़ाई के बाद दोनों तटीय मोरचों को सुरक्षित कर लिया गया। इसमें शामिल भारतीय सैन्य टुकड़ियाँ थीं—3/10 बलूची और 3/12 सीमाप्रांत बल (Frontier Force) तथा जोधपुर सरदार लाइट इन्फैंट्री, जिसमें मेजर राम सिंह को 'विशिष्ट सेवा पदक' से सम्मानित किया गया था। कड़े प्रतिरोध के कारण इटली में अब मित्र देशों की फौजों के आगे बढ़ने की गति धीमी हो गई थी और गुस्ताव लाइन (Gustav Line) पर दुश्मन की रक्षा व्यवस्था पर चोट करने के बाद तो उसका आगे बढ़ना रुक ही गया।

उसी समय, 19 सितंबर, 1943 को 8वीं भारतीय डिवीजन 8वीं सेना में शामिल हो गई। अब सबसे पहले ट्रिग्नो नदी (Trigno River) को पार करना था, जिसका प्रवाह बहुत तेज था। 2 नवंबर को सेनाओं ने ट्रिग्नो नदी पार की। उसके बाद दूसरी नदी जो पार करनी थी, वह थी सैंग्रो। बराबर की लड़ाई के बाद 8वीं भारतीय डिवीजन ने 25 नवंबर को सैंग्रो के उस पार कदम रखा; लेकिन उस समय संघर्ष जारी था, जो 30 नवंबर तक ही समाप्त हुआ। आगे बढ़ती हुई सेना मोरो नदी के तट पर पहुँची। इसी बीच चौथी भारतीय डिवीजन, जो छह महीने फिलिस्तीन में तैनात रही थी, भी इटली पहुँच गई।

मोंटी कैसिनो (Monte Cassino) और उसकी चोटी पर स्थित मठ के कारण सेना का आगे बढ़ना रुक-सा गया। जनवरी 1944 में इस पोजीशन पर कब्जा करने का अमेरिकी प्रयास विफल हो गया था। फरवरी के आरंभ में 4 भारतीय डिवीजन और 2 न्यूजीलैंड डिवीजन को इस पर कब्जा करने की जिम्मेदारी सौंपी गई। दोनों डिवीजनों ने 16 फरवरी को हमला शुरू किया, लेकिन साहसपूर्ण प्रदर्शन के बावजूद उन्हें 19 फरवरी तक कोई खास सफलता नहीं मिल सकी। इसमें 4/6 राजपूताना राइफल्स ने अपने 196 सैनिक खो दिए और दूसरी गोरखा राइफल्स के भी कई सैनिक हताहत हुए। मार्च में किए गए दूसरे हमले से मोंटी कैसिनो के कुछ क्षेत्रों को सुरक्षित करने में सफलता मिली; लेकिन 25 मार्च तक सेना के आगे बढ़ने में गतिरोध आ गया। अब तक चौथी भारतीय डिवीजन ने अपने 4,000 सैनिक खो दिए थे। चौथी डिवीजन को आगे से हटा लिया गया और उसके स्थान पर 8वीं भारतीय डिवीजन तथा दूसरी कनाडा कैवेलरी ब्रिगेड के साथ पॉलिश कोर (Polish Corps) को लगा दिया गया। 8वीं भारतीय डिवीजन को गैरी नदी (Gari River) पर सेतु-मोरचे को सुरक्षित करने का उत्तरदायित्व सौंपा गया। 12 मई को हमला शुरू हुआ और घमासान लड़ाई के बाद 14 मई तक

सेतु-मोरचे को कब्जे में ले लिया गया। इन्हीं अभियानों में 3/8 पंजाबी बटालियन के सिपाही कमल राम को दुश्मन की चार मशीन गन पोजीशनों पर कब्जा करने के लिए 'विक्टोरिया क्रॉस' से सम्मानित किया गया।

मित्र देशों की फौजें अब गोथिक लाइन (Gothic Line) की ओर बढ़ीं। इस लाइन पर कब्जा करने के लिए चौथी और दसवीं भारतीय डिवीजनों तथा 43 गोरखा लॉरीड ब्रिगेड ने लड़ाइयों में हिस्सा लिया। मार्च 1945 के अंत तक 10वीं भारतीय डिवीजन इटली पहुँच गई। इन्हीं कारवाइयों में तीसरी मराठा बटालियन के नायक यशवंत गाडगे ने अभूतपूर्व साहस का प्रदर्शन करते हुए एक हाथ से दुश्मन पर हमला जारी रखा था और उसकी एक पोजीशन को नष्ट कर डाला था, जबकि उनके कंपनी कमांडर और छह अन्य गैर कमीशन-प्राप्त अधिकारी पहले ही मारे जा चुके थे। इस उत्कृष्ट प्रदर्शन के लिए उन्हें मरणोपरांत 'विक्टोरिया क्रॉस' से सम्मानित किया गया। दूसरी बड़ी कारवाई थी—9 अप्रैल को 8 भारतीय डिवीजन की 19 तथा 21 ब्रिगेड द्वारा सेनियो नदी (Senio River) के उस पार कदम रखना। इस कारवाई के दौरान हमले में 6/13 फ्रंटियर फोर्स राइफल्स के सिपाही अली हैदर तथा 1/5 मराठा के सिपाही नामदेव जाधव को 'विक्टोरिया क्रॉस' से सम्मानित किया गया। इस सेतु-मोरचे के माध्यम से 8 भारतीय डिवीजन ने आगे का रास्ता बनाया और उसके बाद उसने दुश्मन का तब तक पीछा किया जब तक 3 मई, 1945 को इटली में जर्मन फौजों ने आत्मसमर्पण नहीं कर दिया। इस अवधि के दौरान मोंटी सैन बारतोलो (Monte San Bartolo) में कारवाई के लिए 1/5 रॉयल गोरखा राइफल्स के राइफलमैन थामन गुरुंग को मरणोपरांत 'विक्टोरिया क्रॉस' से सम्मानित किया गया। इस बीच 4 भारतीय डिवीजन को अक्तूबर 1944 में यूनान में शांति-स्थापना के लिए रवाना कर दिया गया था। स्वेज नहर से यूनान तक की लंबी दूरी तय करके डिवीजन, जिसने उत्तरी अफ्रीका से लेकर इटली के मुख्य भूभाग तक की लड़ाइयों में सक्रिय भूमिका निभाई थी, ने वहाँ अपना उत्तरदायित्व सँभाल लिया था।

दक्षिण-पूर्व एशिया

उत्तरी अफ्रीका में जनरल ऑकिनलेक के आक्रमण (ऑपरेशन क्रूसेडर) के दौरान भी 7 दिसंबर, 1942 को जापान द्वारा पर्ल हार्बर में अमेरिकी नौसैनिक अड्डे, हवाई द्वीप तथा मलाया के तटीय क्षेत्रों पर किए गए हमलों से एक नया मोरचा खुल गया। इसका संबंध प्रशांत क्षेत्र की उस लड़ाई से नहीं है, जो मूल रूप

से अमेरिकी सेनाओं द्वारा लड़ी गई थी, बल्कि यह मलाया और बर्मा में चलाए गए अभियानों से संबंधित है, जिसमें भारतीय सेना ने महत्त्वपूर्ण भूमिका निभाई थी।

जापान 20वीं शताब्दी के आरंभ से ही आधुनिकीकरण पर जोर देने लगा था और अब तक उसने एक मजबूत अर्थव्यवस्था तथा आधुनिक हथियारों से सुसज्जित सेना तैयार कर ली थी; किंतु जापान के समक्ष एक समस्या यह थी कि उसके पास अपने प्राकृतिक संसाधन नहीं थे। अपने उद्योगों के लिए आवश्यक तेल, धातु एवं अन्य वस्तुओं के लिए वह बाहरी स्रोतों पर निर्भर था। अपने भूभाग का विस्तार करने के लिए जापान ने सन् 1931 में मंचूरिया पर तथा 1937 में चीन पर हमला कर दिया था। सन् 1936 में उसने जर्मनी के साथ एक समझौते पर हस्ताक्षर किए थे। इसके बावजूद वह सन् 1939 में अपने सहयोगी देश जर्मनी के साथ युद्ध में शामिल नहीं हुआ। सन् 1941 तक चीन में जापानी अभियान असफल हो गया। अमेरिका तथा ब्रिटेन द्वारा चीन को दी जा रही मदद से जापान क्षुब्ध हो गया। 21 जुलाई, 1941 को उसने फ्रांसीसी इंडो-चाइना पर कब्जा करने के लिए फ्रांस के साथ बल-प्रयोग कर दिया। इस पर कड़ी प्रतिक्रिया दिखाते हुए अमेरिका, ब्रिटेन और नीदरलैंड ने जापान के खिलाफ आर्थिक प्रतिबंधों की घोषणा कर दी। इससे जापान की आर्थिक स्थिति जर्जर होती चली गई। उसने डच ईस्ट इंडीज के तेल क्षेत्रों सहित उसपर अपना कब्जा करने और बर्मा को अपने अधिकार में लेकर चीन को मिलनेवाली सहायता के आपूर्ति मार्ग को बंद करने के लिए आक्रामक कारवाई करने का निश्चय कर लिया। यह सबकुछ हासिल करने के लिए जापान ने माना कि उसे प्रशांत क्षेत्र के बड़े हिस्से को घेरने के लिए अपने सैनिक घेराव का विस्तार करना होगा, जिसके लिए अमेरिका को प्रतिरक्षा के लिए मजबूर करना आवश्यक होगा। पर्ल हार्बर पर आश्चर्यजनक ढंग से हमला करके जापान ने अमेरिका और ब्रिटेन के खिलाफ युद्ध की घोषणा कर दी।

जापान की ओर निकटतम सीमा चौकी हांगकांग थी। हालाँकि यह माना गया कि इस तरह के पूर्व निश्चित हमले के खिलाफ हांगकांग पर पकड़ नहीं बनाई जा सकती; लेकिन फिर भी वहाँ 6 बटालियनें तैनात कर दी गईं। इन 6 बटालियनों में 2 भारतीय बटालियनें शामिल थीं—5/7 राजपूत और 2/14 पंजाबी। 8 दिसंबर, 1941 को जापानियों ने हांगकांग पर हमला कर दिया। वहाँ तैनात छोटी सी फौज ने, हवाई सहायता अथवा अन्य सैनिक सहायता की उम्मीद के बिना, बहादुरी से लड़ाई लड़ी; किंतु अंततः 25 दिसंबर, 1941 को उसे आत्मसमर्पण करना पड़ा। इस लड़ाई में 3,000 सैनिक हताहत हुए, जबकि दुश्मन को इससे

विजय की सीधी चढ़ाई चढ़ते हुए, 1945। *(साभार : रक्षा मंत्रालय, इतिहास विभाग)*

तीन गुना अधिक क्षति हुई।

मलाया प्रायद्वीप उत्तर से दक्षिण की ओर लगभग 400 मील लंबे और 200 मील चौड़े क्षेत्र में फैला हुआ है। प्रायद्वीप के लंबाई क्षेत्र में घने जंगलों से युक्त पर्वत-श्रेणियाँ हैं। पूर्वी तट पर कई ऐसे सागर-तट थे, जो हमले के लिए अड्डा बनाने के उपयुक्त थे; जबकि पश्चिमी तट पर इस तरह के सागर-तटों की संख्या अपेक्षाकृत कम थी। युद्ध-पूर्व योजनाओं में नौसेना एवं वायुसेना को तैनात करके समुद्री हमले से प्रायद्वीप तथा सिंगापुर की रक्षा का कार्य शामिल था।

मलाया में तैनात की गई सैन्य टुकड़ियाँ 12 भारतीय इन्फैंट्री ब्रिगेड की टुकड़ियाँ थीं, जो अगस्त 1939 में वहाँ पहुँची थीं। दिसंबर 1941 तक मलाया में दो भारतीय डिवीजनों को तैनात कर दिया गया—9 डिवीजन एवं 11 डिवीजन। 9 भारतीय डिवीजन को एक ब्रिगेड के साथ पूर्वी तट पर लगाया गया था; दोनों क्रमश: कोटा बहरू तथा उससे 150 मील दक्षिण कुआंटन में तैनात थीं। 11 भारतीय डिवीजन को पश्चिमी तट पर जित्रा क्षेत्र में अलोर स्टार (Alor Star)

वायु क्षेत्र समूह की रक्षा के लिए लगाया गया थां। ये दोनों डिवीजनें पश्चिमी रेगिस्तान में तैनाती के लिए प्रशिक्षित थीं; उन्हें जंगल में युद्ध करने का अनुभव नहीं था।

पैसिफिक स्टार, 1939-1945।
(साभार : यूएसआई)

जापानियों ने 7-8 दिसंबर की रात में कोटा बहरू (Kota Bahru) पर उतरकर तथा थाईलैंड में उतरी सैन्य टुकड़ियों को जित्रा क्षेत्र की ओर आगे बढ़ाकर हमला शुरू किया। कोटा बहरू पर 3/17 डोगरा रेजीमेंट ने कड़ा मुकाबला किया, लेकिन अंततः उन्हें पीछे हटना पड़ा। खोए हुए मोरचों पर फिर से कब्जा करने के लिए किया गया प्रत्याक्रमण असफल रहा। 9 दिसंबर को ब्रिटिश युद्धपोत—'प्रिंस ऑफ वेल्स' तथा 'रिपल्स'—दुश्मन के तटीय अड्डों को नष्ट करने के लिए कोटा बहरू तक पहुँचे; लेकिन जापानियों ने हवाई हमले करके उन्हें डुबो दिया। स्थिति असमर्थित हो जाने के कारण ब्रिगेड को हटना पड़ा। प्रायद्वीप के दक्षिणी तट पर जापानियों द्वारा टैंकों से किए गए हमले में 28 ब्रिगेड का मोरचा टूट गया। जापानियों ने जंगल-युद्ध में अपनी कुशलता का बहादुरी से प्रदर्शन करते हुए मलाया प्रायद्वीप के निचले भाग में अपनी आक्रामकता बनाए रखी। 31 जनवरी, 1942 तक मित्र राष्ट्रों की सेनाएँ सिंगापुर से निकल चुकी थीं। जापान ने अपने हमले तेज कर दिए और अंततः 14 फरवरी, 1942 को सिंगापुर ने आत्मसमर्पण कर दिया। 85,000 ब्रिटिश, भारतीय और ऑस्ट्रेलियाई सैनिकों को बंदी बना लिया गया। ब्रिटिशों के लिए यह सबसे बड़ी पराजय थी; इससे भारतीय सैनिकों का अपने ब्रिटिश अधिकारियों के नेतृत्व में विश्वास डगमगा गया। यह 60,000 भारतीय युद्धबंदियों में से आजाद हिंद फौज में शामिल होनेवाले लगभग 20,000 युद्धबंदियों के लिए एक सहायक कारक था।

मलाया को जीतने के साथ ही जापानियों ने बर्मा पर भी हमला शुरू कर दिया था। थाईलैंड-बर्मा सीमा पर जंगलों के बीच से आगे बढ़ते हुए उन्होंने 10

दिसंबर, 1941 तक विक्टोरिया पॉइंट के हवाई क्षेत्र पर कब्जा कर लिया। उस समय बर्मा में तैनात ब्रिटिश फौज में दो ब्रिगेडों—13 भारतीय एवं 1 बर्मा ब्रिगेड—के साथ 1 बर्मा डिवीजन और 16 एवं 46 भारतीय ब्रिगेडों और 2 बर्मा ब्रिगेड के साथ 17 भारतीय डिवीजन को मिलाया गया था। तेनैसेरिम (Tenasserim) प्रायद्वीप क्षेत्र का उत्तरदायित्व 17 भारतीय डिवीजन पर था। उसे रंगून की ओर दुश्मन की बढ़त को रोककर रखना था, ताकि उस समय तक पत्तन के माध्यम से और अधिक सैन्य टुकड़ियाँ पहुँच सकें। वहाँ प्राकृतिक रक्षा-रेखा के रूप में सितांग नदी थी; डिवीजन ने उसी पर कब्जा करने का निश्चय किया। 21 फरवरी, 1942 को जापानी फौजें सितांग नदी के पास पहुँच गईं और 22 फरवरी को उन्होंने हमला शुरू कर दिया। पूरे दिन लड़ाई चलती रही। यह अनुमान लगाकर कि दुश्मन सितांग नदी के पुल पर कब्जा कर सकता है, पुल को 23 फरवरी की सुबह होते ही नष्ट कर दिया गया। इन ब्रिगेडों के सैनिक नदी में तैरते हुए अगली रात उस पार पहुँचे; लेकिन उन्हें अपने वाहन छोड़ देने पड़े थे। अगले दिन पूरी डिवीजन में कुल 148 अधिकारी, 3,350 सैनिक और सिर्फ 1,420 राइफलें थीं। इतने पर भी डिवीजन ने दुश्मन को चार दिन तक रोककर रखा, जब तक 7 बख्तरबंद ब्रिगेड रंगून पर नहीं उतरी।

5 मार्च, 1942 को जनरल सर हैरॉल्ड अलेक्जेंडर ने बर्मा कमांडर-इन-चीफ के रूप में नियंत्रण सँभाल लिया। उन्होंने दो डिवीजनों को संगठित करके एक कोर के रूप में बनाने का निश्चय किया और उसका नियंत्रण ले. जनरल विलियम स्लिम को सौंपा। 7 मार्च को रंगून पर कब्जा कर लिया गया। 28 अप्रैल को भारत वापस आने के आदेश जारी कर दिए गए; मई माह तक बर्मा में बची सेना भी भारत वापस पहुँच गई।

जापानियों ने मलाया तथा बर्मा—दोनों देशों में ब्रिटिश सेना का कड़ा मुकाबला किया। वे जंगल युद्ध में भलीभाँति प्रशिक्षित थे। बर्मा और मलाया को निम्न प्राथमिकतावाले क्षेत्रों के रूप में तैयार किया गया था। वहाँ हवाई सहायता और उपकरणों की कमी थी। अब भारत में नई इकाइयाँ तैयार करने और उन्हें प्रशिक्षित करने के लिए बड़ा प्रयास शुरू कर दिया गया। राँची का पठार एक बड़े प्रशिक्षण केंद्र में परिवर्तित हो गया था। जनरल स्लिम ने 15वीं कोर को यहीं प्रशिक्षित किया था।

इस बीच सेना मुख्यालय ने कुछ आक्रामक कारवाई की आवश्यकता महसूस की। उसने 14 भारतीय डिवीजन को मायू प्रायद्वीप में अराकान की ओर बढ़ने और

उसके बाद 6 ब्रिटिश डिवीजन को अकयाब पर कब्जा करने का आदेश दे दिया। शुरू में तो बढ़त अच्छी रही, लेकिन 6 जनवरी, 1943 को उनका आगे बढ़ना रोक दिया गया। अप्रैल में जापानियों के साथ फिर मुकाबला हुआ। उन्होंने 14 डिवीजन के पीछे मार्ग अवरोधक खड़े कर दिए थे। डिवीजन को पीछे हटना पड़ा और 14 मई को वह वापस हो गई। अराकान का यह पहला अभियान भले ही असफल रहा, लेकिन इससे ब्रिटिश सेना को जापानियों की रणनीति के बारे में काफी जानकारी मिल गई।

सन् 1943 के अंत तक कई और सैन्य इकाइयाँ गठित की जा चुकी थीं और उन्हें प्रशिक्षित भी कर दिया गया था। सेना की शक्ति बढ़ जाने पर नई कोरें बनाई गईं और 15वीं सेना के रूप में गठित करके उसकी कमान जनरल स्लिम को सौंप दी गई। फरवरी 1943 में विंगेट का पहला चिंडिट अभियान शुरू हुआ। यद्यपि इससे कोई बड़ी सफलता तो नहीं मिली, लेकिन इससे सैनिकों का मनोबल बढ़ाने में जरूर मदद मिली। अगस्त 1943 में एक नई कमान—दक्षिण-पूर्व कमान—बनाई गई और उसकी कमान एडमिरल लॉर्ड लुइस माउंटबेटन को सौंप दी गई। अब क्षेत्र के सभी अभियानों के लिए दक्षिण-पूर्व कमान ही जिम्मेदार थी।

नवंबर 1943 में 15वीं कोर ने अराकान प्रायद्वीप पर कब्जा करने के लिए दूसरा प्रयास किया। 5 भारतीय डिवीजन मायू प्रायद्वीप के दक्षिण की ओर से बढ़ी तथा 7 भारतीय डिवीजन और 8 पश्चिम अफ्रीकी डिवीजन को घेरे की रक्षा में लगाया गया। 10 जनवरी, 1944 तक माउंगडॉ पर कब्जा कर लिया गया। रजाबिल और बुथीडांग पर कब्जा करने के प्रयास सफल नहीं हो सके। 3 और 4 फरवरी को दुश्मन की दो टुकड़ियाँ 15वीं कोर की पोजीशन में घुस गईं; वे इस उम्मीद में थीं कि चारों ओर से घिर जाने पर 15वीं कोर पीछे हट जाएगी, परंतु ऐसा नहीं हुआ। 15वीं कोर ने जमकर मुकाबला किया। बाद में उसके साथ लड़ने के लिए 9 इन्फैंट्री ब्रिगेड को भी भेज दिया गया। इसमें दुश्मन की फौज को बड़ी मुश्किल का सामना करना पड़ा।

अराकान की लड़ाई चल ही रही थी, तभी 15 जापानी इंपीरियल आर्मी के कमांडर ले. जनरल रेन्या मुतागुची इंफाल और कोहिमा को सुरक्षित करने के लिए योजना बना रहे थे। इस अभियान के लिए उनके पास तीन डिवीजनें—15, 31 और 33 जापानी डिवीजन थीं। इंफाल ब्रिटिश सेना का मुख्यालय और चौथी कोर का अड्डा था। उसमें 17, 20 और 23 भारतीय इन्फैंट्री डिवीजनें शामिल थीं। 17 और 20 इन्फैंट्री डिवीजनें इंफाल से आगे टिड्डिम और तमू की ओर लगी थीं।

सन् 1944 के आरंभ में इस बात के पर्याप्त संकेत थे कि जापानी फौजें इंफाल पर हमला करने वाली हैं। जनरल स्लिम ने निर्णय लिया कि इंफाल पर हमला होने की स्थिति में हमलावर फौज को नष्ट करके इंफाल पर कब्जा बरकरार रखा जाएगा। परंतु उन्हें हमले के समय के बारे में कोई निश्चित जानकारी नहीं मिल सकी थी; इस कारण उन्होंने चौथी कोर को इंफाल से हटने का आदेश दे दिया था। ऐसे में 6 मार्च, 1944 को जब जापानी सेनाओं ने इंफाल पर अचानक हमला कर दिया तो 17 डिवीजन को इंफाल से हटना पड़ गया। यद्यपि जापानियों ने इंफाल को पूरी तरह से घेर लिया था, फिर भी उन्हें ब्रिटिश सेना की एक पूरी कोर के साथ संघर्ष करना पड़ रहा था। इस बीच कोहिमा में बड़ी गंभीर स्थिति पैदा हो गई थी, जहाँ रक्षक सेना—असम रेजीमेंट—एक जापानी डिवीजन द्वारा घेर ली गई थी।

बर्मा स्टार, 1937–1945।

(साभार : छिना कलेक्शन)

29 मार्च को 15 भारतीय डिवीजन की 161 इन्फैंट्री ब्रिगेड दीमापुर पहुँच गई और उसे तत्काल कोहिमा के लिए रवाना कर दिया गया। कोहिमा की लड़ाई द्वितीय विश्वयुद्ध के दौरान लड़ी गई कठिन लड़ाइयों में से एक थी। कोहिमा के डिस्ट्रिक्ट कमिश्नर के टेनिस कोर्ट में जापानी और ब्रिटिश सेनाओं में घमासान लड़ाई हुई। 18 अप्रैल, 1945 को 161 इन्फैंट्री ब्रिगेड भी वहाँ पहुँच गई। जापानी अपनी पोजीशन से हटने के लिए तैयार नहीं थे। उनके द्वारा कब्जा किए गए स्थानों पर जोरदार हमले करके उनपर कब्जा करने की आवश्यकता थी। इस काररवाई के दौरान 2/5 रॉयल गोरखा राइफल्स ने तीन 'विक्टोरिया क्रॉस' जीतकर इतिहास रच दिया। इंफाल में भी घमासान लड़ाई जारी थी। इंफाल की रक्षक सेना की मदद के लिए अराकान से 5 भारतीय डिवीजन को भी भेज दिया गया था। अंततः जनरल मुतागुची ने अपनी सेना को पीछे हटने का आदेश दे दिया। इस बीच मानसून शुरू हो चुका था, लेकिन ब्रिटिश सेना चिंदविन की ओर बढ़ती जा रही थी।

युद्ध पदक, 1939–1945।

(साभार : छिना कलेक्शन)

प्रथम विश्वयुद्ध से ही भारतीय सेना के आधुनिकीकरण और उसे एक अलग पहचान देने की प्रक्रिया शुरू हो चुकी थी। उसके बाद द्वितीय विश्वयुद्ध ने उसे पूर्णता देने में मदद की। भारतीय सेना ने विश्व की दो सर्वश्रेष्ठ सेनाओं—जापानी तथा जर्मन सेना—के खिलाफ लड़ाइयाँ लड़ीं और उन्हें परास्त किया। ब्रिटेन, कनाडा, दक्षिण अफ्रीका, ऑस्ट्रेलिया, न्यूजीलैंड और अमेरिका की ओर से लड़ते हुए उसने यह सिद्ध कर दिया कि वह कम-से-कम इनकी सेनाओं के समान स्तर की तो अवश्य ही है। युद्ध के अंतिम दिनों में भारतीय सेना ने इकाई तथा उप-इकाई स्तर पर अपने स्वयं के अधिकारियों के नेतृत्व में लड़ाई लड़ी। स्वाभिमान और दृढ़ आत्मविश्वास से युक्त भारतीय सेना ने ही युद्ध का अंत किया। जॉन मास्टर ने अपनी पुस्तक 'द रोड पास्ट मांडले' (The Road Past Mandalay) में भारतीय सेना के आत्मविश्वास और स्वाभिमान का कितना सुंदर उदाहरण प्रस्तुत किया है—'किंतु बर्मा के मैदानों में लड़ी गई निर्णायक लड़ाइयों में भारत अंततः एक स्वतंत्र, स्वाभिमानी और उदार देश के रूप में उभरकर सामने आया। सन् 1857 के स्वातंत्र्य-समर के बाद से द्वितीय विश्वयुद्ध शुरू होने से कुछ पहले तक भारतीय सेना में कोई फील्ड आर्टिलरी रखे जाने की अनुमति नहीं थी। (विश्वयुद्ध शुरू होने पर जब उसे फील्ड आर्टिलरी की अनुमति दी गई तो) एक भारतीय (कर्नल), जो एक अंग्रेज कर्नल के बिलकुल निकट खड़े होकर किसी मानचित्र को देख रहा था, ने मुसकराकर कहा, 'अच्छा, जॉर्ज! धन्यवाद। मुझे वह मिल गई। अब हम सारे काम सँभाल लेंगे।'[2]

युद्ध का दूसरा बड़ा प्रभाव भारतीय सेना पर यह पड़ा कि इससे लड़ाका वर्गों के बारे में प्रचलित धारणा समाप्त हो गई। सैन्य शक्ति में तेजी से वृद्धि हुई। सैनिकों की संख्या लगभग 2 लाख से 20 लाख तक हो गई। सेना में नए वर्ग से सैनिकों की भरती की गई और कई नई रेजीमेंट्स तैयार की गईं—उदाहरण के

रोम के समीप आर्मी स्टाइल के समाचार पर जश्न मनाते भारतीय सैनिक, मई 1945।

(साभार : रक्षा मंत्रालय, इतिहास विभाग)

लिए बिहार रेजीमेंट, महार रेजीमेंट तथा सिख रेजीमेंट आदि। मद्रास रेजीमेंट का पुनर्गठन किया गया; लेकिन वह मात्र इन्फैंट्री के रूप में नहीं थी, कई अन्य सेवाओं के लिए भी सैनिकों की भरती की गई थी। अधिकारी कैडर की नियुक्ति के संबंध में भी यह व्यवस्था लागू की गई। अधिकारी कैडरों की संख्या 1,000 से बढ़ाकर युद्ध के अंत तक 15,740 कर दी गई। इनमें से कई अधिकारियों को ऐसे वर्ग से लिया गया था, जिनमें से परंपरागत रूप से अधिकारी रैंक के लिए नियुक्ति नहीं की जाती थी। इस प्रकार, युद्ध के अंत तक यह सेना वास्तविक भारतीय सेना बन गई थी, जिसमें इस विशाल देश के सभी क्षेत्रों और वर्गों का प्रतिनिधित्व था।

भारतीय सेना पर युद्ध के तीसरे बड़े प्रभाव के रूप में कहा जा सकता है कि इससे सेना के आधुनिकीकरण की प्रक्रिया को बल मिला तथा उसे नए-नए कौशल सीखने के अवसर प्राप्त हुए। युद्ध की समाप्ति के समय तक भारतीय सेना किसी भी गठबंधन सेना की तरह ही पूर्ण सुसज्जित और तैयार हो गई थी। घुड़सवार सेना अच्छे और आधुनिक उपकरणों से सुसज्जित थी; तोपखाने में अब फील्ड गन तथा वायुयानरोधी गन—यानी दोनों तरह की तोपें थीं; सुरंगें बिछाने और खंदक खोद्रनेवाले सैनिकों के पास नवीनतम हथियार उपलब्ध थे और उसकी सांकेतिक संचार व्यवस्था भी अन्य सेनाओं की संचार व्यवस्था के स्तर की ही थी। भारतीय सेना ने अपनी

जिस तैयारी के साथ युद्ध शुरू किया था, उसमें पूरी तरह से बदलाव आ गया था। उसके सैनिक देश के लिए आवश्यक कई कारखाइयों में निपुण हो चुके थे। इस तरह की निपुणता हासिल करनेवाले कई सैनिकों को युद्ध के बाद असैनिक क्षेत्र में लगा दिया गया; उदाहरण के लिए, सेना से अलग किए गए ड्राइवरों और मेकैनिकों को ही देश में स्थापित प्रथम मोटर ट्रांसपोर्ट सर्विस में श्रमशक्ति के रूप में लगाया गया था।

मिलिट्री क्रॉस। (साभार : छिना कलेक्शन)

द्वितीय विश्वयुद्ध में भारतीय सैनिकों को पुरस्कार

द्वितीय विश्वयुद्ध के दौरान भारतीय सेना द्वारा किए गए साहस और वीरतापूर्ण कार्यों के लिए उसे लगभग 6,300 पुरस्कारों से सम्मानित किया गया। लगभग 4,800 पुरस्कार तो सिर्फ वीरता के लिए ही दिए गए थे। इन पुरस्कारों में 31 'विक्टोरिया क्रॉस', 4 'जॉर्ज क्रॉस', 252 'विशिष्ट सेवा पदक', 347 'भारतीय योग्यता पदक' और 1,311 'मिलिट्री क्रॉस' शामिल हैं।

इन्फैंट्री ने 29 'विक्टोरिया क्रॉस', 1 'जॉर्ज क्रॉस', 446 'मिलिट्री क्रॉस' सहित लगभग 4,000 पुरस्कार प्राप्त किए; जबकि अभियंता और सर्विस कोर ने अलग-अलग 350 पुरस्कार प्राप्त किए। बख्तरबंद कोर द्वारा प्राप्त किए गए कुल 300 पुरस्कारों में 21 'विशिष्ट सेवा पदक' और 88 'मिलिट्री क्रॉस' थे। सैनिक चिकित्सकों द्वारा की गई उत्तम सेवा के लिए मेडिकल सर्विस को 140 पुरस्कार दिए गए थे—जिनमें 8 'विशिष्ट सेवा पदक' और 70 'मिलिट्री क्रॉस' थे। सिग्नल कोर (Signal Corps) ने लगभग 100 पुरस्कार प्राप्त किए, जिनमें 1 'विशिष्ट सेवा पदक' और 8 'मिलिट्री क्रॉस' शामिल हैं। आर्टिलरी ने 1 'विक्टोरिया क्रॉस', 6 'विशिष्ट सेवा पदक' और 38 'मिलिट्री क्रॉस' सहित कुल 100 पुरस्कार प्राप्त किए।[3]

भारतीय सेना और देश की स्वतंत्रता

इंडिपेंडेंस (स्वतंत्रता) मेडल, 1947।
(साभार : छिना कलेक्शन)

हालाँकि स्वतंत्रता की लड़ाई में भारतीय सेना ने प्रत्यक्ष रूप से हिस्सा नहीं लिया, लेकिन उसने अंग्रेजों को भारत छोड़ने के लिए मजबूर करने में महत्त्वपूर्ण योगदान दिया। जिन कारकों ने अंग्रेजों को भारत छोड़ने को विवश किया, उनमें से एक प्रमुख कारक था—'आजाद हिंद फौज' का गठन, जिसमें भारतीय युद्धबंदी शामिल थे। लगभग 20 हजार अधिकारी और सैनिक 'आजाद हिंद फौज' में शामिल हो गए; उनमें से कुछ ऐसे भी थे, जिन पर अंग्रेजों को पूरा भरोसा था। इससे अंग्रेजों की योजना पर पानी फिर गया। इससे भी ज्यादा महत्त्वपूर्ण बात यह थी कि आजाद हिंद फौज में शामिल होनेवाले कई सैनिक सच्चे राष्ट्रवादी थे। इसके अतिरिक्त, अंग्रेजों को उस समय गहरा आघात लगा, जब 'आजाद हिंद फौज' पर मुकदमा चलाने के दौरान उन्हें पता चला कि देश के लोगों और साथ ही अन्य देशों के लोगों की 'आजाद हिंद फौज' के साथ गहरी सहानुभूति है।

इस संबंध में प्रमाण के रूप में ब्रिटिश सेना के कमांडर-इन-चीफ जनरल ऑकिनलेक के पत्र की पंक्तियाँ प्रस्तुत की जा सकती हैं, जो उन्होंने 'आजाद हिंद फौज' पर पहली बार मुकदमा चलाए जाने के बाद लिखी थीं। उन्होंने लिखा था—

> 'मैं सोचता हूँ, इस संबंध में एक बात सदैव याद रखी जाना चाहिए कि प्रत्येक भारतीय, जो वास्तव में भारतीय कहलाने के लायक है, 'राष्ट्रवादी' है; यद्यपि इसका अर्थ यह नहीं है कि वह 'ब्रिटिश-विरोधी' है। जहाँ तक भारत और उसकी स्वतंत्रता की बात है, तो इसमें ब्रिटिश समर्थक भारतीय कोई नहीं है। प्रत्येक भारतीय कमीशन-प्राप्त अधिकारी राष्ट्रवादी है, बशर्ते वह संवैधानिक तरीकों से भारत को आजादी दिलाने में विश्वास रखता है।'

अंग्रेजों को यह अहसास हो गया था कि स्वतंत्रता आंदोलन को दबाने के लिए अब भारतीय सेना पर निर्भर नहीं रहा जा सकता। जनवरी 1946 में रॉयल इंडियन एयर फोर्स में तथा उसी वर्ष फरवरी में रॉयल इंडियन नेवी में हुए विद्रोह से इस भावना को और भी बल मिला। अंतरिम सरकार के नेता के रूप में पं. जवाहर लाल नेहरू जब सिंगापुर में भारतीय सैनिकों से मिलने के लिए गए थे, उस समय भारतीय सैनिकों की गर्मजोशी से भरी प्रतिक्रिया भी अंग्रेजों से छिपी नहीं थी। इन सब कारणों से अंग्रेजों को यह लगने लगा कि अब बलपूर्वक भारत पर शासन नहीं किया जा सकता; इस धारणा ने भारत को आजादी देने के अंग्रेजों के निर्णय में महत्त्वपूर्ण क़ारक के रूप में योगदान दिया।

निस्संदेह, भारत की स्वतंत्रता से सेना के सामने कुछ नई चुनौतियाँ खड़ी हो गई थीं। उसे देश के विभाजन से उत्पन्न चुनौतियों का सामना करने के साथ-साथ अपने स्वयं के बँटवारे से उत्पन्न चुनौतियों का सामना भी करना पड़ा।

संदर्भ

1. सी.सी. ट्रेंच, 'दि इंडियन आर्मी एंड दि किंग्स एनेमीज' (लंदन, 1988), पृष्ठ 44।
2. जॉन मास्टर्स, 'द रोड पास्ट मांडले' (लंदन, 1961), पृष्ठ 313।
3. मेजर जनरल चाँद एन. दास, 'इंडियन इन्फैंट्री डिवीजंस इन वर्ल्ड वार II', भारतीय संयुक्त सेवा संस्थान का जर्नल, वॉल्यूम CXXVII, संख्या 527, जनवरी-मार्च, 1997।

□

भारत का विभाजन और 1947 का भारत-पाक युद्ध

• मेजर जनरल (सेवानिवृत्त) एल.एस. लेल

(परम विशिष्ट सेवा पदक, वीर चक्र)

द्वितीय विश्वयुद्ध के आरंभ के समय सन् 1939 में ब्रिटिश साम्राज्य अपने चरम पर था। अपनी विशिष्ट भौगोलिक स्थिति और प्रचुर मात्रा में उपलब्ध प्राकृतिक संसाधनों के कारण भारतीय उपमहाद्वीप से ब्रिटिश साम्राज्य को महत्त्वपूर्ण आर्थिक, राजनीतिक और रणनीतिक लाभ प्राप्त हुए थे। ब्रिटिश साम्राज्य के अधीन ही उपमहाद्वीप की एकीकृत राजनीतिक सत्ता देखने को मिली, जो ब्रिटिश शासन की भारत को एक महत्त्वपूर्ण देन थी—भले ही इसके पीछे अंग्रेजों का अपना अलग हित रहा हो। इस राजनीतिक एकता से भारत को सड़क, रेल, टेलीग्राफ और डाक व्यवस्था के व्यापक विस्तार का लाभ प्राप्त हुआ। इन अखिल भारतीय व्यवस्थाओं से देश के लोगों में राजनीतिक चेतना आई, जिससे उन्हें सामाजिक, धार्मिक, सांप्रदायिक और भाषाई सीमाओं से ऊपर उठने में मदद मिली।

प्रथम विश्वयुद्ध के दौरान दक्षिण अफ्रीका से लौटकर गांधीजी ने भारत के राजनीतिक परिदृश्य में पदार्पण किया। युद्ध के बाद जब अंग्रेज युद्ध के दौरान किए गए अपने वायदे से मुकरने लगे और भारतीयों के खिलाफ फिर से अत्याचारपूर्ण काररवाइयों में लग गए 13 अप्रैल, 1919 को अमृतसर में जलियाँवाला बाग कांड इनके अत्याचार का प्रमाण है; इससे देश भर में रोष उत्पन्न हो गया।

जोजी ला पर विजय, 1948। बाएँ से— ले. कर्नल ए.एस. पठानिया, एम.सी. (तीसरे), जनरल के.एम. करियप्पा (पाँचवें), ले. जनरल एस.एम. श्रीनगेश जीओसी-इन-सी, पश्चिमी कमान (छठे)।

(साभार : 1/5 जीआर)

रणनीति एवं युक्तियाँ

गांधीजी की राजनीतिक रणनीति और युक्तियाँ ब्रिटिश इतिहास, ब्रिटिश संविधान से संबंधित उनके व्यापक ज्ञान तथा उस समय ब्रिटेन में प्रचलित उदारवाद की भावना और दक्षिण अफ्रीका में उनके द्वारा चलाए गए आंदोलनों के अनुभव पर आधारित थीं। उन्होंने लिखा था, 'ब्रिटिश परंपरा के अनुसार, जो लोग उनसे कोई माँग करते हैं, उन्हें उनके लिए मरने-मिटने को तैयार रहना होगा।[1] ब्रिटिश साम्राज्य की जनता और भी कई तरह की नागरिक स्वतंत्रता का प्रयोग करती है; उसके पास सविनय अवज्ञा, असहयोग और सत्याग्रह के रूप में ऐसे विकल्प मौजूद हैं, जिनका प्रयोग करते हुए विद्रोही कहलाने से भी बचा जा सकता है।[2] सत्याग्रह अंग्रेजों की अंतरात्मा के लिए एक पुकार है। वे (अंग्रेज) नैतिक बल को महत्त्व देते हैं और इच्छा अथवा अनिच्छापूर्वक उसके सामने झुक जाते हैं।[3] ब्रिटिश शासन में कुछ शक्ति-प्रदर्शन किए बिना न्याय की उम्मीद नहीं की जा सकती।[4] हमारी परतंत्रता के ये दिन समाप्त हो सकते हैं, बशर्ते सभी भारतीय एक होकर अपनी माँगें रखें और अंग्रेजी शासन के पतन के लिए हर मुश्किल का सामना करने को तैयार रहें।[5] एकीकृत जन-भावना विकसित करके हम अंग्रेजों के साथ लड़ाई

किए बिना भी उनसे अपनी माँगें मनवा सकते हैं और यदि हम चाहें तो वे देश छोड़कर जा सकते हैं।[6] हिंसा एक बड़ी बुराई है, इससे किसी भी कीमत पर बचा जाना चाहिए। सत्याग्रह हिंसा को रोकने का एक साधन मात्र नहीं है, यह अपनी शक्ति को सुरक्षित रखने की अचूक दवा भी है।[7] देश में हम जो दर्द झेल रहे हैं, उसके लिए निष्क्रिय प्रतिरोध एक रामबाण ओषधि है। यही एकमात्र ऐसा हथियार है, जो हमारे देश के लोगों की प्रतिभा के लिए उपयुक्त है।'[8]

सन् 1920 से लेकर 1947 तक गांधीजी भारत के राजनीतिक परिदृश्य में सबसे महत्त्वपूर्ण व्यक्तित्व के रूप में छाए रहे। उन्होंने यह अनुभव कर लिया था कि भारतीय जनता की चुपचाप अत्याचार सहते रहने की प्रवृत्ति और समाज के उच्च वर्ग के सहयोग के कारण ही मुट्ठीभर अंग्रेज इस विशाल देश को गुलामी की जंजीरों में जकड़कर उसपर शासन करने में सफल हो सके हैं। उन्होंने निष्कर्ष निकाला कि ब्रिटिश शासन से छुटकारा पाने का सबसे कारगर तरीका यही है कि शासन के साथ किसी प्रकार का सहयोग न किया जाए। उन्होंने संवैधानिक सीमाओं में रहते हुए व्यापक स्तर पर राजनीतिक संघर्ष के लिए सत्याग्रह को अपने एक चमत्कारी हथियार के रूप में अपनाया। इस प्रकार उन्होंने स्वतंत्रता आंदोलन को वास्तविक्र राष्ट्रीय आंदोलन के रूप में परिवर्तित करके उसे एक नई दिशा दी। उन्हें लगा कि सिर्फ शहरों में रहनेवाले मध्य वर्गीय भारतीयों को संगठित करके ही ब्रिटिश शासन का मुकाबला करने के लिए पर्याप्त शक्ति प्राप्त नहीं की जा सकती, इसलिए उन्होंने धार्मिक, सांप्रदायिक—किसी तरह का भेद न करते हुए हर धर्म, संप्रदाय, जाति और वर्ग के लोगों को स्वतंत्रता आंदोलन में शामिल किया। पूरे देश से स्त्री-पुरुषों, किसान-मजदूरों, धनी-निर्धनों को आंदोलन में शामिल करके उन्होंने स्वतंत्रता आंदोलन को विशुद्ध भारतीय राष्ट्रवादी आंदोलन का रूप दिया। उनकी अहिंसा, असहयोग और जन-आंदोलन की नीति से प्रभावित होकर देश भर से लोगों ने समर्पित और अनुशासित स्वयंसेवक के रूप में आंदोलन में भाग लेना शुरू कर दिया।

सन् 1909 के मॉर्ले-मिंटो सुधार में मुसलिमों और अन्य अल्पसंख्यकों के लिए अलग निर्वाचन प्रणाली लागू कर दी गई। अंग्रेजों के इस निर्णय में उनकी 'फूट डालो और राज करो' की नीति स्पष्ट झलक रही थी। गांधीजी के आंदोलनों और गोलमेज सम्मेलनों के परिणामस्वरूप भारत सरकार अधिनियम 1935 में निर्वाचित प्रांतीय मंत्रिमंडलों को, गवर्नर के अधीन रहते हुए, स्वायत्तता प्रदान करने संबंधी एक प्रस्ताव को स्वीकार कर लिया गया।

सन् 1930 के दशक के मध्य में गांधीजी के नेतृत्व में भारतीय राष्ट्रीय कांग्रेस द्वारा—और कुछ मामलों में जिन्ना के नेतृत्व में मुसलिम लीग द्वारा—भारतीय राजनीति की दिशा निर्धारित की गई। कांग्रेस लोकतंत्र, राष्ट्रीय एकता और धर्म-निरपेक्षवाद को अपना व्यापक लक्ष्य बनाकर आगे बढ़ रही थी, जबकि मुसलिम लीग भारतीय मुसलिमों के हितों की रक्षा के लिए लड़ रहा था, जिसका भारत की कुल जनसंख्या में 25 प्रतिशत हिस्सा था। सन् 1937 में हुए प्रांतीय विधानसभा के चुनावों में मुसलिम लीग को कुल मुसलिम मतों के 5 प्रतिशत से भी कम मत प्राप्त हुए। कांग्रेस आठ प्रांतों में अपने मंत्रिमंडल बनाने में सफल रही, जबकि मुसलिम लीग को एक भी प्रांत में सफलता नहीं मिली। सन् 1939 में द्वितीय विश्वयुद्ध शुरू होने के बाद वायसराय द्वारा भारत की केंद्रीय विधान परिषद् अथवा किसी राजनीतिक दल से विचार-विमर्श किए बिना भारत की ओर से जर्मनी के खिलाफ युद्ध की घोषणा करने पर कांग्रेस मंत्रिमंडलों ने इस्तीफा दे दिया। उसके बाद कांग्रेस ने युद्ध में अंग्रेजों के साथ सहयोग न करने की घोषणा कर दी, जबकि मुसलिम लीग ने अंग्रेजों का साथ दिया।

पाकिस्तान की माँग

मार्च 1940 में अपने लाहौर अधिवेशन में मुसलिम लीग ने मुसलिमों के लिए अलग राज्य (पाकिस्तान) की माँग उठाई। मुसलिम लीग के इस निर्णय के पीछे सर्व-इसलामवाद की भावना तथा लोकतांत्रिक भारत में हिंदू बहुसंख्यकों के वर्चस्व का डर था। पाकिस्तान के रूप में अलग मुसलिम राज्य की माँग के विचार को इस तथ्य से भी बल मिला कि भारत में, विशेषकर उत्तर-पश्चिम और उत्तर-पूर्व में, ऐसे कई क्षेत्र थे, जो मुसलिम बाहुल्यवाले क्षेत्रों में आते थे। मुसलिम अलगाववाद ने धार्मिक-आर्थिक-सांस्कृतिक अलगाव का रूप ले लिया, जो अंततः पाकिस्तान के रूप में नए स्वतंत्र राज्य के निर्माण का कारण बना। अंग्रेजों ने मुसलिम लीग और कांग्रेस में उत्पन्न मतभेदों को और गहरा करने के उद्देश्य से और मुसलिम लीग को भविष्य में कांग्रेस के मुकाबले में खड़ा करने के उद्देश्य से मुसलिम लीग की माँग का समर्थन किया। सन् 1942 के मध्य में जब जापान ने भारत की ओर रुख किया, उस समय अंग्रेजों की सैन्य स्थिति अत्यंत नाजुक हो गई थी। 8 अगस्त, 1942 को कांग्रेस द्वारा पारित 'भारत छोड़ो' प्रस्ताव के कारण भारतीय राष्ट्रीय कांग्रेस पर प्रतिबंध लगा दिया गया तथा उसके कई महत्त्वपूर्ण नेताओं को गिरफ्तार कर लिया गया। कांग्रेसी नेताओं की अनुपस्थिति में मुसलिम

लीग को अपना राजनीतिक उद्देश्य पूर्ण करने के लिए मुसलिम जनमत को अपने पक्ष में करने का अच्छा अवसर मिल गया।

द्वितीय विश्वयुद्ध के दौरान सिंगापुर में नेताजी सुभाषचंद्र बोस के नेतृत्व में 'आजाद हिंद फौज' के पुनर्गठन और ब्रिटिश शासन के प्रति भारतीय जनता में फैले असंतोष से अंग्रेजों के समक्ष एक गंभीर चुनौती खड़ी हो गई। भारत में उत्पन्न राजनीतिक गतिरोध को समाप्त करने और युद्ध में भारतीयों का सहयोग लेने के लिए तैयार करने के उद्देश्य से 20 अक्तूबर, 1943 को लॉर्ड लिनलिथगो के स्थान पर फील्ड मार्शल वावेल को भारत का वायसराय बनाकर भेजा गया। 5 मई, 1944 को वावेल ने महात्मा गांधी तथा अन्य नेताओं को रिहा कर दिया। युद्ध को समाप्ति की ओर जाता देखकर वावेल ने कांग्रेस और मुसलिम लीग के साथ 25 जून से 14 जुलाई, 1945 तक शिमला में बातचीत की। बातचीत में कांग्रेस और मुसलिम लीग भारत के भविष्य पर एकमत नहीं हो सके। युद्ध समाप्त होने के बाद एक सप्ताह के भीतर ही वावेल ने केंद्रीय एवं प्रांतीय विधान परिषदों के लिए निर्वाचन की घोषणा कर दी। केंद्रीय विधान परिषद् में मुसलिम लीग ने मुसलिमों के लिए आरक्षित सभी 30 सीटें जीत लीं। प्रांतीय विधान परिषद् में उसे मुसलिम कोटे की 507 सीटों में से 427 सीटें मिलीं। इस प्रकार अब जिन्ना के नेतृत्व में मुसलिम लीग भारतीय मुसलिमों की प्रमुख और एकमात्र प्रतिनिधि होने का दावा कर सकती थी।

चुनावों के बाद सन् 1946 में कैबिनेट मिशन भारत आया। प्रमुख राजनीतिक दलों के साथ लंबी बातचीत के बाद उसने दो प्रस्ताव रखे। पहले प्रस्ताव में एक संयुक्त भारत का सुझाव दिया गया, जिसमें विदेशी मामलों, रक्षा और संचार की व्यवस्था केंद्र के अधीन रखी जानी थी, जबकि अन्य विषयों में प्रांतों को स्वायत्तता दी जानी थी, प्रांतों को समूह बनाने की स्वतंत्रता दी जानी थी और प्रांत तथा प्रांतों के समूहों को एक अवधि के बाद सामान्य बहुमत के द्वारा अलग होने की स्वतंत्रता भी दी जानी थी। समूह 'अ' में मद्रास, बंबई, संयुक्त प्रांत, बिहार, उड़ीसा और मध्य प्रांत—हिंदू बहुसंख्यक प्रांतों को शामिल किया गया था। समूह 'ब' में पंजाब, उत्तर-पश्चिम सीमाप्रांत और सिंध—मुसलिम बहुसंख्यक प्रांतों को रखा गया था। समूह 'स' में बंगाल और असम के अल्पसंख्यक मुसलिम क्षेत्रों को शामिल किया गया था। इस प्रस्ताव से संयुक्त भारत की धारणा को बल मिला और साथ ही, हिंदू बहुसंख्यकों के वर्चस्व को लेकर मुसलिमों का डर भी समाप्त हो गया; क्योंकि बलूचिस्तान सहित छह प्रांतों में उन्हें स्वायत्तता देने की बात की गई थी। दूसरे

प्रस्ताव में पंजाब और बंगाल के हिंदू बहुसंख्यक क्षेत्रों के समीपवर्ती प्रांतों को भारत में मिलने की स्वतंत्रता के साथ पाकिस्तान के रूप में अलग मुसलिम राज्य को स्वीकार करने का सुझाव प्रस्तुत किया गया था।

मुसलिम लीग ने पहले प्रस्ताव पर अपनी सहमति व्यक्त कर दी। हालाँकि कांग्रेस ने भी इस प्रस्ताव पर अपनी सहमति दी, लेकिन वह समूह संबंधी व्यवस्था के पक्ष में नहीं थी। अंतरिम साझा सरकार तथा संविधान सभा का गठन करने के लिए वावेल ने राजनीतिक काररवाई शुरू कर दी। 10 जुलाई, 1946 को बंबई में एक संवाददाता सम्मेलन में संविधान सभा पर एक प्रश्न के उत्तर में पं. नेहरू ने कहा, 'कांग्रेस कैबिनेट मिशन योजना में परिवर्तन करने अथवा उसमें संशोधन करने के लिए स्वयं को स्वतंत्र मानती है।'[9] उनके इस बयान पर जिन्ना ने तर्क दिया था कि 'यदि सत्ता हाथ में न होते हुए भी कांग्रेस इस तरह स्थिति में फेर-बदल करने का दावा कर सकती है तो यह विश्वास कैसे कर लिया जाए कि ब्रिटिशों के भारत छोड़ने और कांग्रेस के हाथ में सत्ता आ जाने पर वह ऐसा नहीं करेगी। 27 जुलाई को मुसलिम लीग ने कैबिनेट मिशन योजना को स्वीकार कर लिया और साथ ही 16 अगस्त, 1946 को 'प्रत्यक्ष काररवाई दिवस' के रूप मनाने के लिए एक प्रस्ताव पारित किया। इससे कलकत्ता में दंगा भड़क गया, जिसमें लगभग 5 हजार लोग मारे गए और 15 हजार घायल हो गए तथा लगभग 1 लाख लोग बेघर हो गए। नोआखाली, बिहार, उत्तर प्रदेश, पंजाब और उत्तर-पश्चिम सीमाप्रांत में भी भीषण सांप्रदायिक दंगे भड़के।

इस बीच वावेल ने पं. नेहरू के नेतृत्व में अंतरिम सरकार के गठन की प्रक्रिया पूरी कर ली थी। मुसलिम लीग ने शुरू में तो अंतरिम सरकार का बहिष्कार किया, लेकिन बाद में वह मंत्रालयों में अपना कोटा भरने के लिए तैयार हो गई। इस प्रकार देश में साझा अंतरिम सरकार का गठन हो गया। बाद में मुसलिम लीग ने सरकार की काररवाइयों में बाधा डालनी शुरू कर दी, जिससे तंग आकर पं. नेहरू और सरदार पटेल को यह सोचने के लिए विवश हो जाना पड़ा कि विभाजन ही इससे बेहतर विकल्प था।

सत्ता का हस्तांतरण

भारत में अपने विरुद्ध बिगड़ती स्थितियों को देखते हुए अंग्रेजों ने भारत छोड़ने का निर्णय ले लिया। राजनीतिक वर्ग ने शीघ्र सत्ता हस्तांतरण का श्रेय कांग्रेस को दिया और उसने ब्रिटेन को कमजोर करने तथा उससे सत्ता हस्तांतरित

करने में योगदान देनेवाले अन्य कारकों--उदाहरण के लिए, द्वितीय विश्वयुद्ध के कारण ब्रिटेन की कमजोर स्थिति, लगातार युद्ध लड़ने के कारण उसके सैनिकों के उत्साह में आई कमी, अमेरिकी दबाव, सोवियत संघ की ओर से भारत को मदद मिलने की संभावना और आजाद हिंद फौज तथा सेना से निकाले गए लगभग 20 लाख प्रशिक्षित सैनिकों एवं अधिकारियों के सहयोग से ब्रिटिश शासन के विरुद्ध जोरदार लड़ाई छेड़े जाने का भय—की उपेक्षा की। सन् 1946 के नौसैनिक विद्रोह से भारत के सशस्त्र बलों की ब्रिटिश शासन में पारंपरिक निष्ठा की प्रवृत्ति में आनेवाला बदलाव स्पष्ट दिखाई देने लगा था। वावेल ने लिखा था, 'भारतीय सेना को उसके अपने ही लोगों पर दमनात्मक काररवाई करने के लिए अत्यधिक विवश करना बुद्धिमानी नहीं होगी।'[10] 20 फरवरी, 1947 को ब्रिटिश सरकार ने जून 1948 से पहले ही भारतीयों को देश की सत्ता का हस्तांतरण करने की घोषणा कर दी। उसके बाद वावेल के स्थान पर लॉर्ड माउंटबेटन को भारत का वायसराय बनाकर भेजा गया।

दोनों प्रमुख राजनीतिक दलों--कांग्रेस और मुसलिम लीग—के बीच मतभेद गहरे होते जा रहे थे। अंततः 3 जून, 1947 को लॉर्ड माउंटबेटन ने भारत के विभाजन—भारत और पाकिस्तान के रूप में—की घोषणा कर दी, जो 15 अगस्त, 1947 को किया जाना था। सत्ता-हस्तांतरण की तिथि जून 1948 से 15 अगस्त, 1947 कर दिए जाने से देश के सामने गंभीर चुनौतियाँ खड़ी हो गईं; लेकिन पं. नेहरू और जिन्ना के लिए तो सबकुछ स्वीकार्य था, क्योंकि वे दोनों ही शीघ्रातिशीघ्र सत्ता अपने हाथ में लेने के पक्ष में थे। विभाजन के कारण उत्पन्न प्रशासनिक और कानून-व्यवस्था संबंधी समस्याओं को सुलझाने के लिए कोई पूर्वनिश्चित योजना तैयार नहीं की गई। सीमा-निर्धारण तथा सशस्त्र बलों, रक्षा एवं आर्थिक परिसंपत्तियों के बँटवारे से संबंधित समस्याओं को एक निश्चित समय-सीमा में सुलझाया जाना था।

सर सिरिल रेडक्लिफ को पंजाब तथा बंगाल में मुसलिम एवं गैर-मुसलिम बहुलता और अन्य तथ्यों के आधार पर सीमांकन करने के लिए नियुक्त किया गया। रेडक्लिफ 8 जुलाई, 1947 को दिल्ली पहुँचे और उसके बाद उन्होंने सीमा-निर्धारण का अपना कार्यभार सँभाल लिया, जिसका परिणाम 15 अगस्त, 1947 को सामने आना था।

कानून-व्यवस्था को ध्यान में रखते हुए लॉर्ड माउंटबेटन ने निर्णय लिया कि सीमा-निर्धारण की शीघ्रातिशीघ्र घोषणा से दंगा-संभावित क्षेत्रों में आवश्यक सैन्य बल तैनात करने में मदद मिलेगी। किंतु 9 अगस्त को उन्होंने अपना निर्णय बदल

दिया तथा सीमा-निर्धारण संबंधी परिणाम को 15 अगस्त से पहले सार्वजनिक न करने का फैसला कर लिया। माउंटबेटन ने सोचा—'जितनी जल्दी इसे सार्वजनिक किया जाएगा उतना ही ज्यादा अंग्रेजों को (विभाजन के परिणामस्वरूप भड़कनेवाले) दंगों के लिए जिम्मेदार ठहराया जाएगा, जिनका भड़कना तय है।'[11] यदि वह 15 अगस्त से ठीक पहले सीमा-निर्धारण संबंधी अपने निर्णय को सार्वजनिक कर देते, तब भी वह नई विभाजन रेखा के किसी एक ओर सेना तैनात कर सकते थे। किंतु उन्होंने विभाजन रेखा के निर्णय को 16 अगस्त तक टालकर रखा, जब वायसराय के रूप में उनका अधिकार समाप्त हो गया। उसी दिन उन्होंने भारत के लिए नियुक्त सेक्रेटरी ऑफ स्टेट को लिखा—'...(सीमा-निर्धारण संबंधी निर्णय को) सार्वजनिक करने में जितनी ही देर लगाई जाती उतना ही कम अंग्रेजों को भारतीयों की अपरिहार्य रोषपूर्ण प्रतिक्रिया का सामना करना पड़ता।'[12]

सैन्य-बलों का विभाजन

देश के विभाजन में भारतीय सैन्य बलों के विभाजन का मामला सबसे ज्यादा महत्त्वपूर्ण था। अप्रैल 1947 के अंत तक लॉर्ड माउंटबेटन ने अनुभव किया कि भारत के सैन्य बलों के विभाजन की प्रक्रिया बिना किसी अवांछित परिणाम के जून 1948 से पहले पूरी नहीं की जा सकती। वह चाहते थे कि सैन्य बलों के विभाजन की प्रक्रिया पूरी होने तक दोनों देशों के लिए एक संयुक्त भारत-पाक रक्षा विभाग होना चाहिए और दोनों का एक ही गवर्नर जनरल होना चाहिए, जो उन्हें आपसी संघर्ष से बचाने के लिए अपने व्यक्तिगत अधिकारों और सैनिक अनुभवों का प्रयोग करे। 2 जुलाई को जिन्ना ने माउंटबेटन के समक्ष पाकिस्तान का गवर्नर जनरल बनने की इच्छा व्यक्त की। इसपर माउंटबेटन ने हैरानी दिखाते हुए अपनी प्रतिक्रिया इन शब्दों में व्यक्त की—'क्या आप जानते हैं कि आपको इसकी क्या कीमत चुकानी पड़ेगी?' हालाँकि इससे माउंटबेटन की भारत तथा पाकिस्तान दोनों का (संयुक्त) गवर्नर जनरल बनने की योजना पर पानी फिर गया।

भारत तथा पाकिस्तान 15 अगस्त तक अपने-अपने क्षेत्र में क्रमशः गैर-मुसलिम तथा मुसलिम प्रधान सेना रखने पर सहमत हो गए। सेना के एक बड़े हिस्से का, जिसमें सभी वर्गों के सैनिक शामिल थे, पुनर्गठन किया गया। भारत और पाकिस्तान दोनों ने अपनी-अपनी सेना—जल, थल और वायु सेनाओं—के लिए ब्रिटिश अधिकारियों में से कमांडर-इन-चीफ की नियुक्ति की, जो 15 अगस्त के बाद संबंधित भूभाग में आनेवाली सेनाओं पर नियंत्रण रखने के लिए प्रत्यक्ष

रूप से उत्तरदायी थे। नौसेना तथा वायुसेना का आकार छोटा होने से उनकी ओर से कोई गंभीर समस्या नहीं उठी।

सैन्य इकाइयों और सामग्रियों को भारत तथा पाकिस्तान के बीच क्रमशः 2:1 में बाँटने के लिए फील्ड मार्शल ऑकिनलेक की अध्यक्षता में एक 'सशस्त्र बल पुनर्गठन समिति' का गठन किया गया, जिसमें भारत तथा पाकिस्तान दोनों पक्षों के प्रतिनिधियों को शामिल किया गया था। ब्रिटिश भारतीय सेना के सुप्रीम कमांडर के रूप में ऑकिनलेक को सैन्य इकाइयों और सामग्री का बँटवारा करके उन्हें समयबद्ध कार्यक्रम के अनुसार निर्धारित देश में पहुँचाने का उत्तरदायित्व सौंपा गया। अधिकतर सैन्य इकाइयों में अलग-अलग धर्मों और वर्गों के सैनिक शामिल थे। सेना विभाजन योजना (Army Partition Scheme) के अनुसार, पाकिस्तान में स्थायी रूप से रहनेवाले किसी मुसलिम सैनिक अथवा अधिकारी को पाकिस्तान की सेना में ही कार्य करना था और शेष भारत में स्थायी रूप से रहनेवाले किसी गैर-मुसलिम सैनिक अथवा अधिकारी को शेष भारत की सेना में ही सेवा करनी थी—उनके सामने कोई दूसरा विकल्प नहीं था। भारत का कोई मुसलिम अथवा पाकिस्तान का कोई गैर-मुसलिम सेवा करने के लिए भारत या पाकिस्तान में से किसी एक को चुन सकता था। कार्य काफी कठिन था और उसे पूर्ण करने के लिए समय बहुत कम था।

निस्संदेह, व्यक्तिगत पसंद के आधार पर सैनिकों को भारत अथवा पाकिस्तान भेजने का कार्य आसान नहीं था; उस समय तक कई सैन्य इकाइयाँ समुद्र पार अथवा ऐसे क्षेत्र में थीं, जो उनके लिए निर्धारित अथवा उनकी पसंद के क्षेत्र के विपरीत था। इस कारण यह कार्य और भी कठिन हो गया था। ऐसी स्थिति में अलग-अलग (मिश्रित) धर्मोंवाले सैनिकों की इकाइयों को उनकी व्यक्तिगत पसंद जाने बिना पाकिस्तान के लिए रवाना कर दिया गया। ऐसी इकाइयों में 18 कैवेलरी (घुड़सवार सेना) की एक उप-इकाई (कायमखानी—उ.प्र. मुसलिमों की) भी थी, जो पाकिस्तान जाने के बजाय भारत में ही रह गई, क्योंकि उसके सैनिक अपनी मातृभूमि पर ही रहना चाहते थे। 9 सितंबर, 1965 को इस इकाई के नायब-रिसालदार ने स्वयं अपने टैंक वायरलेस सेट पर गर्व के साथ प्रसारित किया था—'नायब-रिसालदार अयूब खान ने फील्ड मार्शल अयूब खान का टैंक बरबाद कर दिया।'

अब तक यह स्पष्ट हो गया था कि सैनिकों और सैन्य सामग्रियों को यथास्थान पहुँचाने की प्रक्रिया 15 अगस्त, 1947 तक पूरी नहीं की जा सकती। कानून-

व्यवस्था की स्थिति पूरी तरह बिगड़ जाने और रेल–सुविधाओं की कमी के कारण पंजाब में बड़ी संख्या में बसे प्रवासियों को यथास्थान पहुँचाने में और भी विलंब हो रहा था। कई सैन्य इकाइयाँ अभी तक अपने लिए निर्धारित क्षेत्र (भारत अथवा पाकिस्तान) तक नहीं पहुँच पाई थीं, तभी पाकिस्तान ने कश्मीर पर हमला करने के लिए कबाइलियों को संगठित करना शुरू कर दिया था।

15 अगस्त का दिन निकट आने के साथ–साथ पंजाब में दंगे बढ़ते जा रहे थे। मध्य पंजाब में अंतरदेशीय सीमा के दोनों ओर व्यापक हिंसा फैलने की आशंका व्यक्त की जा रही थी। 22 जुलाई, 1947 को मेजर जनरल टी.डब्ल्यू. रीस के नेतृत्व में 55 हजार सैन्य शक्तिवाले पंजाब सीमा बल (Punjab Border Force) का गठन किया गया, जिसमें भारत तथा पाकिस्तान दोनों के वरिष्ठ सैनिक प्रतिनिधियों को शामिल किया गया था। इस बल का गठन मध्य पंजाब में कानून–व्यवस्था एवं शांति बनाए रखने में नागरिक अधिकारियों की सहायता करने के लिए किया गया था। पंजाब सीमा बल में कोई ब्रिटिश इकाई शामिल नहीं थी, क्योंकि ब्रिटिश इकाइयों को सिर्फ ब्रिटिश नागरिकों की सुरक्षा के लिए आरक्षित रखा गया था। वैसे इसके पीछे मूल कारण यह था कि अंग्रेज भारत छोड़ते समय किसी गलती, अत्यधिक बल प्रयोग अथवा किसी प्रकार के पक्षपात का लांछन लेकर नहीं जाना चाहते थे।

सीमा-निर्धारण की घोषणा

16 अगस्त, 1947 को जब सीमा–निर्धारण संबंधी निर्णय की घोषणा की गई, उस समय पंजाबियों ने विभाजन रेखा के दोनों ओर भीषण दंगे किए। दोनों ओर का शासन प्रशासनिक दृष्टि से अनुभवहीन राजनेताओं के हाथों में था, जबकि कानून–व्यवस्था और नागरिक सत्ता पूरी तरह से उन्हीं के अधीन थी। भीषण सांप्रदायिक दंगों के कारण पुलिस और नागरिक अधिकारी भी आतंकित थे; कई मामलों में तो उन्होंने दंगों को और भड़काने का ही कार्य किया। जान–माल के खतरे से त्रस्त दोनों ओर के अल्पसंख्यक अपना घर–बार छोड़कर शरणार्थी शिविरों में शरण लेने को विवश हो गए। कानून–व्यवस्था कार्यान्वयन संस्थाओं की कमजोरी और लगातार बिगड़ती स्थिति तथा बड़ी संख्या में अपना घर–बार छोड़कर भागे लोगों को देखते हुए पं. नेहरू और लियाकत अली दोनों ओर के शरणार्थियों के लिए उनके बहुसंख्यक क्षेत्र में पुनर्वास की व्यवस्था करने के लिए तैयार हो गए। बड़ी संख्या में लोग मूसलधार बारिश में भी पैदल, बैलगाड़ियों, साइकिलों, घोड़ों,

ऊँटों और खच्चरों पर सवार होकर अपने-अपने संभावित ठिकानों की ओर भाग रहे थे। सशस्त्र जत्थों ने लंबे-लंबे काफिले बनाकर चलते लोगों को लूटा, उन्हें अपंग बनाया और उनके साथ चल रही स्त्रियों की इज्जत लूटी। शरणार्थियों को ले जानेवाली रेलगाड़ियाँ ठसाठस भरी थीं, जिनके डिब्बों की छतों—जो बारिश के कारण पूरी तरह तर थीं—पर भी लोग अपनी जान हथेली पर रखकर अपने लिए सुरक्षित स्थान की ओर जाना चाहते थे।

पंजाब सीमा बल शरणार्थी शिविरों अथवा अपने घरों में रह रहे या रास्ते में चल रहे अल्पसंख्यक समुदायों की रक्षा करने में अक्षम सिद्ध हो रहा था, जिसके कारण उसपर दोनों ओर से पक्षपात के आरोप लगाए गए। अगस्त के अंत तक उसे समाप्त कर दिया गया। शरणार्थी शिविरों में रह रहे और काफिलों में चल रहे अल्पसंख्यकों की रक्षा का उत्तरदायित्व अपने-अपने भूभाग पर संबंधित देश की सैन्य टुकड़ियों को सौंप दिया गया। कुल लगभग 1 करोड़ 14 लाख प्रवासी शरणार्थियों में से लगभग 5 लाख शरणार्थी काल-कवलित हो गए।

सैनिकों के सामने दिल को दहला देनेवाले—हत्या, बलात्कार और अन्य क्रूरताओं के—दृश्यों, सांप्रदायिक मतभेदों और व्यक्तिगत दुःखों की चुनौतियाँ थीं; किंतु किसी भी परिस्थिति में उन्होंने अपने अनुशासन, निष्पक्षता और साहस तथा समर्पण की भावना पर आँच नहीं आने दी। व्यक्तिगत भावुकता और दोनों पक्षों के नफरत भरे व्यवहार से ऊपर उठकर पूरी निष्ठा से भारतीय सैनिकों ने अपने उत्तरदायित्वों को निभाया। सचमुच यह पुरानी भारतीय सेना की सबसे बड़ी परीक्षा थी, जिसमें इतनी विकट परिस्थितियों के बावजूद वह सफल रही।

देश का विभाजन निस्संदेह एक दुःखद घटना थी; लेकिन यह विभाजन संभवतः लगातार चलनेवाले सांप्रदायिक झगड़ों, जिसके कारण छिटपुट दंगों से लेकर गृहयुद्ध तक का खतरा मँडरा रहा था, से कम दुःखद था। वास्तव में, यदि लॉर्ड माउंटबेटन ने सीमा-निर्धारण संबंधी अंतिम निर्णय की घोषणा करने में इतनी देर नहीं की होती तो विभाजन और पंजाब में प्रवास-पुनर्वास की पीड़ा को काफी कम किया जा सकता था। अंग्रेज अंततः भारतीय जनता की ब्रिटिश शासन के प्रति घृणा की भावना को अपनी ओर से हटाकर भारत और पाकिस्तान के बीच की खाई में भरने की अपनी कुटिल योजना में सफल हो गए। कैंपबेल जॉनसन ने लिखा था—'(यह) आवेश आंतरिक अथवा आपसी है, जिसका परिणाम अपने ही भाई-बहनों की हत्या के रूप में सामने आया है और अंग्रेज संभवतः हिंदुओं तथा मुसलिमों—दोनों के बीच पहले से भी कहीं ज्यादा लोकप्रिय हो गए हैं।'[13]

देशी रियासतों की स्थिति

भारत में इतनी बड़ी संख्या में आए शरणार्थियों को बसाने की समस्या के साथ-साथ देश की 562 रियासतों का भविष्य तय करने की गंभीर समस्या भी सामने थी। इन रियासतों में ब्रिटिश भारत की कुल जनसंख्या का लगभग एक-चौथाई हिस्सा निवास करता था, जबकि इनका क्षेत्रफल देश के कुल भूभाग का लगभग एक-तिहाई था। ये सभी रियासतें अव्यवस्थित ढंग से पूरे भारत में बिखरी हुई थीं, जिनकी अपनी अलग-अलग स्वतंत्र—रेलवे, डाक, टेलीग्राफ और टेलीफोन आदि—सुविधाएँ थीं।

संवैधानिक रूप से ये रियासतें ब्रिटिश भारत का हिस्सा नहीं थीं; ब्रिटिश संसद् के पास उनके लिए कानून बनाने का अधिकार नहीं था। भारत सरकार के संवैधानिक प्रमुख के रूप में गवर्नर जनरल रियासतों के राजाओं से एक राजनीतिक विभाग (Political Department) के माध्यम से संबंध रखता था। सर्वोच्च शक्ति के रूप में ब्रिटिश सरकार विदेशी संबंधों पर अपना पूर्ण नियंत्रण रखती थी तथा रियासतों के राजाओं को उसके अधीन रहते हुए उसके साथ सहयोग करना पड़ता था। अपनी आंतरिक सुरक्षा की दृष्टि से तथा आवश्यकता पड़ने पर इंपीरियल ड्यूटी के लिए वांछित शक्तिशाली सैन्य टुकड़ियों के रख-रखाव की जिम्मेदारी भी रियासतों पर थी।

15 फरवरी, 1939 को अखिल भारतीय जनता सम्मेलन (All India States People's Conference) के वार्षिक सत्र को संबोधित करते हुए पं. नेहरू ने अपने अध्यक्षीय भाषण में कहा था, 'कई स्वतंत्र शासक, जो स्वतंत्र रूप से शासन कर रहे हैं, अंततः देश की जनता के साथ आ जाएँगे, और यदि वे ऐसा नहीं करना चाहते तो उसका एकमात्र परिणाम होगा—उनकी पदच्युति।'

कई रियासतें ऐसी थीं, जिनके शासक तो हिंदू थे, लेकिन उनका धर्म आवश्यक रूप से उनकी बहुसंख्यक प्रजा के अनुसार नहीं था। लगभग आधा दर्जन रियासतों को छोड़कर, जो पाकिस्तानी भूभाग से संलग्न थीं, लगभग सभी रियासतें भारतीय भूभाग से लगी हुई थीं। जम्मू और कश्मीर रियासत भारत और पाकिस्तान दोनों की सीमाओं से लगी हुई थी।

सत्ता-हस्तांतरण के समय ब्रिटिश नीति इस प्रकार थी—'सर्वोच्चता (की व्यवस्था) समाप्त हो जानी चाहिए और रियासतों के शासकों को कानूनी रूप से स्वतंत्र होना चाहिए। रियासतों के शासक अपनी इच्छा से किसी भी परवर्ती सरकार के साथ संबंध स्थापित करने, उनके साथ मिलने या स्वतंत्र शासक के रूप में बने

रहने के लिए स्वतंत्र हैं।' लॉर्ड माउंटबेटन ने सत्ता-हस्तांतरण की तिथि निश्चित करने से पूर्व शासकों को अपनी-अपनी रियासतों के इतिहास, भूगोल तथा जनसंख्या संरचना संबंधी रिकॉर्ड अपने पास रखने का सुझाव दिया।

ब्रिटिश भारत के राजनीतिक मानचित्र पर दृष्टि डालने से स्पष्ट दिखाई दे रहा था कि स्वतंत्र रियासतों को भारत से अलग रखने पर भारत अपनी संरचनात्मक पहचान खो बैठता। यदि मध्य भारत की रियासतों हैदराबाद और मैसूर को भी भारत से अलग रखा जाता तो संयुक्त प्रांत बंबई से लगभग कट ही जाता। सचमुच, भारत को कमजोर करने का सबसे अच्छा और आसान तरीका रियासतों को स्वतंत्र रहने के लिए प्रोत्साहित करना ही था। रियासतों के एकीकरण का दायित्व तत्कालीन गृहमंत्री सरदार वल्लभभाई पटेल को सौंपा गया। उन्होंने जूनागढ़, कश्मीर और हैदराबाद के अतिरिक्त शेष रियासतों को अपनी सूझ-बूझ और राजनीतिक कुशलता से 15 अगस्त, 1947 से पहले भारत में शामिल होने के लिए तैयार कर लिया।

हिंदू बहुसंख्यकवाली रियासत जूनागढ़ का शासक मुसलिम था। 15 अगस्त, 1947 को जब वह पाकिस्तान में मिल गया, उस समय भारत को पहली बार असमंजस की स्थिति का सामना करना पड़ा। जूनागढ़ एक तटीय क्षेत्र था, जो पाकिस्तान से संलग्न नहीं था; पाकिस्तान से उसे जोड़नेवाला सिर्फ द्वारका पत्तन था। यदि भारत सरकार इसे शासक का वैधानिक अधिकार मानकर चुप बैठ जाती तो हैदराबाद रियासत, जो भारत के मूल में स्थित थी, का शासक भी इससे प्रेरित और प्रोत्साहित होकर ही निर्णय लेता; और यदि भारत उसके साथ बल-प्रयोग करता तो पाकिस्तान को भी कश्मीर के मामले में ऐसा करने का मौका मिल जाता; यदि भारत जूनागढ़ में जनमत-संग्रह की माँग करता तो पाकिस्तान भी कश्मीर के लिए यही नीति अपनाता।

जूनागढ़ रियासत के पाकिस्तान में मिल जाने से निकटवर्ती काठियावाड़ क्षेत्र में तनाव पैदा हो गया। इस समस्या को हल करने के लिए भारत ने ब्रिगेडियर गुरदयाल सिंह के नेतृत्व में एक इन्फैंट्री ब्रिगेड जूनागढ़ की ओर रवाना कर दी। सेना ने जूनागढ़ के भूभाग में प्रवेश किए बिना उसके चारों ओर घेरा डाल दिया। उसके बाद जल्दी ही जूनागढ़ के भारत में सम्मिलन के लिए जन-आंदोलन शुरू हो गया। 8 नवंबर को नवाब रियासत छोड़कर भाग गया; जूनागढ़ के प्रधानमंत्री सर शाह नवाज भुट्टो (जुल्फिकार अली भुट्टो के पिता) ने नवाब के निर्देश पर भारत सरकार से जूनागढ़ का प्रशासन अपने हाथ में लेने की प्रार्थना की।

इधर, जूनागढ़ रियासत पहले से ही भारत के लिए एक उलझन बनी हुई थी

और उधर जम्मू-कश्मीर के महाराजा हरिसिंह की भारत में सम्मिलन को लेकर नीति स्पष्ट नहीं हो पा रही थी। जम्मू-कश्मीर रियासत भारत और पाकिस्तान दोनों की सीमाओं से लगी हुई थी, जिसकी ग्रीष्मकालीन राजधानी श्रीनगर को पाकिस्तान के रावलपिंडी से जोड़ने के लिए सड़क थी। पाकिस्तान में सियालकोट को जम्मू से जोड़ने के लिए सड़क और रेलमार्ग थे तथा जम्मू को श्रीनगर से जोड़ने के लिए भी बनिहाल दर्रे के ऊपर से एक सड़क मार्ग था, जो 320 कि.मी. लंबा था। जम्मू एक कच्ची सड़क द्वारा पठानकोट (112 कि.मी.) से जुड़ा हुआ था। मनाली से लेह तक (400 कि.मी.) होकर एक काफिला मार्ग जाता था, जो बर्फ से ढके दर्रों के ऊपर से बनाया गया था। श्रीनगर से लेह तक जानेवाला मार्ग (389 कि.मी.) जोजी ला दर्रे के ऊपर से जाता था। 2,22,870 वर्ग कि.मी. क्षेत्रफलवाली जम्मू-कश्मीर रियासत ब्रिटिश भारत की सबसे बड़ी रियासत थी, जिसकी जनसंख्या लगभग 40 लाख थी। कुल जनसंख्या का 77 प्रतिशत भाग मुसलिम जनसंख्या का था और कुल जनसंख्या की लगभग 50 प्रतिशत जनसंख्या श्रीनगर घाटी में रहती थी। हिंदुओं, सिखों और बौद्धों का कुल जनसंख्या में मात्र 23 प्रतिशत हिस्सा था, जो कुल क्षेत्रफल के लगभग दो-तिहाई भाग पर रहते थे।

जम्मू-कश्मीर भारत के उत्तर में तथा पाकिस्तान के पूर्व में स्थित है। ऊँची-ऊँची पर्वत श्रेणियाँ इसे तीन विशिष्ट भौगोलिक क्षेत्रों में विभाजित करती हैं— जम्मू, कश्मीर और लद्दाख तथा गिलगित का उत्तरी क्षेत्र। ये क्षेत्र एक-दूसरे से अलग-थलग बने रहते हैं—विशेषकर सर्दियों में। इसके उत्तर में चीन का जिनजियांग प्रांत, पूर्व में तिब्बत और उत्तर-पश्चिम में अफगानी भूभाग का वाखन (Wakhan) क्षेत्र स्थित है। पीर-पंजाल श्रेणी जम्मू क्षेत्र को कश्मीर से अलग करती है, जबकि हिमालय की पर्वत श्रेणियाँ कश्मीर.को उत्तरी क्षेत्र से अलग करती हैं। पाकिस्तान की सभी नदियाँ जम्मू और कश्मीर से होकर हिमालय में प्रवेश करती हैं। रणनीतिक दृष्टि से देखा जाए तो जम्मू, अखनूर और मीरपुर क्षेत्र में भारतीय सैनिकों की उपस्थिति पाकिस्तान के लिए चिंता का कारण बन सकती थी, क्योंकि वहाँ से भारत पाकिस्तान के लाहौर और वजीराबाद के बीच के रेलमार्ग को ध्वस्त करके लाहौर को रावलपिंडी के आस-पास बने सैन्य अड्डों से अलग कर सकता था। इसी तरह पाकिस्तान पठानकोट को जम्मू से जोड़नेवाले एकमात्र सड़क मार्ग तथा अखनूर को झाँगर से जोड़नेवाले सड़क मार्ग पर कब्जा करके भारत के लिए खतरा पैदा कर सकता था।

जम्मू-कश्मीर में 4 ब्रिगेड थीं, जिनमें मुसलिम और डोगरा सैनिकों की 8

बटालियनें थीं। चारों ब्रिगेडों में कुल मिलाकर 8,000 सैनिक थे, जिसमें 3,000 मुसलिम थे। हथियारों, गोला-बारूदों और उपकरणों के लिए वह रावलपिंडी आयुध भंडार पर निर्भर थी।

18-23 जून, 1947 को लॉर्ड माउंटबेटन ने कश्मीर का दौरा किया। उन्होंने महाराजा हरिसिंह से अनौपचारिक बातचीत में आग्रह किया कि 'वह स्वतंत्र शासक बने रहने की कोई घोषणा न करें, बल्कि किसी-न-किसी तरह 14 अगस्त से पहले कश्मीर की जनता की इच्छानुसार अपने निर्णय की घोषणा करना सुनिश्चित करें।' किंतु महाराजा अभी तक भारत में विलय संबंधी निर्णय लेने से कतराते रहे थे। 12 अगस्त को उन्होंने भारत तथा पाकिस्तान दोनों के साथ एक विराम समझौते (Standstill Agreement) पर हस्ताक्षर करने का प्रस्ताव रखा। पाकिस्तान तो इसपर सहमत हो गया; लेकिन भारत ने इस तर्क पर कि 'सम्मिलन नहीं तो समझौता नहीं'—उनका प्रस्ताव अस्वीकार कर दिया। जम्मू-कश्मीर की डाक एवं तार सेवाएँ पाकिस्तान सरकार के नियंत्रण में आ गई थीं। पाकिस्तान सरकार ने जम्मू-कश्मीर राज्य तथा उसकी जनता के लिए आवश्यक हथियारों और अन्य वस्तुओं की आपूर्ति की व्यवस्था जारी रखने का वायदा किया था।

इधर, महाराजा हरिसिंह का निर्णय जम्मू-कश्मीर के सम्मिलन को लेकर अस्पष्ट बना हुआ था और उधर पाकिस्तानी सीमा की ओर से लगभग 10,000 कबाइलियों के जत्थों ने उनकी राजधानी पर हमला कर दिया। अचानक हुए इस हमले के कारण फैली हिंसा, लूटमार, बलात्कार की स्थिति का सामना कर पाने में असमर्थ महाराजा हरिसिंह ने भारत से सहायता माँगी तथा 26 अक्तूबर, 1947 को भारत के साथ सम्मिलन संबंधी समझौते पर हस्ताक्षर कर दिए। भारत सरकार ने जम्मू-कश्मीर की रक्षा और उसकी जनता के जान-माल की सुरक्षा का उत्तरदायित्व अपने ऊपर ले लिया।

कश्मीर पर पाकिस्तानी हमला : 'ऑपरेशन गुलमर्ग'

देश-विभाजन के दौरान, जब लाखों की संख्या में लोग अपने बहुसंख्यक देश पाकिस्तान अथवा भारत में प्रवास की विकट स्थिति से गुजर रहे थे, उस समय तक मेजर ओंकार सिंह कल्कट (बाद में मेजर जनरल बने) पाकिस्तान में ही थे। वह पाकिस्तान के बन्नू में स्थित एक ब्रिगेड की, मेजर के रूप में, सेवा कर रहे थे। ब्रिगेड मेजर स्टाफ अधिकारी होता था, जो युद्ध-अभियानों से संबंधित सभी तरह के मामलों को निपटाता था। वह सभी अति गोपनीय दस्तावेजों का अभिरक्षक भी

होता था। ब्रिगेड कमांडर की अनुपस्थिति में ब्रिगेड हेडक्वार्टर को एक अति गोपनीय दस्तावेज मिला, जो ब्रिगेड कमांडर, एक अंग्रेज अधिकारी, के संबंध में था। यह सोचकर कि दस्तावेज पर तत्काल ध्यान दिए जाने की आवश्यकता हो सकती है, मेजर कल्कट ने लिफाफा खोलकर उसे पढ़ना शुरू कर दिया। उस समय वह हक्का-बक्का रह गए, जब उन्होंने दस्तावेज पढ़कर पता लगाया कि वह वास्तव में कश्मीर को बल-प्रयोग द्वारा कब्जे में करने की पाकिस्तानी योजना से संबंधित दस्तावेज था। योजना को 'ऑपरेशन गुलमर्ग' नाम दिया गया था, जिस पर 20 अगस्त, 1947 की तारीख अंकित थी।

ब्रिगेड कमांडर के वापस आने पर दस्तावेज उन्हें सौंप दिया गया। मेजर कल्कट ने सफाई देते हुए उन्हें बताया कि उन्होंने पत्र को किसी गलत इरादे से नहीं खोला था। दस्तावेज में लश्कर की सूची, कबाइली मलिकों (Maliks) की भूमिका, हथियारों एवं गोला-बारूदों की आपूर्ति, पाकिस्तानी अधिकारियों और जूनियर कमीशन-प्राप्त अधिकारियों (JCOs) के 18 अक्तूबर को अबोताबाद में एकत्र होने के बारे में पूरा विवरण था। कल्कट को उनके क्वार्टर में ही कैद कर दिया गया और उनपर नजर रखने के लिए एक गार्ड को तैनात कर दिया गया। किंतु 18 अक्तूबर को वह किसी तरह वहाँ से भाग निकले और भारत में आकर सीधा दिल्ली पहुँचे। उन्होंने कर्नल पी.एन. थापर, कार्यकारी निदेशक, सैन्य अभियान; ब्रिगेडियर कुलवंत सिंह, कार्यकारी प्रमुख, जनरल स्टाफ, और सरदार बलदेव सिंह, रक्षा मंत्री से मिलकर उन्हें 'ऑपरेशन गुलमर्ग' के बारे में पूरा विवरण दिया। किंतु दुर्भाग्य से उनकी बात पर न तो किसी ने ध्यान दिया और न ही उसपर विश्वास किया गया।

'ऑपरेशन गुलमर्ग' पाकिस्तान की सोची-समझी योजना पर आधारित एक अभियान था, जिसका उद्देश्य जम्मू-कश्मीर को बलपूर्वक पाकिस्तान में मिलाना था। अभियान का नेतृत्व करनेवाले कर्नल अकबर खान (बाद में मेजर जनरल बने) के अनुसार, यह योजना अगस्त 1947 से ही बनाई जाने लगी थी। आक्रमण करनेवाली सेना में उत्तर-पश्चिम सीमाप्रांत के कबाइलियों का जत्था था। उन्हें लश्करों में बाँटा गया था और प्रत्येक लश्कर में 1 हजार कबाइली थे, जो एक इन्फैंट्री बटालियन की सैन्य शक्ति के बराबर थे। प्रत्येक लश्कर का नेतृत्व उसके कबाइली प्रमुख द्वारा किया जा रहा था और साथ ही प्रत्येक लश्कर में पाकिस्तान की नियमित सेना के सैनिकों को भी शामिल किया गया था। श्रीनगर एवं उसके हवाई क्षेत्र पर कब्जा करने और उसके बाद बनिहाल दर्रे की ओर बढ़ने के लिए

मुख्य मोरचा मुजफ्फराबाद-डोमेल-उड़ी-श्रीनगर सड़क मार्ग पर खोला गया, जिसमें छह लश्करें शामिल थीं। दो लश्करें मुख्य मोरचे के उत्तरी तथा दक्षिणी घेरे की सुरक्षा के लिए थीं।

योजना दो चरणों में पूरी की जानी थी। पहला चरण सितंबर के आरंभ में जम्मू प्रांत की समूची सीमा के साथवाले स्थानों पर सशस्त्र हमले के रूप में था; जबकि दूसरा चरण 22 अक्तूबर, 1947 को वास्तविक हमले के रूप में शुरू हुआ। पाकिस्तानी सेना के हथियार एवं उपकरण प्रभाग के तत्कालीन निदेशक कर्नल अकबर खान, ने द्वितीय विश्वयुद्ध के बाद निकाले गए मुसलिम सैनिकों के लिए 4,000 राइफलें जारी की गई थीं। इसके पीछे उद्देश्य था—पुंछ व मीरपुर क्षेत्र में लूटमार, राहजनी और हिंदू स्त्रियों का अपहरण करके विद्रोह जैसी स्थिति उत्पन्न करना। वास्तव में यह पूरी योजना राज्य के सुरक्षा बलों को तितर-बितर और अव्यवस्थित करने के लिए तैयार की गई थी, जिससे वे किसी प्रकार की आक्रामक कारवाई करने या यहाँ तक कि स्वयं को बचाने में सक्षम न रह सकें।[14] कश्मीर सीमा पर स्थित क्षेत्रों, विशेषकर डोमेल और कोहाला सेक्टरों में किसी प्रकार की अशांति नहीं फैलाई गई, ताकि वहाँ के लोगों के मन में सुरक्षा की झूठी भावना भरकर उन्हें निश्चिंत रखा जा सके। योजना का एक उद्देश्य डोमेल क्षेत्र में हमला करने में सैन्य इकाइयों के मुसलिम तत्त्वों का सक्रिय सहयोग प्राप्त करना भी था। इस सोची-समझी योजना के अंतर्गत पाकिस्तान ने 'विराम समझौते' (Standstill Agreement) में स्वीकार की गई वस्तुओं की आपूर्ति से इनकार करके आर्थिक दबाव बनाना भी शुरू कर दिया।

सितंबर के अंत में महाराजा हरिसिंह ने पाकिस्तानी हमले की गंभीरता और उसके परिणामों का अनुमान करके भारत में अपनी रियासत के विलय का निश्चय कर लिया। उन्होंने मेहरचंद महाजन को अपना प्रधानमंत्री नियुक्त करके कश्मीर के भारत में विलय (आंतरिक प्रशासनिक सुधारों में हस्तक्षेप के बिना) की स्वीकृति लेने के लिए दिल्ली भेजा। आंतरिक प्रशासनिक सुधारों के अंतर्गत उन्होंने शेख अब्दुल्ला को सरकार में शामिल करने का फैसला किया था। अब्दुल्ला के साथ राजनीतिक रूप से संबद्ध पं. नेहरू ने जम्मू-कश्मीर की मुसलिम-बहुलता को ध्यान में रखते हुए सोचा कि भारत में विलय से पहले कश्मीर में एक लोकप्रिय सरकार का होना आवश्यक है। उनका विश्वास था कि सरकार में शेख अब्दुल्ला को कश्मीर के एक लोकप्रिय नेता के रूप में शामिल किए जाने से मुसलिम-बहुल कश्मीरी जनता को संतुष्ट किया जा सकेगा और साथ ही लोकतंत्र को भी कायम

रखा जा सकेगा। शेख अब्दुल्ला, जो महाराजा हरिसिंह के डोगरा शासन के विरुद्ध 'कश्मीर छोड़ो' आंदोलन छेड़ने के कारण सन् 1946 से ही जेल में बंद थे, महाराजा के लिए एक द्रोही व्यक्ति के रूप में थे। अतः पं. नेहरू अब्दुल्ला की रिहाई तक भारत में मिलने के महाराजा के निर्णय के प्रति नरम थे। 27 सितंबर, 1947 को महाराजा ने शेख अब्दुल्ला को जेल से मुक्त कर दिया। 22 अक्तूबर को जब पाकिस्तान के हथियारबंद कबाइलियों की फौज ने कश्मीर पर हमला किया तब तक यह लंबी राजनयिक प्रक्रिया पूरी नहीं हो सकी थी। अचानक हमले से, हालाँकि सुरक्षा बल आश्चर्यचकित रह गए थे; लेकिन उन्होंने बहादुरी और सूझ-बूझ से हजारों कबाइली आक्रमणकारियों का मुकाबला किया। डोमेल छोड़ने से पहले कर्नल नारायण सिंह ने अपने वायरलेस सेट पर श्रीनगर को सूचना भेजी कि लगभग 5,000 कबाइली आक्रमणकारी 300 सिविल लॉरियों में सवार होकर श्रीनगर की ओर बढ़ रहे हैं।

श्रीनगर में आतंक की स्थिति व्याप्त थी और ब्रिगेडियर राजेंद्र सिंह (जम्मू-कश्मीर स्टेट फोर्स के चीफ ऑफ स्टाफ) ने तत्काल लगभग 150 सैनिकों को अपने साथ लिया और 22-23 अक्तूबर की मध्य रात्रि में उड़ी की ओर रवाना हो गए। दिसंबर 1947 में इस बात का पता चला था कि जम्मू-कश्मीर स्टेट फोर्स की विभिन्न इकाइयों के कम-से-कम 1,854 सशस्त्र सैनिक पहले से ही श्रीनगर की बदामी बाग छावनी में मौजूद थे, जिनके बारे में सैन्य अधिकारियों को कोई जानकारी नहीं थी।[15] ब्रिगेडियर राजेंद्र सिंह ने उड़ी में दुश्मन को आगे बढ़ने से रोकने के लिए बहादुरी भरा कदम उठाया, लेकिन दुश्मन लड़ाकों की संख्या ज्यादा होने के कारण उन्हें सफलता नहीं मिली। उन्होंने अंत तक लड़ते हुए दुश्मन को दो दिन तक उड़ी में रोककर रखा। बाद में उन्हें भारत के प्रथम 'महा वीर चक्र' से सम्मानित किया गया। 24 अक्तूबर को दुश्मन ने माहुरा पर धावा बोला और वहाँ के पावर हाउस को क्षतिग्रस्त करके श्रीनगर में अँधेरा कर दिया। ऐसी स्थिति में महाराजा ने दिल्ली से सहायता की अपील की। 24 अक्तूबर को कर्नल सैम मानेकशॉ (बाद में फील्ड मार्शल) और एयर कमोडोर (बाद में एयर मार्शल) एच.सी. दिवान के साथ वी.पी. मेनन स्थिति का जायजा लेने के लिए श्रीनगर पहुँचे। वहाँ उन्हें पता चला कि आक्रमणकारी किसी भी क्षण श्रीनगर पहुँच सकते हैं। उन्होंने महाराजा को अपने परिवार की सुरक्षा सुनिश्चित करने के लिए तत्काल जम्मू के लिए रवाना होने का परामर्श दिया। 26 अक्तूबर की सुबह मेनन दिल्ली वापस आ गए।

जोजी ला से आगे बढ़ते भारतीय सैनिक। *(साभार : 1/5 जीआर)*

जम्मू-कश्मीर की स्थिति पर विचार-विमर्श करने के लिए माउंटबेटन की अध्यक्षता में 26 अक्तूबर को रक्षा समिति (Defence Committee) की बैठक बुलाई गई। माउंटबेटन ने अपना विचार रखा कि एक ऐसे राज्य में, जो अभी स्वतंत्र राज्य के रूप में भारत से अलग है, भारतीय सेना भेजना उचित नहीं है। उन्होंने कहा कि भारतीय सेना उसी स्थिति में भेजी जा सकती थी, जब जम्मू-कश्मीर का पहले भारत में विलय हो चुका होता। उन्होंने अपना यह विचार भी व्यक्त किया कि आक्रमणकारियों के जम्मू-कश्मीर से निकलने और वहाँ कानून-व्यवस्था पुनः बहाल होने के बाद जनमत सर्वेक्षण के माध्यम से कश्मीरी जनता की इच्छा के आधार पर ही जम्मू-कश्मीर को भारत में मिलाया जाना ठीक रहेगा।

बैठक के बाद वी.पी. मेनन और मेहरचंद महाजन जम्मू के लिए रवाना हो गए। वहाँ महाराजा ने जम्मू-कश्मीर के भारत में विलय संबंधी दस्तावेज पर हस्ताक्षर किए और सैन्य सहायता की माँग करते हुए एक पत्र भेजा। उन्होंने आपातकालीन स्थिति के दौरान शेख अब्दुल्ला को सरकार का उत्तरदायित्व निभाते रहने के निर्देश भी दिए। शाम तक भारत ने विलय प्रस्ताव स्वीकार कर लिया और अगले दिन सुबह एक सैन्य बटालियन श्रीनगर रवाना करने का निर्णय लिया गया।

भारतीय थलसेना और वायुसेना द्वारा संयुक्त रूप से 'ऑपरेशन रेस्क्यू' (Operation Rescue) चलाया गया। 1 सिख बटालियन, जो आंतरिक सुरक्षा

ड्यूटी के लिए गुड़गाँव के समीप स्थित थी, को श्रीनगर हवाई क्षेत्र को कब्जे में लेने के लिए उतारा गया। 13 फील्ड रेजीमेंट से एक सैन्य टुकड़ी दूसरी कंपनी के रूप में श्रीनगर रवाना कर दी गई। साथ-ही-साथ, सैन्य टुकड़ियों और आवश्यक उपकरणों को जम्मू-कश्मीर तक पहुँचाने के लिए गुरदासपुर क्षेत्र में 50 पैरा ब्रिगेडों (अर्धवाहिनी) को पठानकोट और जम्मू के बीच यातायात एवं संचार मार्ग को सुरक्षित करने की जिम्मेदारी सौंपी गई।

अभी तक इस बात की निश्चित सूचना नहीं मिल सकी थी कि हमलावर श्रीनगर पहुँच चुके हैं या नहीं और उन्होंने हवाई क्षेत्र पर कब्जा कर लिया है या नहीं। 1 सिख बटालियन के कमांडिंग ऑफिसर लेफ्टिनेंट कर्नल रंजीत राय को निर्देश दिए गए थे कि यदि उनके और श्रीनगर नागरिक उड्डयन केंद्र के मध्य वायरलेस पर संपर्क स्थापित न हो सके और यदि उन्हें उतरने के लिए सिग्नल न मिले तो उन्हें श्रीनगर में न उतरकर सीधे जम्मू पहुँचना है। जम्मू में उतरने की स्थिति में उन्हें स्थानीय यातायात के माध्यम से एक सर्वेक्षण दल श्रीनगर जानेवाले सड़क मार्ग से श्रीनगर के समीप तक भेजकर पहले स्थिति की जानकारी लेनी थी। श्रीनगर हवाई अड्डे पर उतरने की स्थिति में उन्हें हमलावरों को श्रीनगर से खदेड़ने के लिए श्रीनगर हवाई अड्डे को तथा नागरिक उड्डयन वायरलेस स्टेशन को सुरक्षित करना था।

पहला डकोटा (Dacota) विमान, जिसे ग्रुप कैप्टन के.एल. भाटिया उड़ा रहे थे, लेफ्टिनेंट कर्नल दीवान रंजीत राय और उनके दल को लेकर 27 अक्तूबर को सुबह 8:30 बजे श्रीनगर उतरा। वहाँ पहुँचकर राय को पता चला कि दुश्मन बारामूला में लूटमार कर रहा है और राज्य सुरक्षा बलों (State Forces) की दो पलटनें बारामूला से लगभग 5 कि.मी. पूर्व में तैनात की गई हैं। साहसपूर्ण निर्णय लेते हुए रंजीत राय ने दोनों पलटनों का साथ देने के लिए एक कंपनी भेज दी। 28 अक्तूबर को कुछ और सैन्य टुकड़ियाँ भी पहुँच गईं तो वे दो कंपनियों को साथ लेकर बारामूला के पूर्व में पहले से तैनात अपनी सेना में मिलने के लिए चल पड़े। अब तक हमलावरों ने श्रीनगर की ओर बढ़ना शुरू कर दिया था। शत्रु की घेराबंदी से बचने के लिए राय ने पीछे हटकर बीच में ही मोरचा लेने का निर्णय लिया। किंतु उसी दौरान दुश्मन की गोली लगने से उनकी मौत हो गई। उस समय तक उनकी बटालियन ने दुश्मन को श्रीनगर की ओर बढ़ने से रोकने के लिए नया मोरचा सँभाल लिया था। कर्नल रंजीत राय को मरणोपरांत 'महा वीर चक्र' से सम्मानित किया गया।

दुश्मन की ओर से जम्मू-कश्मीर के लिए खतरा साफ दिखाई दे रहा था। 30 अक्तूबर तक 161 इन्फैंट्री ब्रिगेड, 1 (पैरा) कुमाऊँ और एक पलटन, 1 महार (एम.जी.) को जम्मू-कश्मीर के लिए रवाना कर दिया गया। उधर, आर.आई.ए.एफ. (R.I.A.F.) 28 अक्तूबर से ही बारामूला क्षेत्र में दुश्मनों पर हमला कर रही थी। श्रीनगर में मोरचा सँभाले सैनिकों को तत्काल और अधिक-से-अधिक सहायता पहुँचाने के लिए आर.आई.ए.एफ. की दो टुकड़ियाँ श्रीनगर हवाई क्षेत्र में तैनात थीं। 2 नवंबर को 7 कैवेलरी की दो बख्तरबंद टुकड़ियों को भी श्रीनगर में रावी नदी पर नवनिर्मित पुल पर मोरचा सँभालने के लिए भेजा गया। इस प्रकार 2 नवंबर तक मोरचाबंदी जारी रही; ब्रिगेडियर एल.पी. सेन (DSO) ने श्रीनगर में 161 ब्रिगेड की कमान सँभाल ली थी। इस बीच 1 सिख बटालियन पाटन के निकट दुश्मन को आगे बढ़ने से रोके हुए थी और खबर मिली थी कि दुश्मन पाटन बाईपास के चारों ओर घेराबंदी कर रहा था तथा बड़गाम की ओर से श्रीनगर के लिए गंभीर खतरे की आशंका थी।

3 नवंबर को बड़गाम में दुश्मन से निपटने के लिए 4 कुमाऊँ बटालियन से गश्ती कंपनियाँ (Company Patrols) बड़गाम की ओर रवाना कर दी गईं। छोटी तोपों (Mortars) से लैस लगभग 700 कबाइलियों ने बड़गाम के उत्तर की ओर से डी कंपनी, 4 कुमाऊँ बटालियन पर अचानक हमला बोल दिया। ऐसी स्थिति में मेजर सोमनाथ शर्मा ने श्रीनगर हवाई क्षेत्र को किसी भी कीमत पर दुश्मन से सुरक्षित रखना जरूरी समझा। अपनी व्यक्तिगत सुरक्षा को जोखिम में डालते हुए उन्होंने अपने सैनिकों को दुश्मन का रास्ता रोकने के लिए उत्साहित किया। जब वह दुश्मन के साथ घमासान लड़ाई में व्यस्त थे तो ब्रिगेड को संबोधित करते हुए उनका अंतिम रेडियो ट्रांसमिशन था—'दुश्मन हमसे सिर्फ 50 गज की दूरी पर है। हमारी संख्या बहुत कम है। मैं आखिरी सैनिक और आखिरी राउंड तक लड़ता रहूँगा। मैं पीछे नहीं हटूँगा।' उसके बाद 1 (पैरा) कुमाऊँ बटालियन की एक कंपनी को मेजर शर्मा की कंपनी से मिलने का आदेश दिया गया और देखते-ही-देखते दुश्मन पर हवाई हमले शुरू हो गए। किंतु उससे पहले दुश्मन द्वारा डी कंपनी (D Company), 4 कुमाऊँ के 15 सैनिक मारे जा चुके थे, जिसमें मेजर सोमनाथ शर्मा भी शामिल थे; इसके अतिरिक्त 26 अन्य घायल हो गए थे। अद्भुत शौर्य और साहस से दुश्मन का मुकाबला करने के लिए मेजर सोमनाथ शर्मा को मरणोपरांत भारत के सर्वोच्च वीरता पुरस्कार 'परम वीर चक्र' से सम्मानित किया गया; यह पुरस्कार प्राप्त करनेवाले वह पहले व्यक्ति थे।

श्रीनगर और उसके हवाई क्षेत्र के लिए खतरा बने दुश्मन को मजबूत स्थिति में देखकर ब्रिगेडियर सेन ने 4 नवंबर को श्रीनगर के निकट शालतांग (Shalatang) क्षेत्र में सघन रक्षा मोरचा सँभालने का निर्णय लिया। 5 नवंबर को मेजर जनरल कुलवंत सिंह ने जम्मू-कश्मीर फोर्स के जी.ओ.सी. के रूप में जम्मू और कश्मीर की सभी सैन्य टुकड़ियों की कमान अपने हाथ में ले ली।

5 नवंबर तक 161 ब्रिगेड में 1 (पैरा) पंजाब बटालियन, 1 सिख बटालियन सहित 13 फील्ड रेजीमेंट, 1 (पैरा) कुमाऊँ, स्क्वाड्रन 7 कैवेलरी, 11 फील्ड रेजीमेंट की एक टुकड़ी और सेक्शन पटियाला माउंटेन बैटरी शामिल थी। दो अतिरिक्त बटालियनों के साथ कर्नल (बाद में ले. जनरल) हरबख्श सिंह को श्रीनगर शहर की रक्षा की जिम्मेदारी सौंपी गई थी।

7 नवंबर की सुबह ब्रिगेडियर सेन ने 7 कैवेलरी की दो सैन्य टुकड़ियों को गंदरबल (Gandarbal) के रास्ते बाँदीपुर तक सघन निरीक्षण का आदेश दिया। उसके थोड़ी देर बाद ही दुश्मन ने शालतांग में भारी गोलीबारी शुरू कर दी। शालतांग क्षेत्र के ऊपर उड़ रहे हार्वर्ड वायुयान ने वहाँ हजारों कबाइलियों के मौजूद होने की खबर दी। सेन ने तुरंत अपनी योजना को अंतिम रूप देकर बख्तरबंद गाड़ियों को दिशा बदलने का आदेश दे दिया। 1 (पैरा) कुमाऊँ को कबाइलियों पर उनके दाएँ पहलू से हमला करने के लिए 1 सिख बटालियन के साथ चलने का आदेश दिया गया था। जब दोनों टुकड़ियाँ अपनी पोजीशन में थीं, तभी 7 कैवेलरी और 1 (पैरा) कुमाऊँ ने दुश्मन के घेरों पर हमला बोल दिया। बख्तरबंद गाड़ियों ने जब मीडियम मशीनगन (MMG) से अचानक हमले करने शुरू कर दिए तो कबाइली लड़ाके घबराकर भागने लगे। उसके बाद एक घंटे के भीतर ही लड़ाई समाप्त हो गई। यह भारतीय सेना की निर्णायक जीत थी, जिसने श्रीनगर पर मँडराते खतरे को दूर कर दिया। लगभग 500 मृत लोगों, कुछ तोपें, गाड़ियाँ और गोला-बारूद छोड़कर दुश्मन भाग खड़े हुए। हमारी सैन्य टुकड़ियों ने शाम से पहले-पहले पाटन में प्रवेश कर लिया और अगले दिन सुबह तक वे बारामूला पहुँच गईं। 13 नवंबर की शाम तक उड़ी पर पुनः कब्जा कर लिया गया।

ऐसी स्थिति में दुश्मन को पुन: तैयारी करने का समय दिए बिना डोमेल पर तेजी से दबाव बनाना जरूरी हो गया था। इससे हमलावरों को फिर से वहाँ पहुँचने से रोका जा सकता था और साथ ही इससे पुंछ क्षेत्र से कबाइलियों को बाहर निकालने में भी मदद मिलती। शालतांग में मिली सफलता का लाभ उठाते हुए डोमेल में ज्यादा-से-ज्यादा दूरी तक आगे बढ़ने का निर्णय लिया गया। जिन्ना ने

श्रीनगर में भारतीय सैनिकों के पहुँचने की खबर पाकर 27 अक्तूबर को पाकिस्तानी सैन्य टुकड़ियाँ तत्काल श्रीनगर भेजने का आदेश दे दिया था; किंतु पाकिस्तानी सेना के कार्यकारी कमांडर-इन-चीफ लेफ्टिनेंट जनरल ग्रेसी ने सुप्रीम कमांडर के अनुमोदन के बिना इस तरह का आदेश जारी करने में अपनी असमर्थता प्रकट की। 28 अक्तूबर को ही फील्ड मार्शल ऑकिनलेक लाहौर पहुँचे। उन्होंने जिन्ना के समक्ष स्थिति स्पष्ट करते हुए कहा कि पाकिस्तानी सैनिकों के जम्मू-कश्मीर, जो अब वैधानिक रूप से भारत का एक हिस्सा है, में प्रवेश करने की स्थिति में पाकिस्तानी सेना में शामिल सभी ब्रिटिश अधिकारी तत्काल और स्वयं ही हट जाएँगे। पूरी स्थिति समझने के बाद जिन्ना ने कश्मीर में पाकिस्तानी सैन्य टुकड़ियाँ भेजने का अपना आदेश वापस ले लिया।[16]

जम्मू-कश्मीर के प्रधानमंत्री मेहर चंद महाजन ने पं. नेहरू से पुंछ, कोटली और मीरपुर में रुके हुए शरणार्थियों तथा रक्षक सेना की रक्षा के लिए अत्यंत भावुक अपील की। भारतीय सेना के कमांडर-इन-चीफ जनरल सर रॉब लॉकहार्ट ने उड़ी-डोमेल में चल रहे आरंभिक अभियानों को छोड़कर सेना को इस तरह के मिशन में लगाना उपयुक्त नहीं समझा। पं. नेहरू चाहते थे कि मानवता के आधार पर रक्षक सेनाओं को कुछ मदद पहुँचाई जाए। उस समय तक हमलावरों ने राजौरी पर कब्जा कर लिया था और खबर थी कि उन्होंने 30 हजार हिंदुओं को मौत के घाट उतारकर उनकी स्त्रियों का अपहरण कर लिया है। 14 नवंबर को सेना को जम्मू-पुंछ-उड़ी मार्ग पर दुश्मन से घिरी रक्षक सेना को मुक्त कराने के लिए मोबाइल कॉलम (Mobile Column) भेजने के निर्देश दिए गए। जनरल बुचर का जम्मू-पुंछ-उड़ी मार्ग पर फँसे शरणार्थियों और सैनिकों को मुक्त कराने का सुझाव पहले तो स्वीकार कर लिया गया, लेकिन बाद में उसे रद्द कर दिया गया।

16 नवंबर को पुंछ क्षेत्र को दुश्मन से छुड़ाने के लिए 161 इन्फैंट्री ब्रिगेड तथा नौशेरा, झाँगर, कोटली और मीरपुर को मुक्त कराने के लिए 50 पैरा ब्रिगेड को उड़ी और जम्मू की ओर से दोतरफा हमला करने का आदेश दिया गया। दोनों सेनाओं को पुंछ के दक्षिण में एक-दूसरे से मिलना था। पुंछ में घिरी रक्षक सेना को सहायता पहुँचाकर 161 ब्रिगेड को उड़ी वापस होना था।

19 नवंबर को ब्रिगेडियर परांजपे के नेतृत्व में 50 पैरा ब्रिगेड ने जम्मू की ओर से आगे बढ़ते हुए झाँगर पर कब्जा कर लिया। उसके बाद ब्रिगेड की कोटली की ओर आगे बढ़ने की गति मार्ग-अवरोधकों के कारण धीमी पड़ गई। जम्मू से 147 किलोमीटर की दूरी तय करके ब्रिगेड ने अंततः 26 नवंबर को कोटली में

अपनी नाल के बिना 7 कैवेलरी का स्टूअर्ट टैंक जोजी ला तक दुर्गम पहाड़ी जमीन को रौंदता हुआ। *(साभार : यूएसआई, सीएएफएचआर)*

प्रवेश किया। 161 ब्रिगेड पुंछ के दक्षिण में 50 पैरा ब्रिगेड से संपर्क नहीं कर सकी, इसलिए 50 पैरा ब्रिगेड रक्षक सैनिकों और लगभग 9 हजार शरणार्थियों को लेकर झाँगर वापस आ गई।

20 नवंबर को लेफ्टिनेंट कर्नल प्रीतम सिंह के नेतृत्व में 1 पैरा कुमाऊँ उड़ी से अपराह्न 2:00 बजे आगे बढ़ी। उसके बाद हाजी पीर दर्रे के एक ओर सँकरे पहाड़ी मार्ग पर 200 वाहनों के साथ चल रही राहत टुकड़ी ने रात में विश्राम किया। 21 नवंबर को सुबह 7:00 बजे उसने फिर आगे बढ़ना शुरू किया, किंतु कहूटा पुल पर आग देखकर उसे रुकना पड़ा। पुल पर आग जम्मू-कश्मीर स्टेट फोर्स के रक्षक बलों द्वारा लगाई गई थी। दरअसल, सामने से आ रही राहत टुकड़ी को देखकर उन्हें आशंका थी कि वह दुश्मन का जत्था हो सकता है। इसी बीच दुश्मन ने आगे बढ़ती सैन्य टुकड़ियों और वाहनों की कतारों के बीच मार्ग-अवरोधक खड़े कर दिए थे और वाहनों की कतार के पीछे पुल पर आग भी लगा दी थी। जैसे

ही वाहनों की कतार आगे बढ़ी, दुश्मन के जत्थे सबसे पीछे चल रही कतार पर टूट पड़े। उन्होंने अधिकांश वाहनों को जला दिया।

इस घटना के बारे में जानकारी प्राप्त होने पर ब्रिगेडियर ने 1 पैरा कुमाऊँ को नाला पार करके पुंछ में फँसी रक्षक सेना के पास पहुँचने का आदेश दिया। उसके बाद उन्होंने 26 नवंबर को उड़ी पहुँचनेवाली शेष राहत टुकड़ी को साथ लेकर तत्काल वापस होने का निर्णय लिया। उधर, लगभग 900 हमलावरों के जत्थे ने 22–23 नवंबर की रात में उड़ी में 1 सिख बटालियन की एक पलटन पर हमला कर दिया। पलटन अपने मोरचे पर डटी रही। 11 फील्ड रेजीमेंट की बंदूकें हलकी चाँदनी में खुले में दुश्मन पर गोलियाँ बरसा रही थीं। कैप्टन जोगिंदर सिंह ने बटालियन प्रशासनिक पलटन को इकट्ठा किया और झेलम नदी को पार करके वे पलटन की सहायता के लिए आगे बढ़े। उन्हें आता देखकर दुश्मन ने हमला बंद कर दिया। उड़ी और हाजी पीर में दुश्मन की आक्रामक कारवाइयों को देखकर लग रहा था कि उसने शालतांग में मिली हार के बाद फिर से तैयारी कर ली थी।

सर्दी शुरू होने वाली थी और कश्मीर घाटी में किसी भी दिशा से बड़े हमले की आशंका थी। अब आगे के अभियानों का मुख्य केंद्र जम्मू सेक्टर को बनाया जाना था। भारतीय अधिकारियों के नेतृत्व में भारतीय सेना ने अपने अभियानों में संतोषजनक सफलता प्राप्त की।

इससे पूर्व उल्लेख किया जा चुका है कि सेना पुंछ क्षेत्र को खाली कराने के पक्ष में थी। दिल्ली और पूर्वी पंजाब कमान के जनरल ऑफिसर कमांडिंग-इन-चीफ ले. जनरल सर ड्यूडली रसेल ने सैनिक उद्देश्य से पुंछ को खाली कराने का मामला सरकार के सामने रखा। माउंटबेटन तो राजी हो गए, पर पं. नेहरू अपने इस तर्क पर दृढ़ थे कि राजनीतिक उद्देश्य के लिए पुंछ को अपने कब्जे में रखना आवश्यक है। सर ड्यूडली रसेल ने नेहरू को आश्वस्त किया कि वह और मेजर जनरल कुलवंत सिंह पुंछ पर पकड़ बनाए रखने की पूरी कोशिश करेंगे। उसके बाद ब्रिगेडियर प्रीतम सिंह के नेतृत्व में लगभग 2 हजार स्टेट फोर्स के जवानों, 1 (पैरा) कुमाऊँ और 40 हजार शरणार्थियों ने एक वर्ष तक पुंछ को अपने कब्जे में रखा। रक्षक सेना हवाई आपूर्ति और आर.आई.ए.एफ. की सहायता पर निर्भर थी, इसलिए प्रीतम सिंह ने शरणार्थियों की मदद से हवाई आपूर्ति हेतु डकोटा (विमान) के उतरने के लिए एक हवाई पट्टी का निर्माण किया। एयर कमोडोर (बाबा) मेहर सिंह (DSO) आवश्यक सामग्री के साथ इस हवाई पट्टी पर पहली बार उतरे थे।

13 दिसंबर को 3.7 इंचवाली दो हॉवित्जर तोपों को तैनात किया गया, जिससे ब्रिगेडियर प्रीतम सिंह को कुछ महत्त्वपूर्ण स्थानों पर कब्जा करने में मदद मिली। उसके बाद दुश्मन के कब्जे में रक्षक सेना को भूखों रहना पड़ रहा था। अत्यंत सावधानीपूर्वक योजना बनाकर प्रीतम सिंह ने दुश्मन को दूर रखा और पुंछ पर रक्षा घेरे को मजबूत बनाया। 18 जनवरी से 10 फरवरी, 1948 तक रक्षक सेना के साथ 3/9 गोरखा रेजीमेंट (जी.आर.) को भी लगा दिया गया। रक्षक सेना को खाद्य सामग्री उपलब्ध कराने के लिए प्रीतम सिंह ने निकट के गाँवों में 'फसल अभियान' (Harvesting Operation) शुरू किया। उसके बाद उन्होंने शरणार्थियों में से ही स्वयंसेवकों को लेकर उन्हें प्रशिक्षित करके तथा हथियारों से लैस करके दो लड़ाका बटालियन तैयार कर लीं। 17 मार्च को दुश्मन 3.7 इंचवाली हॉवित्जर तोपों से हवाई क्षेत्र तथा शहर पर गोले बरसाने लगे। 21 मार्च को दो 25-पाउंडर गन विमान से नीचे उतारने की कोशिश की जा रही थी, लेकिन जब दुश्मन की गोलाबारी के कारण पहले डकोटा को कामयाबी नहीं मिली तो उसे रोक दिया गया। दुश्मन ने पुंछ पर कब्जा करने के लिए तीन बार हमले किए, लेकिन ब्रिगेडियर प्रीतम सिंह ने उन्हें असफल कर दिया।

मेजर जनरल के.एस. थिमय्या डीएसओ, जीओसी 19 इन्फैंट्री डिवीजन सूबेदार हरक बहादुर राणा, एमसी और जेम लाल बहादुर पुन के साथ, जो 1/5 जी आर, केवीआरसी थे, कारगिल, 1948।

(साभार : 1/5 जीआर)

नवंबर के अंत तक हमलावर बड़ी संख्या में उड़ी के पास एकत्र हो चुके थे और वे संक (Sank) क्षेत्र की बस्तियों पर हमला कर रहे थे। 12 दिसंबर की सुबह 1 सिख बटालियन ने संक के सामने दुश्मन के कब्जेवाले एक स्थान पर हमला किया, ताकि उसे श्रीनगर-उड़ी और उड़ी-पुंछ मार्ग का निरीक्षण करने से रोका जा सके। दूर तक दुश्मन का पीछा करने के बाद कमांडिंग ऑफिसर ने दूसरे रास्ते से उड़ी वापस आने का निर्णय लिया। पहले से तैयार खड़े पठानों ने जल्दी से रास्ते के दोनों ओर अपनी-अपनी पोजीशन लेकर वापस लौटते सैनिकों पर गोलियाँ बरसानी शुरू कर दीं। जमादार नंद सिंह (विक्टोरिया क्रॉस) ने सैनिकों का रास्ता साफ करने के लिए पठानों पर जबरदस्त हमला शुरू कर दिया। किंतु एक लाइट मशीनगन द्वारा दागे गए गोले से वह शहीद हो गए। मरणोपरांत उन्हें 'महा वीर चक्र' से सम्मानित किया गया। (इसी घटना के बाद यह आदेश जारी किया गया कि 'सर्वोच्च वीरता पुरस्कार' प्राप्त करनेवाले किसी सैनिक को दुश्मन के खिलाफ किसी सक्रिय अभियान में न भेजा जाए) इस हमले में 1 सिख बटालियन का एक अधिकारी, 2 जूनियर कमीशंड अधिकारी और 57 जवान मारे गए और 2 कमांडिंग ऑफिसर, 4 जूनियर कमीशंड अधिकारी और 55 जवानों सहित 2 अधिकारी घायल हुए।

दिसंबर माह तक दुश्मन ने उड़ी, पुंछ और झाँगर में रक्षक सेना पर अपना दबाव बनाए रखा। 7 कैवेलरी और 1 महार (MG) पलटन के साथ 1 (पैरा) पंजाब बटालियन झाँगर में तैनात थी, जबकि शेष 50 (पैरा) ब्रिगेड नौशेरा में थीं। 24-25 दिसंबर की रात में दुश्मन ने झाँगर पर हमला करके मातलासी (Matlassi) पर कब्जा कर लिया। इसमें बटालियन की बख्तरबंद गाड़ियों, वाहनों और भारी हथियारों को काफी क्षति पहुँची और अंततः बटालियन को नौशेरा की ओर वापस मुड़ना पड़ा। 1 महार (MG) पलटन अंतिम क्षणों तक दृढ़ता से डटी रही और दुश्मन को काफी क्षति पहुँचाई। इस हमले में दुश्मन के लगभग 1 हजार लड़ाके हताहत हुए।

नौशेरा बस्ती जम्मू-झाँगर और राजौरी-नौशेरा मार्ग के मिलन-स्थल पर बसी हुई है। ब्रिगेडियर मोहम्मद उस्मान ने सभी महत्त्वपूर्ण स्थानों पर सेना को स्थापित कर दिया था और सुरंगों तथा काँटेदार तारों से नौशेरा का रक्षा घेरा और मजबूत कर दिया था। नौशेरा का उत्तरदायित्व ताइन धार (Tain Dhar) पर था, जबकि उस्मान आक्रामक गश्त पर नियंत्रण कर रहे थे। झाँगर पर जीत हासिल करने के बाद से ही दुश्मन ने नौशेरा के चारों ओर घेरा डालना शुरू कर दिया था।

उस्मान ने रक्षक सेना के हर स्तर के सैनिकों और अधिकारियों को आगे की लड़ाई में स्वतंत्र भारत के योग्य सैनिकों की तरह लड़कर मरने या जीत हासिल करने के लिए उकसाया। रक्षक सेना में 5 बटालियनें, स्क्वाड्रन 7 कैवेलरी और 11 फील्ड रेजीमेंट तथा 22 माउंटेन रेजीमेंट की तोपें थीं। आधा घंटा पूर्व ही 3 (पैरा) मराठा लाइट इन्फैंट्री माउंटेन बैटरी के साथ आगे का रास्ता बनाने के लए निकल चुकी थी। अनुमान था कि दुश्मन का मुख्य हमला ताइन धार के पास ही होगा। गोलीबारी की आवाज सुनकर 3 पैरा मराठा लाइट इन्फैंट्री के कमांडिंग ऑफिसर लेफ्टिनेंट कर्नल एच.एस. विर्क (DSO) ने रक्षक सेना की ओर बढ़ने का निश्चय किया।

1 राजपूत बटालियन की पलटन हजारों हमलावर दुश्मनों से संघर्ष कर रही थी। इस बीच उस्मान ने मेजर गुरदयाल सिंह के नेतृत्व में 3 (पैरा) राजपूत बटालियन को पलटन का साथ देने का आदेश दे दिया था। रक्षक सेना और दुश्मन के बीच आमने-सामने की भीषण लड़ाई हुई। नायक यदुनाथ सिंह ने गंभीर रूप से घायल होते हुए भी अपनी सेक्शन चौकी पर घुसपैठियों को मार भगाया। उन्हें मरणोपरांत 'परम वीर चक्र' से सम्मानित किया गया। मेजर गुरदयाल सिंह जल्दी से पहाड़ी के ऊपर की ओर बढ़े। उनकी कंपनी को अपनी ओर आते देख दुश्मन डरकर भाग खड़े हुए। जब मेजर गुरदयाल ताइन धार पर पहुँचे तो वहाँ सिर्फ तीन लोग सुरक्षित बचे थे; उनके साथ 27 अन्य घायल अथवा मृत साथी थे। 3 (पैरा) मराठा लाइट इन्फैंट्री के पहुँचने पर ब्रिगेडियर उस्मान ने एच.एस. विर्क को पश्चिम की ओर से मुकाबला कर रहे दुश्मन के बाईं ओर से जोरदार हमला करने का आदेश दिया। थोड़ी देर की लड़ाई के बाद ही कबाइली लड़ाके भाग खड़े हुए। शाम तक लगातार फायरिंग चलती रही, जो आधी रात को ही पूरी तरह बंद हो पाई। अगले दिन सुबह तक वहाँ कोई भी कबाइली लड़ाका दिखाई नहीं दिया। इस प्रकार यह एक निर्णायक जीत थी। नौशेरा की लड़ाई, जिसमें दुश्मन की ओर के लगभग 2 हजार लड़ाके हताहत हुए, जितना भारतीय सेना का परंपरागत युद्ध-कौशल परिचायक था उतनी ही ब्रिगेडियर उस्मान के लिए उनकी व्यक्तिगत जीत भी।

अब झाँगर पर पुन: कब्जा करने की योजना बनाई जाने लगी। आगे के हमले के लिए 'झपट पड़ने' (Jump Off) की पोजीशन सुरक्षित करने के लिए कई अभियान चलाए गए। 21 फरवरी, 1948 तक कुल 9 इन्फैंट्री बटालियनें, 7 कैवेलरी कम 1 स्क्वाड्रन, 30 फील्ड बैटरी, 2 माउंटेन बैटरी, 37 टैंकरोधी रेजीमेंट (4.2 इंच मोर्टार) और हेडक्वार्टर 19 इन्फैंट्री ब्रिगेड इकट्ठी हुईं। योजना थी—पैरा ब्रिगेड के साथ नोती धार-पीर थिल नाका पर्वत श्रेणी (Noti Dhar-Pir Thil

Naka Ridge) के बाईं ओर से तथा 19 इन्फैंट्री ब्रिगेड के साथ अमली धार पर्वत श्रेणी (Amli Dhar Ridge) के दाहिनी ओर से आगे बढ़ना।

मार्च के प्रथम सप्ताह में मेजर जनरल कुलवंत सिंह अभियान का स्वयं संचालन करने के लिए अपने टैक्टिकल हेडक्वार्टर के साथ नौशेरा की ओर आगे बढ़े। भारी वर्षा के कारण अभियान को रोककर अंततः 15 मार्च को हमला करना निश्चित किया गया। 15 मार्च को सुबह 8:30 बजे 3 (पैरा) मराठा लाइट इन्फैंट्री की 2 कंपनियों को पीर थिल नाका पर्वत श्रेणी पर दुश्मन की स्थिति का पता लगाने और उसपर कब्जा करने के लिए भेजा गया। जैसे ही दोनों कंपनियाँ सँकरी घाटी में उतरीं, उनकी बढ़ती हुई टुकड़ियों पर लाइट मशीनगन (LMG) और मीडियम मशीनगन (MMG) तथा तोपों से गोले बरसाए जाने लगे। इस गोलाबारी में दोनों कंपनी कमांडर मारे गए। ब्रिगेडियर उस्मान ने कंपनियों को मुक्त कराने तथा पीछे की ओर से मोरचा सँभालने का आदेश दिया। दिन भर की लड़ाई के बाद कैप्टन (बाद में मेजर जनरल) एस.सी. सिन्हा गोले बरसाती तोपों के बीच से दोनों कंपनियों और मृत तथा घायल सैनिकों को मुक्त कराने में सफल हुए।

इधर एच.एस. विर्क को सैनिकों द्वारा कब्जे में की गई कोई भी जमीन न छोड़ने की उस्मान की स्वीकृति मिल गई थी। इससे दुश्मन पर निकट से नजर रखने में मदद मिली और साथ ही ब्रिगेड तथा अधीनस्थ कमांडरों को आदेश जारी करने, लक्ष्य निर्धारित करने और अंतिम हमले के लिए सुरक्षित पोजीशन हासिल करने में भी मदद मिली। हमले के लिए 17 मार्च का दिन निश्चित किया गया था। दो-दो बटालियनों से हमला शुरू किया जाना था। 3 मराठा लाइट इन्फैंट्री को दाहिनी ओर से तथा 1 पटियाला को बाईं ओर से हमला करना था। हमला शुरू हुआ और गोले बरसाती तोपों के सामने दुश्मन टिक नहीं सके।

एक दिन और एक रात लगातार आगे बढ़ते हुए अंततः 18 मार्च को अपराह्न 4:00 बजे मातलासी हाई ग्राउंड को कब्जे में ले लिया गया। दाहिने घेरे की ओर से आगे बढ़ रही 19 इन्फैंट्री ब्रिगेड ने भी उसी दिन अपराह्न 5:00 बजे तक अपना अंतिम लक्ष्य हासिल कर लिया।

सर्द चाँदनी रात में ब्रिगेडियर उस्मान मतलासी की चोटी पर पहुँचे। आगे बढ़ती हुई सैन्य टुकड़ियाँ खाद्य सामग्री लेकर चल रहे खच्चरों की कतार से काफी आगे निकल चुकी थीं, इस कारण अब उनके पास खाने के लिए कुछ नहीं था। जीत की खुशी मनाने के लिए सैनिकों ने कुछ खाने-पीने की माँग की तो ब्रिगेडियर उस्मान काफी पीछे चल रहे खच्चरों की कतार के पास पहुँचकर उन्हें जल्दी-

पटियाला माउंटेन बैटरी लड़ाई में, जम्मू-कश्मीर, 1948। *(साभार : यूएसआई, सीएएफएचआर)*

जल्दी आगे हाँकने लगे। इस तरह कुछ ही देर में सैनिकों के पास खाने-पीने की सामग्री पहुँच गई। सब लोगों ने एक साथ मिलकर खाया-पिया और जीत की खुशियाँ मनाईं।

झाँगर क्षेत्र के हाथ से निकल जाने पर ब्रिगेडियर उस्मान ने प्रतिज्ञा कर ली थी कि जब तक उसपर पुनः कब्जा नहीं कर लिया जाएगा तब तक वह चारपाई पर नहीं सोएँगे। अब उनकी प्रतिज्ञा पूरी हो चुकी थी; किंतु कौन जानता था कि झाँगर पर जीत दिलानेवाले इस वीर नायक की मृत्यु 3 जुलाई, 1948 को दुश्मन का एक गोला फट जाने से हो जाएगी। उत्तर प्रदेश में जनमे ब्रिगेडियर उस्मान पर पाकिस्तानी सेना में शामिल होने के लिए काफी दबाव डाला गया था, लेकिन उन्होंने अपनी मातृभूमि की सेवा करने के लिए भारतीय सेना में ही रहना पसंद किया था।

झाँगर पर जीत हासिल करने के बाद कमांडरों और सैनिकों में एक नए उत्साह का संचार हुआ। 8 अप्रैल को ब्रिगेडियर यदुनाथ सिंह ने नौशेरा से 50 कि.मी. दूर राजौरी पर कब्जा करने की तैयारी शुरू कर दी। उनकी कमान में सेंट्रल

इंडिया हॉर्स का एक स्क्वाड्रन (वायुसेना दल) शामिल था। बरवाली टीले पर उन्हें कुछ संघर्ष का सामना करना पड़ा; उससे निपटकर वे नौशेरा-राजौरी मार्ग के एक ओर से आगे बढ़ने लगे और पैदल सैनिक टुकड़ी बख्तरबंद के साथ मार्ग की दूसरी ओर से आगे बढ़ रही थी। दुश्मन ने सुरंगें बिछा रखी थीं और जगह-जगह पर मार्ग-अवरोधक खड़े कर रखे थे। दुश्मन की गोलीबारी के बीच सुरंगें हटाने और मार्ग-अवरोधकों को दूर करने के लिए सेकंड ले. आर.आर. राणे को 'परम वीर चक्र' से सम्मानित किया गया। 11 अप्रैल को ब्रिगेडियर यदुनाथ सिंह ने राजौरी पर कब्जा कर लिया। वहाँ तीन बड़े-बड़े गड्ढों में महिलाओं और पुरुषों की लाशें पाई गईं, जिनकी दुश्मन द्वारा हत्या कर दी गई थी।

कश्मीर घाटी में ग्रीष्मकालीन हमला

ग्रीष्मकाल आने और संचार व्यवस्था विकसित हो जाने से जम्मू-कश्मीर में और अधिक सैन्य बलों की तैनाती संभव हो गई। अभियान-क्षेत्र की व्यापकता को देखते हुए नियंत्रण ढाँचे को पुनर्गठित करने का निर्णय लिया गया। 1 मई, 1948 को मेजर जनरल के.एस. थिमैया ने जनरल ऑफिसर कमांडिंग (GOC) के रूप में श्री डिवीजन की कमान सँभाली, जबकि मेजर जनरल आत्मा सिंह ने जय डिवीजन के जनरल ऑफिसर कमांडिंग के रूप में तथा मेजर जनरल कुलवंत सिंह ने सेना मुख्यालय पर चीफ ऑफ द जनरल स्टाफ के रूप में कमान सँभाली। मई माह के मध्य तक मेजर जनरल थिमैया के नेतृत्व में शुरू किए जानेवाले बहुप्रतीक्षित ग्रीष्मकालीन हमले में शामिल करने के लिए 2 अतिरिक्त ब्रिगेडें और कुछ हथियार उड़ी क्षेत्र में पहुँच गए। मेजर जनरल थिमैया ने द्वितीय विश्वयुद्ध के दौरान बर्मा में एकमात्र अखिल भारतीय ब्रिगेड की कमान सँभालते हुए महत्त्वपूर्ण सफलता प्राप्त की थी।

ब्रिगेडियर सेन के नेतृत्व में 161 इन्फैंट्री ब्रिगेड को लेकर 72 किलोमीटर लंबे उड़ी-डोमेल मार्ग पर बड़ा हमला करने की योजना थी। यह मार्ग झेलम नदी के दक्षिणी किनारे से होकर जाता था, जिसपर कुल 22 पुल बने थे। 161 इन्फैंट्री ब्रिगेड को पहले चरण में चिनारी पर कब्जा करना था और उसके बाद दूसरे चरण में डोमेल को कब्जे में लेना था। हमले के लिए 20 मई, 1948 का दिन निश्चित किया गया।

ब्रिगेडियर हरबख्श सिंह (वीर चक्र) के नेतृत्व में 163 इन्फैंट्री ब्रिगेड को मुजफ्फराबाद-डोमेल क्षेत्र में छिपे दुश्मन को 161 ब्रिगेड के केंद्र से दूर रखने का

उत्तरदायित्व सौंपा गया था। इसके लिए 18 मई का दिन निश्चित किया गया। रास्ते में दुश्मन के साथ कड़े संघर्ष के बाद 20 मई को चौकीबल, जिसके आगे जाने के लिए कोई मार्ग नहीं था, पर कब्जा कर लिया गया। उसके बाद जनरल थिमैया के आदेश पर 23 मई को टिथवाल को भी कब्जे में ले लिया गया। अपनी असफलता से निराश होकर तथा हरबख्श सिंह द्वारा लगातार पीछा किए जाने के कारण दुश्मन किशनगंगा नदी के उस पार भाग गए।

उड़ी मोरचे पर लेफ्टिनेंट कर्नल (बाद में लेफ्टिनेंट जनरल) एम.एम. खन्ना (महा वीर चक्र) के नेतृत्व में 4 कुमाऊँ बटालियन 18 मई को प्रात: 9:00 बजे माहुरा से आगे बढ़ी; 25 मई को उसने पांडु पर कब्जा कर लिया। उड़ी-डोमेल मार्ग पर मुख्य हमला ज्यादा सफल नहीं रहा। पहले दिन अभियान की शुरुआत ही अच्छी नहीं रही थी। 2 डोगरा रेजीमेंट सलामबाद नामक स्थान पर मुश्किल में फँस गई थी और 6 राजपूताना राइफल्स को लेफ्टिनेंट कर्नल कलान (महा वीर चक्र) के नेतृत्व में पोजीशन पर कब्जा करना पड़ा। उसके बाद आगे बढ़ने की गति बहुत धीमी हो गई। 25 मई को उरुसा पर कब्जा कर लिया गया। कड़े विरोध के कारण उसका आगे बढ़ना रुक गया तथा ज्ञात हुआ कि सामने पाकिस्तानी सेना के सैनिक हैं। थिमैया ने 77 पैरा ब्रिगेड को पांडु से आगे बढ़ने का आदेश दिया, लेकिन वह ज्यादा आगे नहीं बढ़ सकी। अंतत: उड़ी के लिए उसके उत्तरी घेरे की ओर से संभावित खतरे को रोकने के लिए पीर कंठी (3,390 मीटर) और लेडी गली पर कब्जा करने का निर्णय लिया गया। कड़े संघर्ष के बाद 28 जून तक इसमें सफलता मिली।

जुलाई माह के आरंभ में कश्मीर समस्या का सौहार्दपूर्ण हल निकालने के लिए सुरक्षा परिषद् ने भारत और पाकिस्तान में एक कमीशन भेजा। आयोग ने दोनों पक्षों से आक्रामक काररवाई बंद करने की अपील थी। भारत सरकार ने जम्मू-कश्मीर में चल रहे सैन्य अभियानों को रोकने के आदेश जारी कर दिए; लेकिन पाकिस्तान ने इस युद्ध-विराम का लाभ उठाने की कोशिश की। तब कहीं पाकिस्तान ने स्वीकार किया कि उसने जम्मू-कश्मीर में अपनी नियमित सेना की टुकड़ियाँ भेजी थीं।

जुलाई माह के आरंभ तक भारतीय सेना टिथवाल में किशनगंगा की जनरल लाइन पर तथा चकोठी सेक्टर में पांडु-उरुसा-पीरकंठी मार्ग पर रुक गई थी। पाकिस्तानी सैनिकों ने अपनी मजबूत स्थिति का फायदा उठाते हुए 23 जुलाई को पांडु पर पुन: कब्जा कर लिया था। इसी तरह उन्होंने भारतीय सैनिकों को किशनगंगा

की भारतीय सीमा की ओर वापस खदेड़ दिया था। टिथवाल क्षेत्र में अपनी पोजीशन पर दुश्मन के एक बड़े हमले को रोकने के लिए की गई एक घमासान लड़ाई में 6 राजपूताना राइफल्स के हवलदार मेजर पीरू सिंह को बहादुरी से लड़ते हुए मरणोपरांत 'परम वीर चक्र' से सम्मानित किया गया। अब कश्मीर सेक्टर में चलाए जा रहे अभियानों में गतिरोध आ गया था।

जब भारतीय सेना कश्मीर में अपने ग्रीष्मकालीन अभियानों में व्यस्त थी, तभी पाकिस्तान ने अवसर का लाभ उठाते हुए उत्तरी क्षेत्र पर अपना नियंत्रण बढ़ाना शुरू कर दिया था। गिलगिट का क्षेत्र हाथ से निकल जाने पर जम्मू-कश्मीर स्टेट फोर्स के पास स्कर्दू और कारगिल में छोटी सी रक्षक सेना ही बची थी। सर्दियों में रक्षक सेना को मदद पहुँचाने की भारतीय सेना की कोशिश बेकार गई थी। लंबी और बहादुरी से लड़ने के बाद हथियारों, गोला-बारूदों तथा खाद्य सामग्री के समाप्त हो जाने के कारण लेफ्टिनेंट कर्नल थापा ने 14 अगस्त, 1948 को आत्मसमर्पण कर दिया। इस बीच दुश्मन ने स्कर्दू से आगे बढ़कर गुराइस (Gurais), द्रास और कारगिल पर कब्जा कर लिया था। अब श्रीनगर को बाँदीपुर और जोजी-ला के रास्ते दुश्मन की ओर से खतरा पैदा हो गया था। 1 ग्रेनेडियर्स और 2/4 जी.आर. ने कठिनाई से ऊपर चढ़ते हुए 29 जून को गुराइस से दुश्मन को

फोतु ला, जम्मू-कश्मीर के सर्पीले पहाड़ी मार्गों से गुजरता आपूर्ति कारवाँ।

(साभार : यूएसआई, सीएएफएचआर)

खदेड़ दिया तथा कंजालवन (Kanzalwan) पर भी कब्जा कर लिया। उधर, जोजी-ला की ओर से श्रीनगर के लिए किसी खतरे को रोकने के लिए 1 पटियाला को जोजी-ला भेज दिया गया।

भारतीय सेना के समक्ष इस समय तीन चुनौतियाँ थीं। लेह से सुरक्षित संपर्क स्थापित करने के लिए कारगिल पर कब्जा करना अत्यंत आवश्यक था; सुरक्षित सड़क मार्ग स्थापित करने के लिए पुंछ को कब्जे में लेना आवश्यक था; इसके अलावा हैदराबाद रियासत को भारत में मिलाने के लिए भी सैन्य अभियान आवश्यक हो गया था।

हैदराबाद अभियान

हैदराबाद भारत की दूसरी सबसे बड़ी रियासत थी, जिसकी जनसंख्या 1,61,94,319 थी (जिसमें 86 प्रतिशत जनसंख्या हिंदुओं की थी) और जिसका क्षेत्रफल 2,14,184 वर्ग किलोमीटर था। यह क्षेत्र भारत के मध्य में स्थित है। शोलापुर से विजयवाड़ा तक का मुख्य सड़क मार्ग, जिसकी लंबाई 556 किलोमीटर है, हैदराबाद से होकर गुजरता था। रियासत के सभी प्रमुख कस्बों को हैदराबाद से जोड़ने के लिए संपर्क मार्ग थे। राजधानी हैदराबाद का सामरिक दृष्टि से भी काफी महत्त्व था।

हैदराबाद का निजाम मीर उस्मान अली खान एक बूढ़ा और तानाशाह शासक था। 24 जून, 1947 को उसने 15 अगस्त के बाद से स्वतंत्र सत्ता कायम करने का फरमान जारी कर दिया। कश्मीर और जूनागढ़ रियासतें तो दबाव में आकर भारत के साथ मिल गईं, लेकिन हैदराबाद रियासत अपनी स्वतंत्र सत्ता के निर्णय पर अकेली डटी रही। निजाम ने पाकिस्तान में अपना एक प्रतिनिधि नियुक्त किया तथा पाकिस्तान को गुप्त रूप से 20 करोड़ रुपए का कर्ज भी दिया। कासिम रिजवी के नेतृत्व में रजाकर की व्यक्तिगत फौजों ने पूरे क्षेत्र में हिंदुओं के खिलाफ दंगे भड़काकर भयानक मार-काट और लूट शुरू कर दी थी। अगस्त 1948 तक रजाकरों ने हैदराबाद क्षेत्र से गुजरनेवाली ट्रेनों में यात्रा कर रहे हिंदुओं को लूटना और उनकी हत्या करना शुरू कर दिया था। स्थिति लगातार बिगड़ती जा रही थी। अंततः भारत सरकार ने 13 सितंबर, 1948 को सेना को हैदराबाद पर पुलिस कारवाई करने के निर्देश दे दिए। हैदराबाद पर कब्जा करने के लिए मेजर जनरल जे.एन. चौधुरी के नेतृत्व में शोलापुर-हैदराबाद मार्ग (299 किलोमीटर) पर मुख्य हमला 'ऑपरेशन पोलो' शुरू किया। अभियान के लिए 7 एवं 9 इन्फैंट्री ब्रिगेड

को 1 बख्तरबंद डिवीजन में शामिल किया गया था।

सेना को प्रथम कड़े प्रतिरोध की आशंका नालद्रुग शहर की ओर से थी। तेजी से आगे बढ़ने के लिए सेना को बोरी नदी पर बने पुल को कब्जे में लेना आवश्यक था। खबर थी कि एक फील्ड बैटरी के साथ स्टेट फोर्स की एक बटालियन क्षेत्र में पहले से मौजूद थी। 3 ग्रेनेडियर्स और 2 सिख बटालियन ने 13 सितंबर को प्रातः 4:30 बजे कस्बे पर तथा उससे लगे पुल पर कब्जा कर लिया। इससे सेना का आगे बढ़ना आसान हो गया। 14 सितंबर को वायुसेना ने 8 कि.मी. लंबे तालमुंड दर्रे में छिपे संभावित लड़ाकों पर गोलाबारी की। उसके बाद सेना आसानी से आगे बढ़ने लगी। इस बीच विजयवाड़ा और अन्य दिशाओं से सैन्य टुकड़ियाँ भी हैदराबाद में आ पहुँची थीं।

17 सितंबर को हैदराबाद रेडियो ने हैदराबाद स्टेट फोर्स के आत्मसमर्पण संबंधी प्रस्ताव के बारे में खबर प्रसारित की। मेजर जनरल जे.एन. चौधुरी ने 18 सितंबर को सायं 4:00 बजे मेजर जनरल अल एड्रूस का आत्मसमर्पण स्वीकार कर लिया और उन्हें मिलिट्री गवर्नर नियुक्त कर दिया। हैदराबाद के खिलाफ पुलिस काररवाई की घटना स्वतंत्र भारत के सैन्य इतिहास में महत्त्वपूर्ण स्थान रखती है, क्योंकि इसमें हमारे सशस्त्र बलों को शानदार जीत हासिल हुई। इससे जम्मू-कश्मीर के अभियानों के लिए और अधिक सैन्य टुकड़ियाँ तैनात करना भी आसान हो गया था।

पुंछ अभियान

अब बारी थी पुंछ को मुक्त कराने की। मेजर जनरल आत्मा सिंह ने अपने साथ दो ब्रिगेड तथा एक तदर्थ आरक्षित ब्रिगेड को साथ लेकर हमला करने का निर्णय लिया। राजौरी और पुंछ के बीच यातायात के योग्य कोई मार्ग न होने के कारण सड़क निर्माण के लिए खच्चरों और स्थानीय श्रमिकों को लगाना पड़ा। इसके अलावा अभियंताओं को सैन्य उपकरण पहुँचाने और तोपें चलाने के लिए यातायात योग्य मार्ग तैयार करने का कार्य सौंपा गया।

इस योजना का उद्देश्य दुश्मन को भ्रमित करके कोटली और पुंछ पर कब्जा करना था। 22 सितंबर को 19 इन्फैंट्री ब्रिगेड ने थाना मंडी पर कब्जा कर लिया और उसके बाद उसे पुंछ की ओर बढ़ना था। 268 इन्फैंट्री ब्रिगेड ने झाँगर से चलकर 15 अक्तूबर को पीर बदेसर को अपने कब्जे में ले लिया। पीर बदेसर पर कब्जा कर लेने के बाद कोटली के लिए रास्ता साफ हो गया।

5 नवंबर तक टैंकों, गनों और अभियंताओं के साथ एक बड़ी सेना हमले के लिए तैयार थी। 5 इन्फैंट्री ब्रिगेड ने 28 अक्तूबर को ही पीर कलेवा पर कब्जा कर लिया था, जिससे वह पुंछ की ओर से हमला करने में सक्षम हो गई थी। आगे बढ़ते हुए 8 नवंबर तक भीमबार गली पर भी कब्जा कर लिया गया। 5 तथा 19 इन्फैंट्री ब्रिगेड ने 20 नवंबर तक पुंछ के दक्षिण में कुछ दूरी पर स्थित टोपा टीले पर कब्जा कर लिया, जहाँ ब्रिगेडियर प्रीतम सिंह भी उनके साथ शामिल हो गए। ब्रिगेडियर यदुनाथ सिंह के नेतृत्व में 19 इन्फैंट्री ब्रिगेड ने पुंछ की ओर से हमला करते हुए 23 नवंबर को मेंढर पर कब्जा कर लिया। अब पुंछ को मेंढर के रास्ते राजौरी से सड़क मार्ग द्वारा जोड़ दिया गया।

पुंछ की सुरक्षा सुनिश्चित करने के लिए ब्रिगेडियर प्रीतम सिंह ने अपनी एकनिष्ठता और अटल इरादे का परिचय दिया। युद्ध-विराम के बाद पाकिस्तानी सेना के ब्रिगेडियर शेर खान, जो प्रीतम सिंह का मुकाबला कर रहे थे, ने मेजर जनरल थिमैया से कहा था—'यदि मैं भारतीय सेना के किसी व्यक्ति की प्रशंसा करता हूँ तो वह व्यक्ति प्रीतम सिंह हैं, जिन्होंने पुंछ के इर्द-गिर्द एक शक्तिशाली सेना के खिलाफ बड़ी वीरतापूर्वक लड़ाई लड़ी।' इससे पूर्व अप्रैल 1948 में थिमैया ने अपने कोर कमांडर लेफ्टिनेंट जनरल श्रीनगेश, जिन्होंने थिमैया से प्रीतम सिंह को पुंछ में स्थानांतरित करने के बारे में बातचीत की थी, से कहा था—'प्रीतम सिंह को अपने स्टाफ में पाकर मुझे अति प्रसन्नता होगी, लेकिन यदि पुंछ को जीत लिया जाता है तो मुझ पर दोष न लगाइएगा।'[17]

लद्दाख अभियान

लेह की सुरक्षा एक साहसिक दुःस्वप्न की कहानी है। लेफ्टिनेंट कर्नल थापा नवंबर 1947 में स्कार्दू की रक्षा के लिए निकलने से पहले लेह में स्टेट फोर्स की एक पलटन छोड़कर आए थे। अब तक लेह को कारगिल के रास्ते जोजी-ला क्रॉसिंग होते हुए श्रीनगर से जोड़ा जा चुका था। हिमाचल प्रदेश में मनाली से लेकर लेह तक (400 कि.मी.) एक और मार्ग खच्चरों के आने-जाने के लिए तैयार कर लिया गया था। जोजी ला और बारालाचा ला दर्रा नवंबर से लेकर मई तक बर्फ से ढका रहता है।

कड़ाके की सर्दी पड़ने लगी थी। कैप्टन पृथी चंद ने 2 डोगरा रेजीमेंट के जवानों के एक छोटे से बैच को अपने साथ लेकर लेह के लिए चल पड़े। लद्दाख की शांतिप्रिय जनता कबाइलियों के हमले के बारे में सुनकर आतंकित थी। ब्रिगेडियर

एल.पी. सेन को स्थानीय सैनिकों की एक छोटी टुकड़ी लेह भेजने की अनुमति मिल गई। उसका काम वहाँ स्थानीय लड़ाकों को संगठित और प्रशिक्षित करना था। मेजर पृथी चंद को अपनी छोटी सी टुकड़ी के साथ कमर तक जमी बर्फ और बर्फीले तूफानों में आगे बढ़ना पड़ रहा था। इस तरह प्रकृति की कठोरता के खिलाफ अत्यंत साहसपूर्वक लड़ते हुए वे 8 मार्च, 1947 को लेह पहुँचे। अब मेजर पृथी चंद ने लेह के लिए स्थानीय स्वयंसेवकों की एक लड़ाका बटालियन तैयार कर ली। उन्होंने लद्दाख वासियों और एक स्थानीय अभियंता की मदद से लेह में एक हवाई पट्टी तैयार की। अब उन्होंने सिंधु तथा श्योक (Shyok) घाटियों में गश्त लगानी भी शुरू कर दी। लद्दाख की रक्षा में अभूतपूर्व साहस और उत्कृष्ट कर्तव्य-परायणता का प्रदर्शन करने के लिए मेजर पृथी चंद को 'महा वीर चक्र' से सम्मानित किया गया।

28 मई को 2/4 गोरखा राइफल्स की एक कंपनी श्रीनगर से लेह के लिए रवाना हुई और मेजर हरि चंद के नेतृत्व में 2/4 गोरखा राइफल्स की डी कंपनी ने फिरोजपुर से लेह के लिए मार्च शुरू किया। कंपनी के साथ स्थानीय लड़ाकों और अन्य सैनिकों के लिए अलग से 600 राइफलें और 60 हजार राउंड गोले साथ थे। किंतु कई सप्ताह तक वह लेह नहीं पहुँच सकी, इसलिए लेह की सुरक्षा की पूरी-पूरी जिम्मेदारी 2/4 गोरखा राइफल्स पर आ गई थी।

एयर कमोडोर (बाबा) मेहर सिंह ने 24 मई को लेह में उतरकर एक और उपलब्धि हासिल की। 6,100 मीटर की ऊँचाई पर उड़ते हुए डकोटा के पास डी-आइसिंग (De-icing) सुविधा, ऑक्सीजन या रोडमैप नहीं था। 2/4 जी.आर. और 2/8 जी.आर. से एक-एक कंपनी मई-जून के दौरान लेह के लिए रवाना कर दी गई थी। स्कर्दू पर कब्जा करने के बाद दुश्मन ने लेह की ओर बढ़ना शुरू किया था, पर किसी कारणवश वे निम्मो से आगे नहीं बढ़ सके। तब 2/8 जी.आर. को 30 दिन के मार्च द्वारा लेह में केंद्रित करने का निर्णय लिया गया।

11 मई तक दुश्मन लेह के बाहरी हिस्से तक पहुँच चुके थे और 14 मई तक उन्होंने बोड खर्बू (Bod Kharbu) पर कब्जा कर लिया। वे प्रशिक्षित सैनिकों की तरह ही दिखाई दे रहे थे। 22 मई को उन्होंने खलात्से (Khalatse) पुल पर हमला करके उसे नष्ट कर दिया। अब स्थिति गंभीर हो गई थी; बड़ी संख्या में हमलावर खलात्से पर इकट्ठा हो गए थे और 24 घंटे के अंदर अतिरिक्त सैन्य टुकड़ियाँ न पहुँच पाने की स्थिति में लेह पर हमलावरों का कब्जा हो जाने का खतरा पैदा हो गया था। जनरल थिमैया ने विमान द्वारा अतिरिक्त सैनिक भेजने का

निश्चय किया, किंतु खराब मौसम के कारण वह ऐसा नहीं कर सके। इस बीच हमलावरों की आगे बढ़ने की गति कुछ धीमी हो गई थी। 1 जून को 2/4 गोरखा राइफल्स की कंपनी लेह में उतरी और उसके सैनिक तुरंत मोरचे पर पहुँच गए। इस प्रकार लेह को बचा लिया गया।

यदि हमलावर खलात्से से पूरी शक्ति और तेजी से आगे बढ़ते तो संभव था कि वे लेह पर अपना कब्जा कर लेते। किंतु ऐसा लग रहा था कि उनके सेनानायकों में स्थिति का फायदा उठाने की दक्षता और इच्छा-शक्ति की कमी थी। खैर, कारण जो भी रहा हो, लेह अब पूर्णत: सुरक्षित था।

लेह से संपर्क स्थापित करने के लिए सितंबर 1948 के दौरान ही कारगिल पर कब्जा करना आवश्यक दिखाई दे रहा था; क्योंकि जोजी ला की ओर से मार्ग बंद होने से पहले रक्षक सेना के लिए सर्दियों का स्टॉक तैयार कर लेना जरूरी था। दुश्मन जोजी ला के दोनों ओर मीडियम मशीनगनों और लाइट मशीनगनों के साथ गुफाओं में घात लगाकर बैठे थे। 3 सितंबर तथा 14 सितंबर का हमला विफल हो जाने के बाद सर्दियों के लिए स्टॉक तैयार करने की योजना में संशोधन किया गया था।

इधर, 2/8 गोरखा राइफल्स के लेफ्टिनेंट कर्नल एच.एस. परब अपने टैक्टिकल हेडक्वार्टर्स के साथ 28 अगस्त को लेह पहुँच गए। वहाँ उन्होंने नागरिक प्रशासन तथा लेह की सैन्य टुकड़ियों की कमान अपने हाथ में ले ली। अगले कुछ दिनों में ही एक कंपनी 2/8 गोरखा राइफल्स भी वहाँ पहुँच गई। अब रक्षक सेना पहली बार हमलावरों का मुकाबला करने के लिए मजबूत स्थिति में थी।

2/8 गोरखा राइफल्स और बी तथा सी कंपनियों के शेष 350 सैनिक ऊँचे-ऊँचे पर्वतीय दर्रों पर मार्च करते हुए 18 सितंबर को लेह पहुँच गए। इन दोनों कंपनियों के आ जाने से अब रक्षक सेना में 2/8 गोरखा राइफल्स तथा 2/4 गोरखा राइफल्स और 7 जम्मू-कश्मीर मिलीशिया (7 Jammu & Kashmir Militia) की एक-एक कंपनी हो गई। 19 अगस्त को कर्नल परब को लेह की सुरक्षा की जिम्मेदारी सौंपी गई। उन्हें लेह का मिलिट्री गवर्नर नियुक्त करके अपने अभियान को सफलतापूर्वक जारी रखने के लिए विशेषाधिकार दे दिए गए। नागरिक प्रशासन पर पूर्ण नियंत्रण का अधिकार देने के साथ-साथ उन्हें लद्दाख जिले का प्रशासक नियुक्त कर दिया गया। लद्दाख के वजीर-ए-वजारत द्वारा इससे पहले प्रयोग में लाए जा रहे नागरिक, राजस्व और आपराधिक मामलों से संबंधित अधिकार भी उन्हें दे दिए गए। इसके अतिरिक्त लद्दू खच्चरों के लिए पहाड़ी मार्गों की मरम्मत

की गई; एक गुप्तचर संगठन तैयार किया गया; आम नागरिकों के लिए राशनिंग प्रणाली शुरू की गई तथा मेजर हरि चंद के नेतृत्व में एक कमांडो ग्रुप भी बनाया गया।

हमलावरों ने लेह पर अलग-अलग दिशाओं से कई बार हमले किए, लेकिन उन्हें विफल कर दिया गया। मेजर हरि चंद ने अपनी बटालियन और स्टेट फोर्स की टुकड़ियों में से 35 मजबूत लोगों को अलग किया। कड़ाके की सर्दी में दुश्मन के क्षेत्र के इर्द-गिर्द सक्रिय रहने के बाद मेजर हरि चंद को पता चला कि दुश्मन निम्मो से 6 किलोमीटर पश्चिम में स्थित एक गाँव में 3.7 इंच की एक हॉवित्जर तोप लेकर आए हैं। 10 सितंबर को मेजर हरि चंद और उनके दल के सैनिक 6 पंजाबी मुसलमान बंदूकचियों को मारकर उनकी हॉवित्जर तोप को नष्ट करने में सफल हो गए। असाधारण साहस और बहादुरी का प्रदर्शन करने के लिए मेजर हरि चंद को 'महा वीर चक्र' से सम्मानित किया गया।

चूँकि इन्फैंट्री अपने पास उपलब्ध गोला-बारूदों और तोपों तथा वायुयान सहायता के बल पर जोजी ला में तैनात दुश्मन लड़ाकों को खदेड़ने में समर्थ नहीं थी, इसलिए जीत हासिल करने के लिए टैंकों का प्रयोग अत्यंत आवश्यक समझा गया। जोजी ला इलाके में टैंकों की मौजूदगी को छिपाना अत्यधिक महत्त्वपूर्ण था, इसलिए जम्मू से बलताल (Baltal) लाते समय टैंकों के बुर्ज (ऊपरी हिस्से) को हटाकर उन्हें तिरपाल से अच्छी तरह ढक दिया गया था और साथ ही इनको ले जाने के लिए रात का समय चुना गया।

18 अक्तूबर तक ब्रिगेडियर के.एल. अटल के नेतृत्व में 77 पैरा ब्रिगेड लेफ्टिनेंट कर्नल राजेंद्र सिंह के नेतृत्व में 7 कैवेलरी के मिश्रित टैंकों और बख्तरबंद गाड़ियों के साथ बलताल पहुँच गई। 30/11 फील्ड रेजीमेंट, 51/17 (पैरा) फील्ड रेजीमेंट और लेफ्टिनेंट कर्नल (बाद में ब्रिगेडियर) ज्ञान सिंह के नेतृत्व में जम्मू-कश्मीर माउंटेन बैटरी, लेफ्टिनेंट कर्नल गिरधारी सिंह के नेतृत्व में 4 राजपूत बटालियन, लेफ्टिनेंट कर्नल (बाद में मेजर जनरल) ए.एस. पठानिया के नेतृत्व में 1/5 जी.आर. (एफ.एफ.) तथा लेफ्टिनेंट कर्नल (बाद में ब्रिगेडियर) सुखदेव सिंह के नेतृत्व में 1 पटियाला बटालियन—इन सभी बटालियनों के कमांडरों ने द्वितीय विश्वयुद्ध के दौरान 'वीरता पुरस्कार' प्राप्त किए थे और अब आनेवाली लड़ाई में उन्हें और भी अच्छे प्रदर्शन करके विशिष्ट सम्मान प्राप्त करना था। मेजर थंगाराजू के नेतृत्व में इंजीनियरों ने बलताल से जोजी ला जानेवाले काफिला मार्ग को टैंकों की तैनाती के लायक बना दिया था। हमले के लिए 20 अक्तूबर की

जनरल के.एस. थिमय्या, डीएसओ, जीओसी 19 इन्फैंट्री डिवीजन, जोजी ला पर आक्रमण से पूर्व अपने वरिष्ठ कमांडरों के साथ। *(साभार : यूएसआई, सीएएफएचआर)*

तिथि निश्चित की गई। किंतु बाद में खराब मौसम के कारण इसके लिए 1 नवंबर की तिथि निश्चित की गई।

अपने कमांडरों के साथ जनरल थिमैया ने बलताल में मोरचा सँभाल लिया। अत्यधिक हिमपात के कारण 1 नवंबर की सुबह के समय हवा में बर्फ की परतें-सी दिखाई दे रही थीं और दूर के दृश्य को देख पाना मुश्किल हो रहा था। सुबह 10:15 बजे जनरल थिमैया ने टैंकों को आगे बढ़ने का आदेश दिया और स्वयं आगे बढ़ रहे टैंकों के साथ चल पड़े। टैंक गुमरी बेसिन में दर्रे से होते हुए आगे बढ़ रहे थे; वहाँ घात लगाकर बैठे दुश्मन लड़ाकों पर पीछे से हमला शुरू कर दिया गया। टैंकों को देखकर दुश्मन लड़ाके भाग खड़े हुए। उसके बाद 1/5 जी.आर. (एफ.एफ.) ने मुकुंद टीले पर कब्जा कर लिया। अगले दिन 1 पटियाला बटालियन ने दुश्मन द्वारा छोड़ी गई एक 3.7 इंच वाली हॉवित्जर तोप को अपने कब्जे में लेते हुए मचोई (Machoi) को सुरक्षित कर लिया; 4 राजपूत बटालियन ने 4 नवंबर को मटयान (Matyan) पर कब्जा कर लिया, लेकिन बटकुंडी पहाड़ी

पर दुश्मन की मजबूत स्थिति के कारण उसका आगे बढ़ना रुक गया। जब इन्फैंट्री के हमले असफल होने लगे तो इंजीनियरों को टैंक के लायक मार्ग तैयार करने का आदेश दिया गया। टैंकों और माउंटेन बैटरी की सहायता से जल्दी ही पोजीशन पर कब्जा कर लिया गया। 15 नवंबर को अपराह्न 4:30 बजे तक द्रास पर कब्जा कर लिया गया। उसके बाद कुछ अन्य मुठभेड़ों के बाद 23 नवंबर को प्रात: 4:00 बजे 1/5 जी.आर. (एफ.एफ.) ने कारगिल में प्रवेश किया। इस बीच 2/8 ब्रिगेड के कर्नल परब दुश्मन को लेह से बाहर निकाल रहे थे। 24 नवंबर को वह 77 पैरा ब्रिगेड से कारगिल में मिले। जम्मू-कश्मीर अभियानों का यह गौरवपूर्ण समापन था। संयुक्त राष्ट्र संघ के प्रयासों से 31 दिसंबर-1 जनवरी की अर्द्धरात्रि से जम्मू-कश्मीर में युद्ध-विराम लागू हो गया।

भारतीय अधिकारियों के नेतृत्व में भारतीय सेना ने अपने नए स्वरूप में—सैन्य साधनों की कमी और अत्यंत प्रतिकूल परिस्थितियों के बावजूद जो उपलब्धियाँ हासिल कीं, उनमें सैनिक नेतृत्व और सभी रैंक के सैनिकों की साहस और देशभक्तिपूर्ण भावना प्रतिबिंबित होती है।

संदर्भ

1. 'कलेक्टेड वर्क्स ऑफ महात्मा गांधी', वॉल्यूम 4 (नई दिल्ली, 1958), पृष्ठ 258-59।
2. वही, वॉल्यूम 11, पृष्ठ 59-60; वॉल्यूम 13, पृष्ठ 66।
3. वही, पृष्ठ 400; वॉल्यूम 10, पृष्ठ 121।
4. वही, वॉल्यूम 7, पृष्ठ 126।
5. वही, वॉल्यूम 6, पृष्ठ 269।
6. वही, वॉल्यूम 7, पृष्ठ 6-7।
7. वही, पृष्ठ 334।
8. वही, वॉल्यूम 9, पृष्ठ 507।
9. मौलाना अबुल कलाम आजाद, 'इंडिया विंस फ्रीडम' (बंबई, 1959), पृष्ठ 154-55।
10. पेंडेरल मून (Penderel Moon) (संपादक), 'वावेल, द वायसराय'स जर्नल', (ऑक्सफोर्ड, 1997), पृष्ठ 197।
11. एन. मानसर्घ (N. Mansergh) एवं पी. मून, 'ट्रांसफर ऑफ पावर', वॉल्यूम 12, पृष्ठ 611।
12. वही, पृष्ठ 757-76।

13. एलन कैंपबेल-जॉनसन, 'मिशन विद माउंटबेटन' (नई दिल्ली, 1951), पृष्ठ 98।
14. प्रेम शंकर झा, 'कश्मीर 1947' (दिल्ली, 1996)।
15. लेफ्टिनेंट जनरल एल.पी. सेन, 'स्लेंडर वाज द थ्रेड' (नई दिल्ली, 1973), पृष्ठ 84-85।
16. एस.एन. प्रसाद एवं धर्मपाल, 'हिस्ट्री ऑफ ऑपरेशंस इन जम्मू एंड कश्मीर 1947-48' (नई दिल्ली, 1987)।

□

स्वतंत्र भारत की सेना और उसका सुदृढ़ीकरण

• मेजर जनरल (सेवानिवृत्त) एल.एस. लेल

(परम विशिष्ट सेवा पदक, वीर चक्र)

भारत में संवैधानिक, संघीय एवं संसदीय प्रणाली की स्थापना के बाद पं. जवाहरलाल नेहरू ने सेना को राजनीतिक मामलों से दूर रखा, जबकि वास्तविकता यह है कि स्वतंत्र भारत की सेना स्वयं ही ब्रिटिश सेना के आदर्शों का अनुसरण करती हुई राजनीतिक मामलों के प्रति उदासीन बनी रही। किंतु नए शासकों में सेना की निष्ठा को लेकर इस दृष्टिकोण से—कि यह ब्रिटिश राज में स्वतंत्रता आंदोलन को कुचलने के लिए एक हथियार के रूप में इस्तेमाल की गई थी—संशयवादी प्रवृत्ति देखने को मिली। ब्रिटिश प्रशासन में सिविल एवं पुलिस सेवा का समान रूप से योगदान था, लेकिन इस वास्तविकता की उपेक्षा देखने में आई।

स्वतंत्रता-प्राप्ति के बाद सेना के सुदृढ़ीकरण और पुनर्गठन की तत्काल आवश्यकता थी; लेकिन कश्मीर, जूनागढ़ और हैदराबाद रियासतों की समस्या के कारण ऐसा संभव नहीं था। भारतीय सेना राजनीति एवं राजनीतिक वर्ग से दूर बनी रही; विभाजन के दौरान उसने देश में उत्पन्न गृहयुद्ध जैसी स्थिति से निपटने में तथा कश्मीर की लड़ाई में अत्यंत महत्त्वपूर्ण भूमिका अदा की; लेकिन इस तथ्य के बावजूद राजनीतिक वर्ग ने उसके प्रति उपेक्षापूर्ण धारणा बनाकर रखी।

स्वतंत्रता-प्राप्ति के बाद भारतीय कमीशंड अधिकारियों के लिए एक नई

तीनों सेनाओं के प्रमुख व रक्षा मंत्री, राष्ट्रीय स्टेडियम, दिल्ली, 1948। बाएँ से दाएँ—जन. के.एम. करियप्पा, एडमिरल सर स्टीफन कारलिल, सरदार बलदेव सिंह, एयर मार्शल सर थॉमस एल्महर्स्ट। *(साभार : यूएसआई, सीएएफएचआर)*

वेतन संहिता (New Pay Code) लागू कर दी गई। इसके अंतर्गत कमीशंड अधिकारियों के वेतन में कमी करने के साथ-साथ रक्षा सेवा अधिकारियों (Defence Service Officers) के स्तर को निम्न करने के लिए नेतृत्व संबंधी प्राधिकार में भी परिवर्तन कर दिया गया। स्वतंत्रता-प्राप्ति से पूर्व भारत सरकार के सचिव का स्तर एक लेफ्टिनेंट जनरल से निम्न होता था, लेकिन नए प्रावधान के अनुसार उसका पद एक गवर्नर के समकक्ष हो गया। उप-सचिव का पद एक ब्रिगेडियर के पद के समकक्ष हो गया, जिसे सामान्यतया दस वर्ष के लिए सेवा में रखा जाता था।[1]

दूसरा कदम सेना में सैनिकों की संख्या कम करने के लिए उठाया गया। सन् 1945 में विलकॉक्स कमेटी ने युद्ध के बाद सेना में सैनिकों की संख्या 2 लाख 80 हजार किए जाने की सिफारिश की थी। अगस्त 1947 में अविभाजित भारतीय सेना में 4 लाख सैनिकों की शक्ति थी। विभाजन के बाद भारत के हिस्से में कुल 2 लाख 80 हजार सैनिक आए (इंडियन स्टेट फोर्स को छोड़कर)। 16 सितंबर, 1947 को पं. नेहरू ने सेना में सैनिकों की संख्या 1 लाख 50 हजार—या किसी

भी स्थिति में 1 लाख 75 हजार से अधिक नहीं—किए जाने के निर्देश जारी किए।[2] ये निर्देश प्राप्त करने पर कमांडर-इन-चीफ जनरल लॉकहार्ट ने सरकार से देश के लिए संभावित खतरे पर स्थिति स्पष्ट करने की माँग की। पं. नेहरू ने बताया, 'हमें (फिलहाल) कोई सैन्य खतरा दिखाई नहीं दे रहा है।'[3] रक्षा व्यय में कमी करने के लिए सेना के आकार को छोटा करने का सरकारी दबाव लगातार बढ़ता रहा। अंततः ब्रिगेडियर (बाद में जनरल) जे.एन. चौधुरी द्वारा जम्मू-कश्मीर और हैदराबाद की समस्याएँ सुलझा लेने के बाद सेना में सैनिकों की संख्या घटाकर 2 लाख करने के लिए एक योजना तैयार की गई।[4] जम्मू-कश्मीर अभियानों को लेकर राजनीतिक धारणा यह थी कि यह एक छोटा, अल्पकालीन अभियान है और संयुक्त राष्ट्र के प्रयासों से यह समस्या हल हो जाएगी।

सन् 1948 में एक नया प्रादेशिक सेना अधिनियम पारित किया गया, जिसके आधार पर सन् 1949 में प्रथम इन्फैंट्री एवं आर्टिलरी (तोपखाना) इकाइयों का गठन किया गया, जिसका नेतृत्व नियमित सैनिक अधिकारियों के हाथ में रखा गया। नगरीय इकाइयों के लिए वर्ष भर प्रत्येक सप्ताह के अंत में प्रशिक्षण की व्यवस्था थी, जबकि ग्रामीण (प्रांतीय) इकाइयों को वर्ष में दो महीने तक लगातार प्रशिक्षण के लिए जाना पड़ता था। इन गठित इकाइयों ने पंजाब, असम और श्रीलंका में नागरिक प्रशासन को मदद पहुँचाने के साथ-साथ विभिन्न अभियानों में भी महत्त्वपूर्ण भूमिका निभाई है। विभागीय इकाइयों की स्थापना सन् 1956 में की गई, जिनके लिए धन जुटाने का उत्तरदायित्व पूरी तरह से संबंधित मंत्रालयों—रेल, पेट्रोलियम एवं गैस—पर था। धन की बचत के लिए अधिकांश एयर डिफेंस आर्टिलरी यूनिटों को प्रादेशिक सेना में बदल दिया गया। किंतु सन् 1965 के भारत-पाक युद्ध के शुरुआती दिनों में उन्हें समय पर तैनात नहीं किया जा सका। इससे पंजाब में चलाए गए युद्ध-अभियानों में असफलता का मुँह देखना पड़ा। अतः बाद में यह निर्णय लिया गया कि भविष्य में इन आर्टिलरी इकाइयों को सक्रिय इकाई-सूची में शामिल करके रखा जाएगा।

सन् 1948 में सेना को राष्ट्रीय कैडेट कोर (N.C.C.) के प्रशिक्षण की जिम्मेदारी सौंपी गई; राष्ट्रीय कैडेट कोर का सैनिक उद्देश्य से कोई संबंध नहीं था। सन् 1950 में भारत में गणतंत्र की स्थापना के बाद 1955 से कमांडर-इन-चीफ का पद समाप्त कर दिया गया, क्योंकि संविधान के अनुसार राष्ट्रपति को सेना के तीनों अंगों के सर्वोच्च कमांडर के रूप में अभिहित किया गया था। कवायद के समय दिए जानेवाले (कमांड) आदेश का माध्यम भी अंग्रेजी के स्थान

पर धीरे-धीरे हिंदी कर दिया गया। वायसराय के कमीशंड अधिकारियों को जूनियर कमीशंड अधिकारी के रूप में नियुक्त कर दिया गया।

सेना पर प्रभावी नियंत्रण और निरीक्षण के लिए सरकार ने कई ढाँचागत एवं संवैधानिक परिवर्तन किए। पहले सेना के कमांडर-इन-चीफ की कमान में वायुसेना तथा नौसेना प्रमुख भी आते थे। अब तीनों कमांडर-इन-चीफ को समकक्ष कर दिया गया और उन्हें ''चीफ ऑफ स्टाफ'' के पदनाम से अभिहित किया गया। रक्षा सेवा की प्रत्येक कार्य-प्रणाली को रक्षा मंत्रालय के अधीन कर दिया गया, जिसके अंतर्गत असैनिक नौकरशाहों ने न केवल रक्षा सेवाओं के वित्तीय एवं प्रशासनिक मामलों पर अपना नियंत्रण स्थापित कर लिया, अपितु धीरे-धीरे उन्होंने रक्षा-मामलों के नीति-निर्धारण संबंधी मामलों को भी अपने अधिकार में ले लिया। सैन्य बलों ने असैनिक अधिकारियों की सर्वोच्चता पूरी तरह से स्वीकार कर ली; किंतु उन्हें लगा कि असैनिक सर्वोच्चता का अर्थ असैनिक नौकरशाह की सर्वोच्चता से नहीं, बल्कि जनता के चुने हुए प्रतिनिधियों की सर्वोच्चता से है। नई प्रणाली में नीति-निर्धारण के मामले में रक्षा सेवाओं तथा अन्य सरकारी विभागों के बीच संबंध अथवा तालमेल की व्यवस्था नहीं की गई। इसमें संशोधन की आवश्यकता है।

रक्षामंत्री के रूप में कृष्ण मेनन के कार्यकाल के दौरान सेना का स्तर सबसे नीचा रहा; इस दौरान सैन्य महत्त्व के विभिन्न बड़े-बड़े मामलों पर संबंधित रक्षा सेवाओं के परामर्श के बिना ही निर्णय लिये जाते रहे। और तो और, सन् 1962 में चीन के खिलाफ युद्ध-अभियान शुरू करने के लिए जारी निर्देशों पर भी रक्षा मंत्रालय के संयुक्त सचिव के हस्ताक्षर की आवश्यकता अनुभव की गई।[5]

भारत के राजनीतिक नेतृत्व के मन में सैन्य तख्ता-पलट की आशंका घर गई थी; किंतु सेना के आदर्शों, मूल्यों और उसकी कार्य-प्रणाली ने इस प्रकार का दुःसाहसपूर्ण प्रयास कभी नहीं किया। सैन्य तख्ता-पलट को लेकर स्वयं पं. नेहरू ही शंका की बीमारी से बुरी तरह ग्रस्त थे। सन् 1961 के आरंभ में उन्होंने इस संबंध में उड़ती अफवाहों पर माउंटबेटन से विचार-विमर्श भी किया था। माउंटबेटन को इस तरह की झूठी खबरों पर बिलकुल भी विश्वास नहीं था; उन्होंने पं. नेहरू को सलाह दी कि चीफ ऑफ डिफेंस स्टाफ के एक नए पद का सृजन किया जाना चाहिए और उस पद पर जनरल थिमैया को स्थापित किया जाना चाहिए।[6] किंतु पं. नेहरू में सेना को लेकर स्वाभाविक अविश्वास की प्रवृत्ति विद्यमान थी। यहाँ तक कि भारत-चीन युद्ध में मिली अपमानजनक हार के बाद भी उनकी यह संशयवादी प्रवृत्ति बदली नहीं। दिसंबर 1962 में उन्होंने बरट्रेंड रसेल (Bertrand Russel)

ले. जनरल के.एस. थिमय्या, चेयरमैन एनएनआरसी कोरिया में, 1954। उनकी दाईं ओर ब्रिगे. बी.एम. कौल, बीजीएस मुख्यालय एनएनआरसी। *(साभार : रक्षा मंत्रालय, डीपीआर)*

को लिखा कि 'भारत में सेना की बढ़ती शक्ति और यहाँ व्याप्त सैनिक मानसिकता के खतरे से' वह बहुत चिंतित हैं।[7]

इससे पूर्व, जब भारत के सेना प्रमुख के चयन की बात आई तो लेफ्टिनेंट जनरल राजेंद्र सिंह से मौखिक रूप से पूछा गया कि क्या वह स्वतंत्र भारत के पहले सेना प्रमुख बनना स्वीकार करेंगे? इसपर उन्होंने जवाब दिया कि यह सम्मान वरिष्ठतम अधिकारी को दिया जाना चाहिए और वरिष्ठता क्रम में आने पर यदि सरकार चाहेगी तो वह इसके लिए तैयार रहेंगे। स्वतंत्रता-प्राप्ति के बाद के आरंभिक वर्षों में कुछ राजनीतिक नेताओं ने प्रांत और वर्ग के आधार पर सेना के गठन संबंधी मामले को लेकर प्रश्न उठाए। किंतु सौभाग्य से सैनिक व्यवस्था के मौजूदा ढाँचे में फेर-बदल न करने का निर्णय लिया गया। उस समय यह अनुभव किया गया कि सेना के राष्ट्रीय चरित्र के साथ जाति, धर्म अथवा क्षेत्र के आधार पर भेद नहीं किया जाना चाहिए।

अंग्रेजों के भारत छोड़कर चले जाने के बाद आजाद हिंद फौज के सैनिकों को सेना में शामिल करने का मामला एक बार फिर उठाया गया। सरकार ने आजाद हिंद फौज में सेवा कर चुके सैनिकों को पुनः सेवा में लेने का निर्णय लिया; लेकिन उन्हें आजाद हिंद फौज में की गई सेवा के आधार पर वरिष्ठता नहीं दी गई। इस कारण अधिकांश सैनिकों ने इस व्यवस्था के अंतर्गत सेना में सम्मिलित

लद्दाख क्षेत्र में भारतीय सेना का कारवाँ। *(साभार : यूएसआई, सीएएफएचआर)*

होना स्वीकार नहीं किया, क्योंकि वे अपने ही कनिष्ठ अधिकारियों के अधीन कार्य करना पसंद नहीं करते थे। निस्संदेह उन्हें पदासीन किए जाने पर सेना में, विशेषकर ऐसे सैनिकों में जिन्होंने बर्मा में एक-दूसरे के खिलाफ जोरदार लड़ाई लड़ी थी, अनुशासनात्मक तालमेल का अभाव अवश्य रहता।

15 जनवरी, 1949 को जनरल (बाद में फील्ड मार्शल) के.एम. करियप्पा ने भारतीय सेना के पहले प्रमुख के रूप में पदभार ग्रहण किया। उस समय सेना प्रमुख का कार्यकाल चार वर्ष का था, जो बाद में जनरल पी.पी. कुमारमंगलम के सेना प्रमुख बनने के समय घटाकर तीन वर्ष कर दिया गया। जनरल करियप्पा ने एक पैराशूट ब्रिगेड तैयार करने के लिए 1 (पैरा) पंजाब, 3 (पैरा) मराठा लाइट इन्फैंट्री और 1 (पैरा) कुमाऊँ बटालियनों को मिलाकर एक पैराशूट रेजीमेंट बनाई। ब्रिटिश ब्रिगेड ऑफ गाड्र्स के आधार पर करियप्पा ने पंजाब रेजीमेंट, ग्रेनेडियर्स, राजपूताना राइफल्स और राजपूत रेजीमेंट की वरिष्ठतम बटालियनों से एक ब्रिगेड ऑफ गाड्र्स का भी सृजन किया। इसकी प्रत्येक बटालियन को बारी-बारी से राष्ट्रपति भवन पर अपनी ड्यूटी का कार्यकाल पूरा करना होता था। बाद में निर्णय लिया गया कि यह कार्य भारतीय सेना की कोई भी बटालियन कर सकती है।

हैदराबाद की समस्या हल हो जानें और जम्मू-कश्मीर में युद्ध-विराम लागू हो जाने के बाद इंडियन स्टेट फोर्स की बटालियनों को सेना में सम्मिलित किए

जाने की प्रक्रिया शुरू की गई। स्वतंत्रता-प्राप्ति के समय इंडियन स्टेट फोर्सेज स्कीम के अंतर्गत 44 राज्यों-रियासतों के पास सैन्य इकाइयाँ थीं, जिनमें कुल मिलाकर 75,311 सैनिक और अधिकारी थे। इनमें से कुछ इकाइयों—उदाहरण के लिए, मेवाड़ इन्फैंट्री (वर्तमान 9 ग्रेनेडियर्स), जिसका गठन सन् 1303 में किया गया था—का लंबा गौरवपूर्ण इतिहास रहा था। कुछ इकाइयों को भारतीय सेना की विभिन्न रेजीमेंटों में मिला दिया गया और जिन रेजीमेंटों को नहीं मिलाया गया, उन्हें सेना से बाहर रहने की छूट दे दी गई।[8]

सन् 1950 में चीनी सेना मार्च करती हुई तिब्बत तक पहुँच गई। भारत के तत्कालीन गृहमंत्री सरदार वल्लभभाई पटेल ने 7 नवंबर, 1950 को पं. नेहरू को एक पत्र लिखकर चीन द्वारा तिब्बत पर हमले के मामले पर तथा उस समय भारत के साथ उसके संबंधों पर टिप्पणी की। (देखें—परिशिष्ट 2) उन्होंने लिखा था, 'इसमें दोस्ताना रिश्ते के संकेत नहीं दिखाई दे रहे हैं।…हमें अपनी सेना में सैन्य शक्ति की कमी की योजना पर पुनः विचार करने की आवश्यकता है।'[9] मई 1951 में करियप्पा ने नेफा (NEFA—North-East Frontier Agency) की सुरक्षा के लिए अपनी योजना की रूपरेखा तैयार की। जब उन्होंने इस क्षेत्र के प्रति चीन की गलत नीयत का उल्लेख किया तो पं. नेहरू एकदम बिफर पड़े; मेज पर जोर से हाथ पटकते हुए उन्होंने कहा, 'यह कमांडर-इन-चीफ का काम नहीं है कि वह प्रधानमंत्री को बताए कि हमारे ऊपर कौन, कहाँ हमला करने जा रहा है। आप बस कश्मीर और पाकिस्तान पर अपना ध्यान दीजिए।'[10] 25 जून, 1950 को उत्तर कोरिया द्वारा दक्षिण कोरिया पर हमला करने के साथ ही कोरियाई युद्ध शुरू हो गया। संयुक्त राष्ट्र सुरक्षा परिषद् के प्रस्ताव के आधार पर अमेरिका दक्षिण कोरिया की मदद के लिए आगे आया, जबकि पंद्रह अन्य देशों की सेना संयुक्त राष्ट्र की कमान में थी। भारत ने भी लेफ्टिनेंट कर्नल रंगा राज के नेतृत्व में अपनी 60 पैरा फील्ड रेजीमेंट एंबुलेंस को इस फौज में शामिल होने के लिए भेजा था। जॉन ग्रे ने अपनी पुस्तक 'कॉमनवेल्थ आर्मीज एंड द कोरियन वार' में लिखा है—'इंडियन फील्ड एंबुलेंस ने कॉमनवेल्थ की अन्य फौजों में उच्च सम्मान अर्जित करते हुए कॉमनवेल्थ को उत्कृष्ट सफलता दिलाई।' भारत ने उसके बाद कस्टॉडियन फोर्स इंडिया (Custodian Force India) भी भेजी, जिसने उत्तर कोरिया और दक्षिण कोरिया के सैनिकों की हिरासत और स्वदेश-वापसी में महत्त्वपूर्ण भूमिका अदा की। सन् 1954 तक भारतीय सेना की कुल सैनिक शक्ति 3 लाख 25 हजार थी, जिसमें से 90 हजार सैनिक जम्मू-कश्मीर में थे। कोरिया में कस्टॉडियन फोर्स

इंडिया के उत्कृष्ट प्रदर्शन के बाद पूरे विश्व में भारतीय सैन्य टुकड़ियों की माँग संयुक्त राष्ट्र की ओर से की जाने लगी। एक भारतीय सैन्य टुकड़ी को अप्रैल 1954 से अंतरराष्ट्रीय युद्ध विराम पर्यवेक्षी आयोग (International Armistice Supervisory Commission) में शामिल कर लिया गया, जबकि एक बटालियन नवंबर 1956 में संयुक्त राष्ट्र आपातकालीन बल (United Nations Emergency Force) में शामिल हो गई। जुलाई 1961 में एक भारतीय ब्रिगेड को बेल्जियन कांगो (जायरे) भेजा गया था। उसके बाद भी संयुक्त राष्ट्र संघ द्वारा इस तरह की माँग लगातार की जाती रही।

इधर, सन् 1954 में पाकिस्तान को अमेरिका से सैनिक सहायता मिलनी शुरू हो गई थी। नई चुनौतियों से निपटने के लिए भारतीय सेना ने अपने पाँचवर्षीय व्यापक पुनरीक्षण कार्यक्रम के अंतर्गत सन् 1956 में अपने पुराने उपकरणों के स्थान पर नए उपकरण—टैंक, गन, मोर्टार, वाहन आदि—उपलब्ध कराए जाने की माँग रखी। अमेरिका द्वारा हथियार उपलब्ध कराने से पाकिस्तान की सैन्य शक्ति में खासी वृद्धि हुई। उसकी बराबरी करने के लिए भारत सरकार ने चार बख्तरबंद रेजीमेंट्स के लिए सेंचूरियन टैंक तथा दो अन्य बख्तरबंद रेजीमेंटों के लिए 'ए.एम.एक्स. 20' टैंक उपलब्ध कराए। इसके अतिरिक्त सन् 1956 में दो मीडियम आर्टिलरी रेजीमेंट्स भी तैयार की गईं।

उधर, तिब्बत पर अधिकार करने के बाद चीन ने बिना समय गँवाए जुलाई 1951 तक तिब्बत तथा नेफा (NEFA) के अपने अधिकार में लिये गए क्षेत्रों में सैनिक गश्त लगानी शुरू कर दी। रणनीतिक दृष्टि से महत्त्वपूर्ण अक्साई चिन मार्ग सन् 1957 में बनकर तैयार हो गया। तिब्बत में चीनी अत्याचारों के कारण दलाई लामा ने सन् 1959 में भारत में आकर राजनीतिक शरण ली। इससे भारत और चीन में मतभेद और तनाव खुलकर सामने आ गया। सन् 1959 के आरंभ में ही चीन के लद्दाख के लगभग 14 हजार वर्ग कि.मी. क्षेत्र तथा अरुणाचल प्रदेश के लगभग 36 हजार वर्ग कि.मी. क्षेत्र पर अपना दावा करना शुरू कर दिया।[11] सितंबर 1959 में उसने नेफा में लोंगजू पर हमला कर दिया। चीन की इस लड़ाकू प्रवृत्ति को देखते हुए भी भारत सरकार ने सन् 1960 में सेना प्रमुखों को मुख्य रूप से पाकिस्तान की ओर से संभावित हमले के प्रति सचेत रहने के निर्देश दिए।[12] सरदार पटेल ने सन् 1950 में ही चीन के इरादों को भाँप लिया था; इससे बारह वर्ष पूर्व पं. नेहरू को लिखे अपने पत्र में उन्होंने अपना दृष्टिकोण स्पष्ट कर दिया था। किंतु उसके बाद उनके असामयिक निधन के कारण चीन की खुशामद करनेवाली

पं. नेहरू की नीतियों का विरोध भी बंद हो गया। सन् 1962 का भारत-चीन युद्ध पं. नेहरू की इसी नीति का परिणाम था। सचमुच, यह भारतीय राजनीति और कूटनीति की असफलता ही थी। इस युद्ध के संबंध में विस्तृत विवरण पुस्तक में एक अलग अध्याय के अंतर्गत दिया गया है।

शीतयुद्ध एवं भू-राजनीति

शीतयुद्ध मूल रूप से यूरोप में अमेरिका तथा सोवियत संघ—नाटो (NATO) के देशों तथा वारसा की संधि में शामिल देशों—के नेताओं के बीच सर्वोच्चता को लेकर एक संघर्ष था। एक ओर जहाँ यूरोप युद्ध से बचा रहा, वहीं विश्व के कई क्षेत्र अमेरिका-सोवियत संघ प्रतिद्वंद्विता से प्रभावित हुए। राजनीतिक तख्ता-पलट, परोक्ष युद्ध, भौतिक एवं आर्थिक दबाव शीतयुद्ध की रणनीति के प्रमुख तत्त्व थे। सचमुच यह एक शीत-संघर्ष ही था; तीसरी दुनिया के देशों पर पड़े इसके भयानक प्रभावों के बावजूद इससे तीसरे विश्वयुद्ध की स्थिति से बचने में मदद मिली। शीतयुद्ध दो महाशक्तियों का एक-दूसरे के लिए परमाणु चुनौती बनने का परिणाम था। विश्व-स्तर पर यदि देखा जाए तो यह लोकतंत्र की राजनीतिक, सामाजिक और आर्थिक विचारधारा तथा अमेरिका के मुक्त बाजार और सोवियत संघ की साम्यवादी विचारधारा के बीच युद्ध था। इसमें छोटे-छोटे राष्ट्रों ने अपनी समर्थक महाशक्ति की छाया में अपने-अपने व्यक्तिगत संघर्षों को छेड़ा, जबकि महाशक्तियों ने स्थानीय अथवा क्षेत्रीय संघर्षों को बड़े युद्ध का रूप नहीं लेने दिया।

शीतयुद्ध के दौरान पं. नेहरू की नीति शांति बनाए रखने की रही; किंतु किसी बड़ी शक्ति या राष्ट्रों के समूह के साथ गुटबाजी के माध्यम से नहीं, बल्कि हर परिस्थिति के प्रति एक स्वतंत्र दृष्टिकोण के माध्यम से। सीधे शब्दों में, उनकी नीति उदासीनता तथा उपनिवेशवाद की विरोधी थी, जिसके अनुसार अंतरराष्ट्रीय झगड़ों को शांतिपूर्ण तरीके से हल किया जाना था। भारत की यह तटस्थ—गुटनिरपेक्ष—नीति उसकी क्षेत्रीय प्रतिष्ठा और एक नए स्वतंत्र राष्ट्र के कमजोर औद्योगिक आधार का परिणाम थी। भारत एशिया में चीन और रूस की वास्तविकता को ध्यान में रखते हुए दोनों गुटों तथा कॉमनवेल्थ से आर्थिक सहायता की उम्मीद रखता था। अपने आर्थिक विकास को ध्यान में रखते हुए भारत को विश्व-मामलों में अपनी भूमिका अदा करते समय किसी प्रकार के—शीत अथवा उष्ण—युद्ध से स्वयं को दूर रखना पड़ा।

पं. नेहरू का मानना था कि अंतरराष्ट्रीय समुदाय में भारत द्वारा हासिल की

गई प्रतिष्ठा उसकी आर्थिक अथवा सैनिक शक्ति के बल पर नहीं थी, बल्कि उसकी नैतिक धारणा के बल पर थी। भारत में उपनिवेशवाद के अनुभवों के परिणामस्वरूप वह यूरोप के इरादों से भली-भाँति परिचित हो गए थे।

अपने विशाल आकार, प्राकृतिक संसाधन और भौगोलिक स्थिति के बल पर भारत को एक अलग प्रतिष्ठा प्राप्त थी। नए स्वतंत्र देशों पर प्रभाव स्थापित करने और एक नई नीति तैयार करने में उनका सहयोग करने के लिए पं. नेहरू ने यूगोस्लाविया के मार्शल टीटो और मिस्र के नासिर (Nasser) के साथ मिलकर गुटनिरपेक्ष आंदोलन तैयार किया। शीतयुद्ध के तनावपूर्ण माहौल में गुटनिरपेक्षता का समर्थन करनेवाली उनकी नीति न तो अमेरिका को पसंद आई और न ही सोवियत संघ को। पं. नेहरू की प्रवृत्ति—जैसी कि पश्चिम की धारणा बनी—वामपंथी-समाजवादी थी।

जम्मू-कश्मीर और राजस्थान की ओर से प्रवेश खुला होने से पाकिस्तान के लाहौर और रावलपिंडी के बीच के मार्ग तथा कराची-लाहौर रेल व्यवस्था के रहीम यार खान के लिए जबरदस्त खतरे की संभावना थी। इनपर भारत बहुत आसानी से हमला कर सकता था। स्वतंत्रता-प्राप्ति के समय से ही भारत और पाकिस्तान एक-दूसरे के प्रति वैर-भाव पालते आ रहे थे। भारत की राजनीतिक और सैन्य शक्ति की बराबरी पर पहुँचने के लिए पाकिस्तान पश्चिम की ओर से सहायता की उम्मीद में प्रयासरत था। पाकिस्तान आज भी भारत के वर्चस्व की आशंका लिये भय में जी रहा है।[13] सन् 1950 के दशक में पाकिस्तान अमेरिका के साथ गठजोड़ करके भारत की राजनयिक और सैन्य शक्ति के समान शक्ति हासिल करने के लिए सेंटो (CENTO) और सीटो (SEATO) में शामिल हो गया। इससे रूस का पाकिस्तान के प्रति वैर-भाव आरंभ हो गया, क्योंकि वह सोवियत यूनियन की इलेक्ट्रॉनिक प्रणालियों पर जासूसी के लिए अमेरिका को सैनिक अड्डे उपलब्ध करा रहा था। परंपरागत युद्ध में भारत की सैन्य शक्ति की बराबरी कर पाने में असमर्थता को देखकर अब वह अपनी परमाणु शक्ति की बंदर-घुड़की का इस्तेमाल करने लगा था।

विदेशों से हथियारों और रक्षा-उपकरणों की प्राप्ति के आधार पर ही भारत और पाकिस्तान की विदेश नीतियाँ निर्धारित होती हैं। दोनों देशों की कूटनीति अधिक-से-अधिक विदेशी सैन्य उपकरण और बाह्य समर्थन प्राप्त करने के इर्द-गिर्द ही घूमती रही है। इस प्रकार बाह्य सैन्य सहायता पर निर्भरता भारत-पाक समीकरण के लिए एक महत्त्वपूर्ण कारक बन गई है। भारत को अमेरिका की ओर

से बहुत कम सैन्य सहायता मिली है; जबकि अमेरिका दक्षिण एशिया की अर्थव्यवस्था और राजनीति में भारत के प्रभावों को नजरअंदाज नहीं कर सकता है। अतः अमेरिका भारत को खाद्य पदार्थों की आपूर्ति करके उसके आर्थिक विकास में सहायता दे रहा था। '50 के दशक के उत्तरार्ध में, जब चीन-सोवियत संघ संबंधों में कड़वाहट आने लगी तो रूस ने चीन के खिलाफ हिमालय क्षेत्र में तैनात भारतीय सेना की जरूरतें पूरी करने के लिए हेलीकॉप्टरों और वायुयानों की आपूर्ति करके भारत को मदद दी। सन् 1962 के भारत-चीन युद्ध के बाद अमेरिका और पश्चिम के उसके कुछ सहयोगी देशों ने भारत को हथियारों की आपूर्ति करना शुरू कर दिया। वैसे पाकिस्तान के दबाव के कारण यह आपूर्ति चीन के खिलाफ तैनात सिर्फ माउंटेन डिवीजन तक ही सीमित थी।

सन् 1965 में जब भारत-पाक युद्ध आरंभ हुआ तो अमेरिका ने भारत और पाकिस्तान दोनों को हथियारों की आपूर्ति बंद कर दी। परिणामस्वरूप उसने दोनों देशों पर अपना प्रभाव खो दिया; अंततः रूस की अगुवाई से ताशकंद समझौते के द्वारा दोनों देशों में शांति कायम हुई। रूस अब भारत के लिए हथियारों का सबसे बड़ा आपूर्तिकर्ता बन गया, जबकि पाकिस्तान लगातार चीन पर निर्भर होता चला गया। अमेरिका, जो वियतनाम मामले में पूरी तरह से शामिल था, अब अपना प्रभाव खोता जा रहा था, जबकि दोनों साम्यवादी दिग्गज—रूस और चीन—भारत और पाकिस्तान के लिए हथियारों के सबसे बड़े आपूर्तिकर्ता बन गए।

किंतु सन् 1971 के भारत-पाक युद्ध के समय स्थिति बदल गई। अमेरिका ने पाकिस्तान द्वारा अपने पूर्वी हिस्से यानी पूर्वी पाकिस्तान के लोगों के साथ किए जानेवाले अत्याचारों और नरसंहारों की ओर से आँखें मूँद लीं और भारत के खिलाफ युद्ध में उसका समर्थन किया। भारत ने सोवियत रूस के साथ एक 'मित्रता संधि' पर हस्ताक्षर किए; उधर अमेरिका का झुकाव पाकिस्तान की ओर पहले से भी ज्यादा बढ़ गया। इस प्रकार अब एक ओर भारत और रूस, जबकि दूसरी ओर अमेरिका के साथ चीन और पाकिस्तान।

भारत-अमेरिका के बीच संबंध कभी भी बड़े रक्षा घटक के रूप में नहीं रहे, क्योंकि दक्षिण एशिया में अमेरिका के हित भारत के हितों से मेल नहीं खाते थे। दक्षिण एशिया में भारत के वर्चस्व के बावजूद रूस के मुख्य भूभाग से पाकिस्तान की भौगोलिक निकटता और खाड़ी के 'तेल समृद्ध' मुसलिम देशों के साथ उसके धार्मिक संबंधों ने अमेरिका को उसकी ओर आकर्षित किया। वैसे अमेरिका ने भारत और पाकिस्तान के बीच युद्ध की स्थिति में पाकिस्तान को प्रत्यक्ष समर्थन

देना ठीक नहीं समझा। सचमुच, सन् 1971 में जब पाकिस्तान को मदद की सबसे ज्यादा जरूरत थी, उस समय न तो अमेरिका ने और न ही चीन ने उसकी सहायता की। अंततः पाकिस्तान विखंडित हो गया और बँगलादेश के रूप में उसमें से एक नए राष्ट्र का उदय हुआ।

अमेरिकी नीति-निर्माताओं का मानना था कि एशिया में भारत ही एक ऐसा राष्ट्र है, जो साम्यवादियों के विस्तारवाद का सफलतापूर्वक मुकाबला करने की थोड़ी-बहुत क्षमता रखता है और इसलिए वे भारत को ही साम्यवादी विस्तारवाद के मुकाबले के लिए मुख्य मोरचे के रूप में तैयार करना चाहते थे। सन् 1956-57 के दौरान भारत में अमेरिका के राजदूत रहे सीनेटर कूपर ने कहा था—'एशिया के देश सर्वविधि से आगे बढ़ते साम्यवादी चीन और लोकतांत्रिक एवं स्वैच्छिक विधि से आगे बढ़ते भारत को अपने हित की दृष्टि से देखेंगे।'[14]

भारत और चीन एक-दूसरे के पड़ोसी होने के कारण आपस में एक-दूसरे के प्रतिद्वंद्वी हैं; दोनों ही देश आकार, जनसंख्या और आर्थिक क्षमता को लेकर एक-दूसरे से आगे निकलने की प्रतिस्पर्धा में हैं। हालाँकि दोनों के बीच युद्ध का कोई पुराना इतिहास नहीं है। किंतु तिब्बत के कारण दोनों देशों के बीच युद्ध की भूमिका तैयार हो गई। सन् 1950 में चीन द्वारा तिब्बत पर अधिकार कर लिये जाने से दोनों देशों की लगभग 3,100 किलोमीटर सीमा एक-दूसरे से संलग्न हो गई, जो विवादित मैक मोहन रेखा से होकर जाती है। तिब्बत पर चीन के आधिपत्य को मान्यता देकर पं. नेहरू ने चीन की ओर दोस्ती का हाथ बढ़ाना शुरू कर दिया। उन्होंने कहा था—'स्वतंत्र भारत किसी प्रकार के साम्राज्यवादी अथवा प्रभुत्ववादी अधिकार लेकर नहीं चलना चाहता।'[15] भारत ने अमेरिकी विरोध के बावजूद संयुक्त राष्ट्र में चीन की सदस्यता का समर्थन किया था और इसके परिणामस्वरूप उसे अमेरिका के रोष का शिकार होना पड़ा।

सन् 1969 तक सीमा-विवाद को लेकर रूस और चीन के मध्य कई संघर्ष हो चुके थे। 1971 के भारत-पाक युद्ध के समय भारत और रूस एक ओर थे, जबकि अमेरिका, चीन और पाकिस्तान दूसरी ओर। भारत द्वारा 1971 में भारत-सोवियत मैत्री संधि पर हस्ताक्षर करने से उसे रूस की ओर से कूटनीतिक और सैन्य सहायता मिली और साथ ही इससे चीन को पाकिस्तान के पक्ष में सैन्य हस्तक्षेप करने से रोका जा सका। अमेरिका ने चीन को पाकिस्तान की ओर से युद्ध में हस्तक्षेप करने के लिए तैयार करने की कोशिश भी की, लेकिन उसकी यह कोशिश सफल नहीं हुई। युद्ध के दौरान अमेरिका ने बंगाल की खाड़ी में अपने

कार्य बल (Task Force), जिसमें उसका अणुशक्ति युक्त कैरियर, यू.एस.एस. 'एंटरप्राइज' भी शामिल था, को पाकिस्तान का समर्थन करने का आदेश दिया था। इस तरह भारत को अमेरिका की दोहरी नीति देखने को मिली; एक ओर सन् 1962 में चीन के खिलाफ युद्ध में उसने भारत को मदद दी, जबकि दूसरी ओर, उसके नौ वर्ष बाद ही, वह चीन को पाकिस्तान की ओर से भारत के खिलाफ हस्तक्षेप के लिए उकसा रहा था।

सन् 1988 में सोवियत रूस की अफगानिस्तान से वापसी तथा उसके बाद सोवियत संघ के विघटन से दक्षिण एशिया में अमेरिका के संबंधों को नया आयाम मिला। सोवियत संघ के विघटन के बाद अमेरिका एकमात्र महाशक्ति के रूप में उभरकर सामने आया। भारत में उपलब्ध लाभदायक बाजार को देखते हुए उसने भारत के साथ अपने रिश्तों में सुधार किए। उधर, पाकिस्तान को एक तरह से हाशिए पर कर दिया गया। सन् 1998 में पहले भारत द्वारा और फिर पाकिस्तान द्वारा किए गए परमाणु-परीक्षणों से रुष्ट होकर अमेरिका ने दोनों देशों पर प्रतिबंध लगा दिए; उसके बाद भारत और अमेरिका के बीच आपसी समझ बनाने और नए संबंध स्थापित करने में लंबा समय लग गया।

इसलामिक आतंकवादियों द्वारा अमेरिका के वर्ल्ड ट्रेड सेंटर पर हमला किए जाने के बाद स्थिति एक बार फिर पूरी तरह बदल गई। इसलामिक आतंकवाद को जड़ से मिटाने की अपनी योजना में अमेरिका ने अफगानिस्तान में अलकायदा आतंकवादियों के प्रमुख ओसामा बिन लादेन और उसके नेटवर्क का खात्मा करने का बीड़ा उठाया। भारत ने भी उसकी इस योजना में सहयोग का प्रस्ताव रखा—इस उम्मीद से कि इससे कश्मीर में पाक-समर्थित आतंकवाद को कुचलने में अमेरिका की ओर से सक्रिय मदद मिल सकेगी; किंतु अमेरिका को अपने आतंकवाद-विरोधी अभियान में पाक का इस्तेमाल करना अधिक हितकर लगा। उसने आर्थिक दिवालिएपन की कगार पर पहुँच रहे पाकिस्तान की मदद करके उसे अपने पास गिरवी रख लिया। पाकिस्तान को उन्नत अत्याधुनिक हथियारों की आपूर्ति करके अमेरिका एशिया और अफ्रीका में अलकायदा को नष्ट करने में पाकिस्तान की ओर से और अधिक सहयोग की तलाश में है; जबकि दूसरी ओर, जम्मू-कश्मीर में इसलामिक आतंकवाद के खिलाफ लड़ाई में भारत के प्रति मात्र मौखिक सहानुभूति का दिखावा करता है।

निस्संदेह, अमेरिका एशिया में भारत को चीन के मुकाबले में खड़ा करने के लिए तैयार करना चाहता है। उधर चीन एशिया में अमेरिका के प्रभाव को समाप्त

करने के उद्देश्य से शांतिपूर्वक आगे बढ़ना चाहता है। वह भारत के साथ अपने आपसी विवादों को भी शांतिपूर्ण तरीके से हल करने में लगा है; हालाँकि उसकी इस शांतिप्रियता के पीछे उसका व्यापक और महत्त्वपूर्ण हित छिपा हुआ है। 13 दिसंबर, 2001 को भारतीय संसद् पर हुए आतंकवादी हमले के कारण भारत और पाकिस्तान के बीच परमाणु युद्ध का गंभीर खतरा पैदा हो गया था, जिसे अमेरिकी प्रयासों से दूर कर दिया गया। पाकिस्तान के साथ आपसी विवादों को द्विपक्षीय बातचीत के जरिए हल करने के भारत के इरादों के बावजूद अमेरिका धीरे-धीरे जम्मू-कश्मीर में एक मध्यस्थ के रूप में दोनों देशों के बीच आने की कोशिश कर रहा है।

गोवा, 1961

अंग्रेजों की तरह ही फ्रांसीसियों ने सन् 1954 में अपने उपनिवेशों को भारत को हस्तांतरित कर दिया था, लेकिन 1510 से गोवा पर अपना अधिकार जमाए पुर्तगालियों ने अपने उपनिवेशों को भारत को हस्तांतरित करने से इनकार कर दिया। गोवा पर पुर्तगाली शासन होने के कारण भारत की राष्ट्रवादिता अपूर्ण बनी रही। इस प्रकार यह भारत के लिए एक राष्ट्रीय अपमान की तरह ही था। भारत सरकार अपनी शांति एवं संयम की नीति से चिपकी रही, लेकिन कुछ गैर-सरकारी स्वयंसेवी संगठनों ने सत्याग्रह आंदोलन छेड़ दिए। जुलाई 1954 में 'स्वतंत्र गोवा आंदोलन' के स्वयंसेवियों ने दादरा और नगर हवेली को अपने अधिकार में ले लिया।

नवंबर 1961 तक भारत और गोवा के बीच तनाव पैदा होने लगा था, विशेषकर एक भारतीय व्यापारिक जहाज पर पुर्तगाली द्वीप अंजादेव (Anjadev) की ओर से फायरिंग किए जाने की घटना के बाद। 24 नवंबर को करवार (Karwar) तट पर पुर्तगालियों की गोलीबारी से एक भारतीय मछुआरे की मौत हो गई। तब भारत सरकार ने गोवा को मुक्त कराने का निर्णय लिया। 29 नवंबर को अंबाला में 17 इन्फैंट्री ब्रिगेड तथा आगरा में स्थित 50 पैराशूट वाहिनी को दक्षिण में अभियान पर जाने का आदेश दिया गया। मेजर जनरल (बाद में लेफ्टिनेंट जनरल) के.पी. कैंडेथ ने गोवा को मुक्त कराने के आदेश मिलने पर 3 दिसंबर को अंबाला में 17 इन्फैंट्री ब्रिगेड की कमान सँभाल ली।

इस बीच डिवीजनल हेडक्वार्टर्स, ब्रिगेड कमांडर्स, कमांडिंग ऑफिसर्स और अन्य स्टाफ को लेकर गोवा जानेवाली पहली गाड़ी 2 दिसंबर को प्रात: 8:00

बजे अंबाला से रवाना हो चुकी थी। अभियान के बारे में आधिकारिक रूप से कोई खबर नहीं दी गई थी; लेकिन अंबाला छावनी के स्कूलों में अवकाश की घोषणा करके बच्चों से सिर्फ यह कहा गया कि वे गोवा के लिए रवाना हो रहे अपने-अपने पिता को अलविदा कहने के लिए चले जाएँ। ट्रेन में जानेवाला पहला सैन्य-दल 4 दिसंबर को सायं 6:00 बजे बेलगाम पहुँच गया। रेलवे ने 9 दिसंबर तक सभी सैनिकों को बेलगाम क्षेत्र तक पहुँचा दिया। 15 दिसंबर तक अभियंता इकाइयाँ, बख्तरबंद रेजीमेंट, मीडियम रेजीमेंट, उभयचर (स्थल एवं जल में चलनेवाले) वाहन, वायु सैन्य इकाइयाँ, ए.एस.सी. ट्रांसपोर्ट कंपनियाँ तथा हथियार एवं आयुध सामग्री भी बेलगाम पहुँचा दी गई।

इस बीच, 5 दिसंबर को सायं 7:00 बजे तक कैंडेथ ने सांब्रे (Sambre) हवाई क्षेत्र में एक एडवांस हेडक्वार्टर भी तैयार कर लिया था। 9 दिसंबर को उन्होंने अधीनस्थ कमांडरों को पणजी तथा मार्मागोवा पर कब्जा करने का आदेश दे दिया। कैंडेथ की योजना के अनुसार 50 पैरा ब्रिगेड को साथ लेकर उत्तरी धुरी मार्ग की ओर तथा 17 डिवीजन को लेकर पूर्वी धुरी मार्ग की ओर आगे बढ़ने की थी। गोवा के सड़क मार्ग प्रायः नदियों के बीच से होकर जाते थे, जिन पर उत्तर से दक्षिण की ओर जाने के लिए पुल बने थे। कैंडियापार (Candiapar) नदी के पश्चिमी किनारे पर स्थित पोंडा एक मिलन-स्थल की तरह था, जहाँ उत्तर और पूर्व से आनेवाली सड़कें आपस में मिलती थीं। पोंडा से राजधानी पणजी तथा मार्मागोवा पत्तन तक रास्ता था।

आक्रमण के लिए 18 दिसंबर, 1961 का दिन निश्चित किया गया। इस योजना के दो चरण थे—

प्रथम चरण

(अ) ब्रिगेडियर सगत सिंह के नेतृत्व में 50 पैरा ब्रिगेड को डोडामार्ग-सैंक्वेलिम-उस्गावो-पिलेम (Dodamarg-Sanquelim Usgao-Pilem) की ओर आगे बढ़ना।

- (i) बिचोलिम और उस्गावो पुलों को कब्जे में लेना,
- (ii) मापुका (Mapuca) को सुरक्षित करना।

(ब) पोंडा पर कब्जा करने के लिए ब्रिगेडियर कुलवंत सिंह के नेतृत्व में 63 इन्फैंट्री ब्रिगेड को मोलेम-पोंडा और मोलेम-पोलेम-पोंडा मार्ग पर आगे बढ़ना।

द्वितीय चरण

पणजी और मार्मागोवा पर कब्जा करने के आदेश।

अभियानों के लिए सगत सिंह द्वारा तैयार की गई योजना एक गैर-परंपरागत और साहसपूर्ण योजना थी। मामूली विरोध के बाद 1 पैरा ने 17 दिसंबर को रात 8:30 बजे डोड्डू मोरोगू (Doddu Morogu) पर कब्जा कर लिया। 2 पैरा को सैंक्वेलिम से लगे पुलों पर कब्जा करने के लिए रात 11:30 बजे भेजा गया। वहाँ पहुँचने के बाद प्रात: 4:30 बजे उसे वहाँ जोरदार धमाकों की आवाज सुनाई पड़ी। आकाशवाणी ने 18 दिसंबर को अपने समाचार बुलेटिन में यह समाचार प्रसारित कर दिया था कि भारतीय सैनिकों ने सीमा पार करके गोवा में प्रवेश कर लिया है; स्पष्ट है कि इससे पूरे गोवा के पुर्तगालियों को सतर्क हो जाने और अपनी विरोधी, विध्वंसक योजना तैयार करने का संकेत मिल गया होगा।

लेफ्टिनेंट कर्नल सुचा सिंह (वी.च., म.वी.च.) के नेतृत्व में 2 पैरा ने 18 दिसंबर को प्रात: 5:15 बजे 50 पैरा ब्रिगेड को लेकर बिचोलिम-पोंडा मार्ग पर आगे बढ़ना शुरू किया। बिचोलिम पर प्रात: 8:15 बजे कब्जा कर लिया गया और नष्ट हुए पुल के उत्तर की ओर छिछले घाट से होकर वे नदी के उस पार पहुँच

मेजर जनरल के.पी. कैंडेथ, मिलिट्री गवर्नर, गोवा, 1961। *(साभार : यूएसआई, सीएएफएचआर)*

To Major-General Candeth

You and the officers and men serving under you in the Goa operations have my warm congratulations on the splendid way all of you carried out the task allotted to you with efficiency, courtesy and humanity.

Jai Hind! Jawaharlal Nehru

20/12/61

पं. नेहरू का जनरल कैंडेथ को हस्तलिखित संदेश। *(साभार : यूएसआई, सीएएफएचआर)*

गए। स्थानीय नावों और गाइडों के सहारे नदियों को पार करते हुए 7 कैवेलरी के साथ 2 पैरा मदेई (Madei) पर बने उस्गावो पुल पर पहुँच गई। 2 पैरा ने बिना किसी अवरोध का सामना किए अपराह्न 1:45 बजे तक पोंडा पर कब्जा कर लिया।

2 पैरा के पीछे–पीछे चलती हुई लेफ्टिनेंट कर्नल उज्ज्वल गुप्ता के नेतृत्व में 1 पैरा अपराह्न 12:45 बजे पिलिगाओ पहुँच गई। स्थानीय नाविकों ने उन्हें नदी के उस पार पहुँचाया। 1 पैरा टूटे हुए बनास्तरिम (Banastarim) पुल पर आगे बढ़ने से रोक ली गई।

लेफ्टिनेंट कर्नल आर.बी. नंदा के नेतृत्व में 2 सिख लाइट इन्फैंट्री असनोरा (Assnora) के रास्ते में मापुका (Mapuca) की ओर बढ़ रही थी। रास्ते में कुछ मामूली विरोधों से निपटते हुए वह शाम 5:00 बजे मापुका पहुँच गई और उसने पणजी के समीप बेटिम (Betim) पर कब्जा कर लिया।

लेफ्टिनेंट कर्नल जे.डी. बॉब के नेतृत्व में 3 सिख बटालियन तथा ब्रिगेडियर कुलवंत सिंह ढिल्लों के नेतृत्ववाली 63 इन्फैंट्री ब्रिगेड ने मोलेम से आगे बढ़ना शुरू किया। आगे का घाट मार्ग लगभग पाँच सालों से प्रयोग में नहीं लाया गया था; दरारों और भू–स्खलन के कारण उसपर वाहनों को आगे ले जाना संभव नहीं था।

अतः 3 सिख बटालियन पैदल ही आगे बढ़ती हुई प्रातः 7:30 बजे मोलेम और उसके एक घंटे बाद कोलेम पहुँच गई। घाटों के साथ-साथ बने मार्ग पर आगे बढ़ती हुई आर.सी.एल. बंदूकों (RCL Guns) और मोर्टार तोपों के साथ 22 कि.मी. तक की दूरी तय करके 4 सिख लाइट इन्फैंट्री मैदानी क्षेत्रों में पहुँच गई। इस बीच इंजीनियरों ने घाट मार्ग को योग्य बना दिया था। ब्रिगेड के वाहन 18 दिसंबर को रात 10:00 बजे मोलेम पहुँच गए। इधर, कोलेम क्षेत्र की एक खनन कंपनी के वाहनों का प्रयोग करती हुई 3 सिख बटालियन शाम 5:00 बजे कैंडियापार नदी के किनारे पहुँच गई।

18 दिसंबर की रात बीतते-बीतते हमारे सैनिक उत्तर में बेटिम-पिलिगाओ की जनरल लाइन पर तथा पूर्व में बनास्तरिम-पोंडा (Banastarim-Ponda) जनरल लाइन पर पहुँच गए। अब वे 19 दिसंबर को पणजी तथा मार्मागोवा पर कब्जा करने के लिए पूरी तरह तैयार थे।

घाट क्षेत्र में वाहन चलाने योग्य मार्ग न होने के कारण 48 इन्फैंट्री ब्रिगेड, डिवीजनल सैनिक टुकड़ियाँ और डिवीजनल हेडक्वार्टर्स काफी पीछे रह गए थे। पुल तैयार करनेवाले उपकरणों को लेकर चलनेवाले पुराने वाहन 63 इन्फैंट्री वाहिनी के पीछे-पीछे चल रहे थे; सँकरे घाट मार्ग पर उन्हें आगे बढ़ने में बहुत परेशानी हो रही थी। रात के अँधेरे में अलग-अलग इकाइयों के वाहन आपस में मिल गए। 18-19 दिसंबर की रात में आगे बढ़ने के दौरान मुख्य डिवीजनल हेडक्वार्टर्स का ब्रिगेडों और दक्षिणी कमान के हेडक्वार्टर्स से संपर्क टूट गया।

डिवीजनल हेडक्वार्टर को सूचित किए बिना आर्मी कमांडर ने 18 दिसंबर की शाम 50 पैरा ब्रिगेड को सबसे पहले पणजी में प्रवेश करने का आदेश दे दिया था। 2 सिख लाइट इन्फैंट्री को बेटिम से आगे बढ़कर नदी पार करने का आदेश दिया गया। 19 दिसंबर को प्रातः 7:30 बजे उसने पणजी में प्रवेश किया। बाद में पूर्व की ओर से आगे बढ़ती हुई 1 पैरा ने भी पणजी में प्रवेश किया। इस बीच मोलेम में डिवीजनल हेडक्वार्टर ने 48 इन्फैंट्री ब्रिगेड और 63 इन्फैंट्री ब्रिगेड तथा दक्षिणी कमान के एडवांस हेडक्वार्टर से 19 दिसंबर को 8:00 बजे संपर्क स्थापित कर लिया था; किंतु 50 पैरा ब्रिगेड उसके संपर्क में नहीं थी।

19 दिसंबर को मारगाँव तथा मार्मागोवा पर कब्जा करने के लिए ब्रिगेडियर ढिल्लों ने 4 सिख लाइट इन्फैंट्री को साथ लेकर आगे बढ़ना शुरू किया। 4 सिख लाइट इन्फैंट्री ने स्थानीय नावों के सहारे कैंडियापार नदी पार की और उसके बाद आगे मार्च करती हुई वह पोंडा में 2 पैरा ब्रिगेड से मिल गई। आगे बढ़ती हुई वह

हिंदी-चीनी भाई-भाई, जनरल थिमय्या (बाएँ से दूसरे) व रक्षामंत्री वी.के. कृष्ण मेनन चीन के सैन्य प्रतिनिधिमंडल के साथ। *(साभार : रक्षा मंत्रालय, जनसंपर्क विभाग)*

सुबह 8:30 बजे बोरिन घाट पर पहुँच गई। नदी के ऊपर बने पुल को उड़ा दिया गया था। एक स्थानीय नाव की मदद से नदी पार करके उसने 10:30 बजे तक मारगावो पर कब्जा कर लिया। अब ब्रिगेड वास्को-डि-गामा की ओर आगे बढ़ी; वहाँ गोवा के गवर्नर जनरल वैसेलो डिसिल्वा ने 19 दिसंबर को रात 8:30 बजे ब्रिगेडियर के.एस. ढिल्लों के सामने आत्मसमर्पण कर दिया। 233 पुर्तगाली अधिकारियों सहित कुल 3,412 युद्धबंदियों को कब्जे में ले लिया गया। 35 बख्तरबंद गाड़ियों, 25-पाउंडर गन की एक तोप, 104 मीडियम मशीनगन और बड़ी संख्या में छोटे हथियारों को जब्त कर लिया गया। इस प्रकार, अभियान शुरू करने के बाद 40 घंटे के भीतर ही गोवा को मुक्त करा लिया गया। 19 दिसंबर, 1961 को जनरल कैंडेथ ने गोवा के मिलिट्री गवर्नर के रूप में वहाँ का प्रशासन सँभाल लिया।

कई तरह की बाधाओं—उदाहरण के लिए, भौगोलिक स्थिति तथा दुश्मन की व्यवस्था की पूरी जानकारी न होना, विभिन्न स्थानों से सैनिकों को शीघ्रता से इकट्ठा किया जाना, उनका एक-दूसरे से काफी हद तक अपरिचित होना और 17 इन्फैंट्री तथा 63 इन्फैंट्री ब्रिगेड की कमान का अंतिम समय में बदल दिया जाना—के बावजूद कमांडरों के दृढ़संकल्प और निष्ठा से अभियान में उल्लेखनीय सफलता

मिली। पुर्तगालियों की ओर से मामूली विरोध का ही सामना करना पड़ा और साथ ही स्थानीय लोगों के उल्लेखनीय सहयोग से दुश्मन की विरोधी योजना को असफल कर दिया गया। कई जल-बाधाओं (नदियों) को पार करके सगत सिंह ने साहस और दृढ़ता से पूर्ण नेतृत्व का उदाहरण प्रस्तुत किया। घाट मार्गों की अनुपयुक्तता से कई बाधाएँ उत्पन्न हुईं; लेकिन जब हमारे सैनिक मैदानी क्षेत्र में पहुँच गए तो उन्होंने उत्कृष्ट प्रदर्शन करते हुए तब तक आगे बढ़ना जारी रखा जब तक दुश्मन ने आत्मसमर्पण नहीं कर दिया। गोवा के इस अभियान में ब्रिगेडियर सगत सिंह ने बड़ी नदियों को पार करके जो अनुभव प्राप्त किए, उनसे उन्हें सन् 1971 में भारत-पाक युद्ध के समय पूर्वी पाकिस्तान में उससे भी बड़ी-बड़ी नदियों को पार करने में बहुत मदद मिली।

जीत की खुशी में सेना ने पुराने हथियारों तथा संचार उपकरणों अथवा युद्ध-सामग्री की कमी के कारण अपनी युद्ध की खराब तैयारी पर ध्यान नहीं दिया; किंतु यह कमजोरी भारत-चीन युद्ध के दौरान जरूर सामने आ गई।

कृष्ण मेनन

स्वतंत्रता-प्राप्ति के पहले दशक में कृष्ण मेनन ने भारत की विदेश नीति को विदेशों में बड़े ही जोरदार तरीके से रखा। उन्होंने संयुक्त राष्ट्र के समक्ष जम्मू-कश्मीर मसले पर भारत की स्थिति को उठाया। सन् 1956 में मिस्र पर हुए आंग्ल-फ्रांसीसी हमले का उन्होंने जोरदार विरोध किया। इससे एफ्रो-एशियाई राष्ट्रों में भारत की साख बढ़ी और पं. नेहरू नए स्वतंत्र हुए विकासशील देशों के अगुवा बन गए। ब्रिटेन में भारतीय उच्चायुक्त के रूप में उल्लेखनीय सेवा करने के बाद उन्हें भारत का रक्षामंत्री बनाया गया। वे सन् 1957 से 1962 तक रक्षा मंत्री बने रहे।

पं. नेहरू कृष्ण मेनन की वाक्पटुता, बुद्धि-कौशल तथा निष्ठा से बहुत प्रभावित थे। वास्तव में, पं. नेहरू के साथ अपने व्यक्तिगत संबंधों के बल पर ही मेनन ने अपना राजनीतिक प्रभाव स्थापित किया। उनके रक्षामंत्री बनने के बाद यह उम्मीद बढ़ी कि पं. नेहरू, विशेषकर अमेरिका की ओर से पाकिस्तान को मिल रही सैन्य सहायता को ध्यान में रखकर सुरक्षा बलों की ओर ध्यान देंगे। संयोग से उस समय के.एस. थिमैया, जो सेना में सभी रैंकों की प्रशंसा के पात्र थे, सेना प्रमुख थे। सेना के सुसज्जीकरण तथा सेवा-शर्तों को बेहतर किए ज़ाने को लेकर मेनन-थिमैया टीम से लोगों को काफी उम्मीदें थीं। उस समय तक सेना के युद्ध-

कौशल में सुधार की दिशा में बहुत कम प्रयास किए गए थे। यहाँ तक कि इन्फैंट्री की शक्ति में सुधार के लिए देशी इशापोर सेल्फ लोडिंग राइफलों (Ishapore self-loading rifles) का भी उत्पादन नहीं किया जा रहा था। मेजर जनरल बी.एम. कौल द्वारा अंबाला और फिरोजपुर में श्रमिक सैनिकों की मदद से सभी विवाहित रैंकों के लिए शुरू किए गए (अलग) आवास-निर्माण पर भी विवाद उत्पन्न हो गया था; क्योंकि थिमैया सहित कई अन्य वरिष्ठ सैनिक अधिकारी प्रशिक्षण के खर्च पर सैनिकों का श्रमिक शक्ति के रूप में इस्तेमाल करने के पक्ष में नहीं थे।

थिमैया और मेनन के बीच संबंधों में जल्दी ही तनाव उत्पन्न हो गया; पदोन्नति की बारी न होने पर भी मेजर जनरल बी.एम. कौल को पदोन्नत करके लेफ्टिनेंट जनरल बनाए जाने के मामले को लेकर अगस्त 1959 में थिमैया ने अपने पद से त्यागपत्र दे दिया। पं. नेहरू ने बाद में उन्हें अपना त्यागपत्र वापस लेने के लिए तैयार कर लिया; लेकिन उन्होंने संसद् में थिमैया पर अवमाननापूर्ण टिप्पणी की।

मेनन मजबूत धारणा के तथा कभी-कभी कुछ ऋटु हो जानेवाले पक्के राष्ट्रवादी व्यक्ति थे; पाकिस्तान-विरोधी और पश्चिम-विरोधी प्रवृत्ति के होने के साथ-साथ वह एक स्वाभाविक आलोचक थे। चीन की ओर से भारत के संभावित खतरे के प्रति सैनिक अधिकारियों की धारणा को लेकर उनका रवैया तिरस्कारपूर्ण

सुडान ब्लॉक, राष्ट्रीय रक्षा अकादमी, खडकवस्ला। *(साभार : यूएसआई, सीएएफएचआर)*

था। लेफ्टिनेंट जनरल एस.पी.पी. थोराट ने लिखा है—'सन् 1959 में जब मैं मेनन से दिल्ली में मिला था तो मैंने उनके साथ चीन की ओर से भारत की रक्षा-सुरक्षा के विषय पर बातचीत छेड़ी थी। उन्होंने अपनी चिर-परिचित व्यंग्यात्मक शैली में कहा था कि भारत और चीन के बीच कोई युद्ध नहीं होने वाला है और (यदि ऐसा होता भी है तो) वह कूटनीतिक स्तर पर स्वयं लड़ाई लड़ने में सक्षम हैं।'[16] लेखक ने अगस्त 1962 में शिमला में सैनिक अधिकारियों और मेनन के बीच हुई बातचीत में हिस्सा लिया था, जिसमें उन्होंने यह कहते हुए कि सेना के उच्च अधिकारियों की सोच को पश्चिमी लोगों ने पूरी तरह से बदलकर रख दिया है—सेना के उच्च अधिकारियों के निर्णय पर सवाल उठाया था। इसपर मेनन ने कहा था, 'हमारा एकमात्र दुश्मन पाकिस्तान है। पश्चिमी शक्तियाँ चाहती हैं कि भारत और चीन के बीच युद्ध हो; लेकिन चीन हमारे ऊपर कभी भी हमला नहीं करेगा।' जबकि लद्दाख में भारतीय और चीनी सैनिकों में इससे पहले ही टकराव हो चुका था।

शीघ्रातिशीघ्र परिणाम के लिए आतुर रहनेवाले कृष्ण मेनन विभिन्न मामलों पर अपने अधीनस्थ अधिकारियों से जानकारी अथवा सलाह लेना पसंद नहीं करते थे। उन्होंने मेजर जनरल (बाद में लेफ्टिनेंट जनरल) बी.एम. कौल, जो एक महत्त्वाकांक्षी अधिकारी थे, के साथ संबंध स्थापित कर लिया, जो बाद में मेनन-कौल कड़ी के रूप में विकसित हुआ। सेना में अपने प्रभाव को बनाए रखने के लिए कौल ने डिफेंस सर्विसेज स्टाफ कॉलेज, वेलिंगटन के तत्कालीन कमांडेंट मेजर जनरल (बाद में फील्ड मार्शल) सैम मानेकशॉ के विरुद्ध कृष्ण मेनन द्वारा आदेशित एक जाँच अदालत बैठवाने का प्रबंध कर लिया। मानेकशॉ पर यह आरोप लगाया गया था कि उन्होंने विदेशी छात्रों की उपस्थिति में देश के राजनीतिक नेताओं पर अवमाननापूर्ण टिप्पणी की थी। कौल के समर्थक कई अधिकारियों ने मानेकशॉ के विरुद्ध साक्ष्य भी दिए थे। लेफ्टिनेंट जनरल दौलत सिंह की अध्यक्षता में बैठी जाँच अदालत ने मानेकशॉ पर लगे आरोपों को अस्वीकार कर दिया। चीनी युद्ध के आघात ने मानेकशॉ को बचा लिया, उनकी पदोन्नति कर दी गई; जबकि मेनन, जनरल थापर और कौल ने त्यागपत्र दे दिए। मेजर जनरल डी.के. पालित ने लिखा है—'राजनेताओं के साथ सीधा संबंध स्थापित करके जनरल अधिकारियों से अपने अनुसार कार्य करवाने के लिए मूल रूप से दोषी कृष्ण मेनन नहीं थे; इसके लिए पं. नेहरू दोषी थे, जिन्होंने कई साल पहले ही इस प्रकार की अनियमितता शुरू कर दी। कौल की पं. नेहरू तक सीधी और आसान पहुँच थी…सेना मुख्यालय में महत्त्वपूर्ण पदों पर बैठे कई अधिकारियों के साथ जल्दी ही कौल की दोस्ती हो गई।'[17]

अधिकारी वर्ग का राजनीतीकरण शुरू हो चुका था; इस कारण व्यावसायिक गुण और योग्यता का महत्त्व कम होता जा रहा था। जनरल थिमैया के सेवानिवृत्त होने के बाद मई 1961 में जनरल पी.एन. थापर को चीफ ऑफ आर्मी स्टाफ नियुक्त किया गया और बी.एम. कौल को चीफ ऑफ जनरल स्टाफ नियुक्त किया गया। अधिकारी कोर थापर-कौल टीम को संदेह की दृष्टि से देखती थी; उसने राजनीतिक प्रभाव जमानेवाले अधिकारियों के चरित्र और उनकी योग्यता पर सवाल उठाए।

भारत में सुरक्षा बलों के शस्त्रीकरण, आवश्यकताओं के मामले में आत्मनिर्भरता और उसके स्वदेशीकरण के लिए आधुनिक एवं वैज्ञानिक ढाँचा तैयार करने में कृष्ण मेनन का उल्लेखनीय योगदान रहा। वह विज्ञान में पं. नेहरू की रुचि से भलीभाँति परिचित थे। पं. नेहरू के साथ अपने व्यक्तिगत संबंधों का लाभ उठाकर उन्होंने रक्षा-उत्पादन प्रणाली में महत्त्वपूर्ण परिवर्तन किए। उनके कार्यकाल में कई नए संस्थान स्थापित किए गए, जिनमें इंस्टीट्यूट ऑफ आर्मामेंट स्टडीज, पुणे; मानकीकरण निदेशालय (Standardization Directorate); विशेषीकृत शस्त्र संस्थान, हैदराबाद (Specialised Weapons Establisment, Hyderabad); नाभिकीय औषधि एवं संबद्ध विज्ञान संस्थान, दिल्ली तथा शरीर विज्ञान एवं संबद्ध विज्ञान रक्षा संस्थान प्रमुख हैं।[18]

संस्थान

विशेषीकृत शस्त्र संस्थान, हैदराबाद

प्रक्षेपास्त्र निर्माण संबंधी अध्ययन की सुविधा उपलब्ध कराकर वैज्ञानिकों को प्रक्षेपास्त्र का विकास करने में सक्षम बनाने के उद्देश्य से इसकी स्थापना हैदराबाद में की गई। वर्तमान में हैदराबाद में एक रक्षा अनुसंधान एवं प्रयोगशाला की स्थापना की गई है, जहाँ पर 'अग्नि' एवं 'पृथ्वी' जैसे प्रक्षेपास्त्रों का विकास किया गया।

नाभिकीय औषधि एवं संबद्ध विज्ञान संस्थान (INMAS), दिल्ली

एशिया भर में अपनी तरह का यह पहला तथा विश्व के गिने-चुने संस्थानों में एक था। अपने संस्थापक निदेशक एस.के. मजूमदार, जो पहले लेफ्टिनेंट कर्नल थे और बाद में ब्रिगेडियर बने, के नेतृत्व में औषधि विज्ञान के क्षेत्र में नाभिकीय

तकनीक का प्रयोग शुरू करने के लिए इस संस्थान को जल्दी ही विश्व स्तरीय मान्यता मिल गई। भारत में नाभिकीय औषधि के विकास में महत्त्वपूर्ण योगदान के लिए ए.के. मजूमदार को 'पद्मश्री' से सम्मानित किया गया था।

विश्वविख्यात परमाणु भौतिक विज्ञानी डॉ. होमी जहाँगीर भाभा के व्यापक प्रयासों से भारत परमाणु ऊर्जा के विकास में रुचि रखनेवाले पहले पंक्ति के देशों में शामिल था। सन् 1947 से पूर्व बंबई में परमाणु अनुसंधान के लिए एक प्रयोगशाला तैयार करने के बाद उन्होंने पं. नेहरू के साथ एक बातचीत में उन्हें बताया कि परमाणु ऊर्जा एक ऐसा माध्यम है, जो भविष्य में भारत के लिए अत्यधिक उपयोगी सिद्ध होगा। सन् 1964 में चीन एक परमाणु विस्फोट कर चुका था। भारत के पास विश्व की एक बेहतर परमाणु अनुसंधान प्रयोगशाला और ऊर्जा कार्यक्रम था। परमाणु उपकरणों के निर्माण एवं उसका डिजाइन निर्माण जैसे कुछ क्षेत्रों में भारत का एकाधिकार था। उसके बाद परमाणु से संबंधित मामले को मूल रूप से राजनीतिक, नैतिक और आर्थिक मामला माना जाने लगा।

शरीर एवं संबद्ध विज्ञान रक्षा संस्थान

इसमें जल शरीर विज्ञान (Water Physiology) के अंतर्गत उच्चावस्था वातावरण (High Attitude Environment) के अध्ययन में अनुसंधान कार्य आरंभ किया गया।

अन्य संस्थान

उपर्युक्त के अतिरिक्त कई अन्य संस्थान भी स्थापित किए गए—शस्त्रीकरण अनुसंधान एवं विकास केंद्र; अभियांत्रिकी अनुसंधान एवं विकास संस्थान; धातुशोधन अनुसंधान प्रयोगशाला, हैदराबाद; बैलिस्टिक अनुसंधान प्रयोगशाला, चंडीगढ़ और मसूरी में स्थापित प्रायोगिक अध्ययन संस्थान (Institute of work-study)।

रक्षा सेवाओं में अधिकारी कैडर के लिए एक वैज्ञानिक चयन पद्धति आरंभ करने के उद्देश्य से अधिकारी चयन बोर्ड के सदस्यों एवं अध्यक्षों को प्रशिक्षित करने के लिए एक प्रशिक्षण स्कूल की स्थापना की गई। 1 जनवरी, 1958 को 'रक्षा अनुसंधान एवं विकास संगठन' (DRDO) को मान्यता प्रदान कर दी गई। इसी तरह अनुसंधान कार्य में सुधार लाने के लिए रक्षा विज्ञान सेवा (Defence Science Service) की स्थापना की गई। इन संस्थाओं को अन्य संस्थाओं, वैज्ञानिक एवं औद्योगिक अनुसंधान प्रयोगशाला परिषद् (CSIRL) तथा विभिन्न विश्वविद्यालयों

से नियमित रूप से संबद्ध कर दिया गया।

रक्षा सेवाओं के शीघ्रातिशीघ्र भारतीयकरण की नीति के कारण स्वतंत्र भारत में भावी आवश्यकताओं को पूरा करने के लिए प्रशिक्षण संस्थान स्थापित किए जाने की आवश्यकता महसूस हुई। एक अधिकारी के रूप में कमीशन प्राप्त करने के लिए आवश्यक न्यूनतम शैक्षिक योग्यता को बढ़ाकर स्नातक कर दिया गया। प्रत्येक सेवा की सीमाओं और क्षमताओं में बेहतर सहयोग एवं तालमेल की आवश्यकता को देखते हुए अधिकारी कैडर के लिए तीन स्तर पर प्रशिक्षण संस्थान स्थापित करने का निर्णय लिया गया।

राष्ट्रीय रक्षा अकादमी, खडकवस्ला

द्वितीय विश्वयुद्ध की समाप्ति के समय, योग्य एवं युवा प्रत्याशियों को सशस्त्र बलों में कमीशन देने के लिए क्लीमेंट टाउन, देहरादून में एक संयुक्त सेवा शाखा (Joint Services Wing) खोली गई। उस समय इसके लिए शैक्षिक योग्यता मैट्रिक रखी गई थी। जनवरी 1955 में इसे पुणे के निकट खडकवस्ला में स्थानांतरित कर दिया गया।

रक्षा सेवा स्टाफ कॉलेज, वेलिंगटन

क्वेटा में स्थापित रक्षा सेवा स्टाफ कॉलेज (Defence Services Staff College) के पाकिस्तान में चले जाने पर भारत ने तीनों सेवाओं से 50 अधिकारी विद्यार्थियों के साथ सन् 1948 में नीलगिरि के वेलिंगटन में अपना एक अलग रक्षा सेवा स्टाफ कॉलेज खोला।

राष्ट्रीय रक्षा कॉलेज, नई दिल्ली

राष्ट्रीय रक्षा कॉलेज की स्थापना सन् 1960 में ब्रिगेडियर तथा तीनों सेनाओं एवं राष्ट्रीय सुरक्षा के लिए महत्त्वपूर्ण सिविल सेवाओं के समकक्ष अधिकारियों को प्रशिक्षित करने के लिए की गई थी। इसके पहले पाठ्यक्रम में 21 विद्यार्थी थे, जबकि वर्तमान में विदेशी अधिकारियों सहित इसमें 84 अधिकारी विद्यार्थी हैं।

संदर्भ

1. ब्रिगेडियर सी.बी. खंडूरी, 'फील्ड मार्शल करियप्पा : ए बायोग्राफिकल स्केच' (नई दिल्ली, 1995), पृष्ठ 229।

2. लेफ्टिनेंट जनरल एस.एल. मेनीजेस, 'फाइडलिटी एंड ऑनर : दि इंडियन आर्मी' (नई दिल्ली, 1993), पृष्ठ 446।
3. वही, पृष्ठ 446।
4. वही।
5. मेजर जनरल डी.के. पालित, 'वार इन हाई हिमालय : दि इंडियन आर्मी इन क्राइसिस, 1962' (लंदन, 1991) पृष्ठ 213-14।
6. लेफ्टिनेंट जनरल एस.एल. मेनीजेस, 'फाइडलिटी एंड ऑनर', पृष्ठ 488।
7. बरट्रेंड रसेल, 'ऑटोबायोग्राफी'—वॉल्यूम 3।
8. लेफ्टिनेंट जनरल एस.एल. मेनीजेस, 'फाइडलिटी एंड ऑनर', पृष्ठ 463।
9. वही, पृष्ठ 565-70।
10. ब्रिगेडियर सी.बी. खंडूरी, 'फील्ड मार्शल करियप्पा', पृष्ठ 260।
11. लेफ्टिनेंट जनरल एस.एल. मेनीजेस, 'फाइडलिटी एंड ऑनर', पृष्ठ 475।
12. वही, पृष्ठ 476।
13. भरत कर्नाड (संपादक), 'फ्यूचर इंपेरिलेड : इंडिया'ज सिक्योरिटी इन द 1990 एंड बियॉण्ड', (नई दिल्ली, 1994), पृष्ठ 159-60।
14. सीनेटर कूपर, 'एंबेसडर ऑफ इंडिया 1956-57'।
15. लेफ्टिनेंट जनरल एस.एल. मेनीजेस, 'फाइडलिटी एंड ऑनर', पृष्ठ 475।
16. लेफ्टिनेंट जनरल एस.पी.पी. थोराट, फ्रॉम रिवेली टू रिट्रीट' (नई दिल्ली, 1986), पृष्ठ 191।
17. मेजर जनरल डी.के. पालित, 'वार इन हाई हिमालया', पृष्ठ 74।
18. मेजर जनरल बी.डी. कपूर, 'बिल्डिंग ए डिफेंस टेक्नोलॉजी बेस' (नई दिल्ली, 1990), पृष्ठ 94-104।

□

युद्ध का झंझावात : सन् 1962 और 1965 के युद्ध

● लेफ्टिनेंट जनरल (सेवानिवृत्त) वी.के. सिंह
(परम विशिष्ट सेवा पदक)

सन् 1962 का आरंभ भारतीय सेना के लिए साधारणतः शांतिपूर्ण समय था। कश्मीर-अभियान और विभाजन की समस्याओं से उबरकर वह शांतिकालीन रक्षा-सुरक्षा के कार्यों में व्यस्त हो गई थी। हालाँकि सेना की कुछ टुकड़ियाँ युद्ध विराम रेखा पर तथा नगालैंड में विद्रोही गतिविधियों को दबाने के लिए तैनात थीं। सन् 1961 में भारतीय सेना ने गोवा, दमन एवं दीव को पुर्तगालियों के अधिकार से सफलतापूर्वक मुक्त करा लिया था।

वैसे, सन् 1959 के बाद से भारत-चीन सीमा पर तनाव चल रहा था और सेना की कुछ टुकड़ियों को सीमा-क्षेत्र में तैनात भी कर दिया गया था। सेना के कुछ वरिष्ठ अधिकारियों ने चीन की ओर से संभावित खतरे को भाँप लिया था, लेकिन सरकार इस तरह की किसी संभावना को मानने के लिए तैयार नहीं थी। दूसरी ओर, सेना के कुछ अन्य अधिकारियों ने भारत और पाकिस्तान के बीच बढ़ते तकनीकी अंतर के प्रति भी अपनी चिंता प्रकट की थी; पाकिस्तान सन् 1950 के दशक के मध्य से ही अमेरिका से हथियारों की मदद प्राप्त कर रहा था और उसकी सहायता से वह अपनी सैन्य व्यवस्था का आधुनिकीकरण करने में जुटा हुआ था; जबकि भारतीय सेना उस समय तक द्वितीय विश्वयुद्ध के समय के

हथियारों और उपकरणों से ही सुसज्जित थी।

सन् 1962 से 1965 तक भारतीय सेना अपने दो प्रमुख पड़ोसी देशों—पाकिस्तान और चीन—के साथ युद्ध में उलझी रही। सन् 1962 में चीन के साथ हुए युद्ध में उसे करारी हार का मुँह देखना पड़ा था। यह हार भारतीय सेना और सरकार दोनों के लिए एक गंभीर चेतावनी थी। इसी हार से सीख लेकर बाद में सेना के आधुनिकीकरण की प्रक्रिया शुरू की गई तथा सेना की वास्तविक पहचान को पुन: वापस लाया गया। आज भारतीय सेना का जो स्वरूप हम देख रहे हैं, वह काफी हद तक सन् 1962 से 1970 के दौरान प्राप्त किए गए अनुभवों के आधार पर निश्चित किया गया है।

भारत-चीन युद्ध–1962

पृष्ठभूमि

अंग्रेजों के आगमन से पूर्व भारत की कोई निर्धारित सीमा रेखा नहीं थी, जिसे वर्तमान की तरह भारतीय सीमा कहा जा सकता। किंतु भारत और शेष एशिया के बीच हिंदूकुश, कराकोरम और हिमालय की पर्वतश्रेणियों से एक मान्य परंपरागत सीमा जरूर बन गई थी। इस प्रकार, सामान्यतया ऐसा माना जाता था कि यदि कोई यात्री इन पर्वतश्रेणियों को पार कर आगे बढ़ता था तो वह भौगोलिक पहचानवाले भारत देश में प्रवेश कर लेता था।

उन्नीसवीं शताब्दी के मध्य में जब अंग्रेजों ने भारत में अपनी सर्वोच्च सत्ता स्थापित कर ली तो उनके मन में अपने साम्राज्य-क्षेत्र की सीमा निर्धारित करने का विचार आया। उत्तर-पूर्व में उन्होंने डूरंड रेखा को अफगानिस्तान से लगनेवाली अपनी सीमा निश्चित कर दी। चीन की ओर से सीमा निश्चित करने का कार्य ज्यादा मुश्किल था। कश्मीर-सिक्यांग सीमा का निर्धारण भौगोलिक लक्षणों के आधार पर भलीभाँति नहीं हो सका था। कश्मीर का दावा था कि उसकी सेना कराकोरम दर्रे को पार करके कुएन लुन (Kuen Lun) पर्वत श्रेणी तक पहुँच चुकी है; किंतु चीन उसका यह दावा मानने के लिए तैयार नहीं था। सन् 1892 में उसने कराकोरम दर्रे पर सीमा-स्तंभ तैयार करवा लिया। ब्रिटिश सरकार में भी इस बात को लेकर कि सीमा कराकोरम दर्रे पर निर्धारित की जानी चाहिए या फिर कुएन लुन पर्वतश्रेणी पर, मतभेद बने हुए थे। सन् 1927 में भारत की ब्रिटिश सरकार ने निर्णय लिया कि भारत की सीमा कराकोरम पर्वतश्रेणी से होकर कराकोरम

दर्रे तक तथा वहाँ से दूसरी ओर मुड़कर लक्षम चिन (Laksham Chin) के मैदानों से होते हुए कुएन लुन पर्वत तक होनी चाहिए। सीमा-निर्धारण के इस निर्णय की सूचना चीनी प्राधिकारियों को नहीं दी गई; लेकिन मानचित्रों में यही सीमा निश्चित की गई। इस प्रकार यही सीमा भारत को ब्रिटिश सरकार से विरासत में मिली।

पूर्व में ब्रह्मपुत्र की घाटी सत्रहवीं शताब्दी से ही अहोम (बर्मा के) शासन क्षेत्र में आती थी। घाटी के उत्तर में हिमालय तक विस्तृत पर्वतीय एवं वन क्षेत्र शासन-विहीन भूभाग में आते थे। प्रथम बर्मा युद्ध (1824-26) के बाद असम के हिमालयी क्षेत्र सहित बर्मा को ब्रिटिश शासन में मिला लिया गया। अंग्रेजों ने असम के मैदानी भाग को तो अपने साम्राज्य में मिला लिया, लेकिन उन्होंने इसे और आगे यानी पर्वतीय क्षेत्र तक नहीं बढ़ाया, बल्कि उसे ही अपना अधिक्षेत्र मान लिया। सन् 1911-12 में हुई चीन की आंतरिक क्रांति के परिणामस्वरूप अंग्रेजों को तिब्बत के साथ अपनी औपचारिक सीमा निश्चित करने की आवश्यकता पड़ी। अक्तूबर 1913 में उन्होंने शिमला में एक सम्मेलन बुलाया, जिसमें चीनी और तिब्बती—दोनों सरकारों के प्रतिनिधि उपस्थित थे। सम्मेलन बुलाने का मुख्य उद्देश्य तिब्बत को दो भागों—आंतरिक एवं बाह्य तिब्बत—में विभाजित करना था; आंतरिक तिब्बत को चीनी शासन के अधीन रखा जाना था, जबकि बाह्य तिब्बत को चीनी प्रशासनिक नियंत्रण से मुक्त, किंतु चीनी आधिपत्य के अधीन रखा जाना था। साथ ही, सम्मेलन में भारत और तिब्बत के बीच एक मान्य सीमा भी तय की जानी थी। भारत सरकार के विदेश सचिव, सर हेनरी मैकमोहन ने प्रस्ताव रखा कि यह सीमा हिमालय के ऊँचे जल-विभाजक पर निश्चित की जानी चाहिए। यह प्रस्ताव स्वीकार कर लिया गया और इसी आधार पर निर्धारित सीमा दरशाता हुआ एक मानचित्र दस्तावेज के साथ संलग्न कर दिया गया। यद्यपि दस्तावेज तैयार करने की पहल चीनी प्रतिनिधि ने ही की थी, लेकिन उसने न तो इसे स्वीकार किया और न ही अस्वीकार। चीन को भारत और तिब्बत के बीच निर्धारित की गई सीमा पर उतनी आपत्ति नहीं थी जितनी आंतरिक और बाह्य तिब्बत के बीच की प्रस्तावित सीमा पर। फरवरी 1914 में भारत सरकार और तिब्बत के प्रतिनिधियों की एक बैठक हुई, जिसमें मैकमोहन रेखा को भारत-तिब्बत सीमा के रूप में स्वीकार कर लिया गया।

अत: स्वतंत्रता-प्राप्ति के समय चीन की ओर की भारत की भू-सीमाएँ, जो मानचित्रों पर तो अंकित थीं, पर उनका वास्तविक निर्धारण नहीं किया गया था,

चीन के लिए मान्य नहीं थीं। सन् 1949 में चीन में साम्यवादी सत्ता स्थापित होने और तिब्बत पर उसके अधिकारों में वृद्धि के परिणामस्वरूप भारत और चीन के मध्य तनाव पैदा होने लगा। सन् 1951 में भारत ने तवांग पर अपना प्रशासनिक नियंत्रण स्थापित कर लिया। चीन की ओर से इसपर कोई विशेष प्रतिक्रिया तो नहीं हुई, लेकिन उसने यह सुझाव प्रस्तुत किया कि तिब्बत के साथ सीमा निश्चित करने के लिए भारत, नेपाल और चीन के मध्य बातचीत होनी चाहिए; किंतु इस प्रकार की कोई बातचीत शुरू नहीं हुई; इसलिए यह सीमा अनिर्धारित ही रही। उत्तर-पूर्व के सीमा-क्षेत्रों के प्रशासन का स्वरूप निर्धारित करने के लिए नॉर्थ-ईस्ट फ्रंटियर एजेंसी (NEFA) की स्थापना की गई, जिसका मुख्यालय तेजपुर में था। चीन को तिब्बत पर अपना पूर्ण नियंत्रण रखने में कठिनाई हो रही थी और इससे उसे उस क्षेत्र में अपने सैनिक तैनात करने का बहाना मिल गया था। सन् 1956 में चीनियों ने सिंकियांग से अक्साई चिन होते हुए तिब्बत तक एक वाहन योग्य मार्ग बनाना शुरू कर दिया। इस बात की खबर भारत को सितंबर 1957 में लगी, जब सड़क निर्माण-कार्य के पूर्ण हो जाने की खबर चीनी समाचार-पत्रों में छपी। इस खबर के साथ एक मानचित्र भी था, जिसमें न केवल अक्साई चिन को, अपितु मैकमोहन रेखा के दक्षिण के क्षेत्र को भी चीनी भूभाग के रूप में दरशाया गया था।

अब चीन ने दबाव डालना शुरू किया कि दोनों देशों के बीच सीमा-निर्धारण दोनों देशों के संयुक्त प्रयास से किया जाना चाहिए और जब तक यह सीमा निर्धारित नहीं होती तब तक दोनों देश पूर्व स्थिति पर कायम रहें। भारत ने जोर देते हुए कहा कि जब तक चीन अक्साई चिन को खाली नहीं करता तब तक बातचीत नहीं की जा सकती। यह सड़क चीनियों के लिए काफी महत्त्वपूर्ण थी और इसीलिए वे इस क्षेत्र को खाली करने के लिए तैयार नहीं थे। उसके बाद तिब्बत में लगातार जारी विद्रोह, सन् 1959 में दलाई लामा के भारत में शरण लेने तथा असम राइफल्स की चौकी पर चीनी हमले से दोनों देशों के बीच संबंधों में और भी कटुता आई। सन् 1960 में चीनी प्रधानमंत्री चाऊ-एन-लाई ने भारत का दौरा किया; लेकिन दोनों देशों के आपसी संबंधों में कोई विशेष बदलाव नहीं आया।

सन् 1959 के उत्तरार्ध में सेना को नेफा (NEFA) सीमा का आभियानिक नियंत्रण अपने हाथ में लेने की जिम्मेदारी सौंपी गई। नेफा में सिक्किम और नगालैंड में सभी अभियानों पर नियंत्रण स्थापित करने के लिए एक नया कोर हेडक्वार्टर—हेडक्वार्टर 33 कोर—बनाया। 4 इन्फैंट्री डिवीजन को अंबाला से

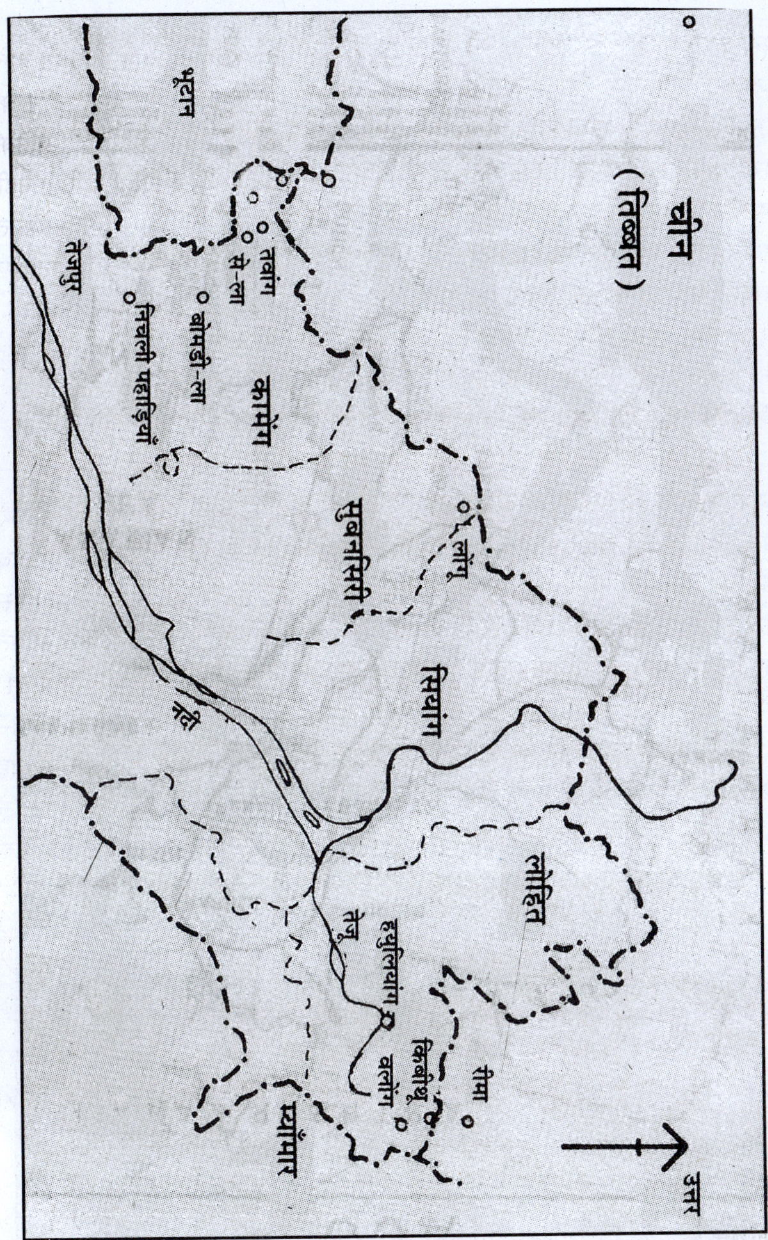

नॉर्थ-ईस्ट फ्रंटियर एजेंसी, NEFA (अब अरुणाचल प्रदेश)।

(साभार : 'अवर ऑर्म्ड फोर्सेज', ले. कर्नल गौतम शर्मा)

बुलाकर इस कोर में शामिल कर दिया गया। डिवीजन हेडक्वार्टर तेजपुर में था, जिसकी एक-एक ब्रिगेड सिक्किम और नेफा के कैमेंग डिवीजन (Kameng Division) में थी; तीसरी ब्रिगेड को नेफा के शेष हिस्से का उत्तरदायित्व सौंपा गया था। पहाड़ियों के भीतर कोई रास्ता नहीं था; कई चौकियाँ वायुयान द्वारा की जानेवाली आपूर्ति पर निर्भर थीं। मिसमरी (Mismari) से बोमडी ला तक एक वाहन योग्य मार्ग अवश्य था, जिसे सीमा सड़क संगठन (BRO) तवांग तक बढ़ाकर उसकी मरम्मत का कार्य कर रहा था।

सन् 1960 में भारत सरकार ने 'अग्रगामी नीति' (Forward Policy) अपनाने का निर्णय लिया। इसके अंतर्गत उन स्थानों पर या उसके बिलकुल निकट भारतीय चौकियाँ तैयार की जानी थीं, जिन पर चीन ने अपना दावा किया था। इसमें गुप्तचर ब्यूरो को चीन की ओर से लड़ाई छेड़े जाने या उसके द्वारा भारतीय क्षेत्र पर हमला किए जाने के बारे में जाँच करनी थी। भारत की कई सैन्य टुकड़ियों को लद्दाख भेज दिया गया। सन् 1961-62 के दौरान लद्दाख क्षेत्र में कई भारतीय चौकियाँ स्थापित कर ली गईं। चीनियों ने इसका विरोध किया। 10 जुलाई, 1962 को उन्होंने लद्दाख की गलवान (Galwan) घाटी में स्थित एक भारतीय चौकी को घेर लिया। भारतीय सैनिक अपनी जगह पर डटे रहे और अंततः चीनियों को पीछे हटना पड़ा।

इससे गुप्तचर ब्यूरो के इस दृष्टिकोण को बल मिलता दिखाई दिया कि चीन की ओर से भारतीय क्षेत्र पर कोई हमला नहीं किया जाएगा। अग्रगामी नीति के अंतर्गत 33 कोर को मैकमोहन रेखा पर 24 नई भारतीय चौकियाँ स्थापित करने का

एक 25 पाउंडर तोप लड़ाई में अपना जौहर दिखलाती हुई। *(साभार : यूएसआई, सीएएफएचआर)*

आदेश दिया गया था। यद्यपि कोर कमांडर जनरल उमराव सिंह इसके पक्ष में नहीं थे, लेकिन उन्हें आदेश का पालन करना पड़ा। इसी अभियान के अंतर्गत तवांग क्षेत्र में थागला (Thagla) पर्वतश्रेणी के दक्षिण में स्थित नामका चु (Namka Chu) नदी की घाटी में चे डोंग (Che Dong) नामक स्थान पर एक चौकी स्थापित की गई, जिसे 'धोला चौकी' नाम दिया गया। अक्तूबर 1962 में भारत और चीन के बीच छिड़ी लड़ाई में इसी चौकी को फ्लैशपॉइंट बनाया गया था।

अक्तूबर-नवंबर 1962

सन् 1962 के दौरान भारत की अग्रगामी नीति के विरुद्ध चीन की प्रतिक्रिया और तेज हो गई। चीन ने जिन क्षेत्रों पर अपना दावा किया था, उसके अनुसार पूर्व स्थिति पर कायम रहने से भारत के इनकार के बाद चीन ने भारत को एक सैन्य सबक सिखाकर उसे बातचीत के मंच पर आने के लिए बाध्य करने का निर्णय ले लिया। उसने तिब्बत में सड़क व्यवस्था में तेजी से सुधार करना तथा सीमा से लगे सैनिक अड्डों में स्टॉक भरना शुरू कर दिया था। साथ ही उसने सीमा-क्षेत्रों में सैनिकों की संख्या भी बढ़ा दी थी। हमला करने के लिए तो वह पहले से ही तैयार था और चे डोंग (Che Dong) की घटना से उसे एक और बहाना मिल गया। 9 सितंबर, 1962 तक चीन ने थागला पर्वतश्रेणी पर कब्जा करके अपनी स्थिति मजबूत कर ली। उसके बाद उसने इस क्षेत्र में सीमा निर्धारित करने के लिए बातचीत का प्रस्ताव रखा था। यह प्रस्ताव पं. नेहरू के लिए था, किंतु उस समय वह लंदन में थे। उन्होंने वक्तव्य जारी किया कि चीन के साथ कोई बातचीत नहीं की जाएगी। उन्होंने चीन से यह भी कहा कि वह थागला पर्वतश्रेणी पर से अपना कब्जा छोड़कर उसे खाली करे।

परिणामस्वरूप चीन के विरुद्ध अभियान शुरू करने के आदेश दे दिए गए और सर्वप्रथम 7 ब्रिगेड को धोला क्षेत्र की ओर तथा 4 डिवीजन के टैक्टिकल हेडक्वार्टर को तवांग की ओर बढ़ने के आदेश दिए गए। 33 कोर के जनरल ऑफिसर कमांडिंग लेफ्टिनेंट जनरल उमराव सिंह ने पर्याप्त तोपों और प्रशासनिक तैयारी के बिना सैनिकों को अभियान के लिए भेजे जाने का कड़ा विरोध किया। जनरल उमराव सिंह की मुश्किल को कुछ कम करने के लिए एक नया कोर हेडक्वार्टर कोर-4 बनाया गया, जिसका कोर कमांडर तत्कालीन चीफ ऑफ द आर्मी स्टाफ (सेना मुख्यालय) लेफ्टिनेंट जनरल बी.एम. कौल को बनाया गया और उन्हें नेफा (NEFA) में सभी अभियानों की जिम्मेदारी सौंपी गई। 4 अक्तूबर,

1962 को जनरल कौल ने इसकी कमान सँभाल ली। 12 अक्तूबर, 1962 को प्रधानमंत्री, जो उस समय अपनी कोलंबो यात्रा पर थे, ने कहा कि 'हमारे भूभाग को मुक्त करने के लिए' निर्देश जारी कर दिए गए हैं। किंतु उनके इस वक्तव्य को समाचार-पत्रों ने कुछ इस तरह प्रस्तुत किया, 'सशस्त्र बलों को नेफा (NEFA) से चीनी आक्रमणकारियों को बाहर करने के आदेश जारी कर दिए गए हैं।' इससे चीन को एक मजबूत बहाना मिल गया। 20 अक्तूबर, 1962 को चीन मैकमोहन रेखा के दोनों ओर, पूर्व में तवांग और वालोंग पर तथा पश्चिम में लद्दाख पर, एक साथ हमला कर दिया।

भारत-चीन के मध्य होनेवाली लुका-छिपी की लड़ाई ने अब वास्तविक युद्ध का रूप ले लिया था। तीन मुख्य उप-क्षेत्र, जहाँ लड़ाइयाँ लड़ी गईं, नेफा के कैमेंग और लोहित जिले तथा जम्मू-कश्मीर का लद्दाख क्षेत्र थे। इन सभी क्षेत्रों में एक साथ लड़ाई लड़ी गई। लेकिन अध्ययन की सुविधा के लिए प्रत्येक क्षेत्र पर अलग-अलग चर्चा की जा रही है।

कैमेंग (Kameng)

कैमेंग नेफा (अब अरुणाचल प्रदेश) का सुदूर पश्चिमी जिला है, जो भूटान की सीमा से लगा हुआ है। इस जिले में दो शहर अधिक महत्त्ववाले हैं। सीमा से लगा हुआ तवांग शहर तिब्बती बौद्ध धर्म का केंद्र है, जहाँ एक बड़ा बौद्ध मठ स्थित है। उसके और आगे दक्षिण में बोमडी ला जिला मुख्यालय है। जिले में पूर्व से पश्चिम की ओर समानांतर पर्वतश्रेणियाँ हैं। ये पर्वतश्रेणियाँ तवांग के उत्तर में हैं। सीमा पर एक दर्रा है—बुम ला। यहाँ भूमि की ढाल तवांग नदी की ओर है तथा से ला (Se la) की ओर भूमि उच्च ढलानवाली है। से ला 4,180 मीटर की ऊँचाई पर स्थित है। यहाँ से सेंगी (Senge) होते हुए दिरांग घाटी तक भूमि ढलवाँ है, जबकि बोमडी ला की ओर वह उच्च ढलान में है। बोमडी ला 3 हजार मीटर की ऊँचाई पर स्थित है। उसके आगे भूमि का ढलान टेंगा (Tenga) घाटी की ओर है। इन सभी पर्वतश्रेणियों से असम के मैदानों की ओर बढ़ते दुश्मन को रोकने के लिए अच्छी और रक्षात्मक मोरचेबंदी है। तवांग पहुँचने के लिए न्यामजेंग चु (Nyamjeng Chu) और तुलुंग ला (Tulung La) से पूर्व और पश्चिम दोनों ओर से उपमार्ग है। अक्तूबर 1962 तक सीमा सड़क संगठन ने चकू (Chaku), बोमडी ला और से ला से तवांग के लिए सौ मील लंबी सड़क का निर्माण कर लिया था।

19 अक्तूबर, 1962 तक इस क्षेत्र में भारतीय सैन्य टुकड़ियों की स्थिति इस

प्रकार थी—7 इन्फैंट्री ब्रिगेड नमका चु (Namka Chu) पर तैनात थी; 9 पंजाब तथा 2 राजपूत बटालियनें धारा की ओर तैनात थीं; 1/9 गोरखा राइफल्स गहराई में तथा 4 ग्रेनेडियर्स बटालियन पूर्वी घेरे पर तैनात थी। ब्रिगेड के पास एकमात्र तोप एक हैवी मोर्टार बैटरी थी और 17 पैराशूट रेजीमेंट की एक टुकड़ी के पास दो तोपें थीं। 4 डिवीजन का टैक्टिकल हेडक्वार्टर जिमिथांग (Zimithang) की ओर तैनात था तथा तवांग की रक्षा का उत्तरदायित्व 4 आर्टिलरी ब्रिगेड पर था, जिसकी कमान में 1 सिख बटालियन और 4 गोरखा राइफल्स थीं। 23 अक्तूबर, 1962 को हेडक्वार्टर 62 इन्फैंट्री ब्रिगेड तथा 13 डोगरा तवांग पहुँच गईं।

8 अक्तूबर, 1962 के बाद चीनी सैन्य बलों ने भारतीय स्थिति की जाँच-पड़ताल शुरू कर दी; 15 अक्तूबर के बाद उसकी गतिविधियों में और भी तेजी आई और तब तक भारत पर हमला करने की उसकी तैयारी साफ दिखाई देने लगी। 19 अक्तूबर को 7 ब्रिगेड के कमांडर ब्रिगेडियर दलवी (Brigadier Dalvi) ने नमका चु (Namka Chu) से पीछे हटकर किसी ज्यादा रक्षात्मक स्थिति पर जाने का अंतिम प्रयास किया, लेकिन उन्हें सफलता नहीं मिली। 20 अक्तूबर को प्रात: 5:00 बजे भारतीय क्षेत्रों पर चीनी तोपों के गोले बरसने लगे। यह बमबारी लगभग एक घंटे तक चलती रही; उसके बाद चीनी सेना ने भारतीय क्षेत्रों पर एक साथ कई हमले शुरू कर दिए। पंजाब बटालियन तथा राजपूत बटालियन ने बड़ी बहादुरी से उनका मुकाबला किया; लेकिन आर्टिलरी की किसी भी प्रकार की मदद न मिलने के कारण वे ज्यादा कुछ नहीं कर पाईं। इसमें राजपूत बटालियन के सबसे ज्यादा सैनिक हताहत हुए। 20 अक्तूबर, 1962 तक बटालियन के कुल रैंकों के 513 सैनिकों में से 282 मारे गए तथा 161 घायल हो गए और 81 घायल सैनिकों को चीनी सैनिकों ने बंदी बना लिया; केवल 60 घायल सैनिक ही बच निकलने में सफल हो सके। 20 अक्तूबर को 12:30 बजे तक 7 ब्रिगेड भी तितर-बितर होने लगी। पंजाब, गोरखा और ग्रेनेडियर्स बटालियन की शेष टुकड़ियाँ भूटान के रास्ते वापस आ गईं। ब्रिगेडियर दलवी और उनके सैन्य दल को भी अंतत: 22 अक्तूबर को चीनी फौजों द्वारा पकड़ लिया गया।

7 ब्रिगेड को हराने के बाद दुश्मन ने 23 अक्तूबर को नई तैयारी के साथ तवांग पर हमला शुरू कर दिया। 1 सिख बटालियन की एक पलटन, जो सूबेदार जोगिंदर सिंह के नेतृत्व में बुम ला (Bum La) के ठीक दक्षिण में स्थित एक टीले पर डटी हुई थी, ने दुश्मन के तीन हमलों का सामना बड़ी बहादुरी से किया; लेकिन अंतत: वह हार गई। पलटन के मात्र चार सैनिक ही किसी तरह बचकर

सन् 1962 में ऊँचे पहाड़ों की चोटियों पर लड़ाई के लिए भेजे गए भारतीय सैनिक चीनी आक्रमण को रोकने की दृष्टि से समुचित रूप से सुसज्जित नहीं थे।

(साभार : रक्षा मंत्रालय, जनसंपर्क विभाग)

बटालियन में पुनः मिल सके। सूबेदार जोगिंदर सिंह को मरणोपरांत 'परम वीर चक्र' से सम्मानित किया गया। अब ऐसा लगने लगा था कि तवांग को दुश्मन की पकड़ से नहीं छुड़ाया जा सकेगा। आर्मी कमांडर लेफ्टिनेंट जनरल सेन, जो 22 अक्तूबर को ही तवांग पहुँचे थे, ने रक्षक सेना को वापस आने का आदेश दे दिया। 62 ब्रिगेड को 1 सिख तथा 4 सिख लाइट इन्फैंट्री के साथ से ला (Se La) में डटे रहने का आदेश दे दिया गया। 4 गढ़वाल डिवीजन को जांग (Jang) पर डटे रहने और उसे अपने कब्जे में लेने की जिम्मेदारी सौंपी गई थी। इस प्रकार कैमेंग में लड़ाई का पहला चरण 23 अक्तूबर को समाप्त हो गया। 20 से 23 अक्तूबर तक, तीन दिनों के भीतर, दुश्मन ने अंतरराष्ट्रीय सीमा और तवांग नदी के बीच के भूभागों पर अपना कब्जा कर लिया। 24 अक्तूबर को जब यह लगने लगा कि चीनी सैनिक जांग पर बने पुल को अपने कब्जे में लेने वाले हैं तो उसे नष्ट कर दिया गया और 4 गढ़वाल डिवीजन ने वहाँ से वापस लौटकर नूरानांग (Nuranang) में मोरचा सँभाल लिया।

कोर कमांडर लेफ्टिनेंट जनरल बी.एम. कौल ने तवांग की लड़ाई को दिल्ली से नियंत्रित करने की कोशिश की। 17 अक्तूबर को वह अचानक बीमार पड़ गए थे, इसलिए उस समय दिल्ली में ही थे; लेकिन 4 कोर की कमान उनके हाथ में ही थी। 24 अक्तूबर को लेफ्टिनेंट जनरल हरबख्श सिंह ने 4 कोर की कमान सँभाल ली। बाद में जनरल कौल दिल्ली से वापस आ गए और उन्होंने पुनः 4 कोर की कमान सँभाल ली। 4 डिवीजन के जनरल ऑफिसर कमांड के स्थान पर मेजर जनरल ए.एस. पठानिया को नियुक्त किया गया।

आगे का अभियान थोड़े समय के लिए रुक गया था; क्योंकि चीनियों को आगे के हमले के लिए आवश्यक स्टॉक तैयार करना था। उन्होंने अपनी सड़कों को तवांग में भारतीय सड़कों से जोड़ने का कार्य शुरू कर दिया था। भारतीय सैनिकों का अनुमान था कि इस कार्य में लंबा समय लगेगा और अभियान उतने समय तक के लिए रुका रहेगा; लेकिन चीनियों ने 15 दिन के भीतर ही यह कार्य पूरा करके भारतीयों को स्तब्ध कर दिया। भारत की ओर से भी सुरक्षा बलों को संगठित और तैयार कर लिया गया था। कई नई बटालियनों को मोरचे पर तैनात कर दिया गया था, लेकिन उनमें से अधिकतर तो पहाड़ियों की ओर पैदल मार्च करती हुई केवल सीमित हथियारों के साथ ही वहाँ आई थीं। काँटेदार तार अथवा सुरंगें नहीं बिछाई जा सकी थीं। सैनिक टुकड़ियों के पास जो कुछ साधन उपलब्ध थे, उनसे उन्होंने अपनी रक्षा व्यवस्था करनी शुरू कर दी थी।

नवंबर के मध्य तक 62 ब्रिगेड अपने साथ 4 गढ़वाल राइफल्स को लेकर से ला पर स्थापित हो चुकी थी। 1 सिख, 2 सिख तथा 4 सिख लाइट इन्फैंट्री को दर्रे के चारों ओर तैनात किया गया था; जबकि 13 डोगरा को सेंगी (Senge) में दर्रे के दक्षिण में तैनात किया गया था। मूल योजना के अनुसार डिवीजनल हेडक्वार्टर्स और 65 ब्रिगेड सेंगी में स्थापित थे और इस प्रकार से ला के चारों ओर एक सघन रक्षा क्षेत्र तैयार हो गया था। 4 डिवीजन हेडक्वार्टर दिरांग में सीमा सड़क शिविर (Border Road Camp) पर स्थापित था; 65 ब्रिगेड को दो बटालियनों—19 मराठा तथा 4 राजपूत—के साथ उस क्षेत्र में तैनात किया गया था। दिरांग क्षेत्र में ही 7 लाइट कैवेलरी (स्टुअर्ट टैंक्स) का एक सैन्य दल भी तैनात था। 1 सिख लाइट इन्फैंट्री तथा 1 मद्रास के साथ 48 बोमडी ला पर डटी थी। 5 गार्ड्र्स डिवीजन नीचे एक इलाके में तैनात थी।

नवंबर के शुरू से ही आगे के इलाकों में यह खबर पहुँचने लगी थी कि चीनी फौजें तवांग चु और मैगो चु पर पूर्व की ओर तेजी से आगे बढ़ रही हैं। यह

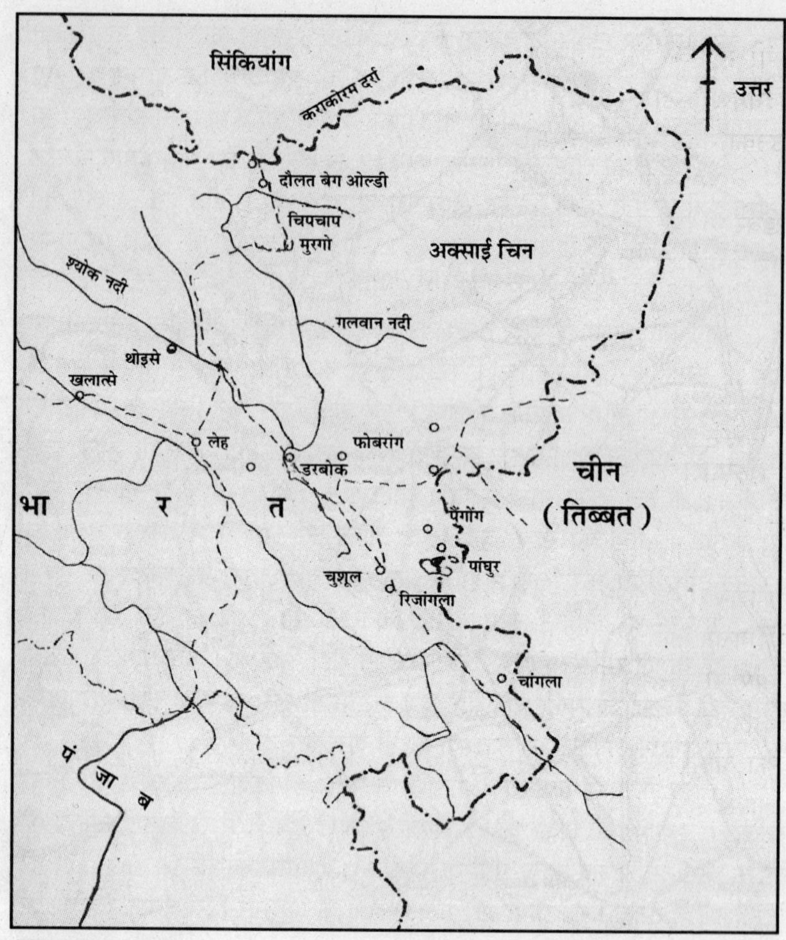

लद्दाख का रेखाचित्र *(साभार : 'अवर आर्म्ड फोर्सेज', ले. कर्नल गौतम शर्मा।)*

मार्ग तुलुंग ला-पोशिंग ला-थेंबांग-बोमडी ला से होकर जानेवाले मार्ग से जुड़ा हुआ है; और यह भी मालूम था कि इस मार्ग पर आगे बढ़ती हुई कोई सेना से ला तथा दिरांग तक पहुँच सकती है; लेकिन डिवीजन हेडक्वार्टर का मानना था कि इस मार्ग से होकर कोई बड़ी सेना नहीं आ सकती और इसीलिए उसकी सुरक्षा की ओर शुरू में बिलकुल ध्यान नहीं दिया गया। बाद में 6 नवंबर को 5 गार्ड्स बटालियन को इस मार्ग को रोकने के लिए भेजा गया। बटालियन को कई टुकड़ियों में विभाजित करके भेजा गया था, इसलिए एक-एक कर सभी टुकड़ियाँ हार गईं

और लगभग पूरी बटालियन बिखर गई। 17 नवंबर की शाम तक चीनियों ने दिरांग–बोमडी ला सड़क को खोल दिया और इससे बोमडी ला तक पहुँचने का उनका रास्ता साफ हो गया।

इस बीच 16 नवंबर तक दुश्मन की फौजें से ला तक पहुँच गई थीं और खबर थी कि दुश्मन की फौजें भारत–भूटान सीमा पर पश्चिम की ओर बढ़ रही हैं। 17 नवंबर को प्रातः दुश्मन ने गढ़वाल डिवीजन की स्क्रीन पोजीशन पर हमला कर दिया। गढ़वाल डिवीजन ने दुश्मन के तीन हमलों को नाकाम कर दिया; लेकिन उसकी कुछ पोजीशन पर दुश्मन ने कब्जा कर लिया। उसके बाद सेना को वहाँ से हटकर से ला की ओर बढ़ने का आदेश दिया गया। ब्रिगेडियर होशियार सिंह से ला को सुरक्षित करके उसे एक मोरचे के रूप में प्रयोग में लाना चाहते थे; किंतु 17 नवंबर की शाम को 4 डिवीजन के जनरल ऑफिसर कमांडिंग से उन्हें दिरांग से अपनी ब्रिगेड वापस बुलाने का आदेश मिला, जहाँ से उसे एक अन्य ब्रिगेड, 65 ब्रिगेड के साथ बोमडी ला की ओर बढ़ना था। रात में लगभग 10:00 बजे ब्रिगेडियर होशियार सिंह ने 2 सिख लाइट इन्फैंट्री को 1 सिख लाइट इन्फैंट्री के पीछे पोजीशन सँभालने का आदेश दिया। चीनी फौजों ने 2 सिख लाइट इन्फैंट्री का पीछा किया और उसने 1 सिख लाइट इन्फैंट्री को तितर–बितर कर दिया। 18 नवंबर को सुबह 4:00 बजे ब्रिगेडियर होशियार सिंह को स्पष्ट रूप से प्रतीत होने लगा कि से ला का आधा हिस्सा दुश्मन के हाथ में चला गया है। उसके बाद उन्होंने ब्रिगेड को वापस लौटकर पहले सेंगी की ओर फिर दिरांग की ओर बढ़ने का आदेश दिया। ब्रिगेड जब न्युकमाडोंग (Nyukmadong) के बाहरी हिस्से में पहुँची तो उसपर दुश्मन की ओर से भारी गोलीबारी शुरू हो गई। ब्रिगेड दिन भर आगे बढ़ने के प्रयास में लगी रही; लेकिन सफलता नहीं मिली। रात ढलने तक वह कई छोटी–छोटी टुकड़ियों में विखंडित हो गई। इनमें से कुछ तो पहाड़ियों के रास्ते वापस आने में सफल हो गईं, जबकि कुछ को चीनियों ने बंदी बना लिया। वहाँ से वापस आते समय ब्रिगेडियर होशियार सिंह को दुश्मन के सैनिकों ने घेरकर मार डाला।

जनरल ए.एस. पठानिया को जिस समय पता चला कि बोमडी ला मार्ग को दुश्मन ने अवरुद्ध कर दिया है, उसी समय से वे पीछे लौटने के लिए अनुमति माँग रहे थे। 17 नवंबर को दिन के अधिकांश समय जनरल कौल लोहित सेक्टर में रहे। जनरल थापर तथा आर्मी कमांडर लेफ्टिनेंट जनरल सेन तो दिन भर हेडक्वार्टर में ही रहे, लेकिन वे कोई निर्णय नहीं ले सके। शाम को 7:30 बजे हेडक्वार्टर वापस पहुँचकर जनरल सेन नें पठानिया को से ला पर ही डटे रहने का आदेश दे दिया;

20 लैंसर्स के एएमएक्स-13 टैंक चुशूल क्षेत्र में युद्धरत, अक्तूबर 1962।

(साभार : रक्षा मंत्रालय, जनसंपर्क विभाग)

किंतु रात में किसी समय 62 ब्रिगेड तथा 48 ब्रिगेड से डिवीजन हेडक्वार्टर का संपर्क टूट गया और दुश्मन दिरांग के आस-पास की पहाड़ियों तक पहुँच गया। तब जनरल पठानिया ने दिरांग से हटने और मनदा ला के रास्ते बोमडी ला की ओर जाने का आदेश दे दिया। 7 लाइट कैवेलरी के टैंकों से बोमडी ला मार्ग को खोलने की कोशिश की गई, लेकिन सफलता नहीं मिली। डिवीजन हेडक्वार्टर के साथ 65 ब्रिगेड पीछे हट गई। मुख्य दल 19 नवंबर को दुश्मन द्वारा घेर लिया गया और कमांडिंग ऑफिसर लेफ्टिनेंट कर्नल बी.एन. अवस्थी सहित कई जवान मारे गए।

18 नवंबर को बोमडी ला पर भारतीय सेना की स्थिति इस प्रकार थी—सिख लाइट इन्फैंट्री और 1 मद्रास बटालियनें अपनी पोजीशन पर डटी हुई थीं। ये दोनों ही बटालियनें एक राइफल कंपनी के समकक्ष भी नहीं थीं। 3 सिख लाइट इन्फैंट्री की एक कंपनी पश्चिमी घेरे की ओर फुतांग (Phutang) पर तैनात थी, जबकि 1 मद्रास बटालियन को अपनी एक कंपनी दिरांग की ओर भेजने के आदेश दे दिए गए थे। उस समय तक 5 गार्ड्स बटालियन लड़ने की स्थिति में नहीं थी। पूर्वाह्न लगभग 11:00 बजे जनरल कौल के आदेश पर सिख लाइट इन्फैंट्री की दो कंपनियों की एक टुकड़ी ने दो टैंकों के साथ बोमडी ला मार्ग पर दुश्मन द्वारा खड़े किए गए अवरोधकों को हटाकर उसे खोलने की कोशिश शुरू कर दी। अब सिख

लाइट इन्फैंट्री की पोजीशन पर एक ही कंपनी रह गई थी। तभी दुश्मन ने इस पोजीशन पर हमला कर दिया। पहला हमला तो विफल कर दिया गया, लेकिन दुश्मन ने दूसरा हमला करके बटालियन को तितर-बितर कर दिया। ब्रिगेड हेडक्वार्टर अब दुश्मन के फायरिंग क्षेत्र में आ गई। अपराह्न 4:30 बजे ब्रिगेड कमांडर ने बचे हुए सैनिकों को पीछे हटाकर रूपा (Rupa) की ओर बढ़ने का आदेश दे दिया; किंतु यह आदेश 1 मद्रास बटालियन तक नहीं पहुँच सका। इस कारण यह बटालियन मोरचे पर अकेली रह गई और दुश्मन ने उसपर हमला कर दिया। दुश्मन ने कंपनी की पोजीशन के एक हिस्से पर कब्जा कर लिया। ब्रिगेड हेडक्वार्टर से संपर्क टूट जाने के कारण बटालियन 18-19 नवंबर की रात में वहाँ से हट गई और 20 नवंबर को उसे दुश्मन की फौजों ने घेर लिया। इस संघर्ष में उसके काफी सैनिक हताहत हुए। कमांडिंग ऑफिसर सहित कई अन्य को दुश्मन की फौजों ने बंदी बना लिया तथा शेष बचे जवान चारदुआर (Charduar) की ओर बढ़ गए।

18 नवंबर को 67 ब्रिगेड को बोमडी ला में तैनात 48 ब्रिगेड के साथ मिलने का आदेश दिया गया। उस समय तक 3 जम्मू-कश्मीर लाइट इन्फैंट्री बोमडी ला पहुँच गई थी और 48 ब्रिगेड ने अपनी पोजीशन छोड़ दी थी। 18 नवंबर की रात का समय ब्रिगेड के लिए असमंजस भरा था। पहले तो उसे बोमडी ला पर पुनः कब्जा करने के आदेश मिले, उसके बाद आदेश बदलकर उसे रूपा (Rupa) को सुरक्षित करने का आदेश दे दिया गया, जहाँ पोजीशन पर कब्जा कर पाने से पहले ही दुश्मन ने उसपर हमला कर दिया। अंततः 19 नवंबर को सायं 5:30 बजे उसे वापस चकू (Chaku) की ओर लौटना पड़ा। 20 नवंबर को चीन ने 21-22 नवंबर की अर्धरात्रि से एकपक्षीय युद्ध-विराम की घोषणा कर दी।

लोहित सेक्टर

अरुणाचल प्रदेश का सुदूर पूर्वी भाग लोहित सेक्टर भारत, बर्मा और तिब्बत की सीमा पर स्थित है। लोहित नदी ब्रह्मपुत्र की सहायक नदी है, जो तिब्बत की ओर से बहती है। शुरू में असम राइफल्स इस क्षेत्र में डटी हुई थी। अगस्त 1962 में इस क्षेत्र में चीनी गतिविधियाँ तेज होने के कारण पहले 6 कुमाऊँ बटालियन तथा बाद में 4 सिख बटालियन को भी यहाँ तैनात कर दिया गया। 18 नवंबर को चीनियों ने मैकमोहन रेखा के दक्षिण में स्थित एक पहाड़ी पर कब्जा कर लिया और उसके बाद 20-21 अक्तूबर की रात्रि में भारतीय क्षेत्रों पर आक्रमण कर दिया। 6 कुमाऊँ बटालियन ने पहले हमले को तो पूरी तरह विफल कर दिया,

भारतीय सेना के जवान लद्दाख में पैंगोंग झील के तट पर गश्त लगाते हुए, 1962।

(साभार : रक्षा मंत्रालय, जनसंपर्क विभाग)

लेकिन बाद में ज्यादा दबाव पड़ने पर उसे पीछे हटकर वालोंग के उत्तर में अपना मोरचा जमाना पड़ा।

वालोंग क्षेत्र लोहित नदी के दोनों ओर ऊँची-ऊँची पहाड़ियों से घिरी एक खाड़ी में स्थित है। शुरू में यह क्षेत्र सीधे 4 कोर की कमान में 5 ब्रिगेड के अधीन था। 23 अक्तूबर के बाद उसे 2 इन्फैंट्री डिवीजन के अधीन कर दिया गया और कुछ समय बाद ब्रिगेडियर एन.सी. रॉले (N.C. Rawlley) के नेतृत्व में सेक्टर की रक्षा का उत्तरदायित्व 11 ब्रिगेड को सौंप दिया गया। मध्य नवंबर तक 3/3 गोरखा राइफल्स (3/3 GR) भी आकर 11 ब्रिगेड के साथ मिल गई; अब 11 ब्रिगेड की शक्ति तीन बटालियन की हो गई। 6 नवंबर से 14 नवंबर के बीच 6 कुमाऊँ बटालियन ने ग्रीन पिंपल (Green Pimple) नामक एक स्थान को अपने कब्जे में ले लिया। 16 नवंबर को प्रात: 3:00 बजे चीनियों ने लोहित नदी के दोनों ओर एक समन्वित हमला किया। घमासान लड़ाई के बाद अंततः प्रात: 11:00 बजे ब्रिगेड कमांडर ने ब्रिगेड को पीछे हटने का आदेश दे दिया। दुश्मन ने पीछे हटती भारतीय सेना का पीछा किया। अब दुश्मन नेफा (NEFA) क्षेत्र और इस जिले के अन्य हिस्सों की ओर भी बढ़ने लगे थे, जहाँ भारतीय सेना की पकड़ बहुत कमजोर थी।

लद्दाख

सितंबर 1962 तक लद्दाख में तैनात भारतीय सेना में दो नियमित बटालियनों—1/8 जीआर और 5 जाट—तथा जम्मू-कश्मीर मिलिशिया की दो बटालियनों के साथ 114 इन्फैंट्री ब्रिगेड को शामिल किया गया था। ये सेनाएँ दौलत-बेग-ओल्डी (Daulat-Beg-Oldi) से लेकर डेमचोक (Demchok) तक स्थित चौकियों पर तैनात थे। 20 अक्तूबर को दुश्मन ने इनमें से कई चौकियों पर एक साथ हमले किए। चिप चैप (Chip Chap) नदी और दौलत-बेग-ओल्डी पर बनी चौकियों को पीछे ले जाना पड़ा। 1/8 गोरखा राइफल्स की एक कंपनी पैंगोंग झील के उत्तरी किनारे पर स्थित सिरिजाप (Sirijap) में डटी हुई थी। 21 अक्तूबर को दुश्मन ने उसपर भी हमला कर दिया। दो हमले तो विफल कर दिए गए, लेकिन दुश्मन ने उसके बाद भी हमला जारी रखा और अंततः मोरचे पर उसका कब्जा हो गया। मात्र पाँच भारतीय सैनिक ही वहाँ से वापस आ सके। बाद में कंपनी कमांडर मेजर धन सिंह थापा को 'परम वीर चक्र' से सम्मानित किया गया। अन्य हमलों में चीनियों ने गलवान (Galwan) और डेमचोक पर बनी भारतीय चौकियों पर भी कब्जा कर लिया।

अब अनुमान लगाया जा रहा था कि दुश्मन अपना अगला हमला चुशुल और उसके हवाई क्षेत्र पर करेगा। इस क्षेत्र की रक्षा का उत्तरदायित्व ब्रिगेडियर रैना

जम्मू-कश्मीर की बर्फीली चोटियों पर गश्त लगाते भारतीय सैनिक।

(साभार : रक्षा मंत्रालय, जनसंपर्क विभाग)

(Brigadier Raina) के नेतृत्व में 114 इन्फैंट्री ब्रिगेड को सौंपा गया था। 24 अक्तूबर को 13 कुमाऊँ ब्रिगेड तथा 10 नवंबर तक 1 जाट डिवीजन, 20 लांसर्स (AMX Tanks) की एक सैन्य टुकड़ी, फील्ड आर्टिलरी की एक बैटरी (तोपखाना), हैवी मोर्टार की एक टुकड़ी और 1 महार मशीनगन बटालियन की एक कंपनी भी चुशुल पहुँच गई। टुकड़ियों के पहुँचते ही रक्षा व्यवस्था मजबूत की जाने लगी। स्पांगुर (Spangur) दर्रे के चारों ओर सैनिक तैनात हो गए, 1/8 जीआर को दर्रे के उत्तर में तथा 13 कुमाऊँ को दक्षिण में रेजांग ला (5,005 मीटर) पर तैनात किया गया था। 1 जाट को चुशुल के उत्तरी प्रवेश मार्ग तथा 5 जाट डिवीजन को दक्षिणी प्रवेश मार्ग की रक्षा के लिए तैनात किया गया था।

अब दुश्मन की ओर से पहला हमला 18 नवंबर को प्रात: 4:00 बजे रेजांग ला पर बिलकुल अलग तैनात कुमाऊँ कंपनी पर शुरू हुआ। यह हमला शुरू में तो एक आकस्मिक हमला था, जो सैनिकों को हतोत्साहित और अचंभित करने के लिए किया गया था; लेकिन कंपनी के सैनिकों ने हमले को पूरी तरह विफल कर दिया। इस हमले में दुश्मन की ओर के कई सैनिक हताहत हुए। अब दुश्मन ने बंकरों को नष्ट करने के लिए भारी गोलाबारी शुरू कर दी। इस गोलाबारी में दुश्मन ने एक-एक करके लगभग सभी बंकर नष्ट कर दिए और 5 घंटे के कड़े प्रतिरोध के बाद अंतत: प्रात: 9:00 बजे उसने पोजीशन पर कब्जा कर लिया। इसमें कंपनी कमांडर मेजर शैतान सिंह गंभीर रूप से घायल होकर पोजीशन खाली करते समय मारे गए। उन्हें मरणोपरांत 'परम वीर चक्र' से सम्मानित किया गया।

18 नवंबर को ही प्रात: 6:30 बजे दुश्मन ने 1/8 गोरखा राइफल्स की पोजीशन पर भी हमला कर दिया था। गोरखों ने हमले का बहादुरी से मुकाबला किया और शाम तक की लड़ाई के बाद दुश्मन सिर्फ एक हिस्से पर कब्जा कर सका। 19 नवंबर को प्रात: 10:30 बजे दुश्मन की ओर से फिर हमला हुआ, लेकिन उसे विफल कर दिया गया। दुश्मन ने हमला लगातार जारी रखा और अंतत: अपराह्न 3:30 बजे तक पूरी पोजीशन पर उसका कब्जा हो गया।

अब चीनियों की ओर से स्पांगुर (Spangur) दर्रे के दोनों ओर तैनात टुकड़ियों पर हमले का खतरा नजर आ रहा था; इसलिए सैनिकों को चुशुल क्षेत्र से पीछे हटने का आदेश दे दिया गया। 20 नवंबर की सुबह तक पूरी ब्रिगेड वहाँ से हटकर नए स्थान पर स्थापित हो गई थी। हालाँकि चीनियों ने उसका पीछा नहीं किया और चुशुल और उसका हवाई क्षेत्र भारतीयों के हाथ में ही बना रहा। 114 इन्फैंट्री ब्रिगेड सकुशल रही। लद्दाख और नेफा के अभियानों में जो अंतर देखने को

मिला, वह दोनों क्षेत्रों में प्रदर्शित नेतृत्व के गुणों के अंतर के कारण था।

कुल मिलाकर सेना बुरी तरह पराजित हुई। इसमें कुल 1,423 सैनिक वीरगति को प्राप्त हुए; 3,018 घायल हुए और 3,587 दुश्मन द्वारा बंदी बना लिये गए। इनके अतिरिक्त 1,655 सैनिक और अधिकारी लापता हुए, जिन्हें मृत मान लिया गया। जब हम यह कहते हैं कि सेना बुरी तरह पराजित हुई, तो उस समय हमें यह भी ध्यान रखना चाहिए कि इन अभियानों में सेना के सभी रैंकों के कुल 24,000 सैनिक ही लगे हुए थे, शेष इन अभियानों से पूरी तरह अलग थे।

लड़ाई के बाद

सन् 1962 के दौरान चीनी सैनिकों ने मैकमोहन रेखा के दक्षिण में जिन क्षेत्रों पर कब्जा कर लिया था, उन्हें स्वत: छोड़ दिया। ऐसा उन्होंने उदारता प्रदर्शित करने के लिए नहीं किया था, बल्कि उनका यह कार्य पूरी तरह से सैनिक सूझ-बूझ पर आधारित था। सर्दियों में मैकमोहन रेखा के दूसरी ओर के दर्रे बर्फ जमने के कारण बंद हो जाते, जिससे चीनियों को जल-विभाजक के दक्षिण की ओर के सैनिकों को सकुशल रखना मुश्किल हो जाता। भारत की ओर से असम के लिए नई फौजें रवाना हो चुकी थीं और साथ ही कई पश्चिमी देशों की ओर से भारत को सहायता का आश्वासन भी मिल गया था। ऐसी स्थिति में भारत की ओर से प्रत्याक्रमण से निपटना चीनियों के लिए मुश्किल भरा काम हो जाता। परंतु चीनियों ने लद्दाख में कब्जा किए गए किसी भी क्षेत्र को नहीं छोड़ा।

इधर भारत में हार के आघात, विशेषकर कैमेंग में हुई क्षति, से कई बड़े बदलाव आए। रक्षामंत्री कृष्ण मेनन ने तो पहले ही तवांग के चीनी हाथों में जाने पर त्याग-पत्र दे दिया था। 19 नवंबर को सेना प्रमुख जनरल थापर ने त्यागपत्र दे दिया और उसके बाद जनरल कौल तथा जनरल पठानिया ने भी त्यागपत्र दे दिए। अब श्री वाई.बी. चव्हाण को रक्षामंत्री तथा लेफ्टिनेंट जनरल जे.एन. चौधुरी को सेना प्रमुख नियुक्त किया गया। यद्यपि युद्ध के तुरंत बाद एक औपचारिक जाँच के आदेश जारी कर दिए गए थे; लेकिन जाँच में जो कुछ पता चला, उसे आज तक सार्वजनिक नहीं किया गया। वैसे हार के कुछ निश्चित कारण तो स्पष्ट ही थे—

- अग्रगामी नीति की सफलता और चीन के इरादों के संबंध में जो जानकारी मिली, वह दोषपूर्ण थी।
- चीनियों का आक्रामक उद्देश्य और इरादा साफ दिखाई दे रहा था, फिर भी राजनीतिक नेतृत्व उसकी ओर से आँखें मूँदे रहा और उसने सेना को

वीरगति को प्राप्त भारतीय सैनिक को अंतिम विदाई, मिसामारी, नवंबर 1962।

आवश्यक तैयारी की अनुमति और सुविधा नहीं दी।

- राजनीतिक नेताओं (शासकों) की इस सनक कि भारत का एकमात्र दुश्मन पाकिस्तान है—का परिणाम यह हुआ कि भारतीय सेना दूसरे खतरों से निपटने की तैयारी नहीं कर पाई और द्वितीय विश्वयुद्ध के दौरान उसने जो कुछ युद्ध-कौशल हासिल किया था, उसका अभ्यास तक नहीं हुआ।
- सेना के आधुनिकीकरण की ओर बिलकुल ध्यान नहीं दिया गया था। उसके पास जो भी हथियार और उपकरण थे, वे सब द्वितीय विश्वयुद्ध के समय के ही थे। परिणामस्वरूप दुश्मन के आधुनिक और उच्च कोटि के हथियारों तथा उपकरणों के सामने वे टिक नहीं सके।
- वास्तविक, आमने-सामने की, लड़ाई शुरू होने पर ब्रिगेड और उससे ऊपर के स्तर का सैन्य नेतृत्व तत्काल काररवाई नहीं कर सका, जिससे दुश्मन का मनोबल बढ़ गया और भारतीय सैन्य नेतृत्व के भीतर डर समा गया।
- इन कमजोरियों के बावजूद भारतीय सैनिकों ने प्रत्येक स्तर पर अपने साहस, बहादुरी और निष्ठा से लड़ाई लड़ी; आवश्यकता पड़ने पर अपनी जान की कुरबानियाँ भी दीं। भारतीय सैनिकों ने अंतिम समय तक पूरी वीरता के साथ अपने प्रबल शत्रु का मुकाबला किया। वास्तव में भारतीय सेना के परंपरागत गुण अक्षुण्ण बने हुए थे।

इस हार का एक सकारात्मक प्रभाव भी पड़ा। सरकार को इससे स्थिति की वास्तविकता का पता चल गया और उसने पाकिस्तान तथा चीन दोनों की ओर से खतरों को ध्यान में रखकर सेना के आधुनिकीकरण का महत्त्व समझ लिया। सेना में छह नई डिवीजनें और बढ़ाने की योजना शुरू कर दी गई। इनमें से कुछ डिवीजनों को विशेष रूप से पर्वतीय युद्ध के लिए तैयार किया जाना था। अमेरिका और ब्रिटेन की मदद से हथियारों और सैन्य उपकरणों का आधुनिकीकरण शुरू कर दिया गया। पर्वतीय और जंगली युद्ध की तैयारी पर ज्यादा जोर दिया गया। पूर्व के सीमावर्ती क्षेत्रों पर अधिक ध्यान देने के लिए पूर्वी कमान का मुख्यालय कलकत्ता (कोलकाता) में स्थानांतरित कर दिया गया और लखनऊ में एक नई 'मध्य कमान' बनाई गई। अधिकारियों की बढ़ती आवश्यकताओं को ध्यान में रखकर आपातकालीन कमीशन के लिए एक योजना शुरू की गई; साथ ही नए अधिकारियों को प्रशिक्षित करने के लिए मद्रास (चेन्नई) और पुणे में एक-एक अधिकारी प्रशिक्षण स्कूल खोला गया।

सुधार, विस्तार और आधुनिकीकरण की यह प्रक्रिया लंबी थी। वास्तव में यह प्रक्रिया पूरी तरह से लागू भी नहीं हो पाई थी कि सन् 1965 में पाकिस्तान ने भारत पर हमला कर दिया। 1962 के अभियानों की असफलता से सरकार की आँखें खुल गई थीं और भारतीय सेना भी अपनी पिछली कमजोरियों से सबक लेकर नई चुनौतियों का सामना करने के लिए सन्नद्ध थी।

भारत-पाक युद्ध-1965

पृष्ठभूमि

सन् 1947 में कश्मीर को अपने साथ मिलाने में सफल न हो पाने की पीड़ा को पाकिस्तान कभी नहीं भूल सका। समय-समय पर बदलती प्रत्येक सरकार के लिए कश्मीर एक सनक बना हुआ था। पाकिस्तान को इस बात का अनुमान था कि भारत की विशालता और उसकी इतनी विशाल सेना के कारण वह भारत के खिलाफ आमने-सामने की सीधी लड़ाई में सफल नहीं हो सकता। अपनी कुछ कमजोरियों को दूर करने के उद्देश्य से पाकिस्तान अमेरिका द्वारा समर्थित 'बगदाद समझौता' और 'दक्षिण-पूर्व एशिया संधि संगठन' (SEATO) में शामिल हो गया। इस प्रकार साम्यवादियों के विरुद्ध लड़ने के बहाने अब उसे अमेरिका की ओर से सैन्य सहायता मिलनी शुरू हो गई। वास्तव में, इस सैन्य सहायता का प्रयोग वह

भारत के विरुद्ध करने की योजना बना रहा था, जो बाद की घटनाओं से स्पष्ट हो गया। चीन के साथ भारत के संबंधों में कड़वाहट आने पर पाकिस्तान ने, अमेरिका के साथ अपने गठजोड़ के बावजूद, चीन के साथ नजदीकी संबंध बना लिये।

सन् 1962 में चीन से मिली हार और 1964 में पं. नेहरू के निधन से संभवत: पाकिस्तान ने अनुमान लगाया था कि भारत राजनीतिक और सैनिक शक्ति, दोनों दृष्टियों से कमजोर हो गया है। ऐसे में उसे सैन्य काररवाई के लिए यही समय उपयुक्त लगा। इसके अतिरिक्त अमेरिका से मिली सैन्य सहायता, जिसमें उसने पैटन टैंक और लड़ाकू विमान हासिल कर लिये थे, के बल पर पाकिस्तान यह सोचने लगा था कि वह हथियारों और उपकरणों के मामले में भारत से आगे बढ़ गया है। किंतु पाकिस्तान यह भी जानता था कि भारत-चीन युद्ध के बाद भारत को पश्चिमी देशों से सैन्य सहायता मिल रही है, इस कारण सैन्य शक्ति संतुलन, जो अभी उसके (पाकिस्तान के) पक्ष में है, जल्दी ही भारत के पक्ष में हो सकता है और उसके सारे अवसर समाप्त हो सकते हैं।

सन् 1963 के बाद से ही पाकिस्तान ने युद्ध-विराम रेखा पर अपनी गतिविधियाँ तेज कर दीं, जिनमें कभी-कभी वह भारतीय सैन्य टुकड़ियों पर भी हमला कर देता था। कश्मीर के लोगों में भारत के प्रति नफरत पैदा करने और उन्हें भारत के विरुद्ध भड़काने के लिए उसने भारत के तथाकथित अत्याचारों की अफवाहें फैलानी शुरू कर दी थीं। सन् 1963 की हजरतबल घटना इसी तरह का उदाहरण थी। यह सबकुछ एक सोची-समझी योजना के अंतर्गत हो रहा था। इस बार भी उसकी योजना सन् 1947 की रणनीति के आधार पर ही तैयार की गई थी। उसका उद्देश्य था कि पहले बड़ी संख्या में अनियमित बलों को युद्ध-विराम रेखा के दूसरी ओर भेजा जाए, जो जम्मू-कश्मीर में भारतीय सैन्य बलों पर हमला करके उन्हें कमजोर कर दें। पाकिस्तान का अनुमान था कि अनियमित बलों की घुसपैठ से जम्मू-कश्मीर के लोगों को विद्रोह के लिए प्रोत्साहित किया जा सकेगा और उसके बाद उनकी सहायता के लिए पाकिस्तानी सेना की नियमित टुकड़ियाँ भेज दी जाएँगी। उसका विश्वास था कि ऐसे में भारतीय सेना एक ओर तो घुसपैठियों और विद्रोह से निपटने में उलझी रहेगी और दूसरी ओर उसे पाकिस्तानी फौजों से निपटना पड़ेगा, जो भारतीय सेना के लिए अत्यंत मुश्किल काम हो जाएगा। कुछ बातों से ऐसा प्रतीत होता है कि पाकिस्तान लड़ाई को जम्मू-कश्मीर तक ही सीमित रहने की बात मानकर चल रहा था, उसे यह विश्वास नहीं था कि भारत लड़ाई को जम्मू-कश्मीर से आगे अंतरराष्ट्रीय सीमा के उस पार तक भी ले जा सकता है। कश्मीर

पर मुख्य हमला करने से पहले पाकिस्तान ने भारत की तैयारी और उसकी इच्छाशक्ति की परीक्षा के लिए कच्छ क्षेत्र पर एक छोटा और सीमित हमला किया।

कच्छ : अप्रैल-मई 1965

कच्छ का रण 23,309 वर्ग किलोमीटर क्षेत्र में फैला रेगिस्तानी इलाका है। इसकी सीमा को लेकर भारत तथा पाकिस्तान के मध्य विवाद चल रहा था। पाकिस्तान रण के 9 हजार वर्ग किलोमीटर क्षेत्र पर अपना दावा कर रहा था। जनवरी 1965 में सीमा पर गश्त लगा रही भारतीय पुलिस को पता चला कि पाकिस्तान ने भारतीय क्षेत्र में लगभग 2 कि.मी. अंदर आकर एक मार्ग तैयार कर लिया है। पाकिस्तान की इस हरकत का विरोध किया गया, लेकिन उसका कोई असर नहीं हुआ; परिणामस्वरूप भारत को उस क्षेत्र में केंद्रीय रिजर्व पुलिस बल की टुकड़ियाँ तैनात करनी पड़ीं। साथ ही, 31 इन्फैंट्री ब्रिगेड को भी धरंगधारा से बुलाकर भुज में तैनात कर दिया गया।

9 अप्रैल, 1965 को तोपों से लैस पाकिस्तानी फौजों ने एक भारतीय चौकी पर हमला कर दिया। भारतीय सेना को स्थिति पर ध्यान रखने का आदेश दे दिया गया था। पैरा ब्रिगेड भी रवाना कर दी गई थी और 18 अप्रैल तक मेजर जनरल

राजस्थान में ऊँटों पर गश्त की तैयारी। *(साभार : रक्षा मंत्रालय, जनसंपर्क विभाग)*

पी.ओ. दुन के नेतृत्व में किलो सेक्टर भी तैयार कर लिया गया। 22 अप्रैल को पता चला कि पाकिस्तान ने अपनी 8 इन्फैंट्री डिवीजन और दो बख्तरबंद रेजीमेंट्स रवाना कर दी हैं। पाकिस्तानी फौजें अपने अड्डों के बिलकुल निकट ही रहते हुए अपने कार्य कर रही थीं, साथ ही उस भूभाग का प्राकृतिक स्वरूप भी अनुकूल नहीं था; इसलिए भारतीय बलों को किसी बड़े अभियान में न उलझने का आदेश दिया गया। किंतु पाकिस्तानी फौजों ने कुछ भारतीय इलाकों और फौजों पर हमला किया और फिर योजना के अनुसार पीछे हट गईं। इसमें भारतीय सेना को काफी क्षति हुई।

इस बीच कई भारतीय सैन्य टुकड़ियों को उनके अभियान क्षेत्र की ओर रवाना कर दिया गया था। 28 अप्रैल, 1965 को प्रधानमंत्री श्री लाल बहादुर शास्त्री ने लोकसभा में अपने एक भाषण में भारत और पाकिस्तान के बीच लड़ाई के गंभीर रूप लेने की आशंका के प्रति सचेत किया था। पाकिस्तान के राष्ट्रपति अयूब खान ने 7 मई को अपनी फौजों को आक्रामक काररवाई रोकने का आदेश दे दिया। जून 1965 में बुलाए गए कॉमनवेल्थ कॉन्फरेंस में ब्रिटेन की मध्यस्थता से दोनों पक्ष एक समझौते पर सहमत हो गए, जिसके अंतर्गत दोनों पक्षों को 1 जनवरी, 1965 तक की स्थिति पर कायम होना था और इस विवाद को मध्यस्थता के जरिए हल किया जाना था।

यद्यपि कच्छ का अभियान एक छोटा सा अभियान था, जिसमें लड़ाई के वास्तविक केंद्र से दूर लड़ाई लड़ी गई थी, तथापि इससे पाकिस्तान ने यह धारणा बना ली कि न तो भारत सरकार और न ही भारतीय सेना लड़ाई का साहस रखती है। उसकी इस धारणा से जम्मू-कश्मीर में बड़ा अभियान छेड़ने के उसके इरादे को बल मिला। दूसरी ओर, भारत ने शांति समझौते को सद्भावपूर्वक स्वीकार किया था; लेकिन इससे भारतीयों के मन में पाकिस्तान के इरादों को लेकर संदेह जरूर पैदा हो गया था। बाद में कारगिल क्षेत्र में पाकिस्तानियों द्वारा संघर्ष जैसी स्थिति उत्पन्न करने पर भारतीयों ने उसकी कुछ चौकियों पर कब्जा करके इस बात के संकेत दे दिए कि भारत चुप नहीं बैठ सकता। परंतु इस ओर पाकिस्तान ने विशेष ध्यान नहीं दिया।

भारत की ओर से प्रधानमंत्री श्री लाल बहादुर शास्त्री ने निर्णय लिया कि कश्मीर पर किया गया कोई भी हमला भारत पर हमला माना जाएगा और उसका करारा जवाब दिया जाएगा, जो सेना द्वारा चुने गए समय और स्थान के आधार पर होगा। उनके इस निर्णय के बाद सेना प्रत्येक स्थिति का सामना करने के लिए तैयार

हो गई। हमले की स्थिति में पश्चिमी कमान क्षेत्र में युद्ध अभियान के लिए योजना बनाई गई, जिसके अनुसार—

- जम्मू-कश्मीर की 15 कोर को पाकिस्तान तथा चीन दोनों की ओर से संभावित खतरे से राज्य की सुरक्षा करनी थी, साथ ही हमले की स्थिति में उसे पाक-अधिकृत कश्मीर में सीमित हमले करने की जिम्मेदारी दी गई थी।
- 11 कोर को पंजाब और गंगानगर (राजस्थान) में दुश्मन की घुसपैठ को नाकाम करने का उत्तरदायित्व दिया गया था। उसे इच्छोगिल नहर (Ichogil Canal) और उसपर बने पुलों को सुरक्षित रखना था।
- नवगठित 1 कोर को जम्मू क्षेत्र से आगे बढ़ना था तथा सियालकोट को लाहौर से संपर्क-विहीन करके उसे अलग-थलग करना था।

कश्मीर

पहले उल्लेख किया जा चुका है कि पाकिस्तान की योजना कश्मीर में बड़ी संख्या में अपनी फौजें युद्ध-विराम रेखा के दूसरी ओर भेजकर कश्मीरियों को भारत के खिलाफ विद्रोह के लिए भड़काने की थी। अपने इसी उद्देश्य को ध्यान में रखकर पाकिस्तान ने 30 हजार सैनिकों की एक सेना—जिब्राल्टर फोर्स—तैयार कर ली थी। इसमें शामिल अधिकांश सैनिक तथाकथित आजाद कश्मीर की फौज से थे, जो वास्तव में पाकिस्तानी सेना का ही एक अभिन्न हिस्सा थी। इन फौजों के साथ कुछ रजाकरों (Razakars) और मुजाहिदीनों को भी शामिल किया गया था। पूरी फौज को दस टुकड़ियों में बाँटा गया था, जिनकी संयुक्त कमान मेजर जनरल ए.एच. मलिक के हाथों में थी।

2 से 5 अगस्त, 1965 के बीच यह फौज उत्तर में कारगिल तथा जम्मू सेक्टर में कालीधर क्षेत्र तक युद्ध-विराम रेखा के दूसरी ओर घुस आई। पुंछ और जम्मू सेक्टर में युद्ध-विराम रेखा के दूसरी ओर से तोपें तैनात की गई थीं। पाकिस्तानी हमले के बारे में न तो केंद्रीय गुप्तचर एजेंसियों के पास कोई संकेत था और न ही सेना की अपनी गुप्तचर एजेंसी के पास। इस कारण शुरू में दुश्मन को ज्यादा कड़े प्रतिरोध का सामना नहीं करना पड़ा। दुश्मन ने पुंछ सेक्टर के थाना मंडी पर कब्जा कर लिया और जम्मू सेक्टर में कालीधर पर्वतश्रेणी के कुछ हिस्सों पर अपनी पकड़ मजबूत कर ली। वे श्रीनगर और गुलमर्ग के करीब तक पहुँच चुके थे। परंतु पाकिस्तान का मुख्य उद्देश्य यानी आम विद्रोह भड़काना सफल नहीं हो सका।

स्थानीय लोगों ने भारतीय सैनिकों के साथ सहयोग ही किया।

आगे और घुसपैठ को रोकने और सीमा के इस पार आए घुसपैठियों को अलग-थलग करने के उद्देश्य से उनके अड्डों और घुसपैठ-मार्गों पर कब्जा करने के लिए अभियान छेड़ने का निर्णय लिया गया। कारगिल क्षेत्र में जहाँ-जहाँ से पाकिस्तानी सैनिकों के द्वारा श्रीनगर-लेह राजमार्ग को नुकसान पहुँचाने की आशंका थी, उन-उन स्थानों पर कब्जा कर लिया गया। टिथवाल सेक्टर में पीर साहिब पर कब्जा करके भारतीय जवान किशनगंगा की ओर बढ़े और वहाँ से घुसपैठ के सभी रास्ते बंद कर दिए। हाजी पीर दर्रे को सुरक्षित करने के लिए एक बड़ा अभियान शुरू किया गया, क्योंकि यहाँ से कश्मीर घाटी में घुसपैठ के लिए एक मुख्य मार्ग था।

हाजी पीर दर्रे पर कब्जा करने का उत्तरदायित्व ब्रिगेडियर (बाद में लेफ्टिनेंट जनरल) जोरावर चंद बख्शी के नेतृत्व में 68 ब्रिगेड को सौंपा गया था। 68 ब्रिगेड की कमान में 1 पैरा, 4 राजपूत, 19 पंजाब तथा 6 जम्मू-कश्मीर राइफल्स के साथ 164 फील्ड रेजीमेंट थीं। दोतरफा हमले की योजना बनाई गई थी, जिसमें 1 पैरा को सैंक (Sank) पर तथा 19 पंजाब को बेडोरी (Bedori) पर कब्जा करने का उत्तरदायित्व सौंपा गया था। बेडोरी पर कब्जा होते ही 4 राजपूत को हाजी पीर दर्रे को सुरक्षित करना था। 25 अगस्त की रात में हमला शुरू हुआ, लेकिन न तो सैंक पर और न ही बेडोरी पर कब्जा किया जा सका। 27 अगस्त को दूसरी बार हमला किया गया। इसमें 1 पैरा तो सैंक पर कब्जा करने में सफल हो गई, लेकिन बेडोरी अब भी दुश्मन के हाथ में ही था। अब 1 पैरा ने दर्रे पर कब्जा करने की अनुमति माँगी। अनुमति मिलते ही मेजर (बाद में लेफ्टिनेंट जनरल) रंजीत सिंह दयाल के नेतृत्व में एक कंपनी को यह क़ार्य सौंपा गया। 27 अगस्त को अपराह्न 2:00 बजे काररवाई शुरू हुई और पूरी रात आगे बढ़ते हुए कंपनी अगले दिन प्रात: 6:00 बजे दर्रे के ठीक नीचे पहुँच गई। एक पलटन को दुश्मन को उलझाकर रखने के लिए छोड़कर मेजर दयाल शेष फौज को साथ लेकर आगे बढ़े। उन्होंने दर्रे के पश्चिमी घेरे पर कब्जा कर लिया। अचानक हुए इस हमले से दुश्मन स्तब्ध रह गए। वे डरकर अपनी पोजीशन से हट गए। दर्रे पर भारतीय सेना का कब्जा हो जाने से अभियान को आगे बढ़ाने का मौका मिल गया और 12 सितंबर तक हाजी पीर से होते हुए उड़ी-पुंछ मार्ग को खोल दिया गया।

हाजी पीर के हाथ से निकल जाने और युद्ध-विराम रेखा पर अन्य कई स्थानों पर भारतीय सेना की सफलता से पाकिस्तानी बलों का उत्साह ढीला पड़

गया। कश्मीर घाटी पर कब्जा करने की जगह अब उन्हें जम्मू-कश्मीर के अपने अधिकारवाले अन्य हिस्सों के भी हाथ से निकल जाने का खतरा दिखाई देने लगा था। अपने सैनिकों पर दबाव बनाने के लिए पाकिस्तान ने अब अंतरराष्ट्रीय सीमा के इस पार छंब और अखनूर की ओर से हमला किया। यह हमला पाकिस्तान की 12 इन्फैंट्री डिवीजन ने दो बख्तरबंद रेजीमेंटों के साथ किया था। अभियान को 'ग्रैंड स्लैम' नाम दिया गया, जो 1 सितंबर, 1965 को छंब पर डटी 191 इन्फैंट्री ब्रिगेड पर तोप के द्वारा बमबारी के साथ शुरू किया गया था। इस बार पाकिस्तानी बलों को आश्चर्यजनक सफलता मिली। शाम तक पाकिस्तानी फौजें मनावर तवी नदी तक पहुँचने वाली थीं। 191 ब्रिगेड रात में पीछे हट गई। पाकिस्तान की ओर के कमांडिंग हेडक्वार्टर में परिवर्तन किया जा रहा था, जिससे 24 घंटे तक उसकी ओर से कोई हमला नहीं हुआ। 4 सितंबर को पाकिस्तान ने जौड़ियाँ (Jaurian) पर हमला कर दिया और रात में 41 माउंटेन ब्रिगेड पीछे हट गई; वह अखनूर की रक्षा के लिए 191 ब्रिगेड के साथ मिल गई। 6 सितंबर को पाकिस्तान की ओर से 28 ब्रिगेड पर हमले किए गए, जिन्हें पूर्णतः विफल कर दिया गया। उसी दिन पंजाब में अंतरराष्ट्रीय सीमा के उस पार किए गए भारतीय हमले से पाकिस्तानियों को छंब सेक्टर में और आगे हमला रोकने के लिए मजबूर होना पड़ा। किंतु वे अपनी पोजीशनों पर डटे रहे, जिन पर उन्होंने पहले क़ब्जा कर लिया था। 1 सितंबर को इन अभियानों में पाकिस्तानी बख्तरबंद सेना पर हवाई हमले करने के लिए पहली बार भारतीय वायुसेना को भी शामिल किया गया था। लड़ाई का क्षेत्र अब जम्मू-कश्मीर से पंजाब की ओर हो गया था।

पंजाब

1 सितंबर को पाकिस्तानी सेना ने छंब पर हमला किया था। उस समय जनरल चौधुरी कश्मीर में थे। उसके बाद वह दिल्ली के लिए रवाना हो गए और दिल्ली से उन्होंने पूर्व निश्चित योजना के अनुसार पंजाब में हमले का आदेश जारी कर दिया। जैसा पहले उल्लेख किया जा चुका है कि योजना के अनुसार 11 कोर को अमृतसर के सामने से पूर्व की ओर खेमकरण के सामने तक आगे बढ़ना था। 1 कोर को सांबा से सियालकोट की ओर हमला करते हुए आगे बढ़ना था। आइए पहले 11 कोर के अभियानों की चर्चा करते हैं।

11 कोर के नियंत्रण में तीन डिवीजनें थीं—15 माउंटेन डिवीजन, जो अमृतसर में थी; 7 माउंटेन डिवीजन, जो फिरोजपुर में थी और 4 माउंटेन डिवीजन, जो

अंबाला में थी। योजना के अनुसार तीनों डिवीजनों को 2-2 ब्रिगेडों को लेकर एक साथ आगे बढ़ना था। 15 इन्फैंट्री डिवीजन को ग्रांड ट्रंक रोड के दोनों ओर चलते हुए आगे बढ़ना था; 7 डिवीजन को खालरा-बरकी-लाहौर मार्ग पर चलते हुए आगे बढ़ना था; जबकि 4 डिवीजन को खेमकरण से कसूर की ओर आगे बढ़ना था। दुश्मन को स्तंभित करने के लिए इन टुकड़ियों को 5-6 सितंबर की रात में आगे बढ़ते हुए सुबह तक अंतरराष्ट्रीय सीमा पार करनी थी। सेना की यह शुरुआती बढ़त पूरी तरह सफल रही।

15 डिवीजन के मोरचे पर 54 इन्फैंट्री ब्रिगेड के साथ 3 जाट डिवीजन ने जी.टी. रोड पर आगे बढ़ना शुरू किया। बटालियन को आरंभ में घमासान युद्ध के बाद अच्छी सफलता मिली, लेकिन ब्रिगेड की शेष टुकड़ियाँ उससे काफी पीछे रह गईं। ब्रिगेड हेडक्वार्टर से संपर्क बनाए रखने के लिए रेडियो सेट नहीं थे, इस कारण बटालियन का ब्रिगेड हेडक्वार्टर से संपर्क टूट गया। इसके बावजूद बटालियन 14 हॉर्स (14 Horse) की एक टुकड़ी के साथ आगे बढ़ी और इच्छोगिल नहर के पास पहुँचकर उसने डोगराई (Dograi) पर कब्जा कर लिया। डिवीजन हेडक्वार्टर से संपर्क टूट जाने और आर्टिलरी की सहायता न मिलने के कारण बटालियन को बाद में पीछे हटना पड़ा। दरअसल, लाहौर के लिए खतरे से सचेत होकर दुश्मन ने जोरदार प्रतिक्रिया दिखाते हुए आगे बढ़ती सैन्य टुकड़ियों पर भारी गोलाबारी और हवाई हमले किए। इस कारण सैन्य टुकड़ियों का आगे बढ़ना रुक गया था। कई टुकड़ियाँ तो तितर-बितर भी हो गई थीं। इससे कमांडरों का उत्साह कुछ ढीला पड़ गया था। कारण जो भी रहा हो, 15 डिवीजन अपने उद्देश्य में सफल नहीं हो सकी। अब मेजर जनरल मोहिंदर सिंह को जनरल ऑफिसर कमांडिंग बनाया गया और 54 ब्रिगेड की कमान ब्रिगेडियर निरंजन सिंह को सौंपी गई। पाकिस्तान की ओर से हमले की झूठी चेतावनियाँ मिलने पर अमृतसर क्षेत्र में तेजी से सैन्य टुकड़ियाँ बढ़ाई जाने लगीं। 96 इन्फैंट्री ब्रिगेड, 50 पैरा ब्रिगेड, 41 माउंटेन ब्रिगेड और अंत में 2 बख्तरबंद ब्रिगेड अमृतसर पहुँच गईं। किंतु अमृतसर पर पाकिस्तान की ओर से न कोई हमला हुआ और न ही 15 इन्फैंट्री डिवीजन किसी स्थान पर कब्जा कर पाई। 22 अक्तूबर को 3 जाट ने डोगराई पर पुनः कब्जा कर लिया था। कमांडिंग ऑफिसर लेफ्टिनेंट कर्नल डेसमंड हायडी (Desmond Hayde) के नेतृत्व में 3 जाट ने घमासान लड़ाई के बाद उल्लेखनीय सफलता प्राप्त की। लड़ाई की भयावहता का अनुमान इसी बात से लगाया जा सकता है कि इस लड़ाई में जाट डिवीजन के 216 सैनिक हताहत हुए, जिनमें 10 अधिकारी भी शामिल थे।

सन् 1965 के भारत-पाक युद्ध के दौरान भी पंजाब में किसान अपने खेतों में कार्य करते रहे। इसी से 'जय जवान-जय किसान' नारे का जन्म हुआ।

(साभार : रक्षा मंत्रालय, जनसंपर्क विभाग)

इसके अतिरिक्त वहाँ लगभग 840 पाकिस्तानी सैनिकों के शव पाए गए थे।

7 इन्फैंट्री डिवीजन को खालरा-लाहौर मार्ग पर आगे बढ़ते हुए अपेक्षाकृत कुछ ज्यादा सफलता मिली। उसने 6 सितंबर को प्रात: 5:30 बजे आगे बढ़ना शुरू किया था और 10:30 बजे तक 6/8 गोरखा ने हुडियारा गाँव पर कब्जा कर लिया था तथा शाम 5:00 बजे तक गार्ड्स ने हुडियारा नाला भी पार कर लिया था। उसी समय दुश्मन ने नाले पर बने पुल को ध्वस्त कर दिया और उसके बाद वे बरकी की ओर चले गए। 17 राजपूत डिवीजन ने बेडियान को सुरक्षित करने के लिए उसपर हमला किया था, जो दुश्मन द्वारा रोक दिया गया। उसके बाद दुश्मन राजपूत डिवीजन को आगे बढ़ने से रोकने के लिए पूरे क्षेत्र में फैल गए। हुडियारा नाले पर पुल के पुनर्निर्माण का कार्य 7 सितंबर तक ही पूरा हो सकता था। अब बरकी की ओर बढ़ना शुरू किया गया। 8-9 सितंबर तक बरकी के निकट के गाँवों को सुरक्षित कर लिया गया। उसके बाद वहाँ दुश्मन की व्यवस्था का पता लगाने के लिए गश्त शुरू कर दी गई। 4 सिख बटालियन ने 10-11 सितंबर की रात में बरकी पर हमला किया और कड़े संघर्ष के बाद उसने बरकी गाँव को अपने कब्जे में कर सुरक्षित कर लिया। अब दुश्मन नहर पर बने पुल को ध्वस्त करते हुए नहर

पाक सैनिक पानी में टैंक छोड़कर भाग गए। खेमकरण, सितंबर 1965। जहाँ नेपोलियन और हिटलर के रूस पर विजय के मनसूबों को बर्फ ने चूर-चूर कर दिया था वहीं खेमकरण में दलदल और पानी ने पाक टैंकों के विजय अभियान पर पानी फेर दिया।

(साभार : रक्षा मंत्रालय, जनसंपर्क विभाग)

के उस पार चले गए। इस प्रकार 7 इन्फैंट्री डिवीजन ने अपने अधिकांश अभियानों में सफलता प्राप्त की; हालाँकि इसमें उसे निश्चित समय से कुछ ज्यादा समय अवश्य लगा।

11 कोर की तीसरी डिवीजन 4 माउंटेन डिवीजन थी। नेफा (NEFA) के अनुभवों के बाद उसमें काफी सुधार किया गया था और उसे पर्वतीय युद्ध के लिए विशेष रूप से प्रशिक्षित किया गया था; किंतु अब उसे मैदानों में अभियान शुरू करने के लिए आदेश दिए गए। उसे बेडियान के दक्षिण में सतलज तक के क्षेत्र को सुरक्षित करने का कार्य सौंपा गया। डिवीजन 5 सितंबर को रात्रि 2:00 बजे शिमला की पहाड़ियों से रवाना हुई और अगले दिन रात को 10:00 बजे वह निर्धारित स्थान पर पहुँच गई। 62 ब्रिगेड ने प्रात: 5:30 बजे अंतरराष्ट्रीय सीमा पार कर ली और 11:00 बजे तक उसने रोही नल्ला (Rohi Nallah) पर कब्जा कर लिया। 7 ब्रिगेड की 7 ग्रेनेडियर्स को बल्लनवाला (Ballanwala) पर कब्जा करने की जिम्मेदारी सौंपी गई थी, लेकिन दुश्मन के जोरदार प्रतिरोध के कारण उसे सफलता नहीं मिली। इच्छोगिल नहर के किसी भी स्थान पर कब्जा नहीं किया जा सका। 6-7 सितंबर को दिन के शेष समय तथा रात के दौरान दुश्मन की

ओर से कई प्रत्याक्रमण हुए, जिससे भारतीय सेना तितर-बितर होने लगी। उसी समय खबर मिली कि दुश्मन के टैंक नहर के इस ओर पहुँचने वाले हैं। दुश्मन की ओर से जोरदार प्रत्याक्रमण का अनुमान लगाकर डिवीजनल कमांडर मेजर जनरल गुरबख्श सिंह ने पीछे हटने का निर्णय ले लिया। पीछे हटकर उन्होंने असल उत्तर और चीमा नामक गाँवों, जो खेमकरण से अमृतसर और पट्टी जानेवाले मार्ग पर स्थित थे, में अपनी रक्षात्मक पोजीशन सँभाल ली।

उस समय तक 4 डिवीजन दुश्मन की घुसपैठ के केंद्र तक पहुँच गई थी, लेकिन भारतीय कमान को इसके बारे में जानकारी नहीं थी। पाकिस्तान की 1 बख्तरबंद डिवीजन और 11 इन्फैंट्री डिवीजन कसूर के इर्द-गिर्द ही तैनात थीं, जिनका उद्‌देश्य भारतीय क्षेत्र में बड़ा हमला करना था। उनके इस हमले में पाकिस्तान की 1 बख्तरबंद डिवीजन को कसूर और सोबराँव (Sobraon) नहर के रास्ते आगे बढ़ते हुए ग्रांड ट्रंक रोड पर स्थित जांदियाला गुरु (Jandiala Guru) तथा व्यास नदी पर बने पुल को सुरक्षित करना था। हमले के लिए 7 सितंबर का दिन निश्चित किया गया। अत: भारत की 4 इन्फैंट्री डिवीजन के हमले से पाकिस्तानी फौजों का यह हमला 24 घंटों तक रुका रहा। ये 24 घंटे 4 इन्फैंट्री डिवीजन को अपने सैनिकों को पुन: संगठित करने तथा क्षेत्र में अपनी 2 बख्तरबंद ब्रिगेड को तैनात करने के लिए बहुत महत्त्वपूर्ण थे। 8-10 सितंबर के बीच दुश्मन ने भारतीय सैनिकों को तितर-बितर करने के लिए कई प्रयास किए। इस बीच की लड़ाई मुख्यत: बख्तरबंद लड़ाई थी, जो पाकिस्तान की 1 बख्तरबंद डिवीजन, भारत की चार पैटन रेजीमेंटों तथा एक चाफी रेजीमेंट और 2 बख्तरबंद ब्रिगेड के साथ दो शरमन (Sharman) रेजीमेंट एवं एक सेंचूरियन रेजीमेंट के बीच लड़ी गई थी। यद्यपि शस्त्रास्त्र के मामले में दुश्मन ज्यादा सक्षम थे, तथापि टैंकों और तोपों के कुशल प्रयोग से भारतीयों ने उन्हें पस्त कर दिया। मुख्य लड़ाई 10 सितंबर को लड़ी गई। इसी लड़ाई में 4 ग्रेनेडियर्स के कंपनी क्वार्टरमास्टर हवलदार मेजर अब्दुल हमीद को दुश्मन के तीन टैंकों को ध्वस्त करने के लिए 'परम वीर चक्र' से सम्मानित किया गया था। इस लड़ाई में दुश्मन के कुल 97 टैंक नष्ट कर दिए गए, जिनमें से 72 पैटन टैंक थे। इनमें से 32 टैंक तो सक्रिय (चालू) स्थिति में थे; दुश्मन उन्हें छोड़कर भाग खड़े हुए थे।

सियालकोट सेक्टर में 1 कोर के हमले से दुश्मन को सबकुछ छोड़कर नए खतरे का सामना करना पड़ गया। किंतु खेमकरण अभी तक पाकिस्तान के हाथों में ही था। उसपर कब्जा करने के लिए भारतीय फौजों की ओर से कई बार कोशिश

25 पाउंडर तोप को बर्फ में आगे धकेलते भारतीय जवान।

(साभार : रक्षा मंत्रालय, जनसंपर्क विभाग)

की गई, लेकिन सफलता नहीं मिली।

11 कोर के अभियानों पर एक व्यापक दृष्टि डालने से पता चलता है कि कोर ने अपने लक्ष्य को सामान्यतया प्राप्त कर लिया, अर्थात् भारतीय क्षेत्र में किसी घुसपैठ को रोकने में वह पूरी तरह सफल रही, मात्र खेमकरण क्षेत्र को छोड़कर। घुसपैठ के संघर्ष में दुश्मन की एक बख्तरबंद डिवीजन नष्ट कर दी गई।

दक्षिण की ओर आगे हुसैनीवाला तथा सुलेमानके क्षेत्रों में छिटपुट लड़ाई हुई। इसी तरह राजस्थान सेक्टर में भी मामूली झड़पें हुईं; लेकिन इन छिटपुट लड़ाइयों अथवा झड़पों का कोई विशेष प्रभाव नहीं पड़ा।

भारत की ओर से हमला

भारत की ओर से मुख्य हमला—जम्मू क्षेत्र में सियालकोट को लाहौर से अलग-थलग करने के लिए—किए जाने की योजना थी। यह कार्य 1 कोर तथा एक हेडक्वार्टर को सौंपा गया, जिनका गठन युद्ध शुरू होने से कुछ महीने पहले 1 अप्रैल, 1965 को ही किया गया था। 1 कोर के नियंत्रण में 1 बख्तरबंद डिवीजन, 6 माउंटेन डिवीजन, 14 इन्फैंट्री डिवीजन और 26 इन्फैंट्री डिवीजन थीं। इनमें से

14 इन्फैंट्री डिवीजन का गठन हेडक्वार्टर, 1 कोर की तरह ही युद्ध शुरू होने से कुछ महीने पहले ही किया गया था, जबकि 6 माउंटेन डिवीजन मैदानी क्षेत्रों में लड़ने के लिए प्रशिक्षित अथवा सुसज्जित नहीं थी।

हमला 8 सितंबर, 1965 को शुरू हुआ। 6 तथा 26 डिवीजन को तो अपने शुरुआती लक्ष्य में सफलता मिली, लेकिन बख्तरबंद डिवीजन, जिसे शाम तक फिल्लोरा तथा पगोवल को सुरक्षित करने का कार्य सौंपा गया था, ज्यादा सफलता नहीं प्राप्त कर सकी। अंतत: 10 सितंबर को वह फिल्लोरा पहुँची और 11 सितंबर को हमला किया गया। उस समय तक दुश्मन उस क्षेत्र में मजबूती से स्थापित हो चुके थे। घमासान लड़ाई के बाद दुश्मन को अंतत: युद्धभूमि छोड़कर पीछे हटना पड़ा और फिल्लोरा पर अपराह्न 3:30 बजे भारतीयों का कब्जा हो गया। 6 डिवीजन ने 13 सितंबर को पगोवल पर कब्जा कर लिया।

अगला निशाना था चाविंडा, जो फिल्लोरा से 5 किलोमीटर दूर दक्षिण में स्थित था। 14 सितंबर के बाद लगातार कई हमले किए गए, लेकिन दुश्मन की ओर से उनका कड़ा मुकाबला किया गया। 17 सितंबर को एक हमले के दौरान 17 हॉर्स (17 Horse) के कमांडेंट लेफ्टिनेंट कर्नल तारापोर अपनी रेजीमेंट को लेकर दुश्मन से लड़ते हुए गंभीर रूप से घायल हो गए थे। इस युद्ध में अद्भुत शौर्य का प्रदर्शन करने के लिए उन्हें मरणोपरांत 'परम वीर चक्र' से सम्मानित किया गया।

21 सितंबर को बख्तरबंद डिवीजन को पीछे हटा लिया गया और 6 डिवीजन ने पूरे सेक्टर पर कब्जा कर लिया। युद्ध-विराम तक 1 कोर ने दुश्मन के भूभाग के लगभग 490 वर्ग किलोमीटर क्षेत्र पर कब्जा कर लिया था और दुश्मन के लगभग 170 टैंकों को नष्ट कर दिया था। 1 कोर के 38 अधिकारियों सहित कुल 575 सैनिक हताहत हुए थे और सभी रैंकों के कुल 1,880 सैनिक घायल तथा 427 लापता हो गए थे। हालाँकि 1 कोर अपने लक्ष्य में पूरी तरह से सफल नहीं हो सकी, लेकिन उसने दुश्मन को भारी क्षति पहुँचाई थी।

युद्ध-विराम

सितंबर के आरंभ से ही संयुक्त राष्ट्र संघ युद्ध-विराम के लिए मध्यस्थता करने की कोशिश में था। पाकिस्तान की ओर से जोर दिया जा रहा था कि युद्ध-विराम में कश्मीर समस्या के हल का प्रावधान होना चाहिए। भारत युद्ध-विराम के लिए तैयार तो था, लेकिन इसमें वह किसी प्रकार की शर्त मानने के लिए तैयार नहीं था। 22 सितंबर को सुरक्षा परिषद् ने युद्ध-विराम का प्रस्ताव पारित कर दिया, जो

भारतीय मानक समय के अनुसार दोपहर 12:30 बजे से लागू होना था। भारत ने प्रस्ताव स्वीकार कर लिया। पाकिस्तान पहले तो तैयार नहीं हुआ, लेकिन अंततः वह भी तैयार हो गया और 23 सितंबर को अपराह्न 3:30 बजे युद्ध-विराम लागू हो गया।

पाकिस्तान की आशा के विपरीत चीन ने युद्ध में किसी प्रकार का सक्रिय हस्तक्षेप या सहयोग नहीं किया। हालाँकि उसने धमकी भरी चीख-पुकार जरूर मचाई, लेकिन उसका युद्ध के परिणाम पर कोई असर नहीं हुआ। यह बात तो सच है कि युद्ध बिना किसी निश्चित परिणाम के समाप्त हो गया, लेकिन भारत को अपने मूल उद्देश्य में सफलता जरूर मिल गई, अर्थात् कश्मीर पर बलपूर्वक कब्जा करने के पाकिस्तानी इरादों को भारत ने नाकाम कर दिया। पाकिस्तान की ओर से किए गए सभी हमलों को सीमित करके रोक लिया गया। युद्ध-विराम के समय पाकिस्तान के 1,528 वर्ग किलोमीटर क्षेत्र पर भारत का कब्जा हो चुका था, जबकि पाकिस्तान सिर्फ 554 वर्ग किलोमीटर भारतीय क्षेत्र पर ही कब्जा कर सका था। भारत की ओर से हताहतों की कुल संख्या 11,705 थी, जिसमें से 2,902 सैनिक मारे गए थे। भारतीय सेना ने अपनी और भारतीय जनता की नजरों में अपना गौरव बनाए रखा।

युद्ध-विराम के बाद दोनों देशों के बीच शांति कायम करने के लिए और भी कई प्रयास किए गए। कुछ समय बाद सोवियत संघ ने मध्यस्थता करने का प्रस्ताव रखा। सोवियत प्रधानमंत्री कोसिजिन ने दोनों देशों के नेताओं को 4 जनवरी, 1966 को ताशकंद में मिलने के लिए आमंत्रित किया। उन्होंने दोनों पक्षों को पारस्परिक सहमति से पूर्व स्थिति पर कायम होने के लिए तैयार कर लिया; यानी कि पाकिस्तान को जम्मू-कश्मीर में घुसपैठ कराने का मौका फिर मिल गया। सोवियत संघ के प्रयासों से दोनों देश एक-दूसरे के जीते हुए भूभागों को वापस लौटाने के लिए तैयार हो गए। भारत की ओर से प्रधानमंत्री श्री लाल बहादुर शास्त्री ने ताशकंद समझौते पर अपने हस्ताक्षर किए थे। दुर्भाग्य से हस्ताक्षर करने के बाद ताशकंद में ही उनका निधन हो गया। इस समझौते के परिणामस्वरूप पाकिस्तान अपने किसी उद्देश्य में सफल नहीं हो सका और राष्ट्रपति अयूब खान निराशा का भाव लिये वापस लौट गए। इस असफलता के कारण अंततः उन्हें तख्ता-पलट का शिकार होना पड़ा।

समीक्षा और सबक

सन् 1965 की भारतीय कारखाइयों के संदर्भ में कुछ लोगों का मानना है कि भारत की ये कारखाइयाँ मात्र प्रतिक्रियात्मक ही रहीं। ऐसा माननेवाले लोग

संभवत: यह तथ्य भूल जाते हैं कि 1965 में भारतीय सेना पुनर्गठन और सुदृढ़ीकरण की प्रक्रिया से ही गुजर रही थी। सेना की कई इकाइयाँ उस समय तक पूरी तरह से प्रशिक्षित और सुसज्जित नहीं थीं। उसका मुख्य लक्ष्य रणनीतिक रक्षा पर कायम रहना था। उसकी 15 तथा 11 कोर, दोनों को अपनी परिधि के भीतर रहते हुए सीमित स्थानीय हमलों की जिम्मेदारी सौंपी गई थी। यह अलग बात है कि कुछेक बार उसकी काररवाई शिथिल जरूर रही। वैसे इसका एक कारण हमलों के उपयुक्त और कुशल प्रबंधन का अभाव था।

कुछ अन्य समीक्षकों का मानना है कि युद्ध-विराम का प्रस्ताव समय से पहले मान लिया गया। इन लोगों का मानना है कि पाकिस्तान का धैर्य टूटने की कगार पर था और यदि लड़ाई और ज्यादा समय तक खींची जाती तो हम पाकिस्तानी सेना को नष्ट करने में सफल हो जाते। पर इस धारणा का कोई मजबूत आधार नहीं दिखाई देता। ऐसा कोई संकेत नहीं मिलता कि पाकिस्तानी सेना उस समय टूटने के कगार पर थी। सुरक्षा परिषद् का प्रस्ताव स्वीकार करना अनिवार्य था और इस कारण उसे मानना पड़ा।

तीसरी श्रेणी के समीक्षकों का मानना है कि सेना के अंगों में आंतरिक

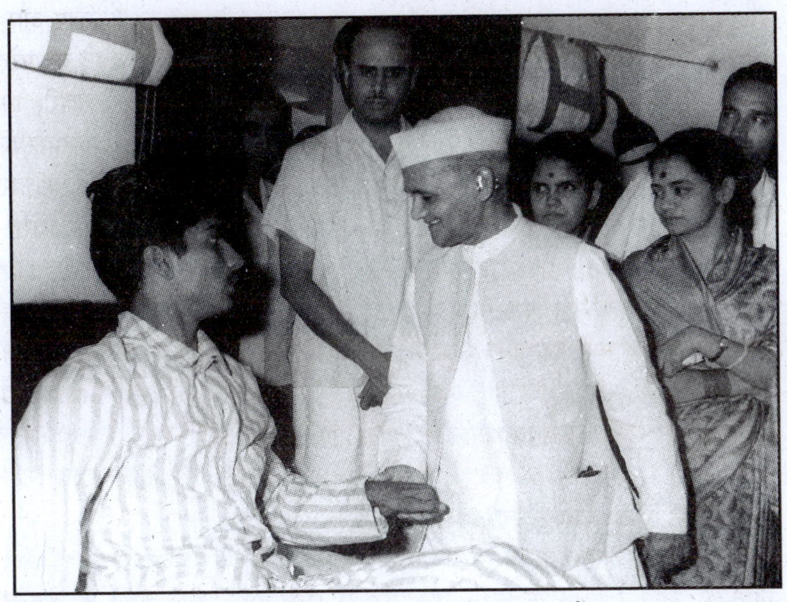

प्रधानमंत्री श्री लाल बहादुर शास्त्री घायल जवान का हाल-चाल पूछते हुए।

(साभार : रक्षा मंत्रालय, जनसंपर्क विभाग)

सहयोग का पूरी तरह अभाव था—विशेषकर थलसेना और वायुसेना में। यह बात मान्य है और इसमें जितना दोष थलसेना का है उतना ही वायुसेना का भी। सेनाओं की इस कमी की ओर ध्यान देते हुए सन् 1965 के बाद थलसेना एवं वायुसेना के मध्य कई सैन्य अभ्यास किए गए।

चौथी समीक्षा गुप्तचर सेवाओं के संदर्भ में है। गुप्तचर एजेंसियाँ दुश्मन के इरादों और उसकी क्षमताओं के बारे में चेतावनी देने में असमर्थ रहीं। गुप्तचर एजेंसियों की इस कमी को दूर करने के लिए कोई सुधार नहीं किया गया, जो सन् 1999 की कारगिल की घटना से स्पष्ट हो जाता है।

प्रशिक्षण के मामले में एक महत्त्वपूर्ण कमी यह देखने को मिली कि सैनिकों को हमले झेलने का पर्याप्त प्रशिक्षण नहीं दिया गया था। कई मौकों पर देखने में आया कि दुश्मन की भारी बमबारी या हवाई हमले से सैनिक टुकड़ियाँ नष्ट हो गईं। हालाँकि बाद में इस कमी को दूर करने के लिए पर्याप्त उपाय किए गए। सैनिकों को खंदकों में लड़ने के लिए प्रशिक्षित किया गया और टैंक के हमले के प्रति उनके भय को दूर करने के लिए खंदकों में बैठे जवानों के ऊपर से टैंक चलाए गए।

युद्ध के दौरान सैन्य उपकरणों की अक्षमता भी सामने आई। अधिकांश हथियार और उपकरण पुराने थे। रेडियो उपकरणों की गुणवत्ता ठीक नहीं थी तथा इनकी संख्या भी अपर्याप्त थी; वायुयानरोधी और टैंकरोधी उपकरणों की कमी थी। बाद में पुराने उपकरणों को आधुनिक बनाने और नए उपकरण हासिल करने के लिए महत्त्वपूर्ण कदम उठाए गए। सोवियत संघ से भारत की निकटता के कारण पश्चिमी देश हथियारों की आपूर्ति करने के लिए तैयार नहीं थे। पुराने शरमन (Sherman) और ए.एम.एक्स. टैंकों के स्थान पर टी-54, टी-55 और पी.टी.-76 टैंक हासिल किए गए। इसी तरह, धीरे-धीरे 130 एम.एम. की मीडियम गन और अन्य तोपें, आधुनिक किस्म के रेडियो सेट और अन्य उपकरण प्राप्त किए गए। 1960 के दशक के अगले पाँच वर्ष 1962 और 1965 की लड़ाइयों से सबक लेकर सेना को सुदृढ़ बनाने में लगाए गए।

विस्तार एवं प्रशिक्षण-1965-70

सन् 1962 के युद्ध के तुरंत बाद ही सेना के विस्तार की योजना बनाई जाने लगी थी; लेकिन 1965 के भारत-पाक युद्ध से इसमें बाधा आई। 1965 के युद्ध में सेना की कुछ कमजोरियाँ सामने आईं—विशेषकर बख्तरबंद, आर्टिलरी (तोप)

और इंजीनियर सेवा में। इन अभियानों में टैंकों के साथ चलनेवाले ट्रकों पर सवार इन्फैंट्री की अक्षमता भी देखने में आई। अभियानों के बाद बख्तरबंद सैन्य वाहन प्राप्त करने के लिए कदम उठाए गए और सन् 1969 तक बख्तरबंद डिवीजनों और (स्वतंत्र) बख्तरबंद ब्रिगेडों को ये वाहन उपलब्ध करा दिए गए।

सन् 1965 की लड़ाई में हाजी पीर पर कब्जा।

जहाँ तक प्रशिक्षण की बात है, व्यक्तिगत एवं सामूहिक प्रशिक्षण पर विशेष जोर दिया गया। सन् 1962 और 1965 की लड़ाइयों से सबक लेकर शिक्षण-प्रशिक्षण स्कूलों के पाठ्यक्रमों में परिवर्तन किया गया। माउंटेन डिवीजनों को पीठ-लद्दू (Man pack) और पशु-यातायात के आधार पर सीमित समय के लिए और अलग पड़ जाने की स्थिति में स्वयं को सुरक्षित रखने के लिए प्रशिक्षित किया गया। नए हथियारों और उपकरणों के निर्माण तथा पुराने हथियारों के आधुनिकीकरण की प्रक्रिया पहले ही शुरू की जा चुकी थी। इसके लिए कई स्थानों पर आयुध निर्माण इकाइयों की स्थापना की गई। विजयंत युद्धक टैंक का निर्माण करने के लिए मद्रास के निकट अवाडी में भारी वाहन कारखाना (Heavy Vehicle Factory) तथा संचार उपकरण बनाने के लिए बंगलौर में भारत इलेक्ट्रॉनिक्स लिमिटेड (BEL) की स्थापना की गई।

अभियान

नागालैंड में विद्रोह की चिनगारी लगातार भड़कती जा रही थी। धीरे-धीरे उसने मिजोरम को भी अपनी चपेट में ले लिया। इसी पुस्तक में एक अलग अध्याय के अंतर्गत इसपर विस्तार से चर्चा की गई है।

सन् 1967 में चीनियों ने सिक्किम सेक्टर में नाथू-ला दर्रे पर तनावपूर्ण स्थिति उत्पन्न कर दी। 11 सितंबर को दोनों पक्षों की ओर से तोपों द्वारा गोले

बरसाए गए। भारतीय जवान अपनी स्थिति पर डटे रहे, जबकि उनके 15 साथी शहीद हो चुके थे और 145 घायल हो गए थे। 1 अक्तूबर को चो ला (Cho La) में भी इसी तरह की स्थिति उत्पन्न हो गई। इस बार भी भारतीय जवानों ने डटकर मुकाबला किया। उसके बाद चीनियों ने पूर्व स्थिति स्वीकार कर ली। भारतीय जवानों के कड़े रुख और शांति के लिए तैयार रहने की इस प्रवृत्ति से चीनियों पर गहरा प्रभाव पड़ा। उसके बाद इस तरह की कोई घटना नहीं हुई।

अब सेना ने अपना आत्मविश्वास पुनः प्राप्त कर लिया था। धीरे-धीरे उसने नेफा के उन क्षेत्रों पर पुनः कब्जा करने का प्रयास शुरू कर दिया, जिन्हें उसे सन् 1962 में छोड़ना पड़ा था। इस बार बड़े व्यवस्थित रूप में काररवाई की जा रही थी; प्रत्येक काररवाई के बाद कुछ अंतराल देकर अगली काररवाई शुरू की जा रही थी। 1970 तक भारतीय सेना मैकमोहन रेखा के पास तक पहुँच चुकी थी।

सेना की इन काररवाइयों में सीमा सड़क संगठन का महत्त्वपूर्ण योगदान रहा। यह संगठन सन् 1962 के युद्ध के ठीक पहले ही अस्तित्व में आया था। अधिकांश सीमावर्ती क्षेत्रों में सड़कें तैयार करके संगठन ने सेना का काम काफी आसान कर दिया।

सेना की उच्च कमान में भी महत्त्वपूर्ण परिवर्तन किया गया। सन् 1966 में जनरल चौधुरी की सेवानिवृत्ति के बाद जनरल पी.पी. कुमारमंगलम को उनके स्थान पर नियुक्त किया गया। जनरल कुमारमंगलम चीफ ऑफ आर्मी स्टाफ बननेवाले पहले आर्टिलरी ऑफिसर थे। सन् 1969 में उनके सेवानिवृत्त होने के बाद जनरल (बाद में फील्ड मार्शल) सैम मानेकशॉ को सेना प्रमुख बनाया गया, जो इंडियन मिलिट्री एकेडमी के पहले कमीशन प्राप्त अधिकारी थे।

सारांश

सन् 1961 से 1970 की अवधि स्वातंत्र्योत्तर भारतीय सेना के लिए सबसे महत्त्वपूर्ण और दुःखद अनुभवों से भरी रही। 1962 की हार से—भले ही उसमें सेना का एक छोटा हिस्सा ही शामिल था—भारतीय सेना को गहरा झटका लगा। अपने अतीत के गौरव को बचाए रखने के लिए सेना को अपनी कमजोरियों का पता लगाकर उन्हें दूर करने की आवश्यकता पड़ी।

सन् 1965 की लड़ाई में सेना की व्यक्तिगत और सामूहिक स्तर की कमजोरियाँ और युद्ध में दुश्मन की ओर से टैंकों व तोपों का हमला सह पाने में सैनिकों की

अक्षमता सामने आई। इन कमियों को दूर करने के लिए सेना ने कई सुधार किए।

दोनों युद्धों की स्थिति से यह बात स्पष्ट हो गई कि सरकार ने सेना के आधुनिकीकरण की ओर बिलकुल ध्यान नहीं दिया था, जबकि यह अत्यंत आवश्यक था। सेना के लिए अत्यावश्यक उपकरणों की ओर भी ध्यान नहीं दिया गया था। किंतु इन असफलताओं से सबक लेकर सरकार ने सेना के विस्तार और उसके आधुनिकीकरण की ओर ध्यान देना शुरू कर दिया।

लगातार दो युद्धों के अनुभव से गुजरे जवानों और अधिकारियों की मदद से सेना को भावी चुनौतियों का कुशलतापूर्वक सामना करने में बहुत आसानी हो गई। हवाई हमलों, गोलीबारी, तोपों तथा टैंकों के हमलों का कड़ा प्रतिकार करनेवाले इन जवानों और अधिकारियों ने अपनी यह दक्षता नए रंगरूटों तक पहुँचाई, जिससे नए रंगरूटों को भविष्य की चुनौतियों का सामना करने के लिए तैयार करने में मदद मिली। सन् 1970 के अंत तक भारतीय सेना इतनी सुदृढ़ और सुसज्जित हो चुकी थी कि वह किसी भी चुनौती का सामना करने के लिए पूरी तरह से तैयार थी।

□

सन् 1971 का भारत-पाक युद्ध और बँगलादेश का उदय

• **मेजर जनरल (सेवानिवृत्त) इयान कारडोजो**

(अति विशिष्ट सेवा पदक, सेवा पदक)

3 दिसंबर, 1971 को शाम 5:45 बजे पाकिस्तान ने पूर्वनिश्चित योजना के अनुसार भारत के कई हवाई क्षेत्रों—श्रीनगर, अवंतीपुर, पठानकोट, उत्तरलाई, जोधपुर, अंबाला और आगरा—पर हवाई हमले शुरू कर दिए। यह जम्मू-कश्मीर, पंजाब और राजस्थान पर जमीनी हमला करने की पाकिस्तान की पूर्वनिश्चित योजना का संकेत था। पिछले दो युद्धों—1947-48 और 1965—के अनुभवों के विपरीत, इस बार भारत की पूरी तैयारी से पाकिस्तान भौचक्का रह गया।

भारत किसी भी तरह से युद्ध का जिम्मेदार नहीं था। यह तो एक ऐसा युद्ध था, जो एक अहंकारी और लड़ाकू प्रवृत्तिवाले पड़ोसी देश के द्वारा उसपर थोपा गया था। युद्ध का जिम्मेदार पाकिस्तान स्वयं था। सन् 1969 के शरत्काल में पाकिस्तान के राष्ट्रपति के रूप में जनरल याह्या खान ने पाकिस्तान की सत्ता अपने हाथ में ले ली। सत्ता सँभालने के बाद ही उन्होंने पाकिस्तान के मूलभूत ढाँचे में परिवर्तन के लिए विशेष कार्य-योजना की घोषणा कर दी, जिसमें सन् 1970 में संपन्न आम चुनाव भी शामिल थे। हालाँकि इस चुनाव-सुधार के संभावित परिणामों से वह पूरी तरह अनभिज्ञ थे। 19 दिसंबर, 1970 को संपन्न हुए पाकिस्तान नेशनल असेंबली के चुनावों के परिणामस्वरूप पूर्वी पाकिस्तान में शेख मुजीबुर्रहमान और अवामी लीग ने आशातीत सफलता प्राप्त की। भुट्टो की पीपुल्स पार्टी से दोगुना

थार के विशाल मरुस्थल में ग्रेनेडियर्स द्वारा ऊँटों पर गश्त।

(साभार : रक्षा मंत्रालय, जनसंपर्क विभाग)

ज्यादा मत प्राप्त करके अवामी लीग बड़े दल के रूप में उभरकर सामने आई। यह आश्चर्यजनक जीत पश्चिमी पाकिस्तान की सैनिक तानाशाही द्वारा पूर्वी पाकिस्तान के राजनीतिक और आर्थिक शोषण के प्रति पूर्वी पाकिस्तान की जनता के असंतोष को प्रदर्शित करनेवाली थी। पाकिस्तान के दोनों हिस्सों—पूर्वी और पश्चिमी—के बीच धर्म के अतिरिक्त अन्य कोई भी बात समान नहीं थी। पाकिस्तान ने अपने हित के लिए पूर्वी हिस्से के आर्थिक एवं मानव संसाधनों का भरपूर दोहन किया था; लेकिन वास्तव में आपदा संभावित पूर्वी पाकिस्तान की जनता के रहन-सहन के स्तर में सुधार करने अथवा उन्हें सशस्त्र बलों और सरकारी सेवाओं में समान प्रतिनिधित्व देने की ओर बिलकुल ध्यान नहीं दिया गया था।

शेख मुजीबुर्रहमान द्वारा प्राप्त किए गए स्पष्ट बहुमत से बंगालियों की उम्मीदों को बल मिला। मुजीब ने अपने 'छह-सूत्री कार्यक्रम' में पूर्वी और पश्चिमी पाकिस्तान के बीच व्याप्त राजनीतिक एवं आर्थिक असमानता को दूर करने का आश्वासन दिया। इससे याह्या खान और उनके समर्थकों तथा पश्चिमी पाकिस्तान के लोगों में निराशा व्याप्त हो गई; क्योंकि इसका सीधा अर्थ था—पूर्वी पाकिस्तान को अधिक स्वायत्तता और साथ-ही-साथ सैनिक शासन का अंत। जुल्फिकार अली भुट्टो बिलकुल भी नहीं चाहते थे कि राजनीतिक सत्ता उनके हाथ से फिसलकर किसी और के हाथ में चली जाए। उन्होंने धमकी दी कि यदि मुजीबुर्रहमान को सरकार बनाने दी गई तो वह पूरे पाकिस्तान में गृहयुद्ध छेड़ देंगे। उधर, याह्या खान को भी यह बात पसंद नहीं आई कि सैनिक शासन समाप्त हो जाए और सत्ता पूर्वी पाकिस्तान की ओर चली जाए।

21 फरवरी को याह्या खान ने अपना मंत्रिमंडल भंग कर दिया और देश में मार्शल लॉ (Martial Law) लागू कर दिया। उन्होंने 1 मार्च को नेशनल असेंबली के सत्र को अनिश्चित काल तक के लिए स्थगित करने की घोषणा कर दी। इसे बंगालियों ने अपने प्रति विश्वासघात समझा और इस प्रकार पूर्वी पाकिस्तान में एक उग्र आंदोलन शुरू हो गया। लोग स्वतंत्रता के लिए आंदोलन करने लगे। हालाँकि मुजीब अहिंसात्मक एवं असहयोग आंदोलन के पक्ष में थे, लेकिन याह्या खान की घोषणा से असंतुष्ट और उग्र जनता को वह रोक नहीं सके। आंदोलन को कुचलने के लिए पाकिस्तानी सेना को पूर्वी पाकिस्तान में तैनात कर दिया गया और बड़ी संख्या में आंदोलनकारी बंगाली मारे गए। मुजीब ने माँग की कि सेना को वापस बुलाया जाए, अन्यथा वह आंदोलन को पूरे देश में फैलाकर उसे और व्यापक बना देंगे। गवर्नर एवं मार्शल लॉ प्रशासक लेफ्टिनेंट जनरल साहिबजादा याकूब खान ने मुजीब की माँग स्वीकार कर ली और सैनिकों को वापस बुला लिया। यह बंगालियों के लिए एक बड़ी जीत थी और मुजीब पूरे पूर्वी पाकिस्तान के वास्तविक शासक बन गए। 6 मार्च, 1971 को याह्या खान ने घोषणा की कि नेशनल असेंबली की बैठक 25 मार्च को ढाका में होगी। इसके साथ ही उन्होंने बड़ी संख्या में सैन्य टुकड़ियाँ भी पूर्वी पाकिस्तान की ओर रवाना कर दीं। इन सैन्य टुकड़ियों को वायुयान द्वारा भेजा जाना था; लेकिन 30 जनवरी, 1971 को पाकिस्तानी आतंकवादियों द्वारा इंडियन एयरलाइंस के एक विमान का अपहरण कर लिये जाने के कारण भारत ने पाकिस्तान की ओर से सभी उड़ानें बंद कर दी थीं, इसलिए सैनिकों को श्रीलंका के रास्ते भेजा गया। यह स्पष्ट था कि 25 मार्च को प्रस्तावित

नेशनल असेंबली की बैठक और उसमें होने जा रही बातचीत सबकुछ एक छल और मात्र दिखावा था। 7 मार्च, 1971 को एक आम सभा को संबोधित करते हुए मुजीब ने असेंबली में भाग लेने के लिए चार पूर्व शर्तें रखीं—मार्शल लॉ समाप्त किया जाए, सैनिकों को हटाया जाए, सेना के द्वारा की गई हत्याओं की जाँच हो तथा सत्ता जनता के चुने हुए प्रतिनिधियों के हाथों में हस्तांतरित की जाए।

याह्या खान ने लेफ्टिनेंट जनरल साहिबजादा याकूब खान को पद से हटा दिया और उनके स्थान पर लेफ्टिनेंट जनरल टिक्का खान को मार्शल लॉ प्रशासक और गवर्नर बनाया। टिक्का खान, जो पहले से ही 'बलूचिस्तान का कसाई' के नाम से कुख्यात था, को पूर्वी पाकिस्तान में विद्रोह को कुचलने की जिम्मेदारी सौंपी गई। ढाका पहुँचकर टिक्का खान ने पूर्वी प्रांत को पूरी तरह से लुंज-पुंज पाया। इस दौरान सैन्य टुकड़ियों को लगातार तैयार किया जाता रहा। याह्या खान और भुट्टो ने ढाका का दौरा किया। आंदोलन को बलपूर्वक दबाने के लिए एक योजना तैयार की गई। इस बीच याह्या खान ने टिक्का खान को आदेश दिया कि वह पूर्वी पाकिस्तान में बंगालियों का 'सफाया' करके पश्चिमी पाकिस्तान वापस आ जाएँ।[1] 25 मार्च, 1971 को नेशनल असेंबली की बैठक बुलाने की बजाय टिक्का खान ने मुजीब को गिरफ्तार कर लिया और पाकिस्तानी सेना को बंगालियों को निर्दयतापूर्वक कुचलने की पूरी छूट दे दी। गिरफ्तारी से पहले मुजीब ने बँगलादेश की स्वतंत्रता की घोषणा कर दी थी और आक्रमणकारी फौजों को तहस-नहस करने के लिए जनता का आह्वान किया था। पूर्वी पाकिस्तान की निहत्थी जनता पर टिक्का खान ने जो जुल्म ढाए; जनसंहार, बलात्कार और विध्वंस करवाए, इतिहास में ऐसा कभी देखने को नहीं मिला। 'ऑपरेशन ब्लिट्ज' (Operation Blitz) के नाम से जाने गए इस अत्याचारपूर्ण अभियान से पूरी दुनिया दहल गई; जबकि भुट्टो ने यह कहते हुए संतोष की साँस ली कि 'अल्लाह का शुक्र है, पाकिस्तान को बचा लिया गया।'[2] किंतु जल्दी ही उन्हें एहसास हो गया कि यह तो एक युग के अंत की शुरुआत थी। निहत्थी और निर्दोष जनता को मारने के लिए टिक्का खान ने टैंकों, मोर्टार, रॉकेट लांचरों और स्वचालित हथियारों का प्रयोग किया। ढाका यूनिवर्सिटी के बुद्धिजीवी, हिंदू और शहरी क्षेत्र के मध्यम वर्गीय लोग उसके पहले निशाने पर थे। सामूहिक नरसंहार, विध्वंस, लूटमार और बलात्कार की घटनाएँ तो आम बात हो गई थीं। स्थिति लगातार बिगड़ती ही जा रही थी। पाकिस्तानी सशस्त्र बलों के अधिकारियों और सैनिकों तथा स्कूल-कॉलेज के छात्रों ने एक साथ मिलकर इस अमानवीय अत्याचार का विरोध करने का मन बना लिया। इसी

ले. जनरल सरताज सिंह प्रधानमंत्री श्रीमती इंदिरा गांधी के साथ पश्चिमी मोरचे पर, 1971।
(साभार : रक्षा मंत्रालय, जनसंपर्क विभाग)

विरोध के परिणामस्वरूप 'बँगलादेश लिबरेशन फोर्स' अस्तित्व में आई, जिसे 'मुक्ति वाहिनी' का नाम दिया गया। पूर्वी पाकिस्तान में पाकिस्तानी सेना की सैनिक शक्ति काफी बढ़ गई, जिसमें 25 हजार अर्धसैनिक बलों के अतिरिक्त अब साढ़े चार डिवीजनें हो गई थीं।

अपने ही देश के लोगों को मौत के घाट उतारने (भ्रातृ-हत्या) का यह क्रूर अभियान अब शहरी क्षेत्रों से ग्रामीण क्षेत्रों में भी आ गया। ढाका से खदेड़े गए सैनिक गाँवों को जलाते और वहाँ के निवासियों को मौत के घाट उतारते हुए देहात की ओर बढ़ रहे थे।

'ऑपरेशन ब्लिट्ज' का परिणाम यह हुआ कि इससे बुरी तरह डरे हुए बड़ी संख्या में बंगाली शरणार्थी भारतीय सीमा में घुसने लगे। सैकड़ों, हजारों और लाखों की संख्या में शरणार्थी लगातार भारत में आने लगे। मई 1971 तक उनकी संख्या 1 करोड़ से भी ज्यादा हो गई। इतनी बड़ी संख्या में आए शरणार्थियों के लिए भोजन, पानी, आवास, चिकित्सा आदि की सुविधाएँ उपलब्ध कराने का भार भारत पर आ गया, जिसको वहन करना भारत के लिए एक बड़ी समस्या बन गया। इसके अतिरिक्त कानून-व्यवस्था और सुरक्षा की सपस्या भी जटिल होती चली गई। लाखों की संख्या में आकर बसे इन शरणार्थियों के कारण आर्थिक दबाव के साथ-साथ त्रिपुरा और पश्चिम बंगाल में गंभीर तनाव की स्थिति पैदा हो

गई। इन राज्यों में सामाजिक असमानता के कारण पहले से ही कानून-व्यवस्था और प्रशासन की स्थिति शोचनीय बनी हुई थी, इस नई समस्या ने आग में घी का काम किया। इस प्रकार शरणार्थियों का मामला भारत के लिए राजनीतिक, आर्थिक और सैनिक—हर प्रकार से असहनीय बन गया।

इस गंभीर समस्या का उपयुक्त हल निकालने में जब भारत सफल नहीं हो सका तो उसने पाकिस्तान को अपना रुख बदलने को मजबूर करने के लिए अंतरराष्ट्रीय समुदाय से मदद माँगी। विश्व के जनमानस ने भारत का समर्थन किया और पूर्वी पाकिस्तान की जनता के प्रति सहानुभूति प्रकट की, लेकिन उनकी सरकारें इस मामले के प्रति उदासीन ही बनी रहीं; इस प्रकार पाकिस्तान में अपने ही देश के लोगों के वध का सिलसिला लगातार जारी रहा। संयुक्त राज्य अमेरिका के साथ-साथ अन्य देशों की सरकारों ने इस मामले की ओर से यह कहकर मुँह मोड़ लिया कि यह पाकिस्तान का आंतरिक मामला है। परंतु भारत के लिए यह मानवता के खिलाफ अत्याचार का मामला मात्र नहीं था, बल्कि इससे उसके स्वयं के अस्तित्व को भी खतरा उत्पन्न हो गया था। अब भारत को इस विकट स्थिति से निपटने के लिए युद्ध पर उतारू अपने पड़ोसी देश के खिलाफ अकेले अपने दम पर खड़ा होना था।

बँगलादेश से भारतीय सेना की विदाई। ढाका में शेख मुजीबुर रहमान सलामी लेते हुए, मार्च 1972। उनके दाईं ओर हैं ले. जनरल जे.एस. अरोड़ा।

(साभार : रक्षा मंत्रालय, जनसंपर्क विभाग)

भारतीय जनता में इस मामले को लेकर रोष बढ़ता जा रहा था। चारों ओर से पाकिस्तान के विरुद्ध तत्काल काररवाई की माँग की जाने लगी थी। किंतु कुछ अन्य राजनीतिक, सैनिक और मौसम से संबंधित कारक भी थे, जिनके कारण तत्काल काररवाई करना संभव नहीं था।

विद्रोही सैनिकों और असहयोगियों को बाहर करने के बाद 10 अप्रैल, 1971 तक टिक्का खान पूर्वी पाकिस्तान में कानून-व्यवस्था कायम करने में सक्षम हो गया। उसके बाद सैनिक नियंत्रण लेफ्टिनेंट जनरल ए.ए.के. नियाजी के हाथों में दे दिया। नियाजी ने पाकिस्तान की पूर्वी कमान के जनरल ऑफिसर कमांडिंग-इन-चीफ के रूप में सेना की कमान सँभाल ली। टिक्का खान फिर से गवर्नर एवं मार्शल लॉ प्रशासक की भूमिका में आ गया। मई 1971 के अंत तक कुछेक स्थानों, जो दूर-दराज के क्षेत्रों में स्थित थे, को छोड़कर शेष सभी जगहों पर उत्पन्न विद्रोह को पूरी तरह दबा दिया गया। किंतु भारत की ओर से कोई सैन्य काररवाई न किए जाने के कारण पश्चिमी पाकिस्तान के सैनिकों को पूर्वी पाकिस्तान में मनमाना अत्याचार करने का मौका मिल गया था। सीमा पर होनेवाली झड़पें कई गुना बढ़ गईं और जब पाकिस्तानी सैनिकों ने मुक्ति वाहिनी के खिलाफ भारतीय भूभाग में आकर हमला करना शुरू कर दिया तो स्थिति और भी गंभीर हो गई। इससे सीमा पर स्थित भारतीय चौकियों पर दोनों सेनाओं के बीच कई बार झड़पें हुईं। सीमा चौकियों पर सेना द्वारा सैनिकों की तैनाती बढ़ा दी गई। अब भारतीय और पाकिस्तानी सेना के बीच सीधे टकराव की स्थिति आ गई।

अक्तूबर 1971 के अंत तक ये झड़पें अत्यंत उग्र हो गईं और उनमें तोपों का भी प्रयोग शुरू हो गया। इस बीच मुक्ति वाहिनी ने भारतीय गाँव बोयरा से लगे बँगलादेशी भूभाग में अपना एक बड़ा अड्डा तैयार कर लिया था। 21-22 नवंबर, 1971 को तोपों और टैंकों से लैस पाकिस्तानी थलसेना और वायुसेना ने बोयरा गाँव के आस-पास 'मुक्त' भूभाग पर हमला कर दिया। इस हमले में भारी गोलाबारी से बड़ी संख्या में भारतीय जवान हताहत हुए। तब भारतीय सेना ने प्रत्याक्रमण करके पाकिस्तान के तेरह 'चाफी' टैंकों को नष्ट कर दिया और पाकिस्तानियों को पीछे हटने के लिए मजबूर कर दिया। भारतीय वायुसेना के बमवर्षक विमानों ने पाकिस्तान के तीन सैबर जेट विमानों को मार गिराया, जो भारतीय वायु-क्षेत्र में घुस आए थे। पैराशूट के सहारे भारतीय भूभाग में उतरे दो पाकिस्तानी पायलटों को पकड़ लिया गया। बोयरा में हुई इस घटना के बाद भारत सरकार ने भारतीय फौजों को आत्मरक्षा के लिए आवश्यकता पड़ने पर सीमा पार करने की अनुमति देने का

सैम बहादुर उन जवानों के साथ, जिनका उन्होंने विजयश्री के लिए नेतृत्व किया, दिसंबर 1971।
(साभार : रक्षा मंत्रालय, जनसंपर्क विभाग)

निर्णय ले लिया। इस तरह की घटनाएँ अन्य स्थानों पर भी घटीं—विशेषकर हिल्ली के निकट, जहाँ पाकिस्तान ने भारतीय पोजीशनों पर दो हमले किए थे। इन हमलों में पाकिस्तान के 9 टैंक नष्ट हुए और बड़ी संख्या में पाकिस्तानी सैनिक हताहत हुए। भारतीय सेना को भी काफी क्षति उठानी पड़ी, जिसका बदला उसने पूर्वी पाकिस्तान में 5-7 किलोमीटर भीतर घुसकर ले लिया।

इन काररवाइयों से ऐसा लग रहा था कि पाकिस्तान पूर्ण युद्ध छेड़ने के लिए तैयार है। याह्या खान ने भी अपना यह वक्तव्य जारी कर दिया था—'दस दिनों में हम लड़ाई के करीब होंगे और भारत के साथ लड़ाई निकट है; लड़ाई की स्थिति में पाकिस्तान अकेला नहीं होगा।' और यह वक्तव्य भी पहले भुट्टो द्वारा तथा उसके बाद रिचर्ड निक्सन और किसिंजर के द्वारा चीन का दौरा किए जाने के बाद जारी किया गया। स्पष्ट लग रहा था कि याह्या खान अमेरिका, चीन और मध्य-पूर्व एशिया के मुसलिम देशों के समर्थन के बल पर यह सबकुछ करने जा रहे थे। इधर, भारत भी यह सुनिश्चित करने के लिए कि वह राजनीतिक रूप से अकेला और अलग-थलग नहीं है—अगस्त 1971 में सोवियत संघ के साथ शांति, मैत्री और सहयोग की एक संधि पर हस्ताक्षर कर चुका था।

अक्तूबर 1971 के अंतिम सप्ताह में भारतीय प्रधानमंत्री श्रीमती इंदिरा गांधी ने युद्ध को टालने के अपने अंतिम प्रयास में फ्रांस, पश्चिम जर्मनी, बेल्जियम, ब्रिटेन, अमेरिका और ऑस्ट्रेलिया का दौरा किया। उन्होंने पाकिस्तान द्वारा की जा

रही अपने ही लोगों की सामूहिक हत्या और पूर्वी पाकिस्तान से भारत में आई शरणार्थियों की बाढ़ से उत्पन्न गंभीर समस्या की ओर विश्व-समुदाय का ध्यान आकृष्ट किया और साथ ही आग्रह किया कि वे पाकिस्तानी राष्ट्रपति याह्या खान को मुजीबुर्रहमान से सुलह करने के लिए राजी करें। किंतु इस ओर किसी ने सक्रिय रूप से कोई कदम नहीं उठाया—कारण जो भी रहा हो, वे ऐसा करना नहीं चाहते थे या फिर वे कर ही नहीं सकते थे।

इधर, शरणार्थियों की बाढ़ के कारण भारत में जैसे-जैसे समस्याएँ गंभीर होती जा रही थीं और आम जनता को वास्तविक स्थिति का पता चलता जा रहा था, वैसे-वैसे प्रधानमंत्री पर जनता और मीडिया का दबाव बढ़ता जा रहा था। प्रधानमंत्री और उनकी सरकार से लगातार माँग की जा रही थी कि वह पाकिस्तान के खिलाफ सैनिक कारवाई तत्काल शुरू करें। 1 करोड़ से भी ज्यादा शरणार्थियों को वापस उनके देश में भेजने के लिए तत्काल सैन्य कारवाई आवश्यक हो गई थी; किंतु सरकार के समक्ष भी कुछ राजनीतिक सीमाएँ थीं, जिनके चलते तत्काल कोई कदम उठाना ठीक नहीं दिखाई दे रहा था। एक प्रमुख कारण तो यही था कि क्या बड़ी संख्या में शरणार्थियों के कारण उत्पन्न समस्या के हल के रूप में एक पड़ोसी देश पर हमले की बात को अंतरराष्ट्रीय समुदाय न्यायसंगत ठहराएगा? दूसरी बात, यदि बँगलादेश स्वतंत्र हो भी जाता है तो क्या अंतरराष्ट्रीय समुदाय या संयुक्त राष्ट्र संघ उसे एक स्वतंत्र राष्ट्र के रूप में मान्यता देगा? प्रधानमंत्री ने इस बीच सेना प्रमुख जनरल सैम मानेकशॉ से सैनिक हस्तक्षेप के विकल्प पर गहन विचार-विमर्श भी किया।

तत्काल हस्तक्षेप को लेकर जनरल मानेकशॉ के अपने अलग विचार थे। उन्होंने अनिश्चित अथवा अनिर्णीत परिणाम की संभावना वाली कारवाई न करने का सुझाव दिया। पाकिस्तान के साथ सीधी लड़ाई की स्थिति में अभियान का क्षेत्र काफी व्यापक हो जाता, जबकि उस समय मौजूद सैनिक व्यवस्था सिर्फ पूर्वी पाकिस्तान भर के लिए ही तैयार की गई थी। साथ ही, पूर्वोत्तर में व्याप्त विद्रोह की स्थिति और चीन की ओर से खतरे से निपटने के लिए तथा पश्चिम बंगाल में सिविल अधिकारियों को प्रशासन में मदद पहुँचाने के लिए सेना का एक बड़ा हिस्सा पहले ही अलग हो चुका था। और भी, सेना के पास सैनिक शक्ति की कमी के अतिरिक्त हथियारों, गोला-बारूद, तोपों और अन्य उपकरणों की भी कमी थी। और फिर इन सभी कमियों को यदि दूर भी कर लिया जाता तो इन उपकरणों का कुशलतापूर्वक प्रयोग करने के लिए व्यापक प्रशिक्षण की भी

आवश्यकता थी। मौसम और जलवायु की स्थिति भी तत्काल सैन्य काररवाई के लिए अनुकूल नहीं थी। मई के महीने में हमला शुरू करने की स्थिति में मानसून के कारण सेना के बुरी तरह फँस जाने की पूरी संभावना थी। इन सबके अतिरिक्त एक और महत्त्वपूर्ण पहलू था—अन्य देशों का हस्तक्षेप। युद्ध की स्थिति में चीन और अमेरिका के पाकिस्तान की ओर से हस्तक्षेप की आशंका बनी हुई थी। इन सब पहलुओं पर गंभीरतापूर्वक विचार करके जनरल मानेकशॉ ने अनुभव किया कि यह समय सैन्य काररवाई के लिए उपयुक्त नहीं है। उन्होंने नवंबर के अंत या दिसंबर के शुरू का समय सैन्य अभियान के लिए सबसे उपयुक्त बताया। इसके पीछे भी उनके अपने तर्क थे—नवंबर-दिसंबर तक मानसून वापस जा चुका होगा और वर्षा के कारण गीली जमीन पूरी तरह सूख चुकी होगी; इससे वाहनों, बख्तरों और तोपों आदि को आसानी से ले जाया जा सकेगा; बर्फ जमने के कारण उत्तरी दर्रों के बंद हो जाने से उधर से चीन का हस्तक्षेप भी मुश्किल हो जाएगा; और फिर इतने समय में सेना को अभियान के लिए पूरी तरह तैयार करने का पर्याप्त समय भी मिल जाएगा। प्रधानमंत्री श्रीमती इंदिरा गांधी ने जनरल मानेकशॉ के सुझाव मान लिये और सैनिक काररवाई को टाल दिया। इसके बाद उन्होंने समस्या के शांतिपूर्ण हल के लिए एक बार फिर कूटनीतिक प्रयास शुरू कर दिए।

जैसे-जैसे खतरे की आशंका बढ़ती जा रही थी, पश्चिम की ओर तैनात सैनिकों को वहाँ से हटाकर पूर्व की ओर बुलाया जाने लगा था। इससे पश्चिमी सीमा पर सैनिकों की तैनाती लगभग नहीं के बराबर रह गई, इसलिए यह भी एक चिंताजनक बात थी। सेना मुख्यालय पश्चिमी सीमा की ओर सैनिकों को भेजने की अनुमति नहीं दे रहा था, क्योंकि इससे पाकिस्तान के सचेत हो जाने की आशंका थी। काफी समय बाद सेना मुख्यालय ने सैनिकों को मुख्य अभियान-क्षेत्र में बुलाने की अनुमति दी। उधर, जनरल याह्या खान यह सोच रहे थे कि हमले की पहल पाकिस्तान की ओर से ही होगी।

दूसरी ओर, पूर्वी पाकिस्तान में पहुँची पाकिस्तानी डिवीजनों के स्थान पर नई डिवीजनें तैनात करने की उसकी तैयारी पूर्ण नहीं थी। यदि वह मानसून के बाद पंजाब में जमीन के सूखने तक रुकता तो पश्चिम की ओर हमला करके पूर्व की ओर अपनी पकड़ मजबूत बनाए रखने में सक्षम हो सकता था; किंतु उस समय तक इंतजार करने से उसे एक नुकसान यह था कि चीन की ओर से उसके पक्ष में हस्तक्षेप की उम्मीद नहीं रह जाती, क्योंकि उस समय तक बर्फ जमने के कारण दर्रे बंद हो जाते। जहाँ तक हमले के लिए उपयुक्त स्थान की बात थी, पाकिस्तान

के लिए पश्चिम में हमला करते हुए पूर्व में अपनी पकड़ मजबूत बनाए रखने में ज्यादा फायदा था। याह्या खान जानते थे कि लड़ाई शुरू हो जाने के बाद वह मोरचे पर सैनिक शक्ति और ज्यादा बढ़ाने में सक्षम नहीं हो पाएँगे। भारतीय सेना की अत्यधिक क्षमता, मुक्ति वाहिनी की सक्रियता और विद्रोही जनता के कारण पाकिस्तान के लिए सफलता की उम्मीद कम ही दिखाई दे रही थी; किंतु पश्चिम में मैदानी क्षेत्रों में पाकिस्तानी बख्तरों की श्रेष्ठता और जम्मू-कश्मीर में तैनात पाक-अधिकृत कश्मीर की सात ब्रिगेडों से भारत की सैन्य शक्ति अपेक्षाकृत कमजोर दिखाई दे रही थी। इसके अतिरिक्त आर्टिलरी के मामले में भी उन्हें पश्चिम में पाकिस्तान की स्थिति ज्यादा मजबूत लग रही थी। इन सब पहलुओं पर विचार करते हुए याह्या खान ने पश्चिम की ओर हमला करना ही ज्यादा अच्छा समझा। उनकी योजना जम्मू-कश्मीर में उस भूभाग पर कब्जा करने, जिसे वह पहले से प्राप्त करना चाहते थे और मैदानी क्षेत्रों में महत्त्वपूर्ण भूभाग पर कब्जा करने तथा भारतीय सशस्त्र बलों को अधिक-से-अधिक क्षति पहुँचाने की थी। याह्या खान अपनी इस रणनीति से भारतीय सेना को पूर्वी पाकिस्तान में काररवाई करने से रोकना चाहते थे और साथ ही, अमेरिका तथा अन्य सहयोगी देशों के लिए हस्तक्षेप का मौका उपलब्ध करवाना चाहते थे।[3]

पश्चिम में हमला शुरू करने के लिए पाकिस्तान के पास 9 इन्फैंट्री डिवीजनें और दो बख्तरबंद डिवीजनें थीं। मैदान में तैनात करने के लिए उसे 6 डिवीजनों की आवश्यकता थी और इस प्रकार 3 इन्फैंट्री डिवीजनों और 2 बख्तरबंद डिवीजनों को वह पंजाब, जम्मू अथवा छंब में छोटे हमलों के लिए लगा सकता था। इसके अतिरिक्त वह पाक-अधिकृत कश्मीर में अपने सैनिकों को संगठित करके जम्मू-कश्मीर में तीसरा हमला भी कर सकता था। इस तरह यदि देखा जाता तो पाकिस्तान के लिए हमला करने का सबसे अच्छा समय अक्तूबर के आस-पास का था। किंतु याह्या खान ने उस समय हमला शुरू नहीं किया। उन्होंने 3 दिसंबर, 1971 को हमला करने का निर्णय लिया; भारत भी अब तक पाकिस्तान की ओर से इस हमले के लिए तैयार हो चुका था।

इधर, भारत में अप्रैल 1971 से ही यह स्पष्ट हो गया था कि पाकिस्तान के साथ युद्ध लगभग निश्चित है। अत: भारतीय सैन्य कमांडरों को नई परिस्थितियों को ध्यान में रखकर अपनी योजनाओं और तैयारी का पुनरावलोकन करने के निर्देश जारी कर दिए गए थे। पूर्वी पाकिस्तान के लाखों लोगों को संकट से उबारने के लिए भारत के समक्ष एक विकल्प यह था कि पाकिस्तान पर सीधा हमला

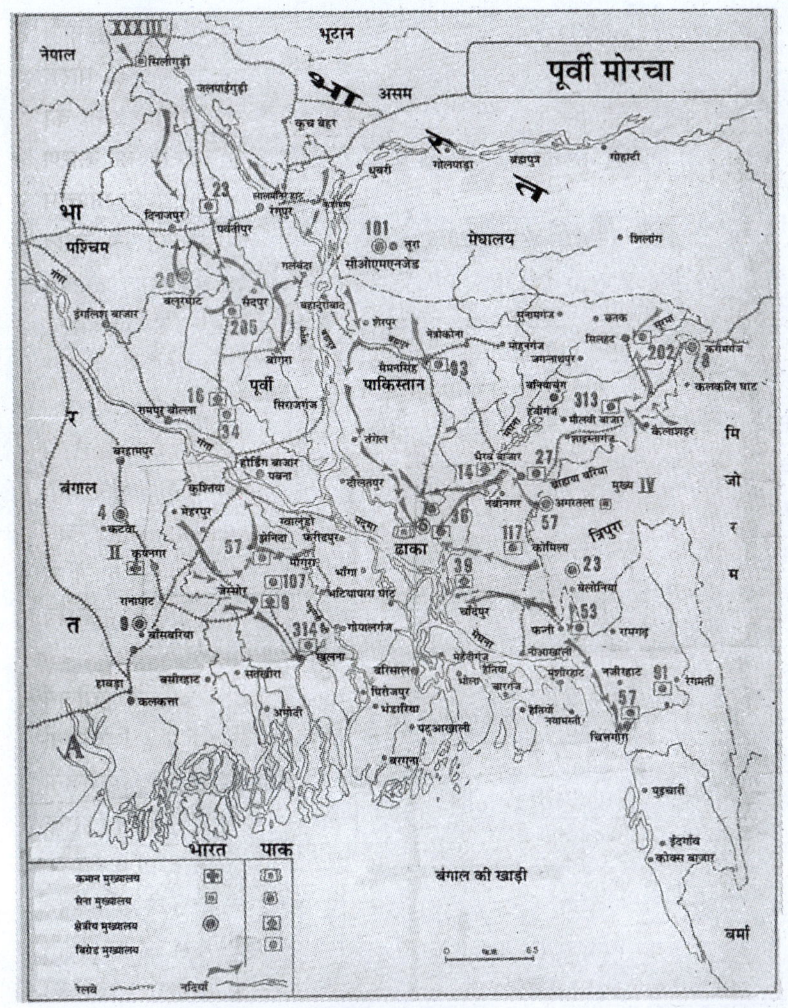

पूर्वी मोरचा, 1971

किया जाए; किंतु इसके लिए बड़ी संख्या में सेना इकट्ठी करना भी एक समस्या थी। साथ ही कई और मुश्किलें थीं, जिनका उल्लेख पहले किया जा चुका है, जिनके कारण उस समय सीधा हमला नहीं किया जा सकता था। पूरी स्थिति पर विचार करने के बाद जनरल मानेकशॉ को लगा कि भारतीय सेना युद्ध के लिए तैयार नहीं है। उन्हें दिसंबर तक प्रतीक्षा करने के बाद अभियान शुरू करने में

सफलता के कहीं ज्यादा आसार दिखाई पड़े।

पाकिस्तान के विरुद्ध सैन्य कारवाई के लिए तीन विकल्पों पर विचार किया गया—पहला, पूर्व और पश्चिम में एक साथ हमला करना; दूसरा, पश्चिम में हमले को रोककर रखना और पूर्व में मुख्य हमला करना; तीसरा, पूर्व में हमले को रोककर रखना और पश्चिम में मुख्य हमला करना। भारत सरकार और सेना प्रमुख ने दूसरे विकल्प—यानी पश्चिम में हमले को रोककर रखना और पूर्व में मुख्य हमला करना—के आधार पर योजना बनाने का निर्णय लिया। इस विकल्प से त्वरित परिणाम और सफलता की ज्यादा संभावनाएँ थीं।

भारतीय सेना ने अनुभव किया कि रक्षा की समस्याओं से सिर्फ सैन्य आधार पर ही नहीं निपटा जा सकता, बल्कि इसके लिए आंतरिक, विदेशी और वित्तीय नीतियों को भी शामिल किया जाना जरूरी है। प्रधानमंत्री के साथ सेना प्रमुख के निकट संबंधों से इसमें काफी मदद मिली। चीफ ऑफ स्टाफ कमेटी के चेयरमैन के रूप में उन्होंने व्यापक रणनीति और स्पष्ट दिशा-निर्देश के लिए सरकार की राजनीतिक भागीदारी पर जोर डाला। मंत्रालय, बाह्य मामले की योजना समिति के अध्यक्ष श्री डी.पी. धर को युद्ध परिषदों में शामिल कर लिया गया, संयुक्त गुप्तचर समिति और संयुक्त योजना समिति को पुनः क्रियाशील बनाया गया। इसके अतिरिक्त सेना प्रमुख ने सेना के तीनों अंगों के बीच सहयोग एवं समन्वय बनाए रखने के लिए संयुक्त सेवा अभियान मुख्यालय (Combined Service Operational Headquarters) के रूप में भी कार्य शुरू किया। युद्ध की तैयारी से संबंधित निर्णय लेने के लिए सचिवों की एक समिति गठित की गई। इस समिति में रक्षा, गृह, वित्त एवं विदेश सचिवों को शामिल किया गया था। समन्वय का सर्वोच्च अधिकार जनरल मानेकशॉ और श्री डी.पी. धर के पास ही रखा गया। प्रधानमंत्री को स्थिति के बारे में लगातार जानकारी देने के लिए एक समिति गठित की गई, जो उन्हें समय-समय पर आवश्यक जानकारी दे रही थी। सेना प्रमुख ने पूरी सक्रियता दिखाते हुए समय पर निर्णय लिये और सुस्त व्यवस्था को चुस्त-दुरुस्त बनाया। वह जहाँ और जिस स्थिति में होते—मैदान में या फिर राजधानी में—तैयार स्थिति में दिखाई देते।[4]

चीन और अमेरिका के हस्तक्षेप की आशंका अब भी बनी हुई थी। एक बड़ी मुश्किल यह भी थी कि चीनियों का सामना कर रही फौजों को अंतिम समय तक हटाया नहीं जा सकता था; दूसरी बड़ी मुश्किल थी कि अमेरिका की ओर से किसी-न-किसी रूप में हस्तक्षेप से इनकार नहीं किया जा सकता था। इन मुश्किलों

से बचने के लिए निर्णय लिया गया कि हमले की कारखाई को कम-से-कम समय में पूर्ण कर लिया जाए, ताकि बाह्य दबाव अथवा हस्तक्षेप के लिए समय ही न रहे। अमेरिका का निकटतम नौसैनिक बल प्रशांत महासागर क्षेत्र में था और उसे पूर्वी पाकिस्तान तक पहुँचने में पर्याप्त समय लगता। वैसे उम्मीद तो यह भी की जा रही थी कि अगस्त 1971 की भारत-सोवियत संधि से अमेरिका इस क्षेत्र में कम ही रुचि लेगा। जो भी हो, भारत अकेले दम पर लड़ाई लड़ने के लिए भी तैयार था।

पूर्वी कमान के लिए आवश्यक बल भेजने के लिए सेना प्रमुख ने कुछ सेना मुख्यालयों को बदलना शुरू कर दिया। दो डिवीजनें पूर्व की ओर भेजकर उन्होंने एक नया कोर हेडक्वार्टर—हेडक्वार्टर 2 कोर—तैयार करने का आदेश दे दिया। इसके अतिरिक्त मिजो की पहाड़ियों और नगालैंड में तैनात इन्फैंट्री डिवीजनों को पूर्व के अभियान में शामिल होने के लिए बुला लिया गया। एक मध्यम बख्तरबंद रेजीमेंट और दो हलके टैंकों वाली रेजीमेंटों को पूर्वी कमान की ओर रवाना कर दिया गया; किंतु पर्याप्त आर्टिलरी (तोपखाना) की सहायता की समस्या थी, क्योंकि दुश्मन के पास अपेक्षाकृत दोगुनी शक्ति के स्वचालित हथियार थे। नगालैंड और मिजोरम से बुलाई गई डिवीजनों के पास कोई आर्टिलरी नहीं थी। इस कमी को दूर करने के लिए अन्य मोरचों पर तैनात आर्टिलरी को पूर्वी कमान की ओर लाया गया। पुल तैयार करने के लिए इस तरह के साधन जुटाए गए कि पूर्वी कमान की सेना 10 हजार फीट से भी अधिक लंबा पुल तैयार कर सके—सैन्य इतिहास में पुल बनाने का अपने आप में यह बड़ा और अनूठा प्रयास था।[5]

उच्च स्तरीय समन्वय सुनिश्चित करने के लिए अंतर्सेवा संयुक्त कमान प्रणाली (Inter-Services Joint Command System) का पुनर्गठन किया गया। एक एयर कमोडोर के नियंत्रण में पूर्वी कमान के एक एडवांस हेडक्वार्टर को पूर्वी कमान के मुख्यालय में तथा फ्लैग ऑफिसर कमांडिंग-इन-चीफ (जो विशाखापट्टनम में तैनात थे) के नियंत्रण में एक एडवांस नेवल हेडक्वार्टर को भी पूर्वी कमान के मुख्यालय में भेजा गया।[6] यह संयुक्त कमान प्रणाली युद्ध के समय काफी उपयोगी सिद्ध हुई थी।

नवंबर के आरंभ तक पूर्वी पाकिस्तान के लिए भारतीय सेना की 7 डिवीजनें तैयार हो गई थीं और सिलचर तथा त्रिपुरा में पूर्वी मोरचे पर सड़कों को चौड़ी एवं पक्की करने जैसी समस्त तैयारियाँ पूरी कर ली गई थीं। याह्या खान द्वारा पश्चिम में युद्ध की घोषणा किए जाने या नियाजी द्वारा भारतीय भूभाग पर हमला करने की धमकी के मद्देनजर पूर्वी कमान पूरी तरह से तैयार थी।

पूर्वी पाकिस्तान की भौगोलिक स्थिति

पूर्वी पाकिस्तान की सीमा लगभग 4 हजार किलोमीटर लंबी थी। पश्चिम में वह भारत के पश्चिम बंगाल राज्य से, उत्तर में मेघालय से, पूर्व में असम के कछार जिले तथा त्रिपुरा राज्य से और दक्षिण में बंगाल की खाड़ी से घिरा हुआ था। उसके दक्षिण-पूर्व में चिट्टागोंग की पहाड़ियाँ स्थित थीं, जिनकी सीमा बर्मा (म्याँमार) की सीमा से मिलती थी। पूर्वी पाकिस्तान से होकर बहनेवाली प्रमुख नदियाँ थीं—पद्मा, जमुना और मेघना। बंगाल की खाड़ी में गिरने से पहले ये नदियाँ रास्ते में बड़े-बड़े डेल्टा बनाती हैं। चिट्टागोंग पहाड़ी मार्गों और सिलहट को छोड़कर शेष देहाती क्षेत्र निम्न और आर्द्र भूमिवाला है, जिसके अधिकांश भाग में धान के खेत हैं। चावल और जूट की फसल उगाए जाने के कारण उसका एक बड़ा भाग दलदली है। नदियाँ उत्तर से दक्षिण की ओर बहती हैं और बहुत चौड़ी हैं। दक्षिणी भाग में पहाड़ियाँ, झीलें और दलदली क्षेत्र हैं। मई के मध्य में मानसून पूरे जोर पर होता है और अक्तूबर के मध्य तक चलता है। उत्तर में भारी वर्षा के कारण नदियों में बाढ़ आ जाती है और नदियों की चौड़ाई कई मील तक बढ़ जाती है।

इन प्रतिकूल भौगोलिक स्थितियों के कारण पूर्वी पाकिस्तान में सैन्य अभियान की योजना एक दुःस्वप्न जैसी ही थी। द्वितीय विश्वयुद्ध के दौरान बर्मा की लड़ाई में शामिल सैनिकों व अधिकारियों को इस तरह के क्षेत्र में लड़ने में आनेवाली कठिनाइयों का अनुमान था और इससे उन्हें पूर्वी पाकिस्तान में लड़ाई लड़ने में काफी मदद भी मिली। सैनिकों के साथ-साथ हथियारों, गोला-बारूद और अन्य सामग्री को भी एक नदी से दूसरी नदी के पार तक पहुँचाना बड़ा मुश्किल काम था। यहाँ पर सड़कों और रेल-संचार का विकास भी बहुत कम हुआ था। चिट्टागोंग, चालना, कोक्स बाजार, चाँदपुर और खुलना महत्त्वपूर्ण पत्तन थे। मुख्य हवाई अड्डा ढाका में था। विमान क्षेत्र भी जेसोर, सिलहट, शमशेर नगर, कोमिल्ला और चिट्टागोंग में थे। पूर्वी पाकिस्तान की नदियाँ उसे सैन्य अभियान की दृष्टि से चार विशिष्ट क्षेत्रों में बाँटती थीं—उत्तर-पश्चिमी सेक्टर, दक्षिण-पश्चिमी सेक्टर, उत्तरी/मध्य सेक्टर और पूर्वी सेक्टर।

भारत और पाकिस्तान की सैन्य शक्ति

आरंभ में पूर्वी पाकिस्तान में पाकिस्तानी सेना की केवल चार इन्फैंट्री ब्रिगेड थीं, किंतु बाद में उसमें तेजी से बढ़ोतरी करते हुए चार इन्फैंट्री डिवीजनें तैयार की गईं। अब उसके पास लगभग 25 हजार अनियमित सैनिक, चाफी टैंकों का एक

प्रधानमंत्री श्रीमती इंदिरा गांधी पश्चिमी मोरचे पर।

(साभार : रक्षा मंत्रालय, जनसंपर्क विभाग)

स्क्वाड्रन और एक रेजीमेंट तथा पी टी–76 एवं चाफी टैंकों के एक तदर्थ स्क्वाड्रन हो गई थी। पूर्वी पाकिस्तान में पाकिस्तानी वायुसेना में 20 से 25 सैबर जेट विमान और कुछ हेलीकॉप्टर थे। पाकिस्तानी नौसेना के पास बड़ी संख्या में गन बोट्स (Gunboats) थीं। भारत ने पूर्वी पाकिस्तान में 7 इन्फैंट्री डिवीजनें खड़ी की थीं—ये सभी डिवीजनें उपद्रवग्रस्त क्षेत्रों और भारत–चीन सीमा पर से बुलाई गई थीं। बख्तर में भारत के पास तीन रेजीमेंटें, दो स्वतंत्र स्क्वाड्रन और एक यंत्रीकृत बटालियन थी। एक ओर जहाँ पूर्वी पाकिस्तान में भारत के पास हमले के लिए वांछित थल सैनिक शक्ति नहीं थी, वहीं दूसरी ओर उसकी नौसेना और वायुसेना की शक्ति अपेक्षाकृत बहुत ज्यादा थी।

कार्य एवं रणनीतियाँ

जनरल नियाजी को पूर्वी पाकिस्तान को बाह्य हमले से सुरक्षित रखने की जिम्मेदारी सौंपी गई थी। इसका अर्थ उन्होंने यह लगा लिया था कि उन्हें पूर्वी पाकिस्तान के अधिक–से–अधिक भूभाग की रक्षा करना तथा उसे दुश्मन के हाथों में जाने से बचाना था; किंतु एक–एक इंच भूभाग की रक्षा करना संभव नहीं था,

क्योंकि उसके लिए उन्हें अपनी फौजों को चारों ओर फैलाकर रखना पड़ता। अतः नियाजी ने सोचा—जैसा उनके द्वारा की गई तैनाती से संकेत मिलता है—कि मोरचाबंदी द्वारा रक्षा की रणनीति से यह कार्य आसानी से किया जा सकता है।

इस तरह की रणनीति में प्रमुख नदियों के आगे बढ़कर मोरचा बनाया जाता था, जहाँ से आगे बढ़ती दुश्मन की सेनाओं को आंतरिक क्षेत्र में घुसने से रोककर रखा जाता था। हमला करनेवाली सेनाएँ यदि दो मोरचों के बीच से निकलकर आगे बढ़ने की कोशिश करती थीं तो उन्हें दोनों मोरचों पर तैनात सेनाओं द्वारा घेरकर नष्ट कर दिया जाता था। इसी रणनीति के आधार पर नियाजी ने जेसोर, झेनिदा, बोगरा, रंगपुर, जमालपुर, मेमनसिंह, सिलहट, भैरव बाजार, कोमिला और चिट्टागोंग कस्बों को मोरचे के रूप में तैयार किया गया। जहाँ तक ढाका की बात है, तो उसके आगे कोई जल-अवरोध (नदी आदि) नहीं था। नियाजी ने अपनी 16 इन्फैंट्री डिवीजन को उत्तर-पश्चिमी सेक्टर में लगाया, जिसका हेडक्वार्टर बोगरा में बनाया गया था; 9 इन्फैंट्री डिवीजन को दक्षिण-पश्चिमी सेक्टर की रक्षा के लिए लगाया, जिसका हेडक्वार्टर जेसोर में बनाया गया था; 14 इन्फैंट्री डिवीजन और 39 इन्फैंट्री डिवीजन को पूर्वी सेक्टर में तैनात किया, जिनके हेडक्वार्टर क्रमशः आशुगंज और चाँदपुर में बनाए गए थे। उत्तर की ओर से उन्हें किसी बड़े हमले की आशंका नहीं दिखाई दे रही थी, इसलिए उत्तर-मध्य सेक्टर में मेमनसिंह-जमालपुर सेक्टर की रक्षा के लिए मात्र एक ब्रिगेड ही लगाई गई थी। इस क्षेत्र की रक्षा की जिम्मेदारी मेजर जनरल जमशेद खान को सौंपी गई थी, जिसका हेडक्वार्टर ढाका में था। ढाका की रक्षा के लिए अलग से सैन्य टुकड़ियाँ नहीं लगाई गई थीं और न ही कोई अलग रक्षा-व्यवस्था की गई थी। जनरल नियाजी यह सोचकर चल रहे थे कि आवश्यकता पड़ने पर मोरचे पर तैनात टुकड़ियों को बुला लिया जाएगा; किंतु इसके लिए न तो कोई व्यापक और व्यवस्थित योजना तैयार की गई थी और न ही सैनिकों को कोई आदेश जारी किया गया था; क्योंकि इससे उनके मनोबल और निश्चय पर विपरीत प्रभाव पड़ने की आशंका थी।

भारत की रणनीति पश्चिम में आक्रमण से रक्षा, उत्तर में रक्षा तथा पूर्व में जोरदार हमले की थी। पूर्वी पाकिस्तान तीन ओर से भारत से घिरा हुआ था; इसलिए तीनों ओर से हमले की योजना बनाई गई थी और चौथी ओर—यानी समुद्र की ओर—भारतीय नौसेना को लगाया गया था। योजना के अनुसार पाकिस्तानी वायुसेना के दोनों स्क्वाड्रन को युद्ध शुरू होते ही जल्दी-से-जल्दी नष्ट करके उन्हें युद्ध से बाहर कर देना था, ताकि पाकिस्तानी वायुसेना की शक्ति को कमजोर

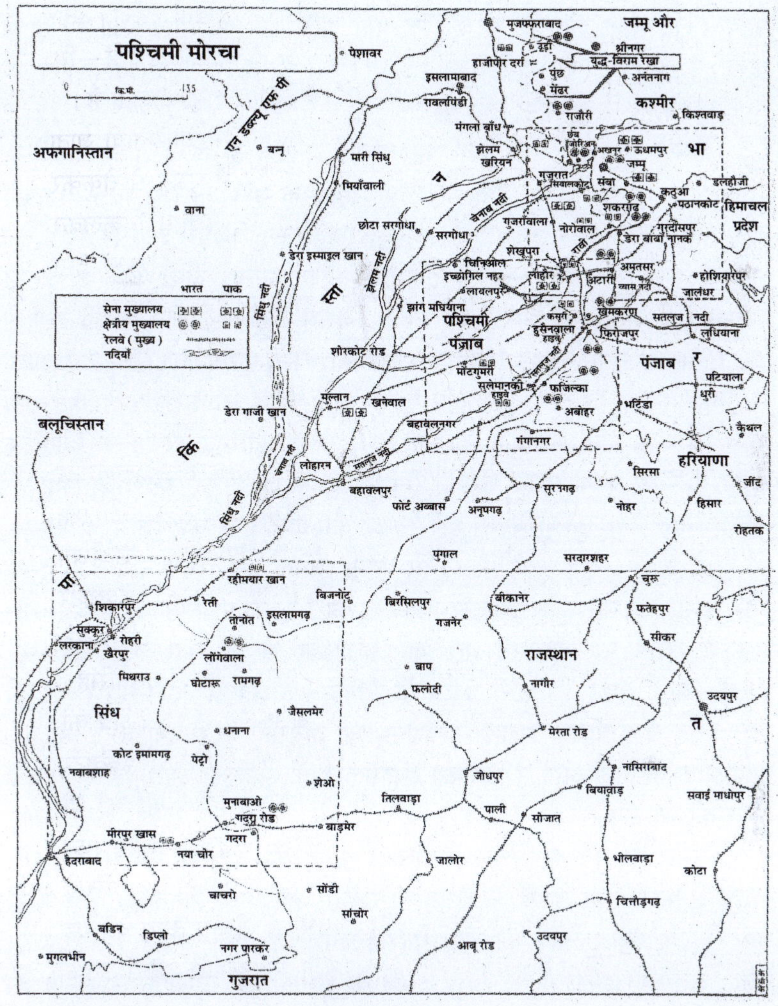

पश्चिमी मोरचा, 1971

किया जा सके। पूर्वी पाकिस्तान के मुक्त हो जाने की स्थिति में पूरे पूर्वी पाकिस्तान पर कब्जा करना था। ढाका बाउल (Dacca Bowl) को अंतिम और मुख्य लक्ष्य बनाया जाता था, लेकिन नदी-तटों तक के भूभाग पर कब्जा करने के बाद ही उसपर कब्जा किया जा सकता था। नदी-तट के भूभागों और घाटों पर जल्दी कब्जा कर लेने से ढाका पर कब्जा करना आसान हो जाता।[7] पूर्वी कमान को पहले

पाकिस्तानी फौजों को नष्ट करके फिर पूर्वी पाकिस्तान के प्रमुख क्षेत्रों को अपने कब्जे में लेने की जिम्मेदारी सौंपी गई थी। उसे अंततः पूरे पूर्वी पाकिस्तान को मुक्त कराने का कार्य सौंपा गया था।[8]

हमले के लिए सैन्य बलों का आदर्श अनुपात 3 : 1 है, किंतु यहाँ यह अनुपात 7 : 4 था। अतः जीत के लिए आक्रामक और जोरदार तरीके अपनाए जाने की जरूरत थी। इन तरीकों में पूर्वी पाकिस्तान के प्रमुख पत्तन मार्गों को अवरुद्ध करके उसे देश के अन्य हिस्सों से अलग करना, फौजों को एक क्षेत्र से दूसरे क्षेत्र में आने-जाने से रोककर रखना, जिससे उन्हें आसानी और पूरी तरह से नष्ट किया जा सके, उनकी संचार व्यवस्था को ध्वस्त करना, घाटों को नष्ट करना या उनपर कब्जा कर लेना, पुलों और विमान क्षेत्रों पर कब्जा करना या आवश्यकता पड़ने पर उन्हें नष्ट कर देना शामिल था। इनके अतिरिक्त दुश्मन के आंतरिक संचार केंद्रों पर कब्जा करके उसकी सेनाओं की कमान और नियंत्रण व्यवस्था को निष्क्रिय बना देना, ताकि बिखरी हुई सेनाओं को आसानी से नष्ट किया जा सके— भी इसमें शामिल था। मौका मिलने पर पद्मा, जमुना और मेघना नदियों के दूसरी ओर किसी भी मोरचे पर इकट्ठा होकर ढाका पर कब्जा करने की योजना थी। सबकुछ समय पर आधारित था; यह आवश्यक था कि काररवाई जल्दी-से-जल्दी—यानी बाहर से किसी प्रकार के सैनिक हस्तक्षेप से पहले—पूर्ण कर ली जाती। यह सैन्य योजना जुलाई में नौसेना तथा वायुसेना के सामने प्रस्तुत की गई, ताकि सेना के तीनों अंगों में समन्वय स्थापित करके एकीकृत आभियानिक योजना तैयार की जा सके।

समय पर गुप्तचर सूचनाएँ उपलब्ध कराने की व्यवस्था की समस्या थी। लड़ाई से पहले तथा लड़ाई के दौरान भी संकेत अंतर्रोधन (संकेत को बीच में ही रोक लेने या पकड़ लेने) की व्यवस्था महत्त्वपूर्ण थी। पूर्वी कमान के आग्रह पर संकेत अंतर्रोधन इकाइयों को सीधे कमान के अधीन रखा गया। इससे कमान को पाकिस्तान के सैन्य नियंत्रण और उसके इरादों के बारे में जानकारी प्राप्त करना आसान हो गया। इससे युद्ध के दौरान पूर्वी पाकिस्तान से पश्चिमी पाकिस्तान तक संकेत यातायात में भी मदद मिली। यह संकेत इकाई (Signal unit) पाकिस्तानी नौसेना के संकेतों को नष्ट करने में भी सक्षम थी। 1 दिसंबर, 1971 को पश्चिमी पाकिस्तान की ओर से पूर्वी पाकिस्तान को संदेश प्रेषित करके सभी व्यापारिक जलपोतों को बंगाल की खाड़ी में प्रवेश न करने और पाकिस्तानी नागरिक विमानों को भारतीय सीमा के निकट न उड़ने की चेतावनी दी जाने लगी। इससे संकेत

मिल गया कि पाकिस्तान जल्दी ही हमला शुरू करनेवाला है।

इस बीच प्रशासनिक स्टाफ ने सैन्य संचालन संबंधी ढाँचे को मजबूत बनाने, टेलीफोन लाइनें एवं माइक्रो-वेव संचार तैयार करने, सड़क व रेल-संचार शुरू करने तथा पुल तैयार करने के लिए आवश्यक साधन जुटाने और गोला-बारूद एवं अन्य सामग्री भेजने की व्यवस्था पूरी कर ली। अक्तूबर माह के उत्तरार्ध तक दोनों मोरचे—पूर्वी एवं पश्चिमी—पूरी तरह तैयार थे। पश्चिमी मोरचे पर कोई भी काररवाई न करने के लिए विशेष सतर्कता बरती जा रही थी। इसके लिए सेना मुख्यालय से आरक्षित टुकड़ियों को अंतिम समय तक न हटने का आदेश दिया गया था। हालाँकि यह एक बड़ा जोखिम था, लेकिन इससे काफी फायदा हुआ। याह्या खान ने 3 दिसंबर, 1971 तक हमला शुरू नहीं किया था; लेकिन उस समय तक दोनों मोरचे पूरी तरह तैयार थे।

'संडे टाइम्स' (लंदन) के संवाददाता मि. मरे सायलीज (Mr. Murray Sayles), जो 2 दिसंबर, 1971 को पेशावर में थे, ने लिखा—'यह स्पष्ट हो गया था कि (हमला शुरू करने का) निर्णय ले लिया गया है, क्योंकि 2 दिसंबर को पेशावर में स्थित सातवीं डिवीजन को रात के अँधेरे में मोरचे की ओर रवाना किया जा रहा था। दूसरे पक्ष की ओर से हमले का स्पष्ट संकेत मिलने तक आरक्षित बलों को सेना की रक्षा रणनीति के अधीन रहना था। सातवीं डिवीजन को रवाना करने का अर्थ था कि पाकिस्तान ने पहले हमला करने का निर्णय लिया था।'[9]

मि. मरे सायलीज के निष्कर्ष के अनुसार, पाकिस्तान की ओर से पहला जमीनी हमला 3 दिसंबर, 1971 को रात 8:30 बजे छंब और पुंछ सेक्टरों में तैनात भारतीय सेना के खिलाफ किया गया था। उससे पहले शाम 5:45 बजे उसने भारतीय विमान क्षेत्रों पर हवाई हमले शुरू कर दिए थे; किंतु सौभाग्य से एक भी विमान जमीन पर नहीं गिरा था। पिछले युद्ध के अनुभवों के आधार पर भारत ने सारे विमान कंक्रीट से बने विभिन्न सुरक्षित स्थानों पर व्यवस्थित ढंग से खड़े कर दिए थे। इस प्रकार पाकिस्तान की ओर से किया गया यह हवाई हमला पूरी तरह विफल रहा। जनरल डी.के. पालित ने अपनी पुस्तक 'द लाइटनिंग कैंपेन' (The Lightning Campaign) में लिखा है—'भारतीय वायुसेना ने उस रात देर से काररवाई शुरू की और उसने उस समय तक आक्रमण अभियान जारी रखा, जब तक वह प्रतिदिन 500 हवाई हमले तक नहीं पहुँच गई, जो द्वितीय विश्वयुद्ध के बाद से अब तक का सबसे बड़ा युद्ध अभियान था।' बाद में पता चला कि 25 पाकिस्तानी विमान नष्ट हो चुके हैं। राडार प्रतिष्ठापनों और धावन पथों (runways) को भारी

क्षति पहुँची थी, क्योंकि लगातार किए गए इन हवाई हमलों के बाद पाकिस्तानी वायुसेना की ओर से अब कोई गंभीर खतरा नहीं दिखाई दे रहा था।[10]

तत्कालीन प्रधानमंत्री श्रीमती इंदिरा गांधी को 3 दिसंबर, 1971 को जिस समय पश्चिमी क्षेत्र में पाकिस्तानी हमले की खबर मिली, उस समय वह कलकत्ता में थीं। पाकिस्तानी हवाई हमले के जोखिम के बावजूद वह यह कहते हुए दिल्ली के लिए रवाना हो गईं—'मेरा जल्दी से दिल्ली पहुँचना जरूरी है।' बाद में उसी रात जनरल अरोड़ा को सेना मुख्यालय से आगे बढ़ने का आदेश मिल गया।

4 दिसंबर की सुबह होने तक 'मुक्ति अभियान' शुरू हो चुका था।

आभियानिक स्थिति

पूर्वी कमान को पाकिस्तानी बलों को नष्ट करने और पूर्वी पाकिस्तान के प्रमुख स्थानों पर कब्जा करने की जिम्मेदारी सौंपी गई थी। कमान ने इसके लिए अपनी कोरों की तैनाती इस प्रकार की थी—

दक्षिण-पश्चिमी सेक्टर

पहले जेसोर और झेनिदा पर, उसके बाद हार्डिंग ब्रिज, गोवालुंदो और फरीदपुर घाटों तथा खुलना पर कब्जा करने के लिए दक्षिण-पश्चिमी सेक्टर में 2 कोर को तैनात किया गया था, जिसमें 4 माउंटेन डिवीजन, 9 माउंटेन डिवीजन, 50 पैरा ब्रिगेड (एक बटालियन कम), एक बख्तर रेजीमेंट (PT-76) और T-55 टैंकों का एक स्क्वाड्रन शामिल थे।

उत्तर-पश्चिमी सेक्टर

हिल्ली-गैबंदा लाइन को काटने तथा बोगरा व रंगपुर पर कब्जा करने के लिए उत्तर-पश्चिमी सेक्टर में 20 माउंटेन डिवीजन और 71 माउंटेन ब्रिगेडवाली 33 कोर को तैनात किया गया था।

मध्य सेक्टर

जमालपुर और मेमनसिंह तथा उसके बाद टांगाइल पर कब्जा करने के लिए एफ जे सेक्टर और 95 माउंटेन ब्रिगेडवाली 101 कम्युनिकेशन जोन को तैनात किया गया था।

पूर्वी सेक्टर

8 और 23 डिवीजन तथा 57 माउंटेन डिवीजनवाली 4 कोर को मौलवी बाजार, सिलहट तथा दाउदकंदी-मीनामती और लालमाई (दक्षिण) पहाड़ियों एवं लक्षम तथा चाँदपुर पर कब्जा करने के लिए लगाया गया था। किलो फोर्स (Kilo Force) के साथ 311 ब्रिगेड को चिट्टागोंग पर कब्जा करना था।

2 कोर के मोरचे पर अभियान

2 कोर के मोरचे पर जनरल रैना ने दो डिवीजनल टुकड़ियाँ मधुमती नदी की ओर भेज दी थीं। इस मोरचे का लक्ष्य पद्मा नदी के पश्चिमी भूभाग को मुक्त कराना था। इसके लिए 2 कोर की योजना सीमा के निकट पाकिस्तानी मोरचों पर कब्जा करने की थी, जबकि तेजी से आगे बढ़ती दुश्मन की फौजों को आगे बढ़कर मधुमती नदी पार करने से रोकना था। कोर की योजना दुश्मन को बाद में आगे बढ़ने से रोकने के लिए खुलना-जेसोर-कुष्तिया रेलमार्ग को क्षतिग्रस्त करने की थी। उसके बाद खुलना, फरीदपुर, गोवालुंडो घाट और हार्डिंग ब्रिज पर भी कब्जा करना था। जनरल रैना ने जेसोर को इस सेक्टर का सबसे महत्त्वपूर्ण स्थान माना था। उन्होंने इस सेक्टर के लिए 9 माउंटेन डिवीजन को तथा झेनिदा सेक्टर के लिए 4 माउंटेन डिवीजन को लगाया था।

सभी सेक्टरों की ब्रिगेडें धान के खेतों, तालाबों, नदियों और दलदली क्षेत्रों से होकर लगातार आगे बढ़ती रहीं। इसमें साइकिल, रिक्शा, बैलगाड़ी आदि का प्रयोग किया जा रहा था। स्थानीय निवासी सैनिकों को आगे बढ़ने में हरसंभव मदद देने के लिए तैयार दिखाई दे रहे थे। 5 दिसंबर को जेसोर-कुष्तिया रेलमार्ग को काटने के बाद सैन्य दल समान गति से आगे बढ़ रहा था। 7 दिसंबर तक वे झेनिदा पर कब्जा करने के लिए 30 किलोमीटर और आगे बढ़ चुके थे; झेनिदा पाकिस्तान का एक महत्त्वपूर्ण गढ़ था। उसी दिन जेसोर, जिसे पाकिस्तान का एक मजबूत मोरचा (गढ़) माना जाता था, में तैनात पाकिस्तानी फौजें बिना लड़े ही मोरचा छोड़कर भाग खड़ी हुईं। किंतु 11 दिसंबर को कुष्तिया पर और 12 दिसंबर को हार्डिंग ब्रिज पर घमासान लड़ाई के बाद कब्जा कर लिया गया। पाकिस्तानियों ने 11 दिसंबर को ब्रिज को उड़ा दिया था।

लगातार मिल रही असफलता से पाकिस्तानी सैनिकों का मनोबल टूटता जा रहा था। जेसोर पूर्वी पाकिस्तान और 9 पाकिस्तान इन्फैंट्री डिवीजन का सबसे मजबूत मोरचा था। इसपर टैंकों और तोपों से लैस एक ब्रिगेड ग्रुप ने मोरचा

सँभाला हुआ था, जिसमें लगभग 5 हजार सैनिक थे। किंतु जब लड़ाई का समय आया तो पूरी रक्षक सेना तितर-बितर हो गई। 'संडे टाइम्स' के फिलिप जैकब्सन ने लिखा—'जेसोर मोरचे पर पाकिस्तानी फौजों की पूर्ण पराजय पूर्व में युद्ध की सबसे कठिन पहेली है। भारतीय सेना के सूत्रों और अन्य विशेषज्ञों का अनुमान था कि जेसोर छावनी पर कब्जा करने के लिए भारतीय सेना को भारी क्षति उठानी पड़ सकती है, क्योंकि उसपर पाकिस्तान की पकड़ बहुत मजबूत है।' नौवीं भारतीय डिवीजन के कर्नल देशपांडे के शब्दों में—'वे (पाकिस्तानी) युद्धभूमि से भाग गए।' 24 घंटे से भी कम समय में भारतीय टैंकों और इन्फैंट्री ने अपना एक ऐसा लक्ष्य प्राप्त कर लिया, जिसके लिए एक हफ्ते की कठिन लड़ाई का अनुमान लगाया गया था।'[11]

33 कोर के मोरचे पर अभियान

33 कोर के मोरचे पर रंगपुर और बोगरा में मुख्य केंद्र बनाए गए थे तथा हिल्ली, दिनाजपुर, नवाबगंज में संचार केंद्र स्थित थे। 16 पाकिस्तान इन्फैंट्री डिवीजन के जनरल ऑफिसर कमांडिंग मेजर जनरल नजर हुसैन शाह ने इन केंद्रों से काफी आगे फौजों को तैनात किया था। हारने की स्थिति में इन फौजों को वापस मुख्य केंद्र में आ जाना था। केंद्रों की रक्षा के लिए बंकरों पर आधारित मजबूत रक्षा व्यवस्था की गई थी। हिल्ली में यह रक्षा व्यवस्था विशेष रूप से मजबूत थी।

33 कोर के जनरल ऑफिसर कमांडिंग लेफ्टिनेंट जनरल एम.एल. थापन को हिल्ली-गैबंदा लाइन को काटने और स्थिति के अनुसार बोगरा अथवा रंगपुर पर कब्जा करने की जिम्मेदारी सौंपी गई थी। रंगपुर के दक्षिण में स्थित रेल मार्ग को काटने और फिर बोगरा की ओर बढ़ने के लिए उत्तर की ओर से सैन्य दल भेजे जाने की योजना थी। इस सेक्टर में पाकिस्तान की सबसे सुदृढ़ रक्षक सेना थी। इसका अनुमान पूर्वी कमान ने पहले ही लगा लिया था। इस सेक्टर में कुछ स्थानों पर रेलगाड़ी के डिब्बों को पिलबॉक्स (कोठरी, जिसमें से सैनिक गोलियाँ चलाते हैं) के रूप में प्रयोग करने के लिए जमीन में गाड़ दिया गया था। दुश्मन ने इस सेक्टर में अंतिम समय तक प्रतिरोध किया। आखिरकार 6 दिसंबर, 1971 को हिल्ली पर कब्जा कर लिया गया। रक्षक सेना लगभग पूरी तरह नष्ट हो चुकी थी। घमासान लड़ाई के बाद ब्रिगेडों को अपने-अपने लक्ष्य में सफलता मिली। हिल्ली पर कब्जा करने में भारतीय फौजों को भारी क्षति उठानी पड़ी। इसमें कई भारतीय जवान हताहत हुए। 14 दिसंबर को बोगरा पर भी कब्जा कर लिया गया। 15

दिसंबर को 340 (स्वतंत्र) इन्फैंट्री ब्रिगेड को ढाका के अभियान के लिए तैयार किया गया। जिस समय 20 भारतीय माउंटेन डिवीजन रंगपुर की ओर बढ़ रही थी, उस समय तक पाकिस्तान की ओर से सभी प्रतिरोधों को समाप्त कर दिया गया था।

4 कोर के मोरचे पर अभियान

लेफ्टिनेंट जनरल सगत सिंह के नेतृत्व में 4 कोर पूर्वी सेना की सबसे सुदृढ़ कोर थी। आभियानिक मोरचे के रूप में उसके पास सबसे बड़ा सीमा-विस्तार था। उसे मेघना नदी तक बँगलादेश के पूरे भूभाग को मुक्त कराने का उत्तरदायित्व सौंपा गया था। जनरल सगत सिंह के अधीन तीन माउंटेन डिवीजनें और एक किलो सेक्टर टुकड़ी (Kilo Sector Troops) थीं। उन्होंने सोचा कि यदि वह दाउदखंडी-चाँदपुर क्षेत्र में मेघना नदी के निकट तक पहुँच सकें तो ढाका के लिए गंभीर खतरा पैदा किया जा सकता है। साथ ही, उन्हें यह भी सुनिश्चित करना था कि सिलहट-मौलवी बाजार सेक्टर और फेनी-चिट्टागोंग सेक्टर में तैनात पाकिस्तानी फौजें उनके अभियान में हस्तक्षेप न कर सकें और न ही वे ढाका बाउल की रक्षा के लिए आ सकें। उन्होंने मेजर जनरल के.वी.के. राव के नियंत्रण में 8 माउंटेन डिवीजन को मौलवी बाजार और उसके बाद सिलहट तथा शेरपुर के घाटों पर कब्जा करने के लिए सिलहट की ओर रवाना कर दिया। मेजर जनरल बी. गोन्जालवेज के नेतृत्व में 57 माउंटेन डिवीजन को अखौरा और दाउदखंडी पर कब्जा करने की जिम्मेदारी सौंपी गई थी। उसे चिट्टागोंग पर भी कब्जा करना था। मेजर जनरल आर.डी. हीरा के नेतृत्व में 23 माउंटेन डिवीजन को चाँदपुर सेक्टर में अभियान की और लालमाई पहाड़ियों में दुश्मन का सफाया करने की जिम्मेदारी दी गई थी।

नवंबर के आरंभ तक सभी तैयारियाँ पूरी कर ली गई थीं। 4 कोर के जनरल ऑफिसर कमांडिंग लेफ्टिनेंट जनरल सगत सिंह ने अपना हेडक्वार्टर त्रिपुरा के तेलियामुरा (Teliamura) में स्थापित किया था। 8 माउंटेन डिवीजन ने दक्षिण तथा दक्षिण-पूर्व की ओर से सिलहट पहुँचने का निश्चय किया। कठिन होने के बावजूद इन मार्गों पर आश्चर्यजनक सफलता की उम्मीद थी। यदि मौलवी बाजार पर जल्दी कब्जा कर लिया जाता तो अन्य प्रवेश-मार्गों का प्रयोग करके सिलहट को अलग-थलग किया जा सकता था। इस प्रकार सिलहट को चारों ओर से घेरा जा सकता था। 4 कोर की रणनीतिक योजना के अनुसार 57 माउंटेन डिवीजन की 311 माउंटेन ब्रिगेड और 73 माउंटेन ब्रिगेड को पहले अखौरा पर कब्जा करना

था, उसके बाद उन्हें 23 माउंटेन डिवीजन से उसके दक्षिणी मोरचे पर मिलना था। अखौरा पर हमला मुख्य रूप से दक्षिण दिशा की ओर से किया जाना था।

अखौरा पर कब्जा करने के लिए 73 माउंटेन ब्रिगेड को उत्तर-पूर्व की ओर से हमला करना था। 311 माउंटेन ब्रिगेड को अखौरा पर कब्जा करने के लिए दक्षिण-पूर्वी प्रवेश-मार्ग का प्रयोग करना था। यह एक मुश्किल भरा अभियान था, क्योंकि इसमें दुश्मन के 5 किलोमीटर भूभाग में अंदर तक जाना था, उसके बाद दिशा बदलते हुए दक्षिण से उत्तर की ओर बढ़ना था। ब्रिगेडियर आर.एन. मिश्र के नेतृत्व में 311 माउंटेन ब्रिगेड में 4 गार्ड्स (1 राजपूत), 18 राजपूत, 10 बिहार, 12 कुमाऊँ, पी.टी.-76 टैंकों से सुसज्जित 5 (स्वतंत्र) बख्तरबंद स्क्वाड्रन को इस अभियान में शामिल किया गया था। बाद में निर्णय लिया गया कि अखौरा पर हमला करके उसे एक ही रात के अभियान में अपने कब्जे में लेने की बजाय उसपर दक्षिण तथा पश्चिम की ओर से कब्जा किया जाए। अखौरा को पश्चिम से अलग-थलग करने का निर्णय भी अंतिम क्षणों में ही लिया गया।

अपने हेलीकॉप्टर से युद्धक्षेत्रों का लगातार निरीक्षण करते हुए कोर कमांडर को पता चला कि एक पाकिस्तानी ब्रिगेड भैरव बाजार से उत्तर सिलहट की ओर रवाना हो रही है। वास्तव में यह युद्ध से बाहर निकल रही थी। इस खबर से जनरल सगत सिंह और भी उत्साहित हुए।

शुरुआती अभियानों के परिणामस्वरूप 4/5 गोरखा राइफल्स ने अतग्राम-जाकीगंज (Atgram-Zakiganj), जहाँ से दुश्मन विध्वंसक अभियान चला रहा था, पर कब्जा कर लिया था। तोप की सहायता उपलब्ध न होने के कारण बटालियन ने मुक्ति वाहिनी के साथ आगे बढ़ते हुए खुकरी से हमला किया और अंततः अतग्राम पर कब्जा कर लिया। छोटी-छोटी कुछ लड़ाइयों के बाद बटालियन ने 5 दिसंबर को गाजीपुर पर भी कब्जा कर लिया। जब अन्य ब्रिगेडों ने अपने-अपने निर्धारित स्थानों पर कब्जा कर लिया तो खबर मिली कि दुश्मन सिलहट के रास्ते आशुगंज की ओर हट रहा है। दुश्मन को रोकने के लिए कोर कमांडर ने एक बटालियन ग्रुप सिलहट में तैनात कर दी। इस कार्य के लिए 4/5 गोरखा राइफल्स को चुना गया। 7 दिसंबर को उसे विमान क्षेत्र, सुरमा पर बने पुल और रेडियो स्टेशन पर कब्जा करने की जिम्मेदारी देकर बटालियन को रवाना कर दिया गया। चूँकि उस समय केवल Mi-4 हेलीकॉप्टर ही थे, इसलिए बटालियन में से कुछ महत्त्वपूर्ण सैनिकों को ही उतारा गया।

बटालियन को कड़े विरोध का सामना करना पड़ा; लेकिन वह अपने कब्जे

में किए गए स्थानों पर डटी रही। शुरू में जो सूचना मिली थी कि दुश्मन सिलहट के रास्ते पीछे हट रहे हैं, वह गलत सिद्ध हुई। साथ ही सिलहट में दुश्मन की फौजों के बारे में जो अनुमान लगाया गया था, वह भी गलत निकला। इसी बीच 202 और 313 पाकिस्तानी ब्रिगेडें 59 और 81 भारतीय इन्फैंट्री ब्रिगेडों का मुकाबला न कर पाने के कारण जल्दबाजी में आशुगंज की बजाय सिलहट की ओर भागने लगीं। भारतीय वायुसेना ने सिलहट में दुश्मन की फौजों को कुचल डाला। इससे गोरखा राइफल्स को काफी मदद मिली, क्योंकि बटालियन 7 दिसंबर को ही सिलहट पहुँच गई थी और अब उसके पास गोला-बारूद एवं खाद्य सामग्री भी नहीं रह गई थी; सिलहट रवाना होते समय उसके पास प्रति सैनिक 100 राउंड गोलियाँ ही बची थीं, लेकिन भोजन और पानी बिलकुल नहीं था। उम्मीद के विपरीत बटालियन को वहाँ नौ दिनों तक लगातार लड़ना पड़ा।

लेफ्टिनेंट जनरल जे.एफ.आर. जैकब, जो उस समय पूर्वी कमान हेडक्वार्टर के चीफ ऑफ स्टाफ थे, ने लिखा है—'7 दिसंबर, 1971 को 59 माउंटेन डिवीजन की 4/5 गोरखा राइफल्स को हेलीकॉप्टर द्वारा सुरमा नदी के दूसरी ओर सिलहट के दक्षिण-पूर्व तक पहुँचाया गया था। पाकिस्तानियों ने सिलहट को नागरिकों से खाली करवा लिया था और पूरे शहर को मजबूती से घेरा हुआ था। मौलवी बाजार में तैनात पाकिस्तान की 311 इन्फैंट्री ब्रिगेड सिलहट की रक्षक सेना 202 इन्फैंट्री ब्रिगेड के साथ आकर मिल गई थी; कमांड हेडक्वार्टर ने ऐसा कोई अनुमान नहीं लगाया था। हमारा अनुमान था कि वह ब्रिगेड मेघना क्रॉसिंग और ढाका की रक्षा के लिए मेघना नदी पर बने कोरोनेशन ब्रिज की ओर वापस हो जाएगी। यदि ब्रिगेड ने ऐसा किया होता तो 4 कोर का मेघना के दूसरी ओर आगे बढ़ना बहुत मुश्किल हो जाता। किंतु जब हमें रेडियो सेट के माध्यम से सूचना मिली कि पाकिस्तान की 311 इन्फैंट्री ब्रिगेड सिलहट पहुँच गई है तो हमारा उत्साह और बढ़ गया। युद्ध के बाद जब मैंने डिवीजन के जनरल ऑफिसर कमांडिंग मेजर जनरल अब्दुल मजीद काजी से पूछा कि उन्होंने ब्रिगेड को सिलहट की ओर क्यों भेज दिया था, तो उन्होंने जवाब देते हुए बताया था कि उन्होंने सिलहट पर हमारा कब्जा रोकने के लिए दृढ़ निश्चय किया था। इस प्रकार नियाजी की रणनीति और डिवीजनल कमांडर द्वारा उसके कार्यान्वयन से पाकिस्तानी फौजों को तितर-बितर करने में बहुत आसानी हो गई और साथ ही ढाका पर कब्जा करना भी बहुत आसान हो गया। 59 माउंटेन ब्रिगेड सिलहट की ओर बढ़ी और 11 दिसंबर को उसने फेंचूगंज पर कब्जा कर लिया। उसके बाद 13 दिसंबर को वह 4/5 गोरखा राइफल्स के

ले. जनरल सगत सिंह, मेजर जनरल आर.डी. हीरा, जे. जनरल ए.ए.के. नियाजी और मेजर जनरल जे.एफ.आर. जैकब ढाका में समर्पण समारोह की ओर प्रस्थान करते हुए, दिसंबर 1971।

(साभार : रक्षा मंत्रालय, जनसंपर्क विभाग)

साथ मिल गई। 17 दिसंबर को सिलहट की रक्षक सेना ने पूरी तरह आत्मसमर्पण कर दिया।'[12] दरअसल, पाकिस्तानियों ने सिलहट में उतरनेवाली फौज को पूरी ब्रिगेड समझ लिया था, क्योंकि बी.बी.सी. (लंदन) से समाचार प्रसारित हुआ था कि गोरखों की एक ब्रिगेड सिलहट में उतर चुकी है। जो भी हो, इससे भारतीयों का काम काफी आसान हो गया। अंततः दो पाकिस्तानी ब्रिगेडों और अन्य इकाइयों के 7 हजार से अधिक सैनिकों ने गोरखों के समक्ष आत्मसमर्पण कर दिया।

5 दिसंबर, 1971 को अखौरा पर हमला करके उसपर कब्जा कर लिया गया और उसी समय गंगासागर में भी लड़ाई लड़ी गई। गंगासागर की लड़ाई में 14 गार्ड्स के लांस नायक अल्बर्ट एक्का (Albert Ekka) को उनकी वीरतापूर्ण काररवाई के लिए 'परम वीर चक्र' से सम्मानित किया गया। अब 57 माउंटेन डिवीजन को ब्राह्मणबरिया पर कब्जा करना था। आशुगंज में स्थिति कुछ ज्यादा जोखिमपूर्ण थी, क्योंकि वह एक ओर मेघना नदी पर बने विशाल पुल से जुड़ा हुआ था और दूसरी ओर भैरव बाजार से।

9 दिसंबर, 1971 को जब 311 और 73 माउंटेन ब्रिगेडें आशुगंज के निकट पहुँचीं तो पाकिस्तानियों ने मेघना नदी पर बने पुल को उड़ा दिया। उसके बाद पाकिस्तान की 27 इन्फैंट्री ब्रिगेड भैरव बाजार की ओर मुड़ गई। 4 कोर के जनरल

ले. जनरल ए.ए.के. नियाजी समर्पण-पत्र पर हस्ताक्षर करते हुए, ढाका, 16 दिसंबर, 1971। ले. जनरल जे.एस. अरोड़ा उनकी दाईं ओर हैं। *(साभार : रक्षा मंत्रालय, जनसंपर्क विभाग)*

ऑफिसर कमांडिंग, लेफ्टिनेंट जनरल सगत सिंह ने भैरव बाजार पहुँचने का निर्णय लिया। उन्होंने 4 गाड्र्स तथा 10 बिहार को हेलीकॉप्टर से मेघना के दूसरी ओर भिजवाया। बाद में पूरी 311 माउंटेन ब्रिगेड ढाका पर मुख्य हमले के लिए नरसिंगढ़ी (Narsingdi) में इकट्ठा हो गई। ढाका पर मुख्य हमला 14-15 दिसंबर, 1971 को करने की योजना थी। 65 माउंटेन रेजीमेंट ने 14 दिसंबर की शाम को ढाका के बीचोबीच फायरिंग शुरू कर दी। मेघना नदी में मोटर लांचरों द्वारा खींचे जाते हुए बेड़ों पर मीडियम मशीनगनें भी पहुँचने लगी थीं।

पाकिस्तान की 14 इन्फैंट्री डिवीजन द्वारा मेघना नदी पर बने पुल को तोड़ दिए जाने से उसकी यह डिवीजन भैरव बाजार में अलग-थलग पड़ गई। इससे ढाका की रक्षा की पाकिस्तान की योजना ध्वस्त हो गई। इस प्रकार 57 माउंटेन डिवीजन ने ढाका पर कब्जा करने और अंततः उसकी रक्षक सेना के आत्मसमर्पण में अच्छा योगदान किया। 14-15 दिसंबर की रात में 19 राजपूताना राइफल्स को पाकिस्तानी फौजों के साथ घमासान लड़ाई लड़नी पड़ी, जिसमें पाकिस्तानी फौजों के कई सैनिक हताहत हुए; अंततः उसे पीछे हटना पड़ा। वहाँ से ये फौजें तुंगी (Tungi) की ओर चली गईं।

यद्यपि 15 दिसंबर की रात से ही पाकिस्तानी सेना के आत्मसमर्पण के संकेत मिलने लगे थे, लेकिन कुछ निश्चित नहीं हो पा रहा था; इसलिए 16

The PAKISTAN Eastern Command agree to surrender all PAKISTAN Armed Forces in BANGLA DESH to Lieutenant-General JAGJIT SINGH AURORA, General Officer Commanding in Chief of the Indian and BANGLA DESH forces in the Eastern Theatre. This surrender includes all PAKISTAN land, air and naval forces as also all para-military forces and civil armed forces. These forces will lay down their arms and surrender at the places where they are currently located to the nearest regular troops under the command of Lieutenant-General JAGJIT SINGH AURORA.

The PAKISTAN Eastern Command shall come under the orders of Lieutenant-General JAGJIT SINGH AURORA as soon as this instrument has been signed. Disobedience of orders will be regarded as a breach of the surrender terms and will be dealt with in accordance with the accepted laws and usages of war. The decision of Lieutenant-General JAGJIT SINGH AURORA will be final, should any doubt arise as to the meaning or interpretation of the surrender terms.

Lieutenant-General JAGJIT SINGH AURORA gives a solemn assurance that personnel who surrender shall be treated with dignity and respect that soldiers are entitled to in accordance with the provisions of the GENEVA Convention and guarantees the safety and well-being of all PAKISTAN military and para-military forces who surrender. Protection will be provided to foreign nationals, ethnic minorities and personnel of WEST PAKISTAN origin by the forces under the command of Lieutenant-General JAGJIT SINGH AURORA.

Jagjit Singh

(JAGJIT SINGH AURORA)
Lieutenant-General
General Officer Commanding in Chief
Indian and BANGLA DESH Forces in the
Eastern Theatre

16 December 1971.

AAK Niazi Lt-

(AMIR ABDULLAH KHAN NIAZI)
Lieutenant-General
Martial Law Administrator Zone B and
Commander Eastern Command (PAKISTAN)

16 December 1971.

समर्पण दस्तावेज, 1971। *(साभार : रक्षा मंत्रालय, जनसंपर्क विभाग)*

दिसंबर को सुबह 4 कोर के हेडक्वार्टर ने ढाका पर कब्जा करने के लिए नया आदेश जारी कर दिया। वैसे उनके इस आदेश का पालन किए जाने से पहले ही ढाका और बँगलादेश के शेष स्थानों की फौजें आत्मसमर्पण करने के लिए तैयार हो गईं।

4 कोर ने अत्यंत कम समय में मेघना नदी पार करके सबको आश्चर्यचकित कर दिया था। सभी स्तरों पर कमांडरों ने उत्कृष्ट साहस और बहादुरी का परिचय दिया। लेफ्टिनेंट जनरल सगत सिंह के कुशल नेतृत्व में 4 कोर बहुत ही कम समय में ढाका के प्रवेश-द्वार पर पहुँच गई थी।

मध्य सेक्टर में 36 पाकिस्तान इन्फैंट्री डिवीजन के जनरल ऑफिसर कमांडिंग मेजर जनरल जमशेद खान, जिनका हेडक्वार्टर ढाका में था, को इस सेक्टर की रक्षा की जिम्मेदारी सौंपी गई थी। जमालपुर और मेमनसिंह को मुख्य केंद्र के रूप में तैयार किया गया था और फौजों को उसके पीछे हटने की अनुमति नहीं थी। इस सेक्टर की रक्षा के लिए 93 पाकिस्तान इन्फैंट्री ब्रिगेड के साथ कुछ अर्द्धसैनिक बल तैनात किए गए थे। ब्रह्मपुत्र नदी से इस सेक्टर की रक्षा और भी मजबूत हो गई थी। 93 इन्फैंट्री ब्रिगेड के कमांडर ब्रिगेडियर कादिर ने कमालपुर-जमालपुर मार्ग पर एक बटालियन और कुछ अर्द्धसैनिक बल तैनात किए थे; साथ ही मेमनसिंह मार्ग पर भी एक बटालियन और कुछ अर्द्धसैनिक बल तैनात किए गए थे। ब्रिगेडियर कादिर ने अपना हेडक्वार्टर मेमनसिंह में बनाया था। 101 कम्युनिकेशन जोन के जनरल ऑफीसर कमांडिंग मेजर जनरल गुरबख्श सिंह गिल को इस सेक्टर में अभियान शुरू करके पहले जमालपुर, मेमनसिंह तथा टांगाइल पर कब्जा करने और उसके बाद ढाका से संपर्क जोड़ने की जिम्मेदारी सौंपी गई थी। इसके लिए उनके पास ब्रिगेडियर एच.एस. क्लेर के नेतृत्व में 95 माउंटेन ब्रिगेड तथा ब्रिगेडियर संत सिंह के नेतृत्व में एफ जे सेक्टर को रखा गया था। बाद में ब्रिगेडियर ईरानी के नेतृत्व में 167 माउंटेन ब्रिगेड भी उनके नियंत्रण में आ गई। इस सेक्टर से ढाका के लिए लंबा, किंतु सीधा मार्ग था; इसलिए ढाका पर कब्जा करने का अच्छा अवसर था। टांगाइल क्षेत्र—जहाँ मुक्ति वाहिनी फोर्स की एक टुकड़ी 'टाइगर' सिद्दीकी की कमान में तैनात थी—के लिए एक बटालियन की पैरा-ड्रॉप (para-drop) भी तैयार की गई थी।

95 इन्फैंट्री ब्रिगेड को जमालपुर पर तथा एफ जे सेक्टर को मेमनसिंह पर कब्जा करने की जिम्मेदारी सौंपी गई। 5 और 6 दिसंबर के दौरान बीच के स्थानों पर कब्जा करते हुए ब्रिगेड 7 दिसंबर को ब्रह्मपुत्र के उत्तरी किनारे पर पहुँच गई। इस दौरान एक सुरंग दुर्घटना में जनरल गिल घायल हो गए, इसलिए उनके स्थान पर मेजर जनरल जी.सी. नागरा को नियुक्त किया गया।

जमालपुर के मोरचे पर निर्णय लिया गया कि एक बटालियन मोरचे की ओर से आगे बढ़ेगी और दो अन्य बटालियनें घेरा बनाती हुई आगे बढ़कर जमालपुर

के पीछे के मार्ग को रोककर रखेंगी। दो बटालियनें—1 मराठा और 13 गार्ड्स—बैलगाड़ियों पर भारी मात्रा में हथियार लेकर आगे बढ़ीं और 9 दिसंबर तक वे अपनी-अपनी पोजीशन पर तैनात हो गईं। मोरचे की ओर से दुश्मन की फौजों पर दबाव बढ़ाने के लिए जनरल नागरा ने वहाँ एक और बटालियन भेजने का निर्णय लिया। आग उगलती तोपों और हवाई हमलों से जमालपुर की रक्षक सेना तितर-बितर होने लगी। अंतत: उसने पीछे हटने का निर्णय लिया; लेकिन जमालपुर के पीछे मार्ग रोके तैनात बटालियन ने उन्हें पकड़ लिया। इसमें दुश्मन की फौजों को भारी क्षति पहुँची और काफी संख्या में उसके सैनिक हताहत हुए।

मेमनसिंह के मोरचे पर ब्रिगेडियर संत सिंह को भी कुछ इसी तरह की सफलता मिली। दुश्मन अपनी पोजीशन छोड़कर पीछे हट गए और 10 दिसंबर को वे मेमनसिंह से बाहर निकल गए। मेमनसिंह पर बिना लड़ाई लड़े ही 11 दिसंबर को कब्जा कर लिया गया। उसके बाद 12 दिसंबर को माधोपुर पर भी इसी तरह बिना किसी लड़ाई के कब्जा कर लिया गया। ब्रिगेड वहाँ से आगे बढ़ती हुई 14 दिसंबर की सुबह तुरग नदी पर पहुँच गई; लेकिन वहाँ चंदना की रक्षक सेना द्वारा उसे रोक लिया गया। 167 माउंटेन ब्रिगेड की दो बटालियनों को तुराग नदी पार करके उधर तैनात दुश्मन की फौज को उसकी अन्य फौजों से अलग-थलग करने का आदेश दिया गया। अंतत: दुश्मन की फौजें चंदना से पीछे हट गईं। इस बीच योजना के अनुसार पैरा-ड्राप भी वहाँ पहुँच गई। लेफ्टिनेंट कर्नल के.एस. पन्नू के नेतृत्व में 2 पैरा को लोहाजंग (Lohajang) नदी पर बने पुल पर कब्जा करने तथा जमालपुर और मेमनसिंह की ओर से भागती दुश्मन की सेना को नष्ट करने की जिम्मेदारी सौंपी गई। 11 दिसंबर को सायं 8:00 बजे तक उसने पुल को कब्जे में ले लिया और भागती हुई दुश्मन फौजों को रोकने की कोशिश की, लेकिन उससे पहले ही अधिकांश फौजें वहाँ से निकल चुकी थीं।

इधर, 4 कोर मेघना नदी के दूसरी ओर पहुँचकर पूर्व तथा उत्तर-पूर्व की ओर से ढाका में घुसने वाली थी। ढाका में लड़ाई को आसान बनाने के लिए 101 कम्युनिकेशन जोन को 15 दिसंबर से 4 कोर की कमान में शामिल कर दिया गया था।

इस बीच किलो फोर्स त्रिपुरा के बेलोनिया क्षेत्र से चिट्टागोंग की ओर बढ़ी। उत्तर की ओर से आगे बढ़ती हुई वह चिट्टागोंग में प्रवेश करने वाली थी। उधर, लक्षम पर कब्जा करने के बाद 83 माउंटेन ब्रिगेड को भी चिट्टागोंग की ओर रवाना कर दिया गया। दुश्मन की फौजों ने 16 दिसंबर को चिट्टागोंग को

खाली कर दिया। इसी बीच सूचना मिली कि दुश्मन की फौजें बर्मा की ओर भागने के लिए कोक्स बाजार की तरफ बढ़ रही हैं। उन्हें रोकने के लिए 2 आर्टिलरी ब्रिगेड के हेडक्वार्टर के नेतृत्व में जोरदार हमला करने का निर्णय लिया गया। 11-12 दिसंबर की रात में सैनिकों का एक दल कलकत्ता से एक व्यापारिक जहाज से रवाना कर दिया गया। किंतु 13-14 दिसंबर की रात वहाँ पहुँचकर सैनिकों ने देखा वहाँ कोई भी पाकिस्तानी फौज नहीं थी।

ढाका पर कब्जा

पूर्वी पाकिस्तान में पाकिस्तानी फौजों के लिए स्थिति नियंत्रण से बाहर होती जा रही थी। वे भारतीय फौजों के हमलों का मुकाबला नहीं कर पा रही थीं। 8 दिसंबर को संयुक्त राष्ट्र संघ के प्रयास तथा भारत के सहयोग से ढाका में रहनेवाले विदेशी नागरिकों को निकाल लिया गया। माधोपुर में तैनात 2 पैरा की पैरा-ड्रॉप ने पाकिस्तानियों को अचंभित और निराश कर दिया था। लेफ्टिनेंट जनरल जे.एफ.आर. जैकब के अनुसार—'पैरा-ड्रॉप की स्थिति काफी संतोषजनक रही। यद्यपि वह बिखर गई थी, लेकिन जल्दी ही बटालियन ने स्वयं को पुनर्गठित कर लिया और कम-से-कम 300 दुश्मन सैनिकों को मेमनसिंह से हटने के लिए मजबूर कर दिया। यदि बटालियन को पैराशूट के सहारे नीचे उतारने का काम सुबह 9 बजे किया गया होता तो उसे और भी ज्यादा सफलता मिलती। मुझे प्रसन्नता तो उस समय हुई, जब विदेशी प्रसारण केंद्रों से समाचार प्रसारित किया गया कि इस क्षेत्र में लगभग 5 हजार भारतीय सैनिक पैराशूट के सहारे उतर चुके हैं, इस समाचार से जनरल नियाजी ढाका की ओर से निराश हो गए। वास्तव में, नियाजी ने पाकिस्तान के चीफ ऑफ जनरल स्टाफ को संदेश प्रेषित किया था कि 'दुश्मन ने नरसिंहपुरा के दक्षिण में लगभग एक पूरी ब्रिगेड को हेलीकॉप्टर से उतारा है तथा एक पैरा ब्रिगेड टांगाइल क्षेत्र में उतारी गई है। साथियों से कहें कि वे 12 दिसंबर की पहली उड़ान से ढाका पहुँचें।' सी.बी.एस. के प्रतिनिधि ने शाम को फोन करके मुझे बताया था कि मैंने दमदम हवाई अड्डे पर लगभग 5 हजार सैनिकों को देखा था। उन्होंने मुझसे इसकी पुष्टि करने के लिए कहा था। मैंने उन्हें जवाब दिया था कि न तो मैं इसकी पुष्टि कर सकता हूँ और न इससे इनकार कर सकता हूँ। मैंने उनसे कहा कि यहाँ सेंसरशिप (प्रमाणन) नहीं है, इसलिए जो कुछ आपने देखा उसी के आधार पर सूचना प्रसारित कर दीजिए। सचमुच, यह सौभाग्यपूर्ण था। बाद में ढाका में नियाजी ने मुझसे 50 पैरा ब्रिगेड के बारे में पूछा। वह तो यही मानकर

चल रहे थे कि एक बटालियन नहीं, बल्कि एक पूरी ब्रिगेड ही ढाका के बाहर है; इससे उन्हें यह निष्कर्ष निकालने के लिए मजबूर हो जाना पड़ा कि उनके पास ढाका की रक्षा के लिए पर्याप्त सैनिक-शक्ति नहीं है। उन्होंने यह भी कहा कि 'चाँदपुर के दुश्मन के हाथ में जाते ही मैं समझ लूँगा कि हम लड़ाई हार गए।'[13]

जनरल जैकब ने आगे बताया है—'अपनी सेना का मनोबल बढ़ाने के लिए पाकिस्तान द्वारा अफवाहें फैलाई जा रही थीं कि चीन और अमेरिका की ओर से सैनिक सहायता का आश्वासन मिल गया है और सेना ने इसपर विश्वास भी कर लिया था। 13 दिसंबर की शाम को नियाजी ने पश्चिमी पाकिस्तान में जनरल हेडक्वार्टर (GHQ) को संदेश प्रेषित किया था—'ढाका भारी दबाव में है। विद्रोहियों ने पहले से ही पूरे शहर को घेर लिया था। भारतीय फौजें भी आगे बढ़ रही हैं। स्थिति गंभीर है। (चीन और अमेरिका की ओर से) प्रस्तावित सहायता 14 दिसंबर तक ही पहुँच सकेगी। (वह) सिलीगुड़ी में कारगर होगी, नेफा (NEFA) में नहीं।' सिद्दीक सालिक ने अपनी पुस्तक 'विटनेस टू सरेंडर' (Witness to Surrender) में लिखा है कि रावलपिंडी ने यह खबर प्रसारित करके कि 'उत्तर की ओर से पीला और दक्षिण की ओर से सफेद' हस्तक्षेप के लिए तैयार हैं—पाकिस्तानी सेना का ध्यान युद्ध-विराम की ओर से हटा दिया। हमारे संकेत रोधी संगठन (Signal Intercept Organisation) ने इसकी पुष्टि करने के लिए उत्तरी सीमा की पर्यवेक्षण चौकी से संपर्क स्थापित किया; लेकिन वहाँ से चीन की ओर से किसी प्रकार की काररवाई के संकेत न मिलने की सूचना मिली।' सालिक ने लिखा है कि 'जनरल नियाजी ने ढाका में चीनी तथा अमेरिकी कूटनीतिक प्रमुखों से संपर्क स्थापित किया, लेकिन वे अपनी सरकार की ओर से इस तरह के किसी निर्णय से अवगत नहीं थे। पाकिस्तान की पूर्वी कमान ने एक बार फिर चीनी तथा अमेरिकी सहायता की पुष्टि माँगी तो उसे अगले 36 घंटे तक, यानी 12 दिसंबर तक, प्रतीक्षा करने के लिए कहा गया। हमने रावलपिंडी को प्रेषित किए जानेवाले संदेशों को देखा तो इस बात की पुष्टि हो गई कि चीन और अमेरिका बस भौंक रहे थे तथा उनका काटने का कोई इरादा नहीं था।'[14]

भारत के चीफ ऑफ आर्मी स्टाफ जनरल मानेकशॉ ने 8 दिसंबर के आस-पास पाकिस्तानी सेना से आत्मसमर्पण की माँग करते हुए संदेश प्रेषित किया। उसके बाद रोज यह संदेश प्रेषित किया जाता रहा और उससे संबंधित परचे भी छपवाकर पूर्वी पाकिस्तान में बाँटे गए। पूर्वी पाकिस्तान के गवर्नर ए.एम. मलिक राष्ट्रपति याह्या खान के पास युद्ध-विराम और राजनीतिक समझौते की सिफारिश

ले. जनरल के.पी. कैंडेथ, जीओसी–इन–सी पश्चिमी कमान को 26 इन्फैंट्री डिवीजन के जीओसी मेजर जनरल जेड.सी. बख्शी ब्योरा देते हुए। *(साभार : यूएसआई, सीएएफएचआर)*

करते हुए संदेश प्रेषित कर रहे थे। पूर्वी पाकिस्तान के सैनिकों का मनोबल बनाए रखने के लिए याह्या खान जनरल नियाजी को लगातार यह बता रहे थे कि चीन और अमेरिका की ओर से जल्दी ही सहायता पहुँचने वाली है। यद्यपि चीन की ओर से तो कुछ भी देखने को नहीं मिला; लेकिन 13 दिसंबर को सूचना मिली कि अमेरिका के सातवें नौसैनिक बेड़े का एक कार्य बल बंगाल की खाड़ी में प्रवेश कर चुका है। इस सूचना से भारतीय सेना के उत्साह में वृद्धि ही हुई, क्योंकि वह किसी भी प्रकार के बाह्य हस्तक्षेप से पहले अपने अभियान को पूरा कर लेना चाहती थी। 14 दिसंबर को खबर मिली कि पूर्वी पाकिस्तान के गवर्नर गवर्नमेंट हाउस में एक महत्त्वपूर्ण बैठक में भाग लेने जा रहे हैं। पाकिस्तानियों को जल्दी आत्मसमर्पण के लिए तैयार करने के उद्देश्य से भारतीय वायुसेना ने उसी दिन गवर्नमेंट हाउस बिल्डिंग की छत को उड़ा दिया। उसके तुरंत बाद ही गवर्नर मलिक ने अपने पद से त्यागपत्र दे दिया और गवर्नमेंट हाउस को खाली करके वह अंतरराष्ट्रीय रेडक्रॉस के स्थानीय हेडक्वार्टर में चले गए।

उधर, मेजर जनरल जमशेद खान, जिन्हें ढाका की रक्षा की जिम्मेदारी सौंपी गई थी, अत्यंत असमंजस की स्थिति में पड़ गए थे। उन्हें ढाका की रक्षा की सुदृढ़

व्यवस्था करने का आदेश दिया गया था। हालाँकि प्रमुख नदियों के दूसरी ओर लड़ रही डिवीजनों की कोई भी टुकड़ी वापस ढाका बाउल (Dacca Bowl) नहीं आई थी; इसका प्रमुख कारण यह था कि उन्हें पहले से पीछे हटने का कोई आदेश नहीं दिया गया था। यही कारण था कि जब दबाव ज्यादा बढ़ने लगा तो डिवीजनों के कमांडर या तो संपर्क से हट गए या उन्होंने सैनिकों को वापस भेजने से इनकार कर दिया; क्योंकि उन्हें डर था कि रास्ते में उन्हें रोक लिया जाएगा और नष्ट कर दिया जाएगा। मध्य सेक्टर में लड़ रही 93 ब्रिगेड पूरी तरह बिखर गई थी और उसके शेष सैनिक पीछे हट रहे थे। अत: मेजर जनरल जमशेद खान ने विभिन्न मुख्यालयों में उपलब्ध अलग-अलग सेवाओं और अर्धसैनिक बलों के सैनिकों को भी ढाका की रक्षा में लगाने की कोशिश की। उनके पास कुछ टैंकों सहित आयुध भंडार में उपलब्ध हर प्रकार के हथियार थे; किंतु सामंजस्य और दूरदर्शी नेतृत्व के अभाव में पाकिस्तानी सैनिकों का मनोबल लगातार गिरता चला जा रहा था। 14 दिसंबर को भारतीय फौजें ढाका के प्रवेश-द्वार पर थीं और उन्होंने कुछ चुने हुए ठिकानों पर तोपों से गोले बरसाने शुरू कर दिए थे।

उसी समय सूचना मिली कि याह्या खान ने नियाजी को युद्ध-विराम की व्यवस्था करने के निर्देश दे दिए हैं। नियाजी 15 दिसंबर को युद्ध-विराम का प्रबंध करने के लिए ढाका में अमेरिकी राजदूत के पास पहुँचे। अमेरिकी राजदूत ने उसके बाद भारत सरकार से संपर्क स्थापित किया। जनरल मानेकशॉ ने पाकिस्तान के हाईकमान को भारत सरकार के इस निर्णय से अवगत कराया कि भारत युद्ध-विराम के लिए तैयार है, बशर्ते पूर्वी पाकिस्तान में पाकिस्तानी सेना पहले भारतीय सेना के समक्ष आत्मसमर्पण करे।

16 दिसंबर को प्रात: ही नियाजी ने अपने कमांडरों को युद्ध-विराम का निर्देश देते हुए एक संदेश प्रेषित किया। दोनों पक्षों की सहमति पर 16 दिसंबर को भारतीय सैनिकों ने ढाका में प्रवेश किया। दोपहर तक पूर्वी कमान के चीफ ऑफ स्टाफ मेजर जनरल जे.एफ.आर. जैकब भी ढाका पहुँच गए। उन्होंने नियाजी को समर्पण की शर्तों से अवगत कराया। पहले तो नियाजी ने युद्ध-विराम के लिए जोर दिया, समर्पण के लिए नहीं; किंतु जनरल जैकब भी अपने निर्णय पर दृढ़ थे। अंतत: नियाजी को झुकना पड़ा। उसके बाद जनरल जैकब ने ही समर्पण के दस्तावेज तैयार किए, जिस पर जनरल नियाजी से हस्ताक्षर करवाए गए।

16 दिसंबर को शाम लगभग 4:30 बजे लेफ्टिनेंट जनरल जे.एस. अरोड़ा ने ढाका रेसकोर्स में जनरल नियाजी की ओर से पाकिस्तानी सेना का समर्पण स्वीकार

किया। इस महत्त्वपूर्ण अवसर पर लोगों की भारी भीड़ इकट्ठी हो गई थी। पूरे पूर्वी पाकिस्तान से 93 हजार पाकिस्तानी सैनिकों ने भारी मात्रा में हथियारों, गोला-बारूदों और सैन्य उपकरणों के साथ समर्पण किया। इस प्रकार पूर्व के अभियान में भारतीय सेना को उल्लेखनीय सफलता मिली और 'बँगलादेश' के रूप में एक नए राष्ट्र का उदय हुआ।

पश्चिमी सीमा पर युद्ध

पश्चिमी सीमा पर पाकिस्तानी सेना के पास दस इन्फैंट्री डिवीजन, दो बख्तरबंद डिवीजन, दो स्वतंत्र इन्फैंट्री ब्रिगेड और दो स्वतंत्र बख्तरबंद ब्रिगेड थीं। इनमें से सात डिवीजनें आक्रामक भूमिका में थीं, जिनके बल पर पाकिस्तान पंजाब, जम्मू अथवा छंब में बड़ा हमला कर सकता था। उसके पास पाक-अधिकृत कश्मीर में सैनिकों को पुनर्गठित करने और जम्मू-कश्मीर में एक तीसरा हमला करने की क्षमता भी थी। पाकिस्तानी फौजों के रुख से यह अनुमान लगाया जा रहा था कि उनकी ओर से पहला हमला जम्मू-पुंछ अथवा पठानकोट-जम्मू सड़क मार्ग को अवरुद्ध करने के लिए, जिससे भारतीय फौजों को अलग-थलग किया जा सके, सियालकोट के मोरचे पर होगा—और दूसरा हमला दक्षिणी पंजाब में होगा।

पश्चिमी सेक्टर की रक्षा के लिए भारतीय बलों को दो सेना कमान के नियंत्रण में संगठित किया गया था। पश्चिमी मोरचे पर एक बड़ी सेना का नेतृत्व लेफ्टिनेंट जनरल के.पी. कैंडेथ कर रहे थे, जिन्हें उत्तरी मोरचे पर युद्ध की स्थिति में चीनियों का सामना करने की जिम्मेदारी सौंपी गई थी। उन्हें उत्तर में लद्दाख से लेकर राजस्थान की सीमाओं तक की जिम्मेदारी दी गई थी। उनके पास तीन कोर कमांडर थे—1 कोर के कमांडर लेफ्टिनेंट जनरल के.के. सिंह, 11 कोर के कमांडर लेफ्टिनेंट जनरल एन.सी. रॉले और 15 कोर के कमांडर लेफ्टिनेंट जनरल सरताज सिंह। जनरल जी.जी. बेवूर के हाथ में दक्षिणी कमान का नेतृत्व था और उन्हें राजस्थान-गुजरात मोरचे का उत्तरदायित्व सौंपा गया था। उनके नियंत्रण में तीन डिवीजनें थीं, जिनपर उनका सीधा नियंत्रण था।

दुश्मन की रणनीतियाँ

अनुमान लगाया जा रहा था कि पश्चिम में पाकिस्तान की रणनीति का उद्देश्य जम्मू-कश्मीर के महत्त्वपूर्ण भूभाग पर कब्जा करना होगा, जिसे वह युद्ध के बाद प्राप्त कर सकता था। अनुमान के अनुसार, वह कई स्थानों पर हमला कर

सकता था—जम्मू-पठानकोट सेक्टर, पठानकोट-गुरदासपुर सेक्टर, डेरा बाबा नानक-अमृतसर सेक्टर, अमृतसर-फिरोजपुर सेक्टर या फजिल्का-गंगानगर सेक्टर। इन भूभागों को अपने कब्जे में लेकर पाकिस्तान पूर्व में खोए हुए अपने भूभागों के लिए सौदा कर सकता था और साथ ही भारत की बख्तरबंद सेनाओं को भी भारी क्षति पहुँचा सकता था। यह भी अनुमान लगाया जा रहा था कि तंगधार, पुंछ या नौशेरा पर कब्जा करने के उद्देश्य से वह अपनी 7 इन्फैंट्री डिवीजन को जम्मू-कश्मीर पर हमले में लगा सकता है। साथ ही, इसका प्रयोग छंब के खिलाफ हमले में भी किए जाने की आशंका थी। यद्यपि पाकिस्तान के सामने हमले के लिए मौजूद सभी विकल्पों पर ध्यान दिया जा रहा था, तथापि उसके हमले के बारे में निश्चित जानकारी उसकी सेनाओं की तैनाती का पता लगने के बाद ही मिल सकती थी। लड़ाई के अंत तक भी पाकिस्तान की 1 बख्तरबंद डिवीजन और 7 इन्फैंट्री डिवीजन की तैनाती की जानकारी भारत को नहीं मिल सकी।

पश्चिमी सीमा पर लड़ाई के लिए भारत की रणनीति केवल रक्षात्मक थी। कुछ मामलों में ही सेना मुख्यालय के आदेश पर आक्रामक रणनीति अपनाई जानी थी, वह भी सीमित लक्ष्यों के लिए। भारत की ओर से प्रत्याक्रमण 1 कोर तथा 15 कोर की कुछ टुकड़ियों के संयुक्त बल द्वारा किया जाना था। स्थिति के अनुसार 15 कोर की 10 और 26 इन्फैंट्री डिवीजनों एवं 1 कोर के आधे बल को भी उसमें शामिल किया जाना था। 10 इन्फैंट्री डिवीजन को (पश्चिमी पाकिस्तान में) गुजरात की ओर आगे बढ़ना था, जबकि 26 इन्फैंट्री डिवीजन को मराला (Marala) की ओर तथा 1 कोर को पसरूर (Pasrur) की ओर बढ़ना था। यह पूरा अभियान जम्मू-कश्मीर की सुरक्षा के लिए था। आवश्यकता पड़ने पर 11 कोर को अपने सेक्टर के सामने सीमित हमला करने की अनुमति थी। 1 बख्तरबंद डिवीजन को 1 कोर के जोन में रखा गया था और हमले की स्थिति में उसे सेना मुख्यालय के आदेश पर तैयार रहना था।

दक्षिणी कमान में 11 और 12 इन्फैंट्री डिवीजनों को दुश्मन की ओर से हमले की स्थिति में आक्रामक अभियान के लिए तैयार रहना था। पश्चिमी वायुसेना कमान को पूर्व और पश्चिम में जमीनी हमले के साथ-साथ पाकिस्तान की वायुसेना को अधिक-से-अधिक क्षति पहुँचानी थी और साथ ही पश्चिमी सेना कमान को मदद भी पहुँचानी थी। पश्चिमी नौसेना कमान को कराची बंदरगाह पर जोरदार हमला करके दुश्मन को अधिकतम क्षति पहुँचानी थी और उसकी नौ सैना को नष्ट करना था।

जम्मू-कश्मीर में युद्ध अभियान

अगस्त 1971 से ही संकेत मिलने लगे थे कि पाकिस्तानी सेना युद्ध की तैयारी कर रही है। युद्ध-विराम रेखा और अंतरराष्ट्रीय सीमा पर गोलीबारी की घटनाएँ बढ़ती जा रही थीं। पाकिस्तानी सीमा में आपत्तिजनक वाहनों की आवाजाही और तैयारी जारी थी। पुंछ पर हमले की संभावना स्पष्ट दिखाई देने लगी थी। पुंछ की रक्षा की जिम्मेदारी ब्रिगेडियर ए.वी. नाटू के नेतृत्व में 93 इन्फैंट्री ब्रिगेड को सौंपी गई थी। ब्रिगेडियर नाटू के नियंत्रण में केवल चार बटालियनें थीं, जो काफी बड़े क्षेत्र में फैली हुई थीं। किसी बड़े हमले की स्थिति में इतना सैन्य बल पर्याप्त नहीं था, इसलिए 39 इन्फैंट्री डिवीजन की 33 इन्फैंट्री ब्रिगेड को भी 93 इन्फैंट्री ब्रिगेड के साथ जोड़ दिया गया।

पुंछ की लड़ाई

पाकिस्तान ने 3 दिसंबर, 1971 को पुंछ और छंब पर हमला कर दिया। इससे पहले उसने सन् 1947-48 और 1965 में भी पुंछ पर हमला किया था। सचमुच, पुंछ पर कब्जा करना उसकी सनक बन गई थी। पुंछ पर कब्जा करके वह कश्मीर घाटी में व्यापक पैमाने पर घुसपैठ को बढ़ावा दे सकता था। इसके अतिरिक्त जम्मू से आनेवाली संचार लाइन के छोर पर स्थित होने के कारण भी पुंछ का पाकिस्तान के लिए अत्यधिक महत्त्व है।

3 दिसंबर, 1971 को सायं 8:00 बजे पाकिस्तानी सैनिकों ने पुंछ में तैनात भारतीय सैनिकों पर भारी गोलाबारी शुरू कर दी। पुंछ के साथ-साथ कुछ अन्य सेक्टरों में भी इसी तरह की गोलाबारी शुरू हो गई। आक्रमणकारी सेना में दुश्मन की दो ब्रिगेडें और एक एसएसजी (SSG) कंपनी शामिल थीं। हमलों की गंभीरता को देखते हुए लग रहा था कि पाकिस्तान इस बार पुंछ पर कब्जा करने के लिए दृढ़-संकल्प है। हालाँकि उसके अधिकतर हमलों को नाकाम कर दिया गया, लेकिन कुछ क्षेत्रों में इन हमलों का गंभीर प्रभाव पड़ा। किंतु इन हमलों में भारतीय सैनिकों के जबरदस्त प्रत्याक्रमण से दुश्मन की सेना को भारी क्षति उठानी पड़ी। मोरचे के बाहर एक पाकिस्तानी बटालियन कमांडर का शव पाया गया और उस क्षेत्र से एक पाकिस्तानी कंपनी कमांडर तथा भारी मात्रा में हथियार और गोला-बारूद बरामद हुए। कलाई पुल पर कुछ समय के लिए दुश्मन का कब्जा हो गया था, लेकिन भारतीय सेना ने जल्दी ही उसपर पुनः कब्जा कर लिया। आग उगलती तोपों के सही निशाने से इन्फैंट्री को दुश्मन के हमलों को नाकाम करने में बहुत

मदद मिली। वायुसेना द्वारा किए गए हवाई हमलों ने भारतीय सैनिकों का मनोबल और बढ़ा दिया था। दुश्मन के सभी हमलों को नाकाम करने और पुंछ की लड़ाई में सफलता प्राप्त करने के बाद ब्रिगेडियर ए.वी. नाटू ने सीमित हमला करते हुए नंगी टेकरी (Nangi Tekri) पर कब्जा कर लिया। दुश्मन ने मेंढर (Mendhar) घाटी के दोनों ओर तैनात सैनिकों पर भी हमला किया, लेकिन इसमें भी उसे ज्यादा सफलता नहीं मिली। इसी बीच 25 इन्फैंट्री डिवीजन के जनरल ऑफिसर कमांडिंग ने दारूचियान (Daruchian) पर कब्जा करने का आदेश दे दिया। दारूचियान पर कब्जा करना काफी मुश्किल भरा काम था; आस-पास की कुछ चौकियों पर तो कब्जा कर लिया गया, लेकिन दारूचियान दुश्मन के हाथ में ही रह गया। इस दौरान 9 पैरा के कमांडोज ने दुश्मन की एक पोजीशन पर हमला करके कई दुश्मन तोपचियों को मार डाला और उनकी तोपों को नष्ट कर दिया।

छंब की लड़ाई

पुंछ की तरह ही छंब भी पाकिस्तान के पहले निशाने पर रहा है। सन् 1947-48 की लड़ाई में पाकिस्तानी सेनाओं ने छंब पर कब्जा कर लिया था, लेकिन भारतीय सैनिकों ने उसे पुनः अपने कब्जे में कर लिया था। उसके बाद सन् 1965 के युद्ध में भी पाकिस्तानियों ने छंब पर हमला करके उसपर कब्जा कर लिया; किंतु युद्ध-विराम की शर्तों के अनुसार उसे छंब को खाली कर देना पड़ा था। इस बार भी पाकिस्तानी सेनाओं ने छंब पर कब्जा कर लिया; लेकिन उन्हें मनावर तवी पर रोक लिया गया। छंब क्षेत्र पाकिस्तान के लिए सामरिक दृष्टि से बहुत महत्त्वपूर्ण है; क्योंकि इसपर कब्जा करके वह अखनूर तथा चिनाब नदी पर बने पुल-18 तक पहुँच सकता था। अखनूर पर कब्जा करके पाकिस्तान नौशेरा, राजौरी और पुंछ सहित अखनूर के उत्तर के सभी क्षेत्रों को अलग-थलग कर सकता था। अखनूर पर कब्जा हो जाने से पाकिस्तान का जम्मू के लिए भी गंभीर खतरा पैदा हो जाता।

पश्चिमी सेना कमांडर जनरल के.पी. कैंडेथ ने यह सोचते हुए कि हमले की पहल पाकिस्तान की ओर से ही होगी, 10 इन्फैंट्री डिवीजन को गुजरात की ओर रवाना करने का निर्णय लिया; किंतु सेना प्रमुख जनरल मानेकशॉ ने उसी दौरान उस क्षेत्र का दौरा किया और डिवीजन को छंब की सुरक्षा के लिए डटे रहने का निर्देश दिया। उन्होंने जोर देते हुए कहा कि पाकिस्तान की ओर से पहले हमला होने की स्थिति में किसी भी भारतीय भूभाग की हानि बरदाश्त नहीं की जाएगी।

शुरू में यह योजना बनाई गई थी कि 191 इन्फैंट्री ब्रिगेड दो बटालियनों के साथ मनावर तवी के पश्चिम में हमले के लिए मजबूत आधार बनाएगी और एक बख्तरबंद रेजीमेंट के साथ दो बटालियनें नदी के पूर्व में हमले के लिए आधार तैयार करेंगी। यद्यपि सेना प्रमुख की ओर से स्पष्ट आदेश मिल गए थे कि किसी भी प्रकार के स्वदेशी भूभाग की हानि बरदाश्त नहीं की जाएगी—और दुश्मन की ओर से सैनिकों का भारी जमावड़ा भी साफ दिखाई दे रहा था; किंतु डिवीजन ने अपनी तैनाती में किसी प्रकार का परिवर्तन नहीं किया। डिवीजन अपनी आक्रामक कुशलता के प्रति अति आश्वस्त दिखाई दे रही थी। उसने रक्षात्मक योजना के रूप में कोई कदम नहीं उठाया। सैन्य इकाइयों और टुकड़ियों को आगे बढ़ने के लिए सुरंग-क्षेत्र बनाए गए थे। 10 इन्फैंट्री डिवीजन के जनरल ऑफिसर कमांडिंग मेजर जनरल जसवंत सिंह ने 2 दिसंबर को 191 इन्फैंट्री ब्रिगेड को मनावर तवी से आगे बढ़ने और वहाँ रक्षात्मक पोजीशन लेने का आदेश दिया; किंतु तब तक बहुत देर हो चुकी थी। 3 दिसंबर को ही दुश्मन ने हमला कर दिया था और तब तक वहाँ तैयारी पूरी नहीं हो सकी थी। 52 इन्फैंट्री ब्रिगेड को सीमा की रक्षा के लिए मनावर तवी के पूर्व तथा सीमा के दक्षिण में रक्षात्मक पोजीशन लेने का आदेश दे दिया गया और 68 इन्फैंट्री ब्रिगेड को प्रत्याक्रमण के लिए तैयार रहने का आदेश देते हुए जौड़ियाँ की ओर रवाना कर दिया गया। किंतु ये सब तैयारियाँ अभी पूरी भी नहीं हो सकी थीं कि पाकिस्तान ने हमला कर दिया—यहाँ तक कि हमले के समय तक सुरंगें ही बिछाई जा रही थीं।

पाकिस्तान की ओर से हमला मेजर जनरल इफ्तिकार खान के नेतृत्व में पाकिस्तान की 23 इन्फैंट्री डिवीजन द्वारा किया गया था। इस डिवीजन में चार इन्फैंट्री ब्रिगेडों, एक बख्तरबंद ब्रिगेड और तीन बख्तरबंद रेजिमेंट्स और 17 इन्फैंट्री डिवीजन की आर्टिलरी के साथ-साथ उसकी अपनी अभिन्न आर्टिलरी भी थी। दुश्मन की योजना मनावर तवी लाइन को सुरक्षित करने, नदी के उस पार एक सेतु-मोरचा तैयार करने और उसके बाद जौड़ियाँ तथा अखनूर तक बढ़ने की थी। कालीधार के पहाड़ी क्षेत्र में तैनात 28 इन्फैंट्री ब्रिगेड के खिलाफ एक अतिरिक्त डिवीजन को लगाया जाना था। कालीधार का यह पहाड़ी क्षेत्र 10 इन्फैंट्री डिवीजन के नियंत्रण में था।

191 इन्फैंट्री ब्रिगेड ने दुश्मन की ओर से किए गए जोरदार हमले का बड़ी बहादुरी से मुकाबला किया, लेकिन 10 दिसंबर तक दुश्मन ने मंडियाला चोटी पर कब्जा कर लिया और इस प्रकार उन्होंने मनावर तवी के पश्चिम में पोजीशन ले

ली। दुश्मन ने मनावर की ओर से कैचरीयल (Kachreal) चोटी पर भी हमला किया, जिसे पूरी तरह विफल कर दिया गया। मंडियाला चोटी को दुश्मन के कब्जे से मुक्त कराने के लिए 68 इन्फैंट्री ब्रिगेड ने एक प्रत्याक्रमण किया, लेकिन सफलता नहीं मिली। दुश्मन के इरादे और उसकी शक्ति को लेकर असमंजस की स्थिति बनी हुई थी। कोर कमांडर लेफ्टिनेंट जनरल सरताज सिंह ने डिवीजन के साथ और अधिक फौज लगाने का आदेश दिया और डिवीजनल सेक्टर में पहुँचकर उन्होंने स्थिति को अपने हाथ में ले लिया। उन्होंने 52 और 68 इन्फैंट्री ब्रिगेडों को धार और रायपुर पर पुनः कब्जा करने और दुश्मन को नदी के दूसरी ओर खदेड़ने का आदेश दिया। यह प्रत्याक्रमण पूरी तरह सफल रहा और 11 दिसंबर को दोपहर तक धार और रायपुर क्रॉसिंग पर पुनः कब्जा कर लिया गया। उसके बाद ही दुश्मन की ओर से हमला बंद हो गया।

चिनाब नदी के दक्षिण की ओर अखनूर सेक्टर में एक पाकिस्तानी टीला है, जो अखनूर–जम्मू रोड के निकट स्थित है। इस टीले पर कब्जा करके अखनूर के लिए दुश्मन की ओर से संभावित खतरे को रोकने का निर्णय लिया गया। भारतीय सैनिकों ने उसपर कब्जा तो कर ही लिया और साथ ही वहाँ से उन्होंने पाकिस्तान के मराला हेडवर्क्स के लिए भी खतरा पैदा कर दिया।

तंगधार और उड़ी सेक्टर

नस्ताचुन (Nastachun) दर्रे, जिसके ऊपर से संचार लाइन तंगधार और टिथवाल को जाती है, से होकर श्रीनगर घाटी के लिए एक महत्त्वपूर्ण प्रवेश मार्ग है। यह दर्रा दुश्मन के निशाने पर था। इसपर कब्जा करके वह उड़ी सेक्टर में तैनात भारतीय सैनिकों के लिए गंभीर संकट पैदा कर सकता था। दुश्मन को दर्रे तक पहुँचने से रोकने के लिए 19 इंडियन इन्फैंट्री डिवीजन के जनरल ऑफिसर कमांडिंग मेजर जनरल ई. डिसूजा ने टुटमरी गली (Tutmari Gali) और काइयाँ बाउल (Kaiyan Bowl) पर कब्जा करने का निर्णय लिया। इस अभियान में उन्होंने 8 राजपूताना राइफल्स, 3 बिहार, 9 सिख और 4 महार को लगाया। कुछ देर के घमासान युद्ध के बाद लीपा (Lipa) घाटी और काइयाँ बाउल पर कब्जा कर लिया गया और इस प्रकार नस्ताचुन दर्रे के लिए दुश्मन की ओर से संभावित खतरा भी समाप्त हो गया। उड़ी सेक्टर में 161 इन्फैंट्री ब्रिगेड की रक्षात्मक स्थिति को मजबूत करने के लिए भी इसी तरह का एक अभियान छेड़ा गया, लेकिन वह सफल नहीं हो सका।

जम्मू सेक्टर में युद्ध अभियान

जम्मू सेक्टर के सामने स्थित शकरगढ़ टीला सामरिक दृष्टि से भारत और पाकिस्तान दोनों के लिए बहुत महत्त्वपूर्ण था। पठानकोट में स्थित भारतीय सैन्य अड्डा, जिससे होकर जम्मू-कश्मीर के लिए रेल एवं सड़क मार्ग जाते थे, और ये मार्ग पाकिस्तान के लिए महत्त्वपूर्ण थे, जिनपर कब्जा करके वह जम्मू एवं कश्मीर को अलग-थलग कर सकता था। ये दोनों ही लक्ष्य—और साथ ही जम्मू सेक्टर भी—सीमा के बिलकुल निकट स्थित होने के कारण अधिक संवेदनशील थे। इसके अलावा उत्तर की ओर से पंजाब के लिए भी गंभीर खतरा था। पाकिस्तान बड़ा हमला करने के लिए शकरगढ़ टीले पर कब्जा करके उसका फायदा उठा सकता था। इस दृष्टिकोण से शकरगढ़ टीला भारत के लिए भी उतना ही महत्त्वपूर्ण था। इस टीले को सुरक्षित करके न केवल जम्मू-कश्मीर और उत्तरी पंजाब को खतरे से बचाया जा सकता था, अपितु यहाँ से पाकिस्तान के महत्त्वपूर्ण स्थानों के लिए खतरा भी पैदा किया जा सकता था।

इस क्षेत्र की रक्षा के लिए पाकिस्तान ने चिनाब से लेकर डेघ नदी, बीन और बसंतर नदी से होते हुए रावी नदी के दूसरी ओर तक अवरोधों का व्यापक जाल बना रखा था। क्षेत्र के सभी प्रमुख कस्बों—जफरवाल, धमताल, किला शोभा सिंह एवं नारोवल—के चारों ओर टैंकरोधी खाइयाँ बनाई गई थीं। एक अन्य अवरोध—सुपवाल खाई—बसंतर नदी से जुड़ा हुआ था। पसरूर शकरगढ़ टीले का मध्य बिंदु था। भारत यदि पसरूर पर कब्जा कर लेता तो वहाँ से वह न केवल टीले पर कब्जा कर सकता था बल्कि उससे सियालकोट, गुजराँवाला और लाहौर की ओर भी वह आसानी से आगे बढ़ सकता था।

1 कोर को डेघ नदी के दक्षिण की ओर से शकरगढ़ टीला क्षेत्र में घुसने और जफरवाल-धमताल-नारोवल पर कब्जा करने तथा बाद में मराला-रावी संपर्क नहर और पसरूर को सुरक्षित करने का उत्तरदायित्व सौंपा गया था। अनुमान लगाया जा रहा था कि यदि पाकिस्तान इस क्षेत्र में स्वयं हमला नहीं करेगा तो वह भारतीय हमले को नाकाम करने और प्रत्याक्रमण के लिए 6 बख्तरबंद डिवीजन और 17 इन्फैंट्री डिवीजन के जनरल हेडक्वार्टर रिजर्व का इस्तेमाल करेगा। दुश्मन को अपने रिजर्व को बुलाने के लिए बाध्य करने के उद्देश्य से 1 कोर ने 54 और 36 इन्फैंट्री डिवीजनों को जफरवाल-धमताल-नारोवल-किला शोभा सिंह लाइन पर कब्जा करने के लिए भेजने की योजना बनाई। बाद में 33 इन्फैंट्री ब्रिगेड को पुंछ की ओर रवाना कर दिए जाने के कारण योजना में कुछ फेर-बदल करना

पड़ा। 3 दिसंबर, 1971 की शाम को पाकिस्तान की ओर से हवाई हमले शुरू हो जाने के बाद सेना मुख्यालय ने पश्चिमी कमान को 48 घंटे के अंदर 1 कोर को हमले के लिए भेजने का आदेश दे दिया। 1 कोर ने 5 दिसंबर को हमला शुरू किया। दुश्मन की योजना से ऐसा लग रहा था कि जफरवाल-नारोवल-धमताल लाइन के लिए सभी प्रवेश-मार्गों को गहरा खोद दिया गया था, क्योंकि नदियों और नालों का पानी उधर से ही होकर बह रहा था।

मेजर जनरल डब्ल्यू.ए.जी. पिंटो के नेतृत्व में 54 इन्फैंट्री डिवीजन और मेजर जनरल एम. प्रभु के नेतृत्व में 39 इन्फैंट्री डिवीजन ने 5 दिसंबर को सायं 8:00 बजे अपने हमले शुरू कर दिए। दोनों ही डिवीजनें लगातार आगे बढ़ती हुई सुरंग-क्षेत्र के दूसरी ओर बढ़ने लगीं। दुश्मन की ओर से किए गए हर हमले को नाकाम कर दिया गया था। कुछ हमलों में इन डिवीजनों को भारी क्षति भी उठानी पड़ी, लेकिन इन दोनों डिवीजनों और सियालकोट मोरचे पर लगी 36 इन्फैंट्री डिवीजन ने अच्छी सफलता हासिल की। 16 दिसंबर को सुबह 10:50 बजे पाकिस्तान ने अपनी 8 (स्वतंत्र) बख्तरबंद ब्रिगेड की दो बख्तरबंद रेजीमेंटों को लेकर प्रत्याक्रमण कर दिया। टैंकों का घमासान युद्ध छिड़ गया। इस युद्ध में पाकिस्तान के 13 लांसर्स और 31 कैवेलरी सहित 30 टैंक ध्वस्त हुए। सेतु-मोरचे पर अब भारत की 16 (स्वतंत्र) बख्तरबंद ब्रिगेड भी पहुँच गई थी। पाकिस्तान की ओर से लगातार हमले जारी रहे। उसने अपना पाँचवाँ हमला बारापिंड (Barapind) क्षेत्र से किया; लेकिन इस बार भी उसे भारी क्षति उठानी पड़ी। अब तक पाकिस्तान के 46 टैंक नष्ट हो चुके थे। 17 दिसंबर को सुबह 5:00 बजे दुश्मन ने बख्तरबंद गाड़ियों से सुसज्जित अपनी एक बटालियन को साथ लेकर एक बार फिर हमला किया, लेकिन इस बार भी आग उगलती तोपों की मदद से उसका हमला नाकाम कर दिया गया। अंततः दुश्मन ने अपना छठा हमला भारत की 3 ग्रेनेडियर्स बटालियन के खिलाफ किया। इस हमले में भी उसे भारतीय सैनिकों के प्रत्याक्रमण से भारी क्षति उठानी पड़ी। बड़ी संख्या में दुश्मन के सैनिक हताहत हुए। पाकिस्तान के 15 फ्रंटियर फोर्स रेजीमेंट एवं कुछ सफरमैना सैनिकों सहित 300 से अधिक जवान मारे गए, जिनमें कमांडिंग ऑफिसर और पाँच अन्य अधिकारी भी शामिल थे। बाद में ज्ञात हुआ कि इस लड़ाई के दौरान पाकिस्तान ने तीन इन्फैंट्री ब्रिगेडों का प्रयोग किया था। इस लड़ाई को बाद में 'बसंतर की लड़ाई' के नाम से जाना गया। पाकिस्तानी इसे 'बड़ा पिंड की लड़ाई' कहते हैं।

3 ग्रेनेडियर्स के मेजर होशियार सिंह और 17 हॉर्स के सेकंड लेफ्टिनेंट

अरुण खेत्रपाल को इस युद्ध में अद्वितीय वीरता प्रदर्शन के लिए 'परम वीर चक्र' से सम्मानित किया गया। उल्लेखनीय है कि दुश्मन की फौज के बटालियन कमांडर लेफ्टिनेंट कर्नल मोहम्मद अकरम राजा (35 फ्रंटियर फोर्स रेजीमेंट के कमांडिंग ऑफिसर) को 3 ग्रेनेडियर्स के कमांडिंग ऑफिसर लेफ्टिनेंट कर्नल वी. एयरी द्वारा सौंपे गए प्रशस्ति-पत्र के आधार पर पाकिस्तान के दूसरे सबसे बड़े वीरता सम्मान 'हिलाल-ए-जुरत' से नवाजा गया। संभवत: युद्ध इतिहास में ऐसा पहली बार हुआ कि किसी सैन्य अधिकारी को उसके शत्रु पक्ष के सैन्य अधिकारी की सिफारिश पर वीरता सम्मान से सम्मानित किया गया।

1 कोर ने कई मोरचों पर लड़ाई लड़ी। 16 दिसंबर तक उसने दुश्मन के मुख्य घेरों को नष्ट कर दिया। इस बीच 36 इन्फैंट्री डिवीजन को नूरकोट की ओर बढ़ने और उसके बाद शकरगढ़ पर कब्जा करने का आदेश दिया गया था। इस डिवीजन को भी दुश्मन के कई रक्षात्मक मोरचों पर लड़ाई लड़नी पड़ी। कुछ हमलों में इन्फैंट्री डिवीजन को तो सफलता मिली, लेकिन बख्तर बंद सेना को कोई सफलता नहीं मिली। दुश्मन की ओर से किए गए हमले में इन्फैंट्री बटालियनों को भारी क्षति उठानी पड़ी। 36 इन्फैंट्री डिवीजन के 94 सैनिक शहीद हो गए, 307 घायल हुए तथा 173 लापता हो गए।[15]

इस सेक्टर में 1 कोर की सैन्य शक्ति दुश्मन की सैन्य शक्ति के लगभग बराबर ही थी। फिर भी उसने बड़े ही साहसपूर्वक शकरगढ़ टीला क्षेत्र पर हमला कर दिया और पठानकोट में अपना सैन्य अड्डा बनाने तथा जम्मू-कश्मीर की संचार लाइन को सुरक्षित करने में सफलता पाई।

पंजाब में युद्ध अभियान

भारतीय सेना की 11 कोर को पंजाब और गंगानगर जिले (राजस्थान) की रक्षा की जिम्मेदारी सौंपी गई थी। ये दोनों ही क्षेत्र सामरिक दृष्टि से अत्यंत महत्त्वपूर्ण थे। इस सेक्टर में ऐसे कई महत्त्वपूर्ण क्षेत्र थे, जिन्हें दुश्मन अपना निशाना बना सकता था—गुरदासपुर, अमृतसर, फिरोजपुर, फाजिल्का, अबोहर, गंगानगर, जालंधर, लुधियाना और भटिंडा। इस सेक्टर से होकर जानेवाला मुख्य मार्ग भारत के मध्य क्षेत्र तक जाता था। अत: इस सेक्टर की सुरक्षा अत्यधिक महत्त्वपूर्ण थी। पाकिस्तान में अंतरराष्ट्रीय सीमा के दूसरी ओर स्थित यह सेक्टर पाकिस्तान के लिए भी उतना ही महत्त्वपूर्ण था। लाहौर, कसूर, सुलेमानके, बहावलपुर और मुल्तान आदि सामरिक संचार की दृष्टि से महत्त्वपूर्ण केंद्र थे।

इस क्षेत्र में ओकारा-मुल्तान के आस-पास पाकिस्तान की 11 कोर की रिजर्व सेना भी थी, जिसमें एक बख्तरबंद डिवीजन और एक इन्फैंट्री डिवीजन शामिल थी। पाकिस्तान इस रिजर्व सेना को सेक्टर में आक्रमण या प्रत्याक्रमण करने के लिए इस्तेमाल कर सकता था। यदि 7 इन्फैंट्री डिवीजन को जम्मू-कश्मीर में नहीं तैनात किया गया होता तो उसे 11 कोर के खिलाफ हमले में लगाया जा सकता था।

लेफ्टिनेंट जनरल एन.सी. रॉले के नेतृत्व में 11 कोर के पास तीन इन्फैंट्री डिवीजनें, एक सेक्टर हेडक्वार्टर और एक स्वतंत्र इन्फैंट्री ब्रिगेड रखी गई थीं। 11 कोर का हेडक्वार्टर जालंधर में था, लेकिन सेक्टर के विस्तार को देखते हुए उसका एक एडवांस हेडक्वार्टर कोटकापुरा में बनाया गया था। 14 (स्वतंत्र) बख्तरबंद ब्रिगेड का आर्मी हेडक्वार्टर रिजर्व कोर जोन में बनाया गया था। पाकिस्तान की ओर से हमले की आशंका को देखते हुए 163 इन्फैंट्री ब्रिगेड को कोर जोन में तैनात किया गया था। इस युद्ध में 11 कोर के खिलाफ कोई हमला नहीं किया गया और न ही भारत की ओर से पाकिस्तान पर कोई बड़ा हमला किया गया; किंतु डेरा बाबा नानक, फिरोजपुर और फाजिल्का में कुछ महत्त्वपूर्ण सैन्य कारवाइयाँ जरूर की गईं।

15 इन्फैंट्री डिवीजन के सेक्टर में मुख्य कारवाई डेरा बाबा नानक इलाके

युक्ति और सुधार— खोकरापार-मुनाबाओ रेल लाइन को साफ करने में जीप का उपयोग। 6 दिसंबर, 1971।

में की गई। रावी नदी पर बने एक पुल पर दक्षिणी किनारे की ओर एक बड़ा अंत:क्षेत्र था। इसी क्षेत्र पर काँटेदार तार और सुरंगें बिछाकर तथा पिल-बॉक्स बनाकर एक मजबूत रक्षात्मक पोजीशन तैयार की गई थी। पाकिस्तान यहाँ से उत्तरी पंजाब पर हमला कर सकता था। इस सेक्टर की रक्षा का उत्तरदायित्व 86 इन्फैंट्री ब्रिगेड को सौंपा गया था; युद्ध शुरू हो जाने की स्थिति में उसे अंत:क्षेत्र को नष्ट करने का आदेश दिया गया था। ब्रिगेड ने 71 बख्तरबंद रेजीमेंट और 10 डोगरा, 1/9 गोरखा राइफल्स तथा 1 राजपूत के साथ बगल और पीछे की ओर से हमला करने की योजना बनाई थी। 1/9 गोरखा राइफल्स ने 6 दिसंबर को सुबह 6:00 बजे तक डूसी बाँध पर कब्जा कर लिया। 10 डोगरा ने 6 दिसंबर को ही दुश्मन के साथ घमासान लड़ाई के बाद अंत:क्षेत्र के भीतर एक बाँध श्रृंखला पर कब्जा कर लिया। दुश्मन ने 6-7 दिसंबर की रात में प्रत्याक्रमण किया, जिसे 86 इन्फैंट्री ब्रिगेड ने असफल कर दिया। बाद में ब्रिगेड ने नदी के पूर्वी और दक्षिणी किनारों पर बनी सभी पाकिस्तानी चौकियों पर कब्जा कर लिया। 86 इन्फैंट्री ब्रिगेड की इस सफलता से यह क्षेत्र पाकिस्तान की ओर के हमले से सुरक्षित हो गया। इस अभियान की सफलता में 71 बख्तरबंद डिवीजन की महत्त्वपूर्ण भूमिका रही।

7 इन्फैंट्री डिवीजनल सेक्टर में स्थिति इसके बिलकुल विपरीत थी। इस सेक्टर में सतलज नदी के दूसरी ओर एक भारतीय अंत:क्षेत्र था। इसकी रक्षा की जिम्मेदारी 15 पंजाब बटालियन को दी गई थी। पुल को क्षतिग्रस्त कर दिया गया था और नदी के दूसरी ओर कोई भी टैंक नहीं था। 15 पंजाब बटालियन के कमांडिंग ऑफिसर नदी के पूर्वी किनारे पर थे। वह आगे नहीं बढ़ सके और अंतत: उन्होंने नियंत्रण खो दिया। यद्यपि 15 पंजाब बटालियन की डी कंपनी ने बड़ी बहादुरी से लड़ाई लड़ी; लेकिन 3-4 दिसंबर की रात में दुश्मन ने नदी के दूसरी ओर की पोजीशन को जीत लिया। इसमें पाकिस्तानी सेना की ओर के भी कई सैनिक हताहत हुए। यह एक ऐसी काररवाई थी, जिसमें उपयुक्त नेतृत्व की कमी के कारण सफलता नहीं मिल सकी। इस सेक्टर में एक अन्य महत्त्वपूर्ण क्षेत्र था—सेझरा टीला। 1/5 गोरखा राइफल्स ने इसपर हमला करके अपने कब्जे में कर लिया। उसके बाद 1/5 गोरखा राइफल्स नदी के दूसरी ओर पहुँच गई और पीछे से दुश्मन पर हमला कर दिया। इसमें उसे महत्त्वपूर्ण सफलता प्राप्त हुई। 6 महार ने दुश्मन के पीछे हटने के मार्ग पर अवरोधक खड़े कर दिए और 9 सिख लाइट इन्फैंट्री के साथ मिलकर आस-पास की पाकिस्तानी चौकियों पर कब्जा कर

'हम हार गए।' जमालपुर की लड़ाई के पश्चात् 1 मराठा लाइट इन्फैंट्री के समक्ष आत्मसमर्पण करते पाक सैनिक। *(साभार : ले. जनरल सतीश नांबियार)*

लिया। यह अभियान अत्यंत सफल रहा। इसकी सफलता से टीले की ओर से दुश्मन का खतरा पूरी तरह खत्म हो गया। इसके अतिरिक्त इसमें भारी मात्रा में दुश्मन के हथियार और गोला-बारूद जब्त किए गए।

राजस्थान-सिंध सेक्टर

राजस्थान-सिंध क्षेत्र पश्चिमी सेक्टर में आता है। यह सामान्यतया एक रेगिस्तानी क्षेत्र है, जहाँ सड़क एवं रेल मार्ग का विकास बहुत कम हो सका है। राजस्थान के गंगानगर सेक्टर को छोड़कर शेष राजस्थान-गुजरात क्षेत्र की रक्षा की जिम्मेदारी दक्षिणी कमान को सौंपी गई थी। राजस्थान के गंगानगर सेक्टर का उत्तरदायित्व पश्चिमी कमान के हाथों में था।

ऐसा अनुमान किया जा रहा था कि पाकिस्तान इस क्षेत्र में रक्षात्मक रणनीति अपनाएगा और अपनी रक्षात्मक पोजीशन को मजबूत बनाने के लिए आवश्यक सीमित हमले ही करेगा। इस क्षेत्र की रक्षा का उत्तरदायित्व पाकिस्तान की 18 इन्फैंट्री डिवीजन पर था। 25 (स्वतंत्र) इन्फैंट्री ब्रिगेड को बहावलपुर सेक्टर की

रक्षा का उत्तरदायित्व सौंपा गया था। नियमित सैन्य बलों के साथ लगभग 3 हजार रेंजरों को तैनात किया गया था। पाकिस्तान की दक्षिणी रिजर्व सेना का जनरल हेडक्वार्टर ओकारा-मुल्तान क्षेत्र में स्थित था। अनुमान लगाया जा रहा था कि इस फौज का इस्तेमाल मुख्य रूप से भारत की पश्चिमी कमान के विरुद्ध ही किया जाएगा।

अपने सैनिकों की तैनाती में कुछ फेर-बदल करके पाकिस्तान एक डिवीजन और एक बख्तरबंद रेजीमेंट की तैनाती कर सकता था, जिससे वह जैसलमेर अथवा बाड़मेर पर हमला कर सकता था। कच्छ और बीकानेर सेक्टरों के सामने प्रतिकूल भूभागीय स्थिति के कारण यहाँ स्थानीय और सीमित हमलों के अतिरिक्त किसी बड़े हमले की आशंका कम ही थी। इस सेक्टर का उत्तरदायित्व लेफ्टिनेंट जनरल जी.जी. बेवूर के नेतृत्व में दक्षिणी कमान पर था। दक्षिणी कमान में अभियान के लिए दो डिवीजनें थीं—11 एवं 12 इन्फैंट्री डिवीजन। दोनों डिवीजनों को आक्रामक कारखाई की जिम्मेदारी दी गई थी। 12 इन्फैंट्री डिवीजन को किशनगढ़-रहीमयारखान धुरी मार्ग पर आगे बढ़ना था, जबकि 11 इन्फैंट्री डिवीजन को खोखरापार-गदरा सिटी-नयाछोर की ओर बढ़ना था। 10 पैरा कमांडो को चचरो और बडिन पर हमला बोलना था तथा कच्छ एवं किलो सेक्टर को अपनी रक्षात्मक स्थिति को सुदृढ़ करने के लिए मामूली हमले करने थे। 3 दिसंबर, 1971 को पाकिस्तान ने जब जोधपुर, उत्तरलाई और बाड़मेर के विमान क्षेत्रों पर हवाई हमले शुरू किए, तभी दक्षिणी कमान को अपनी रक्षात्मक योजना को कार्यरूप देने का निर्देश दे दिया गया था।

11 इन्फैंट्री डिवीजन ने 4 दिसंबर को सुबह अपनी पहली बढ़त शुरू की। तीन दिशाओं से आगे बढ़ते हुए उसने 5 दिसंबर की शाम तक खोखरापार, गदरा सिटी और खिंसार पर कब्जा कर लिया। आगे उपयुक्त मार्ग न होने के कारण मुनाबाओ से लेकर खोखरापार और नयाछोर की ओर तक लकड़ी के पटरे आदि रखकर रास्ता तैयार किया गया। डिवीजन लगातार आगे बढ़ती रही और उसने 10-11 दिसंबर को नयाछोर की पोजीशन पर कब्जा कर लिया; वहाँ से वह परबत अली (Parbat Ali) की ओर बढ़ी। दुश्मन के साथ घमासान लड़ाई के बाद 13 दिसंबर को प्रातः उसने परबत अली पर कब्जा कर लिया। पोजीशन पर पुनः कब्जा करने के लिए दुश्मन ने तीन प्रत्याक्रमण किए, किंतु उसे सफलता नहीं मिली। 15 दिसंबर तक 11 इन्फैंट्री डिवीजन नयाछोर के निकट पहुँच गई। नयाछोर में दुश्मन की ओर से किए गए हमलों से पता चल रहा था कि उसपर उसकी

पकड़ मजबूत थी। बाद में पता चला कि वहाँ 33 इन्फैंट्री डिवीजन की एक ब्रिगेड भी पहुँच चुकी है। इस बीच डिवीजन की अन्य टुकड़ियों ने डली, चचरो और बागल पर कब्जा कर लिया था। एक बटालियन को नयाछोर पर दक्षिण की ओर से हमला करने का आदेश दिया गया। इस बटालियन ने 16 दिसंबर को उमरकोट से 7 किलोमीटर पूर्व एक स्थान पर कब्जा कर लिया, लेकिन दुश्मन के जबरदस्त मुकाबले के कारण अगले दिन ही उसे पीछे हटना पड़ गया। 17 दिसंबर को युद्ध-विराम के कारण डिवीजन की ओर से हमला नहीं हुआ। रेगिस्तानी भूभाग की अत्यधिक प्रतिकूल परिस्थिति और संचार सुविधा के अभाव के बावजूद 11 इन्फैंट्री डिवीजन दुश्मन के भूभाग में काफी भीतर तक पहुँच गई थी।

12 इन्फैंट्री डिवीजनल सेक्टर में 4 दिसंबर की शाम को आक्रामक अभियान भी शुरू किए गए। आगे बढ़ती हुई फौजों ने सखीरेवालाकोट और इसलामकोट पर 4-5 दिसंबर की रात तक कब्जा कर लिया। 5 दिसंबर को सुबह लौंगेवाला क्षेत्र में तैनात एक कंपनी 23 पंजाब ने अपने रक्षित क्षेत्र के आगे की ओर टैंकों की आवाजाही की सूचना दी। जाँच के लिए भेजी गई डिवीजन की वायु पर्यवेक्षण चौकियों ने खरोतर-गब्बर मार्ग पर लौंगेवाला की ओर पहुँचती हुई दुश्मन की 20 किलोमीटर लंबी सैन्य कतार के बारे में सूचना दी। यह सैन्य कतार लौंगेवाला पोजीशन के बिलकुल निकट पहुँच चुकी थी। 23 पंजाब की अलग हुई कंपनी काफी मुश्किल स्थिति में थी, लेकिन वह अपनी पोजीशन पर डटी रही। इसी बीच डिवीजनल कमांडर ने भारतीय वायुसेना की ओर से हवाई हमले किए जाने का निर्देश दिया। वायुसेना ने दुश्मन के हमले को पूरी तरह नाकाम कर दिया। भारतीय वायुसेना की ओर से किए गए कुल ग्यारह हवाई हमलों में दुश्मन की फौज के कई सैनिक हताहत हुए। दुश्मन के आक्रामक अभियान को देखते हुए सेना प्रमुख ने इस सेक्टर में रक्षात्मक रणनीति अपनाने और अपनी पोजीशन को मजबूत करने का निर्णय लिया।

युद्ध की समीक्षा

रेगिस्तानी इलाके में इतनी बड़ी लड़ाई पहली बार ही लड़ी गई थी। मुश्किलों और खतरों तथा हासिल की गई उपलब्धियों के आधार पर कहा जा सकता है कि दक्षिणी कमान के सैन्य अभियान काफी हद तक सफल रहे। उनसे यह सिद्ध हो गया कि रेगिस्तानी इलाके में सचल सैन्य अभियान काफी उपयोगी है और उसे भविष्य के अभियानों के लिए भी अपनाए जाने की आवश्यकता है।

सन् 1971 के भारत-पाक युद्ध में भारत ने पूर्वी पाकिस्तान में जितनी तेजी से अपने सैन्य अभियान को सफलता तक पहुँचाया, वह उल्लेखनीय है। मात्र तेरह दिनों की अवधि में भारतीय सेना ने एक लगभग असंभव दिखाई देनेवाले कार्य को पूर्ण करके दिखा दिया। 'संडे टाइम्स' (लंदन) के संवाददाताओं ने खबर दी थी— 'ढाका तक अपना रास्ता बनाने में भारतीय सेना को मात्र बारह दिन लगे। भारत की यह उपलब्धि सन् 1940 में फ्रांस पर जर्मनी के तूफानी हमले की याद दिलाती है। रणनीति समान ही थी—तेजी, विकरालता और लचीलापन।'[16]

निस्संदेह, इस युद्ध में भारतीय थलसेना अकेली नहीं थी। युद्ध में जीत का श्रेय भारतीय थलसेना के साथ-साथ भारतीय वायुसेना, नौसेना, मुक्ति वाहिनी, अर्धसैनिक बलों, बँगलादेश की जनता, भारत सरकार और दृढ़-निश्चयी प्रधानमंत्री को भी जाता है। सरकार ने सैन्य दृष्टिकोण को समझा और बदले में सेना ने राजनीतिक गतिरोधों को माना। इस प्रकार एक स्पष्ट राजनीतिक उद्देश्य की परिणति सैन्य-योजना के रूप में हुई। सिविल अधिकारियों ने सशस्त्र बलों के अधिकारियों के साथ मिलकर काम करते हुए यह निर्णायक जीत सुनिश्चित की।

पूर्वी पाकिस्तान के युद्ध में भारतीय सेना को जो सफलता मिली, वह इतनी आसानी से नहीं मिल गई। कई स्थानों पर—उदाहरण के लिए, हिल्ली, खुलना, गंगानगर, गाजीपुर आदि—सेना को दुश्मन के जोरदार प्रतिरोध का सामना करना पड़ा, जिसमें उसे भारी क्षति भी उठानी पड़ी। इस अभियान में भारतीय सेना की सफलता का आधार उसकी स्पष्ट और लोचपूर्ण रणनीति तथा सेना का अपना दृढ़-निश्चय था। इस जीत का श्रेय काफी हद तक बँगलादेश की जनता को भी जाता है। निहत्थे बँगलादेशी नागरिकों की हत्या और महिलाओं के साथ बलात्कार करनेवाली पाकिस्तानी सेना से पूरी तरह असंतुष्ट बँगलादेशियों ने भारतीय सेना का भरपूर सहयोग किया। भारतीय सेना के कीचड़ में फँसे वाहनों को निकालने; हथियारों, सैन्य उपकरणों और सैनिकों को नदियों के दूसरी ओर पहुँचाने तथा महत्त्वपूर्ण सूचनाएँ उपलब्ध कराने में उन्होंने भारतीय सेना की बहुत मदद की।

सबसे बड़ी बात तो यह थी कि वे अत्यंत सरल और साहसी थे। क्रूर अत्याचारियों से छुटकारा पाने के लिए उन्होंने भारतीय सैनिकों को अपना हितैषी मानते हुए उनके साथ मिलकर कार्य किया। पाकिस्तानी सेना की शर्मनाक हार का एक कारण बँगलादेशियों के साथ उसकी अत्याचारपूर्ण काररवाई को भी माना जा सकता है। जिस सेना का अपना आत्मसम्मान नहीं है या जो सेना स्वयं भलाई की बजाय बुराई के लिए लड़ने जा रही है, उसे लड़ाई में सफलता कदापि नहीं मिल

सकती। दूसरी ओर, भारतीय जवानों और अधिकारियों का व्यवहार इसके विपरीत था। 'न्यूयॉर्क टाइम्स' के सिडनी शैनबर्ग (Sydney Schanberg), जो दो सेक्टरों में लड़ाई के दौरान भारतीय सैनिकों के साथ थे, की टिप्पणी के आधार पर मेजर जनरल डी.के. पालित ने अपनी पुस्तक 'द लाइटनिंग कैंपेन' (The Lightning Campaign) में लिखा है—'मुझे सेनाओं का गुणगान करते रहना पसंद नहीं है। मुझे सेनाएँ अच्छी नहीं लगतीं, क्योंकि सेनाओं का मतलब है—युद्ध; और मुझे युद्ध बिलकुल भी अच्छा नहीं लगता। किंतु वह (भारतीय) सेना तो अलग ही थी···वह हर तरह से महान् थी। उसपर उँगली उठाने के लिए कोई बात (बुराई) नहीं थी। मैं अधिकारियों के साथ रहा, उनके साथ चला, जवानों के साथ सवारी की—सचमुच, वे सभी महान् थे। सच है कि उनमें से कुछ पहले डरे हुए थे और यदि ऐसा नहीं होता तो वे सच्चे अर्थों में इनसान ही नहीं थे। किंतु डरकर पीछे हटते हुए या अपने कर्तव्य से मुँह मोड़ते हुए मैंने किसी को नहीं देखा। (भारतीय सेना में) साहस कूट-कूटकर भरा हुआ है और इससे मुझे एक अच्छा अनुभव हुआ।···मैंने वियतनाम में अपने बालचरों को देखा है; लेकिन यह (भारतीय) सेना तो अनोखी है। इनके हथियार और सैन्य उपकरण उतने अच्छे नहीं थे; लेकिन इनके पास जो कुछ भी था, उसका इन्होंने कुशलतापूर्वक प्रयोग किया और इन्हें सफलता भी मिली। मैंने जवानों, ग्रामीणों और अधिकारियों को अपने कंधों पर बड़ी-बड़ी बंदूकें, तोपें लादकर ले जाते हुए देखा; बिलकुल बैलगाड़ी की तरह। सभी ने मिलकर कार्य किया। मैंने इन्हें कभी कोई बुरा काम करते हुए नहीं देखा—जबकि दुश्मन कितना वहशियाना बरताव कर रहे थे।'[17]

पूर्व में पाकिस्तानी सेना के इतनी जल्दी और बुरी तरह हार जाने के कुछ अन्य कारण भी थे। 19 दिसंबर, 1971 के 'संडे टेलीग्राफ' में छपा था—'अपनी दूरदृष्टि, उद्देश्य की दृढ़ता के बल पर भारत अंततः विजयी हुआ। श्रीमती इंदिरा गांधी द्वारा प्रोत्साहित और प्रेरित नेतृत्व ने ही राष्ट्र को इस दृष्टि और उद्देश्य की दृढ़ता से ओतप्रोत बनाया था।'[18]

इतने कम समय में पूर्वी पाकिस्तान के युद्ध के निर्णायक स्थिति में पहुँचने के कुछ रणनीतिक कारण भी थे। पहला कारण, पूर्वी (चीन की ओर) मोरचे पर तैनात माउंटेन डिवीजनों को शीघ्रातिशीघ्र अपना अभियान पूरा कर लेना था, ताकि चीन की ओर से किसी खतरे की स्थिति में वे अपनी भूमिका में तत्काल वापस आ सकें। दूसरा कारण, अमेरिकी सरकार के दृष्टिकोण के आधार पर यह आशंका प्रकट की जा रही थी कि अमेरिका अपने द्वारा पोषित सहयोगी—पाकिस्तान—की

ओर से राजनीतिक अथवा सैन्य हस्तक्षेप कर सकता है। इस आशंका को ध्यान में रखते हुए अभियान को यथाशीघ्र पूर्ण कर लेना जरूरी हो गया था।

पूर्वी कमान के आर्मी कमांडर ने अभियान को यथाशीघ्र पूर्ण करने की आवश्यकता पर बल देते हुए दुश्मन के खिलाफ नई रणनीति और कौशल अपनाने की योजना बनाई, जिससे दुश्मन को अचंभित करते हुए उसे असंतुलित किया जा सके।

जनरल अरोड़ा, जनरल जैकब और अन्य कमांडरों ने नियाजी की रणनीति और उनकी सोच का अनुमान लगा लिया था। एक ही ब्रिटिश भारतीय सेना के रणनीतिक वातावरण में शिक्षित-प्रशिक्षित होने के कारण उन्होंने अनुमान लगा लिया था कि नियाजी की रणनीतिक सोच के अनुसार भारतीय सेना युद्ध के दौरान हमला करने और कब्जा करने की पुरानी युद्ध-प्रक्रिया को ही अपनाएगी। जनरल अरोड़ा यह भी जानते थे कि यदि उन्होंने युद्ध की यह पुरानी रणनीति अपनाई तो वह नियाजी के जाल में फँस जाएँगे और सेना महीनों तक प्राकृतिक अवरोधों और नियाजी द्वारा तैयार किए गए रक्षा मोरचों पर उलझकर रह जाएगी। पूर्वी कमान की युद्ध योजना जितनी साहसिक थी उतनी ही सरल भी। युद्ध के नए तरीके अपनाकर ही पूर्वी कमान पाकिस्तानी फौजों को तितर-बितर करते हुए ढाका बाउल तक पहुँच सकी। दुश्मन को असमंजस की स्थिति में डालने और उसे अचंभित करने के लिए उड़ते वायुयान से पैराशूट के सहारे सैनिकों को उतारकर लड़ाई में शामिल करने की जो योजना बनाई गई, वह अत्यंत उपयोगी साबित हुई। कमांडरों को इन सभी सिद्धांतों को ध्यान में रखकर कार्य करने की पूरी स्वतंत्रता दी गई थी। सैनिकों और कमांडरों की दृढ़ इच्छाशक्ति, संकल्प तथा उनकी आक्रामकता ने मुश्किल काम को आसान बना दिया।

पूर्वी कमान के आर्मी कमांडर उन मुश्किलों से परिचित थे, जो एक ऐसे इलाके में युद्ध करने जा रही थी, जहाँ नदियों का जाल बिछा हुआ था। वे भलीभाँति जानते थे कि वे एक ऐसी लड़ाई लड़ रहे हैं, जिसमें आक्रामकता और तीव्रता ही ज्यादा महत्त्व रखती है।

युद्ध का स्वरूप आर्मी कमांडरों की योजना पर आधारित था। सैनिकों ने अपनी प्रबल इच्छाशक्ति और अदम्य साहस का परिचय देते हुए मुश्किलों का सामना सफलतापूर्वक किया। बड़ी संख्या में जवान और अधिकारी हताहत हुए; लेकिन यही तो वास्तविक कीमत थी, जो उन्हें चुकानी थी—और उन्होंने चुकाई भी। दुश्मन के प्रतिरोध को नाकाम करने के लिए सैनिकों ने कुछ भी परवाह न

करते हुए आगे बढ़ना जारी रखा। जमीनी सैन्य अभियान में जो सफलता मिली, वह सैनिकों की आज्ञाकारिता, अनुशासन, उच्च स्तरीय नेतृत्व, कार्यान्वयन की कुशलता, उच्च स्तरीय कमान निर्देशन, कुशल सैन्य संचालन और मुक्ति वाहिनी तथा बँगलादेश की जनता के सहयोग के बल पर मिली।

आर्मी कमांडरों के लिए पहले से यह अनुमान लगा पाना कठिन था कि किस हमले से ढाका बाउल तक पहुँचा जा सकेगा। किंतु उन्होंने बड़ी ही कुशलता, तीव्रता और चतुराई से कार्य किया। यद्यपि ढाका पर कब्जे का कोई लिखित आदेश नहीं दिया गया था, लेकिन उसे जीतना आवश्यक था। योजना की स्वाभाविक स्वतंत्रता व लचीलेपन से ही पूर्वी कमान इतनी जल्दी ढाका तक पहुँच सकी।

वैसे इस पूरे अभियान में भारत को कूटनीतिक अड़चनों, जटिलताओं का भी सामना करना पड़ा। राष्ट्रपति निक्सन के नेतृत्व में अमेरिका खुलकर पाकिस्तान के समर्थन में था; अमेरिकी राष्ट्रपति निक्सन ने भारत तथा भारत की प्रधानमंत्री श्रीमती इंदिरा गांधी को धमकाने की भरसक कोशिश भी की। जैक एंडरसन द्वारा राष्ट्रीय सुरक्षा परिषद् की गोपनीय काररवाइयों का जिस तरह खुलासा किया गया था, उससे पाकिस्तान की आक्रामक काररवाइयों से संबंधित तथ्यों को तोड़-मरोड़कर सामने लाने का व्हाइट हाउस के षड्यंत्र का स्पष्ट रूप से पता चल रहा था। सुरक्षा परिषद् में रूस के वीटो अधिकार के कारण ही अमेरिकी राष्ट्रपति निक्सन का इस मामले को सुरक्षा परिषद् में ले जाने का प्रयास धरा-का-धरा रह गया।[19] कूटनीतिक प्रयासों में सफलता न मिलने पर राष्ट्रपति निक्सन ने सैन्य काररवाई का सहारा लिया। उन्होंने प्रशांत क्षेत्र में अपने सातवें नौसैनिक बेड़े को बंगाल की खाड़ी में काररवाई की तैयारी करने का आदेश दे दिया। निक्सन ने तो यह निश्चय कर लिया था कि यदि संयुक्त राष्ट्र के प्रस्ताव से भी भारत अपने मुक्ति-अभियान को नहीं रोकेगा तो उसे बल-प्रयोग की धमकी दी जाएगी। अमेरिका के सातवें नौसैनिक बेड़े को जो आभियानिक जिम्मेदारियाँ दी गई थीं, उन्हें राष्ट्रीय सुरक्षा परिषद् के अभिलेख से लेकर मि. एंडरसन ने संक्षेप में कुछ इस तरह प्रस्तुत किया था—

- भारत को अपने जलयानों और वायुयानों को कार्य बल का पीछा करने में लगाने के लिए बाध्य करना;
- पूर्वी पाकिस्तान के खिलाफ भारत की नाकेबंदी को कमजोर करना;
- भारत के विमानवाहक पोत 'विक्रांत' को सैन्य अभियान से अलग करके रखना;

- भारत को अपने विमानों को अपनी रक्षा सतर्कता में लगाकर रखने के लिए मजबूर करना, ताकि पाकिस्तान के खिलाफ उसके सैन्य अभियान की तीव्रता को कम किया जा सके।[20]

किंतु सौभाग्य से जब तक अमेरिकी कार्य बल परमाणु-चालित विमानवाहक 'यू.एस.एस. एंटरप्राइज' के साथ बंगाल की खाड़ी में पहुँचा तब तक भारत ने अपना अभियान सफलतापूर्वक पूरा कर लिया था और बँगलादेश मुक्त हो चुका था।

पूर्व में अभियान की सफलता का अर्थ यह नहीं है कि पश्चिमी मोरचे पर भारतीय सेना को अपने अभियान में कम सफलता मिली। इस मोरचे पर भी भारतीय सैनिकों ने अपनी आक्रामक काररवाइयों से दुश्मन के छक्के छुड़ाते हुए अपनी रक्षात्मक स्थिति को मजबूत बना लिया था। पूरे युद्ध की सबसे रक्तरंजित लड़ाई पश्चिमी सेक्टर में ही लड़ी गई। जफरवाल के बाह्यांचलों में 15-16 दिसंबर को 15 भारतीय टैंकों के नुकसान पर 45 पाकिस्तानी पैटन टैंक नष्ट कर दिए गए। कारगिल सेक्टर में 36 पाकिस्तानी सैन्य टुकड़ियों को पकड़ा गया—और यदि युद्ध-विराम की घोषणा इतनी जल्दी नहीं हुई होती तो यह संख्या और भी बढ़ सकती थी। छंब सेक्टर का हाथ से निकल जाना दुर्भाग्यपूर्ण था, ऐसा 10 इन्फैंट्री डिवीजन के जनरल कमांडिंग ऑफिसर में उद्देश्य के प्रति निष्ठा की कमी के कारण हुआ था।

उल्लेखनीय तथ्य यह है कि इतिहास में बार-बार ऐसी घटनाएँ दोहराई जाती रही हैं। कश्मीर पाकिस्तान का सपना रहा है और वहाँ सामरिक महत्त्ववाले क्षेत्रों में इस तरह की घटनाएँ भविष्य में भी होती रहेंगी। अतः हमें अगले मुकाबले के लिए तैयार रहने की आवश्यकता है।

अतीत से मिले अनुभव : नई सोच और नए विचार

कश्मीर को लेकर पाकिस्तान की सनक ने तीन युद्धों को जन्म दिया—सन् 1947-48, 1965 और 1999 (का कारगिल युद्ध)। भारत और पाकिस्तान के बीच अब तक जितने भी युद्ध लड़े गए हैं, सबकी पहल पाकिस्तान की ओर से ही की गई है। सन् 1971 का युद्ध भी इसका अपवाद नहीं था। हालाँकि इस युद्ध की आग शुरू में पूर्व की ओर से उठी थी, लेकिन पहले की भाँति ही इस बार भी यह जम्मू-कश्मीर तक फैल गई। भारतीय सेना प्रत्येक युद्ध के बाद अपने संगठनात्मक

ढाँचे, युद्ध-प्रक्रिया और अभ्यास तथा हथियारों और सैन्य उपकरणों का पुनरीक्षण करके उनमें सुधार करती रही है। भविष्य की लड़ाइयों के लिए बेहतर तैयारी की महत्त्वाकांक्षा के बावजूद वित्तीय समस्या और सैन्य मामलों की व्यापक जानकारी के अभाव के कारण भारतीय सेना को आधुनिक युद्ध लड़ने के लिए पूरी तरह संगठित और सुसज्जित करने में बाधा ही आई है। तकनीकी प्रगति और वास्तविक खतरे को ध्यान में रखते हुए भारतीय सेना के पुनर्गठन और सुसज्जीकरण के लिए सन् 1975 में कुछ सुधारात्मक कदम उठाए गए।

सन् 1971 के भारत-पाक युद्ध के बाद शीघ्र ही इकाई स्तर तक के सैन्य कमांडरों ने दोनों पक्षों की उपलब्धियों का विश्लेषण करने के उद्देश्य से अभियानों के स्वरूप और उसकी सफलता का मूल्यांकन किया, जिससे हार और जीत के अनुभवों से सीख लेते हुए अपनी कमजोरियों को दूर किया जा सके। इस युद्ध से जो अनुभव प्राप्त हुए, उनमें महत्त्वपूर्ण हैं—दुश्मन की गतिविधियों के बारे में गोपनीय सूचना लगातार प्राप्त करते रहना; सशस्त्र बलों के सामने आनेवाली संभावित आकस्मिक कठिनाइयों की जानकारी रखना; इस तरह की आपातकालीन स्थितियों से निपटने के लिए शांतिकाल में नियोजन और प्रशिक्षण की व्यवस्था करना; योजनाओं की सरलता, मौलिकता तथा गतिशीलता पर अधिक जोर देना; सैन्य संचालन और प्रशासन में सुधार तथा हथियारों व सैन्य उपकरणों को उन्नत बनाने के लिए आधुनिक तकनीक का प्रयोग; सेना के अंगों तथा सिविल सेवा के बीच सहयोग एवं समन्वय की आवश्यकता—और इन सबसे ज्यादा महत्त्वपूर्ण है सेना के जवानों और अधिकारियों के प्रशिक्षण में सुधार। दुश्मन की हार से भी कुछ महत्त्वपूर्ण अनुभव प्राप्त हुए, जैसे—मार्शल लॉ थोपे जाने और पाकिस्तानी सैनिकों को नागरिक प्रशासन में लगाए जाने से उनके प्रशिक्षण, आभियानिक कुशलता, मनोबल और अनुशासन पर विपरीत प्रभाव पड़ा। व्यापक दूरदृष्टि के अभाव के अतिरिक्त उनमें गतिशीलता की कमी तथा कुछ क्षेत्रों में उनकी लड़ने की इच्छाशक्ति की कमी भी देखने को मिली।

अभियान की समाप्ति के बाद सेना की इकाइयों ने अपनी-अपनी रिपोर्ट भेजी, जिनसे पता चला कि भारतीय सेना के संगठनात्मक ढाँचे, हथियारों एवं सैन्य उपकरणों से संबंधित नीतियों, गुप्तचर व्यवस्था, नियोजन तथा प्रशिक्षण में व्यापक सुधारात्मक परिवर्तन की आवश्यकता है।

1 जून, 1975 को जनरल टी.एन. रैना को चीफ ऑफ द आर्मी स्टाफ नियुक्त किया गया। उनके कार्यभार सँभालने के बाद शीघ्र ही सरकार ने भारत की

भविष्य की रक्षात्मक स्थिति की जाँच कराने के लिए 'विशेषज्ञ समिति' गठित की। इस समिति का उद्देश्य बदलते विश्व परिदृश्य में आवश्यक रक्षा तैयारी, रक्षा बजट में वृद्धि, हथियारों एवं उपकरणों की गुणवत्ता में सुधार, मानव-शक्ति के मूल्यों में वृद्धि, रक्षा मामलों के लिए अपनाए गए तदर्थ तरीकों और रक्षा बलों की लड़ने की क्षमता एवं योग्यता में सुधार के लिए अधिकतम मूल्य-प्रभावशीलता सुनिश्चित करने की आवश्यकता का विश्लेषण करना था। इस उच्च स्तरीय विशेषज्ञ समिति ने पूरी स्थिति की गहराई से जाँच करके भविष्य के युद्धों के लिए विश्वसनीय रक्षात्मक क्षमता हासिल करने हेतु आवश्यक उपाय सुझाए। लेफ्टिनेंट जनरल के.वी.के. राव को इस विशेषज्ञ समिति का अध्यक्ष तथा ब्रिगेडियर ए.जे.एम. होमजी को इसका सचिव बनाया गया था, जबकि मेजर जनरल एम.एल. छिब्बर और के. सुंदरजी समिति के सदस्य थे। इसका गठन 1 नवंबर, 1975 को किया गया था और इसे नौ महीने के अंदर अपनी रिपोर्ट प्रस्तुत करनी थी।

सन् 1947 में देश के विभाजन के परिणामस्वरूप एक-तिहाई सेना पाकिस्तान के हिस्से में आ गई थी और शेष दो-तिहाई सेना भारत में रह गई। सभी देशों, खासकर गुटनिरपेक्ष देशों के साथ भारत की तत्कालीन शांति और मैत्री तथा विकासमूलक नीति को ध्यान में रखते हुए देश में बड़ी सेना रखने की आवश्यकता महसूस नहीं की गई। किंतु देश के दुश्मनों ने भारत के इन आदर्शों और सिद्धांतों की अनदेखी करके उसपर कई लड़ाइयाँ थोपीं। हालाँकि प्रत्येक युद्ध के बाद कुछ खास जरूरतों को ध्यान में रखते हुए सेना के विस्तार के लिए कदम उठाए गए, लेकिन वे किसी दीर्घकालीन अथवा ठोस योजना के आधार पर नहीं थे। समिति ने निम्नलिखित सिद्धांत अपनाने का निर्णय लिया—

- महत्त्वपूर्ण एवं व्यापक राष्ट्रीय हित का निर्धारण, अंतरराष्ट्रीय वातावरण का मूल्यांकन।
- आंतरिक एवं बाह्य दोनों तरह के राष्ट्रीय हितों के समक्ष उत्पन्न होनेवाले खतरों की पहचान।
- भविष्य के युद्ध के स्वरूप का अनुमान।
- सुरक्षा बलों के आकार और ढाँचे का निर्धारण।
- वित्तीय एवं अन्य संसाधनों की उपलब्धता।
- विभिन्न समयावधि में रक्षा बलों के सुदृढ़ीकरण की योजना।
- रक्षा-तैयारी के विभिन्न पहलुओं पर विचार।

विशेषज्ञ समिति ने प्रत्येक स्तर के अधिकारियों, विभागों और रक्षा कॉलेजों के विद्यार्थियों से बातचीत की। इनमें सेना मुख्यालय के प्रमुख स्टाफ अधिकारी, हथियारों एवं सेवाओं के प्रमुख, प्रशिक्षण एवं प्रशासनिक संस्थान, वायुसेना एवं नौसेना, सेना कमांडर एवं सिविल अधिकारी, पूर्व सेना प्रमुख, योजना आयोग, नीति नियोजन समिति, भाभा परमाणु अनुसंधान केंद्र आदि शामिल थे। कमेटी ने सात खंडों में अपनी रिपोर्ट प्रस्तुत की, जिसमें रक्षा तैयारी के विभिन्न महत्त्वपूर्ण पहलुओं को शामिल किया गया था। कमेटी की सिफारिशों के आधार पर किए गए सुधारात्मक उपायों से सेना के ढाँचे में आमूल-चूल परिवर्तन हुआ, जिससे सैन्य व्यय में भी खासी कमी आई। इस बचत की अधिकांश राशि को सेना के आधुनिकीकरण में लगाया गया। समिति ने जिन पहलुओं पर अधिक जोर दिया, उनमें आग्नेय शक्ति में वृद्धि, संगठनशीलता, रात में लड़ने की क्षमता में वृद्धि और इलेक्ट्रॉनिक युद्ध की क्षमता हासिल करना शामिल था। इसके अतिरिक्त परमाणु युद्ध, उच्च स्तरीय रक्षा संगठन और अर्धसैनिक बलों के पुनर्गठन के मामले पर अलग से दस्तावेज प्रस्तुत किए गए थे।

आरंभ में विशेषज्ञ समिति की सिफारिशों पर पूरी तरह से अमल नहीं किया गया था। समिति के अध्यक्ष लेफ्टिनेंट जनरल के.वी.के. राव को जब उप-सेना प्रमुख बनाया गया तो सन् 1979-84 की पंचवर्षीय योजना और अन्य परवर्ती पंचवर्षीय योजनाओं में इसे शामिल करके उसपर अमल करना शुरू किया गया। उप-सेना प्रमुख के रूप में जनरल राव द्वारा किए गए प्रयासों के परिणामस्वरूप सेना के आधुनिकीकरण में किया जानेवाला व्यय 3 प्रतिशत से बढ़कर 20 प्रतिशत हो गया।[21]

विशेषज्ञ समिति की सिफारिशों को पंचवर्षीय योजनाओं में आगे भी शामिल किए जाने के लिए जुलाई 1978 में सरकार ने रक्षा-नियोजन के लिए एक समिति का गठन किया। कैबिनेट सचिव को इस समिति का अध्यक्ष बनाया गया था, जबकि प्रधानमंत्री के प्रधान सचिव, रक्षा, योजना, वित्त, विदेशी मामले और रक्षा-उत्पादन सचिवों को समिति का सदस्य बनाया गया था। उप-सेना प्रमुख के रूप में जनरल राव के कार्यकाल के दौरान आगामी शताब्दी में सेना की युद्ध की पर्याप्त तैयारी और सुसज्जीकरण सुनिश्चित करने के लिए नीति-निर्धारकों का ध्यान विभिन्न प्रणालियों की ओर आकर्षित किया गया। विभिन्न क्षेत्रों में विशेषज्ञता प्राप्त विशेषज्ञों ने अपने अध्ययनों के आधार पर हथियारों की नई प्रणाली के संदर्भ में अपने पत्र प्रस्तुत किए। जो हथियार अथवा उपकरण उपयुक्त समयावधि में नहीं तैयार किए

जा सकते थे, उन्हें विदेशों से आयात करने पर बल दिया गया। उन उपकरणों के आयात से संबंधित कुछ महत्त्वपूर्ण समझौते किए गए तथा कुछ अन्य उपकरणों की निर्माण-प्रक्रिया भी भारत में शुरू की गई।

दूरगामी योजना

सन् 1975 में विशेषज्ञ समिति के गठन और उसके द्वारा प्रस्तुत दीर्घकालीन योजना की सिफारिशों से पूर्व सेना में संगठनात्मक सुधार एवं विस्तार के लिए जो भी उपाय किए गए, वे सभी अल्पकालीन अथवा तात्कालिक खतरों को ध्यान में रखकर ही किए गए थे। परिणामस्वरूप विदेशों से संभावित चुनौतियों का सामना करने के लिए पर्याप्त सैन्य शक्ति और उपकरण उपलब्ध नहीं हो सके थे।

परंपरागत युद्ध

व्यापक राष्ट्रीय हितों और उनमें आनेवाले खतरों को ध्यान में रखकर युद्ध से संबंधित राष्ट्रीय लक्ष्यों की पूर्ति के लिए व्यापक और दीर्घकालीन योजना की शुरुआत पहली बार '70 के दशक के मध्य हुई। विभिन्न कालक्रमों में तैयार की गई योजनाओं के समय-समय पर पुनरावलोकन की आवश्यकता होती है, अन्यथा युद्ध के बदलते स्वरूप के साथ-साथ उनमें कमियाँ आने लगती हैं। भविष्य के युद्ध के स्वरूप का निर्धारण करते समय परंपरागत और परमाणु युद्ध में अंतर को ध्यान में रखा जाना चाहिए। परंपरागत युद्ध के स्वरूप में होनेवाला परिवर्तन सामान्यतया हथियारों की मारक क्षमता, रात में लड़ने की क्षमता, युद्धक्षेत्र में सैनिक संगठनशीलता, उत्तरजीविता, बेहतर कमान एवं नियंत्रण तथा संचार एवं गुप्तचर व्यवस्था के क्षेत्र में भी परिवर्तन लाता है। अतः परंपरागत युद्ध के लिए भविष्य की योजना में तकनीकी प्रगति को ध्यान में रखना आवश्यक होता है। जिनपर ध्यान देने की आवश्यकता थी, वे अन्य पहलू निम्नलिखित थे—युद्धक्षेत्र का विस्तार तथा कमान नियंत्रण एवं नीति-निर्धारण का विकेंद्रीयकरण और अभियानों की व्यापकता की आवश्यकता। आक्रामक अभियानों में समन्वित सशस्त्र हेलीकॉप्टरों के साथ बख्तरबंद एवं अन्य सैन्य उपकरणों व यंत्रों से सुसज्जित सैन्य बलों को व्यापक स्तर पर तैनात किए जाने की आवश्यकता थी। हमला करनेवाली फौजों को व्यापक आग्नेय-शक्ति और सैन्य संचालन क्षमता हासिल करने की आवश्यकता थी। अत्यधिक गहराई वाले क्षेत्रों में अपने लक्ष्य की प्राप्ति के लिए वायुसेना के बलों के साथ हेलीबॉर्न बलों को तैनात किए जाने की आवश्यकता थी।

परमाणु युद्ध

परमाणु युद्ध के परिदृश्य में माना जाता था कि 100 के.टी. से अधिक क्षमतावाले हथियारों के प्रयोग की संभावना नहीं रह गई है। परमाणु हथियारों की मारक क्षमता परंपरागत हथियारों की अपेक्षा बहुत ज्यादा होती है। ऐसे में रणनीतिक योजनाकारों ने अनुभव किया कि युद्ध में सेना की गुणवत्ता—कुशलता, आक्रामकता एवं गतिशीलता—महत्त्वपूर्ण है, न कि उसकी विशालता। भविष्य के परमाणु युद्ध की आवश्यकताओं को ध्यान में रखते हुए योजनाकारों ने अनुभव किया कि सैन्य इकाइयों को और अधिक संघटित, परिपूर्ण और संतुलित बनाए जाने की आवश्यकता है।

दूरगामी योज़ना वर्ष 2000 तक की अवधि को ध्यान में रखकर तैयार की गई थी। पिछले 15 वर्षों के दौरान कई सिफारिशों पर अमल किया गया, जिनमें विभिन्न रणनीतिक पहलुओं, सैन्य संगठनों का पुनर्गठन, विभिन्न हथियार-प्रणालियों का विकास, कमान एवं नियंत्रण की व्यवस्था में सुधार, गुप्तचर एवं प्रशिक्षण व्यवस्था में सुधार इत्यादि शामिल थे। इन सुधारों के परिणामस्वरूप देश की रक्षात्मक स्थिति में काफी मजबूती आई। मशीनीकृत इन्फैंट्री रेजीमेंट बनाई गई; एक मशीनीकृत डिवीजन तैयार की गई; बख्तरबंद और माउंटेन डिवीजनों को सुदृढ़ बनाया गया; अधिक शक्तिशाली तोपें हासिल की गईं; संचार व्यवस्था में सुधार किया गया और सैन्य संचालन क्षमता में सुधार किया गया। बदलती परिस्थितियों में जरूरतों को ध्यान में रखते हुए दूरगामी योजनाओं का समय-समय पर पुनरीक्षण किया जाता रहा।

संदर्भ

1. मेजर जनरल डी.के. पालित, 'द लाइटनिंग कैंपेन, इंडो-पाकिस्तान वार 1971' (दिल्ली, 1972), पृष्ठ 35।
2. मेजर जनरल सुखवंत सिंह, 'इंडियाज वार्स सिंस इंडिपेंडेंस : द लिबरेशन ऑफ बँगलादेश', खंड-1 (नई दिल्ली, 1981), पृष्ठ 8।
3. जनरल के.वी. कृष्णराव, 'प्रिपेयर ऑर पेरिश' (नई दिल्ली, 1991), पृष्ठ 242।
4. मेजर जनरल सुखवंत सिंह, 'इंडियाज वार्स सिंस इंडिपेंडेंस', पृष्ठ 54-55।
5. मेजर जनरल डी.के. पालित, 'द लाइटनिंग कैंपेन', पृष्ठ 69।
6. वही।
7. जनरल के.वी. कृष्णराव, 'प्रिपेयर ऑर पेरिश', पृष्ठ 170।

8. वही, पृष्ठ 169।
9. मेजर जनरल डी.के. पालित, 'द लाइटनिंग कैंपेन', पृष्ठ 78–79।
10. वही, पृष्ठ 78।
11. वही, पृष्ठ 108–09।
12. वही, पृष्ठ 78।
13. वही, पृष्ठ 108–09।
14. लेफ्टिनेंट जनरल जे.एफ.आर. जैकब, 'सरेंडर ऐट ढाका, बर्थ ऑफ ए नेशन', (नई दिल्ली, 1977), पृष्ठ 116, 118।
15. वही, पृष्ठ 126–27।
16. वही, पृष्ठ 132–33।
17. जनरल के.वी. कृष्णराव, 'प्रिपेयर ऑर पेरिश', पृष्ठ 234।
18. मेजर जनरल डी.के. पालित, 'द लाइटनिंग कैंपेन', पृष्ठ 16।
19. वही, पृष्ठ 157।
20. वही, पृष्ठ 117।
21. जनरल के.वी. कृष्णराव, 'इन द सर्विस ऑफ द नेशन' (नई दिल्ली, 2001), पृष्ठ 157।

□

परीक्षा की घड़ियाँ

• लेफ्टिनेंट जनरल (सेवानिवृत्त) वी.के. सिंह

(परम विशिष्ट सेवा पदक)

'80 का दशक भारतीय सेना के लिए तीव्र आधुनिकीकरण, नए उपकरणों के आधार पर प्रशिक्षण और सन् 1971 के भारत-पाक युद्ध तथा अरब-इजराइल युद्ध से प्राप्त अनुभवों के आधार पर सेना के सुदृढ़ीकरण के साथ आरंभ हुआ। लेफ्टिनेंट जनरल के.वी. कृष्णराव की अध्यक्षता में गठित समिति ने अपनी रिपोर्ट सन् 1976 में प्रस्तुत कर दी थी, जिसकी प्रमुख सिफारिशों पर अमल भी शुरू हो चुका था।

इस काल में आंतरिक सुरक्षा का वातावरण शांतिपूर्ण और स्थिर रहा। अमेरिका और सोवियत संघ के मध्य शीत-युद्ध जारी था। दोनों देशों की सैन्य शक्तियों के बीच एक संतुलन की स्थिति दिखाई दे रही थी, जिससे विश्व का सुरक्षा-वातावरण भी स्थिर बना रहा। दिसंबर 1979 में अफगानिस्तान के मामले में सोवियत संघ के हस्तक्षेप ने अमेरिका और सोवियत संघ दोनों को आमने-सामने ला खड़ा कर दिया था। अमेरिका सोवियत-विरोधी विभिन्न देशों और गुटों को हथियार तथा अन्य सैन्य सहायता उपलब्ध करवा रहा था। सन् 1981 में उसने पाकिस्तान को भी हथियारों की मदद देनी शुरू कर दी। हालाँकि भारत में इस प्रकार की धारणा बन रही थी कि पाकिस्तान इस सहायता का प्रयोग भारत के खिलाफ युद्ध में करेगा; किंतु इसके कोई स्पष्ट संकेत नहीं मिल रहे थे। जनरल जिया उल हक, जो सन् 1977 में पाकिस्तान में सत्ता में आए थे, अपनी पकड़ को मजबूत बनाने में लगे

हुए थे। उनके किसी सैन्य अभियान में लिप्त होने की संभावना कम ही थी। इधर, चीन के साथ भी भारत के संबंध स्थिर बने हुए थे, जिनमें किसी प्रकार के बदलाव के आसार फिलहाल तो नहीं थे। कुल मिलाकर बाह्य सुरक्षा का माहौल सेना के लिए शांतिपूर्ण ही दिखाई दे रहा था।

देश की आंतरिक सुरक्षा की स्थिति भी शांतिपूर्ण थी। श्रीमती इंदिरा गांधी सन् 1980 में एक बार फिर सत्ता में आ चुकी थीं। देश को एक मजबूत नेतृत्व मिल गया था। कश्मीर की स्थिति शांतिपूर्ण दिखाई दे रही थी। श्रीमती गांधी के साथ एक समझौते पर हस्ताक्षर करने के लिए शेख अब्दुल्ला सत्ता में वापस आ चुके थे। उधर, पंजाब में सन् 1947 से ही उग्रवाद का वातावरण बन रहा था। वैसे इससे कानून-व्यवस्था में कोई बड़ी समस्या उत्पन्न होती दिखाई नहीं दे रही थी। पूर्वोत्तर में, नगालैंड और मिजोरम में, विद्रोह की स्थिति बनी हुई थी, जिसके लिए सेना तैनात की गई थी। किंतु इन क्षेत्रों में सेना की तैनाती काफी लंबे समय से चल रही थी, इसलिए सेना अब इसे अपनी दैनिक गतिविधि के रूप में मानने लगी थी।

इस स्थिर माहौल में भी कुछ ऐसी घटनाएँ घटनी शुरू हो गई थीं, जिनका आनेवाले वर्षों में भारतीय सेना पर व्यापक एवं गंभीर प्रभाव पड़ने वाला था। उन घटनाओं में से पहली घटना तो जम्मू-कश्मीर से ही संबंधित थी। सुदूर उत्तर में, सियाचिन क्षेत्र तथा आस-पास के पर्वतीय क्षेत्रों में, पाकिस्तानी गतिविधियों की खबर सन् 1978 से ही मिलनी शुरू हो गई थी। इस बीच कश्मीर घाटी में पहले से प्रचलित इसलाम के उदारवादी स्वरूप, सूफी परंपरा के विपरीत इसलाम के रूढ़िवादी स्वरूप की शिक्षा देनेवाले मदरसे स्थापित किए जाने के लिए एक आंदोलन शुरू हो गया था। साथ ही, शेख अब्दुल्ला के शासन के प्रति कश्मीरियों में असंतोष और भ्रम की स्थिति बनने लगी थी। किंतु इन बदलती स्थितियों की ओर शुरू में न तो राज्य सरकार और न ही केंद्र सरकार ने कोई विशेष ध्यान दिया।

पंजाब में सिख जनसंख्या को अपने पक्ष में करने के लिए अकाली दल ने केंद्र सरकार विरोधी रास्ता अपनाना शुरू कर दिया था तथा सन् 1978 में उसने राज्य के लिए अधिक स्वायत्तता की माँग करते हुए एक प्रस्ताव को भी मंजूरी दी थी। दूसरी ओर, 13 अप्रैल, 1978 को पंजाब के निरंकारियों और सिखों के बीच हुई झड़पों में 12 सिखों और 4 निरंकारियों की जानें जा चुकी थीं। इस घटना के बाद एक सिख धार्मिक नेता संत जरनैल सिंह भिंडराँवाले सामने आया, जिसने पंजाब में सिखों को गैर-सिखों तथा केंद्र सरकार के विरुद्ध भड़काना शुरू कर दिया।

सुदूर पूर्व में ऑल असम स्टूडेंट्स यूनियन (AASU) ने विदेशियों अर्थात्

राज्य में रह रहे गैर-असमिया लोगों के खिलाफ आंदोलन छेड़ दिया था। इसका उद्देश्य भी अधिक स्वायत्तता हासिल करना था। हालाँकि शुरू में यह आंदोलन शांतिपूर्वक चलता रहा, लेकिन धन-वसूली और धमकी की घटनाएँ शुरू हो चुकी थीं।

श्रीलंका में सिंहल और तमिल जनसंख्या के बीच लंबे समय से चल रहे राजनीतिक मतभेदों ने सन् 1975 के आस-पास तमिल ईलम अथवा तमिल स्वतंत्रता के लिए उग्र आंदोलन को जन्म दिया था। तमिलनाडु में इस तमिल आंदोलन का समर्थन करने और उसके साथ सहानुभूति रखनेवालों की संख्या काफी थी और भारत सरकार ने भी कुछ तमिल गुटों को सैन्य प्रशिक्षण उपलब्ध कराना शुरू कर दिया था।

यद्यपि ये सभी घटनाएँ सेना मुख्यालय की जानकारी में थीं, लेकिन उस समय तक ये राजनीतिक और प्रशासनिक समस्या के रूप में ही मानी जा रही थीं। इन्हें सुलझाने के लिए सेना की मदद लेने की कोई योजना नहीं थी; किंतु यह धारणा अंत में गलत सिद्ध हुई। बीसवीं शताब्दी के अंतिम दो दशक भारतीय सेना के लिए कठिन परीक्षा के रहे; क्योंकि राजनीतिक और प्रशासनिक समस्या के रूप में मानी जानेवाली ये घटनाएँ धीरे-धीरे गंभीर रूप लेती जा रही थीं और एक साथ कई क्षेत्रों में लगातार घटित होतीं इन घटनाओं को दबाने के लिए सेना की मदद लेनी जरूरी हो गई थी। अध्ययन की सुविधा के लिए इन क्षेत्रों की स्थिति का विस्तारपूर्वक वर्णन किया जा रहा है।

सियाचिन : 1984 से अब तक

13 अप्रैल, 1984 को चौंतीस सैनिकों को हेलीकॉप्टर से सियाचिन ग्लेशियर के पश्चिम में स्थित बिलाफोंड ला दर्रे के निकट एक स्थान पर उतारा गया। वहाँ उतरने के बाद दर्रे पर कब्जा करने के लिए सैनिक आगे बढ़े। भारत और पाकिस्तान में सियाचिन की लड़ाई की शुरुआत यहीं से हुई।

इस संदर्भ में आगे बढ़ने से पहले भारत और पाकिस्तान के बीच उत्पन्न सियाचिन विवाद के मूल के संबंध में जान लेना आवश्यक है। वस्तुतः यह विवाद 2 जुलाई, 1972 को हुए शिमला समझौते के अनुसार निर्धारित नियंत्रण रेखा से अलग अनिर्धारित हिस्से को लेकर दोनों पक्षों की अलग-अलग धारणा के कारण उत्पन्न हुआ है। नियंत्रण रेखा का निर्धारण 27 जुलाई, 1949 को, यानी 1947-48 के कश्मीर-युद्ध के बाद हुए कराची समझौते के आधार पर, निश्चित की गई

युद्ध-विराम रेखा के अनुसार किया गया था। दोनों ही समझौतों में नियंत्रण रेखा के उत्तरी छोर को एक मानचित्र संदर्भ एन.जे. 9842 द्वारा चिह्नित किया गया था। एन.जे. 9842 के उत्तर में बाल्तोरो और सियाचिन—दो प्रमुख ग्लेशियर हैं, जिनके मध्य में साल्तोरो पर्वतश्रेणी स्थित है। एन.जे. 9842 साल्तोरो श्रेणी के निम्न छोर पर स्थित है तथा भारत के अनुसार नियंत्रण रेखा का विस्तार साल्तोरो की चोटी तक होना चाहिए।

दूसरी ओर, पाकिस्तान का दावा था कि नियंत्रण रेखा का विस्तार एन.जे 9842 से कराकोरम दर्रे तक होना चाहिए। पाकिस्तान के इस दावे के बारे में भारत को कोई जानकारी नहीं थी। हालाँकि शुरू में इन अलग-अलग धारणाओं का कोई विशेष प्रभाव नहीं दिखाई दे रहा था; क्योंकि वहाँ न तो सैनिक उपस्थिति थी और न ही नागरिक। किंतु '70 के दशक के मध्य में पाकिस्तान की ओर से सियाचिन ग्लेशियर और साल्तोरो पर्वतश्रेणी को पार करके पर्वतारोहण अभियानों की खबर भारत को मिली। यह भी पता लगा कि इन पर्वतारोहण अभियानों में पाकिस्तानी सैन्य अधिकारी भी शामिल हैं। इस प्रकार की खबरें मिलने के बाद उस क्षेत्र पर अपना दावा करने के लिए सन् 1978 में कर्नल एन. कुमार के नेतृत्व में एक अभियान दल वहाँ भेजा गया। यद्यपि वहाँ मौके पर कोई पाकिस्तानी नहीं मिला, लेकिन बिलाफोंड ला दर्रे पर पूर्व अभियानों के चिह्न स्पष्ट दिखाई दे रहे थे।

जून और सितंबर 1983 में भारतीय सेना के दो गश्ती दलों को वहाँ भेजा गया। वहाँ उन्हें पाकिस्तानी तो नहीं मिले, लेकिन उनके हेलीकॉप्टर गश्ती दलों के ऊपर से उड़ते हुए जरूर दिखाई दिए। पाकिस्तान ने भारत पर नियंत्रण रेखा का उल्लंघन करने का आरोप लगाते हुए अपना विरोध प्रदर्शित किया। बाद में यह भी खबर मिली कि सितंबर-अक्तूबर 1983 के दौरान पाकिस्तान ने साल्तोरो पर स्थित दर्रे पर अधिकार करने का प्रयास भी किया था, किंतु खराब मौसम के कारण उसे सफलता नहीं मिली। भारत में ऐसा माना जा रहा था कि उस क्षेत्र पर एक बार किसी का कब्जा हो जाने के बाद उसे वहाँ से हटाना बहुत मुश्किल हो जाएगा। अत: पाकिस्तान की ओर से दोबारा प्रयास किए जाने से पहले दर्रों पर कब्जा कर लेने का निर्णय लिया गया। यह निर्णय लिये जाने के बाद ही 13 अप्रैल, 1984 को बिलाफोंड ला पर कब्जा करने के लिए सैनिकों को हेलीकॉप्टर से उतारा गया था।

यद्यपि सभी सैनिक वहाँ सुरक्षित उतर गए थे, किंतु अचानक मौसम खराब हो जाने के कारण उनका रेडियो संपर्क टूट गया। बिलाफोंड ला के साथ-साथ

सिआ ला पर भी कब्जा करने की योजना थी, लेकिन खराब मौसम के कारण सफलता नहीं मिली। 17 अप्रैल को मौसम साफ होने पर ही बिलाफोंड ला से संपर्क स्थापित हो सका और पता चला कि वहाँ सैनिक अपनी पोजीशन पर डटे हुए हैं। 17 अप्रैल को ही 32 अन्य सैनिकों को सिआ ला दर्रे के निकट उतारा गया और उसी दिन उसपर कब्जा कर लिया गया। पाकिस्तान ने इसपर तत्काल प्रतिक्रिया दिखाते हुए 24 अप्रैल को अपनी बुर्जिल फोर्स के कुछ सैनिकों को बिलाफोंड ला दर्रे के बिलकुल निकट भेज दिया। 25 अप्रैल को दोनों पक्षों में घमासान लड़ाई के बाद पाकिस्तानी सैनिकों को खदेड़ दिया गया। पाकिस्तान की ओर से इतनी त्वरित प्रतिक्रिया से एक संकेत यह मिला कि उसके सैनिक पहले से ही उस क्षेत्र की ओर बढ़ रहे थे।

जनवरी 1984 में पाकिस्तान ने भारतीय सैनिकों को बिलाफोंड ला से हटाने के लिए एक हमला किया, लेकिन उसे सफलता नहीं मिली। फरवरी 1985 में सिआ ला की ऊँची चोटियों पर कब्जा करने के लिए भी पाकिस्तान की ओर से हमला किया गया, किंतु इस बार भी उसे असफलता ही हाथ लगी। उसके बाद तो दोनों पक्षों में चोटियों पर कब्जा करने के लिए एक होड़-सी लग गई। भारत ने अधिकांश प्रमुख चोटियों पर कब्जा कर लिया। ऐसे में इसे 'सियाचिन की लड़ाई' कहना उपयुक्त नहीं है। सियाचिन ग्लेशियर पर तो कोई लड़ाई भी नहीं होती। हाँ, इससे होकर जानेवाले भारतीय आपूर्ति मार्ग पर गोलाबारी जरूर होती रहती है। लड़ाई वास्तव में साल्तोरो श्रेणी और उसके दूसरी ओर के दर्रों के लिए होती है। उत्तर से लेकर दक्षिण तक वहाँ ऐसे चार दर्रे हैं—सिआ ला, बिलाफोंड ला, ग्योंग ला और चुलुंग ला। इन चारों दर्रों पर भारतीय सेना का अधिकार है।

सन् 1987 में स्थिति को बदलने के लिए पाकिस्तान की ओर से एक बड़ा प्रयास किया गया। 1987 में, मार्च के अंत एवं अप्रैल के आरंभ में, पाकिस्तान के स्पेशल सर्विस ग्रुप ने बिलाफोंड ला के ऊपर स्थित पोजीशन पर कब्जा कर लिया, जिसकी ऊँचाई 21,156 फीट थी। इसका पता उस समय चला, जब बिलाफोंड पहुँच रहे भारतीय हेलीकॉप्टरों पर पाकिस्तानी चौकी 'कायद' की ओर से गोलीबारी की गई। मुहम्मद अली जिन्ना—जिन्हें 'कायदे-आजम' के नाम से जाना जाता था—के नाम पर पाकिस्तानियों ने इस चौकी का नाम 'कायद' रखा था। अब भारतीय सेना के लिए इस चौकी को नष्ट करना जरूरी हो गया था। किंतु इतनी ऊँचाई पर स्थित होने के कारण तत्काल कुछ करना संभव नहीं था। बाद में एक अधिकारी, एक जे.सी.ओ. (जूनियर कमीशंड अधिकारी) और सात अन्य रैंकों

का एक गश्ती दल वहाँ भेजा गया। एक सप्ताह बाद, 24 मई, को यह दल पाकिस्तानी चौकी की ओर बढ़ा। ऊपर पाकिस्तानी चौकी के निकट पहुँचने पर दल को भारी गोलीबारी का सामना करना पड़ा, जिसमें अधिकारी सहित चार अन्य जवानों की मृत्यु हो गई; शेष सैनिक वापस लौट आए, लेकिन बाद में चोट के कारण उनमें से एक और जवान की मौत हो गई।

दुश्मन की चौकी के बारे में सूचना एकत्र करने के बाद उसपर कब्जा करने की योजना बनाई जाने लगी। इसके लिए दो अधिकारियों के नेतृत्व में 60 स्वयं-सेवकों के एक सैन्य बल को चुना गया। यह योजना जून के अंतिम सप्ताह के लिए बनाई गई थी; बीच की अवधि में स्टॉक आदि तैयार किया जाता रहा। यह दोतरफा हमले की योजना बनाई गई थी; एक ओर चौकी पर कब्जा किया जाना था तथा दूसरी ओर चौकी के 400 फीट नीचे स्थित प्रशासनिक अड्डे को नष्ट किया जाना था। 23 जून को रात में इस सैन्य बल ने आगे बढ़ना शुरू किया। 25 जून की रात में एक जे.सी.ओ. और छह अन्य रैंकों की एक अन्य सैन्य टुकड़ी आगे बढ़ी और उसने ग्रेनेड व छोटे आग्नेयास्त्रों से चौकी पर हमला कर दिया। दुश्मन की ओर से भी गोलीबारी हुई, लेकिन उससे विचलित हुए बिना वह टुकड़ी आगे बढ़ती रही। 26 जून को मध्याह्न तक दुश्मन की पोजीशन पर कब्जा कर लिया गया। 8 जम्मू-कश्मीर लाइट इन्फैंट्री के नायब सूबेदार बाना सिंह, जिन्होंने हमले का नेतृत्व किया था, को 'परम वीर चक्र' से सम्मानित किया गया और उनके नाम पर ही उस चौकी का नाम 'बाना चौकी' रख दिया गया।

कायद चौकी पर अपनी पकड़ बनाए रखने में असफल हो जाने पर पाकिस्तान ने सितंबर 1987 में बिलाफोंड ला क्षेत्र में एक बड़ा हमला किया। बड़ी संख्या में दुश्मन के सैनिकों को हताहत करते हुए इस हमले को पूरी तरह नाकाम कर दिया गया; इसमें लगभग 100 पाकिस्तानी सैनिक मारे गए। माना जाता है कि इस असफलता के कारण ही साल्तोरो श्रेणी पर जमी भारतीय फौजों पर दबाव बनाने के लिए कारगिल अभियान की योजना बनाई गई।

साल्तोरो क्षेत्र में दोनों सेनाओं के बीच झड़पें आज भी जारी हैं, लेकिन अधिक भूभाग पर भारतीय सेना की पकड़ होने के कारण पाकिस्तान को कोई खास सफलता अब तक नहीं मिल सकी है। ग्लेशियर पर पाकिस्तानी सेना की उपस्थिति बिलकुल नहीं है और उसके सैनिक वहाँ से 13-16 कि.मी. की निकटतम दूरी पर मँडराते रहते हैं। साल्तोरो में वास्तविक स्थिति को पलटने के लिए पाकिस्तान की ओर से अंतिम प्रयास सन् 1999 में किया गया, जो उसके कारगिल अभियान

का एक हिस्सा था। इसका उल्लेख इसी अध्याय में आगे किया गया है।

जब हम सियाचिन की लड़ाई की बात करते हैं तो वास्तव में एक छोटी सी लड़ाई की बात करते हैं। पहले उल्लेख किया जा चुका है कि मात्र 12 सैनिकों की फौज ने बाना चौकी पर कब्जा करने का अभियान पूरा किया था। साल्तोरो पर स्थित अधिकांश चोटियों पर 10 सैनिकों की फौज ही तैनात है, जिसका नेतृत्व एक अधिकारी के माध्यम से होता है। उसके साथ तोपें चलाने का निर्देश देने के लिए एक अन्य आर्टिलरी ऑफिसर होता है। यहाँ वास्तव में लड़ाई तो बर्फीली हवाओं, ऑक्सीजन की कमी, कड़ाके की सर्दी जैसे प्राकृतिक कारकों से लड़नी पड़ती है। भारतीय सैनिकों ने अपने चिर-परिचित साहस और बहादुरी से इन प्राकृतिक कारकों पर विजय पाई है। इन ऊँचाइयों पर चढ़नेवाले सैनिक कोई विशेष प्रशिक्षण-प्राप्त सैनिक नहीं होते हैं; इसके लिए किसी भी इन्फैंट्री बटालियन को वहाँ भेजा जा सकता है। सच तो यह है कि हर इन्फैंट्री रेजीमेंट ने इस क्षेत्र में तैयारी करने के लिए अपनी बटालियनें भेजी हैं। इस प्रकार, इस क्षेत्र में दक्षिण की मद्रास रेजीमेंट से, पूर्वी सीमा की असम रेजीमेंट से, पश्चिमी तट की मराठा रेजीमेंट से और तपते रेतवाले थार मरुस्थल की राजपूत रेजीमेंट की भाँति सैनिकों ने सफलतापूर्वक अपने कर्तव्य का निर्वहण किया है। अतः कहा जा सकता है कि सियाचिन कठिन-से-कठिन मुश्किलों का सफलतापूर्वक सामना करनेवाले भारतीय सैनिकों के साहस और बहादुरी को श्रद्धांजलि है।

इन क्षेत्रों में तैनात दोनों पक्षों की सेनाओं को हटाने के लिए सन् 1987 से बातचीत की प्रक्रिया शुरू हुई। दोनों ही पक्ष यह मानते हैं कि इस क्षेत्र का कोई रणनीतिक महत्त्व नहीं है और यहाँ कोई व्यापक अभियान भी नहीं चलाया जा सकता। बातचीत की प्रक्रिया शुरू तो की गई, लेकिन हर बार एक ही सवाल के कारण उसमें गतिरोध उत्पन्न होता रहा—नियंत्रण रेखा एन.जे. 9842 से शुरू होकर कहाँ तक जाती है?

पाकिस्तान की ओर से जोर दिया जाता है कि नियंत्रण रेखा एन.जे. 9842 से कराकोरम दर्रे तक होनी चाहिए, जिसे भारत मानने के लिए तैयार नहीं है। भारत आपसी सहमति के आधार पर युद्ध से पूर्व की स्थिति पर लौटने के लिए तैयार है और पूर्व स्थिति के अनुसार नियंत्रण रेखा का विस्तार सियाचिन ग्लेशियर के आस-पास कहीं भी नहीं है। ऐसे में तो यही लगता है कि पूरे जम्मू-कश्मीर की समस्या के हल के साथ ही यह समस्या भी सुलझाई जा सकेगी; तब तक दोनों पक्षों की ओर से सेना की तैनाती इसी तरह जारी रहेगी।

ऑपरेशन ब्लू स्टार : पंजाब 1984

पहले ही उल्लेख किया जा चुका है कि 13 अप्रैल, 1978 को सिखों और निरंकारियों के बीच हुए संघर्ष के परिणामस्वरूप संत जरनैल सिंह भिंडराँवाले के नेतृत्व में पंजाब में एक उग्र सिख आंदोलन का आरंभ हो चुका था। 20 अप्रैल, 1980 को निरंकारियों के प्रमुख बाबा गुरचरन सिंह की हत्या कर दी गई; उसके बाद 9 सितंबर, 1981 को हिंद समाचार ग्रुप के स्वामी और संपादक लाला जगत नारायण की हत्या कर दी गई। लाला जगत नारायण की हत्या के सिलसिले में भिंडराँवाले के खिलाफ गिरफ्तारी वारंट जारी किया गया; लेकिन अपनी गिरफ्तारी से बचते हुए भिंडराँवाले ने मेहता चौक पर स्थित एक गुरुद्वारे में शरण ली। बाद में राज्य सरकार के साथ लंबी बातचीत के बाद उसने आत्मसमर्पण कर दिया। भिंडराँवाले की गिरफ्तारी से पूरे पंजाब में व्यापक पैमाने पर हिंसा फैल गई; अंततः दबाव में आकर 14 अक्तूबर, 1981 को सरकार ने भिंडराँवाले को रिहा कर दिया। इस पूरे घटनाक्रम से वह सिख समुदाय के नायक के रूप में उभरकर सामने आया।

जेल से रिहा होने के बाद भिंडराँवाले अपने सशस्त्र समर्थकों को साथ लेकर स्वर्ण मंदिर पहुँचा। भिंडराँवाले की शक्ति और प्रभाव का मुकाबला कर पाने में असमर्थ अकाली नेताओं को सबकुछ सहना पड़ रहा था। सन् 1982-84 के मध्य भिंडराँवाले की शक्ति और प्रभाव में भारी वृद्धि हुई और अब उसका पूरे स्वर्ण मंदिर परिसर पर नियंत्रण हो गया था। 25 अप्रैल, 1983 को स्वर्ण मंदिर में अरदास करने के बाद निकल रहे पुलिस उपमहानिरीक्षक (अमृतसर) ए.एस. अटवाल की भिंडराँवाले के समर्थकों द्वारा हत्या कर दी गई। इससे भिंडराँवाले का साहस व मनोबल और बढ़ता हुआ दिखाई दिया। मंदिर में घुसने और हत्यारों को गिरफ्तार करने के लिए कोई कारवाई नहीं की गई। 26 जनवरी, 1984 को भिंडराँवाले के समर्थकों ने स्वर्ण मंदिर परिसर में खालिस्तानी झंडा फहराया और इस बार भी सरकार की ओर से कोई कारवाई नहीं की गई।

संभवतः अब भिंडराँवाले को यह विश्वास हो गया था कि सरकार सशस्त्र बलों के साथ स्वर्ण मंदिर परिसर में घुसने का साहस कभी नहीं करेगी और जब तक वह (भिंडराँवाले) मंदिर परिसर में है तब तक उसका कोई कुछ नहीं बिगाड़ सकता। सन् 1984 में स्वर्ण मंदिर परिसर में छोटे हथियार जुटाए जाने और मेजर जनरल शाबेग सिंह के नेतृत्व में निर्माण एवं सुदृढ़ीकरण किए जाने की खबरें मिलने लगीं। शाबेग सिंह एक सेवानिवृत्त अधिकारी थे, जो भिंडराँवाले के संगठन

में शामिल हो गए थे। अन्य गुरुद्वारों और डेरों की मोरचाबंदी किए जाने की खबरें भी मिल रही थीं। हिंदुओं और पुलिस अधिकारियों की हत्या एक सामान्य बात हो गई थी, जो अकसर देखी जा सकती थी। खबर तो यह भी मिल रही थी कि सिख उग्रवादियों के संबंध पाकिस्तान से हैं। सरकार ने अकाली दल और शिरोमणि गुरुद्वारा प्रबंधक (एस.जी.पी.सी.) कमेटी के नेताओं को स्वर्ण मंदिर तथा अन्य धार्मिक स्थलों पर गैर-कानूनी गतिविधियों को रोकने के लिए तैयार करने की कोशिश की; किंतु ये नेता इस संबंध में या तो कुछ करना नहीं चाहते थे या फिर वे कुछ करने में सक्षम ही नहीं थे।

समस्या का कोई राजनीतिक हल न निकलता देख सरकार ने सशस्त्र बलों का सहारा लेने का फैसला किया। सिख उग्रवादियों के पास मौजूद हथियारों और उनके द्वारा की गई मोरचेबंदी को देखते हुए सैन्य काररवाई ही इस समस्या के हल के रूप में दिखाई दे रही थी। यह जिम्मेदारी पश्चिमी कमान को सौंपी गई। इसके लिए दोहरे अभियान की योजना तैयार की गई थी; पहला कार्य पंजाब में भारत-पाकिस्तान सीमा को सील करना था, जिससे उग्रवादियों को राज्य में घुसपैठ करने या राज्य से बाहर जाने से रोका जा सके और साथ ही पाकिस्तान की ओर से संभावित किसी हस्तक्षेप से भी निपटा जा सके। यह जिम्मेदारी लेफ्टिनेंट जनरल गौरी शंकर के नेतृत्व में 11 कोर को दी गई। दूसरा कार्य था राज्य के सभी नामित गुरुद्वारों से उग्रवादियों को बाहर निकालना; यह कार्य पश्चिमी कमान मुख्यालय के चीफ ऑफ स्टाफ लेफ्टिनेंट जनरल आर.एस. दयाल के नेतृत्व में तैयार किए गए बलों को सौंपा गया। पूरे अभियान की सर्वोच्च कमान पश्चिमी कमान के जनरल ऑफिसर कमांडिंग-इन-चीफ लेफ्टिनेंट जनरल के. सुंदरजी के हाथों में दी गई। मध्य कमान की 4 और 9 इन्फैंट्री डिवीजनों तथा दक्षिणी कमान की 54 इन्फैंट्री डिवीजन से तैयार सैन्य टुकड़ियों को पश्चिमी कमान से रवाना किया गया। इन सभी कार्यों में सबसे कठिन कार्य, यानी स्वर्ण मंदिर को खाली करवाने का कार्य, 9 इन्फैंट्री डिवीजन का था, जिसकी कमान मेजर जनरल के.एस. बरार के हाथ में थी। उन्हें इस काररवाई में निम्नलिखित दिशा-निर्देश दिए गए थे—

- कम-से-कम बल प्रयोग किया जाए।
- परिसर के भीतर की इमारतों, विशेषकर हरमंदिर साहिब, में समपार्श्विक क्षति से बचा जाए।
- अभियान शुरू करने से पहले निर्दोष श्रद्धालुओं को बाहर निकलने देने का हरसंभव प्रयास किया जाए।

- अभियान में शामिल सभी सैनिक धर्मस्थल की पवित्रता को ध्यान में रखें।

उग्रवादियों की शक्ति और उनके द्वारा की गई मोरचेबंदी के संबंध में जितनी सूचना प्राप्त हुई थी, वह पर्याप्त नहीं थी। 10 गार्ड्स के एक सिख अधिकारी कैप्टन जसबीर सिंह राणा एक श्रद्धालु के रूप में मंदिर परिसर में घुसे और परिक्रमा करते समय उन्होंने जो कुछ देखा, उसे ध्यान में रखते जा रहे थे। अंततः जो योजना तैयार की गई, उसके अनुसार 350 इन्फैंट्री ब्रिगेड हेडक्वार्टर की कमान में चार इन्फैंट्री बटालियनों को इसमें प्रयुक्त किया जाना था। प्रत्येक बटालियन को अलग-अलग सौंपे गए कार्य संक्षेप में इस प्रकार थे—

- 10 गार्ड्स को उत्तरी (मुख्य) द्वार से प्रवेश करना था और परिसर के उत्तरी हिस्से को सुरक्षित करना था।
- 1 पैरा कमांडो को 10 गार्ड्स के पीछे-पीछे चलना था और अकालतख्त तथा हरमंदिर साहिब में ठहरने का स्थान सुरक्षित करना था।
- स्पेशल फ्रंटियर फोर्स को 10 गार्ड्स के पीछे चलना था तथा अकालतख्त को अलग-थलग करके पश्चिमी हिस्से को कब्जे में लेना था।
- 26 मद्रास को पूर्वी द्वार से प्रवेश करना था और परिसर के पूर्वी तथा दक्षिणी हिस्से को सुरक्षित करना था।
- 15 कुमाऊँ को दो समूहों में बाँटकर रिजर्व के रूप में रखा गया था।
- परिसर के बाहर की इमारतों को सुरक्षित करने और पूरे क्षेत्र पर घेरा डालने के लिए दो अन्य बटालियनों को लगाया जाना था।

2 जून, 1984 को रात 9:15 बजे प्रधानमंत्री श्रीमती इंदिरा गांधी की एक अपील का प्रसारण किया गया, जिसमें उन्होंने हिंसा को रोके जाने का आग्रह किया था। स्वर्ण मंदिर के आस-पास के स्थानों में लागू कर्फ्यू भी 3 जून को हटा लिया गया, ताकि लोग स्वेच्छापूर्वक बाहर आ सकें। किंतु इसका मंदिर में छुपे उग्रवादियों पर कोई प्रभाव नहीं पड़ा। अंततः 5-6 जून की रात में परिसर को खाली कराने के लिए अभियान शुरू करने का निर्णय लिया गया। योजना के अनुसार 6 जून की सुबह तक अभियान को पूरा कर लिया जाना था। खून-खराबे की स्थिति से बचने के लिए 5 जून को शाम 4:30 बजे अंतिम प्रयास के रूप में मंदिर के भीतर बैठे उग्रवादियों और श्रद्धालुओं से लाउड स्पीकर के माध्यम से बाहर आने की बार-बार अपील की गई; लेकिन इसका भी कुछ खास असर नहीं

पड़ा। अब सैन्य काररवाई—जिसे 'ऑपरेशन ब्लू स्टार' का नाम दिया गया था—जरूरी हो गई थी। अभियान शुरू करने के लिए रात 10:00 बजे का समय निश्चित किया गया था।

शाम को 7:00 बजे सैनिकों ने अपने कैंप से निकलना शुरू कर दिया। रात 10:00 बजे तक अर्धसैनिक बलों का अभियान पूरा हो चुका था। वास्तविक अभियान की शुरुआत रात 10:30 बजे 10 गाड्र्स और 26 मद्रास के द्वारा शुरू किया गया। 10 गाड्र्स ने जैसे ही मंदिर परिसर में प्रवेश किया, उसे भारी गोलीबारी का सामना करना पड़ा; लेकिन आधी रात तक उसने परिसर के उत्तरी-पूर्वी हिस्से को सुरक्षित कर लिया। पश्चिम के आधे हिस्से में अकालतख्त की ओर सैन्य बलों को बस भूतल के एक हिस्से को सुरक्षित करने में सफलता मिल सकी; जबकि ऊपरी तलों पर अभी तक उग्रवादियों का ही कब्जा था। अब रिजर्व बटालियन को भी काररवाई में शामिल कर लिया गया और 6 जून को रात 2:00 बजे तक बटालियन ने परिसर के उत्तरी हिस्से को सुरक्षित कर लिया। इसमें 17 सैनिक मारे गए और 53 घायल हो गए। अब पैरा कमांडो टीम ने अकालतख्त में स्थान सुरक्षित करने के लिए काररवाई शुरू कर दी। थोड़े ही समय में उसने अकालतख्त में स्थान सुरक्षित कर लिया। इस काररवाई में भी 17 सैनिक शहीद हो गए और 31 घायल हो गए। किंतु अब आगे परिक्रमा की ओर बढ़ना खतरे से खाली नहीं था; क्योंकि वहाँ, विशेषकर अकालतख्त के बेसमेंट में, उग्रवादियों ने अच्छी मोरचेबंदी कर रखी थी।

इधर 26 मद्रास को और भी कठिन स्थितियों का सामना करना पड़ रहा था। पूर्वी द्वार की ओर से प्रवेश करते ही उसे भारी गोलीबारी का सामना करना पड़ा था। बटालियन लोहे के मजबूत गेट को नहीं तोड़ पा रही थी, इसलिए गेट को तोड़ने के लिए टैंक तैनात करना पड़ा। परिसर में प्रवेश करने के बाद भी उसे उसी तरह की स्थितियों का सामना करना पड़ा। अभियान को तेज करने के उद्देश्य से लेफ्टिनेंट आर.पी. रोपेरिया ने आगे बढ़ने में आनेवाली बाधाओं को खत्म करने के लिए हमला किया। इसमें उन्हें सफलता तो मिली, लेकिन इसकी कीमत उन्हें अपनी जान देकर चुकानी पड़ी। उन्हें मरणोपरांत 'अशोक चक्र' से सम्मानित किया गया। 9 गढ़वाल की दो कंपनियों को दक्षिणी द्वार की ओर से काररवाई में शामिल किया गया, लेकिन वे आगे नहीं बढ़ सकीं। 15 कुमाऊँ की भी दो कंपनियों को अभियान में शामिल किया गया, लेकिन 6 जून की सुबह 5:30 बजे तक उन्हें भी रोक लिया गया। 26 मद्रास ने सुबह 6:30 बजे पुनः संगठित होकर आगे

बढ़ना शुरू किया, पर उसे ज्यादा सफलता नहीं मिली। 6 जून की सुबह तक भी लड़ाके अकालतख्त में जमे हुए थे।

साधारण रणनीति से सफलता न मिलती देख अभियान में और भारी आग्नेयास्त्रों का प्रयोग करने का निर्णय लिया गया। मंदिर परिसर में कुछ टैंकों को तैनात किया गया और उन्हें अकालतख्त के भीतर की मोरचेबंदी को नष्ट करने का आदेश दे दिया गया। प्रातः 11:00 बजे टैंकों की काररवाई आरंभ हुई; कुछ उग्रवादी बचकर भागने के लिए बाहर निकलने लगे; लेकिन उन्हें या तो मार डाला गया या पकड़ लिया गया। सुबह 11:00 बजे से लेकर अपराह्न लगभग 4:00 बजे तक काररवाई बंद रही। इस दौरान उग्रवादी अकालतख्त से छोटे-छोटे समूहों में निकलते रहे; बाहर निकलकर उन्होंने आत्मसमर्पण कर दिया। अपराह्न 2:00 बजे तक लगभग 200 उग्रवादी आत्मसमर्पण कर चुके थे। उसके बाद 26 मद्रास अकालतख्त के भीतर घुसी। उसे नाममात्र के प्रतिरोध का ही सामना करना पड़ा। अकालतख्त को खाली करा लिया गया; उसके भीतर भिंडराँवाले और शाबेग सिंह के शव मिले। 7 जून को सुबह तक स्वर्ण मंदिर परिसर को उग्रवादियों से खाली कराया जा चुका था। 8 जून को तत्कालीन राष्ट्रपति ज्ञानी जैल सिंह ने स्वर्ण मंदिर का दौरा किया।

स्वर्ण मंदिर परिसर को खाली कराने के इस अभियान में सेना के चार अधिकारी, 4 जूनियर कमीशंड अधिकारी और 75 अन्य रैंकों के सैनिक मारे गए; जबकि 12 अन्य अधिकारी, 17 जूनियर कमीशंड अधिकारी और 220 अन्य रैंकों के सैनिक घायल हो गए। परिसर के भीतर से उग्रवादियों के कब्जे से 41 लाइट मशीनगनें, 583 राइफलें, 57 स्टेनगनें और लगभग 94 पिस्तौल बरामद किए गए। इससे पता चलता है कि उग्रवादी हथियारों से पूरी तरह लैस थे। हथियारों से लैस होने के साथ-साथ वे प्रशिक्षित भी थे, जिसकी जिम्मेदारी सेवानिवृत्त मेजर जनरल शाबेग सिंह ने ली थी। 5-6 जून को स्वर्ण मंदिर के अतिरिक्त 42 अन्य धार्मिक स्थलों में भी खोजबीन की गई। कुछ स्थलों, जैसे—मोगा, मुक्तसर, फरीदकोट, पटियाला, रोपड़ और मेहता चौक पर मामूली प्रतिरोध का सामना करना पड़ा। इन स्थलों पर अलग-अलग प्रकार के 192 अन्य हथियार बरामद किए गए। 9 जून, 1984 की शाम तक अभियान सफलतापूर्वक पूर्ण हो चुका था और सभी धार्मिक स्थलों को उग्रवादियों से मुक्त कराया जा चुका था।

'ऑपरेशन ब्लू स्टार' हाल की अवधि में भारतीय सेना द्वारा चलाए गए सबसे मुश्किल अभियानों में एक था; इसलिए नहीं कि इसमें उसे ज्यादा प्रतिरोध

का सामना करना पड़ा, बल्कि इसलिए कि अभियान-स्थल का संबंध धार्मिक स्थल से था। सैनिक स्वभाव से ही धार्मिक प्रवृत्ति के होते हैं और वे सभी पूजा-स्थलों का सम्मान करते हैं। यहाँ उन्हें एक ऐसे स्थान—स्वर्ण मंदिर—पर सैन्य कारवाई करनी थी, जो भारत के सर्वाधिक पवित्र और सम्मानित स्थलों में से एक माना जाता है। यह कोई ऐसा अभियान नहीं था, जिसमें किसी सैनिक अथवा अधिकारी ने शौकवश भाग लिया, बल्कि यह उनकी मजबूरी थी। उग्रवादियों के पास से बरामद हथियारों से यह बात स्पष्ट हो जाती है कि यदि सैन्य कारवाई नहीं की जाती, तो स्थिति धीरे-धीरे गंभीर बन जाती और देश को इसका गंभीर परिणाम भुगतना पड़ता। सिखों की धार्मिक परंपरा में स्वर्ण मंदिर का सबसे महत्त्वपूर्ण स्थान होने के कारण सेना में शामिल कुछेक सिख अधिकारियों-सैनिकों में भावनात्मक ग्लानि के कारण अनुशासन की कुछ कमी जरूर देखी गई, लेकिन अधिकांश सिख अधिकारी भारतीय सेना की गौरवशाली परंपरा के प्रति निष्ठावान् बने रहे। वस्तुतः धर्म एक व्यक्तिगत मामला है, इसके कारण किसी को अपने कर्तव्य से विमुख नहीं होना चाहिए।

ऑपरेशन पवन : श्रीलंका, जुलाई 1987-मार्च 1990

अन्य अधिकांश दक्षिण एशियाई देशों की तरह श्रीलंका भी एक बहुजातीय और बहुसांस्कृतिक राष्ट्र है। यहाँ रहनेवाले 3 प्रमुख वर्ग हैं—सिंहली, जो सामान्यतया बौद्ध धर्म को माननेवाले हैं; तमिल, जो सामान्यतया हिंदू धर्म को माननेवाले हैं और मुसलिम, जो स्वयं को अरब व्यापारियों का वंशज मानते हैं। सिंहलियों की जनसंख्या सबसे ज्यादा है, जो देश की कुल जनसंख्या का 78 प्रतिशत है। सिंहलियों के बारे में माना जाता है कि इनकी उत्पत्ति बिहार और उड़ीसा से आकर बसे हिंदुओं से हुई है, जो छठी शताब्दी ई.पू. में आकर यहाँ स्थायी रूप से बस गए थे और बाद में तीसरी शताब्दी ई.पू. में सम्राट् अशोक के पुत्र महेंद्र द्वारा किए जा रहे बौद्ध धर्म के प्रचार से प्रभावित होकर बौद्ध बन गए थे। दक्षिण भारत के साथ अत्यधिक निकटता के कारण दोनों क्षेत्रों में काफी समानता है; लेकिन बारहवीं शताब्दी में तमिलों ने उत्तरी श्रीलंका में अपना अलग राज्य स्थापित कर लिया। धीरे-धीरे उसका विस्तार पूर्वी समुद्र तट तक हो गया। तमिलों का देश की कुल जनसंख्या में 13 प्रतिशत हिस्सा है।

तमिलों का एक अन्य वर्ग है, जिसे 'भारतीय तमिल' के नाम से जाना जाता है। भारतीय तमिलों को मध्य श्रीलंका में, जहाँ वे वर्तमान में रह रहे हैं, चाय के

बागानों में काम करने के लिए अंग्रेजों द्वारा लाया गया था। मुसलिमों का हिस्सा कुल जनसंख्या का 7 प्रतिशत है, जो मूल रूप से दक्षिण के गाले क्षेत्र में पाए जाते हैं। इसका विस्तार पूर्वी तट से लेकर ट्रिंकोमली तक है। पुर्तगाली जब 1505 ई. में पहली बार श्रीलंका पहुँचे तो उन्होंने पूरे द्वीप को तीन भागों में विभाजित पाया—सिंहल राज्य, जो पश्चिमी और दक्षिणी हिस्सों में फैला हुआ था; दूसरा सिंहल राज्य, जो मध्य में स्थित था और जिसकी राजधानी कैंडी थी; तीसरा राज्य था तमिल राज्य, जो पूर्वोत्तर में फैला हुआ था और जिसकी राजधानी जाफना में थी। पुर्तगालियों के बाद डचों का आगमन शुरू हुआ। उसके बाद श्रीलंका में अंग्रेजों का आगमन हुआ। उन्होंने तीनों राज्यों को मिलाकर एक संयुक्त राज्य स्थापित किया। तमिल स्वतंत्र राज्य की अपनी पुरानी स्मृति के कारण ही वर्तमान में अलग और स्वतंत्र 'तमिल राज्य' की माँग कर रहे हैं।

ब्रिटिश शासन के दौरान तमिलों ने शिक्षा सुविधाओं का भरपूर लाभ उठाया। सन् 1947 में जब श्रीलंका स्वतंत्र राज्य बना, उस समय सभी महत्त्वपूर्ण पदों पर तमिलों का प्रभाव था। स्वतंत्रता के बाद सिंहलियों ने अपने दोनों समुदायों के मध्य व्याप्त असंतुलित धारणाओं को दूर करने के लिए कई उपाय किए। सिंहली भाषा को सरकारी भाषा का दर्जा दे दिया गया और बौद्ध धर्म को प्रमुख धर्म घोषित किया गया। इसके साथ ही कुछ ऐसे नियम बनाए गए, जिनसे तमिलों का उच्च शिक्षण संस्थाओं में प्रवेश मुश्किल हो गया। इससे तमिलों में असंतोष व्याप्त हो गया। चूँकि इसका कोई राजनीतिक हल नहीं निकल पा रहा था, इसलिए वे अलग होने की माँग करने लगे। तमिल यूनाइटेड लिबरेशन फ्रंट (TULF) ने तो राजनीतिक रूप से यह माँग उठाई; लेकिन तमिल युवकों, जिन्हें राजनीतिक प्रक्रिया पर विश्वास नहीं था, ने हथियार उठा लिये। अलग तमिल राज्य की माँग करनेवाले ग्रुपों में एक ग्रुप था—तमिल न्यू टाइगर्स, जो सन् 1972 में 10 छात्रों के एक समूह द्वारा बनाया गया था। इन 10 छात्रों में एक छात्र वेल्लुपिल्लई प्रभाकरन भी था। बाद में 1976 में यही ग्रुप लिट्टे (LTTE—लिबरेशन टाइगर्स ऑफ तमिल ईलम) के रूप में अस्तित्व में आया। 23 जुलाई, 1983 को लिट्टे ने एक गश्ती दल पर धावा बोलकर उसके 15 सैनिकों को मार डाला। इस घटना से रोष में आई श्रीलंकाई सेना ने कोलंबो में तमिलों पर हमला करके भगदड़ मचा दी। इस उपद्रव का असर श्रीलंका के अन्य क्षेत्रों पर भी पड़ा। इसमें अनुमानत: 3 से 6 हजार तमिल मारे गए। बहुत से तमिल शरणार्थी के रूप में वहाँ से भागकर तमिलनाडु (भारत) में आ गए। इस पूरे घटनाक्रम से स्थानीय तमिलों में जातीय भावना भी भड़कने लगी

थी। शरणार्थी तमिलों को तमिलनाडु में सुरक्षित शरण दी गई। भारत सरकार ने भी विभिन्न तमिल लड़ाका संगठनों को हथियार चलाने का प्रशिक्षण देने का निर्णय लिया। साथ ही उसने दोनों पक्षों को एक मंच पर लाकर उनके मतभेदों को दूर करने के लिए भी कई प्रयास किए; किंतु कोई विशेष लाभ नहीं हुआ।

1 जनवरी, 1987 को लिट्टे ने घोषणा कर दी कि वह जाफना का प्रशासन अपने हाथ में ले रहा है। श्रीलंका की सरकार ने प्रतिक्रियास्वरूप प्रायद्वीप की आर्थिक नाकेबंदी कर दी, जिससे लोगों को भारी मुश्किलों का सामना करना पड़ा; परिणामत: तमिलनाडु में एक बार फिर शरणार्थियों की बाढ़-सी आ गई। जाफना पर पुन: अपना नियंत्रण स्थापित करने के लिए श्रीलंकाई सेना ने उस पर हमला कर दिया, जिसमें खुलकर तोपों का प्रयोग किया गया और हवाई हमले भी किए गए। इस हमले में भारी संख्या में तमिल नागरिक मारे गए। इसपर तमिलनाडु ने कड़ी प्रतिक्रिया व्यक्त की। उसने इस संबंध में ठोस काररवाई करने के लिए केंद्र सरकार पर दबाव भी डाला। भारत सरकार ने युद्ध-विराम की माँग करते हुए श्रीलंका पर दबाव डालने की कोशिश की; लेकिन कोई वांछित परिणाम न निकलने पर उसने तमिल नागरिकों के लिए चिकित्सा सहायता और अन्य आवश्यक वस्तुएँ भेजने की घोषणा कर दी। 3 जून, 1987 को एक रेडक्रॉस बचाव दल को पाक जलडमरू-मध्य के दूसरी ओर भेजा गया, लेकिन श्रीलंका की नौसेना ने उसे रोक दिया; अंतत: उसे वापस आना पड़ा। 4 जून को भारतीय वायुसेना के यातायात विमान से जाफना में राहत सामग्री गिराई गई; यातायात विमान के साथ-साथ भारतीय वायुसेना के लड़ाकू विमान भी चल रहे थे। इस प्रकार भारत द्वारा अपने सशस्त्र बलों को प्रयोग करते देख श्रीलंका ने अपने सैन्य अभियान को रोक देने का निर्णय लिया। बाद में भारत सरकार की मध्यस्थता से श्रीलंका और लिट्टे के बीच बातचीत हुई, जिसके परिणामस्वरूप 29 जुलाई, 1987 को भारत-श्रीलंका समझौते पर हस्ताक्षर किए गए।

इस समझौते में निम्नलिखित शर्तें रखी गई थीं—

- 24 घंटे के भीतर लड़ाई बंद कर दी जाएगी।
- श्रीलंकाई सेना मई 1987 से पहले अधिकृत स्थलों की पोजीशनों को छोड़ देगी और अपनी चौकियों तक ही सीमित रहेगी।
- सभी तमिल उग्रवादी संगठन 72 घंटे के अंदर अपने हथियार डाल देंगे।
- उत्तरी और पूर्वी प्रांतों के लिए तत्काल एक अंतरिम प्रशासनिक परिषद् का गठन किया जाएगा।

- प्रशासनिक परिषद् के लिए चुनाव तीन महीने में कराए जाएँगे।
- श्रीलंका सरकार द्वारा प्रशासनिक परिषद् को और अधिकार दिए जाएँगे।
- सन् 1988 के अंत तक एक जनमत-संग्रह कराया जाएगा, जिससे यह निश्चित किया जाएगा कि पूर्वी प्रांत उत्तरी प्रांत में मिलना चाहता है अथवा नहीं।

समझौते पर हस्ताक्षर करने के तुरंत बाद श्रीलंका के राष्ट्रपति जयवर्धने ने समझौते की शर्तों को लागू करने तथा कानून-व्यवस्था कायम करने के लिए भारतीय प्रधानमंत्री श्री राजीव गांधी से मदद का अनुरोध किया। श्री राजीव गांधी ने उनका अनुरोध स्वीकार करके 30 जुलाई, 1987 को 54 इन्फैंट्री डिवीजन को श्रीलंका भेजना शुरू कर दिया। इसी 54 इन्फैंट्री डिवीजन का गठन भारतीय शांति-स्थापना बल (IPKF) के रूप में किया जाना था। इस कारवाई को 'ऑपरेशन पवन' नाम दिया गया। भारतीय शांति-स्थापना बल (IPKF) को निम्न कार्य सौंपे गए थे—

- दोनों युद्धरत पक्षों—श्रीलंका के सशस्त्र बलों और लिट्टे—को अलग-अलग करना और युद्ध-विराम सुनिश्चित करना।
- लिट्टे और अन्य उग्रवादी संगठनों द्वारा डाले गए हथियारों को अपने कब्जे में लेना।
- मई 1987 के बाद श्रीलंका के सशस्त्र बलों द्वारा स्थापित सभी कैंपों को समाप्त करवाना।
- अपने घरों को वापस लौटने में स्थानीय लोगों की मदद करना और उनमें सुरक्षा की भावना पैदा करना।

भारतीय शांति-स्थापना बल को श्रीलंका रवाना करते समय ऐसा कोई अनुमान नहीं लगाया गया था कि उसे शांति-स्थापना (Peace keeping) के बजाय शांति-प्रवर्तन (Peace enforcement) का कार्य करना पड़ सकता है। इस कारण शांति-स्थापना बल के साथ पर्याप्त आर्टिलरी और अन्य पूरक सहायता नहीं भेजी गई थी। समझौते के अनुसार कब्जा किए गए स्थानों को खाली करने में श्रीलंका की फौजों को समय लग रहा था। उधर, लिट्टे ने हथियार डालने में अपनी अनिच्छा जतानी शुरू कर दी थी; बाद में उसने हथियार डाले भी तो उनमें ज्यादातर पुराने (जिन्हें प्रयोग में नहीं लाया जा रहा था) हथियार ही थे। अगस्त के पूरे महीने में स्थिति अशांतिपूर्ण बनी रही। इस दौरान ट्रिंकोमली क्षेत्र में कुछ मुसलिमों को मार

दिया गया। ऐसे में भारतीय शांति-स्थापना बल को कानून-व्यवस्था की स्थिति कायम करने की जिम्मेदारी सौंपी गई। इसी बीच एक वरिष्ठ लिट्टे नेता थिलीपन श्रीलंका सरकार द्वारा अपने पक्ष की शर्तों को जल्दी लागू करने के लिए आमरण अनशन पर बैठ गया और 24 सितंबर को उसकी मृत्यु हो गई। इससे लिट्टे और उसके समर्थकों ने भारी उपद्रव मचाया।

28 सितंबर को श्रीलंका सरकार ने उत्तर-पूर्व के लिए अंतरिम प्रशासनिक परिषद् के गठन की घोषणा कर दी। किंतु सरकार द्वारा नामित सभापति पर लिट्टे ने आपत्ति जताई। श्रीलंका के राष्ट्रपति ने नाम बदलने से इनकार कर दिया। 15 अक्तूबर को जब सरकार की हिरासत में रखे गए लिट्टे के बंदियों को कोलंबो ले जाने की कोशिश की गई तो 17 बंदियों ने आत्महत्या कर ली। उसके बाद लिट्टे ने घोषणा कर दी कि अब वह समझौते के अनुसार नहीं चलेगा और प्रतिक्रियास्वरूप उसने अपने पास पकड़कर रखे गए 8 श्रीलंकाई सैनिकों की हत्या कर दी। ट्रिंकोमली में सिंहलियों पर भी हमले किए जाने लगे। जब स्थिति बिगड़ने लगी तो श्रीलंका सरकार ने भारत सरकार पर दबाव डालना शुरू कर दिया कि वह या तो लिट्टे को समझौते के अनुसार चलने के लिए तैयार करे या फिर श्रीलंकाई सेना को उसके खिलाफ काररवाई करने की अनुमति दे। 6 अक्तूबर को भारत के सेना प्रमुख पहले पलाली (Palaly) और वहाँ से फिर कोलंबो पहुँचे। पलाली से वापस लौटकर उन्होंने दक्षिणी कमान के जनरल ऑफिसर कमांडिंग-इन-चीफ लेफ्टिनेंट जनरल दीपेंदर सिंह को 'ऑपरेशन पवन', अर्थात् लिट्टे को नि:शस्त्र करने और उसे शांत करने का आदेश दिया। इस प्रकार शांति-स्थापना की प्रक्रिया अब शांति-प्रवर्तन की प्रक्रिया में बदल गई।

भारतीय शांति-स्थापना बल के इस अभियान पर आगे चर्चा करने से पहले संबंधित क्षेत्र, जहाँ अभियान चलाया जाना था, की भौगोलिक स्थिति का संक्षेप में अध्ययन कर लेना उचित होगा। जाफना प्रायद्वीप वास्तव में एक ऐसा द्वीप है, जो शेष श्रीलंका से अलग है। जाफना और शेष श्रीलंका के बीच में समुद्री ताल (कच्छ) है। जाफना से मुख्य भूभाग तक यातायात अथवा संचार के लिए एक सँकरी भू-पट्टी है, जो समुद्री तालों के बीच से होकर जाती है। जाफना तक पहुँचने के लिए दूसरा एकमात्र रास्ता पलाली का विमान क्षेत्र और उसके निकट कंकेसंतुरै (Kankesanturai) का एक छोटा पत्तन है। ऐसे में जाफना में सैनिकों को आवश्यक सामग्री की आपूर्ति और मौका पड़ने पर और सेना भेजने के लिए इन दोनों रास्तों को कब्जे में लेना आवश्यक था। जाफना के दक्षिण में वावूनिया

नगर स्थित है। यहाँ भी एक विमान-क्षेत्र है। वावूनिया के पूर्व में सघन वन क्षेत्र है, जिसे 'वाणी जंगल' (Vani Jungles) के नाम से जाना जाता है। आगे दक्षिण में ट्रिंकोमली का पत्तन है, जहाँ से उत्तरी तथा पूर्वी प्रांतों के लिए मुख्य प्रवेश मार्ग है। ट्रिंकोमली के दक्षिण में बट्टिकलोआ और अंपाराई शहर हैं। ये दोनों शहर तटीय मैदानों में स्थित हैं, लेकिन पश्चिम में ये वन क्षेत्रों से घिरे हुए हैं।

अभियान के आरंभ से ठीक पहले जो सेना वहाँ उपलब्ध थी, उसका विवरण इस प्रकार है—

जाफना सेक्टर

दो इन्फैंट्री ब्रिगेड, एक बख्तरबंद स्क्वाड्रन, लाइट आर्टिलरी रेजीमेंट कम एक मशीनीकृत कंपनी और एक पैराशूट कमांडो बटालियन के साथ 54 इन्फैंट्री डिवीजन। तीन अतिरिक्त इन्फैंट्री ब्रिगेडों को भी शामिल किया जाना था—एक को 10-12 अक्तूबर के बीच पहुँचना था; दूसरी को 15 अक्तूबर तक और तीसरी को 18 अक्तूबर तक पहुँचना था।

ट्रिंकोमली सेक्टर

वावूनिया, बट्टिकलोआ और ट्रिंकोमली में तैनात एक-एक ब्रिगेड के साथ 36 इन्फैंट्री डिवीजन। डिवीजन के पास एक बख्तरबंद रेजीमेंट, एक आर्टिलरी रेजीमेंट और दो मशीनीकृत इन्फैंट्री कंपनियाँ शामिल थीं।

बहुकोणीय हमला करके जाफना पर तुरंत कब्जा करने की योजना बनाई

एंफिबियस (जल-स्थल) अभ्यास के लिए भारतीय सैनिक तट पर आते हुए।

गई। योजना के अनुसार एक इन्फैंट्री बटालियन को जाफना किले में पहले से तैनात बटालियन से मिलने के लिए नौसेना क्राफ्ट द्वारा जाफना के पश्चिम में उतारना था। जाफना यूनिवर्सिटी पर छापा मारने के लिए एक पैरा कमांडो टीम और 13 सिख लाइट इन्फैंट्री की एक कंपनी का प्रयोग करके एक हेलीबोर्न अभियान की योजना थी। दरअसल, जाफना लिट्टे के लिए सबसे महत्त्वपूर्ण स्थान था और इसपर कब्जा कर लेने से लिट्टे पर मानसिक दबाव पड़ता; इस प्रकार दबाव बनाकर उसे बातचीत के लिए तैयार किया जा सकता था। यही कारण था कि जाफना यूनिवर्सिटी को प्रथम निशाने के रूप में चुना गया।

अनुमान के अनुसार जाफना क्षेत्र में लिट्टे के 1500–2500 लड़ाका जवान सक्रिय थे। 12 अक्तूबर, 1987 को अभियान शुरू किया गया। अभियान के शुरू में ही सैनिकों को कड़े प्रतिरोध का सामना करना पड़ा। पूर्वी दिशा पर नवतकुल्ली की ओर बढ़ रही 18 इन्फैंट्री ब्रिगेड की 12 ग्रेनेडियर्स को लिट्टे की ओर से कड़े प्रतिरोध का सामना करना पड़ रहा था। दिन भर लगातार संघर्ष करते रहने के बाद अंततः वह रात में पोजीशन तक पहुँच सकी। अगले दिन उसने आगे बढ़ना शुरू किया; किंतु भारी प्रतिरोध के कारण उसकी बढ़त बहुत धीमी रही; पूरे दिन में वह केवल 3 किलोमीटर ही आगे बढ़ सकी। उत्तरी दिशा की ओर आगे बढ़ रही 91 इन्फैंट्री ब्रिगेड की 5 मद्रास बटालियन चुन्नुकम तक पहुँच गई; घमासान लड़ाई के बाद उसने अगले दिन चुन्नुकम पर कब्जा कर लिया। उधर, 8 महार ने उडिविल पर कब्जा कर लिया था। लिट्टे के लड़ाके घरों के अंदर बने बंकरों का इस्तेमाल कर रहे थे, जिनके बारे में पता लगाना लगभग असंभव था। उन्होंने सड़कों पर सुरंगें भी बिछा रखी थीं, जिनमें 100 किलोग्राम तक विस्फोटक का इस्तेमाल किया गया था। विस्फोटक इतना शक्तिशाली था कि वह किसी भी वाहन को एकदम उड़ा देने के लिए पर्याप्त था। इस कारण सेना की आगे बढ़ने की गति काफी धीमी रही। इसके अतिरिक्त सेना को कम-से-कम बल-प्रयोग के निर्देश दिए गए थे, इसलिए भी उसे आगे बढ़ने में काफी समय लग रहा था।

जाफना किले में तैनात सैनिकों तक पहुँचने के लिए एक और योजना बनाई गई थी, लेकिन आक्रमणकारी विमान के अभाव में उसे रोकना पड़ा।[1] 1 मराठा ने मोरचे की ओर से आगे बढ़ना शुरू किया, लेकिन लिट्टे के भारी प्रतिरोध के कारण उसे सफलता नहीं मिल रही थी। उधर, कोकूविल में एक मकान के भीतर छापा मारने के लिए एक हेलीबोर्न हमला 11–12 अक्तूबर को रात में शुरू किया गया। सबसे पहले लैंडिंग जोन को सुरक्षित करने के लिए एक पैरा कमांडो टीम

को उतारने की योजना थी। पैरा कमांडो टीम के पीछे 13 सिख लाइट इन्फैंट्री को उतारा जाना था, जिसे हेलीपैड को सुरक्षित करने की जिम्मेदारी सौंपी गई थी। उसके बाद पैरा कमांडो को वापस हेलीपैड पर आकर एक-दूसरे से मिलना था। 12 अक्तूबर को रात 1 से 2:30 बजे के बीच 103 पैरा कमांडो तथा 13 सिख लाइट इन्फैंट्री के 30 जवानों और अधिकारियों को हेलीकॉप्टर द्वारा रवाना किया गया। उसके बाद हेलीकॉप्टरों द्वारा सैनिकों को ले जाने का काम रोक दिया गया, क्योंकि उन्हें भारी गोलाबारी का सामना करना पड़ रहा था, जिससे सेना को काफी क्षति हुई थी। सिख लाइट इन्फैंट्री की पलटन को छोड़कर पैरा कमांडोज अपने मिशन पर आगे बढ़ने लगे। इस पलटन को आस-पास की इमारतों की ओर से भारी गोलीबारी का सामना करना पड़ा; लेकिन अंतिम समय तक वह अपनी पोजीशन पर डटी रही; अंत में उसके तीन जवान ही शेष बचे, जो अभी तक बड़ी बहादुरी से हमले का मुकाबला कर रहे थे। गोला-बारूद खत्म हो जाने पर तीनों जवान संगीनों की सहायता से मुकाबला करने लगे; लेकिन अंतत: उनमें से दो जवान मारे गए और तीसरा घायल हो गया। घायल जवान को लिट्टे के लड़ाकों ने पकड़ लिया। उधर, पैरा कमांडोज को उस लक्षित मकान में कुछ नहीं मिला; दिन भर इंतजार करने के बाद वे बाहर आ गए।

लिट्टे की ओर से भारी प्रतिरोध को देखते हुए सेना मुख्यालय ने जाफना प्रायद्वीप में और अधिक सैन्य टुकड़ियाँ भेज दीं। 15 और 17 अक्तूबर को 41 इन्फैंट्री ब्रिगेड को अभियान में शामिल करके उसे पश्चिम के तटीय मार्ग से होते हुए जाफना की ओर बढ़ने का आदेश दिया गया। 18 और 19 अक्तूबर को 115 इन्फैंट्री ब्रिगेड को भी शामिल कर लिया गया; उसे पूर्व की ओर से आगे बढ़ते हुए जाफना में तैनात लिट्टे उग्रवादियों को घेरने और 18 इन्फैंट्री ब्रिगेड से मिलने का आदेश दिया गया था। उसके बाद दोनों ब्रिगेडों को एक साथ मिलकर पूर्व की ओर से जाफना में प्रवेश करना था। दोनों ब्रिगेडों के संयुक्त हमले का मुकाबला कर पाने में असमर्थ लिट्टे उग्रवादियों ने भागना शुरू कर दिया।

अकसर यह सवाल उठाया जाता है कि भारतीय शांति-स्थापना बल को जाफना पर कब्जा करने में इतना अधिक समय क्यों लगा? सच तो यह है कि जाफना को सुरक्षित करने के लिए जितने समय का अनुमान लगाया गया था, वह वास्तविक अनुमान पर आधारित नहीं था। दूसरी बात, भारतीय सेना ने अरब की युद्ध-प्रणाली से संबंधित प्रशिक्षण पर ज्यादा ध्यान नहीं दिया था, जबकि अरब गुरिल्लों के साथ लड़ाई लड़ना एक मुश्किल भरा काम रहा है। तीसरी बात, सेना

को लिट्टे की शक्ति, क्षमता और रणनीति के बारे में पूरी जानकारी नहीं मिल सकी थी। वैसे यह सच है कि लिट्टे को हथियारों का प्रशिक्षण देनेवाले भारतीय ही थे, इसलिए उनकी रणनीति और उनके युद्ध-कौशल के बारे में अनुसंधान एवं विश्लेषण शाखा को पर्याप्त जानकारी होनी चाहिए थी। इसके अतिरिक्त 54 इन्फैंट्री डिवीजन कुछ महीने तक लिट्टे के निकट संपर्क में रह चुकी थी, इसलिए उसे भी लिट्टे की शक्ति और क्षमता का अनुमान होना चाहिए था। भारत से आनेवाले सैनिकों को स्थिति के बारे में पूरी जानकारी प्राप्त करने से पहले ही अभियान में लगा दिया गया था, इस कारण उन्हें नियोजित ढंग से तैयारी करने का पूरा मौका नहीं मिल पाया था। और सबसे बड़ी बात यह थी कि भारतीय शांति-स्थापना बल को भारी हथियारों का प्रयोग न करने के निर्देश दिए गए, जिससे वह खुलकर हमला नहीं कर सका। फिर भी, इन सभी मुश्किलों के बावजूद भारतीय जवानों ने अपनी निष्ठा और दृढ़-संकल्प का परिचय देते हुए अभियान के इस कठिन चरण को सफलतापूर्वक पूरा कर दिखाया।

अभियान के अगले चरण की ओर बढ़ने से पहले जाफना में भारतीय सेना के असैनिक अभियान के संबंध में जानकारी प्राप्त कर लेना प्रासंगिक होगा। सेना के सामने जाफना शहर की नागरिक सेवाओं—जल, विद्युत्, चिकित्सा, संचार आदि—की बिगड़ी स्थिति को सामान्य बनाने की चुनौती भी थी। इसके लिए सेना ने एक 'टाउन कमांडेंट' की नियुक्ति की, जिसे जाफना के मेयर, मुख्य प्रशासक के रूप में कार्य करना था। टाउन कमांडेंट के इस पद के लिए ब्रिगेडियर आर.आई.एस. कहलोन को चुना गया था। यद्यपि ब्रिगेडियर कहलोन को नागरिक प्रशासन का पूर्व अनुभव नहीं था, लेकिन अपनी सैन्य कुशलता और बुद्धिमत्ता के बल पर उन्होंने प्रशासन को सामान्य स्थिति में पहुँचा दिया। उधर, लिट्टे ने जाफना के नागरिकों को टाउन कमांडेंट के साथ सहयोग न करने के लिए भड़काने की पूरी कोशिश की; लेकिन शहर के सभी नागरिक सामान्य प्रशासन चाहते थे, इसलिए उन्होंने पूरी निष्ठा से ब्रिगेडियर कहलोन का सहयोग किया।

जाफना पर सेना का अधिकार हो जाने के बाद, अनुमान के विपरीत, भी लिट्टे को बातचीत के लिए तैयार करना मुश्किल दिखाई दे रहा था। लिट्टे का पूरा संगठन अब छोटे-छोटे समूहों में बँट गया था। इन छोटे-छोटे समूहों ने सैनिकों के खिलाफ गुरिल्ला अभियान शुरू कर दिया था। हालाँकि भारतीय सेना को अलगाववादी और विद्रोही गतिविधियों से निपटने के अभियान के बारे में अच्छा अनुभव था, लेकिन अपनी सीमा के बाहर और ऐसे संगठन के खिलाफ, जो स्वयं उससे भी

बेहतर हथियारों से सुसज्जित था, वह पहली बार अभियान चला रही थी।

अभियान शुरू होने के बाद शीघ्र ही और अधिक सैन्य टुकड़ियों की आवश्यकता अनुभव की गई। मार्च 1988 तक दो अतिरिक्त डिवीजनों—4 इन्फैंट्री डिवीजन और 57 माउंटेन डिवीजन—को भी शामिल कर लिया गया। अब तैनाती की स्थिति इस प्रकार हो गई—

जाफना प्रायद्वीप—54 इन्फैंट्री डिवीजन

वावूनिया और मनार—4 इन्फैंट्री डिवीजन

ट्रिंकोमली—36 इन्फैंट्री डिवीजन

बट्टिकलोआ और अंपाराई—57 माउंटेन डिवीजन

इस प्रकार विद्रोह को दबाने के लिए अभियान शुरू किया गया। जैसा इस प्रकार के अधिकांश अभियानों में देखने को मिलता है, यह छोटी-छोटी काररवाइयों वाली एक लड़ाई थी—कभी इधर छापा मारा तो कभी उधर हमला किया। इसी तरह के एक हमले में उत्कृष्ट साहस और बहादुरी का प्रदर्शन करने के लिए महार रेजीमेंट के मेजर रामास्वामी परमेश्वरम को मरणोपरांत 'परम वीर चक्र' से सम्मानित किया गया। विद्रोह और अलगाववाद को दबानेवाला यह अभियान पूरे साल चलता रहा। धीरे-धीरे अधिकांश प्रमुख स्थानों पर भारतीय शांति-स्थापना बल का पूर्ण नियंत्रण होता चला गया और लिट्टे को वानी के जंगलों तक ही अपने आपको सीमित रखना पड़ा; उन्हें उसे बहुसंख्यक तमिलों का समर्थन और सहयोग बराबर मिलता रहा।

सेना को यह अनुभव हो गया था कि सिंहली-तमिल समस्या का कोई सैनिक हल नहीं है, इसलिए वह किसी राजनीतिक प्रक्रिया की पहल के पक्ष में थी। सेना के आग्रह पर बाद में समझौते के आधार पर उत्तर-पूर्वी प्रांतीय प्रशासनिक परिषद् के लिए चुनाव कराने का निर्णय लिया गया। लिट्टे को भी सामने आकर चुनाव लड़ने के लिए कहा गया; लेकिन उसने चुनाव में भाग नहीं लिया, साथ ही लोगों को चुनाव-प्रक्रिया में शामिल न होने की चेतावनी भी दी। खैर, नवंबर 1988 में चुनाव संपन्न हुए। जाफना प्रायद्वीप में तो इस चुनाव के प्रति ज्यादा उत्साह देखने को नहीं मिला, लेकिन अन्य क्षेत्रों में लोगों ने बड़े उत्साहपूर्वक चुनाव-प्रक्रिया में भाग लिया। ईलम पीपुल्स रिवोल्यूशनरी लिबरेशन फ्रंट (EPRLF) इस चुनाव में सबसे बड़े दल के रूप में उभरकर सामने आया। ई.पी.आर.एल.एफ. (EPRLF) के नेता श्री पेरुमल को 10 दिसंबर, 1998 को उत्तर-पूर्वी प्रांत का मुख्यमंत्री बनाया गया। उसके बाद दिसंबर 1988 में राष्ट्रपति के चुनाव और

फरवरी 1989 में संसदीय चुनावों में भी भारतीय शांति-स्थापना बल ने महत्त्वपूर्ण भूमिका निभाई।

बहरहाल, चुनावों के वांछित परिणाम सामने नहीं आए। श्रीलंका सरकार ने उत्तर-पूर्वी प्रांतीय परिषद् को आवश्यक अधिकार प्रदान करने में कोई रुचि नहीं दिखाई। भारतीय शांति-स्थापना बल के इस अनुरोध कि पेरुमल की सरकार को भारत सरकार की ओर से सलाहकार उपलब्ध कराया जाए—पर भी कोई ध्यान नहीं दिया गया। श्रीलंका के नए राष्ट्रपति प्रेमदासा—जो पूर्ववर्ती सरकार में प्रधानमंत्री थे—ने समझौते का कड़ा विरोध किया था और अब वह समझौते को रद्द करने की कोशिश में लगे थे। उन्होंने लिट्टे के साथ बातचीत की प्रक्रिया शुरू कर दी; साथ ही उसे हथियारों और गोला-बारूदों की आपूर्ति भी करने लगे। इतना ही नहीं, उन्होंने लिट्टे को भारतीय सेना और उत्तर-पूर्वी प्रांतीय परिषद् के खिलाफ उकसाना भी शुरू कर दिया। वह भारतीय शांति-स्थापना बल की तत्काल वापसी की माँग करने लगे। हालाँकि उनकी यह माँग अस्वीकार कर दी गई; लेकिन अब स्पष्ट लगने लगा था कि श्रीलंका के प्राधिकारियों के सहयोग के बिना भारतीय सेना को वहाँ रोकने से ज्यादा कुछ हासिल होनेवाला नहीं है। उधर, केंद्र में विपक्षी दलों तथा तमिलनाडु के राजनीतिक दलों की ओर से भी भारतीय शांति-स्थापना बल को श्रीलंका से हटाने के लिए दबाव बढ़ता जा रहा था। भारत सरकार और श्रीलंका सरकार के मध्य 12 सितंबर, 1989 को हुई बातचीत में इस बात पर सहमति बनी कि भारतीय शांति-स्थापना बल को 31 मार्च, 1990 तक श्रीलंका से हटा लिया जाएगा। 24 मार्च, 1990 को अंतिम भारतीय टुकड़ी श्रीलंका से भारत के लिए रवाना हुई।

अकसर यह प्रश्न उठाया जाता है कि क्या भारत को श्रीलंका के मामले में हस्तक्षेप करना चाहिए था, और इस सबसे भारतीय शांति-स्थापना बल को क्या हासिल हुआ। इतिहासकारों को इसका निष्पक्ष उत्तर ढूँढ़ने की आवश्यकता है। जून 1987 में भारत सरकार को एक गंभीर समस्या का सामना करना पड़ा था। श्रीलंका सरकार द्वारा जाफना में अत्यधिक बल-प्रयोग किए जाने से पूरे क्षेत्र में विनाश, आर्थिक क्षति और तमिलों के जान-माल के नुकसान की स्थिति गंभीर हो गई थी। तमिलनाडु की जनता और राजनीतिक दल भारत की ओर से काररवाई की माँग पर अड़ गए थे। ऐसे में भारत के सामने तीन ही रास्ते थे—पहला, वह कोई काररवाई न करता और तमिल आंदोलन को कुचले जाते हुए देखता रहता तथा शरणार्थियों की भारी बाढ़ को स्वीकार कर लेता, जो अपरिहार्य था; दूसरा, तमिलों

की ओर से हस्तक्षेप करके श्रीलंका की सेना को तमिल क्षेत्रों से हटने के लिए मजबूर करता और इस प्रकार तमिल ईलम का गठन करता; तीसरा, श्रीलंका सरकार को तमिलों की कुछ माँगों को स्वीकार करने के लिए तैयार करने के उद्देश्य से अपनी सैन्य शक्ति का कूटनीतिक हथियार के रूप में प्रयोग करता। पहला रास्ता अपनाने से तमिलनाडु में भारी अशांति फैलने और इस प्रकार पूरे देश में कानून-व्यवस्था की गंभीर समस्या उत्पन्न होने का डर था। दूसरा रास्ता—यानी अलगाववाद का समर्थन करने का रास्ता—अपनाने से स्वयं भारत के लिए भी अलगाववाद का रास्ता खुल जाता और साथ ही उसे विश्व-समुदाय की ओर से निंदा भी सहनी पड़ती। ऐसे में भारत को तीसरा रास्ता—यानी सैन्य शक्ति का कूटनीतिक हथियार के रूप में प्रयोग—ही अपनाना पड़ा। श्रीलंका सरकार और लिट्टे के बीच हुआ समझौता इसी का परिणाम था।

यहाँ ध्यान रखने योग्य बात यह है कि श्रीलंका सरकार और लिट्टे के बीच हुए समझौते और उसमें अदा की गई भारत की भूमिका को कमोबेश अंतरराष्ट्रीय स्वीकृति प्राप्त थी। वास्तव में गलती समझौते या उसकी शर्तों में नहीं थी, बल्कि गलती यह थी कि न तो श्रीलंका सरकार ने और न ही लिट्टे ने उसे पूरी तरह से लागू करने तथा उसके अनुसार चलने में रुचि दिखाई। जब समझौते की शर्तों का उल्लंघन किया जाने लगा तो भारत के सामने दो विकल्प थे—अपनी सेना को श्रीलंका से हटा ले और तमिलों को उनकी हालत पर छोड़ दे या सैन्य कारवाई द्वारा लिट्टे को मजबूर करके उसे समझौते का पालन करने के लिए तैयार करे। भारत ने दूसरा विकल्प—यानी सैन्य कारवाई द्वारा लिट्टे को मजबूर करने का—चुना। यह सच है कि विद्रोह पर विशुद्ध सैन्य साधनों से विजय नहीं पाई जा सकती है, इसलिए सैन्य असफलता के लिए भारतीय शांति-स्थापना बल को दोषी बताना अपनी अल्पज्ञता और अदूरदर्शिता का ही परिचय देना है। श्रीलंका की सरकार में रक्षा राज्यमंत्री रह चुके श्री राजन विजयरत्ने ने भारतीय शांति-स्थापना बल की सफलता के संबंध में कहा था—'भारतीय शांति-स्थापना बल ने वस्तुतः उन्हें समाप्त कर डाला। वे जंगलों में भटक रहे थे। उन्हें यह ऑक्सीजन (जीवन-रक्षक तत्त्व) उपलब्ध करानेवाले हम स्वयं ही थे।'

ऑपरेशन कैक्टस : मालदीव, 3-13 नवंबर, 1988

3 नवंबर, 1988 को सुबह 8:30 बजे श्रीलंका में भारत के उच्चायुक्त श्री जे.एन. दीक्षित को मालदीव के उच्चायुक्त ने सूचना दी कि कुछ सशस्त्र लोगों ने

माले (मालदीव की राजधानी) पर हमला करके उसे अपने कब्जे में ले लिया है। उन्होंने यह भी सूचना दी कि राष्ट्रपति अब्दुल गयूम भागकर माले में छिप गए हैं। उन्होंने अपनी सरकार की ओर से श्री दीक्षित से भारत की ओर से सशस्त्र सहायता भेजे जाने का अनुरोध किया। श्री दीक्षित ने जब दिल्ली से संपर्क साधा तो उन्हें पता चला कि भारत इस स्थिति से अवगत है और वह श्री गयूम के लगातार संपर्क में है; साथ ही, स्थिति से निपटने के लिए उठाए जानेवाले कदमों के बारे में भी विचार-विमर्श किया जा रहा है। अभी तक हमलावरों की पहचान नहीं की जा सकी थी और न ही उनके बारे में अथवा उनकी शक्ति के बारे में कोई ठोस जानकारी उपलब्ध हो पाई थी।

मालदीव हिंद महासागर में स्थित एक द्वीप राष्ट्र है, जिसमें 1 हजार छोटे-छोटे द्वीप हैं। उत्तर से दक्षिण में इन द्वीपों का विस्तार 885 किलोमीटर की दूरी तक तथा पूर्व से पश्चिम में 161 किलोमीटर तक है। उसका उत्तरी छोर भारत के दक्षिण में 600 किलोमीटर की दूरी पर स्थित है। मालदीव एक गणतंत्र राष्ट्र है और राष्ट्रमंडल का सदस्य भी। राजधानी माले के निकटवर्ती द्वीप में स्थित हुलूले देश का मुख्य पत्तन है। मालदीव के पास कोई सशस्त्र बल नहीं है; उसके पास बस हलके हथियारों से लैस एक बल था, जिसे 'नेशनल सिक्योरिटी सर्विस' कहा जाता है। यह मूलतः एक पुलिस बल था।

पीपुल्स लिबरेशन ऑर्गनाइजेशन फॉर तमिल ईलम (PLOTE)—जो मालदीव के एक व्यवसायी तथा राष्ट्रपति गयूम के राजनीतिक प्रतिद्वंद्वी अब्दुल्ला लुथीफी (Abdullah Luthifi) के लिए भाड़े के सैनिक संगठन के रूप में कार्य कर रहा था—के लगभग 80 उग्रवादियों ने 3 नवंबर को प्रातः 4:00 बजे माले पर हमला कर दिया था। तीन घंटे के भीतर ही उसने राष्ट्रपति महल सहित माले के अधिकांश हिस्से पर अपना पूर्ण नियंत्रण स्थापित कर लिया। राष्ट्रपति गयूम भागकर अपने एक समर्थक के मकान में छिपे हुए थे। हमलावरों ने नेशनल सिक्योरिटी सर्विस के मुख्यालय पर भी कब्जा कर लिया था। किंतु वे अभी तक संचार व्यवस्था और विमान क्षेत्र पर कब्जा नहीं कर सके थे। राष्ट्रपति गयूम ने भारत के प्रधानमंत्री श्री राजीव गांधी तथा अमेरिका और ब्रिटेन के नेताओं से संपर्क स्थापित कर लिया था।

मालदीव सरकार की ओर से सहायता का अनुरोध प्राप्त होने के बाद शीघ्र ही सेना मुख्यालयों को सचेत कर दिया गया और आकस्मिक नियोजन की तैयारी शुरू कर दी गई। सैनिकों और वायुयानों को भी आदेश जारी कर दिए गए। स्थिति की गंभीरता को देखते हुए स्पष्ट था कि हवाई अभियान ही एकमात्र विकल्प है।

दोपहर 12:15 बजे तक सरकार की ओर से अभियान के लिए स्पष्ट आदेश मिल गए। अपराह्न 3:56 और 3:58 बजे के बीच दो आई.एल. 76 विमानों ने आगरा से उड़ान भरी। पहले मिली सूचना के अनुसार हुलूले विमान-क्षेत्र अभी तक नेशनल सिक्योरिटी सर्विस के नियंत्रण में था। हालाँकि आवश्यकता पड़ने पर विमान-क्षेत्र को सुरक्षित करने के लिए विमान-वाहित हमले की योजना पहले से तैयार कर ली गई थी। चार घंटे बाद जब दोनों विमान हुलूले पहुँचे तो इस बात की पुष्टि हो गई कि विमान-क्षेत्र सुरक्षित था। विमान से उतरते ही कुछ सैनिकों ने विमान-क्षेत्र के चारों ओर घेरा डालकर उसे पूरी तरह सुरक्षित कर लिया, जबकि एक कंपनी माले की ओर बढ़ी और 4 नवंबर को रात 2:35 बजे उसने राष्ट्रपति गयूम के आवास के निकट पहुँचकर उसे सुरक्षित कर लिया। प्रात: 4:50 बजे तक राष्ट्रपति महल को सुरक्षित करके माले को हमलावरों से मुक्त करा लिया गया। हमलावर मालदीव के एक अपहृत जहाज में बैठकर भाग निकले। भारतीय नौसेना ने उनका पीछा किया और अंतत: 5 नवंबर की प्रात: उन्हें आत्मसमर्पण के लिए मजबूर कर दिया।

मालदीव के अभियान में भारतीय सेना को ज्यादा संघर्ष नहीं करना पड़ा; लेकिन उसमें गतिशीलता और कुशलता अत्यधिक महत्त्वपूर्ण थी, जिसका भारत के सशस्त्र बलों ने प्रदर्शन किया। अभियान के सफलतापूर्वक समाप्त हो जाने के बाद अधिकांश सैनिकों को भारत वापस भेज दिया गया। नेशनल सिक्योरिटी सर्विस को प्रशिक्षित करने और पूरे देश में सुरक्षा का माहौल तैयार करने के लिए मालदीव सरकार के अनुरोध पर सिर्फ एक छोटी टुकड़ी को वहाँ छोड़ दिया गया। बाद में अपना कार्य पूरा करके यह टुकड़ी भी भारत वापस आ गई।

'ऑपरेशन रक्षक' : प्रथम एवं द्वितीय

उधर, श्रीलंका में सैन्य अभियान प्रगति पर था और इधर पंजाब में स्थिति तेजी से बिगड़ती जा रही थी। ऑपरेशन ब्लू स्टार द्वारा यद्यपि सिख धार्मिक स्थलों को आतंकवादियों से मुक्त कराने में सफलता मिल गई थी, लेकिन आतंकियों को समाप्त नहीं किया जा सका था। कई आतंकवादी भागकर पाकिस्तान चले गए थे और वहाँ से प्रशिक्षण एवं हथियार लेकर वापस पंजाब में घुसपैठ करने लगे थे। कुछ भ्रमित सिख युवक भी आंदोलन में शामिल हो गए थे। उनका मुख्य निशाना पुलिस, उनके रिश्तेदार और हिंदू ही थे। हालाँकि श्री के.पी.एस. गिल के नेतृत्व में पंजाब पुलिस ने स्थिति को सँभालने की कोशिश की, लेकिन उसे अत्यधिक दबाव का सामना करना पड़ रहा था।

दिसंबर 1989 में तत्कालीन केंद्रीय गृहमंत्री की पुत्री के अपहरण और उसके बाद कुछ आतंकवादियों को रिहा किए जाने से जम्मू-कश्मीर में भी स्थिति बिगड़ने लगी थी। जम्मू-कश्मीर में—विशेषकर घाटी क्षेत्र में—सशस्त्र विद्रोह भड़काने की पाकिस्तान की सोची-समझी योजना अब स्पष्ट दिखाई देने लगी थी। इन स्थितियों से निपटने के लिए केंद्र सरकार ने जम्मू-कश्मीर और पंजाब को सैन्य सहायता उपलब्ध कराने की पेशकश की। सैनिकों को पूर्व की ओर से बुलाकर पंजाब और जम्मू-कश्मीर की ओर रवाना कर दिया गया।

सन् 1990 में जब पंजाब में चुनाव कराने का निर्णय लिया गया तो नवंबर 1990 से जनवरी 1991 तक वहाँ एक बार फिर सेना तैनात करनी पड़ी। बाद में चुनाव रद्द कर दिए जाने के बाद सैनिकों को वापस बुला लिया गया। लेकिन अक्तूबर 1991 में जब पुनः चुनाव कराने का निर्णय लिया गया तो सेना को एक बार फिर तैनात करना पड़ा। यह तैनाती अप्रैल 1992 तक जारी रही। सफलतापूर्वक चुनाव संपन्न होने के बाद सैनिकों को हटा लिया गया। इन तैनातियों को 'ऑपरेशन रक्षक' नाम दिया गया।

परमाणु कार्यक्रम और सेना पर उसका प्रभाव

11 मई, 1998 को पोखरण में तीन परमाणु परीक्षण करके भारत आधिकारिक रूप से परमाणु अस्त्र-संपन्न राष्ट्रों की श्रेणी में आ गया। परमाणु हथियार कार्यक्रम के लिए भारत लंबे समय से प्रयासरत था। उसकी यह नीति '50 के दशक में परमाणु ऊर्जा विभाग की स्थापना के समय की है। वैज्ञानिकों ने अपने परमाणु अध्ययन में ऊर्जा-उत्पादन के साथ-साथ नियंत्रित परमाणु (विस्फोटक) हथियार तैयार करने के बारे में भी अध्ययन किया। सन् 1962 के भारत-चीन युद्ध के बाद इन अध्ययनों में तेजी लाई गई, जिसके परिणामस्वरूप 18 मई, 1974 को पोखरण में परमाणु परीक्षण किया गया। उसी दिन से विश्व इस तथ्य से अवगत हो गया कि भारत परमाणु हथियार विकसित करने की क्षमता रखता है। उसके बाद 11 मई, 1998 को लगातार तीन परमाणु परीक्षण करके भारत ने सारे विश्व को बता दिया कि वह भी परमाणु अस्त्र-संपन्न देश है।

हालाँकि सेना परमाणु अनुसंधान और हथियारों के विकास में प्रत्यक्ष रूप से शामिल नहीं थी, लेकिन इन हथियारों के परीक्षण में उसने महत्त्वपूर्ण भूमिका अदा की थी। मई 1973 में पहली बार 61 इंजीनियर रेजीमेंट के लेफ्टिनेंट कर्नल पी.पी. सभरवाल को भाभा परमाणु अनुसंधान केंद्र के तत्कालीन निदेशक डॉ. राजा रमन्ना

से मिलने के लिए कहा गया। डॉ. रमन्ना ने लेफ्टिनेंट कर्नल सभरवाल को बताया कि कुछ भूगर्भिक प्रयोग करने के लिए उन्हें पोखरण में एक गहरा गड्ढा खोदने की आवश्यकता है। उन्होंने गड्ढा तैयार करने में लगनेवाले समय के बारे में उनसे जानना चाहा। कर्नल सभरवाल ने अनुमान लगा लिया कि डॉ. रमन्ना किस तरह का प्रयोग करने वाले हैं। किंतु सेना प्रमुख द्वारा व्यक्तिगत रूप से सौंपे गए इस कार्य को संपन्न करने के लिए उन्हें सेना मुख्यालय की ओर से अनुमति मिलने तक प्रतीक्षा करनी पड़ी।

इस तरह का गहरा गड्ढा तैयार करने का कार्य सेना के इंजीनियर के लिए सामान्य कार्य नहीं था, इसलिए उसके बारे में अध्ययन करने और आवश्यक जानकारी इकट्ठी करने में कुछ समय लगा। अक्तूबर 1973 में खुदाई का कार्य आरंभ किया गया। रेजीमेंट के जवानों को केवल इतना ही बताया गया था कि उन्हें पोखरण की श्रेणियों तक पानी पहुँचाने के लिए एक गहरा कुआँ खोदना है। खुदाई के दौरान जनवरी 1974 में उन्हें पानी मिल गया। खुदाई में लगे श्रमिक सैनिकों की खुशी का ठिकाना न रहा। उन्हें लगा कि उनका कार्य पूर्ण हो गया है। उसके बाद दूसरा गड्ढा तैयार करने के लिए स्थान का चुनाव किया गया। 18 मई—जिस दिन परीक्षण किया जाना था—से दो दिन पहले दूसरा गड्ढा भी तैयार कर लिया गया। इंजीनियर रेजीमेंट ने परमाणु उपकरण रखने के लिए भवन तैयार किए; इस डिवाइस का वजन 1.4 टन था। इसे परीक्षण के समय गड्ढे तक ले जाने के लिए रेलमार्ग भी बिछाया। 18 मई को परीक्षण सफलतापूर्वक संपन्न हो गया।

इस परीक्षण के बाद कुछ दिनों तक तो ऐसा लगता रहा कि अब आगे परीक्षण की दिशा में कोई प्रगति नहीं हो रही है। किंतु फरवरी 1981 में सेना को 200 मीटर गहरे दो गड्ढे तैयार करने का कार्य सौंपा गया। यह कार्य सेना की 113 इंजीनियर रेजीमेंट को सौंपा गया था, जिसने अप्रैल 1982 तक दोनों गड्ढे खोदकर तैयार कर दिए। बाद में परीक्षण स्थगित कर दिया गया; किंतु गड्ढों की देखभाल के लिए एक इंजीनियर रेजीमेंट को वहाँ स्थायी रूप से तैनात कर दिया गया। गड्ढों को बनाए रखने के लिए उनमें से पानी बाहर निकालते रहने तथा उनमें लगी धातु की चादरों को बदलते रहने की आवश्यकता थी। सन् 1989 और 1995 के संभावित परीक्षणों के लिए गड्ढे तैयार थे, लेकिन तब भी परीक्षण नहीं किए जा सके। सन् 1995 के परीक्षण के लिए 58 इंजीनियर रेजीमेंट को अपेक्षाकृत कम गहरा गड्ढा खोदने का आदेश दिया गया था। मार्च 1997 में रेजीमेंट को तीन और गड्ढे खोदने का आदेश दिया गया, जो अप्रैल 1997 तक तैयार कर लिये गए।

परीक्षण अंततः मई 1998 में किए गए।

मई 1998 के परमाणु परीक्षणों से प्राप्त की गई आश्चर्यजनक सफलता का कुछ श्रेय इंजीनियर रेजीमेंट को भी जाता है, जिसने अपने काम में पूरी सावधानी बरती। रात तक सभी अंतिम तैयारियाँ पूरी कर ली गई थीं, लेकिन उनके बारे में सुबह तक किसी को जानकारी नहीं दी गई। 11 मई, 1998 को किए गए परीक्षणों के लिए तैयार किए गए छह गड्ढों में से पाँच का प्रयोग किया गया था। इंजीनियरों ने 24 वर्षों की कड़ी मेहनत और विपरीत परिस्थितियों में काम करते हुए यह सफलता प्राप्त की थी।

परमाणु अस्त्र विकसित करने के संबंध में भारत और पाकिस्तान दोनों की ओर से की गई खुली घोषणा से उपमहाद्वीप में युद्ध का एक नया स्वरूप और आयाम तैयार हो गया। भारतीय सेना '50 के दशक से ही परमाणु युद्ध के संबंध में अध्ययन कर रही है। विभिन्न सैनिक स्कूलों में लागू किए गए पाठ्यक्रमों के अंतर्गत परमाणु हथियारों, उनके प्रयोग और प्रभावों के बारे में चर्चा की गई। चीन के परमाणु शक्ति बनने और पाकिस्तान के परमाणु अस्त्र हासिल करने के निकट पहुँचने की बात स्पष्ट होने के बाद भारत के परमाणु अस्त्रों से संबंधित अध्ययन और अनुसंधान में तेजी लाई गई। इस प्रकार के परमाणु युद्ध का अध्ययन करने और संगठनात्मक तथा उपकरण संबंधी आवश्यकताओं का विश्लेषण करने के

सियाचिन ग्लेशियर—संसार की सबसे ऊँची रणभूमि।

लिए सैन्य प्रशिक्षण निदेशालय में एक नाभिकीय, जैविक एवं रासायनिक युद्ध प्रकोष्ठ की स्थापना की गई है।

यह सच है कि परमाणु हथियारों का प्रयोग अब तक किसी युद्ध में नहीं किया गया है। यह भी सच है कि परमाणु युद्ध की स्थिति में यदि दोनों ही पक्ष परमाणु शक्ति-संपन्न हैं तो युद्ध में कोई विजयी नहीं होगा और क्षति दोनों पक्षों की होगी; ऐसे में भारतीय सेना के किसी परमाणु युद्ध में संलग्न होने की संभावनाएँ बहुत कम ही हैं। परमाणु कार्यक्रम के दस्तावेज में 'पहले प्रयोग नहीं' की प्रतिज्ञा की गई है, इसलिए भारत स्वयं परमाणु हमले की पहल नहीं करेगा। अपनी परमाणु शक्ति का प्रयोग वह दुश्मन की ओर से किए गए परमाणु हमले के जवाब में ही करेगा। हालाँकि परमाणु युद्ध की संभावनाएँ भले ही बहुत कम दिखाई देती हैं, लेकिन फिर भी, भारतीय सेना को इसके लिए प्रशिक्षित और सुसज्जित करने की आवश्यकता से इनकार नहीं किया जा सकता। सैनिकों को परमाणु हमले की स्थिति से निपटने के लिए प्रशिक्षित करने और उसका अभ्यास करने की आवश्यकता है। उन्हें परमाणु युद्ध की स्थिति में अपनाई जानेवाली रणनीतियों का भी प्रशिक्षण दिया जाना चाहिए।

एक अन्य प्रश्न, जो परमाणु कार्यक्रमों के कारण उठता है, वह है—आखिर परमाणु अस्त्रों के प्रयोग की संभावना उत्पन्न होने की स्थिति से पूर्व परंपरागत युद्ध को किस हद तक टाला जा सकता है? वैसे इसकी संभावना सामान्यतया उसी स्थिति में उत्पन्न होगी, जब किसी देश को तबाही लानेवाली हार का सामना करना पड़ेगा। अतः भविष्य में संभावित युद्धों के लिए परमाणु अस्त्रों के प्रयोग की सीमा निर्धारित करना और उसे उसी स्तर पर बनाए रखना ही एक उत्तम युद्धकला होगी। इससे परोक्ष युद्ध और अनियमित बलों के अधिक प्रयोग की संभावना और बढ़ेगी। परंपरागत युद्ध की स्थिति यदि उत्पन्न भी होती है तो वह एक सीमित युद्ध के रूप में ही होगी। इन्हीं विचारों और धारणाओं का अध्ययन भारतीय सेना को आनेवाले वर्षों में करना है।

कारगिल, मई-जुलाई 1999

कारगिल जम्मू-कश्मीर में स्थित एक जिला मुख्यालय है, जो सुरू और शिंगो नदियों के संगम पर तथा जोजी ला दर्रे के उत्तर-पश्चिम में स्थित है। श्रीनगर से लेह तक राष्ट्रीय राजमार्ग सं. 1ए यहाँ से होकर गुजरता है। कारगिल में 121 (स्वतंत्र) इन्फैंट्री ब्रिगेड का मुख्यालय भी है। कारगिल सेक्टर नियंत्रण रेखा पर

पश्चिम में काओबल गली से लेकर पूर्व में छोरबाट ला तक 168 कि.मी. लंबे क्षेत्र में फैला हुआ है। पूरी नियंत्रण रेखा 4-5 हजार मीटर की ऊँचाई और सामान्यतया जल-विभाजक पर स्थित है। ब्रिगेड की एक इन्फैंट्री बटालियन को द्रास में तथा दो बटालियनों और एक सीमा सुरक्षा बल की बटालियन को कारगिल में तैनात किया गया था। एक अन्य इन्फैंट्री बटालियन को बटालिक क्षेत्र में सिंधु के दोनों ओर तैनात किया गया था। लेह से स्कर्दू के लिए बने पुराने मार्ग पर स्थित छोरबाट ला की रक्षा की जिम्मेदारी लद्दाख स्काउट्स को दी गई थी। कुल 168 किलोमीटर लंबे क्षेत्र में से लगभग 80 किलोमीटर में कोई तैनाती नहीं की गई थी। इस 80 किलोमीटर क्षेत्र में गरमियों के दिनों में तो नियमित रूप से गश्त लगाई जाती थी, लेकिन कड़ाके की सर्दी में गश्त में कुछ अनियमितता आ गई थी। सर्दियों में सामान्यतया कई चौकियों को खाली कर दिया जाता था; लेकिन 1999 में खतरे की संभावना को देखते हुए केवल एक चौकी बजरंग—जो काकसर (Kaksar) सेक्टर में स्थित थी—को खाली किया गया और वह भी 2 मार्च, 1999 को।

घाटी में विद्रोह-विरोधी अभियानों के संदर्भ में कारगिल को ज्यादा सक्रिय क्षेत्र के रूप में नहीं माना जाता था। अन्य क्षेत्रों की तुलना में यहाँ आतंकवादियों की गतिविधियाँ बहुत कम देखने को मिलती थीं। कारगिल सेक्टर 3 इन्फैंट्री डिवीजन के नियंत्रण-क्षेत्र के अंतर्गत आता था। कारगिल सेक्टर की रक्षा के अतिरिक्त उसे सियाचिन क्षेत्र तथा लद्दाख में भारत और चीन के बीच वास्तविक नियंत्रण रेखा की रक्षा की जिम्मेदारी भी सौंपी गई थी। 3 इन्फैंट्री डिवीजन का मुख्यालय लेह में बनाया गया था। इस प्रकार डिवीजनल हेडक्वार्टर को एक बड़े क्षेत्र की रक्षा की जिम्मेदारी सौंपी गई थी। कारगिल सेक्टर में सन् 1997 से ही दोनों ओर से गोलीबारी बढ़ने लगी थी, जो 1998 तक काफी बढ़ गई। वैसे इसके बावजूद कारगिल सेक्टर को जम्मू-कश्मीर के अन्य क्षेत्रों की अपेक्षा अधिक शांत माना जा रहा था। बाद में जब मुश्कोह घाटी के रास्ते घुसपैठ के प्रयासों की जानकारी मिली तो द्रास में एक अतिरिक्त ब्रिगेड हेडक्वार्टर और दो अतिरिक्त बटालियनें स्थापित करने की योजना बनाई गई। इस प्रकार द्रास को एक अलग ब्रिगेड सेक्टर के रूप में बनाने की योजना तैयार की गई।

इस क्षेत्र में पाकिस्तान की ओर से घुसपैठ का पहला संकेत उस समय मिला, जब 3 मई, 1999 को कुछ गड़रियों ने बटालिक सेक्टर में तैनात 3 पंजाब को सूचना दी कि उन्होंने बंजू क्षेत्र में बंकर खोद रहे कुछ सशस्त्र लोगों के दलों को देखा है, जो पठानी वेशभूषा में थे। 3 पंजाब ने क्षेत्र में गश्त बढ़ा दी और 7 मई,

1999 तक घुसपैठ की पुष्टि हो गई। 3 इन्फैंट्री डिवीजन के मुख्यालय ने तत्काल कारवाई शुरू कर दी। 10 मई, 1999 तक बटालिक सेक्टर में दो बटालियनों को तैनात कर दिया गया। इस क्षेत्र में अभियान की कमान सँभालने के लिए 70 इन्फैंट्री ब्रिगेड का मुख्यालय बटालिक में स्थापित कर दिया गया।

बटालिक सेक्टर में घुसपैठ का पता लगने के बाद अन्य क्षेत्रों में भी सतर्कता बढ़ा दी गई। अनुमान के अनुसार 200-250 घुसपैठिए बटालिक सेक्टर में, 80-100 घुसपैठिए काकसर सेक्टर में, 60-80 घुसपैठिए द्रास सेक्टर में तथा 200-250 घुसपैठिए मुश्कोह सेक्टर में सक्रिय थे। इस बात की भी पुष्टि हो गई थी कि दुश्मन टुर्टोक सेक्टर (Turtok Sector) में नियंत्रण रेखा पर तथा उसके दूसरी ओर स्थापित हो चुके हैं। 18-31 मई के बीच छोरबाट ला सेक्टर में कुछ और सैनिक टुकड़ियाँ तैनात कर दी गईं और इस क्षेत्र में दुश्मन के घुसपैठ के प्रयासों को पूरी तरह नाकाम कर दिया गया।

कारगिल में जो कुछ देखने को मिल रहा था, उससे यह स्पष्ट हो गया था कि वह अपने नियमित बलों का प्रयोग करके नियंत्रण रेखा को बदलने की पाकिस्तान की सोची-समझी योजना का हिस्सा है। यह भी स्पष्ट था कि जिन चोटियों पर दुश्मन ने कब्जा कर लिया था, उन्हें खाली कराने के लिए अच्छे संसाधन और अच्छी तैयारी की आवश्यकता होगी। शुरू में दुश्मन को भगाने के जो प्रयास किए गए, उनमें बड़ी संख्या में सैनिक हताहत हुए। 26 मई को भारतीय वायुसेना को भी अभियान में शामिल कर लिया गया। शुरू में वायुसेना को भी क्षति उठानी पड़ी, लेकिन बाद में उसने अपनी रणनीति में सुधार कर लिया। उसने आगे के अभियान के लिए थलसेना को अत्यंत महत्त्वपूर्ण सहायता पहुँचाई। कई विशेष अभियानों, सीमित हमलों और गश्त के माध्यम से दुश्मन की शक्ति और उसकी तैनाती के बारे में महत्त्वपूर्ण सूचनाएँ प्राप्त हुईं। पता चला कि बटालिक तथा कारगिल-द्रास-मुश्कोह सेक्टरों में दुश्मन की एक-एक ब्रिगेड तैनात थीं। प्रत्येक ब्रिगेड में शुरू में पाकिस्तान की नॉर्दर्न लाइट इन्फैंट्री की दो बटालियनें, स्पेशल सर्विसेज ग्रुप की दो कंपनियाँ और फ्रंटियर कोर के लगभग 600-700 सैनिक थे। इनके अतिरिक्त प्रत्येक ब्रिगेड में लगभग 15 आर्टिलरी इकाइयाँ तथा नियमित इंजीनियर, सिगनल और प्रशासनिक इकाइयाँ शामिल थीं।

आरंभ में दुश्मन से उन क्षेत्रों को खाली कराने की योजना थी, जहाँ से वे राष्ट्रीय राजमार्ग सं. 1ए पर अपना अधिकार जमाए हुए थे और उसके बाद अन्य क्षेत्रों से दुश्मन को खदेड़ने की योजना थी। राजनीतिक एवं कूटनीतिक पहलुओं

को ध्यान में रखते हुए नियंत्रण रेखा के उस पार न जाने का निर्णय लिया गया था। प्राथमिकता के आधार पर सबसे पहले द्रास सेक्टर को, फिर मुश्कोह घाटी को, उसके बाद बटालिक सेक्टर को और फिर काकसर सेक्टर को सुरक्षित करने की योजना बनाई गई थी।

8 माउंटेन डिवीजन के हेडक्वार्टर को कारगिल और द्रास-मुश्कोह सेक्टरों से पाकिस्तानियों को भगाने की जिम्मेदारी सौंपी गई थी। उसके नियंत्रण में 56, 79 और 192 माउंटेन ब्रिगेडें थीं। 3 इन्फैंट्री डिवीजन बटालिक और टुर्टोक सेक्टरों में अभियान की जिम्मेदारी सँभाले हुए थी। 70 माउंटेन ब्रिगेड को बटालिक सेक्टर के अभियान की कमान सँभालने के लिए पहले ही रवाना कर दिया गया था। इन अभियानों का पूर्ण विवरण भारतीय सेना के संक्षिप्त इतिहास की इस पुस्तक में देना संभव नहीं है। अतः प्रत्येक सेक्टर में अभियान की प्रमुख घटनाओं का ही उल्लेख किया जा रहा है।

द्रास-मुश्कोह सेक्टर में सबसे पहले तोलोलिंग पर कब्जा करने की योजना थी। द्रास की मूल रक्षक सेना 18 ग्रेनेडियर्स तोलोलिंग पर पुनः कब्जा करने के लिए तीन असफल प्रयास पहले ही कर चुकी थी। 2 जून को 18 ग्रेनेडियर्स ने तोलोलिंग पर कब्जा करने के लिए अपना चौथा प्रयास किया। भारी गोलीबारी का

बेस (आधार शिविर) की ओर लौटता इन्फैंट्री गश्ती दल। (साभार : रक्षा मंत्रालय, जनसंपर्क विभाग)

सामना करती हुई वह बटालियन 10 जून तक एक ऐसे स्थान पर पहुँच गई, जो पाकिस्तानी पोजीशन से लगभग 30 मीटर नीचे था। 2 राजपूताना राइफल्स ने 12 जून को तोलोलिंग पर कब्जा करने के लिए उस स्थान को एक मजबूत आधार के रूप में प्रयोग किया। 12 जून को रात 11:00 बजे उसने हमला शुरू किया और कुछ देर की घमासान लड़ाई के बाद पॉइंट 4590 पर कब्जा कर लिया। उसके बाद 18 ग्रेनेडियर्स ने 12 राजपूताना राइफल्स के साथ आगे बढ़कर पॉइंट 4590 से 3 कि.मी. आगे एक पोजीशन पर कब्जा कर लिया। बाद में पॉइंट 5140 पर हमला करने के लिए इसी पोजीशन—पॉइंट 4590—का प्रयोग किया गया। पॉइंट 5140 पर कब्जा करने के लिए 13 जम्मू-कश्मीर राइफल्स ने दो बार प्रयास किए थे, लेकिन उसे ज्यादा सफलता नहीं मिली थी। 19 जून को तीन बटालियनों—18 गढ़वाल राइफल्स, 13 जम्मू-कश्मीर राइफल्स और 1 नगा—ने एक साथ मिलकर एक बहुकोणीय हमला किया; अंततः 20 जून को रात 3:35 बजे तक पोजीशन पर कब्जा कर लिया गया।

अब टाइगर हिल को जानेवाले मार्गों को खाली करवाने के लिए अभियान शुरू हो गया। 28 जून को 18 गढ़वाल राइफल्स ने पॉइंट 4700 पर और 2 राजपूताना राइफल्स ने थ्री पिंपल्स तथा लोन हिल कॉम्प्लेक्स पर कब्जा कर लिया था। टाइगर हिल पर कब्जा करने की जिम्मेदारी 18 ग्रेनेडियर्स को सौंपी गई थी। 8 सिख बटालियन को इसके लिए मजबूत आधार तैयार करना था। 3-4 जुलाई की रात में हमला शुरू किया गया; लेकिन चोटी पर पहुँचने से कुछ पहले ही दुश्मन ने उसे रोक लिया। ग्रेनेडियर योगेंद्र सिंह यादव को एक ऊर्ध्वाधर चट्टान से रस्सी फँसाने का काम सौंपा गया था। ढाल पर चलते हुए प्लाटून कमांडर और दो अन्य सैनिकों की भारी गोलीबारी में मृत्यु हो गई। योगेंद्र सिंह यादव यद्यपि घायल हो गए थे, लेकिन अद्भुत साहस का परिचय देते हुए वह चट्टान तक पहुँच गए। वहाँ पहुँचकर उन्होंने दुश्मन के बंकर को नष्ट कर दिया। उसके बाद अभियान में तेजी आ गई। 11 जुलाई तक पूरे टाइगर हिल कॉम्प्लेक्स को सुरक्षित कर लिया गया। अद्भुत साहस का प्रदर्शन करने के लिए ग्रेनेडियर योगेंद्र सिंह यादव को सर्वोच्च सैनिक सम्मान 'परम वीर चक्र' से सम्मानित किया गया।

तोलोलिंग क्षेत्र को तो दुश्मन से खाली करा लिया गया था, लेकिन द्रास के उत्तर-पश्चिम में स्थित पॉइंट 4075 अभी दुश्मन के कब्जे में था। उसपर कब्जा करने की जिम्मेदारी 79 माउंटेन डिवीजन को सौंपी गई थी। 17 जाट ने 4 जुलाई की रात में हमला शुरू किया और 5 जुलाई को प्रातः 5:00 बजे तक पॉइंट 4075

पर कब्जा कर लिया। 13 जम्मू-कश्मीर राइफल्स को फ्लैट टॉप नामक एक पोजीशन पर कब्जा करने की जिम्मेदारी सौंपी गई थी। राइफलमैन संजय कुमार फ्लैट टॉप की ओर बढ़ रही पलटन का नेतृत्व कर रहे थे। 150 मीटर की दूरी पर स्थित दुश्मन के एक बंकर को नष्ट करने के लिए हमला किया गया। राइफलमैन संजय कुमार इस बंकर को नष्ट करने के लिए ऊपर चढ़ने लगे। दुश्मन की गोलियों की बौछार को सहते हुए घायल अवस्था में भी उन्होंने हमला किया और बंकर में तैनात दुश्मन के सैनिकों को मार डाला। उसके बाद वह दूसरे बंकर को नष्ट करने के लिए आगे बढ़ गए। इस वीरतापूर्ण कार्य के लिए राइफलमैन संजय कुमार को 'परम वीर चक्र' से सम्मानित किया गया। फ्लैट टॉप पर कब्जा कर लेने से पॉइंट 4875 के लिए भी रास्ता खुल गया और 13 जम्मू-कश्मीर राइफल्स ने 5 जुलाई को उसपर कब्जा कर लिया। 6-7 जुलाई की रात में 17 जाट को हमले के दूसरे चरण की जिम्मेदारी सौंपी गई। शुरुआती सफलता के बाद दुश्मन के कड़े प्रतिरोध के कारण उसे रुकना पड़ा।

कैप्टन विक्रम बत्रा के नेतृत्व में 13 जम्मू-कश्मीर राइफल्स की एक कंपनी को 17 जाट बटालियन को आगे बढ़ने से रोकनेवाली दुश्मन की पोजीशन पर कब्जा करने की जिम्मेदारी सौंपी गई। दुश्मन की यह पोजीशन दोनों ओर नुकीले सिरोंवाली एक सँकरी चट्टान पर थी। काफी संघर्ष के बाद अंततः पोजीशन पर कब्जा तो कर लिया गया, लेकिन इसमें कैप्टन विक्रम बत्रा शहीद हो गए। उन्हें मरणोपरांत 'परम वीर चक्र' से सम्मानित किया गया। पॉइंट 4875 पर कब्जा सुरक्षित हो जाने से द्रास और मुश्कोह सेक्टरों के वे सभी क्षेत्र सुरक्षित हो गए, जो राष्ट्रीय राजमार्ग संख्या 1ए के प्रयोग करने के लिए अत्यंत महत्त्वपूर्ण थे। बची हुई पोजीशनों को दुश्मन से खाली कराने के लिए अभियान जारी रहा। 25 जुलाई तक पाकिस्तान के कब्जे से अंतिम पोजीशन को भी मुक्त करा लिया गया।

बटालिक सेक्टर में बड़ी संख्या में घुसपैठ करके पाकिस्तानियों ने तीन मुख्य श्रेणियों पर कब्जा कर लिया था। बटालिक सेक्टर मुख्य राजमार्ग पर स्थित नहीं है, इस कारण वहाँ सैनिकों को इकट्ठा करने में अधिक समय लगने की संभावना थी। 10 मई तक दो अतिरिक्त बटालियनें—1/11 गोरखा राइफल्स और 12 जम्मू-कश्मीर लाइट इन्फैंट्री—भी वहाँ पहुँच गईं। सेक्टर में अभियान की कमान सँभालने के लिए 70 इन्फैंट्री ब्रिगेड हेडक्वार्टर भी 11 मई तक वहाँ पहुँच गई। आरंभ में दुश्मन को नियंत्रित करने और सूचनाएँ एकत्र करने की योजना बनाई गई। इसमें काफी हद तक सफलता मिली और दुश्मन को तीन श्रेणियों—

मीडियम मशीन गन मोरचे पर तैनात— कारगिल, 1999। (साभार : रक्षा मंत्रालय, जनसंपर्क विभाग)

कुकरथांग-थोरा श्रेणी, खालूबार श्रेणी पर स्थित पॉइंट 4812 और जुबार श्रेणी— तक सीमित कर दिया गया। 3 जून तक सैनिकों को इकट्ठा करने का कार्य पूरा हो गया। 12 जम्मू-कश्मीर लाइट इन्फैंट्री ने दुश्मन की पोजीशनों के बीच की पट्टी पर हमला करके अभियान के पहले चरण की शुरुआत की। इस धुरी क्षेत्र को सुरक्षित करने के लिए 7-21 जून के बीच कई लड़ाइयाँ लड़ी गईं, अंततः पॉइंट 5203 और उसके पश्चिमी ढालों को सुरक्षित कर लिया गया। इस अभियान में लगाई गई टुकड़ियाँ 12 जम्मू-कश्मीर लाइट इन्फैंट्री, लद्दाख स्काउट्स, 5 पैराशूट रेजीमेंट और 10 पैराशूट रेजीमेंट (स्पेशल फोर्स) शामिल थीं। आगे बढ़ती हुई 12 जम्मू-कश्मीर लाइट इन्फैंट्री ने 30 जून-1 जुलाई की रात में पॉइंट 4812 पर हमला किया और चार दिनों की घमासान लड़ाई के बाद वह पोजीशन पर कब्जा करने में सफल हो गई। अब खालूबार पर हमला करने के लिए रास्ता साफ हो गया था। 1/11 गोरखा राइफल्स ने 3 जुलाई को हमला किया, लेकिन आरंभिक बढ़त के बाद दुश्मन की ओर से भारी गोलीबारी के कारण उसे रुकना पड़ा।

अब लेफ्टिनेंट मनोज पांडेय ने 1/11 गोरखा राइफल्स को आगे बढ़ने से रोकनेवाली दुश्मन की पोजीशन पर कब्जा करने के लिए अपनी पलटन का नेतृत्व सँभाल लिया। उन्होंने एक हाथ से दुश्मन पर हमला करके उसके पहले बंकर को नष्ट कर दिया। इसमें लेफ्टिनेंट पांडेय गंभीर रूप से घायल हो गए; लेकिन वह

अपने सैनिकों को लेकर लगातार आगे बढ़ते रहे। अंततः उन्होंने दम तोड़ दिया; लेकिन तब तक पोजीशन से दुश्मन का लगभग सफाया किया जा चुका था। इस अभूतपूर्व साहस का प्रदर्शन करने के लिए लेफ्टिनेंट मनोज पांडेय को मरणोपरांत 'परम वीर चक्र' से सम्मानित किया गया। 1/11 गोरखा राइफल्स अंततः 7 जुलाई को खालूबार पर कब्जा करने में सफल हो गई; अगली रात में उसने पॉइंट 5287 पर भी कब्जा कर लिया। उधर, लद्दाख स्काउट्स ने पॉइंट 5070 और पद्मा गो पर कब्जा करने के लिए 1 जुलाई को अभियान शुरू कर दिया था। घमासान लड़ाई के बाद वह 7 जुलाई तक पोजीशन पर कब्जा करने में सफल हो गई।

इन हमलों के साथ-साथ 1 बिहार रेजीमेंट ने जुबार कॉम्प्लेक्स को दुश्मन से खाली कराने के लिए अभियान शुरू कर दिया। कई हमलों के बाद उसने जुबार चोटी और पॉइंट 4927 पर कब्जा कर लिया। 8 और 9 जुलाई के अभियानों के दौरान 1 बिहार रेजीमेंट ने थीरू पर, 1/11 गोरखा राइफल्स ने पॉइंट 4821 और कुकरथांग पर तथा 5 पैराशूट रेजीमेंट ने पॉइंट 4100 और मुंथो डलो पर कब्जा कर लिया। इस क्षेत्र से अधिकांश पाकिस्तानी घुसपैठियों को भगा दिया गया। अंतिम कुछ पाकिस्तानी पोजीशनों को खाली कराने के लिए अभियान शुरू करने से पहले ही पाकिस्तान ने 11 जुलाई को अपने सैनिकों को वापस बुलाने की घोषणा कर दी।

छोरबाट ला सेक्टर में पाकिस्तानी घुसपैठियों ने नियंत्रण-रेखा के दूसरी ओर के कुछ भूभाग पर कब्जा कर लिया था। लद्दाख स्काउट्स के 36 सैनिकों को साथ लेकर मेजर सोनम वांगचुक ने 18 हजार फीट ऊँची चोटी पर पहुँचते हुए 31 मई तक पाकिस्तानी घुसपैठियों को मार भगाया। टुर्टोक सेक्टर में दुश्मन ने दक्षिण में पॉइंट 5620 से लेकर उत्तर में पॉइंट 5810 तक फैले क्षेत्रों पर कब्जा कर लिया था। 12 जाट को घुसपैठ को नियंत्रित करने और 11 राजपूताना राइफल्स तथा 9 महार को क्षेत्र से दुश्मन को भगाने की जिम्मेदारी सौंपी गई थी। तीनों बटालियनों ने सफलतापूर्वक यह कार्य संपन्न कर लिया; लेकिन इसी दौरान 11 राजपूताना राइफल्स के कैप्टन हनीफुद्दीन को अपना जीवन बलिदान करना पड़ा। उनके नाम पर ही सेक्टर का नाम 'हनीफ सब-सेक्टर' रखा गया। इस सेक्टर के आगे उत्तर में दुश्मन ने पॉइंट 5770 पर कब्जा कर लिया था। 7 राजपूत के 2 अधिकारियों और 40 सैनिकों तथा हाई एल्टीट्यूड वारफेयर स्कूल (High Altitude Warfare School) के दो शिक्षकों और लद्दाख स्काउट्स के 5 सैनिकों के एक दल को पॉइंट 5770 को दुश्मन के कब्जे से छुड़ाने की जिम्मेदारी सौंपी गई।

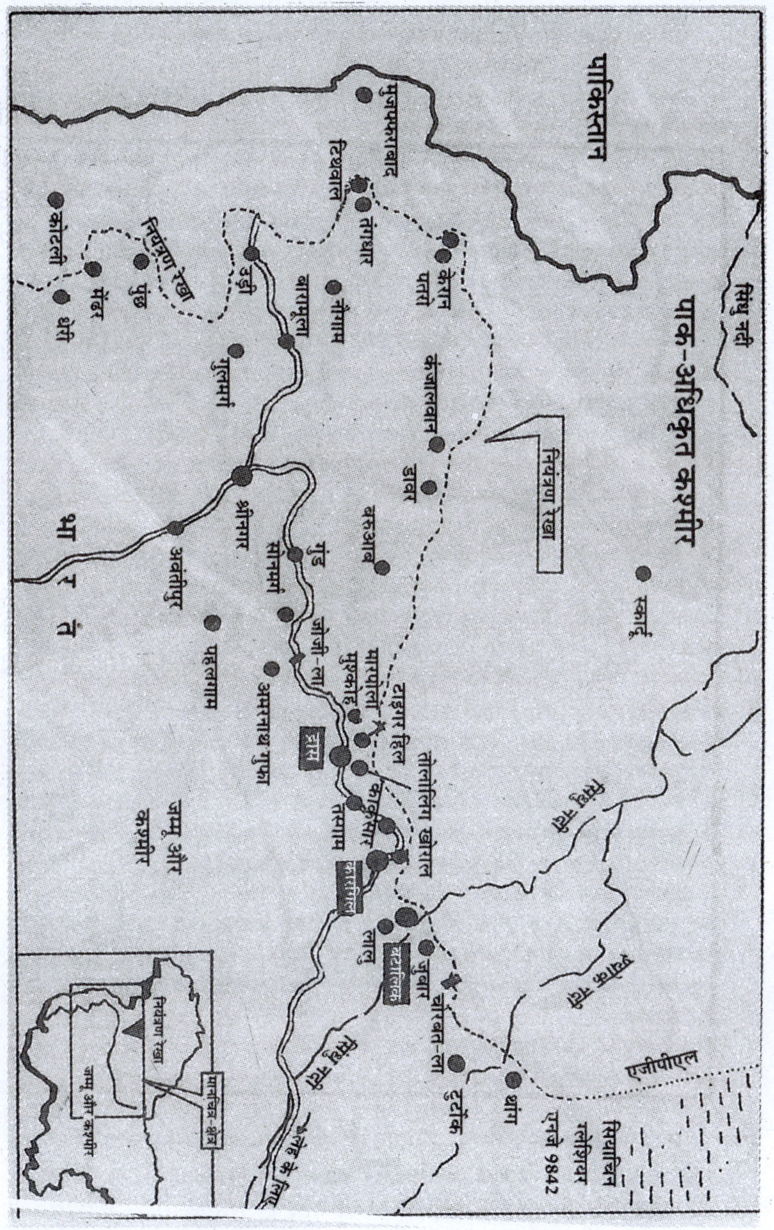

कारगिल युद्धक्षेत्र का विस्तृत मानचित्र। *(स्रोत : 'कारगिल ब्लड ऑन द स्नो, टैक्टिकल विक्ट्री, स्ट्रेटेजिक फेल्योर : एक क्रिटिकल एनालिसिस ऑफ द वार', मेजर जनरल अशोक कृष्ण)*

85 डिग्री की एक सीधी चट्‌टान पर चढ़कर दल ने 27 जून तक पाकिस्तानी पोजीशन पर कब्जा कर लिया। काकसर सेक्टर में पाकिस्तान का उस क्षेत्र पर कब्जा बरकरार रहा, जिसपर उसने पहले कब्जा कर लिया था।

जुलाई के आरंभ तक भारतीय सैनिकों ने अधिकांश पाकिस्तानी घुसपैठियों को समाप्त कर दिया और अब वे अंतिम हमले के लिए तैयार थे। पाकिस्तान पर नियंत्रण रेखा के दूसरी ओर से अपने सैनिकों को वापस बुलाने के लिए जबरदस्त अंतरराष्ट्रीय दबाव पड़ रहा था। पराजय की आशंका से चिंतित पाकिस्तानी प्रधानमंत्री वाशिंगटन पहुँचे। वहाँ उन्होंने अमेरिकी राष्ट्रपति से मुलाकात की। वहाँ से लौटकर पाकिस्तानी प्रधानमंत्री ने नियंत्रण रेखा के दूसरी ओर सभी स्थानों से अपनी सेना वापस बुलाने की घोषणा कर दी, जिसे 11 जुलाई से प्रभावी किया जाना था; किंतु इस घोषणा के बाद भी पाकिस्तानी सैनिक कुछ स्थानों पर डटे रहे, जहाँ से बाद में उन्हें बलपूर्वक हटाया गया। 25 जुलाई तक सभी भारतीय क्षेत्रों से पाकिस्तानी सेना को हटाया जा चुका था और इसी दिन 'ऑपरेशन विजय' की समाप्ति की घोषणा कर दी गई। इस पूरे अभियान के दौरान भारतीय सेना के कुल 519 जवान और अधिकारी शहीद हुए, जबकि 1365 घायल हुए और 1 लापता हुआ। दूसरी ओर, पाकिस्तानी सेना के अनुमानत: 737 सैनिक मारे गए, जिनमें 71 अधिकारी भी शामिल थे।

अभियान की समाप्ति के बाद कारगिल में लड़ाई छेड़ने की पाकिस्तान की योजना और उसके उद्‌देश्य पर गंभीरतापूर्वक अध्ययन किया गया। अब तक यह स्पष्ट हो चुका है कि पाकिस्तान ने यह योजना सन् 1987 में साल्तोरो पहाड़ी पर भारतीय सैनिकों द्वारा कब्जा किए जाने के विरोध में उसी समय से बनानी शुरू कर दी थी। सीधा हमला करके भारतीय सैनिकों को वहाँ से हटाने में स्वयं को असमर्थ पाते हुए पाकिस्तानी सैन्य नीति-निर्धारकों ने कारगिल और टुर्टोक सेक्टरों के अनधिकृत और आरक्षित क्षेत्रों पर कब्जा करने की योजना बनाई। इस योजना का उद्‌देश्य भारतीय सेना को सियाचिन क्षेत्र में लौटाकर उसे हटने के लिए मजबूर करना था; किंतु पाकस्तानी सेना के लेफ्टिनेंट जनरल साहिबजादा याकूब खान ने योजना की सैनिक एवं कूटनीतिक कमियों को देखते हुए योजना को स्थगित कर दिया था। सैन्य दृष्टि से उन्होंने सोचा कि यद्यपि अनधिकृत क्षेत्रों पर कब्जा तो किया जा सकता है, लेकिन भारतीय सेना की ओर से प्रत्याक्रमण की स्थिति में उन्हें बचाकर रखना मुश्किल हो जाएगा। दूसरी ओर, कूटनीतिक दृष्टि से उनका मानना था कि विश्व-समुदाय नियंत्रण रेखा को बलपूर्वक बदले जाने की बात

युद्ध में मारे गए पाक सैनिकों की आत्मा की शांति हेतु मौलवी प्रार्थना करता हुआ।

(साभार : रक्षा मंत्रालय, जनसंपर्क विभाग)

स्वीकार नहीं करेगा। लेकिन दुर्भाग्य से सन् 1998 में जब जनरल परवेज मुशर्रफ ने प्रधानमंत्री नवाज शरीफ के हाथों में यह योजना सौंपी तो उस समय पाकिस्तान में इस तरह की बुद्धिमत्तापूर्ण सलाह देनेवाला कोई नहीं था। अंततः परिणाम वही हुआ, जिसका जनरल याकूब खान को अंदेशा था।

कारगिल में लड़ाई छेड़कर पाकिस्तान को सैनिक और कूटनीतिक पराजय ही हाथ लगी। नियंत्रण रेखा का उल्लंघन करने के लिए उसे चारों ओर से अंतरराष्ट्रीय निंदा ही सुननी पड़ी। जहाँ तक भारत और भारतीय सेना की बात है, तो दोनों ने ही कारगिल की लड़ाई से यह सबक लिया कि देश की गुप्तचर व्यवस्था दोषपूर्ण है, इसमें सुधार की अत्यंत आवश्यकता है। कारगिल समीक्षा समिति और उसके बाद गठित समितियों की सिफारिशों पर अमल करके हम भविष्य में इस तरह की स्थिति से निपटने के लिए बेहतर तैयारी कर सकते हैं।

ऐसा प्रतीत होता है कि नियंत्रण रेखा के आस-पास स्थित स्थानीय सुरक्षा इकाइयाँ अति आत्म-विश्वास का शिकार हो गई थीं, इस कारण उन्होंने सर्दियों में नियंत्रण रेखा पर गश्त कम कर दी थी। पाकिस्तान की ओर से सैन्य गतिविधियों में तेजी आने के बाद उन्हें एकदम हरकत में आना पड़ा, जिससे वे पूरी तैयारी के साथ स्थिति का मुकाबला नहीं कर सकीं, परिणामस्वरूप उन्हें काफी क्षति उठानी

पड़ी। बाद में दुश्मन की शक्ति और उसकी तैनाती के बारे में ठोस जानकारी मिल जाने के बाद भारतीय सेना ने दुश्मन पर जबरदस्त हमला शुरू कर दिया; हालाँकि तैयारी में कुछ समय अवश्य लगा। भारतीय सेना के जवानों ने परंपरागत बहादुरी, साहस और दृढ़ निश्चय का प्रदर्शन करते हुए दुश्मन को पीछे हटने के लिए मजबूर कर दिया।

पश्चावलोकन

बीसवीं शताब्दी के अंतिम दो दशक एक ओर भारतीय सेना के लिए व्यस्ततापूर्ण रहे, जबकि दूसरी ओर ये उसके लिए विकसित होने और सीख लेने के वर्ष भी रहे। इस अवधि में उसे दो महत्त्वपूर्ण सीखें सियाचिन और श्रीलंका के अनुभवों से मिलीं। सियाचिन के अनुभव से सेना ने कड़ाके की सर्दी में अभियान चलाने और कठिन-से-कठिन जलवायु-दशाओं में भी सक्रिय बने रहने की सीख ली। पाकिस्तानियों को कारगिल से खदेड़ने में यह अनुभव अत्यधिक उपयोगी सिद्ध हुआ। श्रीलंका के अनुभव से सेना को ऐसे विद्रोही संगठनों से सफलतापूर्वक निपटने की सीख मिली, जो शहरी तथा देहाती दोनों तरह की लड़ाई में समान रूप से कुशल तथा पूरी तरह सुसज्जित थे। जम्मू-कश्मीर और पूर्वोत्तर की स्थितियों से निपटने में यह अनुभव बड़ा उपयोगी रहा है।

हालाँकि हर परिस्थिति में देश की रक्षा के अपने उत्तरदायित्व के कारण कुछ हद तक सेना को विदेशी आक्रमण के खिलाफ परंपरागत युद्ध लड़ने के लिए स्वयं को तैयार करने का पूरा मौका नहीं मिला। इसके बावजूद इस पूरी अवधि में उसने अपने सैनिकों को अधिक-से-अधिक कुशल बनाने के लिए अभ्यास जारी रखा।

वित्तीय समस्याओं के कारण सेना के आधुनिकीकरण की गति धीमी जरूर पड़ गई थी, लेकिन आधुनिकीकरण की योजना काफी हद तक सफल रही। सैन्य बलों के मशीनीकरण की प्रक्रिया में काफी प्रगति हुई; इसके अंतर्गत एक मशीनीकृत डिवीजन तैयार की गई, जिसे बाद में बख्तरबंद डिवीजन के रूप में परिवर्तित कर दिया गया। कुछ इन्फैंट्री डिवीजनों की गतिशीलता और आक्रामक क्षमता को बढ़ाने के लिए उन्हें मशीनीकृत घटक उपलब्ध कराए गए। आवश्यकता पड़ने पर दुश्मन की जमीन पर लड़ाई लड़ने की क्षमता हासिल करने के लिए विभिन्न मशीनीकृत और सचल इकाइयों को एक साथ मिला दिया गया।

संगठनात्मक सुधार के रूप में एक सेना उड्डयन कोर (Army Aviation

Corps) का गठन किया गया तथा वायु-रक्षा परिसंपत्तियों की देखभाल के लिए एक अलग कोर का गठन किया गया। सेना उड्डयन कोर के गठन से सेना को अपनी हवाई परिसंपत्तियों (Air assets) पर नियंत्रण रखने और उसकी देखभाल करने में काफी मदद मिली। यह कोर गहन सर्वेक्षण के लिए हलके हेलीकॉप्टरों का संचालन करती है। इस कोर की एक अन्य विशेषता यह है कि सेना के किसी भी अंग के अधिकारी इस कोर में शामिल हो सकते हैं और यदि उन्हें उपयुक्त पाया जाता है तो उन्हें पायलट का प्रशिक्षण प्रदान किया जाता है। सियाचिन जैसे दूर-दराज के क्षेत्रों में सैन्य अभियान चलाने में सेना उड्डयन कोर ने महत्त्वपूर्ण भूमिका अदा की है।

विभिन्न अभिलेख और आँकड़े रखने तथा कमान एवं नियंत्रण व्यवस्था को मजबूत और कुशल बनाने के लिए सेना ने सूचना तकनीक को अपनाकर कंप्यूटरीकरण की प्रक्रिया भी आरंभ कर दी। यद्यपि यह प्रक्रिया अभी प्रगति पर है, तथापि वर्तमान में लगभग सभी अधिकारी कंप्यूटर का प्रयोग करने में कुशल हो गए हैं। इस प्रकार, बीसवीं शताब्दी में ही भारतीय सेना आधुनिकीकरण की ओर अग्रसर हो चुकी थी।

राष्ट्रीय सुरक्षा की स्थिति की जटिलता को देखते हुए सरकार ने वर्ष 1999 में एक राष्ट्रीय सुरक्षा परिषद् का गठन किया। राष्ट्रीय सुरक्षा परिषद् के तीन स्तर हैं—सर्वोच्च स्तर पर सुरक्षा संबंधी मामले के लिए गठित कैबिनेट कमेटी है; उसके नीचे सामरिक नीति समूह (Strategic Policy Group) है, जिसमें सेना के तीनों अंगों के प्रमुख, विभिन्न गुप्तचर एजेंसियों के प्रमुख तथा कैबिनेट कमेटी में प्रतिनिधित्व प्राप्त करनेवाले मंत्रालयों के सचिव शामिल होते हैं। सबसे निचले स्तर के रूप में राष्ट्रीय सुरक्षा सलाहकार बोर्ड है, जो बाहरी विशेषज्ञों का एक समूह होता है। फिलहाल, इस संगठन को सचिवीय सुविधा संयुक्त गुप्तचर समिति की ओर से उपलब्ध कराई जा रही है।

कारगिल अभियान की समाप्ति के बाद गठित कारगिल समीक्षा समिति ने कई सुझाव प्रस्तुत किए। सेना मुख्यालयों और रक्षा मंत्रालय के मध्य समन्वय से संबंधित उसका सुझाव सशस्त्र बलों के लिए काफी महत्त्वपूर्ण रहा। इसके अतिरिक्त रक्षा प्रमुख (Chief of Defence Staff) के पद के सृजन और सेना के अंगों की गुप्तचर शाखाओं को एक रक्षा गुप्तचर एजेंसी के साथ समन्वित करने संबंधी सुझाव भी अत्यंत महत्त्वपूर्ण और उपयोगी रहे। हालाँकि सरकार ने उसके सभी सुझावों को स्वीकार कर लिया, किंतु अभी तक केवल दो सुझावों पर अमल किया

गया है। सुझाव के आधार पर एक सुरक्षा गुप्तचर एजेंसी की स्थापना की गई है, जिसका नेतृत्व तीन स्टारवाला एक अधिकारी (Three-star Officer) करता है; साथ ही, समन्वित रक्षा स्टाफ प्रमुख (Chief of Integrated Defence Staff) के अधीन एक समन्वित रक्षा स्टाफ भी बनाया गया है। ये दोनों संगठन सेना के तीनों अंगों के बीच बेहतर समन्वय स्थापित करने में महत्त्वपूर्ण भूमिका अदा कर सकते हैं; लेकिन इसके लिए आवश्यक है कि सेना मुख्यालयों और रक्षा मंत्रालय के मध्य संबंधों को नया स्वरूप प्रदान कर उन्हें सुदृढ़ बनाया जाए।

पूर्वावलोकन

इक्कीसवीं शताब्दी में भारतीय सेना के समक्ष दो प्रकार की चुनौतियाँ हैं। पहली चुनौती है—युद्ध का बदलता स्वरूप और दूसरी चुनौती देश की आंतरिक एवं बाह्य सुरक्षा के लिए उत्पन्न खतरे से है। युद्ध के स्वरूप में आनेवाले बदलाव को 'सैन्य मामलों में क्रांति' वाक्यांश के माध्यम से अच्छी तरह समझा जा सकता है। यह क्रांति सटीक अवलोकन एवं लक्ष्य अधिग्रहण प्रणाली (Target Acquisition System) तथा निर्देशित उपकरणों और कंप्यूटर नेटवर्क से जुड़ी संचार प्रणाली पर आधारित है। इस तरह की तकनीकों के विकास और उनके प्रयोग से आधुनिक युद्ध का स्वरूप काफी जटिल हो गया है। इस प्रकार की हथियार-प्रणालियाँ एक तो अत्यधिक महँगी हैं, इसलिए इन्हें सीमित संख्या में ही प्राप्त किया जा सकता है; दूसरे, अत्यधिक घातक और सटीक निशानेवाली होने के कारण इनसे जान-माल का ज्यादा खतरा रहता है। ऐसे में भविष्य में होनेवाले युद्धों का स्वरूप व्यापक और गंभीर तो होगा, लेकिन उसकी समयावधि बहुत कम होगी। अब सेना के समक्ष चुनौती इस प्रकार के युद्ध से निपटने के लिए स्वयं को तैयार करने की है। अधिकाधिक तकनीकी विकास की इस स्थिति में सेना के सामने ऐसे लोगों, जो इस प्रकार की तकनीकों के प्रयोग में कुशल होने के साथ-साथ सैन्य गुणों से युक्त भी हों, को आकर्षित करके स्वयं से जोड़ने की चुनौती भी है।

वर्तमान में हम आंतरिक और बाह्य सुरक्षा की जिस तरह की चुनौतियों का सामना कर रहे हैं, वे अलग-अलग हैं। भविष्य में इनमें और भी ज्यादा विभिन्नता आने की संभावना है। परंपरागत युद्ध अब बहुत खर्चीले लगने लगे हैं। ऐसे में दुर्बल राष्ट्र अपने उद्देश्यों और हितों की पूर्ति के लिए आतंकवाद, अलगाववाद, विद्रोह और ज्यादा-से-ज्यादा विध्वंस का सहारा लेंगे। पाकिस्तान पिछले बीस

वर्षों से भारत के खिलाफ यही सब तो कर रहा है। इस संदर्भ में जहाँ तक अमेरिका की बात है, निश्चित रूप से कुछ नहीं कहा जा सकता कि वह आतंकवाद से निपटने और उसे खत्म करने के प्रति कितना गंभीर है। अत: भारत को अपने बल पर ही इस चुनौती का सामना करना है। वैसे यह वास्तविकता है कि इस प्रकार की समस्याओं का कोई विशुद्ध सैन्य हल नहीं है, बल्कि इसके लिए एक समन्वित राजनीतिक, प्रशासनिक और सैनिक हल निकाले जाने की आवश्यकता होती है। अब चुनौती इस तरह का समन्वय स्थापित करने की है।

देश की सुरक्षा के लिए दूसरा खतरा चीन की ओर से है, जो 'महाशक्ति' ही नहीं, बल्कि 'सर्वोच्च शक्ति' हासिल करने में लगा है। चीन स्वयं को अमेरिका के एकमात्र संभव प्रतिद्वंद्वी के रूप में देख रहा है। वह द्विध्रुवीय विश्व-व्यवस्था कायम करके स्वयं को दूसरे ध्रुव पर स्थापित करने का सपना देख रहा है। यह सबकुछ हासिल करने के लिए चीन के लिए पहले एशिया पर अपना वर्चस्व स्थापित करना आवश्यक है। अब जहाँ तक एशिया की बात है, तो यहाँ भारत ही एकमात्र ऐसा देश है, जो क्षेत्रफल, जनसंख्या और प्राकृतिक संसाधनों की दृष्टि से चीन के सामने चुनौती खड़ी कर सकता है। दूसरी ओर, भारत की भी अपनी महत्त्वाकांक्षाएँ हैं कि उसे दुनिया की प्रमुख शक्तियों में गिना जाए। ऐसे में पूरी संभावना है कि निकट भविष्य में भारत और चीन के हित एक-दूसरे से टकराएँगे। यह टकराव सशस्त्र हो भी सकता है और नहीं भी; लेकिन भारत की सुदृढ़ सैन्य स्थिति को देखते हुए चीन को किसी प्रकार का सैन्य साहस करने के लिए कई बार सोचना पड़ेगा।

सुरक्षा के लिए तीसरी चुनौती इसलामिक आतंकवाद के कारण उत्पन्न हुई है। भारत वस्तुत: मुसलिम राष्ट्रों से घिरा हुआ है, जो उत्तरी अफ्रीका में अटलांटिक तट से लेकर दक्षिण-पूर्व एशिया में इंडोनेशिया और मलेशिया तक फैले हुए हैं। पड़ोसी देशों—खासकर पाकिस्तान, बँगलादेश और इंडोनेशिया—में धार्मिक कट्टरवाद के चलते भारत की सुरक्षा के लिए एक गंभीर खतरा बना हुआ है।

धार्मिक कट्टरवाद का एक अन्य आयाम भी है, जिसका संबंध आंतरिक सुरक्षा से है। पीछे मुड़कर देखें तो हम समझ सकते हैं कि पंजाब समस्या का मूल कारण सिख कट्टरवाद का उदय ही था। इसी तरह हिंदू और मुसलिम कट्टरवाद के उदय और उनके टकराव से देश की आंतरिक सुरक्षा को गंभीर खतरा उत्पन्न हो सकता है। देश में असमान एवं असंतुलित आर्थिक-सामाजिक विकास के कारण इस समस्या को और बल मिल सकता है। यद्यपि आंतरिक सुरक्षा का संबंध कानून

और व्यवस्था की समस्या से संबंधित है, लेकिन समय-समय पर सेना को भी उसमें अपनी महत्त्वपूर्ण भूमिका अदा करनी पड़ी है। ऐसे में सेना के समक्ष चुनौती केवल अशांति की स्थिति से निपटने की नहीं है, बल्कि उसके सामने यह भी सुनिश्चित करने की चुनौती है कि इस प्रकार की परिस्थितियों का उसके अधिकारियों और जवानों पर कोई प्रभाव न पड़े और सेना अपने धर्मनिरपेक्ष तथा निष्पक्ष चरित्र को बनाए रखने में समर्थ रहे।

इस प्रकार सेना के सामने अपने मौलिक और परंपरागत गुणों को बनाए रखते हुए आधुनिक तकनीक अपनाने और देश में उपलब्ध न्यूनतम संसाधनों का अधिकतम उपयोग करके स्वयं को हर स्थिति से निपटने के लिए तैयार करने की चुनौती है, जिससे वह देश की अखंडता और राष्ट्रीय गौरव को बनाए रख सके। सन् 1980-2000 की अवधि के दौरान सेना ने इस संदर्भ में जो कुछ कर दिखाया, उससे सेना के साथ-साथ देश के आत्मविश्वास में भी वृद्धि हुई है।

संदर्भ

1. ए. मुखर्जी, 'द वार इन श्रीलंका, अनएंडिंग कॉनफ्लिक्ट' (नई दिल्ली, 2000), पृष्ठ 26।

□

विद्रोही गतिविधियाँ और आंतरिक सुरक्षा

• मेजर जनरल (सेवानिवृत्त) अशोक कृष्ण

(अति विशिष्ट सेवा पदक)

स्वतंत्रता-प्राप्ति के पश्चात् भारतीय सेना लगातार विद्रोही गतिविधियों के विरुद्ध अभियानों में संलग्न रही है। इसका सिलसिला हैदराबाद में निजाम के शासन के दौरान तेलंगाना में मचे उपद्रव के साथ ही शुरू हो गया था। उपद्रवकारियों ने जब हिंसा का सहारा लेना शुरू कर दिया तो सेना का हस्तक्षेप आवश्यक हो गया। हैदराबाद में अभियान की समाप्ति के बाद इस क्षेत्र में स्थिति को नियंत्रण में लाने के लिए इन्फैंट्री इकाइयों को वहाँ से हटा लिया गया। किंतु पूर्वोत्तर के राज्यों और जम्मू-कश्मीर में सेना को कई दशकों तक विद्रोह के खिलाफ अभियानों में संलग्न रहना पड़ा।

इस अध्याय के अंतर्गत पूर्वोत्तर में उत्पन्न विद्रोह की स्थिति, उसके मूल कारण और स्थिति से निपटने में भारतीय सेना की भूमिका पर संक्षेप में प्रकाश डाला गया है। इसके अतिरिक्त सेना की अन्य आंतरिक सुरक्षा गतिविधियों का भी संक्षेप में उल्लेख किया गया है।

पूर्वोत्तर भारत में विद्रोही गतिविधियाँ

स्वतंत्रता से पूर्व भारत के उत्तर-पूर्वी क्षेत्र में या तो बृहत्तर असम राज्य के हिस्से थे या फिर भारत की कोई रियासत थी। उस समय वर्तमान अरुणाचल

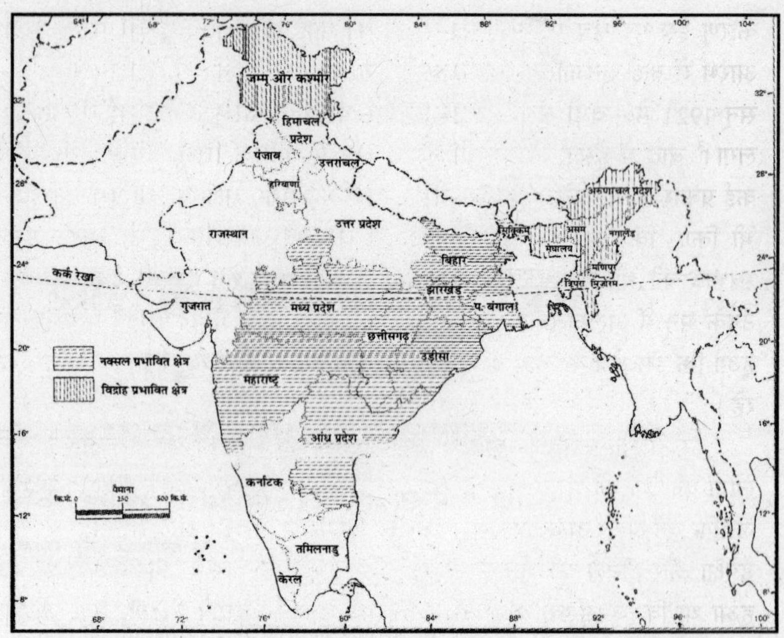

विद्रोही एवं नक्सलवादी गतिविधियों से प्रभावित क्षेत्रों को दरशाता मानचित्र।

प्रदेश, नगालैंड, मिजोरम और मेघालय राज्य असम का ही हिस्सा थे; जबकि मणिपुर और त्रिपुरा पर राजाओं का शासन था। इन सातों राज्यों का कुल क्षेत्रफल 2,55,089 वर्ग किलोमीटर (देश के कुल क्षेत्रफल का 7.7 प्रतिशत) है तथा वर्तमान में कुल जनसंख्या लगभग 3,84,95,089 है, जो देश की कुल जनसंख्या का 3.74 प्रतिशत है।[1] इन राज्यों का शासक कोई भी रहा हो, लेकिन ये सभी राज्य देश से अलग-थलग तथा अत्यधिक पिछड़े हुए थे। अंग्रेजों ने भी इन राज्यों को अलग-थलग रखने में रुचि दिखाई, परिणामस्वरूप यहाँ नाममात्र का ही विकास हो सका। अरुणाचल प्रदेश और नगालैंड में तो स्थिति यहाँ तक थी कि दूर-दराज के कुछ क्षेत्रों तक प्रशासन की पहुँच ही नहीं थी। इनमें से कुछ राज्यों की जनजातियों द्वारा जब कभी चाय के बागानों में लूटपाट की जाती थी तो कुछ अन्य जनजातियाँ उनके दमन के लिए अभियान शुरू कर देती थीं। यह प्रक्रिया बार-बार दोहराई जाती रही।

जब पूरे देश में स्वतंत्रता के लिए लड़ाई लड़ी जा रही थी, तब अंग्रेजों के अंतर्रेखा विनियमों[2] और परिणामस्वरूप संचार तथा संपर्क के साधनों के अभाव के

कारण इस पूरे क्षेत्र पर स्वतंत्रता-संघर्ष का कोई खास प्रभाव नहीं पड़ा। यद्यपि आरंभ में कई जनजातियाँ सर्वात्मवादी मत को माननेवाली थीं, लेकिन बाद में—सन् 1921 से—बड़ी संख्या में उनका धर्म-परिवर्तन करके उन्हें ईसाई बनाया जाने लगा।[3] बाद में ईसाई मिशनरियों ने इस क्षेत्र में धार्मिक शिक्षा देने के साथ-साथ कई प्रकार के सामाजिक कार्य—जैसे रोगियों की सेवा, साक्षरता का प्रसार आदि—भी किए; किंतु कुछ अन्य मिशनरियों ने क्षेत्र की जनजातियों, जो अत्यंत सरल स्वभाव की थीं, को भड़काने की कोशिश की। उन्हें शेष देश से अलग बताकर उनके मन में अलगाववादी प्रवृत्ति भरने का काम किया गया। इसका परिणाम यह हुआ कि इस क्षेत्र के लोग देश की मुख्य राजनीतिक धारा से अलग-थलग ही बने रहे।

स्वतंत्रता-प्राप्ति के बाद भी केंद्र सरकार की पूर्व-धारणा के चलते यहाँ के लोगों को देश की मुख्य राजनीतिक धारा से जोड़ने की ओर ध्यान नहीं दिया गया, जबकि यह बहुत आवश्यक था। इस क्षेत्र के गरीब, निरक्षर और अंतर्मुखी लोगों में उपेक्षा और हीनता की भावना लगातार घर करती रही। उनके मन में यह डर बना हुआ था कि जनसंख्या बढ़ने के साथ-साथ उनकी पहचान मिटती चली जाएगी। इस क्षेत्र के अधिकांश राजनीतिक नेता और प्रशासक भी अनुभवी तथा परिपक्व नहीं थे। इस कारण भ्रष्टाचार और भाई-भतीजावाद का वातावरण तैयार होता चला गया। समय के साथ-साथ पूर्वोत्तर के कुछ राज्यों में विद्रोही और अलगाववादी आंदोलन शुरू होने लगा—सन् 1953 में नगालैंड में, 1965 में मणिपुर में, 1966 में मिजोरम में और 1978 में त्रिपुरा में। इन अलगाववादियों को दबाने के लिए सेना तैनात करनी पड़ी।

नगालैंड

नगालैंड का कुल क्षेत्रफल 16,579 वर्ग किलोमीटर है, जिसमें से केवल 147 वर्ग किलोमीटर ही शहरी क्षेत्र में आता है। यहाँ की जनसंख्या 19,88,638 है।[4] उन्नीसवीं शताब्दी में नगाओं को अपने अधीन करने के लिए अंग्रेजों को काफी मुश्किलों का सामना करना पड़ा था। अंग्रेजों ने उन्हें अधिक स्वायत्तता दी तथा मैदानी क्षेत्रों की ओर से हमलों को रोकने के लिए उन्हें संरक्षण प्रदान किया। चूँकि नगा जनजातियों की अपनी कोई लिखित भाषा नहीं थी, इसलिए ईसाई चर्च ने वहाँ रोमन लिपि शुरू की, जिसे वर्तमान में सभी नगा जनजातियाँ प्रयोग में ला रही हैं। द्वितीय विश्वयुद्ध में नगाओं ने मित्र देशों की सेनाओं का सहयोग किया था

और बदले में वे अलग राज्य की माँग कर रहे थे।

फरवरी 1947 में भारत को स्वतंत्रता मिलने की अंग्रेजों की घोषणा के बाद नगा नेशनल कॉन्फ्रेंस (NNC) ने नगाओं के लिए दस वर्षों तक एक पूर्ण अधिकार-युक्त अंतरिम सरकार के गठन की माँग करते हुए एक ज्ञापन दिया। जून 1947 में असम के गवर्नर सर अकबर हैदरी ने नगा नेशनल कॉन्फ्रेंस के साथ एक समझौता किया, जिसे 'नौ सूत्रीय समझौता' के नाम से जाना गया। इस समझौते में नगाओं को अधिक स्वायत्तता देने और उन्हें स्वेच्छापूर्वक अपना विकास करने का अधिकार देने की बात कही गई थी। सीमाओं के संदर्भ में समझौते के अंतर्गत यह कहा गया था कि मौजूदा प्रशासनिक प्रभागों को कुछ इस तरह संशोधित और निर्धारित किया जाएगा कि वे सभी नगा के पहाड़ी जिलों में पुनः शामिल कर लिये जाएँ; साथ ही यह भी कहा गया कि 'अतीत में सिबसागर तथा नौगोंग के हस्तांतरित किए गए सभी जंगलों को यथासंभव नगा क्षेत्रों के रूप में एक एकीकृत प्रशासनिक इकाई के अंतर्गत लाया जाएगा। इस तरह शामिल किए गए सभी क्षेत्रों को वर्तमान प्रस्तावित समझौते के अंतर्गत रखा जाएगा और नगा नेशनल कॉन्फ्रेंस की स्वीकृति के बिना किसी भी क्षेत्र को नगा पहाड़ियों के बाहर हस्तांतरित नहीं किया जाएगा।'

इस समझौते के अनुसार ही नगा आदिवासी असम-नगालैंड सीमा पर स्थित आरक्षित वन क्षेत्र, जिसे सिबसागर तथा नौगोंग जिलों को हस्तांतरित कर दिया गया है, को नगालैंड में शामिल किए जाने की माँग कर रहे हैं। समझौते की अवधि के संदर्भ में उसमें (समझौते में) कहा गया है—'असम सरकार की दस वर्षों के लिए यह विशेष जिम्मेदारी होगी कि वह समझौते का उपयुक्त ढंग से पालन सुनिश्चित कराए : इस अवधि के बाद नगा नेशनल कॉन्फ्रेंस से पूछा जाएगा कि वह समझौते की अवधि को और बढ़ाना चाहता है या नगाओं के भविष्य को ध्यान में रखते हुए नया समझौता करने के पक्ष में है।' इस संदर्भ में प्रशासन ने स्पष्ट किया कि इसके द्वारा नगाओं को भारत के संविधान के अंतर्गत ही प्रशासनिक व्यवस्था में संशोधन का सुझाव प्रस्तुत करने का अधिकार दिया गया है; किंतु जपु फिजो के नेतृत्व में उग्रवादी तत्त्वों ने दावा किया कि इस प्रावधान से नगाओं को अलग होने का अधिकार मिल गया है।[5] (द्वितीय विश्वयुद्ध के दौरान फिजो और उसके समर्थक खोनोमा नगाओं को छोड़कर सभी नगाओं ने जापान के विरुद्ध लड़ाई में अंग्रेजों का साथ दिया था; फिजो ने मुट्ठी भर खोनोमा नगाओं को लेकर जापानियों का साथ दिया था—इस उम्मीद से कि विश्वयुद्ध समाप्त होने के बाद जापानी एक अलग स्वतंत्र नगा राज्य को मान्यता देंगे)।[6]

संविधान सभा ने संविधान की छठी अनुसूची तैयार करने और असम के आदिवासी क्षेत्रों के प्रशासन से संबंधित प्रावधानों को शामिल करने के लिए असम के तत्कालीन मुख्यमंत्री श्री गोपीनाथ बोरदोलोई की अध्यक्षता में एक समिति का गठन किया था। 'हैदरी समझौता' इन्हीं प्रावधानों का एक हिस्सा था। 14 अगस्त, 1947 को फिजो ने खोनोमा में नगालैंड की स्वतंत्रता की घोषणा कर दी। इस घोषणा के बाद उसे और उसके साथियों को गिरफ्तार कर लिया गया, लेकिन बाद में उन्हें रिहा कर दिया गया। सन् 1950 में फिजो को नगा नेशनल कॉन्फ्रेंस का अध्यक्ष बनाया गया; मई 1951 में एक जनमत संग्रह कराया और यह दावा किया कि कुल जनसंख्या का 99 प्रतिशत हिस्सा नगालैंड की स्वतंत्रता का समर्थन करता है। केंद्र सरकार ने जब यह दावा स्वीकार नहीं किया तो विद्रोहियों ने कानून को अपने हाथ में लेते हुए सन् 1952-1954 के दौरान पुलिस के सिपाहियों, अधिकारियों और निर्दोष ग्रामीणों तथा असम राइफल्स की कुछ चौकियों पर जोरदार हमला किया। उन्होंने विध्वंसक गतिविधियों का भी सहारा लिया। 22 मार्च, 1956 को फिजो ने एक विद्रोही सरकार—नगा संघीय सरकार—का गठन कर लिया। बाद में उसने एक नगा फेडरल आर्मी (NFA) भी तैयार की, जिसे द्वितीय विश्वयुद्ध के बचे हुए हथियारों और पुलिस तथा असम राइफल्स से छीने गए विभिन्न प्रकार के हथियारों से लैस किया गया था। उसकी गुरिल्ला फौज में कुल 3 हजार लड़ाके थे, जो गाँवों में आतंक मचाकर ग्रामीणों को नगा संघीय सेना का साथ देने के लिए बाध्य कर रहे थे और साथ ही उनसे धन की वसूली भी कर रहे थे।

सेना की तैनाती

केंद्र सरकार के आदेश पर स्थिति से निपटने के लिए मार्च 1956 में भारतीय सेना की कुछ टुकड़ियाँ नगालैंड रवाना कर दी गईं। उन्हें कम-से-कम बल प्रयोग करते हुए ग्रामीणों को ज्यादा-से-ज्यादा सुरक्षा प्रदान करने और नागरिक प्रशासन को मदद पहुँचाने के लिए कड़े निर्देश दिए गए थे। हालाँकि इस प्रकार के निर्देशों से सुरक्षा बलों को एक तरह से पंगु बना दिया गया था, जिसका विद्रोहियों को लाभ मिला; लेकिन सुरक्षा बलों ने अपनी जिम्मेदारी निष्ठापूर्वक निभाई। असम के जनरल ऑफिसर कमांडिंग के रूप में नियुक्त मेजर जनरल आर.के. कोचर के नेतृत्व में 'ऑपरेशन राजी' (Operation RAJI) शुरू किया गया। सन् 1957 के मध्य तक स्थिति नियंत्रण में आ गई। बड़ी संख्या में विद्रोहियों को या तो पकड़ लिया गया या उन्होंने स्वयं ही आत्मसमर्पण कर दिया। फिजो

दिसंबर 1956 में भागकर पाकिस्तान चला गया और फिर वहाँ से जून 1960 में लंदन चला गया। उसके कुछ समर्थक उसके साथ ही थे, जबकि कुछ अन्य जंगलों में बिखर गए थे।

अंतत: नगा विद्रोह ने गंभीर रूप ले लिया था, जिसने एक समय नगालैंड में तैनात इन्फैंट्री बटालियनों और असम राइफल्स तथा सशस्त्र पुलिस बटालियनों को भी हताश करके रख दिया था। पिछले लगभग 50 वर्षों से चले आ रहे इस विद्रोह ने लोगों को बाँटने का काम किया है, जबकि नगालैंड पहले ही भारतीय संघ का पूर्ण रूप से स्वशासित राज्य बन चुका है।

उधर, नगालैंड से भागकर फिजो विदेशी सहायता और समर्थन जुटाने में लगा था और यहाँ उदारवादी नेताओं द्वारा कोहिमा में अगस्त 1957 में नगा पीपुल्स कॅन्वेंशन (NPC) की बैठक आयोजित की गई, जिसमें सभी आदिवासियों को प्रतिनिधित्व दिया गया था। इस सम्मेलन की सिफारिशों के आधार पर संघ सरकार 1 दिसंबर, 1957 को नगा हिल्स-त्वेनसांग क्षेत्र (NHTA) को अस्तित्व में लाई। उसके बाद भूमिगत विद्रोहियों से निपटने के लिए राज्य में सशस्त्र बल विशेषाधिकार अधिनियम, 1958 लागू किया गया। इस अधिनियम के अंतर्गत नगालैंड में अंतरराष्ट्रीय सीमा पर स्थित 3 मील की एक पट्टी और मणिपुर के तीन उत्तरी सब-डिवीजनों—उखरुल, माओ और तमेंगलोंग—को ही उपद्रवग्रस्त क्षेत्र के रूप में परिभाषित किया गया था। कानून और व्यवस्था के संदर्भ में नगालैंड के गवर्नर को भारतीय संविधान के अधीन कुछ विशेषाधिकार दिए गए थे।

सोलह-सूत्रीय प्रस्ताव

नगा पीपुल्स कॅन्वेंशन के अक्तूबर 1959 में आयोजित एक सम्मेलन में एक सोलह सूत्रीय प्रस्ताव पारित किया गया। बाद में केंद्र सरकार द्वारा स्वीकार कर लिये जाने पर उसे समझौते का रूप दे दिया गया। इसके अंतर्गत नगाओं को भारतीय संविधान के अधीन अधिकतम स्वायत्तता देने तथा नगालैंड के रूप में एक पूर्ण स्वतंत्र राज्य के निर्माण की बात कही गई थी। समझौते में एक नगा रेजीमेंट के गठन का प्रावधान भी रखा गया था। सितंबर 1962 में संसद् द्वारा नगालैंड राज्य अधिनियम पारित कर दिया गया; 1 दिसंबर, 1963 को तत्कालीन राष्ट्रपति डॉ. राधाकृष्णन ने कोहिमा में नगालैंड राज्य का उद्घाटन किया। नगाओं के धार्मिक एवं सामाजिक रीति-रिवाजों की रक्षा, नागरिक एवं आपराधिक न्याय और भू-स्वामित्व एवं उसके हस्तांतरण संबंधी अधिकारों की रक्षा के लिए विशेष प्रावधान

किए गए। प्रावधानों के अनुसार उपर्युक्त मामलों में नगालैंड विधानसभा के निर्णय के बिना कोई भी संसदीय अधिनियम लागू नहीं किया जा सकता।

8 माउंटेन डिवीजन

इस अवधि में सेना में कुछ संगठनात्मक परिवर्तन किए गए। नगालैंड के लिए एक अलग इकाई की आवश्यकता महसूस की जा रही थी। परिणामस्वरूप, सन् 1960 में 23 माउंटेन डिवीजन ने वहाँ के सैन्य अभियानों की जिम्मेदारी सँभाल ली। बाद में जब 23 माउंटेन डिवीजन को 1962 में चीनी खतरे से निपटने के लिए तैनात किया गया तो नगालैंड की जिम्मेदारी इंस्पेक्टर जनरल ऑफ असम राइफल्स, शिलांग को सौंपी गई। उन्होंने कोहिमा में एक रणनीतिक मुख्यालय स्थापित किया। उसके बाद लगातार बढ़ती चुनौतियों से निपटने के लिए मेजर जनरल के.पी. कैंडेथ के नेतृत्व में 1 अगस्त, 1963 को एक विशेष डिवीजन—8 माउंटेन डिवीजन—तैयार की गई। नवंबर 1963 में यह डिवीजन नगालैंड में स्थापित कर दी गई।

8 माउंटेन डिवीजन को कानून और व्यवस्था कायम रखने में नागरिक

युद्ध के पूर्ण वेश में नगा योद्धा।

अधिकारियों की मदद करने की ज़िम्मेदारी सौंपी गई थी। कुछ स्थानों पर आवश्यकता पड़ने पर उसे परंपरागत भूमिका भी अदा करनी थी। विद्रोह को दबाने के संदर्भ में उसे विद्रोही समूहों को नियंत्रित करने, सड़क संचार और सैनिक चौकियों की रक्षा करने तथा प्रशासन में सहयोग करके आम जनता की सुरक्षा सुनिश्चित करने का कार्य सौंपा गया था। अपने अभियानों को सफलतापूर्वक संपन्न करने के लिए उसके पास 6 ब्रिगेडें और कुछ अर्द्धसैनिक बल थे। उन्हें मध्य मणिपुर के पुलिस सेक्टर सहित 9 सेक्टरों में तैनात किया गया था। उखरुल में स्थित पुलिस सेक्टर का मुख्यालय इंफाल में था।[7]

1971 तक के तीव्र अभियान

सन् 1962-64 के दौरान भूमिगत विद्रोही नेताओं ने हथियारों की सहायता के लिए पाकिस्तान और चीन से संपर्क स्थापित किया। इस अवधि में कई विद्रोही समूह पाकिस्तान गए। इन समूहों का नेतृत्व जनरल काइटो सेमा (100), मोवू अंगामी (73), जुहेतो सेमा (1300) और ब्रिगेडियर डुसोई चाकेसांग (202) कर रहे थे। भारी मात्रा में आधुनिक हथियारों के साथ ये समूह वापस आए और आम लोगों में आतंक फैलाना शुरू कर दिया। किंतु सुरक्षा बलों ने व्यापक अभियान चलाकर स्थिति पर नियंत्रण कर लिया।

अप्रैल 1964 में चर्च के तत्त्वावधान में एक शांति मिशन बनाया गया। जयप्रकाश नारायण, बी.पी. चलिहा और माइकल स्कॉट इस शांति मिशन के सदस्य थे। शांति मिशन के प्रयासों से अभियान को स्थगित करने के लिए 6 सितंबर, 1964 को एक समझौता हुआ। सुरक्षा बल तो समझौते की शर्तों का पालन करते रहे, लेकिन भूमिगत विद्रोही नेताओं ने अपने लड़ाकों को प्रशिक्षण और हथियार प्राप्त करने के लिए चीन भेजना शुरू कर दिया। 150 लड़ाकों का एक दल नवंबर 1966 में जनरल थिनूसेली अंगामी के नेतृत्व में चीन गया। लगभग 2 महीने के मार्च और 11 महीने के प्रशिक्षण के बाद यह दल भारी मात्रा में हथियारों के साथ जनवरी 1968 में नगालैंड वापस आ गया । जनरल मोवू अंगामी के नेतृत्व में एक अन्य गैंग दिसंबर 1967 में चीन गया और प्रशिक्षण तथा हथियार लेकर मार्च 1969 में वापस नगालैंड आ गया। इस प्रकार बढ़ती हुई विद्रोही गतिविधियों को देखते हुए शांति मिशन को सन् 1967 में समाप्त कर दिया गया।

नगा लड़ाकों का पहला दल जनवरी 1968 में चीन से प्रशिक्षित और शस्त्रों से लैस होकर लौट आया; उसने अपने लड़ाकों की संख्या 10 हजार तक बढ़ा ली।

7 जून, 1968 को जोत्सोमा क्षेत्र में एक बड़ा सशस्त्र अभियान चलाया गया, जिसमें दोनों पक्षों के कई लोग हताहत हुए। इस अभियान में बड़ी संख्या में विद्रोहियों को चीनी हथियारों और गोला-बारूदों के साथ पकड़ा गया। उसके बाद सुरक्षा बलों ने पूरे नगालैंड राज्य में व्यापक अभियान शुरू कर दिया। अक्तूबर 1968 तक भूमिगत विद्रोही नेताओं में फूट पड़ चुकी थी। फूट के बाद एक गुट स्वयं को नगालैंड की क्रांतिकारी सरकार, जो साम्यवाद-विरोधी थी, मानने लगा। इस क्रांतिकारी सरकार ने नगाओं की समस्या के शांतिपूर्ण समाधान का आश्वासन दिया।

जब दूसरा दल मार्च 1969 में चीन से वापस आने वाला था तो सुरक्षा बलों ने उसे धर दबोचने के लिए एक अभियान की तैयारी शुरू कर दी थी। दल के नगालैंड में आने पर हुई कारवाइयों में 14-15 मार्च को मोवू अंगामी को उसके 151 साथियों के साथ लुखामी क्षेत्र के कोइबोतो नामक स्थान पर पकड़ लिया गया। दल में शामिल उसके अन्य साथी भागने में सफल हो गए। इस दल के कब्जे से भारी मात्रा में चीनी हथियार बरामद किए गए। इस अभियान में सुरक्षा बलों को रिवोल्यूशनरी गवर्नमेंट ऑफ नगालैंड (RGN) की ओर से काफी मदद मिली।

15 सितंबर, 1970 को मेजर जनरल के.वी. कृष्णा राव ने 8 माउंटेन डिवीजन की कमान सँभाली और मई 1972 तक यह कमान उनके हाथों में ही रही। डिवीजन के इतिहास में यह अवधि काफी महत्त्वपूर्ण रही।

जून-जुलाई 1971 में शुरू किए गए अभियान में सुरक्षा बलों ने विद्रोहियों को तितर-बितर करके 4 जुलाई, 1971 को उनकी तथाकथित पूर्वी कमान को ध्वस्त कर दिया। इस अभियान के दौरान असाधारण वीरता और उच्च कोटि के साहस का प्रदर्शन करने के लिए 19 राजपूताना राइफल्स के कैप्टन उमेद सिंह महरा को मरणोपरांत 'अशोक चक्र' से सम्मानित किया गया। सन् 1963 में 8 माउंटेन डिवीजन के गठन के बाद से उसके किसी अधिकारी को दिया जानेवाला यह पहला 'अशोक चक्र' था।[8] अगस्त 1971 तक नगालैंड में स्थिति पूरी तरह नियंत्रण में आ गई। सन् 1971 के भारत-पाक युद्ध के दौरान 8 माउंटेन डिवीजन की पाँच ब्रिगेडों (59, 71, 81, 95 और 167 माउंटेन ब्रिगेड) को युद्ध के लिए रवाना कर दिया गया। अब नगालैंड और मणिपुर में सुरक्षा व्यवस्था बनाए रखने के लिए 56 माउंटेन ब्रिगेड के साथ क्षेत्र में तैनात कुछ अर्द्धसैनिक बल ही रह गए थे। ऐसे में भूमिगत विद्रोही नेताओं ने मौका देखकर 63 लड़ाकों का एक दल दिसंबर 1971 में पुनः चीन भेज दिया। अप्रैल 1973 में यह दल नगालैंड वापस आ गया।

सन् 1971 के युद्ध में बँगलादेश के उत्तर-पूर्वी भाग को मुक्त कराने के साथ-साथ 8 माउंटेन डिवीजन ने नगालैंड आर्मी के स्वयंभू कमांडर-इन-चीफ थिनूसेली अंगामी को ढाका से गिरफ्तार करने में भी सफलता प्राप्त की। इस युद्ध में भारत की जीत से विद्रोहियों के मनोबल में गिरावट आई; क्योंकि अब पूर्वी पाकिस्तान से उन्हें मिलनेवाली सहायता पूरी तरह बंद हो गई थी। परिणामस्वरूप उन्होंने अपनी गतिविधियों का केंद्र नगालैंड और मणिपुर के दूरस्थ इलाकों से म्याँमार की सीमा से लगे इलाकों में स्थानांतरित कर दिया।

शिलांग समझौता

जनवरी 1972 में 8 माउंटेन डिवीजन नगालैंड वापस आ गई। अब उसके पास केवल तीन ब्रिगेडें रह गई थीं—56 माउंटेन ब्रिगेड, जिसका हेडक्वार्टर मोकोकचुंग में था; 59 माउंटेन ब्रिगेड, जिसका हेडक्वार्टर पिफीमा में था तथा 81 माउंटेन ब्रिगेड, जिसका हेडक्वार्टर चाकाबामा में था। अगस्त 1972 तक नगालैंड में स्थिति स्थिर बनी रही। किंतु 8 अगस्त, 1972 को दीमापुर-कोहिमा मार्ग पर

उपद्रव-रोधी ऑपरेशन के दौरान संपर्क साधता गश्ती दल।

(साभार : रक्षा मंत्रालय, जनसंपर्क विभाग)

घात लगाकर बैठे कुछ सशस्त्र विद्रोहियों ने हमला कर दिया। इस घटना के बाद अभियान के स्थगन से संबंधित समझौते को रद्द कर दिया गया और राज्यपाल श्री बी.के. नेहरू ने नगालैंड में गैर-कानूनी गतिविधि रोकथाम अधिनियम, 1967 लागू कर दिया। इस अधिनियम के लागू होते ही एक बार फिर पूरे नगालैंड में अभियान शुरू हो गए। भूमिगत विद्रोही नेताओं ने सितंबर 1974 में मुइवा के नेतृत्व में 150 विद्रोहियों और दिसंबर 1974 में वेदाई चाकेसांग के नेतृत्व में 160 विद्रोहियों के दो और दल चीन भेजे। ये दोनों दल भारी मात्रा में हथियार और गोला-बारूद के साथ फरवरी 1976 में भारत-म्याँमार सीमा पर वापस आ गए। इन दलों ने जब नगालैंड में प्रवेश करने की कोशिश की तो सुरक्षा बलों ने उनपर हमला करके उन्हें भारी क्षति पहुँचाई।

एक महत्त्वपूर्ण राजनीतिक विकास के क्रम में उदारवादी नगा नेताओं के एक समूह को सन् 1974 के चुनावों में शामिल होने के लिए तैयार कर लिया गया। चुनावों के बाद विजोल ने सरकार का गठन किया और उन्होंने भारतीय संविधान के प्रति निष्ठावान् बने रहने की शपथ ली। परंतु राजनीतिक सत्ता हाथ में आते ही वह अपनी वचनबद्धता से मुकर गए और दल-बदल की एक दूषित प्रक्रिया शुरू हो गई। तभी से इस दूषित और कपटपूर्ण नीति की प्रक्रिया राज्य की कानून-व्यवस्था को चोट पहुँचाती आ रही है। नगा आदिवासी दूषित राजनीतिक लड़ाई के कारण उत्पन्न इस अव्यवस्था और अशांति के लिए केंद्र सरकार को दोषी मानते हैं।

बाद में सुरक्षा बलों द्वारा डाले गए अत्यधिक दबाव और पुनः अस्तित्व में आए शांति मिशन के प्रयासों के परिणामस्वरूप भूमिगत विद्रोही नेताओं को बातचीत के मंच पर लाने में सफलता मिल गई। 11 नवंबर, 1975 को केंद्र सरकार और नगा नेशनल कॉन्फ्रेंस तथा नगा संघीय सरकार के बीच एक समझौते पर हस्ताक्षर किए गए, जिसे 'शिलांग समझौते' के नाम से जाना जाता है। समझौते के अनुसार भूमिगत नेताओं ने भारत के संविधान को स्वीकार कर लिया और सामने आकर अपने हथियार सौंपने की बात भी मान ली। समझौते के अनुसार अंतिम समझौते के लिए अन्य मामलों को सामने लाने हेतु पर्याप्त समय दिया जाना था। समझौते के बाद 368 विद्रोही बाहर आए और उन्होंने अपने हथियार डाल दिए। इससे पूर्व अगस्त 1973 में भी 1882 विद्रोही लड़ाके बाहर आकर रहने लगे थे। उनमें से अधिकांश अर्द्धसैनिक बलों के क्षेत्रों में रह रहे थे।[9]

किंतु इतना सब होते हुए भी शिलांग समझौते से विद्रोह पूरी तरह समाप्त

नहीं हुआ। 140 कार्यकर्ताओं के एक समूह ने समझौते को मानने से इनकार कर दिया। उसने अपना अड्डा उत्तरी म्याँमार की पहाड़ियों में स्थानांतरित कर लिया और 'नेशनल सोशलिस्ट काउंसिल ऑफ नगालैंड' (एन.एस.सी.एन.) का गठन किया। एन.एस.सी.एन. ने न केवल समझौते को मानने से इनकार कर दिया, बल्कि उसने फिजो के नेतृत्व को भी अस्वीकार कर दिया।

समय के साथ-साथ नगा नेशनल कॉन्फ्रेंस एवं नगा संघीय सरकार की सक्रियता में कमी आने लगी और एन.एस.सी.एन. नगाओं के हित के लिए लड़नेवाले सबसे शक्तिशाली विद्रोही संगठन के रूप में उभरने लगा। उसमें भारत और म्याँमार के कुल लगभग 2 हजार नगा शामिल थे। एन.एस.सी.एन. ने अक्तूबर 1976 में क्रमश: मुइवा और पाओ अशिहो के नेतृत्व में दो दलों को चीन भेजा। भारी मात्रा में आधुनिक हथियारों के साथ दोनों दल फरवरी 1978 में भारत-म्याँमार सीमा पर वापस आ गए। एन.एस.सी.एन. ने कुछ समय तक मणिपुर के पहाड़ी इलाकों को अपनी गतिविधियों का केंद्र बनाया। नागरिक प्रशासन की मदद से सुरक्षा बलों ने उनके गुप्त अड्डों पर कई बार धावा बोला।[10]

एन.एस.सी.एन. ने बाद में अपनी गतिविधि के क्षेत्र को आगे बढ़ाया तथा पूर्वोत्तर के क्षेत्रों में सक्रिय विभिन्न विद्रोही गुटों के साथ रणनीतिक गठजोड़ भी किए। तभी से यह उन्हें प्रशिक्षण सुविधाएँ उपलब्ध कराता आ रहा है और हथियार प्राप्त करने में उनकी मदद भी कर रहा है। मणिपुर में सक्रिय यूनाइटेड नेशनल लिबरेशन फ्रंट (UNLF) और पीपुल्स लिबरेशन आर्मी तथा मिजोरम में सक्रिय मिजो नेशनल फ्रंट (MNF) और असम में सक्रिय यूनाइटेड लिबरेशन फ्रंट ऑफ असम (ULFA) के एन.एस.सी.एन. के साथ निकट संबंध रह चुके हैं।

नेशनल सोशलिस्ट काउंसिल ऑफ नगालैंड (एन.एस.सी.एन.) में फूट

नगा आदिवासी वंश एवं जनजातीय आधारों पर हमेशा ही बँटे रहे हैं। इसी आधार पर सन् 1988 में एन.एस.सी.एन. में भी फूट पड़ गई। खोले कोन्याक और एस.एस. खापलांग़ के नेतृत्व में कोन्याक नगाओं ने एक अलग गुट (एन.एस.सी.एन.-के.) बना लिया; दूसरा गुट था—थांगकुल गुट, जिसका नेतृत्व इसाक स्वू और टी. मुइवा के हाथ में था; इस गुट को एन.एस.सी.एन.-आई.एम. के नाम से जाना गया। इस फूट के बाद दोनों गुटों में भयंकर मुठभेड़ हुई, जिसमें दोनों गुटों के सैकड़ों कार्यकर्ता मारे गए। सन् 1990 में फिजो की मृत्यु के बाद

नगालैंड नेशनल कॉन्फ्रेंस में भी फूट पड़ गई, परिणामस्वरूप उसमें एक अलग गुट—नगालैंड नेशनल कॉन्फ्रेंस (एडिनो) बना (एडिनो फिजो की पुत्री है)। यह गुट स्वयं को नगाओं का वास्तविक प्रतिनिधि मानता है। गैर-कानूनी गतिविधि (रोकथाम) अधिनियम, 1967 के अंतर्गत एन.एस.सी.एन. और एन.एन.सी. के सभी गुटों पर वर्ष 1991 से प्रतिबंध लगा दिया गया है।

8 माउंटेन डिवीजन की जम्मू-कश्मीर में तैनाती

'80 के दशक के अंत तक कश्मीर घाटी में स्थिति विस्फोटक हो गई थी। अत: 8 माउंटेन डिवीजन को नगालैंड से हटाकर जम्मू-कश्मीर रवाना कर दिया गया। उसके बाद नगालैंड में सैन्य अभियान की जिम्मेदारी हेडक्वार्टर आई.जी.ए.आर. (Headquarter IGAR) को सौंपी गई।[11]

8 माउंटेन डिवीजन नगालैंड में भली-भाँति स्थापित हो चुकी थी, अत: उसके प्रस्थान के बाद नगालैंड के साथ-साथ पूर्वोत्तर के राज्यों में भी समन्वय में कमी आई, परिणामस्वरूप स्थिति और बिगड़ने लगी।

शांति-स्थापना के प्रयास

नगालैंड में जनता की शांति की चाह और केंद्र सरकार तथा दो प्रमुख लड़ाका गुटों (एन.एस.सी.एन.-आई.एम. और एन.एस.सी.एन.-के.) के मध्य हुए युद्ध-विराम समझौते के बावजूद राज्य में आतंक, अपहरण और फिरौती की घटनाएँ लगातार जारी हैं; किंतु केंद्र सरकार राज्य में आतंकवाद के विरुद्ध कड़ी काररवाई न करके दो मुख्य गुटों के साथ चल रही शांति-प्रक्रिया में भी शामिल होने की इच्छुक दिखाई नहीं दे रही है।

अब तक एन.एस.सी.एन.-आई.एम. (NSCN-IM) पूरे क्षेत्र में सबसे बड़े और प्रभावशाली संगठन के रूप में उभर चुका है। पूर्वोत्तर में परोक्ष युद्ध के लिए पाकिस्तान इसे सर्वाधिक समर्थन दे रहा है। इसमें आई.एस.आई. (ISI) का हाथ होने का पता '80 के दशक के उत्तरार्ध में ही चल गया था। सन् 1971 में बँगलादेश के निर्माण के बाद विद्रोही गतिविधियों का केंद्र म्याँमार की सीमा से लगे क्षेत्रों की ओर स्थानांतरित कर दिया गया था; लेकिन ये गतिविधियाँ अब एक बार फिर पूर्वोत्तर में लौट आई हैं।

एन.एस.सी.एन.-आई.एम. (NSCN-IM) का मानना है कि उसकी माँग अलगाव की नहीं है, क्योंकि यह भारतीय संघ का हिस्सा कभी रहा ही नहीं है।

उसके अनुसार, ब्रिटिश शासन के दौरान नगा पहाड़ियों को कोई प्रभुसत्ता दी गई थी—यह दावा हर तरह से निराधार है। दोनों प्रमुख नगा संगठनों के साथ बातचीत के दौरान केंद्र ने अपना पक्ष स्पष्ट कर दिया है कि देश की एकता, संप्रभुता और अखंडता को प्रभावित करनेवाला कोई भी समझौता नगा समस्या के समाधान के लिए नहीं किया जाएगा। केंद्र ने एन.एस.सी.एन.-आई.एम. की असम, अरुणाचल प्रदेश और मणिपुर के नगा क्षेत्रों को मिलाकर एक 'बृहत्तर नगालैंड' के निर्माण की माँग का भी विरोध किया है। ये सभी मामले अभी तक सुलझाए नहीं जा सके हैं और एन.एस.सी.एन.-आई.एम. के साथ की गई कई शांति-वार्त्ताओं के बावजूद कुछ खास सफलता नहीं मिली है।

1 अगस्त, 2002 को शांति-प्रक्रिया के पाँच वर्ष पूरे हो गए। युद्ध-विराम की अवधि एक वर्ष के लिए और बढ़ा दी गई है और 'एक से दो वर्ष' की अवधि में समस्या का समाधान करने का निर्णय लिया गया है। आगे की बातचीत के लिए एन.एस.सी.एन.-आई.एम. के इसाक स्वू और टी मुइवा सन् 1997 के बाद पहली बार जनवरी 2003 में दिल्ली आए। बातचीत के दौरान उन्होंने आश्वासन दिया कि नगा समस्या के राजनीतिक हल के लिए एन.एस.सी.एन.-आई.एम. के सदस्य जल्दी ही हथियार डाल देंगे। आशा है, हम जल्दी ही किसी स्थायी समझौते पर पहुँचेंगे, जिसका दोनों पक्षों द्वारा सम्मान किया जाएगा। ऐसे में सरकार को न केवल नगा प्रतिनिधियों के लिए, बल्कि आम नगाओं के लिए भी बातचीत के लिए दरवाजा खुला रखना चाहिए। स्थायी रूप से शांतिपूर्ण वातावरण तैयार करने की दिशा में नागरिक समाज को भी अपनी ओर से पहल करनी चाहिए।

मणिपुर

विभाजन के समय मणिपुर एक रियासत थी। अंग्रेजों के भारत छोड़कर चले जाने के बाद उनके द्वारा नियुक्त दरबार को समाप्त कर दिया गया और महाराजा ने पहाड़ी तथा मैदानी इलाकों की जनता को एक साथ मिलाकर सीधे अपने प्रशासन में शामिल कर लिया। सितंबर 1949 में महाराजा ने सम्मिलन संबंधी समझौते पर हस्ताक्षर कर दिए और इस प्रकार मणिपुर वर्ग 'स' राज्य बन गया। बाद में, सन् 1956 में उसे संघ-शासित क्षेत्र का दर्जा दे दिया गया। चूँकि संघ-शासित क्षेत्र के लिए कानून बनाने का अधिकार संघ संसद्, दिल्ली को ही है—जिसके बदले में संघ-शासित क्षेत्रों को संसद् में अतिरिक्त महत्त्व दिया गया है—अत: मणिपुर को पूर्ण राज्य का दर्जा देने की माँग को लेकर जोरदार आंदोलन चलाया गया। यद्यपि

केंद्र सरकार ने मणिपुर के लिए विधायिका एवं मंत्रिपरिषद् के गठन सहित कई अन्य सुधार लागू किए, लेकिन मणिपुर के लोग यही समझते रहे कि उनके मामलों में केंद्र का हस्तक्षेप अभी भी ज्यादा बना हुआ है।

मणिपुर की कुल जनसंख्या में लगभग एक-तिहाई हिस्सा आदिवासियों का है, जिसमें नगा, कूकी और अन्य आदिवासी आते हैं; शेष दो-तिहाई हिस्सा मीटियों (Meities) का है, जो वैष्णव हैं। मणिपुर के नगाओं ने उत्तर के नगा विद्रोहियों के प्रति सहानुभूति दिखाते हुए उनके साथ सशस्त्र विद्रोह में भाग लेना शुरू कर दिया और उनकी अलगाववादी माँग का समर्थन करने लगे। उसके बाद जल्दी ही कूकी आदिवासी भी आंदोलन में शामिल हो गए। '60 के दशक के उत्तरार्द्ध में मणिपुरी पहाड़ी आदिवासी नगा और मिजो विद्रोहियों के निकट संपर्क में आ गए थे और वे चीन तथा पूर्वी पाकिस्तान की ओर जानेवाले विद्रोही गुटों को मदद भी पहुँचाने लगे थे। किंतु इससे पहले कि मणिपुर में विद्रोह गंभीर स्थिति में पहुँचता, 21 जनवरी, 1972 मणिपुर को पूर्ण राज्य का दर्जा दे दिया गया। उसके बाद नवंबर 1975 में हुए शिलांग शांति-समझौते पर हस्ताक्षर किए गए; इस प्रकार मणिपुर में पहाड़ी विद्रोह पर काबू पा लिया गया। पहाड़ी इलाकों में विद्रोह को ढीला पड़ते देख मैदानी इलाकों में रहनेवाले मीटियों (Meities) ने राज्य सरकार के विरुद्ध हथियार उठा लिये। राज्य में कुछ समय तक संघर्ष की स्थिति बनी रही, जिसके कारणों का उल्लेख नीचे किया जा रहा है।[12]

असंतोष के कारण

मणिपुर के कुल भूभाग (22,327 वर्ग किलोमीटर) का लगभग 90 प्रतिशत पहाड़ी क्षेत्र है, शेष 10 प्रतिशत में इंफाल घाटी का क्षेत्र फैला हुआ है। राज्य की कुल जनसंख्या लगभग 23,88,634 है।[13] इंफाल घाटी में वैष्णव मीटी (Meities) रहते हैं, जिन्होंने लगभग दो शताब्दी पूर्व हिंदू धर्म और हिंदू संस्कृति अपना ली थी। राज्य की कुल जनसंख्या में मीटियों का हिस्सा 50 प्रतिशत से भी ज्यादा है; जबकि मुसलिम मीटियों का हिस्सा लगभग 7 प्रतिशत है। राज्य में स्थित पहाड़ियाँ आदिवासियों के लिए आरक्षित हैं। राज्य में एक विशेष भूमि-काश्तकार प्रणाली—मणिपुर भू-राजस्व एवं सुधार अधिनियम—लागू की गई है, जिसके अंतर्गत पहाड़ी आदिवासियों को तो घाटी में बसने का अधिकार दिया गया है, लेकिन किसी मीटी (Meities) अथवा मुसलिम मीटी-पंगाल (Muslim Meities-Pangal) को पहाड़ियों में भूमि खरीदने या बसने की अनुमति नहीं है। मीटियों को गैर-आदिवासी

वर्ग में रखा गया है, जिससे उन्हें आदिवासियों के लिए किए गए विभिन्न प्रावधानों के लाभ से वंचित होना पड़ा है। इस पूरी स्थिति से मीटियों के मन में यही भावना पनपी कि उन्हें भारतीय संघ के साथ रहने से कुछ भी हासिल नहीं हुआ है। सरकार की ओर से काफी धनराशि आवंटित की जा चुकी है, लेकिन अब तक राज्य में ढाँचागत विकास नाम मात्र का या बिलकुल भी नहीं हो सका है—सड़कों, विद्युत्-उत्पादन आदि की स्थिति बड़ी असंतोषजनक है। राज्य में एक भी वृहद् अथवा मध्यम स्तर का उद्योग स्थापित नहीं किया गया है। एक और दुःखद बात, केंद्र द्वारा मीटीलोन भाषा, जो राज्य की प्राचीन भाषा है तथा जिसकी अपनी लिपि भी है, को मान्यता नहीं दी गई है, जबकि यह भाषा पिछली एक शताब्दी से पहाड़ी आदिवासियों और मैदानी इलाकों में रहनेवाले लोगों की अभिव्यक्ति का स्वीकृत माध्यम रही है।

मणिपुर का समाज कृषि-प्रधान है, जिसमें सामंती व्यवस्था भी देखी जा सकती है। समाज के संभ्रांत सफेदपोश लोगों का समाज पर दबदबा है, जिसका समाज के लिए योगदान सिर्फ इतना ही है—भ्रष्टाचार के बीज बोना। भ्रष्ट प्रशासन के साथ-साथ शिक्षित मीटियों में बढ़ती बेरोजगारी ने भी साम्यवाद-प्रेरित विद्रोही गुटों के लिए अच्छा आधार तैयार किया है।

राज्य में विद्रोह की वास्तविक शुरुआत 24 नवंबर, 1964 को यूनाइटेड नेशनल लिबरेशन फ्रंट (UNLF) के गठन के बाद हुई मानी जा सकती है। दिसंबर 1968 में यूनाइटेड नेशनल लिबरेशन फ्रंट से अलग हुए एक गुट ने सशस्त्र संघर्ष द्वारा मणिपुर को मुक्त कराने के उद्देश्य से रिवोल्यूशनरी गवर्नमेंट ऑफ मणिपुर (RGM) गठित की थी, जिसका मुख्यालय तत्कालीन पूर्वी पाकिस्तान के सिलहट शहर में था। सितंबर 1978 में एन. बिशेश्वर सिंह ने पीपुल्स लिबरेशन आर्मी (PLA) का गठन किया, जो वामपंथी विचारधारा पर आधारित और चीन में प्रशिक्षित थी। '70 के दशक के उत्तरार्ध से लेकर '80 के दशक के आरंभ तक मणिपुर में कई भूमिगत विद्रोही संगठन भी अस्तित्व में आए। इन संगठनों में पीपुल्स रिवोल्यूशनरी पार्टी ऑफ कांगलीपाक (PREPAK) और कांगलीपाक कम्युनिस्ट पार्टी (KCP) भी शामिल थी।

'एम' सेक्टर की स्थापना

वर्ष 1979-81 की अवधि में राज्य में विद्रोही गतिविधियाँ तेजी से बढ़ीं, जिससे स्थिति गंभीर होने लगी। इस गंभीर स्थिति से निपटने के लिए पूरे इंफाल

घाटी क्षेत्र को अशांत क्षेत्र घोषित करके सितंबर 1980 में सशस्त्र बल विशेषाधिकार अधिनियम, 1958 लागू कर दिया गया। उसके बाद मणिपुर की रक्षा का उत्तरदायित्व 8 माउंटेन डिवीजन के अधीन मणिपुर रेंज असम राइफल्स के हेडक्वार्टर को सौंप दिया गया, जो इससे पूर्व दिसंबर 1976 से माओ–मरान और उखरुल क्षेत्रों में तैनात थी। मेजर जनरल के.एल. कोचर ने सितंबर 1980 में 61 और 181 माउंटेन ब्रिगेडों को मिलाकर इंफाल में मणिपुर सेक्टर अथवा 'एम' सेक्टर का रणनीतिक मुख्यालय स्थापित किया। विद्रोह से निपटने के लिए सेना ने अर्धसैनिक बलों की सहायता से कई अभियान चलाए। बड़ी संख्या में विद्रोहियों को मार दिया गया या पकड़ लिया गया। दिसंबर 1980 के अंत में जनरल कोचर के प्रस्थान के बाद इंफाल को वापस 8 माउंटेन डिवीजन के नियंत्रण में कर दिया गया। मई 1981 से अप्रैल 1983 तक डिवीजन की कमान मेजर जनरल वी.के. नायर ने सँभाली।

सुरक्षा बलों ने बिशेश्वर के गुप्त अड्डों पर छापा मारकर उसके कई साथियों को मार डाला। 6 जुलाई, 1981 को घायलावस्था में बिशेश्वर को भी पकड़ लिया गया। इस काररवाई में उच्च कोटि की वीरता का प्रदर्शन करने के लिए 17 जम्मू–कश्मीर राइफल्स के सेकंड लेफ्टिनेंट सी.ए. पिथवाला को 'अशोक चक्र' से सम्मानित किया गया। इस सफलता के बाद भी सुरक्षा बलों ने विद्रोहियों पर दबाव बनाए रखा। नवंबर 1982 में पीपुल्स लिबरेशन आर्मी के लगभग 100 विद्रोही म्याँमार चले गए और वे नेशनल सोशलिस्ट काउंसिल ऑफ नगालैंड (NSCN) में शामिल हो गए। सन् 1982 के अंत तक इंफाल घाटी में स्थिति पूरी तरह नियंत्रण में आ गई।

'एम' सेक्टर का पुनः स्थापन

सन् 1984 में एन.एस.सी.एन. (NSCN) ने फिर से मणिपुर में घुसपैठ शुरू कर दी और घुसपैठ के साथ ही उसने अपनी विध्वंसक गतिविधियों को अंजाम देना शुरू कर दिया। सुरक्षा बलों, राजनीतिक नेताओं और पुलिस चौकियों पर हमले फिर से शुरू हो गए। बैंकों में लूट, अवैध कर–वसूली और राजनीतिक नेताओं तथा सिविल अधिकारियों की हत्या से इंफाल घाटी में एक बार फिर आतंक का राज शुरू हो गया। अतः स्थिति को नियंत्रण में करने के लिए मेजर जनरल पी.एल. कुकरेती के नेतृत्व में पुनः 'एम' सेक्टर का मुख्यालय बनाया गया। 'एम' सेक्टर और 8 माउंटेन डिवीजन के संयुक्त प्रयास से व्यापक सैन्य अभियान चलाया गया, जिसमें कई विद्रोहियों को मार दिया गया तथा भारी मात्रा

में हथियार बरामद किए गए। भूमिगत विद्रोही गुटों और कुछ राजनीतिक नेताओं के बीच की कड़ी इतनी मजबूत थी कि सशस्त्र बलों पर भी आरोप लगाए जाने लगे, जो वस्तुतः बिलकुल निराधार थे। भूमिगत गुटों ने उखरुल जिले में भी अपने शिविर बनाने में सफलता प्राप्त कर ली। यहाँ से वे सेनापति और तमेंगलोंग जैसे शांत क्षेत्रों में अपनी गतिविधियाँ बढ़ाकर आतंक का वातावरण तैयार करने लगे थे। किंतु सुरक्षा बलों और अर्धसैनिक बलों द्वारा चलाए गए अभियानों से कई गुटों—पीपुल्स लिबरेशन आर्मी, पीपुल्स रिवोल्यूशनरी पार्टी ऑफ कांगलीपाक और कांगलीपाक कम्युनिस्ट पार्टी—को कमजोर करके स्थिति को नियंत्रण में कर लिया गया।

विद्रोह की पुनः शुरुआत

1980 के दशक के उत्तरार्ध में घाटी में विद्रोह की आग पुनः सुलगने लगी। एक महत्त्वपूर्ण घटनाक्रम में पीपुल्स लिबरेशन आर्मी (PLA) का पुनर्गठन करके उसे एक राजनीतिक दल—रिवोल्यूशनरी पीपुल्स फ्रंट (RPF) का रूप दे दिया गया। इस दल ने बँगलादेश के सिलहट जिले में एक निष्कासित सरकार का गठन कर लिया। उसने म्याँमार और बँगलादेश में अपने कुछ शिविर भी बना लिये; साथ ही, उसने मीटी उग्रवादियों का एक संयुक्त मोरचा क्रांतिकारी संयुक्त समिति (Revolutionary Joint Committee) का भी गठन किया।

सन् 1990 में नगा विद्रोहियों ने पीपुल्स रिपब्लिकन आर्मी (PRA) का गठन करके मणिपुर में रह रहे मयंगों (बाहरी निवासियों) का उत्पीड़न शुरू कर द्रिया। पंगालों अथवा मणिपुरी मुसलिमों को मयंग माना जाता है। मई 1993 में थोउबल और इंफाल जिलों में मीटियों तथा पंगालों के बीच हुई मुठभेड़ों में बच्चों एवं स्त्रियों सहित कम-से-कम 90 लोग मारे गए। इस घटना से उत्तेजित होकर पंगालों ने अपने अलग विद्रोही गुट बना लिये।

धीरे-धीरे एन.एस.सी.एन.-आई.एम. (NSCN-IM) मणिपुर के पाँच पहाड़ी जिलों में से चार जिलों—उखरुल, सेनापति, तमेंगलोंग और चांडेल—में सक्रिय हो गया। उसकी बढ़ती गतिविधियों ने आग में घी का काम करना शुरू कर दिया। इससे अन्य आदिवासी गुटों के बीच भारी तनाव पैदा होने लगा है। कूकी नेशनल आर्मी (KNA) और कूकी नेशनल फ्रंट जैसे कई अन्य संगठन '80 के दशक के आरंभ से ही भारतीय संघ के अधीन एक अलग राज्य की माँग करते आ रहे हैं। उधर, नगाओं के साथ विभिन्न गुटों के जातीय संघर्षों से स्थिति और बदतर हो गई

है। साथ ही सीमा पर स्थित मोरेह नगर के रास्ते नशीले पदार्थों तथा अन्य वस्तुओं की हो रही तस्करी को रोकने के लिए भी कड़ा संघर्ष करना पड़ रहा है। सन् 1992 में कूकी और नगा आदिवासी गुटों के बीच हुई झड़पों में दोनों पक्षों के लगभग 1 हजार लोग मारे गए तथा भारी मात्रा में संपत्ति की क्षति हुई। बाद में कूकी और नगा क्षेत्रों में चलाए गए अभियानों के बाद सन् 1993 में अस्थायी रूप से संघर्ष-विराम लागू कर दिया गया। वर्तमान में संघर्ष शांत है। लोगों में अलगाववाद की प्रवृत्ति को बढ़ावा देकर कुछ राजनीतिक नेताओं ने अपना वोट बैंक तैयार करने और अपने व्यक्तिगत हित साधने की कोशिश की है, जिससे कूकी और नगा आदिवासियों के बीच एक-दूसरे पर छिटपुट आक्रमण-प्रत्याक्रमण की घटनाएँ चलती रहती हैं।[14]

हाल के वर्षों में अन्य अनेक आदिवासियों, जैसे—पायटे (Paite), वायफेइ (Vaiphei) और ह्मार (Hmar) ने भी अपने उग्रवादी गुट बना लिये हैं। इन गुटों में आपसी जातीय संघर्ष चलता ही रहता है। इस जातीय संघर्ष से सबसे ज्यादा प्रभावित जिला चुड़ाचाँदपुर है। सन् 1997-98 में कूकी और पायटे आदिवासियों के बीच हुई भयानक मुठभेड़ों में अनुमानत: 1 हजार लोग मारे गए तथा 4,600 घर उजाड़ दिए गए और लाखों रुपए की संपत्ति स्वाहा हो गई।

57 माउंटेन डिवीजन

सेना की 57 माउंटेन डिवीजन, जिसे विद्रोह के खिलाफ अभियानों का उत्तरदायित्व सौंपा गया है—एक एकीकृत कमान के नियंत्रण में संयुक्त अभियान छेड़ने के पक्ष में है; किंतु विभिन्न आतंकवादी गुटों के साथ आपत्तिजनक संबंधों के चलते मणिपुर सरकार इसके खिलाफ तर्क प्रस्तुत कर रही है। सुरक्षा बलों द्वारा पकड़े गए अधिकांश विद्रोहियों को अदालत अथवा पुलिस द्वारा छोड़ दिया गया था। इन छोड़े गए विद्रोहियों में से लगभग 70 प्रतिशत तो वापस सशस्त्र आंदोलन में शामिल हो गए हैं। वर्तमान में मणिपुर में छोटे-बड़े कुल 27 विद्रोही गुट सक्रिय हैं। इनमें प्रमुख हैं—पी.एल.ए., यू.एन.एल.एफ. एवं पी.आर.ई.पी.ए.के.।

मणिपुर के विद्रोही और अलगाववादी आंदोलनों को बँगलादेश से हुई अवैध घुसपैठों से काफी बल मिला है। पूर्वोत्तर सीमा प्रांत के अन्य आदिवासियों की तरह ही मणिपुरीवासियों को भी यह डर बना हुआ है कि बँगलादेश और पश्चिम बंगाल के लाखों असंतुष्टों के कारण अंतत: उनके अस्तित्व को खतरा पैदा होनेवाला है। इस समय राज्य में संघर्ष-विराम और केंद्र सरकार की ओर से राज्य के लिए

रास्ता साफ करनेवाला दल मोरचा सँभालते हुए।

विशेष पैकेज की आवश्यकता है; किंतु मणिपुर सरकार के विभिन्न विद्रोही गुटों के साथ आपत्तिजनक संबंधों के चलते केंद्र सरकार इस संदर्भ में कोई पहल नहीं कर रही है।

मिजोरम

मिजोरम राज्य उत्तर में असम और मणिपुर से तथा दक्षिण व पूर्व में म्याँमार से एवं पश्चिम में त्रिपुरा व बँगलादेश से घिरा हुआ है। राज्य का क्षेत्रफल लगभग 21,081 वर्ग किलोमीटर तथा कुल जनसंख्या 8,91,058 है।[15] यहाँ रहनेवाली एकमात्र प्रमुख आदिवासी जनजाति मिजो है। पूर्वोत्तर के अन्य राज्यों की तुलना में यहाँ साक्षरता दर ऊँची है। द्वितीय विश्वयुद्ध के दौरान जापानियों के संपर्क में आने के बाद मिजो आदिवासियों में राजनीतिक जागरूकता आई थी तथा उन्होंने सन् 1946 में एक राजनीतिक दल—मिजो यूनियन—का गठन किया था। मिजो यूनियन के प्रस्ताव के आधार पर भारत सरकार ने सन् 1954 में गाँव के मुखिया पद के लिए वंश-परंपरा का आधार समाप्त करके ग्राम परिषदों तथा जिला परिषदों के गठन को मंजूरी दे दी थी। उसके बाद मिजो आदिवासियों ने असम से अलग होने की माँग उठानी शुरू कर दी, जिसपर निर्णय लेने के लिए एक आयोग का गठन किया गया। इस संदर्भ में किसी निर्णय पर पहुँचने में समय ज्यादा लग जाने के

कारण लोगों में असंतोष फैलने लगा। लोगों में फैले इस असंतोष का लाभ उठाते हुए लालडेंगा (Laldenga) के नेतृत्व में उग्रवादी तत्त्वों ने स्वतंत्रता के लिए आंदोलन शुरू कर दिया।

पचास वर्षीय दुर्भिक्ष

सन् 1958 की सर्दियों में मिजो आदिवासियों पर भयानक मातम छानेवाला था—पचास वर्षीय चक्रवत् चलनेवाला एक प्राकृतिक दुर्भिक्ष, जो जंगलों में बाँस के सूखने के समय भयानक विपत्ति लेकर आता है। पुराने बाँस के सूखकर गिरने के बाद जब नए बाँसों में पुष्पण होता है तो नए पौधों और बीजों पर पलनेवाले चूहों की संख्या अत्यधिक बढ़ जाती है। जब जंगलों में बाँस नष्ट हो जाते हैं तो चूहों के झुंड धान के खेतों में चले जाते हैं और फसलों को नष्ट कर देते हैं। ग्रामीण उन्हें भगाने के लिए कई तरह के उपाय करते हैं, लेकिन कोई खास सफलता नहीं मिलती। इस प्रकार फसल नष्ट हो जाने के कारण दुर्भिक्ष जैसी स्थिति बनी रहती है।

वर्ष 1958 में जब यह स्थिति उत्पन्न हुई तो राज्य सरकार के स्थानीय प्रबंधन के बावजूद उसमें ज्यादा सफलता नहीं मिली। लोगों के पास खाने के लिए जब कुछ भी नहीं बचा तो वे कंद-मूल की तलाश में जंगलों में भटकने के लिए मजबूर हो गए। भुखमरी से अनेक लोग मारे गए। शुरू में असम सरकार की ओर से दिखाई गई उदासीनता के कारण लोगों में असंतोष व्याप्त हो गया। असंतोष के अन्य कारण भी थे—उदाहरण के लिए, क्षेत्र में विकास की कमी, पूर्वी पाकिस्तान की ओर से आई शरणार्थियों की बाढ़ से उत्पन्न असमवासियों के अस्तित्व को खतरा आदि।

लोगों में फैले इस असंतोष का लालडेंगा ने पूरा लाभ उठाया। उसने जिला परिषद् छोड़कर शहरों और गाँवों के शिक्षित युवकों को भड़काकर अपने साथ कर लिया तथा मिजो नेशनल फैमाइन फ्रंट (MNFF) का गठन कर लिया। उसने स्वतंत्र और प्रभुसत्ता-संपन्न मिजोरम का ऐलान करना शुरू कर दिया। मिजो यूनियन के कुछ सदस्य भी अपना गुट छोड़कर मिजो नेशनल फैमाइन फ्रंट में शामिल हो गए। सितंबर 1960 में 'मिजो नेशनल फैमाइन फ्रंट' से 'फैमाइन' हटाकर उसका नाम 'मिजो नेशनल फ्रंट' कर दिया गया। दिसंबर 1961 में मिजो नेशनल फ्रंट ने मिजो आदिवासियों की स्वतंत्रता और उन्हें एकीकृत प्रशासन के अंतर्गत लाने को अपना लक्ष्य घोषित किया। बाद में उसने एक 'मिजो नेशनल

आर्मी' (MNA) का भी गठन किया, जिसमें दो ब्रिगेडें और कुछ बटालियनें थीं। सेना के गठन के बाद उसने उनके अलग-अलग दल बनाकर उन्हें हथियारों की मदद और प्रशिक्षण प्राप्त करने के लिए पूर्वी पाकिस्तान भेजना शुरू कर दिया। पहला दल नवंबर 1964 में रवाना हुआ।

मिजो नेशनल फ्रंट का विद्रोह

अक्तूबर 1965 में प्रधानमंत्री ने मिजो नेशनल फ्रंट की स्वतंत्र मिजोरम की माँग ठुकरा दी। इस कारण 28 फरवरी, 1966 को मिजो नेशनल फ्रंट ने विद्रोह करना शुरू कर दिया। विद्रोहियों ने सरकारी कार्यालयों, पुलिस थानों, टेलीफोन एक्सचेंजों और कोषागारों पर धावा बोलना शुरू कर दिया। प्रशासन उन्हें रोक पाने में असमर्थ दिखाई दे रहा था। स्थिति से निपटने के लिए मार्च 1966 में ब्रिगेडियर आर.जेड. काबराजी के नेतृत्व में 61 माउंटेन ब्रिगेड को तैनात कर दिया गया। ब्रिगेड ने व्यापक और जोरदार अभियान चलाकर जल्दी ही स्थिति पर काबू पा लिया। विद्रोहियों ने भागकर पूर्वी पाकिस्तान की चिट्टागोंग पहाड़ियों में शरण ली। सन् 1971 के युद्ध में पाकिस्तान की हार और बँगलादेश के निर्माण के बाद मिजो नेशनल फ्रंट के विद्रोहियों को भागकर म्याँमार की अराकान पहाड़ियों में शरण लेनी पड़ी।

मिजो नेशनल फ्रंट ने क्रमश: दिसंबर 1972 और 1974 में अपने दो विद्रोही दल चीन भेजे, जहाँ से हथियार और धन लेकर उसका पहला दल जून 1975 में और दूसरा 1976 में वापस आया। उसके बाद फ्रंट ने चिट्टागोंग की पहाड़ियों से अपनी गतिविधियाँ चलानी शुरू कर दीं; किंतु बाद में स्थिति पर नियंत्रण पा लिया गया और मिजो नेशनल फ्रंट ने भारतीय संघ के अधीन समझौते के लिए बातचीत की इच्छा जताई। बातचीत का पहला चरण मार्च 1978 में पूरा हुआ, किंतु कोई संतोषजनक परिणाम नहीं निकला।

बाद में लालडेंगा ने पुन: बातचीत की प्रक्रिया शुरू की और परिणामस्वरूप सरकार द्वारा 1 अगस्त, 1980 को सैन्य काररवाई स्थगित कर दी गई; किंतु लालडेंगा द्वारा अनुचित माँगें उठाई जाने के कारण इस बार भी कोई सकारात्मक परिणाम नहीं निकल सका और विद्रोही गतिविधियाँ पुन: शुरू हो गईं। अत: भारत सरकार ने बातचीत की प्रक्रिया समाप्त करके अभियान को फिर से शुरू करने का निर्णय लिया।

सैन्य कारवाई का पुनरारंभ

सरकार के निर्णय के अनुसार अभियान फिर से शुरू करने के लिए गैर-कानूनी गतिविधि निरोधी अधिनियम पुनः लागू करके मिजो नेशनल फ्रंट को गैर-कानूनी संगठन घोषित किया जाना था। साथ ही, उसे हथियारों और अन्य सामग्री की आपूर्ति करानेवाले स्रोतों पर रोक लगाने के लिए व्यवस्था की जानी थी। राज्य के अल्पसंख्यकों की सुरक्षा सुनिश्चित कराते हुए मिजो स्टूडेंट्स यूनियन पर शिकंजा कसने की आवश्यकता थी। ऐसे में अभियान शुरू करने की निश्चित तिथि के बारे में गोपनीयता बरती गई। इसके बारे में सही-सही जानकारी सिर्फ आर्मी कमांडर (लेफ्टिनेंट जनरल ए.एस. वैद्य), राज्य के लेफ्टिनेंट गवर्नर (एडमिरल एस.एन. कोहली) और डिवीजनल कमांडर (मेजर जनरल नरेश कुमार) को ही दी गई थी, जिन्हें अभियान का उत्तरदायित्व सौंपा गया था। 20 जनवरी, 1982 को लालडेंगा को बातचीत की प्रक्रिया समाप्त किए जाने के बारे में बताया गया; साथ ही यह भी कहा गया कि यदि वह अपने रुख में बदलाव लाना चाहें तो बातचीत की प्रक्रिया पुनः शुरू हो सकती है। उसके बाद गैर-कानूनी गतिविधि निरोधी अधिनियम पुनः लागू कर दिया गया और मिजो नेशनल फ्रंट को गैर-कानूनी संगठन घोषित कर दिया गया।

अभियान के आरंभ के समय 57 माउंटेन डिवीजन के पास दो ब्रिगेडें थीं—71 माउंटेन ब्रिगेड, जो उत्तरी मिजोरम में तैनात थी और 311 माउंटेन ब्रिगेड, जो दक्षिण मिजोरम में तैनात थी। 311 माउंटेन ब्रिगेड ने सुदूर दक्षिण में चिट्टागोंग की पहाड़ियों तक अपनी चौकी बनाई थी। 20 जनवरी, 1982 को शाम 7:30 बजे सेना ने मिजोरम में अपनी कारवाई शुरू कर दी। प्रशासन की ओर से जनता से अपील की गई कि वह प्रशासन का सहयोग करे। कारवाई के पहले ही दिन मिजो नेशनल फ्रंट के कई आतंकवादियों को पकड़ लिया गया। उनके पास से बरामद किए गए हथियारों और नक़दी को जब्त कर लिया गया। बाद की कारवाइयों में हालाँकि कुछ क्षेत्रों में विरोध का सामना करना पड़ा, लेकिन सेना ने विद्रोहियों के साथ सख्ती से पेश आते हुए मिजो नेशनल फ्रंट के कई अन्य विद्रोहियों को पकड़ लिया। फ्रंट के जो आतंकवादी बँगलादेश में बने अपने शिविरों में थे, उन्हें मिजोरम में नहीं घुसने दियां जा रहा था।

बाद में अभियान के दौरान दो अन्य ब्रिगेडों—123 एवं 202 को भी शामिल कर लिया गया। 123 माउंटेन ब्रिगेड को त्रिपुरा की जंपुई पहाड़ियों के रास्ते बँगलादेश की ओर जाने और आनेवाले आतंकवादियों को रोकने के लिए तैनात

किया गया था। जंपुई पहाड़ी क्षेत्र को अशांत क्षेत्र घोषित करके वहाँ बड़ी संख्या में सैनिकों को तैनात किया गया था। स्थानीय जनता की ओर से सेना को काफी सहयोग मिल रहा था। इसी तरह 202 माउंटेन ब्रिगेड को म्याँमार की ओर से खुलनेवाले पूर्वी मार्गों को रोकने के लिए तैनात किया गया था।

अभियान शुरू किए जाने के कुछ समय पश्चात् ही लालडेंगा को भारतीय वायुसेना के एक विमान में बैठाकर दिल्ली से सिलचर ले जाया गया, जहाँ से उसे हेलीकॉप्टर द्वारा दक्षिण मिजोरम के परवा नामक स्थान पर ले जाया गया। बाद में परवा से उसे बँगलादेश से लगनेवाली भारतीय सीमा पर ले जाया गया। बातचीत शुरू करने से पूर्व उसने यह शर्त रखी कि वह जहाँ जाना चाहे, उसे जाने दिया जाए। उसकी यह शर्त मान ली गई और यह आश्वासन दिया गया कि वह जब भी बातचीत करना चाहे, उसके बारे में सेना को सूचित कर सकता है और सेना उसे वापस ले जाने के लिए आवश्यक प्रबंध कर देगी।

शांति-समझौता

छह महीने से भी कम समय में सुरक्षा बलों ने विद्रोह को दबाने में सफलता प्राप्त कर ली और इस प्रकार स्थिति नियंत्रण में आ गई। इससे लोगों को काफी राहत महसूस हुई। वर्ष 1984 में लालडेंगा ने एक बार फिर बातचीत शुरू करने की इच्छा जताई।

उल्लेखनीय है कि सन् 1978 में राज्य में हुए चुनावों तथा 1979 के मध्यावधि चुनाव में ब्रिगेडियर टी. साइलो—जो भारतीय सेना के एक सेवानिवृत्त अधिकारी थे—के नेतृत्व में पीपुल्स कॉन्फ्रेंस पार्टी की जीत हुई; किंतु साइलो के कार्य करने के सीधे और स्पष्ट तरीके, भ्रष्टाचार की प्रवृत्ति से कोई समझौता न करने के उनके दृढ़-निश्चय और लालडेंगा के प्रति उनके समझौतावादी रुख के कारण उनके कई दुश्मन बन गए, जो अंततः उनके पतन का कारण बने। उसके बाद कांग्रेस सत्ता में वापस आई। प्रधानमंत्री श्री राजीव गांधी ने 30 जून, 1986 को विद्रोहियों के साथ एक समझौते पर हस्ताक्षर किए, जिसमें भारतीय संघ में बने रहने के बदले में उनकी कई माँगों को स्वीकार कर लिया गया। इस शांति समझौते पर हस्ताक्षर के बाद कांग्रेस ने लालडेंगा को राज्य का मुख्यमंत्री बना दिया। यहाँ राजनीतिक स्वार्थसिद्धि का उदाहरण स्पष्ट देखा जा सकता है। 20 फरवरी, 1987 को मिजोरम को राज्य का दर्जा दे दिया गया; उसके बाद 1989 के चुनावों के बाद कांग्रेस फिर से सत्ता में आ गई।[16]

चिंता के विषय

राज्य का दर्जा मिलने के बाद से मिजोरम में कोई सक्रिय विद्रोह अथवा उग्रवाद देखने में नहीं आया है। हाँ, जातीय संघर्ष से उत्पन्न कानून और व्यवस्था की कुछ समस्याएँ जरूर देखी जा सकती हैं। यह जातीय संघर्ष मुख्य रूप से चकमा शरणार्थियों की उपस्थिति की वजह से है। मिजो आदिवासी इन चकमा शरणार्थियों की वापसी की माँग कर रहे हैं, जबकि चकमा शरणार्थियों ने बौद्ध अल्पसंख्यकों के लिए मिजोरम के अंदर एक अलग संघ क्षेत्र बनाए जाने की माँग की है। जातीय संघर्ष का दूसरा कारण पश्चिमी आइजोल जिले में रह रहे रियांग अथवा ब्रू समुदाय की उपस्थिति है। मिजो आदिवासी इन रियांगों को बाहरी मानते हैं। सन् 1998 के पूर्वार्ध में इस समुदाय के साथ भीषण जातीय संघर्ष देखने को मिले; परिणामस्वरूप रियांग समुदाय उत्तरी त्रिपुरा की ओर चला गया, जहाँ वह अपनी सशस्त्र तैयारी कर सकता है। ऐसे में ये सभी विषय चिंताजनक हैं, जिन पर तत्काल कुछ किए जाने की आवश्यकता बनी हुई है।

चिंता का एक अन्य विषय है—वस्तुओं की अवैध आवाजाही। चिन नेशनल आर्मी के विद्रोही लड़ाके भारतीय विद्रोही गुटों को म्याँमार के रास्ते चिट्टागोंग की पहाड़ियों तक हथियार और विस्फोटक सामग्री पहुँचाने में मदद कर रहे हैं। इस कड़ी से नशीली दवाओं तथा अन्य वस्तुओं की तस्करी को बढ़ावा मिला है। 406 किलोमीटर की भारत-म्याँमार सीमा तक जातीय समानता होने के कारण इन गतिविधियों को और भी ज्यादा बढ़ावा मिल रहा है।

त्रिपुरा

10,486 वर्ग किलोमीटर क्षेत्रफल में फैले त्रिपुरा राज्य का अधिकांश हिस्सा ग्रामीण क्षेत्र में आता है। इसका केवल 147 वर्ग किलोमीटर क्षेत्र ही शहरीकृत है। 73.66 प्रतिशत साक्षरता दरवाले इस राज्य की कुल जनसंख्या 31,91,168 है।[17] त्रिपुरा में विद्रोह की जड़ें वस्तुतः उसके जनसांख्यिकी स्वरूप में जमी हुई हैं। भारत के पूर्वोत्तर में स्थित यह पहला ऐसा राज्य है, जिसे हाल ही में आदिवासी-प्रधान राज्य से गैर-आदिवासी राज्य का रूप दे दिया गया है। आरंभिक ऐतिहासिक तथ्यों से ज्ञात होता है कि राज्य में पंद्रहवीं शताब्दी से ही बड़ी संख्या में गैर-आदिवासी बंगाली जनसंख्या निवास करती आ रही है। सन् 1901 की जनगणना के अनुसार राज्य में कुल जनसंख्या का 52.89 प्रतिशत भाग आदिवासी जनसंख्या का था। 1940 के दशक के आरंभिक वर्षों तक राज्य में जनसंख्या का यही

समीकरण बना रहा। बाद में अंग्रेजों द्वारा शासित पूर्वी बंगाल में हुए सांप्रदायिक झगड़ों के बाद आए प्रवासियों के कारण जनसंख्या का स्वरूप पूरी तरह बदल गया। विभाजन के दौरान और उसके बाद तो स्थिति और भी बिगड़ गई। सन् 1951 की जनगणना के समय राज्य में आदिवासी जनसंख्या का प्रतिशत 36.85 हो गया और 1981 की जनगणना के समय यह प्रतिशत 28.44 रह गया।[18] किंतु 1991 की जनगणना के समय राज्य में आदिवासी जनसंख्या का प्रतिशत कुछ बढ़ा हुआ—30.95 प्रतिशत—दर्ज किया गया।

राज्य के प्रवासियों का प्रमुख व्यवसाय कृषि है। वे वहाँ के मूल निवासियों द्वारा अपनाई जानेवाली झूम कृषि-प्रणाली की अपेक्षा कृषि के अधिक उन्नत तरीकों से खेती करते हैं। परिणामस्वरूप धीरे-धीरे उन्होंने मूल निवासियों की परंपरागत जमीनों पर कब्जा कर लिया और जीवन के प्रत्येक क्षेत्र में उनसे आगे निकल गए हैं। भारतीय कम्युनिस्ट पार्टी ने 1950 के दशक में आदिवासियों के अधिकारों के लिए कई आंदोलन चलाए; किंतु विपरीत चुनावी समीकरण के चलते बाद में उसे आंदोलन बंद कर देने पड़े; दरअसल राज्य में कोई भी राजनीतिक दल गैर-आदिवासी मतों के बिना सत्ता हासिल नहीं कर सकता है। जून 1967 में त्रिपुरा उपजाति समिति (TUJS) का गठन हुआ, जिसका नेतृत्व विजय कुमार ह्रांगखवाल कर रहे थे। त्रिपुरा उपजाति समिति मूल रूप से एक राजनीतिक पार्टी थी, जिसने चार माँगें उठाईं—आदिवासियों के लिए स्वायत्त जिला परिषदों का गठन, अंतर्रेखा विनियमों (Inner-line Regulations) को त्रिपुरा तक लागू करना, राज्य में आदिवासी विद्यार्थियों के लिए शिक्षा के माध्यम के रूप में रोमन लिपि में कोकबोरोक को मान्यता और आदिवासियों की जमीनों की बहाली।

त्रिपुरा नेशनल वालंटियर्स (TNV) का गठन

सन् 1970 तक लोगों में यह सोच बढ़ने लगी कि सशस्त्र कार्रवाई के द्वारा ही आदिवासियों के हितों की रक्षा की जा सकती है। इसी बात को ध्यान में रखते हुए त्रिपुरा उपजाति समिति (TUJS) ने हथियारबंद स्वयंसेवकों का एक बल 'त्रिपुरा सेना' के नाम से तैयार किया। उसके बाद एक तरह से जातीय राजनीति का दौर शुरू हो गया। बंगालियों ने त्रिपुरा उपजाति समिति (TUJS) के खिलाफ खड़ा करने के लिए अपना एक अलग संगठन 'अमार बँगला' (मेरा बँगला) बनाया। दिसंबर 1978 में मिजो नेशनल फ्रंट के साथ संबंध स्थापित करके ह्रांगखवाल ने त्रिपुरा नेशनल वालंटियर्स (TND) का गुप्त रूप से गठन कर लिया। उसके बाद

सीआई ऑपरेशन के दौरान तैरकर झील पार करते भारतीय सैनिक।

तनाव बढ़ने लगा और व्यापक पैमाने पर हिंसक गतिविधियाँ शुरू हो गईं। विद्रोहियों ने पुलिस थानों और केंद्रीय रिजर्व पुलिस फोर्स के शिविरों पर हमले करके कई पुलिसकर्मियों को मार डाला तथा उनके हथियार लूट लिये। उन्होंने बाजारों और सरकारी कार्यालयों में आग लगा दी तथा कई गैर-आदिवासियों को मौत के घाट उतार दिया।

वर्ष 1979 में आदिवासी क्षेत्र स्वायत्त जिला अधिनियम पारित किए जाने के बाद मई 1979 और जून 1980 में त्रिपुरा नेशनल वालंटियर्स और अमार बँगला के बीच हुए भीषण जातीय दंगों में अनुमानतः 1800 लोग मारे गए तथा हजारों घरों को जलाकर राख कर दिया गया। उग्रवादी गतिविधियों से निपटने के लिए 9 जून, 1980 को पश्चिमी और दक्षिणी जिलों को अशांत क्षेत्र घोषित करके सेना तैनात कर दी गई। परिणामतः कुछ ही दिनों में स्थिति नियंत्रण में आ गई।

दंगों के बाद ह्रांगखवाल को निष्कासित करके गिरफ्तार कर लिया गया; किंतु तत्कालीन मुख्यमंत्री नृपेन चक्रवर्ती के साथ उसके अच्छे संबंध बने रहे। अगस्त 1982 में वह सीमा पार करके बँगलादेश चला गया और वहीं से विद्रोह की तैयारी करने लगा। बाद में छठी अनुसूची का दर्जा दिए जाने से त्रिपुरा की आदिवासी जनता को काफी संतोष मिला; किंतु त्रिपुरा नेशनल वालंटियर्स स्वतंत्रता की अपनी माँग पर अड़ा रहा और उसने अपनी हिंसक गतिविधियाँ भी जारी रखीं।

सन् 1983 से लेकर 1987 तक हुई सैकड़ों हिंसक घटनाओं में कई लोग मारे गए।[19]

अशांत क्षेत्र घोषित और सेना की तैनाती

जनवरी 1988 में केंद्र सरकार ने पूरे त्रिपुरा राज्य को अशांत क्षेत्र घोषित कर दिया। स्थिति से निपटने के लिए सेना की दो ब्रिगेडें बुलाई गईं और कार्य बल के लिए एक मुख्यालय बनाया गया। शुरू में बल का नेतृत्व नगालैंड से 8 माउंटेन डिवीजन के जनरल ऑफिसर कमांडिंग कर रहे थे, लेकिन बाद में बल की कमान 23 माउंटेन डिवीजन के जनरल ऑफिसर कमांडिंग ने सँभाल ली। सेना ने विद्रोह को दबाने के लिए जोरदार अभियान चलाए, जिससे कुछ ही दिनों में स्थिति नियंत्रण में आ गई। उसके बाद राज्य में चुनाव संपन्न कराए गए। चुनाव के बाद राज्य में कांग्रेस–त्रिपुरा उपजाति समिति गठबंधन ने सरकार बनाई।

चुनाव में मार्क्सवादियों की हार के बाद ह्रांगखवाल ने सरकार के साथ समझौता करने का निर्णय लिया। 3 माह तक चली गोपनीय वार्त्ता के बाद ह्रांगखवाल ने 10 अगस्त, 1988 को गृह मंत्रालय और त्रिपुरा सरकार के साथ एक शांति समझौते पर हस्ताक्षर किए। उसके बाद विद्रोहियों ने समर्पण करके अपने हथियार डाल दिए और इस प्रकार लड़ाई खत्म हो गई। बदले में सरकार ने बँगलादेश की ओर से और अधिक प्रवास को रोकने, आदिवासियों के अधिकारों में वृद्धि करने और आदिवासियों के स्वायत्त क्षेत्र में स्थानीय काउंसिलों को ज्यादा अधिकार देने का आश्वासन दिया।

वर्ष 1990 की स्थिति और उसके बाद

शांति समझौते के बाद भी राज्य में ज्यादा दिनों तक शांति बनी नहीं रह सकी। मई 1990 में ऑल त्रिपुरा ट्राइबल फ्रंट (ATTF) अस्तित्व में आया, जो वाम दलों का समर्थक था। कांग्रेस और त्रिपुरा उपजाति समिति को लक्ष्य करके उसने सशस्त्र हमला शुरू कर दिया। अप्रैल 1993 में वाम मोरचा के सत्ता में पुनः आने के बाद ही उसने अपना आक्रामक अभियान बंद किया। उसके बाद सितंबर 1993 में सामूहिक शांति की घोषणा कर दी गई। मार्च 1994 तक 1,600 विद्रोहियों ने अपने हथियार डाल दिए। किंतु उग्रवादियों का एक अलग समूह 'ऑल त्रिपुरा टाइगर्स फोर्स' के नए नाम से विद्रोही गतिविधियों में लिप्त रहा।

इससे पूर्व मई 1991 में नेशनल लिबरेशन फ्रंट ऑफ त्रिपुरा (NLFT) अस्तित्व

में आ गया था और उसने सुरक्षा बलों को निशाना बनाते हुए अपनी लड़ाई शुरू कर दी थी। एक अन्य उग्रवादी समूह—त्रिपुरा विद्रोही सेना (Tripura Resurrection Army), जो सन् 1994 में अस्तित्व में आया था—ने 1997 में राज्य सरकार के समक्ष सार्वजनिक रूप से आत्मसमर्पण कर दिया।

वर्तमान में पूरे राज्य में कुल 30 उग्रवादी संगठन सक्रिय हैं, जो अलग-अलग स्तरों और अलग-अलग विचारधाराओं पर कार्य कर रहे हैं। जैसा कि पहले उल्लेख किया जा चुका है कि राज्य में विद्रोह की स्थिति से निपटने के लिए पूरे राज्य को सन् 1988 में अशांत क्षेत्र घोषित कर दिया गया था। उस राज्य के कुल 49 पुलिस जनपदों में से 6 जनपदों को अशांत क्षेत्र अधिनियम के अंतर्गत रखा गया था; 1999 में यह संख्या 27 हो गई। विद्रोह को दबाने के लिए सेना और असम राइफल्स ने संयुक्त रूप से सैन्य काररवाई की; लेकिन कारगिल युद्ध के समय सेना को वहाँ से हटाना पड़ा। 6 जनवरी, 2000 को सरकार ने राज्य में बढ़ती विद्रोही गतिविधियों पर नियंत्रण करने के लिए राष्ट्रीय सुरक्षा अधिनियम के प्रावधानों को लागू करने का निर्णय लिया।

त्रिपुरा में राजनीतिक दलों और आतंकवादी गुटों के बीच गहराते संबंधों को स्पष्ट देखा जा सकता है। इसके अतिरिक्त आतंकवादी गुटों के क्षेत्र के अन्य विद्रोही संगठनों के साथ भी गहरे संबंध हैं। ये आतंकवादी गुट भारत और बँगलादेश की 865 किलोमीटर लंबी सीमा पर भारतीय भूभाग के दूसरी ओर अपने गुप्त अड्डे बनाकर अपनी आतंकवादी गतिविधियों को अंजाम देते हैं। आज यह राज्य पूर्वोत्तर में गैर-कानूनी रूप से हथियार पहुँचाने के लिए एक कॉरीडोर (गलियारा) के रूप में कार्य कर रहा है। राज्य में सक्रिय आतंकवादी गुटों ने अपहरण के जरिए फिरौती को अपना धंधा बना लिया है। वैसे इन परिस्थितियों के बावजूद त्रिपुरा राज्य में ऐसी अनेक बातें हैं, जो उम्मीदों को जगानेवाली हैं। वस्तुतः यहाँ समस्या के मुख्य कारण आंतरिक और सामाजिक-आर्थिक हैं, न कि अलगाववादी।[20]

असम

असम में विद्रोह का मुद्दा मुख्य रूप से पूर्वी पाकिस्तान और बाद में बँगलादेश से आए अवैध प्रवासियों के कारण खड़ा हुआ है, जो अब असम में स्थायी रूप से बस गए हैं। विभाजन के समय से ही लगातार अवैध रूप से आए प्रवासियों के कारण स्थानीय जनसंख्या का स्वरूप बिगड़ गया है। राज्य की स्थानीय जनसंख्या इन अवैध प्रवासियों का नाम मतदाता सूची में न रखने और उन्हें बँगलादेश

वापस भेजने के लिए आंदोलन चला रही है। असमवासियों का कहना है कि राज्य में 50 लाख से भी अधिक अवैध घुसपैठिए रह रहे हैं।[21]

विदेशियों में घबराहट

ऑल असम स्टूडेंट्स यूनियन (AASU) और ऑल असम गण संग्राम परिषद् (AAGSP) के नेतृत्व में जुलाई 1979 में विदेशियों (प्रवासियों) के विरुद्ध आंदोलन ने जोर पकड़ लिया। ये संगठन असम में रह रहे विदेशी लोगों की पहचान करके उन्हें उनके देश वापस भेजने की माँग करते हुए हिंसा पर उतारू हो गए थे। बंद-पर-बंद की स्थिति से प्रशासन पंगु होता चला गया। सन् 1979 के अंत में आंदोलन ने भयानक हिंसा का रूप ले लिया। इसी वर्ष दिसंबर में राज्य में राष्ट्रपति शासन लागू कर दिया गया था।

सेना की तैनाती

आंदोलनकारियों ने हिंसा का सहारा लेते हुए नलबाड़ी में बड़ी संख्या में अल्पसंख्यकों को मौत के घाट उतार दिया; लगभग 5 हजार घरों को जलाकर राख कर दिया, जिससे 15 हजार शरणार्थियों को राहत शिविरों में शरण लेनी पड़ी। उसके बाद अल्पसंख्यकों के हितों की रक्षा के लिए 'ऑल असम माइनोरिटी स्टूडेंट्स यूनियन' (AAMSU) अस्तित्व में आया। राज्य में स्थिति लगातार बिगड़ती जा रही थी, जिसपर काबू पाने में राज्य सरकार असमर्थ दिखाई दे रही थी। अत: कानून और व्यवस्था बहाल करने के लिए सेना बुलाई गई। राज्य में आंतरिक सुरक्षा बहाल करने की जिम्मेदारी मेजर जनरल ओ.एस. भंडारी के नेतृत्व में 21 इन्फैंट्री डिवीजन को सौंपी गई। उसके बाद असम अशांत क्षेत्र अधिनियम, 1955 तथा सशस्त्र बल विशेषाधिकार अधिनियम, 1958 की घोषणा कर दी गई। किंतु इस घोषणा के दो दिन बाद ही गुवाहाटी उच्च न्यायालय ने अधिनियम लागू किए जाने पर स्थगन आदेश दे दिया। बाद में स्थगन आदेश को आंशिक रूप से रद्द करके असम अशांत क्षेत्र अधिनियम, 1955 में से सेक्शन 4 को तथा सशस्त्र बल विशेषाधिकार अधिनियम, 1958 में से सेक्शन 4ए को हटाए जाने का आदेश दिया। इस स्थगन आदेश से सशस्त्र बलों को स्थिति से निपटने में मुश्किलों का सामना करना पड़ रहा था। अत: सरकार ने सेना को आवश्यक अधिकार प्रदान किए जाने के लिए सर्वोच्च न्यायालय में अपील की।

आंदोलनकारियों ने जब तेल के उत्पादन को प्रभावित करना शुरू कर दिया

तो 1 नवंबर, 1980 को सेना तैनात कर दी गई। 6 दिसंबर, 1980 को राज्य में एक लोकप्रिय सरकार का गठन किया गया। किंतु उसके अगले दिन ही आंदोलनकारियों ने बंद का आह्वान किया, जो पूरी तरह सफल रहा। इससे उत्साहित होकर उन्होंने बाद में एक बार फिर चार दिनों के बंद का आह्वान किया; लेकिन सेना की तैयारी को देखते हुए उन्होंने बंद को वापस ले लिया। फरवरी 1983 के चुनावों के समय आंदोलनकारियों ने व्यापक पैमाने पर हिंसा का सहारा लिया। प्रत्याशियों का अपहरण, उनकी हत्या, उनके रिश्तेदारों और समर्थकों पर हमले करके तथा चुनाव ड्यूटी पर तैनात सरकारी कर्मचारियों और अल्पसंख्यकों को धमकाकर उन्होंने आतंक का माहौल तैयार कर दिया। कामरूप, मंगलदई, नौगाँव, उत्तरी लखीमपुर और गोलपाड़ा सर्वाधिक प्रभावित क्षेत्र थे। प्रशासन पूरी तरह पंगु दिखाई देने लगा था; सेना की मदद से स्थिति पर काबू पाया गया।

उल्फा (ULFA) का गठन

7 अप्रैल, 1979 को यूनाइटेड लिबरेशन फ्रंट ऑफ असम (ULFA) का गठन हुआ। असम को भारत से अलग करना उसका घोषित लक्ष्य था। शुरू में उल्फा ने ऑल असम स्टूडेंट्स यूनियन (AASU) तथा ऑल असम गण संग्राम परिषद् (AAGSP) के साथ आंदोलन का संचालन किया। अगस्त 1985 में केंद्र सरकार के साथ असम समझौते पर हस्ताक्षर के बाद आंदोलन समाप्त कर दिया गया। ऑल असम स्टूडेंट्स यूनियन तथा ऑल असम गण संग्राम परिषद्—दोनों आंदोलन को समाप्त करने और सामान्य स्थिति बहाल करने में सहयोग करने पर तैयार हो गए। दोनों संगठनों के नेताओं ने असम गण परिषद् (AGP) के नाम से एक राजनीतिक दल बनाकर चुनाव में भाग लिया और परिणामस्वरूप वे सत्ता में आ गए।

अब उल्फा और असम गण परिषद् के बीच की राजनीतिक दूरियाँ लगातार बढ़ने लगीं। बाद में उल्फा के साथ कुछ राजनीतिक नेताओं के संबंधों की बात सामने आई। इस कारण यह स्पष्ट होने के बावजूद कि उल्फा के पूर्वोत्तर में सक्रिय अन्य विद्रोही संगठनों के साथ गहरे संबंध हैं—राज्य सरकार उससे सख्ती से निपटने में हिचकिचा रही थी।

'ऑपरेशन बजरंग' और 'ऑपरेशन राइनो'

केंद्र में वी.पी. सिंह की सरकार गिरने के बाद नए प्रधानमंत्री चंद्रशेखर ने

असम की असम गण परिषद् सरकार को बरखास्त करके 28 नवंबर, 1990 को राज्य में राष्ट्रपति शासन लागू कर दिया और राज्य को अशांत क्षेत्र घोषित करके 'ऑपरेशन बजरंग' शुरू कर दिया। किंतु उल्फा को सैन्य कारवाई के बारे में सरकार में शामिल उसके कुछ हितैषियों ने पहले ही सचेत कर दिया था; इस कारण अभियान पूरी तरह सफल नहीं हो सका। जून 1991 के विधानसभा चुनावों के समय सेना को हटा लिया गया। 'ऑपरेशन बजरंग' के दौरान पकड़े गए सभी विद्रोहियों को मुख्यमंत्री सैकिया द्वारा क्षमादान दे दिया गया। किंतु उल्फा ने अपनी प्रतिबद्धता से मुकरकर कई बंधकों को मार डाला। उसने अन्य 166 लोगों की हत्या कर दी तथा 252 लोगों को बंधक बना लिया।[22]

राज्य में स्थिति लगातार बिगड़ने लगी, तो सेना ने 15 सितंबर, 1991 को दूसरा अभियान 'ऑपरेशन राइनो' शुरू किया। इस बार अभियान में उल्लेखनीय सफलता मिली; उल्फा के कई छोटे-बड़े नेताओं को पकड़ लिया गया। किंतु उल्फा कैडरों को खुश करने के लिए मुख्यमंत्री सैकिया ने उनके लिए क्षमादान की घोषणा कर दी। उसके बाद 'ऑपरेशन राइनो' को अस्थायी रूप से स्थगित कर दिया गया। जनवरी 1992 में उल्फा नेताओं के साथ बातचीत की प्रक्रिया शुरू हुई, जिसमें दोनों पक्षों ने भारतीय संविधान के अधीन असम समस्या के शांतिपूर्ण हल के लिए अपनी सहमति जताई।

जुलाई-अगस्त 1998 में कई उल्फा नेताओं को पकड़ लिये जाने से संगठन की सक्रियता में काफी कमी आई। दूसरे, कारगिल युद्ध के दौरान उल्फा के पाकिस्तान और आई.एस.आई. से संबंधों का भी उलटा नतीजा ही निकला। असमियों ने न केवल कारगिल में पाकिस्तानियों की घुसपैठ का विरोध किया, बल्कि उन्होंने उल्फा द्वारा पाकिस्तान और आई.एस.आई. को दी जा रही मदद की भी कड़े शब्दों में निंदा की। कुल मिलाकर असम में उल्फा की साख असम के लोगों के हितों की रक्षा करनेवाले एक संगठन के रूप में काफी गिर गई।

बोडो विद्रोह

असम में बंगालियों और अन्य प्रवासियों द्वारा आदिवासी भूमि पर कब्जा कर लिये जाने तथा बोडो भाषा एवं संस्कृति की उपेक्षा किए जाने के विरोध में असम के बोडो आदिवासियों ने विद्रोह की दूसरी लहर शुरू कर दी। कोकराझार और गोलपाड़ा जिलों को लेकर बोडो आदिवासियों में सबसे ज्यादा असंतोष व्याप्त था। अपने हितों की रक्षा के लिए बोडो आदिवासियों ने यद्यपि एक संगठन ऑल

बोडो स्टूडेंट्स यूनियन (ABSU) सन् 1967 में ही बना लिया था, लेकिन एक सशक्त संगठन के रूप में वह 1980 के दशक में ही उभर सका। सन् 1980 के दशक के उत्तरार्ध में बोडो आदिवासियों ने भारत के अधीन एक अलग राज्य की माँग उठानी शुरू कर दी। सन् 1988 में नेशनल डेमोक्रेटिक फ्रंट ऑफ बोडोलैंड (NDFB) का गठन हुआ, जिसने अलग बोडो राज्य की माँग करते हुए गुरिल्ला युद्ध छेड़ दिया। स्थिति एक बार फिर बिगड़ने लगी, जिस पर काबू पाने के लिए सेना बुलाई गई।

बोडो आदिवासियों की अलगाववाद की भावना को दबाने के लिए भारत सरकार ने ऑल बोडो स्टूडेंट्स यूनियन के साथ समझौता कर लिया; परिणामस्वरूप बोडो वालंटियर फोर्स ने अपने हथियार डाल दिए। उसके बाद बोडो स्वायत्त परिषद् का गठन किया गया। किंतु बोडो वालंटियर फोर्स का एक गुट समझौते के पक्ष में नहीं था। उसने सन् 1996 में बोडो लिबरेशन टाइगर फोर्स का गठन कर लिया। 29 मार्च, 2000 को केंद्र सरकार के साथ संघर्ष-विराम समझौते से पूर्व यह गुट कोकराझार, बोंगईगाँव, नलबाड़ी, बरपेटा, कामरूप, दरांग और धेमाजी जिलों में सक्रिय रहा। अपने नेताओं की अदूरदर्शिता और अंध-जातिभक्ति के चलते बोडो आतंकवादी आज भी जातीय संघर्ष में लिप्त हैं।

1990 के दशक के उत्तरार्ध में असम में जाति, धर्म और संस्कृति के आधार पर कई विद्रोही संगठन अस्तित्व में आए। वर्तमान में राज्य में छोटे-बड़े कुल 34 विद्रोही संगठन सक्रिय हैं, जिनमें उल्फा मुख्य है।

पिछले पाँच वर्षों में असम में उल्फा की गतिविधियों में काफी कमी आई है, जबकि हाल ही में मिली खबरों के अनुसार वह अपने नए कैडरों की भरती कर रहा है। भूटान सरकार द्वारा उल्फा को भूटानी भूभाग खाली करने का नोटिस दिए जाने के बाद अब वह अपने शिविरों को अरुणाचल प्रदेश के चांगलांग और तिरप जिलों तथा कामरूप और गोलपाड़ा से लगनेवाले मेघालय के जंगलों में स्थानांतरित कर रहा है। संगठन के लिए धन की कमी को पूरा करने के लिए उल्फा ने एक बार फिर चाय-बागानों से धन की उगाही करनी शुरू कर दी है। नेशनल सोशलिस्ट काउंसिल ऑफ नगालैंड (NSCN) और उसका सहयोगी गुट डी.एच.डी. (DHD) उत्तरी कछार जिले की पहाड़ियों और कार्बी आंगलांग जिले में व्यापक पैमाने पर धन की उगाही में लिप्त रहा है।[23]

असम के मुसलिम कट्टरवादी संगठन और विभिन्न विद्रोही समूह अपने कुछ कैडरों को काबुल में स्थित सिपाह-ए-साहबा के मुख्यालय में भेजकर उन्हें

प्रशिक्षण दिलाते हैं। बँगलादेश के जमात-ए-इसलामी के माध्यम से पाकिस्तान का जमात-ए-इसलामी इन्हें अन्य मदद पहुँचा रहा है। ऐसे में, असम में स्थिति सांप्रदायिक कट्टरवाद का रूप ले ले, इससे पहले उसपर नियंत्रण करने की आवश्यकता है।

अरुणाचल प्रदेश, मेघालय और सिलीगुड़ी कॉरीडोर

83,743 वर्ग किलोमीटर क्षेत्रफलवाले अरुणाचल प्रदेश की कुल जनसंख्या 10,91,117 लाख है। अभी कुछ समय पहले तक इसे शांति के धाम के रूप में माना जाता था। चीन से लगनेवाली इसकी उत्तरी सीमा की रक्षा के लिए ही यहाँ सेना तैनात की गई है। किंतु धीरे-धीरे यह राज्य भी विद्रोह की चपेट में आने लगा है। म्याँमार में सक्रिय खापलांग गुट के मुख्यालय के निकट स्थित होने के कारण यह क्षेत्र नेशनल सोशलिस्ट काउंसिल ऑफ नगालैंड (खापलांग गुट) का गढ़ बना हुआ है; वैसे अब नेशनल सोशलिस्ट काउंसिल ऑफ नगालैंड—आई.एम., (NSCN-IM), उल्फा तथा एन.डी.एफ.बी. (NDFB) ने भी यहाँ अपनी पैठ जमानी शुरू कर दी है। नेशनल सोशलिस्ट काउंसिल ऑफ नगालैंड के सक्रिय सहयोग से राज्य में एक अन्य स्थानीय संगठन ईस्ट इंडिया लिबरेशन टाइगर फोर्स (EILTF) भी उभरकर सामने आया है।

विद्रोह का राज्य पर गंभीर प्रभाव पड़ रहा है। गुप्तचर सूत्रों के अनुसार आज तिरप में प्रत्येक सरकारी कर्मचारी और व्यवसायी से रिपब्लिक ऑफ नगालिम के लिए कर के रूप में उसकी कुल आय का 25 प्रतिशत वसूल किया जा रहा है। इसके अतिरिक्त तिरप और चांगलांग में स्थित भारतीय स्टेट बैंक की शाखाओं को एन.एस.सी.एन.-के. की ओर से वसूली के लिए नोटिस दिए गए थे। धन न देने की स्थिति में शाखाओं को बंद करने की धमकी भी दी गई थी। सन् 2001 में चांगलांग में स्थित ऑयल इंडिया लिमिटेड की इकाई से भी 60 लाख रुपए की माँग की गई थी, जिसके कारण उसे अपना कार्य रोक देना पड़ा था।

उधर, मेघालय में भी विद्रोह की लपटें फैलने लगी हैं। पड़ोसी राज्य असम के विद्रोहियों ने उसे अपने लिए सुरक्षित शरण-स्थली के रूप में प्रयोग करना शुरू कर दिया है। खासी आदिवासियों के हितों की रक्षा के लिए राज्य के खासी आदिवासियों द्वारा बनाए गए संगठनों ने 'धरती के लाल' (Sons of the soil) आंदोलन छेड़ दिया है।

विद्रोही गतिविधियों की दृष्टि से एक और चिंताजनक क्षेत्र है—सिलीगुड़ी

कॉरीडोर, जो भारत के मुख्य भूभाग को पूर्वोत्तर से जोड़ता है। इस कॉरीडोर में कुछ सैन्य इकाइयाँ स्थापित की गई हैं। क्षेत्र में एक लड़ाका संगठन—कामतापुर लिबरेशन ऑर्गनाइजेशन (KLO) अस्तित्व में आ चुका है, जिसे उल्फा द्वारा समर्थन प्राप्त है। इस संगठन के कुछ विदेशी विद्रोही संगठनों से भी संबंध हैं। वस्तुतः यह संगठन पूर्वोत्तर के सातों राज्यों के लिए जितना खतरनाक है उतना ही खतरनाक पश्चिम बंगाल के लिए भी है।[24]

केंद्र की ओर से पहल

पूर्वोत्तर में संघर्ष की स्थिति से निपटने तथा वहाँ शांतिपूर्ण वातावरण तैयार करने की दिशा में केंद्र सरकार की ओर से एक विकासपरक नीति अपनाई गई है। सन् 1996 में तत्कालीन प्रधानमंत्री श्री एच.डी. देवगौड़ा ने क्षेत्र के विकास के लिए 61 अरब रुपए की राशि मंजूर की थी; परवर्ती प्रधानमंत्रियों—श्री इंद्र कुमार गुजराल और श्री अटल बिहारी वाजपेयी ने भी इसी नीति पर चलते हुए सहायता राशि में वृद्धि की थी; किंतु समय-समय पर जितनी राशि मंजूर की जाती रही है, उसका बहुत छोटा हिस्सा ही वास्तविक रूप से विकास-कार्यों में लगाया जा सका है।

जम्मू-कश्मीर में विद्रोह एवं आतंकवाद

स्वतंत्रता-प्राप्ति के बाद से ही जम्मू-कश्मीर पर पाकिस्तान की कुदृष्टि रही है, इस कारण पूरा राज्य आज पाकिस्तान प्रायोजित आतंकवाद से ग्रस्त है। पाकिस्तान ने अपने आतंकवादियों को प्रशिक्षित करने और उन्हें हर तरह की मदद पहुँचाने के लिए नियंत्रण रेखा के निकट ही अपने कई अड्डे तैयार कर लिये हैं। इसके लिए उसने अफगानिस्तान और अन्य मुसलिम देशों से भाड़े के सैनिकों की भरती भी की है। 1990 के दशक की शुरुआत में और उसके बाद भी पाकिस्तान ने न केवल कश्मीर घाटी में, बल्कि वहाँ से डोडा-किश्तवाड़, राजौरी और पुंछ जैसे शांत क्षेत्रों में भी हिंसा फैलाई। पाकिस्तान की ओर से चलाए जा रहे इस परोक्ष युद्ध का मुकाबला करने और स्थिति पर नियंत्रण करने के लिए सेना ने 'ऑपरेशन रक्षक' चलाया। इस अभियान के लिए जम्मू-कश्मीर में सेना की कई इकाइयाँ तैनात की गईं, जो पिछले लगभग एक दशक से अब तक कार्य कर रही हैं। वैसे पाकिस्तान के वर्तमान और भविष्य के नापाक इरादों को नाकाम करने के लिए उसकी गतिविधियों, उसके इरादों और उसकी रणनीतियों का अध्ययन-विश्लेषण करना आवश्यक है।

पाकिस्तान की सोच

पाकिस्तान का रणनीतिक उद्देश्य 1960 के दशक के मध्य में जुल्फिकार अली भुट्टो द्वारा राष्ट्रपति अयूब खान को दिए गए एक ज्ञापन के समय से ही अपरिवर्तित रहा है, जिसमें उन्होंने पाकिस्तान के रणनीतिक उद्देश्य का स्पष्ट उल्लेख किया था।[25] भुट्टो ने कहा था कि पाकिस्तान की राष्ट्रीय अस्मिता और अखंडता मूल रूप से भारत को कमजोर और अस्थिर बनाए रखने में है। कश्मीर जैसे मसले में भारत को लगातार उलझाए रखने के साथ-साथ पाकिस्तान की नीति चीन और नेपाल जैसे देशों को भारत के खिलाफ करने की है। इतना ही नहीं, पाकिस्तान भारत को पूर्वोत्तर के राज्यों से अलग करने की फिराक में भी है। भुट्टो का मानना था कि इस प्रकार की स्थितियाँ पैदा करके भारत को कमजोर किया जा सकता है। वर्तमान में परमाणु अस्त्रों की धमकी भी इसमें शामिल हो गई है।

अपने रणनीतिक उद्देश्यों को ध्यान में रखते हुए पाकिस्तान जम्मू-कश्मीर के अधिक-से-अधिक भूभाग पर कब्जा करके अंततः उसे पाकिस्तान में मिलाने के लिए अभियान चला रहा है। भारत के खिलाफ उसकी काररवाइयाँ अलगाववादी आंदोलनों को बढ़ावा देकर देश में राजनीतिक और सामाजिक समस्याएँ पैदा करने और इसके माध्यम से अपने सैन्य अभियान को आसान करने पर आधारित रही हैं। इसके अतिरिक्त अंतरराष्ट्रीय समुदाय से खुला राजनीतिक और सैनिक समर्थन प्राप्त करके अपने उद्देश्यों को पूरा करने के लिए पाकिस्तान कश्मीर मसले को द्विपक्षीय बातचीत के जरिए सुलझाने की बजाय उसका अंतरराष्ट्रीयकरण करने में लगा रहा है। इस प्रकार, अनुमान लगाया जा सकता है कि पाकिस्तान भारत को कमजोर बनाने के अपने उद्देश्य की पूर्ति के लिए देश में अलगाववाद को बढ़ावा देनेवाली अपनी गतिविधियाँ भविष्य में भी इसी तरह जारी रखेगा।

पाकिस्तानी सेना के उच्चाधिकारियों की धारणा भी भारत के साथ संबंधों में तनाव पैदा करके अपना आर्थिक और रणनीतिक हित साधने की रही है; इसलिए भारत में—विशेषकर जम्मू-कश्मीर के सीमा-क्षेत्रों में—उपद्रव की स्थिति उनकी रणनीतियों का ही स्वाभाविक परिणाम है। यह बात पाकिस्तान की ओर से थोपी गई सभी लड़ाइयों में देखने को मिली है। सन् 1988 से ही पाकिस्तान अपनी सीमा से लगे भारतीय क्षेत्रों में सांप्रदायिक दंगे भड़काने में लगा है।[26]

पाकिस्तान के लिए कश्मीर का मामला भारत में आंतरिक अशांति फैलाने, लोगों को आंदोलन के लिए भड़काने और कट्टरवादी संगठनों तथा आई.एस.आई. का समर्थन प्राप्त करने का एक साधन भी बन गया है। भारत की परंपरागत सैन्य

शक्ति की श्रेष्ठता को देखते हुए वह उसे आंतरिक झगड़ों से निपटने में उलझाकर रखना चाहता है, जिससे वह भारतीय सेना को कमजोर करके अपना रणनीतिक हित साध सके। ऐसे में यह अनुमान लगाना कठिन नहीं है कि पाकिस्तान कश्मीर मसले को उलझाए रखते हुए भारत को मुश्किल में डालकर रखना चाहेगा।

पाकिस्तान जम्मू-कश्मीर में सांप्रदायिक अलगाव पैदा करके वहाँ से गैर-मुसलिम जनसंख्या को भगाना चाहता है। इसके लिए वह पाकिस्तान-समर्थक आतंकवादी संगठनों को उकसाता रहा है और भविष्य में भी जारी रखेगा। साथ ही, राज्य में राजनीतिक प्रक्रिया में बाधक बनता रहा है। अपनी गतिविधियों के माध्यम से वह भारत के अन्य हिस्सों में भी परोक्ष युद्ध चलाकर अंततः कश्मीर को पाकिस्तान में मिलाने के लिए परंपरागत युद्ध छेड़ना चाहता है। जम्मू-कश्मीर में वर्तमान में कई तरह के घातक, आत्मघाती हमलों और अपहरण तथा तोड़-फोड़ के माध्यम से पाकिस्तान परोक्ष युद्ध चलाने में लगा हुआ है।

जनरल जिया के नेतृत्व में तैयार पाकिस्तानी रणनीति

पाकिस्तान की राजनीति, समाज और अर्थव्यवस्था का इसलामीकरण करने के उद्देश्य से जनरल जिया-उल-हक ने सन् 1977 में राष्ट्रपति बनने के बाद इसलामिक सिद्धांतों (रूपकों) के आधार पर पाकिस्तानी नीतियों की दिशा निर्धारित की। उनकी धारणा के अनुसार, पाकिस्तान मजहब के आधार पर निर्मित राष्ट्र है।

सेना के काउंटर इन्सर्जेंसी एंड जंगल वारफेयर (CIJW) स्कूल में प्रशिक्षण प्रगति पर।

जनरल जिया के शासनकाल के दौरान उनकी इसलामीकरण की नीतियों से न केवल मुसलिम कट्टरवादी संगठनों के प्रभाव में वृद्धि हुई, बल्कि देश का सामाजिक नियंत्रण भी धार्मिक संस्थाओं के हाथ में चला गया। जनरल जिया के शासनकाल में सेना की भूमिका असैनिक क्षेत्रों तक बढ़ गई।

सन् 1949 में अपनी शुरुआत के साथ ही पाकिस्तानी खुफिया एजेंसी आई.एस.आई. (ISI) भारत को अस्थिर करके उसे कमजोर करने के लिए अपने काम में लग गई थी; तब से उसकी गतिविधियाँ लगातार जारी हैं। भारत का विशाल आकार पाकिस्तान की आँखों की किरकिरी बना हुआ है; इसलिए वह भारत के उत्तरी, पूर्वी और दक्षिणी हिस्से को उससे अलग करके अंततः उसे पाकिस्तान के आकार का बनाना चाहता है। सन् 1971 से पूर्व तक आई.एस.आई. पूर्वी भारत में फैली विद्रोह की आग में घी डालने का काम कर रही थी और 1971 के बाद तो उसने विद्रोह की आग को भड़काने के लिए अपनी गतिविधियाँ पंजाब, जम्मू-कश्मीर और उसके बाद तमिलनाडु तक फैला दीं।

कश्मीर की स्थिति : 1980 के दशक में

जनरल जिया ने कश्मीर घाटी में 'सशस्त्र धर्मयुद्ध' (जेहाद) छेड़ने के उद्देश्य से सन् 1982 में ही कश्मीरी युवकों को प्रशिक्षण देने की एक योजना शुरू कर दी थी। किंतु उस समय योजना ज्यादा सफल नहीं हो सकी, इसलिए बाद में उसमें कुछ संशोधन करके उसे फिर से शुरू किया गया। उधर, भारत की ओर से जम्मू-कश्मीर में कुछ भयानक भूलें हो गईं। सन् 1984 में तत्कालीन प्रधानमंत्री श्रीमती इंदिरा गांधी ने कश्मीर में फारूक अब्दुल्ला सरकार को बरखास्त कर दिया और जी.एम. शाह के नेतृत्व में एक अस्थायी सरकार का गठन कर दिया। यह बहुत बड़ी भूल सिद्ध हुई। यद्यपि अक्तूबर 1984 में श्रीमती गांधी की हत्या के बाद स्थिति बदल गई, लेकिन फारूक अब्दुल्ला के प्रति किए गए विश्वासघात का कटु अनुभव तो बरकरार ही रहा।

श्रीमती गांधी की हत्या के बाद श्री राजीव गांधी प्रधानमंत्री बने। उन्होंने जम्मू-कश्मीर में चुनाव कराने की बजाय कांग्रेस-नेशनल कॉन्फ्रेंस गठबंधन की सरकार बनाए जाने की बात की। इस बात पर फारूक अब्दुल्ला, जिन्होंने पाँच वर्ष पूर्व श्रीमती गांधी के साथ मिलने से इनकार कर दिया था, राजी हो गए। नवंबर 1986 में राजीव गांधी ने फारूक अब्दुल्ला को पुनः जम्मू-कश्मीर का मुख्यमंत्री बना दिया और अगले वर्ष चुनाव कराए जाने की घोषणा कर दी। इस पूरे घटनाक्रम

से जम्मू-कश्मीर के लोगों में फारूक अब्दुल्ला की छवि एक नायक से बदलकर राजद्रोही के रूप में बन गई। उनपर अपनी गौरवशाली परंपरा के प्रति विश्वासघात करने का आरोप लगाया जाने लगा। इससे नेशनल कॉन्फ्रेंस में फूट का माहौल बन गया, जिसका उग्रवादियों ने लाभ उठाया। बाद में अब्दुल्ला ने स्वयं स्वीकार किया कि सन् 1986 में उनके द्वारा कांग्रेस से किया गया गठजोड़ उनकी एक गंभीर राजनीतिक भूल थी।[27]

राजीव गांधी के साथ किया गया समझौता तथा सन् 1987 के चुनाव, सरकार के तथाकथित भ्रष्टाचार और बाद में स्थिति पर काबू पाने में सरकार की असमर्थता—इन सबके कारण फारूक अब्दुल्ला ने अपनी लोकप्रियता खो दी। दूसरी ओर जनता में भी असंतोष व्याप्त हो गया था, क्योंकि विकास-कार्यों के लिए आनेवाला धन वास्तव में विकास-कार्यों में नहीं लग पा रहा था। इसके अतिरिक्त, अनुच्छेद 370 को रद्द किए जाने से संबंधित केंद्र में चल रही गैर-जिम्मेदाराना बातचीत के कारण जम्मू-कश्मीर की जनता में फैले असंतोष में वृद्धि ही हुई। इन परिस्थितियों में तत्कालीन राज्यपाल श्री जगमोहन ने फरवरी 1989 में विधानसभा भंग कर दी। यहाँ ध्यान देने योग्य बात यह है कि विधानसभा भंग करने की बजाय भली-भाँति चुनी हुई सरकार को और मजबूत करके स्थिति से ज्यादा प्रभावी ढंग से निपटा जा सकता था। 1980 के दशक के अंत तक कश्मीर घाटी में स्थिति विस्फोटक रूप ले चुकी थी, जिसके बारे में शेख अब्दुल्ला ने कई बार सचेत भी किया था।[28]

जम्मू-कश्मीर में परोक्ष युद्ध की पाकिस्तानी योजना

पाकिस्तान घाटी में बिगड़ती स्थिति से अनभिज्ञ नहीं था। ऐसे में उसे सन् 1947 और 1965 की पराजय का बदला लेने और 1971 में उठाई गई क्षति को पूरा करने का अच्छा मौका दिखाई दे रहा था। वर्ष 1984 में पाकिस्तान को सियाचिन से हटना पड़ा था और लगभग उसी समय बेनजीर भुट्टो ने पाकिस्तान में जनरल जिया-उल-हक की सैनिक तानाशाही के खिलाफ आंदोलन भी छेड़ दिया था। इस सैन्य पराजय और देश की आंतरिक समस्याओं की ओर से लोगों का ध्यान हटाने के लिए जनरल जिया ने पंजाब और जम्मू-कश्मीर में विद्रोह भड़काने की रणनीति अपनाई। जम्मू-कश्मीर में विद्रोह भड़काने की रणनीति की योजना यद्यपि जनरल जिया ने सन् 1985 में ही बना ली थी, लेकिन उस समय वह उसे कार्यरूप नहीं दे सके थे; क्योंकि पाकिस्तानी सेना उस समय अफगानिस्तान में मुजाहिदीनों की ओर से लड़ाई लड़ रही थी। किंतु 17 अगस्त, 1988 को बहावलपुर में हुई

एक विमान दुर्घटना में अपनी मृत्यु से पहले जनरल जिया ने जम्मू-कश्मीर में विद्रोह भड़काने की अपनी योजना को कार्यरूप दे दिया था। उसके बाद बेनजीर भुट्टो के शासनकाल में भी वह लगातार जारी रही। सन् 1987-88 के दौरान अनुमानतः 15-20 हजार लोगों को जम्मू-कश्मीर से पाक-अधिकृत कश्मीर और पाकिस्तान में ले जाकर उन्हें हथियार चलाने का प्रशिक्षण दिया गया।

इस पूरी योजना का उद्देश्य जम्मू-कश्मीर में जेहाद के नाम पर विद्रोह भड़काकर स्थिति को नियंत्रण से बाहर बना देना तथा सही मौका पाकर हमला कर देना था, जिससे जम्मू-कश्मीर को बलपूर्वक पाकिस्तान में मिलाया जा सके।

पाकिस्तान की पूरी रणनीतिक योजना का सार इस प्रकार है—

जम्मू-कश्मीर (और विश्व के अन्य भागों) में जेहादी भेजने के लिए आतंकवादी प्रशिक्षण केंद्र और शिविर तैयार करना। पाकिस्तान में इस तरह के 37 और पाक-अधिकृत कश्मीर में 49 शिविर बनाए गए। इनके अतिरिक्त अफगानिस्तान में भी पाकिस्तान द्वारा 22 आतंकवादी शिविर संचालित हैं।

योजना के अनुसार विभिन्न प्रकार की गतिविधियों—पुलिस बलों, वित्तीय संस्थाओं, संचार-व्यवस्था और अन्य महत्त्वपूर्ण व्यवस्थाओं को अस्त-व्यस्त करना—के लिए अलग-अलग लोगों को चुना जाना था। छात्रों और कृषकों में भारत-विरोधी भावनाएँ भड़काना, खासकर धार्मिक मामलों पर, भी योजना का एक हिस्सा था।

जम्मू-कश्मीर में एक मध्यम-स्तरीय विद्रोह भड़काने के लिए अभियान चलाया जाना था, जिससे स्थिति नियंत्रण से बाहर हो जाए; लेकिन इतनी भी न बिगड़ जाए कि राष्ट्रपति शासन की स्थिति आ जाए, और फिर उसपर पकड़ मजबूत कर ली जाए। उसके बाद कट्टरवादी मुसलिम संगठनों के प्रशिक्षित आतंकवादियों को भारत के खिलाफ विद्रोह करने के लिए उकसाया जाना था। कश्मीरी युवकों को धन का लालच तथा झूठे आश्वासन देकर प्रशिक्षण के लिए पाकिस्तान भेजा जाना था। उधर, पाकिस्तानी सेना ने जम्मू-कश्मीर लिबरेशन फ्रंट (JKLF) से भी संपर्क साध लिया था, जो इस शर्त पर सहयोग करने के लिए तैयार था कि जम्मू-कश्मीर पर भारत का नियंत्रण समाप्त होते ही उसे स्वतंत्र घोषित कर दिया जाएगा। इससे पाकिस्तान को एक अच्छा तर्क भी मिल गया कि कश्मीर घाटी में चलनेवाला उग्रवाद वास्तव में उग्रवाद नहीं, बल्कि स्वतंत्रता की लड़ाई है।

इसके साथ-ही-साथ हथियारबंद गुटों और विध्वंसक तत्त्वों को इस प्रकार

प्रशिक्षित करने की योजना थी कि वे घाटी में तैनात अर्द्धसैनिक बलों से भी निपट सकें।

और फिर घाटी के भीतर ही जम्मू और श्रीनगर के बीच की संचार लाइन को उड़ा दिया जाना था, जोजी ला दर्रे के ऊपर कारगिल तक के सड़क मार्ग पर विशेष ध्यान रखा जाना था। इन सबके अतिरिक्त कश्मीर घाटी, पीर पंजाल श्रेणी और जम्मू से हिंदुओं तथा सिखों का पूरी तरह सफाया कर दिए जाने तथा कश्मीर घाटी के उन स्थानों को अपने नियंत्रण में करने की योजना थी, जहाँ भारतीय सेना तैनात नहीं थी।

योजना के दूसरे चरण में सियाचिन, कारगिल, राजौरी और पुंछ सेक्टरों पर दबाव बनाकर भारतीय सेना को कश्मीर घाटी से हटाना था। तीसरे और अंतिम चरण में भारत को पूरी तरह से सैन्य संघर्ष में उलझाने की योजना थी।

सन् 1987-89 के दौरान पाकिस्तानी एजेंसियाँ कश्मीर में उग्रवाद भड़काने के लिए जम्मू-कश्मीर लिबरेशन फ्रंट पर निर्भर थीं। उसके बाद वहाँ इस कार्य के लिए कई अन्य कट्टरपंथी संगठनों—हिज्ब-उल-मुजाहिदीन, हिजबुल-ए-इसलामी, अल्लाह टाइगर्स, अल उमर, हरकत-उल-अंसार—को उतारा गया। विभिन्न पाकिस्तान समर्थक गुटों में समन्वय स्थापित करने के लिए सन् 1990 में तहरीक-ए-हुर्रियत-ए-कश्मीर और 1993 में ऑल पार्टी हुर्रियत कॉन्फ्रेंस बनाई गई। 1990-94 के दौरान पाकिस्तान ने परोक्ष युद्ध की अपनी योजना में मजबूती लाने और उसमें सफलता सुनिश्चित करने के लिए पाक-अधिकृत कश्मीर और अफगानिस्तान में कश्मीरी आतंकवादियों को प्रशिक्षण देने के उद्देश्य से कई अन्य शिविर तैयार किए। पाकिस्तानी एजेंसियों ने उन्हें उच्च स्तरीय प्रशिक्षण के साथ-साथ उन्नत किस्म के आधुनिक हथियार भी उपलब्ध कराए। सन् 1990 के बाद से जम्मू-कश्मीर लिबरेशन फ्रंट और अन्य पाकिस्तान समर्थक आतंकवादी संगठनों ने आई.एस.आई. की गतिविधियों में हिस्सा लेना शुरू कर दिया।

पाकिस्तान का परोक्ष युद्ध और भारतीय सेना : एक समीक्षा

जम्मू-कश्मीर में भारतीय सेना की भूमिका विलक्षण रही है। नियंत्रण रेखा पर उसे सौंपी गई जिम्मेदारी को कोई अन्य अभिकरण इतनी सफलतापूर्वक नहीं निभा सकता। नियंत्रण रेखा पर या उसके आस-पास एक भी आतंकवादी की उपस्थिति खतरे से खाली नहीं है, इसलिए उसे तुरंत हटाया जाना चाहिए। ऐसा न

होने पर एक बार यदि वह आतंकवादी आम लोगों में मिल गया तो उसकी पहचान करके उसे हटाना बहुत मुश्किल हो जाता है।

पाकिस्तान द्वारा भारत में छेड़े गए परोक्ष युद्ध से निपटने के लिए भारतीय सेना की मदद लेनी पड़ी। यह आवश्यक भी हो गया था; क्योंकि भाड़े पर लाए गए विदेशी सैनिक और आतंकवादी संगठनों के लड़ाके अधिक सक्षम और घातक हथियारों तथा विस्फोटकों से लैस होते थे; साथ ही उनके पास मुद्रा भी—असली और नकली दोनों रूपों में—पर्याप्त मात्रा में होती थी। इन सबके अतिरिक्त वे भारतीय पुलिस बल और सीमा सुरक्षा बल के सैनिकों की अपेक्षा बेहतर प्रशिक्षण-प्राप्त होते थे। श्रीलंका को दी गई वचनबद्धता और पंजाब तथा पूर्वोत्तर में चलाए जा रहे आतंकवाद-विरोधी अपने अभियानों के कारण भारतीय सेना जम्मू-कश्मीर में चल रही व्यापक पैमाने पर घुसपैठ से निपटने में पर्याप्त रूप में सख्त रुख नहीं अपना सकी थी।

भारतीय सेना की 15 एवं 16 कोर—जिन्हें जम्मू-कश्मीर में तैनात किया गया है—पाकिस्तानी सेना की दो कोरों का सामना करती हैं। पाकिस्तान ने अपनी रिजर्व नॉर्थ को भी इस क्षेत्र के निकट ही तैनात किया है। ऐसे में आतंकवाद का मुकाबला करने के लिए भारतीय सेना को जो भूमिका दी गई है, वह उसकी सामान्य भूमिका से कहीं बढ़कर है। वस्तुतः यह पाकिस्तानी फौजों का प्रत्यक्ष रूप से सामना करने से कम नहीं है। अतः जम्मू-कश्मीर में समय-समय पर और अधिक इकाइयाँ तैनात किए जाने की आवश्यकता है।

आतंकवाद-विरोधी अभियान

भारतीय सेना की 15 कोर सन् 1965 से ही अपनी 19, 25 और 10 इन्फैंट्री डिवीजनों के साथ आतंकवाद से निपटने में लगी थी। 19 इन्फैंट्री डिवीजन को उत्तरी कश्मीर में तैनात किया गया था, जबकि 25 इन्फैंट्री डिवीजन को पुंछ, मेंढर, राजौरी और नौशेरा की रक्षा की जिम्मेदारी सौंपी गई थी और उसके आगे रावी नदी तक का क्षेत्र 10 इन्फैंट्री डिवीजन के उत्तरदायित्व में था। 26 इन्फैंट्री डिवीजन को जम्मू सेक्टर की रक्षा की जिम्मेदारी सौंपी गई थी। सन् 1972 में 16 कोर के मुख्यालय की स्थापना के बाद 25, 10 और 26 इन्फैंट्री डिवीजनों को उसके नियंत्रण में तैनात किया गया। उत्तरी कमान का मुख्यालय भी 1972 में ही स्थापित किया गया।

सन् 1990 में 28 इन्फैंट्री डिवीजन को सियाचिन सेक्टर से हटाकर उत्तरी

कश्मीर में 19 इन्फैंट्री डिवीजन के स्थान पर तैनात कर दिया गया। इससे 19 इन्फैंट्री डिवीजन का नियंत्रण-क्षेत्र, जो बहुत बड़ा था, अब छोटा हो गया। घाटी में स्थिति को नियंत्रण में लाने के लिए 8 माउंटेन डिवीजन को जुलाई 1990 में बुला लिया गया,[29] जहाँ वह 1999 तक रही। उसके बाद उसे कारगिल सेक्टर में घुसे पाकिस्तानी सैनिकों को बाहर करने के लिए कारगिल में तैनात कर दिया गया।

आरंभ में घाटी में आतंकवाद के लिए तैयार किए गए आतंकवादी विस्फोटकों का इस्तेमाल करना नहीं जानते थे। उनकी गतिविधियाँ ज्यादातर लोगों को नियंत्रित करने के लिए होती थीं। सेना पर किए जानेवाले उनके हमले सीमित होते थे। उनके पास गुप्त अड्डे मुश्किल से ही होते थे। घेरे में फँस जाने की स्थिति में वे अकसर महिलाओं की भीड़ में मिलने की कोशिश करने लगते थे। उस समय तक वे हिंसक गतिविधियों में बहुत कम ही लिप्त होते थे, इसलिए कभी-कभी उन्हें कुछ लोगों का समर्थन भी मिल जाता था।

सन् 1992 तक इसी तरह चलता रहा। उसके बाद बड़ी संख्या में हिंदू घाटी छोड़कर जम्मू के आस-पास और दिल्ली में स्थित शिविरों में चले गए। नागरिक प्रशासन कमोबेश अक्षम हो चुका था और पुलिस प्रशासन भी लगभग शांत होकर बैठ गया था। सन् 1993 में राज्य पुलिस में विद्रोह हो गया, जिसमें लगभग 1,500 पुलिसवाले लिप्त थे। सेना की मदद से स्थिति पर नियंत्रण पाया गया। जैसे-जैसे विद्रोहियों की स्थिति मजबूत होती गई वैसे-वैसे वे मुखबिरों को निशाना बनाने लगे तथा रॉकेटों और विस्फोटकों का प्रयोग करने लगे। स्थानीय प्रशासन अथवा उच्च स्तर से खुफिया जानकारी मिलनी बंद हो गई। ऐसे में बराबर संपर्क में रहनेवाले सैनिक ही खुफिया जानकारी का एकमात्र स्रोत रह गए। बाद में खुफिया जानकारी के अभाव के साथ-साथ एक और मुश्किल भी जुड़ गई—विद्रोह और आतंक, अब तक घाटी तक ही सीमित था, अब जम्मू क्षेत्र के डोडा जिले तक फैलने लगा।

जब विद्रोह समाप्त हो गया तो पाकिस्तानी सेना जम्मू-कश्मीर लिबरेशन फ्रंट से किनारा करने लगी; क्योंकि यह कश्मीर की स्वतंत्रता की अपनी माँग पर डटा था, जबकि पाकिस्तान स्वतंत्र कश्मीर की अपनी वचनबद्धता से मुकर गया था। तब भारत-विरोधी अभियानों का नियंत्रण हिज्ब-उल-मुजाहिदीन जैसे पाकिस्तान-समर्थक तत्त्वों के हाथ में आ गया, जिन्होंने उसे इसलामी आंदोलन का रूप दे दिया और कश्मीर के पाकिस्तान में सम्मिलन का नारा बुलंद कर दिया। कश्मीरी युवाओं ने पाकिस्तान की कपटपूर्ण नीति का अनुमान लगा लिया और वे

उससे दूर होने लगे। इस प्रकार जम्मू-कश्मीर की जनता ने स्वयं ही पाकिस्तान की योजना पर पानी फेर दिया।

सन् 1993 के दौरान भारतीय सेना और विद्रोहियों के बीच लड़ाई ने गंभीर रूप ले लिया। स्थिति से निपटने के लिए और अधिक बल तैनात किए गए। 1993 की गरमियों में 39 इन्फैंट्री डिवीजन को दक्षिणी कश्मीर की घाटी में बुला लिया गया। 8 माउंटेन डिवीजन को उत्तरी कश्मीर की घाटी की सुरक्षा की जिम्मेदारी सौंपी गई थी और श्रीनगर तथा सोपोर में सीमा सुरक्षा बल को तैनात किया गया था। इसपर भी राष्ट्रीय राइफल्स की अतिरिक्त बटालियनों और सीमा सुरक्षा बल की अतिरिक्त इकाइयों की आवश्यकता महसूस की जा रही थी।

एकीकृत अवधारणा

मार्च 1993 में राज्य का गवर्नर नियुक्त किए जाने के बाद जनरल कृष्णा राव ने बिगड़ती स्थिति से निपटने के लिए कई उपाय किए—आतंकवाद को खत्म करना, राज्य एवं क्षेत्रीय स्तर पर एकीकृत धारणा, गुप्तचर व्यवस्था का बेहतर समन्वयन, नियंत्रण रेखा पर कड़ी चौकसी और बेहतर व्यवस्था। योजना के अनुसार खोजी अभियान को कम करके जोरदार और व्यापक अभियान चलाए जाने थे। राज्य के पुलिस और नागरिक प्रशासन को मजबूत बनाया जाना था तथा राजनीतिक प्रक्रिया को आसान बनाना था।

एकीकृत अवधारणा (Unified Concept)[30] के अंतर्गत राज्य में सुरक्षा बलों, गुप्तचर एजेंसियों और संबंधित विभागों में बेहतर समन्वय स्थापित करने के लिए गृह सचिव के अधीन एक एकीकृत मुख्यालय स्थापित करने की योजना थी। क्षेत्र स्तर पर 15 एवं 16 कोर के मुख्यालयों को बाहरी हमले को रोकने के साथ-साथ राज्य भर में—श्रीनगर शहर को छोड़कर—आतंकवाद-विरोधी अभियानों की जिम्मेदारी दी जानी थी। सभी अर्धसैनिक बलों को डिवीजनल कमांडरों के आभियानिक नियंत्रण में कार्य करना था। जहाँ तक श्रीनगर शहर की बात है, वहाँ अभियान की जिम्मेदारी सीमा सुरक्षा बल के महानिरीक्षक को सौंपी गई थी, जिसे डिवीजनल कमांडर का दर्जा दिया गया था। सेना और सीमा सुरक्षा बल दोनों को नागरिक प्रशासन तथा जम्मू-कश्मीर पुलिस के साथ समन्वित रूप से अभियान चलाना था।

हजरतबल और चरार-ए-शरीफ

आतंकवाद की वास्तविक स्थिति का वर्णन करते समय उस अवधि में घटी हजरतबल दरगाह और चरार-ए-शरीफ की घटनाओं का उल्लेख करना आवश्यक है। हजरतबल दरगाह में पैगंबर मुहम्मद साहब की दाढ़ी का एक बाल, जो स्फटिक में जड़ा गया है, और उनकी अस्थियाँ सुरक्षित रखी गई हैं। अक्तूबर 1993 में आतंकवादियों ने दरगाह पर कब्जा कर लिया। इस घटना की खबर पूरे विश्व में फैल गई और धीरे-धीरे उसने सैनिक-राजनीतिक मामले का रूप ले लिया, जिस पर विश्व भर से आवाजें उठने लगीं। अंततः दरगाह को उड़ाए जाने की धमकी दिए जाने के बाद आतंकवादियों ने दरगाह को खाली कर दिया।

इस घटना के डेढ़ वर्ष बाद, मार्च 1995 में, अफगान आतंकवादियों ने चरार-ए-शरीफ की दरगाह पर कब्जा कर लिया, जो कश्मीर की परंपरागत और धर्मनिरपेक्ष संस्कृति का प्रतीक थी। सूफी संत हजरत नूरुद्दीन नूरानी की इस दरगाह में कश्मीर के हिंदू और मुसलमान—दोनों की श्रद्धा थी। आतंकवादियों ने दो महीने तक दरगाह पर कब्जा करके रखा, उसके बाद उसमें आग लगा दी। आतंकवादियों ने यह आग पाकिस्तान के आदेश पर दरगाह से लगभग 200 मीटर की दूरी पर स्थित एक रिहायशी इलाके में लगाई थी, जो दरगाह तक पहुँच गई। दरगाह को जलने से बचाना जरूरी था, किंतु वास्तविक स्थिति के विश्लेषण से बाद में पता चला कि उस समय सेना और प्रशासन के मध्य समन्वय न होने के कारण कोई निर्णय नहीं लिया जा सका, परिणामस्वरूप कोई कारवाई नहीं हुई। संभवतः किसी ने चरार-ए-शरीफ के राजनीतिक-सामाजिक महत्त्व को समझने की कोशिश ही नहीं की।

विदेशी आतंकवादियों का आगमन

सन् 1994 में जब पाकिस्तान ने देखा कि भारतीय सुरक्षा बल आतंकवादियों पर अत्यधिक भारी पड़ रहे हैं तो उसने जम्मू-कश्मीर में बड़ी संख्या में विदेशी आतंकवादियों को उतारना शुरू कर दिया। साथ ही, उसने परोक्ष युद्ध को भारत के खिलाफ जेहाद का रूप भी दे दिया। स्थिति को कुछ इस तरह पेश किया जा रहा था, मानो कश्मीर की समस्या पूरे विश्व के मुसलिम समुदाय की समस्या हो। पाकिस्तान ने मुसलिम देशों के संगठन तथा अन्य अंतरराष्ट्रीय संगठनों को भारत में—विशेषकर जम्मू-कश्मीर में—मुसलिमों के साथ किए जानेवाले बरताव के मामले पर भारत की निंदा करने के लिए उकसाया। विश्व-समुदाय का ध्यान

कश्मीर की ओर आकर्षित करने के लिए उसने विदेशों में सक्रिय निर्वासित कश्मीरी संगठनों का भी इस्तेमाल किया।

यहाँ जेहाद का वास्तविक और ठीक-ठीक अर्थ समझ लेना आवश्यक है। 'जेहाद' शब्द को जिस—'पवित्र युद्ध'—अर्थ में प्रयोग में लाया जा रहा है, उसका 'कुरान' में कोई उल्लेख नहीं मिलता।[31] 'कुरान' में युद्ध के लिए 'क़िताल' शब्द का प्रयोग किया गया है। जेहाद का शाब्दिक अर्थ है—अच्छाई को बढ़ावा देने तथा बुराई को रोकने के लिए संघर्ष करना। जम्मू-कश्मीर में उग्रवादियों द्वारा जिस तरह से निर्दोष लोगों की हत्या की जा रही है, उसे जेहाद नहीं कहा जा सकता। यह सबकुछ तो इसलाम के सिद्धांतों के विरुद्ध है। कश्मीरियों ने पाकिस्तानी घुसपैठियों के खिलाफ लड़ाई लड़कर उन्हें घुसपैठ करने से रोका। इन घुसपैठियों को मुजाहिदीन की संज्ञा देना कितना हास्यास्पद है, क्योंकि मुजाहिदीन तो जेहाद छेड़नेवालों को कहा जाता है। सच्चाई तो यह है कि जेहाद के कारण सबसे ज्यादा प्रभावित स्वयं मुसलिम ही हैं। इनसानियत की हदें पार करते हुए कारगिल और अन्य स्थानों पर की गई भारी गोलाबारी से उनकी जीविका और उनके घरों को नष्ट कर दिया गया।

सन् 1997 तक आतंकवादियों ने अपनी गतिविधियाँ पीर पंजाल श्रेणी, जो जम्मू सब-डिवीजन को घाटी से अलग करती है, के दोनों ओर तक बढ़ा दीं। उन्होंने राजौरी-पुंछ सेक्टर में तैनात सुरक्षा बलों से उलझना शुरू कर दिया था तथा अपनी आतंकी गतिविधियाँ चलाने के लिए ऊँचे क्षेत्रों पर अपने सुरक्षित अड्डे भी बना लिये थे। सन् 1997 से पूर्व तक इस क्षेत्र का प्रयोग वे घुसपैठ-मार्ग के रूप में करते आ रहे थे। रणनीति स्पष्ट थी—मजहब के आधार पर सांप्रदायिक उपद्रव मचाना और हिंदुओं को वहाँ से भागने के लिए मजबूर करना। आतंकियों द्वारा अब विस्फोटकों का इस्तेमाल भी व्यापक पैमाने पर किया जाने लगा था, जिससे जन और धन—दोनों की हानि होती थी। सेना के कैंपों पर आत्मघाती हमले भी किए जाने लगे थे।

भाड़े के विदेशी सैनिकों की मदद से कश्मीर में आतंकवाद की स्थिति बनाए रखने के पाकिस्तानी प्रयासों के बावजूद सन् 1996 के बाद स्थिति में कुछ सुधार देखा गया। इसके दो कारण थे—केंद्र सरकार ने जम्मू-कश्मीर में सामान्य स्थिति बहाल करने के लिए ठोस उपाय शुरू कर दिए थे—और राजनीतिक स्तर पर राज्य विधानसभा के लिए चुनाव संपन्न हो गए थे, जिसके परिणामस्वरूप राज्य में फारूक अब्दुल्ला के नेतृत्व में नेशनल कॉन्फ्रेंस की सरकार सत्ता में आ गई थी। राज्य में लागू राष्ट्रपति शासन अक्तूबर 1996 में समाप्त कर दिया गया था।

सुरक्षा बलों ने स्थिति के अनुसार स्वयं को ढाल लिया था और वे आई.एस.आई. की रणनीति का अधिक कुशलता व सक्षमता से जवाब देने लगे थे। क्षेत्र की जनता भी पूरी स्थिति को समझकर अब लड़ाकों एवं आतंकवादियों की पहचान करने और उनका पता लगाने में स्थानीय प्रशासन की मदद कर रही थी।

ऐसे में सुरक्षा बलों के लिए गंभीर चुनौती खड़ी करने के उद्देश्य से आई.एस.आई. ने विभिन्न आतंकवादी गुटों को एक में मिलाने और उन्हें एकीकृत नियंत्रण में संचालित करने का प्रयास किया। पाकिस्तान-समर्थक विभिन्न गुटों को मिलाकर 'शूर-ए-जेहाद' का गठन इसी दिशा में किया गया उसका एक प्रयास था। आतंकवादी आंदोलन पर अपना नियंत्रण बढ़ाने के लिए आई.एस.आई. ने सन् 1997 में 'तारीक-ए-जेहाद' के नाम से एक संगठन तैयार कर लिया।

मई 1998 में किए गए परमाणु परीक्षणों के बाद भारत और पाकिस्तान—दोनों पर आपसी तनाव की स्थिति पैदा न करने के लिए दबाव बढ़ने लगा। कुछ भारतीय रक्षा-विश्लेषकों ने उम्मीद जताई कि परमाणु हथियारों की उपस्थिति से परंपरागत युद्ध की आशंका पूरी तरह टल जाएगी और वर्तमान नियंत्रण रेखा पर ही जम्मू-कश्मीर मसला सुलझ जाएगा। किंतु अगले दो या तीन वर्षों में ही पाकिस्तान को पता चल गया कि जम्मू-कश्मीर की मात्र 5 प्रतिशत जनता ही पाकिस्तान के साथ सम्मिलन के पक्ष में है, शेष जनता भारतीय संघ के अंतर्गत स्वायत्तता के पक्ष में है। घाटी में सामान्य स्थिति बहाल होना पाकिस्तान को अच्छा नहीं लगा। ऐसे में पाकिस्तानी सेना स्थिति को बिगाड़ने के लिए तत्काल काररवाई करना चाहती थी। अंततः उसने सैन्य काररवाई का विकल्प चुना, जो सन् 1999 में कारगिल युद्ध के रूप में सामने आया। इस बार रणनीति स्पष्ट थी—द्रास-कारगिल-बटालिक-टुर्टोक सेक्टरों की चोटियों पर कब्जा करने के लिए पाकिस्तानी सेना को लगाना और इस प्रकार लद्दाख डिवीजन तथा सियाचिन ब्रिगेड को दूर हटाकर रखना। पाकिस्तान का अनुमान था कि ऐसी स्थिति में खतरे से निपटने के लिए भारतीय सेना अपने सैनिकों को घाटी से हटाकर जम्मू-कश्मीर में अन्यत्र तैनात कर देगी। इससे पाकिस्तान अपने 2-3 हजार भाड़े के आतंकवादियों को पूरे जम्मू-कश्मीर में फैलाकर विद्रोह की एक नई और जोरदार लहर फैलाने में सफल हो जाएगा। ऐसे में दूर तक फैले भारतीय बल इस दोतरफा हमले को रोक पाने में असमर्थ हो जाएँगे, परिणामस्वरूप स्थिति नियंत्रण से बाहर हो जाएगी और तब पाकिस्तान जम्मू-कश्मीर मसले का अंतरराष्ट्रीयकरण कर सकेगा।

किंतु पूरे जम्मू-कश्मीर में आतंकवाद और विद्रोह की लहर फैलाने की

पाकिस्तानी योजना को भारतीय सुरक्षा बलों ने पूरी तरह नाकाम कर दिया। उन्होंने उग्रवादियों को भारी क्षति पहुँचाई। सन् 1990 से जुलाई 2001 तक सुरक्षा बलों ने 13,326 उग्रवादियों को मार गिराया तथा उनके 23,357 हथियार अपने कब्जे में ले लिये। इसमें 30 हजार निर्दोष नागरिकों और 5,100 सुरक्षाकर्मियों की जानें गईं।

चुनाव

दिसंबर 2000 के दौरान भारत सरकार ने एक महीने की अवधि के लिए संघर्ष-विराम की घोषणा कर दी, जिसे बाद में बढ़ा दिया गया। पाकिस्तान की ओर से आतंकवादी संगठनों ने संघर्ष-विराम को अस्वीकार कर दिया और स्थानीय नागरिकों तथा सुरक्षा बलों पर हमले जारी रखे।

सन् 1996 के राज्य विधानसभा चुनावों के बाद राज्य में राजनीतिक प्रक्रिया का शुभारंभ हुआ। उसके बाद वर्ष 2002 में राज्य में नए चुनाव कराए गए। इस बार के चुनाव विदेशी पर्यवेक्षकों की उपस्थिति में कराए गए। अंतरराष्ट्रीय समुदाय ने इस बार के चुनावों को 'पूरी तरह से स्वतंत्र और निष्पक्ष' करार दिया।

वर्तमान जम्मू-कश्मीर में चल रहे परोक्ष युद्ध का पूरी तरह से इसलामीकरण हो चुका है, जिसकी जिम्मेदारी आई.एस.आई. के हाथ में है। पाकिस्तान की कोशिश मुसलिम-प्रधान क्षेत्रों का विस्तार करने अथवा इस तरह के नए क्षेत्र तैयार करने की है, जिससे उन क्षेत्रों के माध्यम से वह सांप्रदायिक झगड़ों और आतंकवाद को बढ़ावा दे सके। सन् 2002 के जम्मू-कश्मीर राज्य विधानसभा चुनावों के सफलतापूर्वक संपन्न होने के बाद अब पाकिस्तान के इरादों और उसकी रणनीतियों का अध्ययन व विश्लेषण किए जाने की आवश्यकता है। परोक्ष युद्ध के लगातार उपस्थित खतरे को देखते हुए पुरानी रणनीति (सन् 1993 में गवर्नर बने जनरल कृष्णा राव के समय में तैयार की गई) को ही मजबूत बनाए जाने की आवश्यकता है।

भारतीय सेना और आंतरिक सुरक्षा की स्थितियाँ

गोरखालैंड आंदोलन

पश्चिम बंगाल के दार्जिलिंग पहाड़ी क्षेत्र में मुख्य रूप से गोरखा रहते हैं। पश्चिम बंगाल सरकार की ओर से उपेक्षित महसूस करते हुए गोरखों ने अप्रैल 1980 से ही पहाड़ी क्षेत्रों में स्वायत्त परिषद् की माँग उठानी शुरू कर दी। प्रांत

परिषद् नामक एक संगठन ने इसके लिए आंदोलन शुरू कर दिया। भारतीय सेना के एक पूर्व जवान सुभाष घीसिंग ने अप्रैल 1980 में गोरखा नेशनल लिबरेशन फ्रंट (GNLF) शुरू करके आंदोलन को बल प्रदान किया। मार्च 1986 में उसने एक ग्यारह सूत्री कार्यक्रम के अंतर्गत क्षेत्र के गोरखों के लिए अलग राज्य के निर्माण की माँग उठाई, जिसमें दार्जिलिंग के तीन सब-डिवीजनों और सिलीगुड़ी का नेपाली-बाहुल्य क्षेत्र तथा दूअर्स (Dooars) क्षेत्र को शामिल किया जाना था। विदेशियों को बाहर करने के लिए चलाए गए आंदोलन में 6 हजार नेपालियों को मेघालय से बाहर कर दिया गया। इससे नेपालियों के मन में यह डर बना हुआ था कि पश्चिम बंगाल में भी उनके साथ ऐसा किया जा सकता है। इसपर पश्चिम बंगाल सरकार की उदासीनता से स्थिति और बिगड़ गई।

13 अप्रैल, 1986 को सुभाष घीसिंग ने एक रैली का आयोजन किया, जिसमें आंदोलन में शामिल होने के लिए लोगों का आह्वान किया गया। मई में तीन दिन के बंद का आयोजन किया गया, जो पूरी तरह सफल रहा। गोरखा नेशनल लिबरेशन फ्रंट के कार्यकर्ताओं और राज्य की पुलिस के बीच कई बार जोरदार झड़पें हुईं, जिनमें गोरखा नेशनल लिबरेशन फ्रंट के कई कार्यकर्ता मारे गए और कुछ घायल हो गए। आंदोलन ने धीरे-धीरे हिंसक रूप ले लिया; बंद-पर-बंद की स्थिति से जनजीवन अस्त-व्यस्त होने लगा। स्थिति पर काबू पाने के लिए अर्द्धसैनिक बल तैनात किए गए और कानून तथा व्यवस्था की स्थिति कायम करने के लिए जुलाई 1986 में सेना बुलाई गई। पश्चिम बंगाल सरकार ने आंदोलन को राष्ट्र-विरोधी और अलगाववादी आंदोलन की संज्ञा दी तथा उससे बलपूर्वक निपटने की कोशिश की।

प्रधानमंत्री श्री राजीव गांधी ने दार्जिलिंग का दौरा किया और स्पष्ट रूप से कहा कि किसी भी परिस्थिति में पश्चिम बंगाल का विभाजन नहीं किया जाएगा; किंतु आंदोलन के बारे में उन्होंने स्वीकार किया कि यह राष्ट्र-विरोधी आंदोलन नहीं है। बातचीत की प्रक्रिया शुरू हुई, लेकिन बिना किसी परिणाम के। फिर हिंसा शुरू हो गई। लगातार बंद के कारण स्थिति और बिगड़ने लगी। तब सेना की मदद ली गई और कुछ ही दिनों में स्थिति नियंत्रण में आ गई। जून 1988 में सुभाष घीसिंग ने एक प्रस्ताव स्वीकार कर लिया और अलग राज्य की माँग छोड़ दी। 22 अगस्त, 1988 को उन्होंने दार्जिलिंग गोरखा पर्वतीय परिषद् के गठन से संबंधित एक समझौते पर हस्ताक्षर कर दिए। इससे पर्वतीय लोगों को स्वायत्तता भी मिल गई और उनकी पहचान तथा उनके हितों की रक्षा का आश्वासन भी।[32]

जंगल वारफेयर इन्फैंट्री सैनिकों के प्रशिक्षण का अभिन्न अंग है।

भारतीय सेना को प्राय: कई तरह के आंदोलनों, जैसे—अलगाव अथवा अधिक स्वायत्तता की माँग से संबंधित आंदोलन, जातीय अथवा भाषाई मामलों से संबंधित आंदोलन और सांप्रदायिक तनाव आदि से संबंधित आंदोलनों की स्थिति

से निपटने में नागरिक प्रशासन की मदद करने की जिम्मेदारी सौंपी जाती रही है। इसके अतिरिक्त प्राकृतिक आपदा के समय राहत एवं बचाव कार्यों में भी उसे लगाया जाता रहा है; किंतु इस प्रकार के अभियानों में सेना की भूमिका का वर्णन इतनी छोटी पुस्तक में देना संभव नहीं है। यहाँ इतना ही उल्लेख करना काफी है कि पिछले कुछ वर्षों की निम्नलिखित प्रमुख घटनाओं के दौरान सेना ने सरकार को स्थिति पर नियंत्रण स्थापित करने में उल्लेखनीय मदद पहुँचाई—

- बाबरी मसजिद ढाँचे के ढहाए जाने और मंडल आयोग के विरोध में आंदोलन के दौरान।
- सन् 1984 में दिल्ली में और 2002 में गुजरात में भड़के सांप्रदायिक दंगों के दौरान।
- सन् 1993 में लातूर में आए भूकंप के दौरान।
- सन् 1996 में आंध्र प्रदेश में पूर्वी गोदावरी जिले के तटीय क्षेत्रों में आए चक्रवात के दौरान।

इसी तरह कई रेल-दुर्घटनाओं, अग्निकांडों और बाढ़ तथा सूखा आदि की स्थितियों में भी सेना ने उल्लेखनीय मदद पहुँचाई है।

पुलिस के सिपाहियों द्वारा किए गए विद्रोह के मामलों में स्थिति से निपटने के लिए सेना की मदद ली गई है। इसका एक उदाहरण मई 1973 में उत्तर प्रदेश सशस्त्र पुलिस बल द्वारा किया गया विद्रोह है। इस संदर्भ में एक अन्य उदाहरण 21 जून, 1979 को केंद्रीय रिजर्व पुलिस बल के कुछ जवानों द्वारा किया गया विद्रोह है। दोनों ही मामलों में स्थिति को नियंत्रण में करने के लिए सेना तैनात करनी पड़ी थी।

आंतरिक सुरक्षा की समस्याओं में सेना को सबसे पहले तैनात करने की एक प्रवृत्ति-सी बन गई है। आपराधिक प्रक्रिया संहिता की धारा 130 के अनुसार गैर-कानूनी ढंग से जमा भीड़ को सेना की मदद से तितर-बितर करने के लिए किसी मजिस्ट्रेट के पास स्थानीय कमांडर को बुलाने का अधिकार है। प्राकृतिक आपदाओं की स्थिति में भी इस प्रकार की सैन्य सहायता की माँग की जाती है। हालाँकि ऐसी स्थितियों में सेना को तत्काल सहायता पहुँचाने के निर्देश दिए गए होते हैं, लेकिन ऐसे में इस बात का ध्यान रखना भी जरूरी होता है कि इससे सेना को अपने मौलिक उत्तरदायित्व, यानी युद्ध के लिए तैयार रहने, में बाधा आती है।

उपद्रव अथवा अशांति की स्थिति से निपटने के मामले स्थानीय सशस्त्र

पुलिस बल या केंद्र सरकार द्वारा राज्य को उपलब्ध कराए गए पुलिस बल के कार्य-क्षेत्र में आते हैं, सांप्रदायिक अथवा जातीय झगड़ों, छात्र-आंदोलनों एवं अन्य आंदोलनों तथा आतंकवादी अथवा उग्रवादी गतिविधियों से निपटने के लिए इन्हीं बलों की मदद ली जानी चाहिए; क्योंकि यह उनका प्राथमिक उत्तरदायित्व है। इन बलों की संगठनात्मक एवं प्रशिक्षणात्मक कमजोरियों को दूर किया जाना चाहिए, जिससे ये आंतरिक खतरों की स्थितियों से निपटने में सक्षम हो सकें। सेना की मदद तो अंतिम विकल्प के रूप में ली जानी चाहिए। अंतिम विकल्प के रूप में यदि इसे तैनात भी किया जाता है तो तत्काल काररवाई के लिए ही तैनात किया जाना चाहिए और कार्य पूर्ण हो जाने के बाद उसे तुरंत हटा लिया जाना चाहिए। अर्द्धसैनिक बलों को निम्न एवं मध्यम स्तर के विद्रोह से निपटने के लिए सक्षम बनाया जाना चाहिए, क्योंकि इस प्रकार के कार्यों में तैनात होने पर सेना को साथ-ही-साथ युद्ध के लिए भी तैयार रहना पड़ता है।

भारत के पूर्वोत्तर में स्थायी शांति कायम रखने में अनेक तत्त्व प्रमुख रूप से बाधक हैं—प्रशासन की अक्षमता, जनसांख्यिकी स्वरूप में लगातार आ रही अस्थिरता, लगभग सभी आतंकवादी संगठनों को मिल रही अंधाधुंध बाहरी सहायता और समर्थन—विशेषकर आई.एस.आई., आर्थिक विकास की गति में अत्यधिक कमी और क्षेत्र को देश की मुख्य धारा से जोड़ने की धीमी गति। वैसे, सभी विद्रोही आंदोलनों में कमी और सभी प्रकार के झगड़ों के शांतिपूर्ण हल के लिए व्यापक जन-दबाव को देखते हुए कहा जा सकता है कि वर्तमान में स्थिति काफी संतोषजनक है।

जहाँ तक जम्मू-कश्मीर का सवाल है, परोक्ष युद्ध में अंतिम लड़ाई यहाँ की जनता का दिल जीतने के लिए है। यह आखिरी लड़ाई जीते बिना शेष उपलब्धियाँ बेकार ही हैं। इस लड़ाई का क्षेत्र जम्मू-कश्मीर के कोने-कोने तक फैला है। इसमें जीत हासिल करने के लिए मजबूत राजनीतिक इच्छा-शक्ति और कुशल व सक्षम प्रशासन की सबसे ज्यादा जरूरत है।

सशस्त्र बलों ने स्वतंत्रता-प्राप्ति के बाद से देश की आंतरिक सुरक्षा से संबंधित अनगिनत समस्याओं में केंद्र एवं राज्य सरकारों को मदद पहुँचाई है। राजनीतिक दृष्टिकोण से देखा जाए तो इनमें से कुछ समस्याएँ ऐसी थीं जिनसे सरकार के पास उपलब्ध कई अन्य संसाधनों अथवा अभिकरणों की मदद से निपटा जा सकता था। बहरहाल, सेना ने अपने इन अतिरिक्त उत्तरदायित्वों का वहन भी अपनी परंपरागत निष्ठा और कुशलता से किया। आशा है, देश की एकता

और अखंडता की रक्षा के लिए सेना द्वारा किए गए योगदानों और उसके बलिदानों के महत्त्व को समझा जाएगा।

संदर्भ

1. भारतीय जनगणना 2001, www.censusindia. net/results/provdata. xls.
2. अंग्रेजों ने भारत में एक बहिर्रेखा (Outer line) बनाई थी, जो 'बाह्य भूभागीय सीमा' के रूप में थी और जो मैदानी इलाकों के समृद्ध चाय एवं धान-क्षेत्रों तथा उत्तर के निर्धन आदिवासी क्षेत्र को विभाजित करनेवाली न्यायिक अथवा प्रशासनिक रेखा भी थी। इसके दक्षिण में 15 किलोमीटर की असमान दूरी पर 'अंतर्रेखा' थी, जो उपायुक्त (Deputy Commissioner) के राजनीतिक क्षेत्र में अलग (विशिष्ट) क्षेत्र की सीमाओं को प्रदर्शित करती थी। ब्रिटिश जनता के लिए अनुमति के बिना अंतर्रेखा को पार करना वर्जित था।
3. मेजर जनरल डी.के. पालित, 'सेंटिनल्स ऑफ द नॉर्थ-ईस्ट : द असम राइफल्स' (नई दिल्ली, 1984), पृष्ठ 212।
4. भारतीय जनगणना 2001, www.censusindia.net/results/provdata. xls.
5. जनरल के.वी. कृष्णा राव, 'प्रीपेयर ऑर पेरिश' (नई दिल्ली, 1991), पृष्ठ 260-61।
6. बी.जी. वर्गीज, 'इंडियाज नॉर्थ-ईस्ट रिसर्जेंट' (दिल्ली, 1996), पृष्ठ 85।
7. जनरल के.वी. कृष्णा राव, 'इन द सर्विस ऑफ द नेशन : रेमिनीसेंसेज' (नई दिल्ली, 2001), पृष्ठ 68-69।
8. कर्नल आर.डी. पाल्सोकर, 'फॉरएवर इन ऑपरेशंस' (8 माउंटेन डिवीजन, 1991), पृष्ठ 79-87।
9. जनरल के.वी. कृष्णा राव 'प्रीपेयर ऑर पेरिश' पृष्ठ 264-65।
10. वही पृष्ठ 265।
11. इस तैनाती के बारे में सन् 1990 में नगालैंड में सेवा कर चुके अधिकारियों से मौखिक जानकारी ली गई है।
12. मेजर जनरल डी.के. पालित, 'सेंटिनल्स ऑफ द नॉर्थ', पृष्ठ 295-97।
13. भारतीय जनगणना 2001, www.censusindia.net/results/provdata. xls.
14. ले. जनरल वी.के. नायर, 'लो इंटेंसिटी कॅनफ्लिक्ट्स इन इंडिया' (नई दिल्ली, 2000), पृष्ठ 95-102 तथा 124-30।
15. भारतीय जनगणना 2001, www.censusindia.net/results/provdata. xls.
16. मेजर जनरल अशोक कृष्ण, 'इंडियाज आर्म्ड फोर्सेज : फिफ्टी ईयर्स ऑफ वार एंड पीस' (नई दिल्ली, 1998), पृष्ठ 113-14।

17. भारतीय जनगणना 2001, www.censusindia.net/results/provdata.xls.
18. संजय हजीरिका, 'स्ट्रैंजर्स ऑफ द मिस्ट : टेल्स ऑफ वार एंड पीस फ्रॉम इंडियाज नॉर्थ-ईस्ट' (नई दिल्ली, 1998), पृष्ठ 123।
19. जनरल के.वी. कृष्णा राव, 'प्रीपेयर ऑर पेरिश', पृष्ठ 349।
20. त्रिपुरा की घटनाओं की विस्तृत जानकारी के लिए संदर्भ क्रमांक 5 एवं 13 में उल्लिखित पुस्तकें पढ़ें तथा जनरल के.वी. कृष्णा राव की पुस्तक 'इन द सर्विस ऑफ द नेशन' (पृष्ठ 339-64) एवं बी.जी. वर्गीज की पुस्तक 'इंडियाज नॉर्थ-ईस्ट रिसर्जेंट' (पृष्ठ 166-94) पढ़ें।
21. यह आँकड़ा विभिन्न स्रोतों के विश्लेषण पर आधारित है। लेफ्टिनेंट जनरल वी.के. नायर, 'लो इंटेंसिटी कॅनफ्लिक्ट्स इन इंडिया', पृष्ठ 121। लेखक के अनुमान के अनुसार यह संख्या 40 लाख है।
22. लेफ्टिनेंट जनरल वी.के. नायर, 'लो इंटेंसिटी कॅनफ्लिक्ट्स इन इंडिया', पृष्ठ 90।
23. नगालैंड, मणिपुर, त्रिपुरा और असम से संबंधित कुछ जानकारियाँ, युद्ध-प्रबंधन संस्थान के कार्यकारी निदेशक अजय साहनी द्वारा विभिन्न गोष्ठियों और चर्चाओं के दौरान जारी की गई विज्ञप्तियों से ली गई हैं।
24. आई.पी.सी.एस. बुलेटिन, वॉल्यूम 5, संख्या 9, 2002।
25. 'स्क्वायर अप टू पर्फिडी', दि इंडियन एक्सप्रेस, 19 अगस्त, 1999।
26. मेजर जनरल अशोक कृष्ण एवं पी.आर. चारी (संपादक द्वय), 'कारगिल : द टेबल्स टर्न्ड', (नई दिल्ली, 2002), पृष्ठ 77-80।
27. पृष्ठ 81-88।
28. वही।
29. लेखक ने '90 के दशक में जम्मू-कश्मीर की स्थिति पर ब्रिगेडियर एस.पी. सिन्हा ('हिस्ट्री ऑफ द एट्थ माउंटेन डिवीजन' पुस्तक में लेखक) के साथ महत्त्वपूर्ण बातचीत की है।
30. जनरल के.वी. कृष्णा राव, 'इन द सर्विस ऑफ द नेशन', पृष्ठ 448-49।
31. 'पाकिस्तान, जेहाद एंड एथनिसिटी', द हिंदू, 24 अगस्त, 1999।
32. जनरल के.वी. कृष्णा राव, 'प्रीपेयर ऑर पेरिश', पृष्ठ 303-04।

□

संयुक्त राष्ट्र के शांति-स्थापना अभियानों में भारत की भूमिका

• लेफ्टिनेंट जनरल (सेवानिवृत्त) सतीश नांबियार

(परम विशिष्ट सेवा पदक, अति विशिष्ट सेवा पदक, वीर चक्र)

संयुक्त राष्ट्र संघ की स्थापना का प्रस्ताव वर्ष 1941 में लंदन में स्वीकार किया गया था, जिसे दूसरे विश्वयुद्ध को रोक पाने में असफल लीग ऑफ नेशंस को समाप्त करके उसके स्थान पर स्थापित किया जाना था; क्योंकि लीग ऑफ नेशंस अपने सबसे महत्त्वपूर्ण और मौलिक उत्तरदायित्व—प्रथम विश्वयुद्ध के बाद द्वितीय विश्वयुद्ध की स्थिति को रोकना—को निभाने में असफल रहा था। जर्मनी और जापान के विरुद्ध युद्ध में शामिल 26 देशों ने 1 जनवरी, 1942 को वाशिंगटन में एक बैठक आयोजित की, जिसमें अंतरराष्ट्रीय संबंधों की अराजकता को नियंत्रित किए जाने के लिए आवश्यक कदम उठाए जाने पर जोर दिया गया। वर्ष 1945 में संयुक्त राष्ट्र संघ के चार्टर पर हस्ताक्षर किए गए, जिसमें सदस्य देशों के लिए एक आचार-संहिता बनाई गई थी; इस आचार-संहिता के अनुसार हमले को रोकने के लिए तथा अंतरराष्ट्रीय आर्थिक एवं सामाजिक सुरक्षा को बढ़ावा देने के लिए सभी देशों द्वारा मिलकर प्रयास किए जाने की बात कही गई। संयुक्त राष्ट्र के चार्टर का मुख्य उद्देश्य 'अंतरराष्ट्रीय शांति एवं सुरक्षा बनाए रखना इस उद्देश्य को प्राप्त करने हेतु अंतरराष्ट्रीय शांति एवं सुरक्षा के लिए उत्पन्न खतरों को टालना तथा

कांगो से वापसी पर 'यूएसएस जनरल ब्लैचफोर्ड' से उतरती 3/1 जीआर, बंबई, अप्रैल 1962।
(साभार : रक्षा मंत्रालय, जनसंपर्क विभाग)

हमले के खतरे को दूर करने के लिए आवश्यक उपाय करना था।'

विवादों के शांतिपूर्ण हल से संबंधित चार्टर के खंड 6 के अनुसार, दोनों पक्ष अंतरराष्ट्रीय शांति एवं सुरक्षा के लिए खतरा पैदा करनेवाले मसलों का 'बातचीत, मध्यस्थता, आपसी सुलह, न्यायिक समझौते के माध्यम से अथवा क्षेत्रीय अभिकरणों या अपनी पसंद के अन्य विकल्पों के माध्यम से' शांतिपूर्ण हल निकालने के लिए बाध्य हैं। चार्टर के खंड 7 में सुरक्षा परिषद् को यह अधिकार दिया गया है कि अंतरराष्ट्रीय शांति एवं सुरक्षा कायम करने में अन्य अनेक माध्यमों की असफलता की स्थिति में वह सशस्त्र बल का सहारा ले सकती है। इसके लिए सदस्य देशों की ओर से सशस्त्र बल और अन्य सुविधाएँ उपलब्ध कराए जाने का प्रावधान किया गया है। इसी प्रावधान के आधार पर 'मिलिटरी स्टाफ कमेटी' ने अप्रैल 1947 में एक रिपोर्ट प्रस्तुत की, जिसमें इस पर सहमति व्यक्त की गई थी कि सुरक्षा परिषद् के पाँच स्थायी सदस्य उसे सशस्त्र बल उपलब्ध कराएँ; किंतु समिति के सदस्यों ने इस प्रकार के बलों के आकार और उनकी स्थिति पर सहमति व्यक्त करने में अपनी असमर्थता जताई, क्योंकि उस समय विश्व में व्यापक राजनीतिक अविश्वास

की स्थिति बनी हुई थी। इस प्रकार चार्टर में प्रस्तुत सैन्य सहायता का प्रावधान लागू नहीं किया जा सका।

संयुक्त राष्ट्र संघ के शांति-स्थापना अभियानों की मूल अवधारणा

सुरक्षा परिषद् को बड़ी संख्या में सशस्त्र बल उपलब्ध कराए जाने के प्रावधान पर जब असहमति प्रकट की जाने लगी तो इसके लिए बहुत कम संख्या में बल उपलब्ध कराए जाने का निर्णय लिया गया। नि:शस्त्र सैन्य पर्यवेक्षकों के एक छोटे समूह ने सन् 1947 में यूनान में और 1949 में भारत/पाकिस्तान तथा पश्चिम एशिया में संयुक्त राष्ट्र मिशन तैयार किया। यही मिशन संयुक्त राष्ट्र का शांति-स्थापना मिशन बन गया, जो अब तक जारी है।

संयुक्त राष्ट्र के चार्टर में शांति-स्थापना के लिए अलग से कोई प्रावधान नहीं है; यह प्रावधान वास्तव में संयुक्त राष्ट्र सचिवालय और उसके महासचिव की ओर से उस समय तैयार किया गया था, जब शीतयुद्ध के दौरान चार्टर में उल्लिखित उपायों से ज्यादा प्रभावी एवं जोरदार उपायों की आवश्यकता महसूस

कोरिया रवाना होने से पूर्व भारतीय शांति सैनिकों से हाथ मिलाते हुए प्रधानमंत्री जवाहरलाल नेहरू।

(साभार : एआरटीआरएसी (आर्ट्रैक))

एक भारतीय सैन्य टुकड़ी के जवानों का यू.एन. पदकों के साथ सम्मान। *(साभार : आर्ट्रैक)*

की गई। शीत-युद्ध के दौरान दोनों महाशक्तियों में से कोई भी अपने सहयोगी देशों के विरुद्ध अथवा अपने प्रभाव-क्षेत्र के भीतर संयुक्त राष्ट्र का हस्तक्षेप स्वीकार करने के लिए तैयार नहीं था। ऐसे में बल-प्रयोग के बिना शांति-स्थापना के लिए एक अलग प्रावधान तैयार किया गया।

अब शांति-स्थापना एक असाधारण कला बन गई है, जिसमें सैनिकों की आवश्यकता होती है—युद्ध छेड़ने के लिए नहीं बल्कि दो विरोधियों के बीच लड़ाई रोकने के लिए, युद्ध-विराम को बनाए रखने के लिए और अशांत क्षेत्र में शांति व स्थिरता कायम करने के लिए। ऐसे में अंतरराष्ट्रीय परिवेश में 'सामूहिक सुरक्षा' और शांति-स्थापना के बीच भेद करना महत्त्वपूर्ण है। एक ओर जहाँ 'सामूहिक सुरक्षा' एक दंडात्मक प्रक्रिया है, जो आवश्यक समझी जाने पर सापेक्ष अथवा निरपेक्ष रूप से लागू की जाती है, वहीं दूसरी ओर, 'शांति स्थापना' राजनीतिक दृष्टि से एक निष्पक्ष तथा गैर-दंडात्मक प्रक्रिया है। इस प्रकार शांति-स्थापना की प्रक्रिया तीन सिद्धांतों पर आधारित रही है—दोनों पक्षों की स्वीकृति, शांति-स्थापना की निष्पक्षता और आत्मरक्षा के उद्देश्य से ही (हलके शस्त्रों से लैस) सशस्त्र शांति-स्थापकों द्वारा बल-प्रयोग की स्वीकृति।

अंतरराष्ट्रीय शांति-स्थापना की प्रक्रिया इस धारणा पर आधारित है कि देश के बाहर अथवा भीतर लड़ाई की स्थिति में हिंसा को बल-प्रयोग के बिना भी

रोका अथवा नियंत्रित किया जा सकता है। कहने की आवश्यकता नहीं है कि ऐसे सिद्धांतवादियों की कमी नहीं है—उसके अनुसार चलनेवाले भले ही कम हों—जिनके अनुसार बल-प्रयोग से निपटने के लिए बल-प्रयोग ही आवश्यक है। पूर्व की लड़ाइयों के इतिहास के विश्लेषण से संभवतः स्पष्ट है कि बल-प्रयोग—खासकर आंतरिक संघर्षों में—से लड़ाई जल्दी खत्म होने की बजाय और लंबी ही खिंचती है। किंतु इसका अर्थ यह नहीं हुआ कि बल-प्रयोग को पूरी तरह नकार ही दिया जाना चाहिए; कुछ परिस्थितियों में तो विवाद के शांतिपूर्ण हल के लिए भी बल-प्रयोग आवश्यक हो जाता है। इस संदर्भ में शिकागो के एक कुख्यात गैंगस्टर अल कैनोपी का उद्धरण उपयुक्त बैठता है, ''एक मीठे अथवा विनम्र शब्द और बंदूक—दोनों की सहायता से जो कुछ हासिल किया जा सकता है, वह अकेले मीठे अथवा विनम्र शब्द से नहीं हासिल किया जा सकता।''

शीतयुद्ध काल

संयुक्त राष्ट्र संघ की स्थापना के प्रथम 45 वर्षों में, जहाँ तक लड़ाई की समस्या के समाधान का सवाल है, कई ऐसे उदाहरण देखने को मिले, जिनमें शांति-स्थापना की प्रक्रिया लागू नहीं की गई। बर्लिन और क्यूबा के मिसाइल संकटों के समय संयुक्त राष्ट्र की भूमिका औपचारिक (बाह्य) ही रही। ऐसे मामलों में, जिनसे महाशक्तियों का प्रत्यक्ष हित जुड़ा था, उदाहरण के लिए, चेकोस्लोवाकिया और हंगरी तथा कुछ लैटिन अमेरिकी लड़ाइयों में, संयुक्त राष्ट्र की भूमिका नाममात्र की ही रही।

पश्चिमी यूरोप के देशों ने दक्षिणी आयरलैंड की लड़ाई, यू.के. और आइसलैंड के मध्य हुई लड़ाई तथा फाकलैंड की लड़ाई में संयुक्त राष्ट्र की कोई महत्त्वपूर्ण भूमिका स्वीकार नहीं की। इसी तरह एशिया और अफ्रीका की कई लड़ाइयों में भी संयुक्त राष्ट्र की भूमिका को नजरअंदाज किया गया—चीन द्वारा तिब्बत पर अधिकार कर लिया जाना, भारत-चीन और चीन-सोवियत सीमा विवाद, भारत-चीन युद्ध, वियतनाम द्वारा कंपूचिया में सैन्य काररवाई, वियतनाम के विरुद्ध चीन द्वारा की गई सैन्य काररवाई और हार्न ऑफ अफ्रीका की लड़ाई इत्यादि। वैसे इतनी उपेक्षाओं के बावजूद अंतरराष्ट्रीय शांति एवं सुरक्षा के लिए संयुक्त राष्ट्र के शांति-स्थापना अभियान की विश्व के कई क्षेत्रों में महत्त्वपूर्ण भूमिका रही है।

उत्तर शीतयुद्ध काल

शीतयुद्ध की समाप्ति के बाद अंतरराष्ट्रीय शांति एवं सुरक्षा बनाए रखने के लिए संयुक्त राष्ट्र की गतिविधियों में काफी वृद्धि हुई—उनका प्रभाव चाहे गुणात्मक रहा हो अथवा परिमाणात्मक। वर्ष 2004 के मध्य में संयुक्त राष्ट्र संघ ने 59 शांति-स्थापना अभियान चलाए, जिनमें से 13 अभियान तो 1948-1988 के बीच उस समय शुरू किए गए थे, जब संयुक्त राष्ट्र शांति-स्थापकों को नोबेल शांति पुरस्कार दिए गए थे; जबकि शेष 46 अभियान उसके बाद शुरू किए गए थे। जनवरी 1988 में 11,121 शांति-स्थापकों (सेना, पुलिसकर्मी और असैनिक कार्यकर्ताओं को मिलाकर) को संयुक्त राष्ट्र शांति-स्थापना अभियानों में लगाया गया था। शांति-स्थापना के लिए 23 करोड़ 40 लाख अमेरिकी डॉलर का वार्षिक बजट रखा गया। सितंबर 1994 में शांति-स्थापना अभियान में 78,111 लोगों को लगाया गया था और इसके लिए 3.6 अरब अमेरिकी डॉलर का वार्षिक बजट रखा गया था। उसके बाद यह संख्या पहले लगातार घटने लगी थी, लेकिन अभी हाल में उसमें फिर वृद्धि होने लगी है। 1 जनवरी, 2005 को तैनात कुल सैन्य कर्मियों और असैनिक पुलिस मॉनीटरों की संख्या 65,031 थी। सैन्य टुकड़ियाँ उपलब्ध करानेवाले देशों की संख्या भी जनवरी 1988 में 26 से बढ़कर 1994 में 74 हो गई; उसके बाद यह संख्या घटकर 37 हो गई। वर्तमान में संयुक्त राष्ट्र संघ को सैनिक टुकड़ियाँ उपलब्ध करानेवाले देशों की संख्या 103 है।

गुणात्मक परिवर्तन अधिक महत्त्वपूर्ण है; क्योंकि हाल में देशों के मध्य अथवा ऐसे राज्यों के मध्य, जो पहले एक थे, लड़ाइयाँ हो चुकी हैं अथवा हो रही हैं। ये लड़ाइयाँ देश की सेनाओं द्वारा भी लड़ी गई हैं अथवा लड़ी जा रही हैं। कुछ स्थितियों में देश की संस्थाएँ निष्क्रिय और अक्षम हो चुकी हैं, जबकि कुछ अन्य स्थितियों में तो सरकार अथवा शासन नाम की चीज ही नहीं रह गई है। परिणामस्वरूप मानवतावादी दृष्टिकोण ने अंतरराष्ट्रीय समुदाय को हस्तक्षेप करने के लिए बाध्य कर दिया। यही कारण है कि परंपरागत शांति-स्थापना के स्थान पर अब संयुक्त राष्ट्र शांति-स्थापना प्रक्रिया का महत्त्व बढ़ गया है। संयुक्त राष्ट्र संघ की शांति-स्थापना प्रक्रिया में 'सुरक्षित क्षेत्रों' की रक्षा के साथ-साथ सैनिकों और अर्द्धसैनिक बलों को हटाना, राष्ट्रीय सद्‌भाव को बढ़ावा देना, प्रभावी सरकार अथवा प्रशासन बहाल करना, चुनाव की व्यवस्था करना और मानव-सेवी मिशनों को अधिक मदद पहुँचाना आदि शामिल है। इस प्रकार, संयुक्त राष्ट्र शांति-स्थापना अभियान अब अधिक जटिल, खर्चीले और जोखिमपूर्ण हो गए हैं।

भारत की भागीदारी

एक संगठन के रूप में संयुक्त राष्ट्र संघ के 57 वर्षों के इतिहास में शांति-स्थापना अभियान उसकी सभी गतिविधियों में सर्वाधिक महत्त्वपूर्ण रहे हैं। इसका मूल कारण यह है कि लड़ाइयों से नाटकीय स्थितियाँ उत्पन्न होती हैं और शांति स्थापित करने के लिए सुरक्षा परिषद् द्वारा अंतरराष्ट्रीय सैन्य बल की तैनाती इस इलेक्ट्रॉनिक युग में लोगों का ध्यान सहज ही आकर्षित कर सकती है। निस्संदेह, विगत वर्षों में शांति-स्थापना से संबंधित इसकी गतिविधियाँ उपयोगी रही हैं; विशेषकर ऐसी स्थितियों में, जब उसे (संयुक्त राष्ट्र को) विश्व समुदाय अथवा कुछ देशों का विश्वास प्राप्त नहीं हुआ। हाल के कुछ वर्षों में संयुक्त राष्ट्र के इस शांति-स्थापना अभियान पर विरोधी टिप्पणियाँ भी की जाने लगी हैं; किंतु इसके बावजूद भारत इन अभियानों में अपनी प्रतिबद्धता और उल्लेखनीय सफलता के लिए गौरवान्वित है।

अंतरराष्ट्रीय शांति एवं सुरक्षा बनाए रखने में संयुक्त राष्ट्र के एक संस्थापक सदस्य के रूप में भारत का अद्वितीय योगदान रहा है। वर्ष 1950 में भारत की सहभागिता से कोरिया में शुरू किए गए संयुक्त राष्ट्र के शांति-स्थापना अभियान

मेजर जनरल माइकेल न्यांब्ना, डाइ फोर्स कमांडर, यूनोसोम-II, 22 अगस्त, 1994 को सोमालिया में मिलिशिया गुरिल्लों के साथ झड़प में शहीद सात भारतीय सैनिकों को अंतिम विदाई देते हुए। *(साभार : आर्ट्रैक)*

में यह बात सर्वाधिक स्पष्ट दिखाई दे रही थी। अमेरिका के नेतृत्व में कोरिया में शुरू किए गए संयुक्त राष्ट्र के इस शांति-स्थापना अभियान में भारतीय सेना ने अपनी एक चिकित्सा इकाई (Medical unit) के साथ भाग लिया, जिसमें 17 अधिकारी, 9 जूनियर कमीशंड अधिकारी और 300 अन्य रैंकों के सैनिक शामिल थे। उसके बाद भारत ने तटस्थ राष्ट्र स्वदेश-वापसी आयोग (Neutral Nations Repatriation Commission) के लिए, जिसके अध्यक्ष जनरल के.एस. थिमैया थे—मेजर जनरल (बाद में लेफ्टिनेंट जनरल) एस.पी.पी. थोराट के नेतृत्व में एक अभिरक्षक बल (Custodian Force) उपलब्ध करवाया, जिसमें 231 अधिकारी, 203 जूनियर कमीशंड अधिकारी और 5,696 अन्य रैंकों के सैनिक शामिल थे। भारत ने 1954 से 1970 तक कंबोडिया, लाओस और वियतनाम में तैनात भारत-चीन पर्यवेक्षक आयोग में भी उल्लेखनीय योगदान दिया था। इसके अतिरिक्त 1964-1968 की अवधि में एक चिकित्सा टुकड़ी और 1954-1970 की अवधि में 970 अधिकारी, 140 जूनियर कमीशंड अधिकारी और 6,157 अन्य रैंकों का योगदान भी दिया।

सशस्त्र सैन्य टुकड़ियों के प्रयोग की स्वीकृति संयुक्त राष्ट्र सुरक्षा परिषद् द्वारा पहली बार 1956 में अरब-इजराइल युद्ध के बाद गाजा पट्टी और सिनाय में संयुक्त राष्ट्र आपातकालीन बल (UNEF) के साथ तैनात करने के लिए दी गई थी। 15 नवंबर, 1956 से लेकर 19 मई, 1967 तक भारत की ओर से 11 इन्फैंट्री डिवीजनों ने इस बल के साथ कार्य किया। इन डिवीजनों में कुल 393 अधिकारी, 409 जूनियर कमीशंड अधिकारी और 12,393 अन्य रैंक थे। इस अभियान में मेजर जनरल (बाद में लेफ्टिनेंट जनरल) पी.एस. ज्ञानी और ब्रिगेडियर (बाद में मेजर जनरल) आई.जे. रिखी को फोर्स कमांडर नियुक्त किया गया था। यह अभियान बाद में कई शांति-स्थापना अभियानों के लिए एक आदर्श बन गया था। संयुक्त राष्ट्र आपातकालीन बल की सफलता के बल पर ही सुरक्षा परिषद् ने 1960 में बेल्जियम से स्वतंत्रता दिलाने के कांगो के अनुरोध को स्वीकार कर लिया। संयुक्त राष्ट्र ने देश के विभाजन को समाप्त करने और उसका एकीकरण करने का उत्तरदायित्व ले लिया। जनमत की रक्षा करने, मानवतावादी कार्य संपन्न करने और भाड़े के सैनिकों का मुकाबला करने के लिए युद्ध के नियमों में संशोधन किए गए। इस अभियान में भारत का योगदान सर्वाधिक महत्त्वपूर्ण था। 14 जुलाई, 1960 से लेकर 30 जून, 1964 तक इसमें कुल 467 अधिकारियों, 404 जूनियर कमीशंड अधिकारी और 11,354 अन्य रैंकोंवाली दो भारतीय ब्रिगेडों ने हिस्सा लिया,

जिसमें 36 भारतीय जवानों की जानें गईं और 124 घायल हो गए; प्रथम गोरखा राइफल्स की तीसरी बटालियन के कैप्टन जी.एस. सलारिया को मरणोपरांत 'परम वीर चक्र' से सम्मानित किया गया।

सन् 1964 में साइप्रस में चलाए गए संयुक्त राष्ट्र शांति-स्थापना अभियानों में तीन भारतीय अधिकारियों को फोर्स कमांडर नियुक्त किया गया—लेफ्टिनेंट जनरल पी. एस. ज्ञानी, जनरल के.एस. थिमैया (जो 18 दिसंबर, 1965 को लड़ते-लड़ते शहीद हो गए) और मेजर जनरल दीवान प्रेम चंद। मेजर जनरल प्रेम चंद ने भी 1989 में नामीबिया में चलाए गए अभियान को, जिससे नामीबिया की स्वतंत्रता का मार्ग प्रशस्त हुआ, सैन्य कमांडर के रूप में असाधारण प्रदर्शन किया।

भारत ने हाल के वर्षों में विश्व के विभिन्न भागों में शांति स्थापित करने के लिए तैयार कई संयुक्त राष्ट्र मिशनों में अपने सैन्य पर्यवेक्षक भेजे हैं—ईरान और इराक में 1988/90 में; 1991 के खाड़ी युद्ध के बाद इराक-कुवैत सीमा पर; 1989/91 में अंगोला में; 1990/92 में मध्य अमेरिका में; 1991 में अल सल्वाडोर में और 1994 में लाइबेरिया में। कुछ मिशनों में भारत की ओर से पुलिसकर्मी भी भेजे गए हैं; उदाहरण के लिए, नामीबिया, पश्चिमी सहारा, कंबोडिया, हैती, बोस्निया, हर्जेगोविना, कोसोवो और सिएरा लिओन के मिशन।

इनके अतिरिक्त 1992/93 में कंबोडिया के संयुक्त राष्ट्र अभियान में, 1992/93 में ही मोजांबिक के; 1993/94 में सोमालिया के; 1995 में अंगोला के; 1994/95 में रवांडा के और 2000/2001 में सिएरा लिओन के संयुक्त राष्ट्र अभियानों के लिए भी भारत ने सैन्य टुकड़ियाँ भेजीं। इन्फैंट्री इकाई की भागीदारी से संबंधित कुछ विवरण परिशिष्ट के रूप में दिए गए हैं। संयुक्त राष्ट्र सुरक्षा बल के भारतीय कमांडरों से संबंधित विवरण भी एक परिशिष्ट के अंतर्गत दिया गया है।

पूर्व यूगोस्लाविया में संयुक्त राष्ट्र के शांति-स्थापना अभियान के समय जब राजनीतिक कारणों से सैनिक भेजे जाने से इनकार कर दिया गया तो भारत ने लेफ्टिनेंट जनरल सतीश नांबियार को प्रथम फोर्स कमांडर और मिशन के प्रमुख के रूप में भेजा। लेफ्टिनेंट जनरल नांबियार ने 3 मार्च, 1992 से 2 मार्च, 1993 तक बल की कमान सँभाली। उसके बाद यह अवधि बढ़ाए जाने के प्रस्ताव को अस्वीकार करके वह भारतीय सेना में अपनी भूमिका पर वापस आ गए।

अंतरराष्ट्रीय स्तर पर संयुक्त राष्ट्र के शांति-स्थापना अभियान के चरम समय यानी 1994 में भारत ने अपने 6,000 से भी अधिक शांति सैनिकों को तैनात किया था।

वर्तमान स्थिति

28 फरवरी, 2005 तक भारत ने संयुक्त राष्ट्र संघ के कुल 16 में से 9 मिशनों में कुल 5,908 शांति-स्थापकों को तैनात किया था, जिनमें सैनिक, असैनिक पर्यवेक्षक, स्टाफ ऑफिसर और असैनिक पुलिस शामिल हैं। कुछ स्टाफ ऑफिसरों के साथ एक बटालियन टुकड़ी लेबनान में यूनिफिल (UNIFIL) में तैनात की गई है, जिसमें सभी रैकों के कुल 649 सैनिक शामिल हैं; एक बटालियन ग्रुप के साथ फोर्स कमांडर और स्टाफ इथोपिया/इरीट्रिया में युनमी (UNMEE) में तैनात किया गया है, जिसमें सभी रैंकों के कुल 1,553 सैनिक शामिल हैं; कुल 3,384 जवानोंवाली एक ब्रिगेड कांगो में तैनात की गई है, जिसमें भारतीय वायुसेना की एक टुकड़ी शामिल है। सुश्री किरण बेदी फरवरी 2005 तक न्यूयॉर्क में शांति-स्थापना अभियान विभाग की असैनिक पुलिस सलाहकार रहीं। मार्च 2005 में पैराशूट रेजीमेंट के मेजर जनरल रणधीर कुमार मेहता को न्यूयॉर्क में स्थित संयुक्त राष्ट्र संघ मुख्यालय में शांति-स्थापना अभियान विभाग का सैनिक सलाहकार नियुक्त किया गया था।

भारत की भागीदारी : एक मूल्यांकन

भारत ने अब तक संयुक्त राष्ट्र के कुल 39 शांति-स्थापना अभियानों के लिए कुल लगभग 70 हजार शांति-सैनिकों को तैनात किया है। संयुक्त राष्ट्र के इन अभियानों में भारत की बिना शर्त भागीदारी से संयुक्त राष्ट्र संघ के चार्टर में निर्धारित उसके लक्ष्यों के प्रति भारत की प्रतिबद्धता साफ दिखाई देती है। भारत की यह प्रतिबद्धता अंतरराष्ट्रीय समुदाय, संयुक्त राष्ट्र संघ के महासचिवों और संयुक्त राष्ट्र सचिवालय द्वारा भी स्वीकार की गई है। इसके अतिरिक्त, संयुक्त राष्ट्र के शांति-स्थापना प्रयासों में भारत की भागीदारी और उसकी प्रतिबद्धता की प्रशंसा संयुक्त रूप से उसके साथ कार्य कर चुके विभिन्न देशों के सैनिक अधिकारियों द्वारा भी की गई है। इस प्रकार, अंतरराष्ट्रीय स्तर पर भारतीय सेना की छवि एक उत्तम योग्यतावाली, संयमित और सुप्रशिक्षित सेना की है।

यहाँ ध्यान देने योग्य महत्त्वपूर्ण बात यह है कि संयुक्त राष्ट्र के शांति-स्थापना अभियानों में हमारी भागीदारी का संबंध हमारे राष्ट्रीय सुरक्षा हितों से भी संबंधित है। कोरिया, कंबोडिया और पूर्वी तिमोर के अभियानों में भारत की सक्रिय भागीदारी से पूर्वी और दक्षिण-पूर्व एशिया की शांति एवं स्थिरता के प्रति हमारी प्रतिबद्धता का स्पष्ट उदाहरण मिल जाता है। कांगो, नामीबिया, मोजांबिक, अंगोला, सोमालिया, लाइबेरिया, रवांडा, सिएरा लिओन, पश्चिमी सहारा, इथोपिया-इरीट्रिया,

आइवरी कोस्ट और बुरुंडी के शांति-स्थापना अभियानों में हमारी सफल सहभागिता और हमारे योगदानों के अफ्रीका के नवोदित राष्ट्रों की शांति और स्थिरता में हमारे व्यापक भू-रणनीतिक हित हैं।

इक्कीसवीं शताब्दी

इक्कीसवीं शताब्दी में अंतरराष्ट्रीय स्तर पर शांति एवं सुरक्षा बनाए रखने में भारत की महत्त्वपूर्ण भूमिका की उम्मीदें की जा रही हैं। इसका स्पष्ट अर्थ यह हुआ कि संयुक्त राष्ट्र के विभिन्न निकायों में भारत की भूमिका बढ़ेगी और संभवत: उसे सुरक्षा परिषद् में स्थायी सदस्यता भी प्राप्त हो। विश्व-निकायों में भारत की व्यापक भागीदारी और महत्त्वपूर्ण भूमिका सुनिश्चित करने के लिए हमें न केवल संबंधित उत्तरदायित्वों को स्वीकार करके उनका सफलतापूर्वक वहन करना होगा, अपितु संयुक्त राष्ट्र को उसके शांति-स्थापना जैसे मिशनों के लिए अपने जाने-माने विशेषज्ञों की सेवा भी प्रस्तावित करनी होगी। हमें इस क्षेत्र में अपनी कुशलता, अपने अनुभवों का भरपूर लाभ उठाते हुए उनका प्रयोग अंतरराष्ट्रीय शांति एवं सुरक्षा बनाए रखने में करना चाहिए।

भविष्य में संयुक्त राष्ट्र के शांति-स्थापना अभियानों के लिए स्वयं को तैयार करने हेतु हमें हाल के वर्षों में संपन्न हुए उसके अभियानों के स्वरूप और परिवेश में आए परिवर्तनों के अनुसार स्वयं को ढालना होगा। शीतयुद्ध की समाप्ति और सन् 1991 के खाड़ी युद्ध की सफलता से विश्व-समुदाय में—विशेषकर पश्चिमी शक्तियों में—अंतरराष्ट्रीय शांति एवं सुरक्षा के क्षेत्र में अधिक-से-अधिक महत्त्वपूर्ण भूमिका निभाने की होड़-सी लग गई है। इसीलिए संयुक्त राष्ट्र संघ के शांति-स्थापना अभियानों पर अधिक जोर दिया जा रहा है। सोमालिया और बोस्निया-हर्जेगोविना में संयुक्त राष्ट्र के शांति-स्थापना प्रयासों की असफलता और रवांडा की स्थिति में अपर्याप्त सुधार के लिए शांति सैनिकों को उत्तरदायी नहीं ठहराया जाना चाहिए, क्योंकि इन अभियानों में भी उनके प्रदर्शन में किसी प्रकार की कमी देखने को नहीं मिली। वस्तुत: इन अभियानों की असफलता का कारण राजनीतिक समर्थन की कमी और सुरक्षा परिषद् द्वारा अस्पष्ट अधिदेश जारी किया जाना था।

हमें शांति-स्थापना के स्वरूप में आए मूलभूत परिवर्तनों का अध्ययन करना चाहिए। संयुक्त राष्ट्र के शांति सैनिकों को अब ज्यादा-से-ज्यादा संख्या में ऐसे क्षेत्रों में भेजा जाने लगा है, जहाँ गृहयुद्ध जैसी स्थिति व्याप्त है, जहाँ सुलह अथवा समझौते की गुंजाइश नहीं रह गई है—और यदि ऐसा है भी तो उसे माना नहीं जा

ले. जनरल सतीश नांबियार अर्जेंटीना की टुकड़ी के जवानों को यू.एन. प्रोफॉर मेडल प्रदान करते हुए। *(साभार : आर्ट्रैक)*

रहा है; जहाँ विरोधी पक्षों की सहमति अथवा सहयोग पर भरोसा नहीं किया जा सकता है; जहाँ कोई संवैधानिक अधिकरण नहीं है, और यदि है भी, तो उसके अधिकार अत्यंत सीमित हैं। इन परिस्थितियों में आज के शांति-स्थापकों की भूमिका केवल युद्धरत पक्षों को अलग-अलग करने में ही नहीं है, बल्कि मानवाधिकार के हनन की स्थिति से निपटने, विभिन्न प्रकार के राहत अभियान संचालित करने, राष्ट्रीय सीमाओं की देखभाल करने, असैनिक पुलिस सहायता उपलब्ध कराने तथा सड़क, रेल-मार्ग और पुलों आदि ढाँचागत पुनर्निर्माण के कार्य में सहायता करने और चुनाव-प्रक्रिया में सहयोग करने के लिए भी उनकी सेवा की आवश्यकता

है। इनमें से कई क्षेत्रों में भारतीय सेना के पास पूर्वोत्तर के राज्यों (नगालैंड, मिजोरम, त्रिपुरा, मणिपुर और असम) और जम्मू-कश्मीर तथा पंजाब में चलाए गए विद्रोह-विरोधी अभियानों पर आधारित पर्याप्त व्यावहारिक अनुभव हैं; इस प्रकार हमारे सैन्य बलों को विश्व के अन्य भागों के सैन्य बलों की अपेक्षा इन क्षेत्रों में ज्यादा अनुभव और कुशलता प्राप्त है।

उपर्युक्त क्षेत्रों में अपनी विशेषज्ञता और कुशलता का सफलतापूर्वक उपयोग करने के लिए भारत ने भारतीय संयुक्त सेवा संस्थान के तत्त्वावधान में नई दिल्ली में एक संयुक्त राष्ट्र शांति-स्थापना केंद्र बनाया है। प्रस्तावित पाठ्यक्रम और प्रशिक्षण सामग्री उपलब्ध कराने के साथ-साथ यह केंद्र शांति-स्थापना अभियानों के लिए तैयार की गई टुकड़ियों के कमांडिंग ऑफिसरों को परामर्श भी देता है; हमारे उप-इकाई कमांडरों, सैन्य पर्यवेक्षकों, पुलिसकर्मियों और स्टाफ की प्रति-नियुक्ति के लिए तैयार किए गए अधिकारियों के लिए प्रशिक्षण-पाठ्यक्रम संचालित करने का दायित्व भी इस केंद्र पर है। इन पाठ्यक्रमों में कुछ मित्र देशों के (विदेशी) अधिकारी भी भाग लेते हैं। इसके अतिरिक्त संयुक्त राष्ट्र शांति-स्थापना केंद्र शांति-स्थापना विषय पर विभिन्न राष्ट्रीय एवं अंतरराष्ट्रीय गोष्ठियाँ तथा सम्मेलन भी आयोजित करता है। धीरे-धीरे यह केंद्र संयुक्त राष्ट्र शांति-स्थापना अभियानों में भारत के अनुभवों का संग्रह-स्थल बन जाएगा।

निष्कर्ष

इस संदर्भ में निष्कर्ष के रूप में दो महत्त्वपूर्ण पहलुओं पर विचार करना आवश्यक है। संयुक्त राष्ट्र के शांति-स्थापना अभियानों में अपने सैनिक भेजनेवाले विकासशील देशों में यह धारणा बढ़ती जा रही है कि विकसित देश संयुक्त राष्ट्र के कुछ अभियानों में सैन्य योगदान के प्रति अनिच्छा प्रकट कर रहे हैं, जिसके पीछे उनका तर्क है कि इन अभियानों में उनके सैनिकों के हताहत होने की आशंका बनी रहती है। यदि संयुक्त राष्ट्र के शांति-स्थापना प्रयासों की सफलता और उसकी विश्वसनीयता को बनाए रखना है तो इस प्रकार की धारणा को दूर किया जाना चाहिए।

लेखक लेफ्टिनेंट जनरल (सेवानिवृत्त) सतीश नांबियार को विश्व के 34 देशों के सैन्यकर्मियों (और बड़ी संख्या में असैनिक पुलिस तथा स्थानीय एवं अंतरराष्ट्रीय असैनिक स्टाफ) का नेतृत्व करने का गौरव प्राप्त है। दिलचस्प बात यह है कि कोई भी स्वाभिमानी सिपाही, नाविक (नौ सैनिक) अथवा वायु सैनिक

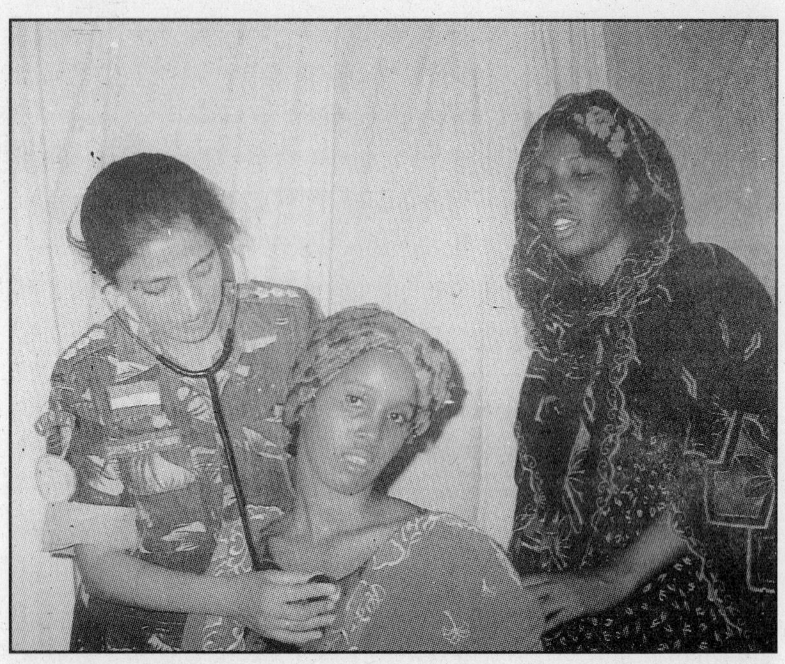

दिल व दिमाग जीतने का प्रयास! भारतीय सेना की महिला चिकित्सक जरूरतमंद सोमाली महिला का उपचार करते हुए। *(साभार : आर्ट्रैक)*

बिना किसी पूर्व शर्त के शांति–स्थापना अभियानों में भाग लेने के लिए तैयार रहता है, बशर्ते उद्‌देश्य स्पष्ट और प्राप्य हो; उसके लिए पर्याप्त संसाधन उपलब्ध कराए गए हों और अंतरराष्ट्रीय समुदाय की ओर से आवश्यक राजनीतिक समर्थन एवं सहयोग की उम्मीद हो। किसी अभियान–क्षेत्र में सैन्य कर्मियों को नियुक्त करने का उद्‌देश्य उस क्षेत्र में उपस्थित खतरनाक तत्त्वों से निपटना है, जिसके लिए उन्हें प्रशिक्षण प्राप्त होता है। यदि ऐसा कोई खतरनाक तत्त्व उपस्थित नहीं है तो निःशस्त्र असैनिकों का कोई समूह अथवा संगठन हर तरह से इस कार्य के लिए सक्षम होता है। यहाँ ध्यान देने योग्य बात यह है कि चूँकि सेना एक अनुशासित बल के रूप में स्वयं को सौंपे गए अभियान को बिना किसी प्रकार का राजनीतिक प्रश्न उठाए पूर्ण करने के लिए तैयार रहती है, अत: मिशन के औचित्य अथवा अनौचित्य की जिम्मेदारी सेना को आदेश जारी करनेवाले और उसे अभियान–क्षेत्र में भेजनेवाले की होनी चाहिए।

संयुक्त राष्ट्र संघ के शांति–स्थापना अभियान आपसी सैन्य सहयोग के लिए

अत्यंत महत्त्वपूर्ण है, जिनसे आपस में विरोधी देशों के सशस्त्र बलों के बीच भी बेहतर और सहकारी संबंध विकसित किए जा सकते हैं। ऐसे कई उदाहरण देखे जा सकते हैं, जिनमें संयुक्त राष्ट्र के झंडे के नीचे कार्य करनेवाले परस्पर विरोधी सशस्त्र बलों के बीच भी अच्छी आपसी समझ और सहकारिता की भावना विकसित हुई। संयुक्त राष्ट्र के शांति-स्थापना अभियानों के लिए सदस्य देशों के नामांकित 'स्थानापन्न' बलों से आवर्तक अंत:काररवाई और प्रशिक्षण के क्षेत्र में विस्तार हो जाता है। इससे अंतरराष्ट्रीय अभियानों में अधिक प्रभावशाली संयुक्त सहभागिता के लिए आधार तैयार होता है।

इक्कीसवीं शताब्दी में आगे बढ़ने के साथ-साथ हमारे लिए आवश्यक है कि हम अतीत के कुछ अभियानों की आंशिक सफलता अथवा असफलता के कारण अपने निर्णय और संकल्प को प्रभावित न होने दें। अंतरराष्ट्रीय शांति एवं सुरक्षा सुनिश्चित करने के लिए अंतरराष्ट्रीय समुदाय बहुत कुछ कर सकता है। वस्तुतः यह उसका दायित्व भी है, जिससे किसी भी स्थिति में वह मुख नहीं मोड़ सकता। सैनिक, पुलिस एवं प्रशासनिक क्षेत्रों में अपने अतीत के अनुभवों और क्षमताओं के बल पर संयुक्त राष्ट्र के इन अभियानों में सक्रिय सहभागिता से भारत अपने राष्ट्रीय हितों को बढ़ा सकता है। इसके लिए भारतीय सेना भलीभाँति तैयार है।

□

खेल एवं साहसिक गतिविधियाँ

• कर्नल (सेवानिवृत्त) एन. कुमार

(परम विशिष्ट सेवा पदक, कीर्ति चक्र, अति विशिष्ट सेवा पदक)

कहा जाता है, 'कोई सभ्यता चाहे कितनी भी समृद्ध, व्यवस्थित और मजबूत क्यों न हो, जब तक उसके लोगों में साहसिक भावना नहीं होगी, वह जीवित नहीं रह सकती।' सेना के संदर्भ में तो यह बात शत-प्रतिशत सच है। मानव संसाधन विकास के आधुनिक विशेषज्ञों ने साहसिक गतिविधियों को कारपोरेट प्रबंधकों में टीम-भावना, साहस, आत्मविश्वास, दृढ़-निश्चय और विपरीत परिस्थितियों में भी अपने लक्ष्य के प्रति निष्ठा की भावना विकसित करने के एक माध्यम के रूप में माना है। यही कारण है कि सेना साहसिक गतिविधियों को अपने प्रशिक्षण का एक अभिन्न हिस्सा मानती है।

पर्वतारोहण

भारतीय सेना में पर्वतारोहण की शुरुआत वर्ष 1807 से मानी जा सकती है, जब कैप्टन एफ.वी. रैपर के साथ दसवीं बंगाल नेटिव इन्फैंट्री के लेफ्टिनेंट डब्ल्यू.एस. वेब गंगा के स्रोतों का मानचित्रण करने गए थे और वे गोमुख को पार करके तपोवन तक पहुँच गए थे।

पुरानी 24वीं पैदल (24th Foot) के एक अधिकारी कैप्टन एच.एच. गॉडविन ऑस्टेन पेशावर में जनरल रीड के ए.डी.सी. के रूप में नियुक्त थे। जनरल रीड की

सेना के पर्वतारोही माउंट एवरेस्ट पर एक बर्फ की दीवार पार करते हुए।

(साभार : कर्नल एन. कुमार)

सिफारिश पर सन् 1857 में उन्हें कश्मीर और कराकोरम में सर्वेक्षण के लिए कैप्टन टी.जी. मांटगुमरी के साथ भेजा गया था। पश्चिमी कराकोरम और के-2 (विश्व की दूसरी सबसे ऊँची चोटी—8,483 मी.) के क्षेत्रों के मानचित्रण में इस दल ने अत्यंत उल्लेखनीय कार्य किया।

सन् 1895 में लेफ्टिनेंट जी. ब्रूस ने 5वीं गोरखा राइफल्स के जवानों को

पर्वतारोहण में प्रशिक्षित किया। उसके बाद दो जवानों—सिपाही रघुवीर थापा और सिपाही गमन सिंह—ने सियाचिन ग्लेशियर के उत्तर में स्थित शक्सगाम घाटी में यंगहस्बैंड के मिशन के दौरान उनका साथ दिया। इसी तरह कई अन्य अभियानों और साहसिक खोजों में गोरखों को साथ भेजा गया। ब्रिगेडियर जी. ब्रूस ने सन् 1924 में अपने माउंट एवरेस्ट अभियान में भी दो गोरखा सैनिकों को साथ लिया था।

द्वितीय विश्वयुद्ध के बाद भारत में पर्वतारोहण अभियानों में गति आई। एक भारतीय अभियंता अधिकारी मेजर एन.डी. जयाल ने फ्रांस के साथ नंदा देवी अभियान में हिस्सा लिया। वर्ष 1952 में इंजीनियर-इन-चीफ लेफ्टिनेंट जनरल हैरॉल्ड विलियम्स ने बंगाल सैपर्स के कामेट (ऊँचाई 7,756 मीटर) अभियान का नेतृत्व किया। इस अभियान दल में मेजर एन.डी. जयाल भी शामिल थे।

वर्ष 1953 में लेफ्टिनेंट के.सी. जौहरी को फ्रांस के नुन कुन अभियान में शामिल किया गया था, जबकि मेजर एन.डी. जयाल ने बंगाल सैपर्स के दूसरे कामेट अभियान दल का नेतृत्व किया था। अभियान दल को कामेट पर चढ़ने में तो सफलता नहीं मिली, किंतु एक अन्य चोटी अबी गमन (ऊँचाई 7,246 मीटर) पर चढ़ने में वह सफल हो गया। उसके बाद वर्ष 1955 में मेजर जयाल ने तीसरे कामेट अभियान दल का नेतृत्व किया; इस बार वह कामेट पर चढ़ने के अपने ऐतिहासिक प्रयास में सफल हो गए। सर्वोच्च पर्वत शिखर पर चढ़ने में किसी भारतीय अभियान दल की यह सबसे बड़ी सफलता थी। इस अभियान दल में शामिल अन्य अधिकारी थे—कैप्टन जॉन डियास, कैप्टन आर.के. मल्होत्रा, लेफ्टिनेंट आर.के. अग्रवाल।

वर्ष 1953 में ही कर्नल सर जॉन हंट के नेतृत्व में एक ब्रिटिश अभियान दल ने एवरेस्ट पर चढ़ने में सफलता प्राप्त कर ली। चोटी पर पहुँचनेवाले दो पर्वतारोही एडमंड हिलेरी और तेनजिंग नॉर्गे थे। इस सफलता से विश्व भर में पर्वतारोहण अभियानों में तेजी आई। भारत भी इसमें पीछे नहीं रहा। तत्कालीन प्रधानमंत्री पं. जवाहरलाल नेहरू और पश्चिम बंगाल के तत्कालीन मुख्यमंत्री डॉ. बी.सी. रॉय ने दार्जिलिंग में एक पर्वतारोहण संस्थान स्थापित करने का निर्णय लिया। मेजर एन.डी. जयाल को हिमालय पर्वतारोहण संस्थान (HMI) का पहला प्रधानाचार्य नियुक्त किया गया। संस्थान की सफलता के बाद क्रमशः उत्तरकाशी और बटोटे में एक-एक संस्थान और स्थापित किए गए। कुछ संस्थानों को छोड़कर शेष सभी संस्थान भारतीय सेना के सेवारत अधिकारियों के नियंत्रण में ही संचालित किए जा रहे हैं।

वर्ष 1956 में मेजर नंदू जयाल ने पूर्वी कराकोरम में स्थित सासेर काँगड़ी

(ऊँचाई 7,559 मीटर) पर चढ़ने का एक साहसिक प्रयास किया; हालाँकि सासेर काँगड़ी पर चढ़ने में तो उन्हें सफलता नहीं मिली, किंतु उसकी एक सहायक चोटी सखांग (ऊँचाई 7,320 मीटर) पर चढ़ने में वह सफल हो गए।

मेजर जयाल ने 1957 में नंदा देवी पर चढ़ने का भारत की ओर से प्रथम प्रयास किया। इसमें उनके साथ हिमालय पर्वतारोहण संस्थान के छात्रों एवं शिक्षकों ने हिस्सा लिया था। नंदा देवी—जो उस समय भारत की सबसे ऊँची चोटी थी—की ऊँचाई 7,701 मीटर है। दुर्भाग्य से इस अभियान दल को नंदा देवी पर चढ़ने में सफलता नहीं मिली।

सन् 1958 में बंबई का एक सॉलिसिटर विश्व के नौवें सबसे ऊँचे पर्वत-शिखर चो ओयो (ऊँचाई 8,033 मीटर) पर चढ़ने के प्रस्ताव के साथ भारत सरकार के दो वरिष्ठ सचिवों—एस. खेड़ा (आई.सी.एस.) और एच.सी. सरीन (आई.सी.एस.) के पास आया। प्रस्ताव से प्रभावित होकर दोनों ने अभियान का प्रबंध करने के लिए एक कमेटी गठित की, जिसमें लेफ्टिनेंट जनरल सर हैरॉल्ड विलियम्स को भी शामिल किया गया था। अभियान दल में सेना की सशक्त टुकड़ी से मेजर जयाल, मेजर डियास और कैप्टन जगजीत सिंह को शामिल किया गया। अभियान सफल, किंतु दुःखद रहा। फेफड़ों में सूजन आ जाने के कारण मेजर जयाल की पर्वत शिखर पर ही मृत्यु हो गई। उनकी अंतिम इच्छा का सम्मान करते हुए उन्हें बर्फ में दफना दिया गया।

लेफ्टिनेंट एन. कुमार (बुल) ने पर्वतारोहण में प्राथमिक पाठ्यक्रम ही पूरा किया था; किंतु उन्होंने उसी पाठ्यक्रम के दो अन्य छात्रों—लेफ्टिनेंट वाई.के. यादव और सब-लेफ्टिनेंट पी.पी. मेहता (भारतीय नौसेना)—के साथ त्रिशूल (7,015 मीटर) पर चढ़ाई के लिए एक अभियान पर जाने का निश्चय किया। अभियान के प्रबंध के लिए तीनों युवा अधिकारियों को उनकी रेजीमेंटों, विभागों की ओर से पंद्रह-पंद्रह सौ रुपए दिए गए; शेष व्यवस्था उन्होंने अपनी-अपनी मोटर साइकिलें और कैमरे बेचकर की। उन्हें अपने अभियान में पूर्ण सफलता मिली।

चो ओयो चोटी पर भारतीय पर्वतारोहियों की सफलता से उत्साहित होकर भारतीय पर्वतारोहण संस्थान ने सन् 1960 में प्रथम भारतीय एवरेस्ट अभियान दल भेजने का निर्णय लिया। ब्रिगेडियर ज्ञान सिंह को अभियान दल का नेता बनाया गया। अभियान दल में शामिल अन्य सैन्य अधिकारी थे—कैप्टन एन. कुमार, कैप्टन ए.बी. जंगलवाला, कैप्टन ए.के. दास (चिकित्सक) और कैप्टन सतीश नंदा (सिग्नल कोर)।

‘बुल’ के नेतृत्व में एवरेस्ट पर गए इस अभियान दल को अत्यधिक मुश्किलों का सामना करना पड़ा। दल ने 8,288 मीटर की ऊँचाई पर अपना अंतिम कैंप बनाया; कँपकँपानेवाली बर्फीली हवाएँ लगातार चल रही थीं, जिससे अभियान दल को आगे बढ़ने में बहुत मुश्किल हो रही थी। इसके अतिरिक्त उनके ऑक्सीजन वाल्व भी जमने लगे थे; उन्हें बार-बार रुककर अपने उपकरण ठीक करने पड़ रहे थे। अंततः चोटी पर पहुँचने से 700 फीट नीचे ही उन्हें प्रयास छोड़ देना पड़ा। इस प्रकार भारत का प्रथम एवरेस्ट अभियान समाप्त हो गया।

भारत को यद्यपि एवरेस्ट पर चढ़ने में सफलता नहीं मिली, तथापि उसके उत्साह में कोई कमी नहीं आई। सन् 1962 में दूसरा अभियान दल भेजने का निश्चय किया गया। भारतीय पर्वतारोहण संस्थान ने सन् 1962 के एवरेस्ट अभियान दल का चुनाव करने के लिए 1961 में तीन अभियान संपन्न किए। पहला अभियान अन्नपूर्णा-3 (7,578 मीटर) के लिए था, जिसका नेतृत्व भारतीय नौसेना के लेफ्टिनेंट एम.एस. कोहली ने किया था। कैप्टन ए.बी. जंगलवाला अभियान दल के एक सदस्य थे। इस अभियान में उल्लेखनीय सफलता मिली।

दूसरा अभियान नीलकंठ के लिए था, जिसका नेतृत्व करने के लिए कैप्टन नरेंद्र कुमार को चुना गया था। नीलकंठ चोटी, जिसे ‘गढ़वाल की रानी’ कहा जाता है, पर चढ़ने में इससे पूर्व छह विदेशी अभियान असफल हो चुके थे। अभियान दल के सदस्यों में कैप्टन मुल्कराज और लेफ्टिनेंट आर.सी. राय भी शामिल थे। अभियान दल में शामिल सनावर स्कूल के प्रो. ओ.पी. शर्मा और दो शेरपा चोटी पर चढ़ गए। वापसी की यात्रा में खराब मौसम के कारण अभियान दल को चार रातें भोजन और पानी के बिना व्यतीत करनी पड़ीं। नीचे अपने आधार शिविर में पहुँचने पर अभियान दल के सभी सदस्य पाले की चपेट में आ गए। बुल कुमार को एक वर्ष तक अस्पताल में रहना पड़ा; अंततः उन्हें ‘उच्च उन्नतांश पर तैनात किए जाने के अनुपयुक्त’ की टिप्पणी के साथ स्थायी रूप से चिकित्सा श्रेणी ‘सी’ में रख दिया गया।

तीसरा अभियान नंदा देवी के लिए था, जिसका नेतृत्व दून स्कूल के गुरदयाल सिंह ने किया। दुर्भाग्य से खराब मौसम के कारण अभियान दल को सफलता नहीं मिली।

मेजर जॉन डियास ने सन् 1962 में पुनः एवरेस्ट अभियान का नेतृत्व किया। इस अभियान दल में मेजर मुल्कराज और कैप्टन ए.बी. जंगलवाला भी सदस्य थे। पहले अभियान की तरह ही इस बार भी चोटी पर पहुँचने से 120 मीटर नीचे ही

अपना प्रयास छोड़ देना पड़ा। उसके बाद भारतीय पर्वतारोहण संस्थान ने 1965 में एवरेस्ट के लिए अभियान दल का चुनाव करने के उद्देश्य से तीन अन्य प्राथमिक अभियान संपन्न किए। पहला अभियान नंदा देवी (7,701 मीटर) के लिए था, जिसका नेतृत्व मेजर एन. कुमार ने किया। 1936 में बिल टिलमैन और एन. ओडेल से पूर्व इस चोटी पर सिर्फ एक बार ही सफलता मिली थी। मेजर जयाल और गुरदयाल सिंह के नेतृत्व में दो पूर्व भारतीय अभियान असफल हो गए थे। खराब मौसम के बावजूद 'बुल' (मेजर एन. कुमार) के नेतृत्व में यह अभियान सफल रहा। कैप्टन एच. बहुगुणा, कैप्टन बी.पी. सिंह, कैप्टन एच.सी. नंदा और कैप्टन केवल किशोर इस अभियान दल के अन्य सदस्यों में थे।

तीसरा अभियान दल जिसका नेतृत्व फ्लाइट लेफ्टिनेंट ए.के. चौधरी ने किया था, पांचुली के लिए था। कैप्टन ए.एस. चीमा को अभियान दल के एक सदस्य के रूप में शामिल किया गया था। इस अभियान दल को कुछ छोटी-छोटी चोटियों पर चढ़ने में तो सफलता मिल गई, लेकिन सर्वोच्च चोटी पर चढ़ने में सफलता नहीं मिली।

कैप्टन एम.एस. कोहली के नेतृत्व और मेजर एन. कुमार के सह-नेतृत्व में 1965 का एवरेस्ट अभियान दल तैयार किया गया। अभियान दल के अन्य सदस्यों में मेजर एच.पी.एस. अहलूवालिया, मेजर मुल्कराज, कैप्टन ए.एस. चीमा, कैप्टन एच.वी. बहुगुणा, कैप्टन जे.सी. जोशी, कैप्टन बी.पी. सिंह, आर्मी मेडिकल कोर के कैप्टन चक्रवर्ती और हवलदार बाल कृष्णन (सिग्नल कोर) शामिल थे। 22 मार्च को आधार शिविर पर पहुँचकर अभियान दल ने हिमपात के बीच आगे बढ़ने के लिए रास्ता बनाना शुरू कर दिया।

उल्लेखनीय समय में, 27 अप्रैल को, दो शिखर दल, जिनमें कैप्टन चीमा के के साथ नवांग गोंबू तथा सोनम वांग्याल के साथ सोनम ग्यात्सो शामिल थे— साउथ कोल (7,987 मीटर) पर पहुँच गए। साउथ कोल को 'एवरेस्ट का गेटवे' कहा जाता है।

निष्ठुर बर्फीली हवाएँ लगातार अपना कहर बरपा रही थीं। जब अगले दिन सुबह तक भी हवाओं का कहर नहीं थमा और अगले कुछ दिनों तक मौसम में बदलाव की कोई उम्मीद नहीं दिखाई पड़ी तो अभियान दल आधार शिविर में वापस आ गया। बाद में जब मौसम में सुधार हुआ तो उसने पुनः चढ़ाई शुरू की।

कैप्टन चीमा और नवांग गोंबू का पहला दल 20 मई, 1965 को एवरेस्ट चोटी पर पहुँच गया। उसके बाद 22 मई को सोनम ग्यात्सो और सोनम वांग्याल

का दल भी एवरेस्ट पर पहुँच गया।

24 मई को सी.पी. वोहरा और अंग कामी भी चोटी पर पहुँच गए और इसके साथ ही हमने अमेरिका द्वारा बनाए गए चोटी पर छह लोगों के पहुँचने के विश्व कीर्तिमान की बराबरी भी कर ली। अब हमारे सामने इस विश्व कीर्तिमान को तोड़ने की चुनौती थी। मौसम की बदमिजाजी लगातार जारी थी और पर्वत की ऊँची-ऊँची चोटियों पर भारी बर्फ जमी हुई थी। बाद में जब मौसम का मिजाज बेहतर हुआ तो पर्वत पर आगे चढ़ने का अंतिम प्रयास शुरू किया गया। सबसे पहले मेजर एच.पी.एस. अहलूवालिया, कैप्टन बी.पी. सिंह, कैप्टन एच.वी. बहुगुणा और एच.सी.एस. रावत तथा शेरपा फु दोर्जी के एक दल को शामिल करके बनाए गए दल को भेजने का निर्णय लिया गया। यह दल जब कैंप-3 पर पहुँचा तो उन्होंने पूरे कैंप को बर्फ से ढका हुआ पाया। तीन सैनिक अधिकारियों ने बर्फ में से जीवन-रक्षक ऑक्सीजन की बोतलें निकालीं। इसके बिना चोटी पर पहुँचना असंभव था। अगले दिन यह दल साउथ कोल पर पहुँच गया; लेकिन तभी कैप्टन बी.पी. सिंह के सीने में दर्द शुरू हो गया, जिसके कारण उन्हें आधार-शिविर की ओर वापस आना पड़ा। शेष चारों ने 28 मई, 1965 की रात 8,408 मीटर की ऊँचाई पर बने आखिरी शिविर में बिताई। दुर्भाग्य से अगले दिन सुबह जब दल ने चोटी की ओर आगे बढ़ना शुरू किया, तभी कैप्टन बहुगुणा के पूरे शरीर में खुजली मचने लगी; इस कारण उन्होंने वापस लौटने का निर्णय ले लिया। शेष तीनों सदस्य 29 मई, 1965 को चोटी पर पहुँच गए। इस प्रकार, भारत ने एक विश्व कीर्तिमान स्थापित कर लिया, जो अगले सोलह वर्षों तक नहीं तोड़ा जा सका।

मेजर एन.डी. जयाल के पदचिह्नों पर चलते हुए सन् 1970 में मेजर हर्ष बहुगुणा ने पूर्वी कराकोरम की सासेर काँगड़ी चोटी पर चढ़ने का दूसरा प्रयास किया; लेकिन उनका दल 7,000 मीटर की ऊँचाई से ही वापस आ गया।

उस समय तक कर्नल एन. कुमार ने भारतीय पर्वतारोहण संस्थान के प्राचार्य के रूप में कार्यभार सँभाल लिया था। संस्थान के प्राचार्य के रूप में कार्यभार सँभालनेवाले वह पहले नियमित छात्र थे। उनके कार्यकाल के दौरान भूटान नरेश जिग्मे दोर्जे वांगचुक ने संस्थान का राजकीय दौरा किया। भोजनकाल के दौरान भूटान नरेश को एवरेस्ट पर्वत चोटी पर एक फिल्म दिखाई गई, तब उन्होंने कहा—'आप लोग हमारे यहाँ पर्वतारोहण क्यों नहीं करते?' उसके बाद चोमोलहारी के लिए भारत-भूटान साहसिक अभियान शुरू किया गया।

23 अप्रैल, 1970 को प्रात: 4:30 बजे एक दल—जिसमें कैप्टन प्रेम चंद,

कर्नल 'बुल' कुमार सिया काँगड़ी के शिखर पर। *(साभार : कर्नल एन. कुमार)*

ल्हातो दोर्जे, रॉयल भूटान आर्मी के लेफ्टिनेंट चाचू, श्री अरोड़ा और शेरपा थोंडुप शामिल थे—चोमोलहारी चोटी पर चढ़ाई के लिए रवाना हुआ। अभियान दल जब चोटी से मात्र 50 मीटर ही नीचे रह गया, तभी लेफ्टिनेंट चाचू ने धार्मिक कारणों से वापस लौटने का निर्णय ले लिया। 24 अप्रैल, 1970 को प्रात: 5:30 बजे दूसरा दल, जिसमें कैप्टन कंग, कैप्टन धरमपाल और शेरपा नीमा दोर्जी शामिल थे—रवाना हुआ। दुर्भाग्य से इस दल के सदस्यों को 7,000 मीटर की ऊँचाई पर अंतिम बार देखा गया और उसके बाद संभवत: वे तिब्बत में 2,402 मीटर की गहराई में गिर गए। भूटान के लामाओं ने इसे चोमोलहारी देवी का प्रकोप बताया।

माउंट एवरेस्ट पर चढ़ाई करने के लिए नॉर्मन डिरेनफर्थ ने एक अंतरराष्ट्रीय अभियान का प्रबंध किया। इसमें अमेरिका, ब्रिटेन, जर्मनी, ऑस्ट्रिया, स्विट्जरलैंड, फ्रांस, इटली और भारत को शामिल किया गया था। भारत की ओर से मेजर हर्ष बहुगुणा ने प्रतिनिधित्व किया था। सन् 1965 में कुछ सौ फीट की दूरी से एवरेस्ट पर पहुँचने में चूक जाने के बाद मेजर हर्ष बहुगुणा अपने सपने को साकार करने के लिए इस बार बहुत उत्साहित थे। ऑस्ट्रिया के वॉल्फगैंग आक्स्ट के साथ उन्होंने पश्चिमी श्रेणी की ओर से रास्ता बनाया। 7,000 मीटर की ऊँचाई पर कैंप-4 के लिए स्थान मिल जाने के बाद इस युगल ने वापस लौटने का निश्चय किया, क्योंकि उस समय तक मौसम का मिजाज बिगड़ चुका था। 18 अप्रैल को दोनों

क्षैतिज ढाल पर पहुँच गए। आक्स्ट ने उसे पहले पार कर लिया, अंत में अपने साथी की प्रतीक्षा किए बिना वह कैंप-3 पर उतर आए।

उधर, मेजर बहुगुणा ढाल को पार करते समय फिसल गए और पाँच घंटे तक रस्सी से लटके रह गए। दोपहर तक बचाव दल उनके पास पहुँच गया और उस समय तक वह जीवित थे। बचाव दल अपने साथ जो रस्सी लेकर आया था, वह बहुत छोटी थी; इस कारण मेजर बहुगुणा को सुरक्षित नीचे नहीं उतारा जा सका। तीन दिन बाद जब बचाव दल पूरे प्रबंध के साथ पुनः वापस आया, तब तक बहुगुणा ने दम तोड़ दिया था।

वर्ष 1973 में लेफ्टिनेंट कर्नल एस.एस. सिंह ने कश्मीर-हिमालय की सबसे ऊँची चोटी 'नुन' (7,000 मीटर) पर चढ़ने के लिए राष्ट्रीय रक्षा अकादमी के एक दल का नेतृत्व किया। दल में शामिल राष्ट्रीय रक्षा अकादमी के कैडेटों ने चोटी पर एक कीर्तिमान स्थापित कर दिया। इसी वर्ष कर्नल एन. कुमार और क्रिस बोनिगटन के संयुक्त नेतृत्व में एक भारत-ब्रिटिश संयुक्त अभियान दल ने ब्रह्मा चोटी (किश्तवाड़) पर चढ़ने में सफलता प्राप्त की, जिसकी ऊँचाई 6,456 मीटर है। किश्तवाड़ क्षेत्र की यह सबसे ऊँची चोटी थी, जिसपर विजय प्राप्त की जा चुकी थी। इस अभियान दल के सदस्यों में कर्नल बी.एस. संधू और हवलदार निर्मल सिंह भी शामिल थे।

वर्ष 1974 में कर्नल बी.एस. संधू ने गढ़वाल हिमालय की सबसे सुंदर और दुरूह चोटी—चंगा बंगा—की चढ़ाई पर जानेवाले एक अभियान दल का नेतृत्व किया। यह भारत और इंग्लैंड की ओर से भेजा गया एक संयुक्त अभियान दल था, जो अपने मिशन में सफल रहा। इस चढ़ाई अभियान में ब्रिटिश दल में क्रिस बोनिगटन, डॉगल हेस्टन, मार्टिन बॉयसेन और डॉग स्कॉट शामिल थे। भारतीय दल में चवांग ताशी, कैप्टन के.आई. कुमार, कैप्टन देविंदर जीत सिंह और कर्नल बी.एस. संधू शामिल थे।

वर्ष 1975 में कर्नल डी.एन. तंकहा ने किश्तवाड़ में स्थित सिकल मून के लिए हाई एल्टिट्यूड वारफेयर स्कूल (HAWS) का एक दल तैयार किया। इस पर्वत शिखर पर चढ़ने के कई प्रयास इससे पहले असफल हो चुके थे, इसलिए कर्नल तंकहा के नेतृत्व में किया गया यह प्राथमिक प्रयास भारत के लिए काफी उल्लेखनीय था।

नंदा देवी पर प्रथम चढ़ाई की चालीसवीं वर्षगाँठ पर 1976 में भारत और अमेरिका का एक संयुक्त अभियान दल नंदा देवी की चढ़ाई के लिए भेजा गया।

सेना के पर्वतारोहियों द्वारा कंचनजंगा-विजय पर जारी स्मारक डाक टिकट।

(साभार : कर्नल एन. कुमार)

इस अभियान दल में विली अनसोएल्ड भी शामिल थे, जिन्होंने एवरेस्ट की पश्चिमी श्रेणी पर एक नए मार्ग का पता लगाया था। भारत की ओर से कैप्टन के.आई. कुमार और हवलदार निर्मल सिंह को शामिल किया गया था। एक नए और दुर्गम मार्ग से चढ़ाई शुरू की गई; किंतु दुर्भाग्य से विली अनसोएल्ड की 22 वर्षीया पुत्री नंदा देवी पर्वत के ढाल पर गंभीर रूप से बीमार हो गई और अंततः वहीं उसने दम तोड़ दिया—दो दैवी आत्माओं का रहस्यमय मिलन।

सन् 1977 का वर्ष भी भारतीय पर्वतारोहण के इतिहास में एक महत्त्वपूर्ण वर्ष रहा। सेना प्रमुख जनरल टी.एन. रैना ने मेजर एन. कुमार से एक बड़े अभियान का प्रबंध करने के लिए कहा। मेजर कुमार ने चढ़ाई के लिए कंचनजंगा चोटी को चुना। इस चोटी पर चढ़ने के लिए जर्मन पर्वतारोहियों ने इससे पहले दो बार—सन् 1929 और 1931 में—प्रयास किए थे, किंतु उन्हें सफलता नहीं मिली थी। एवरेस्ट की चढ़ाई के बाद जब लॉर्ड हंट से पूछा गया था कि क्या इससे बड़ी कोई और चुनौती है, तो उन्होंने कहा था, "हाँ, वह चुनौती है कंचनजंगा, क्योंकि इस पर चढ़ना अत्यंत कठिन है और एवरेस्ट पर चढ़ने की अपेक्षा इस पर चढ़ने में अधिक खतरे हैं।"

अभियान दल ने अपने चढ़ाई अभियान में हवलदार सुखविंदर सिंह को खो दिया, लेकिन उसने आगे बढ़ना जारी रखा; 31 मई, 1977 को मेजर प्रेम चंद तथा नायब सूबेदार एन.डी. शेरपा चोटी पर पहुँच गए। भारतीय सेना के इस पर्वतारोहण अभियान की सफलता से भारत विश्व के सर्वोच्च पर्वतारोही राष्ट्रों में शामिल हो

गया। उस समय विश्व के विभिन्न पत्र-पत्रिकाओं में इस पर प्रशंसापूर्ण प्रतिक्रियाएँ प्रकाशित हुईं।

सन् 1978 में हाई एल्टिट्यूड वारफेयर स्कूल (HAWS) ने सियाचिन ग्लेशियर के अभियान पर जाने की योजना बनाई। अभियान दल में शामिल कैडेटों ने तेराम शेर और सियाचिन ग्लेशियर के मिलन-स्थल के निकट अपना आधार शिविर बनाया। अभियान दल के चार सदस्य तेराम काँगड़ी-2 पर चढ़ गए। उसके बाद अभियान दल तेराम ग्लेशियर के स्रोत के पास पहुँचकर इटली दर्रे पर ठहर गया। वहाँ से वह डेढ़ दिन में ही कराकोरम दर्रे के नॉर्थ पोल पर चढ़ सकता था, लेकिन समय कम होने के कारण अभियान दल शक्सगाम दर्रे को ढूँढ़ने में असफल रहा।

लगभग इसी समय कैप्टन किरण कुमार हिमाचल प्रदेश में किन्नर कैलाश (6,743 मीटर) पर अपने प्रथम चढ़ाई अभियान पर थे। कैप्टन कुमार के साथ कैप्टन लाखा सिंह, मेजर पूरन चंद और हवलदार खुशाल सिंह 13 जून, 1978 को चोटी पर पहुँच गए। इसके तीन दिन बाद ही कैप्टन एस.के. सूद, कैप्टन बी.एस. शेखावत और हवलदार बी.आर. चंद ने दूसरा प्रयास किया।

वर्ष 1979 के दौरान मेजर पुष्कर चंद ने सिक्किम में स्थित सिम्वू चोटी (ऊँचाई 6,811 मीटर) पर चढ़ाई के लिए एन.सी.सी. के एक अभियान दल का सफलतापूर्वक नेतृत्व किया। सेना के अभियान दल ने सिनिओल्चू (ऊँचाई 6,887 मीटर) पर चढ़ने में ही सफलता प्राप्त की। फ्रैंक स्माइथी के अनुसार, यह विश्व का सबसे मनोरम पर्वत शिखर है।

वर्ष 1980 में ब्रिगेडियर के.एन. थडानी ने तेराम शेर ग्लेशियर पर तराम काँगड़ी के ठीक पूर्व में स्थित अस्परासस (Asparasas ऊँचाई 7,138 मीटर)—पर चढ़ने के लिए भारतीय सेना के अभियान दल का नेतृत्व किया। उसके बाद वर्ष 1981 में कर्नल बलवंत सिंह संधू के नेतृत्व में महिलाओं और पुरुषों का एक संयुक्त मिश्रित अभियान दल गढ़वाल हिमालय में नंदा देवी की चढ़ाई पर गया। इस अभियान दल की महिला पर्वतारोहियों ने पहली बार नंदा देवी पर चढ़कर एक इतिहास रच डाला।

कर्नल कुमार को वर्ष 1981 में अपना सपना साकार करने का अवसर मिल गया। इस बार उन्होंने पूर्वी कराकोरम में सियाचिन ग्लेशियर के लिए हाई एल्टिट्यूड वारफेयर स्कूल के एक अभियान दल का नेतृत्व किया। इस अभियान दल को पूर्वी कराकोरम की सबसे ऊँची चोटी साल्तोरो काँगड़ी (ऊँचाई 7,628 मीटर) और सुदूर दक्षिणी चोटी सिया काँगड़ी (ऊँचाई 7,297 मीटर) पर चढ़ने में सफलता

विश्व के सर्वोच्च पर्वत शिखर माउंट एवरेस्ट की चोटी पर भारतीय सेना का जवान।
(साभार : कर्नल एन. कुमार)

मिल गई। सिया काँगड़ी की चोटी से कर्नल कुमार भारत, पाकिस्तान, तिब्बत, अफगानिस्तान और चीनी तुर्किस्तान को देख सकते थे। ध्रुवीय क्षेत्र के बाहर विश्व के सबसे लंबे ग्लेशियर को पार करने का यह पहला अभियान था। इस अभियान दल में मेजर ए.सी. चोपड़ा, कैप्टन डी.के. दुआरह, प्रशिक्षक सूबेदार देशराज, हवलदार कमल सिंह बिष्ट, हवलदार विनोद कुमार, कैप्टन आर.डी. वधवा और एडवांस कोर्स के छात्र शामिल थे।

इसी बीच मेजर किरण कुमार के नेतृत्व में एक अभियान दल नंदा देवी की जुड़वाँ चोटियों पर चढ़ने के लिए गया। नंदा देवी की दोनों चोटियों पर चढ़ने के लिए यह पहला अभियान था, जिसमें छह पर्वतारोहियों को अपनी जान गँवानी पड़ी।

पर्वतारोहण में सबसे महत्त्वाकांक्षी साहसिक अभियानों में से एक था—नंदा देवी की दोनों चोटियों के पार जाना। वर्ष 1976 में भारत और जापान का एक संयुक्त अभियान दल नंदा देवी की दोनों चोटियों को पार करने के अभियान पर निकला। भारत के कर्नल जगजीत सिंह और जापान के के. किर्यू इस अभियान दल में थे। कर्नल जगजीत सिंह के साथ मेजर प्रेम चंद, कैप्टन आलोक चंदोला और प्रणेश सिंह शामिल थे। अभियान दल अपने मिशन में सफल रहा।

सन् 1984 में एवरेस्ट पर चढ़ाई की तैयारी के उद्देश्य से 1983 में तीन प्राथमिक अभियान आरंभ किए गए। कैप्टन के.एस. सूच के नेतृत्व में एक अभियान दल ने पूर्वी कराकोरम में स्थित रिमो-4 पर पहली बार चढ़ाई की। इसी वर्ष कर्नल प्रेम चंद के नेतृत्व में सेना का एक अन्य अभियान दल दुरूह के-2 चोटी पर दूसरी बार पहुँचा। इसके साथ ही मेजर किरण कुमार ने शिवलिंग नामक चोटी पर चढ़ाई के लिए एक अन्य अभियान दल का नेतृत्व किया। अभियान दल के 17 सदस्य चोटी पर पहुँचने में सफल रहे।

वर्ष 1983 में कर्नल एन. कुमार ने कामेट को पश्चिम की ओर से पूर्व तक पार करने के लिए कुमाऊँ रेजीमेंट के एक अभियान दल का नेतृत्व किया। अभियान दल के सदस्यों ने यद्यपि पूर्व की ओर से कामेट पर चढ़ने में सफलता प्राप्त कर ली, लेकिन पश्चिम की ओर बढ़ने में उन्हें मुश्किलें आने लगीं। पूर्व की ओर से चढ़नेवाले दल का नेतृत्व मेजर थापा कर रहे थे, जबकि पश्चिम की ओर से चढ़नेवाले दल का नेतृत्व मेजर सूरज दलाल कर रहे थे। अंततः कर्नल बी.एस. संधू के नेतृत्व में भारत और फ्रांस के एक संयुक्त अभियान दल को कामेट की इस चोटी पर चढ़ने में सफलता मिली।

भारतीय पर्वतारोहण संस्थान ने वर्ष 1984 में महिलाओं और पुरुषों का एक संयुक्त अभियान दल एवरेस्ट पर भेजा। इस अभियान दल की एक सदस्य बछेंद्री पाल एवरेस्ट पर चढ़नेवाली प्रथम भारतीय महिला बनीं। इस महान् उपलब्धि का श्रेय दल के नेता कर्नल डी.के. खुल्लर, उपनेता कर्नल प्रेम चंद, मेजर किरण कुमार, मेजर जय बहुगुणा और नायब सूबेदार एन.डी. शेरपा तथा सहायक दल के अन्य सदस्यों को भी जाता है।

वर्ष 1984 में ही कर्नल बलवंत सिंह संधू और याशियो ओगाटा ने सियाचिन ग्लेशियर में स्थित मैमोस्टोंग काँगड़ी पर चढ़ाई के लिए एक अभियान दल का संयुक्त रूप से नेतृत्व किया। अपनी तरह का यह पहला अभियान था, जो सफल रहा।

भारतीय सेना के वर्ष 1985 के माउंट एवरेस्ट अभियान को अब तक का सबसे दुःखद अभियान कहा जा सकता है। अभियान का नेतृत्व कर्नल प्रेम चंद को करना था, किंतु अंतिम समय में उनके हाथ की हड्डी टूट जाने के कारण कर्नल जगजीत सिंह को उनका स्थान लेना पड़ा। रास्ता बनाने और रस्सियाँ बाँधने के बाद अभियान दल एवरेस्ट पर चढ़ने की तैयारी करने के लिए साउथ कोल पर पहुँच गया। 7 अक्तूबर, 1985 को एन.डी. शेरपा, मेजर किरण कुमार और लेफ्टिनेंट

रणमीत सिंह चोटी की ओर आगे बढ़े; किंतु बाद में मौसम खराब हो जाने पर उन्होंने दक्षिणी चोटी से वापस लौटने का निश्चय किया। तभी मेजर कुमार का पैर अचानक फिसल गया और वह नीचे 2,000 मीटर की गहराई में गिर गए, जिससे उनकी मृत्यु हो गई। मेजर कुमार का दल जब साउथ कोल की ओर से वापस आ रहा था, तभी मेजर जय बहुगुणा, कैप्टन वी.एस. नेगी, लेफ्टिनेंट सुबा राव, लेफ्टिनेंट आर.एस. बख्शी और दो अन्य सदस्यों का दूसरा दल साउथ कोल पर पहुँचा। मौसम ज्यादा खराब होने लगा था और वे सभी वापस लौटना चाहते थे; लेकिन लेफ्टिनेंट बख्शी की हालत अचानक खराब होने लगी तो उनके साथियों ने आधार शिविर को सूचित किया कि वे अगले दिन सुबह वापस आएँगे और साथ ही एक बचाव दल भेजने के लिए भी कहा। हवलदार गुरुंग और दो शेरपाओं का एक बचाव दल 11 अक्तूबर को साउथ कोल पर पहुँच गया, लेकिन लेफ्टिनेंट बख्शी और कैप्टन नेगी उसके पहुँचने से पहले ही दम तोड़ चुके थे। लेफ्टिनेंट राव अर्ध-मूर्च्छित अवस्था में थे, जिन्हें होश में लाने का प्रयास किया जाने लगा। उन्हें होश में लाने में असफल हवलदार गुरुंग ने उन्हें अपने साथ नीचे ले जाने की कोशिश की, लेकिन वे दोनों ही फिसलकर कुछ फीट नीचे जा गिरे; लेफ्टिनेंट राव ने वहीं दम तोड़ दिया। उसके थोड़ी देर बाद ही मेजर बहुगुणा भी मौत के आगोश में चले गए। माना जाता है कि खराब मौसम के कारण ही अभियान दल को इतनी दर्दनाक क्षति झेलनी पड़ी। अभियान दल के अधिकारियों ने इन विपरीत परिस्थितियों के बावजूद अपने साथियों को बचाने की पूरी कोशिश की।

वर्ष 1987 में ब्रिगेडियर डी.के. खुल्लर ने भारतीय और ब्रिटिश सेना के एक संयुक्त अभियान दल का नेतृत्व किया। इस अभियान दल ने उत्तर-पश्चिमी श्रेणी की ओर से सासेर काँगड़ी पर चढ़ने का पहला प्रयास किया।

भारतीय सेना ने वर्ष 1993 में नीलकंठ पर चढ़ाई के लिए एक अंतरराष्ट्रीय अभियान दल तैयार किया। इसमें पाँच देशों की सेनाओं की ओर से सदस्यों ने भाग लिया। अभियान दल का नेतृत्व कर्नल एच.एस. चौहान ने किया। उन्होंने उत्तर-पूर्वी श्रेणी की ओर से नीलकंठ की चोटी तक एक नया मार्ग चुना। अभियान दल के 36 सदस्यों ने चोटी पर चढ़ने में सफलता प्राप्त की।

वर्ष 1995 में मेजर जे.एस. ढिल्लों के नेतृत्व में सेना की एक ग्रेनेडियर्स बटालियन के दल ने दुर्गम पश्चिमी मार्ग से कामेट पर चढ़ने में सफलता प्राप्त की। इसी वर्ष अलास्का में एक अंतरराष्ट्रीय अभियान के हिस्से के रूप में मेजर कृष्ण कुमार के नेतृत्व में भारतीय जवानों का एक अभियान दल माउंट मैकिनली

पर चढ़ने में सफल हो गया।

अगस्त-सितंबर 1996 में महिला सैनिकों का एक अभियान दल डोगरा रेजीमेंट के कर्नल श्रीनिवासन की पत्नी बासुमती श्रीनिवासन के नेतृत्व में कुल्लू पुमोरी पर चढ़ाई के लिए गया। अभियान दल में शामिल 21 पर्वतारोहियों ने चोटी पर चढ़ने में सफलता प्राप्त की। महिलाओं के लिए यह एक उल्लेखनीय उपलब्धि थी।

वर्ष 2001 में भारतीय सेना ने एवरेस्ट पर चढ़ाई के लिए दूसरा अभियान दल तैयार किया। 12 पर्वतारोहियों और 12 सहायक सदस्यों के इस दल का नेतृत्व कर्नल कृष्ण कुमार ने किया। अभियान दल के 10 सदस्यों और 7 शेरपाओं को चोटी पर चढ़ने में सफलता मिली। सन् 1985 के दुःखद अभियान के बाद यह एक महान् उपलब्धि थी। एवरेस्ट पर चढ़ने में सफलता प्राप्त करके भारतीय सेना ने यह दिखा दिया कि वह पर्वतारोहण—यहाँ तक कि एवरेस्ट पर चढ़ने—में किसी से पीछे नहीं है। चोटी पर पहुँचनेवाले अभियान दल के सभी सदस्यों को 'शौर्य चक्र' से सम्मानित किया गया। (देखें—परिशिष्ट-7)

सेना के पर्वतारोहियों के लिए वर्ष 2002 भी काफी उल्लेखनीय रहा। भारतीय सेना ने अन्नपूर्णा-1 (8,091 मीटर) पर चढ़ने में सफलता प्राप्त की। यह चौथा सबसे ऊँचा पर्वत शिखर था, जिसपर चढ़ने में भारतीय सेना को सफलता मिली थी। 6 मई, 2002 को सेना के अभियान दल के 4 सदस्य और 3 शेरपा चोटी पर पहुँचे। अभियान दल का नेतृत्व लेफ्टिनेंट कर्नल एच.सी. शर्मा कर रहे थे।

ट्रांस-हिमालय (हिमालय के उस पार तक) दुर्गम यात्रा अभियान 1981-82

15 जनवरी, 1981 से 5 मई, 1982 तक ट्रांस-हिमालय दुर्गम यात्रा अभियान का प्रबंध लेफ्टिनेंट कर्नल एस.एस. सिंह द्वारा किया गया था, जिसका नेतृत्व मेजर हरीश कोहली ने किया। इसमें केपांग ला से कराकोरम दर्रे तक की 8,000 कि.मी. की दुर्गम यात्रा 475 दिनों में पूरी की गई, जो स्वयं में एक असाधारण साहसिक यात्रा है। हाई एल्टिट्यूड वारफेयर स्कूल के कैप्टन एच.एस. चौहान, नायब सूबेदार एन.बी. गुरुंग और नायब सूबेदार एन.डी. शेरपा सहित इसमें 4 सदस्यों को शामिल किया गया था। इस साहसिक यात्रा के दौरान अभियान दल ने कुल 50 दर्रे पार किए। हरीश कोहली और एन.डी. शेरपा को 'विशिष्ट सेवा पदक' और एच.एस. चौहान तथा एन.बी. गुरुंग को सेना पदक से सम्मानित किया गया।

साहसिक हवाई गतिविधियाँ

साहसिक हवाई यात्रा का सपना लेकर ब्रिगेडियर (तब कैप्टन) एच. जे. सिंह ने कश्मीर से कन्याकुमारी तक के पहले भारतीय माइक्रोलाइट उड़ान अभियान की योजना बनाई। वर्ष 1984 के पूर्वार्द्ध में शुरू हुआ यह उड़ान अभियान मात्र एक सप्ताह में ही पूर्ण हो गया।

गुब्बारे से उड़ान भरनेवाले भी पीछे रहनेवाले नहीं थे। राजस्थान में छोटी-छोटी कई यात्राएँ पूरी करने के बाद मेजर एम.के. यादव ने लेह से सिलीगुड़ी तक गुब्बारा-उड़ान भरी। वर्ष 1997 में थलसेना व नौसेना का एक संयुक्त अभियान दल गुब्बारे से उड़ान भरता हुआ कन्याकुमारी से पुणे तक गया।

हिमालयन कार रैली

मेजर एच.पी.एस. अहलूवालिया ने लेह से म्याँमार सीमा तक एक कार रैली का आयोजन किया। सेना के पूर्ण सहयोग से रैली को उल्लेखनीय सफलता मिली।

भारतीय सेना के दल हिमालयन कार रैली में पिछले कई वर्षों से भाग लेते आ रहे हैं। कर्नल फुकेला और कर्नल सूरी जैसे जाँबाज सैनिक अधिकारियों ने खेल के क्षेत्र में उत्कृष्टता प्राप्त कर ली है; किंतु इन सफलताओं के लिए हमें विभिन्न कार रैलियों में दर्दनाक हादसे भी झेलने पड़े हैं।

स्कीयन माउंट त्रिशूल

स्कीयन (Skiing) के क्षेत्र में सबसे महत्त्वपूर्ण उपलब्धियों में से एक है—माउंट त्रिशूल पर 7,015-4,655 मीटर ऊँचाई से स्कीयन द्वारा नीचे उतरना। चोटी पर चढ़ने में अभियान-दल को दस दिन लगे और स्कीयन द्वारा 4,655 मीटर नीचे तक उतरने में डेढ़ घंटा लगा। अभियान दल का नेतृत्व कर्नल एन. कुमार कर रहे थे; उनके अतिरिक्त अभियान दल में मेजर एस.एस. सिंह, सूबेदार गुरचरन सिंह और कुछ अन्य सदस्य शामिल थे।

दक्षिणी ध्रुव की ओर स्कीयन

कर्नल जे.के. बजाज ने वर्ष 1988-89 में दक्षिणी ध्रुव के एक अंतरराष्ट्रीय अभियान में भाग लिया। 12 सदस्यीय इस अभियान दल ने रोनी (Ronne) बर्फखाने पर स्कीयन द्वारा 1,200 किलोमीटर की दूरी तय की। उनके साथ आवश्यक

दुनिया की परिक्रमा पर निकली पाल नौका 'तृष्णा'। *(स्वत्वाधिकार : कोर ऑफ इंजीनियर्स)*

सामग्री लेकर चलते हुए दो स्नो स्कूटर थे। इससे पूर्व विश्व के केवल 8 लोगों को इस यात्रा में सफलता मिली थी। कर्नल बजाज ऐसी साहसिक यात्रा पर जानेवाले पहले एशियाई हैं।

स्कीयन हिमालय अभियान

जनवरी से अप्रैल 1995 के बीच कराकोरम दर्रे से लेकर भारत-नेपाल-तिब्बत सीमा पर स्थित लिपु लेख दर्रे तक स्कीयन हिमालय अभियान सफलतापूर्वक संपन्न हुआ। अपनी तरह का यह पहला अभियान था, जिसका नेतृत्व लेफ्टिनेंट कर्नल हरीश कोहली ने किया। यह साहसिक यात्रा लगभग 2,000 किलोमीटर की रही। यह एक अत्यंत महत्त्वाकांक्षी अभियान था, जिसमें अत्यंत कठिन प्राकृतिक परिस्थितियों के बावजूद अभियान दल के सदस्यों ने साहस और दृढ़-निश्चय का परिचय देते हुए महत्त्वपूर्ण सफलता प्राप्त की।

विश्व नौका अभियान : तृष्णा

भारतीय सेना के एक कार्यदल ने एक छोटी नौका—तृष्णा—द्वारा विश्व के चारों ओर की—30 हजार समुद्री मील की यात्रा की, जो भारतीयों की अपनी तरह की पहली साहसिक यात्रा रही। अक्तूबर 1985 में भारत से रवाना होकर अभियान दल जनवरी 1987 में वापस आया। भारतीय सामुद्रिक इतिहास में यह एक महत्त्वपूर्ण उपलब्धि रही। इससे पूर्व कुछ विदेशी नाविक ही इस तरह की यात्रा कर सके थे। उल्लेखनीय है कि 'तृष्णा' अभियान में जिन सैनिकों ने भाग लिया, उन्होंने कुछ समय पहले ही नौकायन सीखा था। अभियान दल के सदस्यों में मेजर ए.के. सिंह—एक विकलांग अधिकारी—भी शामिल थे, जो विश्व के चारों ओर नौकायन करनेवाले पहले विकलांग व्यक्ति बने। अभियान दल के अन्य सदस्यों में कर्नल टी.पी.एस. चौधरी, लेफ्टिनेंट कर्नल के.एस. राव, मेजर ए.के. सिंह, मेजर ए. भट्टाचार्य, मेजर ए.पी. सिंह, कैप्टन एस. शेखर, कैप्टन राकेश बस्सी, कैप्टन सी. भारती, लेफ्टिनेंट एन. आहूजा और एस.एन. माथुर शामिल थे।

सेना की सैपर्स (Sappers) इकाई, जिसने तृष्णा अभियान दल भेजा था, ने इसके बाद पीछे मुड़कर नहीं देखा। 1994-95 में उसने मुंबई से सिंगापुर के लिए तथा वहाँ से वापस मुंबई के लिए और उसके बाद 1996-97 में हिंद महासागर की यात्रा के लिए अभियान दल भेजने के साथ-साथ कई अन्य साहसिक अभियान भी पूरे किए।

बेड़े द्वारा नदी पारगमन (River Rafting)

सेना ने बेड़े द्वारा नदी पार करने के कई बड़े अभियानों में हिस्सा लिया है। डोगरा रेजीमेंट के बुल कुमार और कर्नल के.एस. कोहली ने वर्ष 1975 में एक भारत-जर्मनी संयुक्त अभियान में हिस्सा लिया था। अभियान दल ने पूगा नदी से खालसी नदी तक की यात्रा बेड़े द्वारा तय की। अपनी तरह का यह पहला अभियान था, जिसने एक विश्व कीर्तिमान स्थापित कर दिया।

कर्नल कुकरेजा के नेतृत्व में असम राइफल्स के अधिकारियों ने बाँस से बने एक बेड़े पर ब्रह्मपुत्र नदी को पार किया, जो कम-से-कम तीस बार टूटा था। उसके बाद उन्होंने ब्रह्मपुत्र नदी पर तूतिंग घाट से पासी घाट तक के लिए एक भारत-अमेरिका संयुक्त अभियान में भी हिस्सा लिया। बी.बी.सी. ने इस रोमांचक साहसिक यात्रा पर एक फिल्म भी बनाई है।

राजपूत रेजीमेंट के मेजर अवीन चोपड़ा ने हरिद्वार से कलकत्ता तक के लिए एक एन.सी.सी. (NCC) अभियान का आयोजन किया था। इस प्रकार, कई अन्य रेजीमेंटों ने बेड़े द्वारा तीस्ता, गंगा, सतलुज, व्यास और अन्य नदियों को पार किया है।

साहसिक खेलों, गतिविधियों में भारतीय सेना की रुचि बढ़ती जा रही थी, इसलिए वर्ष 1981 में सेना ने एक साहसिक गतिविधि प्रकोष्ठ (Adventure Cell) शुरू किया। बुल कुमार को इसका पहला निदेशक बनाया गया। बाद में इस प्रकोष्ठ का विस्तार करके ब्रिगेडियर पुष्कर चंद को सेना की साहसिक गतिविधि शाखा (Adventure Wing) का पहला उप-महानिदेशक बनाया गया। वर्तमान में विभिन्न साहसिक गतिविधियों का प्रशिक्षण और मार्गदर्शन देने के लिए इसके अधीन 17 नोडल सेंटर संचालित किए जा रहे हैं।

खेल

भारतीय खेलों के क्षेत्र में सेना ने सन् 1930 से ही भारत के लिए कई महत्त्वपूर्ण उपलब्धियाँ हासिल की हैं। स्वतंत्रता-प्राप्ति के बाद भी भारतीय सेना ने खेल के क्षेत्र में कई उत्कृष्ट उदाहरण प्रस्तुत किए हैं।

हॉकी

भारत वर्ष 1930 से ही हॉकी के क्षेत्र में अग्रणी रहा है। भारतीय हॉकी के स्वर्णिम युग में सेना ने प्रमुख भूमिका निभाई है। सन् 1932 के लॉस एंजिल्स

ओलंपिक में सेना के मेजर एस. असलम ने हिस्सा लेकर भारत को एक स्वर्ण पदक दिलाया। इसमें भारत ने 29 गोल किए, जबकि विरोधी टीम उसके खिलाफ सिर्फ एक गोल ही कर सकी थी। सन् 1936 के ओलंपिक खेलों में मेजर ध्यान चंद ने भारतीय हॉकी टीम की सफलतापूर्वक कप्तानी की। इस बार भी भारतीय टीम स्वर्ण पदक लेकर लौटी। 1952 के ओलंपिक में भारतीय हॉकी टीम में सेना के दो खिलाड़ी—जी. नंदी सिंह और स्वरूप सिंह—थे; उन्होंने भारत के लिए स्वर्ण पदक जीता। 1956 के ओलंपिक में भारतीय टीम में सेना के तीन खिलाड़ियों—ए.एस. बख्शी, हरदयाल सिंह और आर.एस. भोला—ने भाग लिया; इस बार भी वह स्वर्ण पदक जीतने में सफल रही। इस टीम के दो खिलाड़ियों—डी. पाटिल और विजय पीटर ने भाग लिया। 1960 के ओलंपिक में भारतीय टीम को रजत पदक से ही संतोष करना पड़ा था। इसमें सेना के शांताराम, जसवंत सिंह और हरिपाल कौशिक ने हिस्सा लिया था। एशियाई खेलों और विश्व हॉकी कप की लगभग सभी हॉकी प्रतियोगिताओं में सेना के खिलाड़ी भाग लेते रहे हैं।

मेजर ध्यान चंद को 'हॉकी का जादूगर' कहा जाता है। सचमुच उनकी छड़ी में जादू था, जिससे विरोधी टीम के खिलाड़ी हक्के-बक्के रह जाते थे। हॉकी में उनका वही स्थान था, जो ब्रेडमैन का क्रिकेट में और पेले का फुटबॉल में। मेजर ध्यान चंद की विलक्षण प्रतिभा से एडोल्फ हिटलर भी बहुत प्रभावित हुआ था। उनके नाम से दिल्ली में 'मेजर ध्यान चंद स्टेडियम' बनाया गया है और खेल में एक 'लाइफ-टाइम अचीवमेंट' पुरस्कार शुरू किया गया है।

क्रिकेट

कर्नल सी.के. नायडू ने 1932 में इंग्लैंड के लॉर्ड्स स्टेडियम में खेले गए एक क्रिकेट मैच में भारतीय टीम की कप्तानी करके भारत में टेस्ट क्रिकेट की आधारशिला रखी। अपने 30 वर्ष के क्रिकेट कैरियर में उन्होंने अपना अंतिम टेस्ट क्रिकेट 61 वर्ष की आयु में खेला। अपने टेस्ट क्रिकेट जीवन में उन्होंने कुल 10 हजार रन बनाए तथा 337 विकेट लिये। अपने छक्कों के लिए प्रसिद्ध होने के कारण उन्हें 'भारत का जेसॉप' (Indian Jessop) कहा जाता था। उनके बाद कर्नल विजय सैमुअल हजारे एक मध्यम गति के गेंदबाज और महान् बल्लेबाज हुए। एक ही टेस्ट मैच में अपना पहला और दूसरा शतक लगानेवाले संभवतः वह पहले क्रिकेट खिलाड़ी रहे। यह उपलब्धि उन्होंने ऑस्ट्रेलिया की मेजबानी में ऑस्ट्रेलिया के खिलाफ ही खेलते हुए प्राप्त की।

राष्ट्रीय रक्षा अकादमी के कैडेट सेनगुप्ता सबसे कम उम्र के टेस्ट खिलाड़ियों में से एक थे। अपनी व्यावसायिक प्रतिबद्धता के चलते वह क्रिकेट में अपना कैरियर नहीं बना सके।

एथलेटिक्स

एथलेटिक्स की चर्चा करते समय सबसे पहले जो नाम जबान पर आता है, वह है—'फ्लाइंग सिख' नायब सूबेदार मिल्खा सिंह। 38 वर्षों तक वह राष्ट्रीय कीर्तिमान धारक और 26 वर्षों तक एशियाई कीर्तिमान धारक बने रहे। एथलेटिक्स का 200 मीटर का कीर्तिमान अब भी उनके ही नाम है, जो उन्हें सन् 1960 में लाहौर में भारत-पाकिस्तान बैठक के दौरान मिला था। 1960 के रोम ओलंपिक में उन्होंने विश्व कीर्तिमान तोड़ा था। सैन्य सेवा से निवृत्त होने के बाद वह पंजाब में खेल निदेशक रहे। इस दौरान उन्होंने कई एथलीटों को प्रशिक्षित किया।

मिल्खा सिंह ने छोटी दूरी की दौड़ में प्रसिद्धि प्राप्त की, अपना नाम रोशन किया, जबकि राजपूताना राइफल्स के ऑनरेरी कैप्टन श्रीराम सिंह शेखावत मध्यम दूरी के अब तक के सबसे अच्छे धावक रहे। उन्होंने 800 मीटर की दौड़ में एक नया कीर्तिमान बनाया और वर्ष 1973 के सर्वश्रेष्ठ खिलाड़ी का सम्मान प्राप्त किया। वर्ष 1978 में एशियन एथलेटिक एसोसिएशन ने उन्हें 'सबसे अच्छा एशियाई धावक' घोषित किया।

कुश्ती

राजपूताना राइफल्स के ऑनरेरी कैप्टन लीला राम और जाट रेजीमेंट के मास्टर चंदगी राम जैसे पहलवानों ने कुश्ती के क्षेत्र में भारत और भारतीय सेना को गौरवान्वित किया। कैप्टन लीला राम ने 1956 में मेलबोर्न में आयोजित ओलंपिक खेलों में भाग लिया। उसके दो वर्ष बाद कार्डिफ में आयोजित कॉमनवेल्थ खेलों में उन्होंने पाकिस्तानी पहलवानों को पछाड़कर स्वर्ण पदक जीता। वर्ष 1956 में रुस्तम-ए-ईरान मुहम्मद अली को चित करके उन्होंने अपने कैरियर की सबसे बड़ी उपलब्धि हासिल की। सेवानिवृत्त होने के बाद भी वह मेक्सिको ओलंपिक और विश्व कुश्ती चैंपियनशिप के लिए भारतीय कुश्ती टीम के मुख्य कोच रहे।

हरियाणा के मास्टर चंदगी राम जाट रेजीमेंटल सेंटर में बतौर सिपाही सेवारत थे। सेना की सेवा से निवृत्त होने के बाद उन्होंने एक स्कूल में चित्रकला के अध्यापक के रूप में नौकरी की; इसलिए उन्हें 'मास्टर' के नाम से ज्यादा जाना

जाता है। बैंकॉक में आयोजित एशियाई खेलों में विश्व चैंपियन अमवानी अबुल फैजी (ईरान) को हराकर उन्होंने अपने कुश्ती कैरियर की सबसे महत्त्वपूर्ण उपलब्धि हासिल की। उन्होंने ओलंपिक खेलों में भी भारत का प्रतिनिधित्व किया।

घुड़सवारी

भारत में घुड़सवारी के क्षेत्र में सेना सदैव ही आगे रही है। भारतीय घुड़सवारी संघ सेना की क्वार्टर मास्टर जनरल शाखा के नियंत्रण में संचालित किया जा रहा है। 1985 में बेल्जियम में आयोजित वोल्वो कप में स्वर्ण पदक जीतकर दफादार रघुबीर ने महत्त्वपूर्ण उपलब्धि हासिल की।

भारतीय सेना का घुड़सवार हैरतअंगेज करतब दिखाते हुए।

पोलो

पोलो के खेल में भी सेना की महत्त्वपूर्ण भागीदारी रहा है। कैप्टन किशन सिंह और दफादार गजे सिंह जैसे पोलो खिलाड़ियों ने भारतीय पोलो पर अपनी अमिट छाप छोड़ी है। कई पोलो स्ट्रोक के नाम भी उनके नाम पर रखे गए हैं। कर्नल गुरदीप सिंह गारचा, ब्रिगेडियर वीरेंदर पाल सिंह और सोढ़ी बंधु सेना के अन्य प्रसिद्ध पोलो खिलाड़ी रहे। जयपुर के महाराजा कर्नल भवानी सिंह ने भारत में इस खेल के लिए बड़ा योगदान दिया। यद्यपि पोलो के क्षेत्र में अंतरराष्ट्रीय स्तर पर कई दशकों तक भारत का वर्चस्व बना रहा, तथापि वर्तमान में दक्षिण अमेरिका इसमें आगे है।

बॉक्सिंग

बॉक्सिंग में सेना का प्रदर्शन अन्य खेलों की अपेक्षा संभवत: ज्यादा अच्छा रहा है। सेना के बॉक्सरों को 16 'अर्जुन पुरस्कार' और 1 'पद्मश्री' पुरस्कार मिल चुके हैं।

स्कीयन (Skiing)

स्कीयन के खेल की शुरुआत ब्रिटिश अधिकारियों द्वारा 1920 के दशक में गुलमर्ग में की गई। तत्कालीन डिवीजनल कमांडर मेजर जनरल के.एस. थिमैया ने युवा अधिकारियों को स्कीयन में प्रशिक्षित करने के लिए गुलमर्ग में वर्ष 1949 में एक विंटर वारफेयर स्कूल (Winter Warfare School) की स्थापना की। 1962 में उसे श्रेणी 'ए' के संस्थान का दर्जा देकर हाई एल्टिट्यूड वारफेयर स्कूल बना दिया गया। तब से इस स्कूल ने सैकड़ों स्कीयन खिलाड़ियों और पर्वतारोहियों को जन्म दिया।

गुलमर्ग को स्कीयन-स्थल के रूप में विकसित करने के लिए भारत सरकार के पर्यटन विभाग ने वर्ष 1969 में वहाँ स्कीयन के शिक्षकों का एक स्कूल शुरू किया। कर्नल कुमार को इस स्कूल का पहला प्रधानाचार्य बनाया गया। प्रशिक्षण कार्यक्रम के लिए सेना के एक अधिकारी तथा दो प्रशिक्षकों की प्रतिनियुक्ति की गई।

पैर-नाव एवं डोंगी (नाव) चालन (Kayaking and Canoeing)

भारत में इस खेल की शुरुआत यद्यपि कुछ वर्ष पूर्व ही हुई, लेकिन भारतीय सेना का इसमें भी उल्लेखनीय स्थान है। इस खेल के अधिकांश एशियन चैंपियनशिप में भाग लेनेवाली भारतीय टीम में लगभग 90 प्रतिशत प्रतिनिधित्व सेना का रहा है। सन् 1955 में कोरिया में आयोजित एशियाई चैंपियनशिप में नायब सूबेदार विनोद और हवलदार जॉन वर्गीज ने एक स्वर्ण तथा दो रजत पदक जीते थे।

नौका-चालन

नौका-चालन के क्षेत्र में भारतीय सेना के नाविकों का वर्चस्व रहा है। वर्ष 2002 में हैदराबाद में आयोजित राष्ट्रीय खेलों में सेना की टीम ने स्वर्ण पदक जीता। आंध्र प्रदेश के सैनिक नाविकों ने भी इसमें रजत पदक जीता। नौका-चालन के लिए सेना के 5 नाविकों को 'अर्जुन पुरस्कार' से पुरस्कृत किया जा चुका है।

नौकायन

नौकायन को बढ़ावा देने के लिए सेना के सैपर्स की ओर से देश भर में अलग-अलग कई क्लब चलाए जा रहे हैं।

इनके अतिरिक्त अन्य खेलों में भी सेना का प्रदर्शन उल्लेखनीय रहा है। कबड्डी के लिए सेना को दो 'अर्जुन पुरस्कार' और कई स्वर्ण पदक मिल चुके हैं। निशानेबाजी में ऑनरेरी कैप्टन भगीरथ समाई ने सेना को गौरवान्वित किया है। स्क्वैश और भारोत्तोलन में सेना ने दो 'अर्जुन पुरस्कार' प्राप्त किए हैं। वर्ष 2004 के एथेंस ओलंपिक में स्कीट निशानेबाजी (किसी उड़ती हुई चीज पर निशाना लगाने की कला) में रजत पदक जीतकर मेजर राज्यवर्धन सिंह राठौर ने भारतीय ओलंपिक इतिहास रच डाला।

□

चारित्रिक गुण, आदर्श एवं प्रशिक्षण

• मेजर जनरल (सेवानिवृत्त) इयान कारडोजो

(अति विशिष्ट सेवा पदक, सेना पदक)

किसी राष्ट्र का राष्ट्रीय चरित्र ही उसका नैतिक बल होता है। कल का भारत और आज का इंडिया भी इसका अपवाद नहीं है। भारतीय सेना ने अपना चारित्रिक गुण अपने उस समाज, परिवेश से ग्रहण किया है, जिसकी वह निरंतर सेवा-सुरक्षा करती रही है और जिसका वह एक अभिन्न हिस्सा भी है। भारत के समृद्ध प्राकृतिक संसाधन, संस्कृति की विभिन्नता, अनुपम प्राकृतिक सौंदर्य और इसकी रहस्यमयी छवि ने प्राचीन काल में विदेशी आक्रमणकारियों को बार-बार और लगातार आकर्षित किया। भारत पर आक्रमण करनेवाले अधिकांश आक्रमणकारी स्थायी रूप से यहाँ बस गए और समय के साथ-साथ यहाँ की जनसंख्या एवं संस्कृति में घुल-मिलकर उन्होंने भारत की संस्कृति को समृद्ध बनाया। इतना ही नहीं, पूरी तरह से भारतीय बनकर उन्होंने भारत पर आक्रमण करनेवाले अगले आक्रमणकारियों का मुकाबला भी किया। इस प्रकार, समय के साथ-साथ भारत अनेक जातियों, धर्मों, भाषाओं एवं संस्कृतियोंवाला देश बन गया और अनेकता में एकता इसकी चरित्रगत विशेषता बन गई। अनेकता में एकता की भारत की अद्वितीय विशिष्टता ही इसके लोगों की सोच, दर्शन और उनके दृष्टिकोण का आधार बनती चली गई तथा लोगों में त्याग, स्वाभिमान और कर्तव्य-परायणता की भावना पीढ़ी-दर-पीढ़ी अपनी अमिट छाप छोड़ती गई। हजारों वर्षों तक सैकड़ों पीढ़ियों की

दिशा निर्धारित करने की क्षमता रखनेवाले इस दर्शन के पीछे एक अथाह शक्ति-स्रोत रहा है।

किंतु परिवर्तनशील समय के दौर में कोई भी जाति, सभ्यता अथवा संस्कृति अपरिवर्तित नहीं रह सकती। चंद्रगुप्त मौर्य, सम्राट् अशोक, समुद्रगुप्त, छत्रपति शिवाजी, महाराजा रणजीत सिंह, सम्राट् कृष्णदेव राय, गुरु नानक देव, महात्मा गांधी जैसे कई महान् शासकों और नेताओं ने संभवत: अनुभव किया कि परिवर्तन का उद्देश्य सदैव लोगों की आंतरिक—नैतिक, आध्यात्मिक, राजनीतिक, आर्थिक एवं सैनिक—शक्ति का निर्माण करना होना चाहिए।

एकता में अनेकता की भारत की चारित्रिक विशेषता सचमुच दुनिया को विस्मय में डालनेवाली है। देश के अलग-अलग भागों में रहनेवाले मराठा, बंगाली, बिहारी, गुजराती, गढ़वाली, कुमाऊँनी, तमिल, आंध्रा, मलयाली, कश्मीरी, सिख, पंजाबी, उड़िया, असमी, मिजो, मणिपुरी, नगा और राजपूत आदि—सभी ने वर्षों से अपनी जातीय और चरित्रगत विशेषताओं को बनाए रखा है। देश के अलग-अलग हिस्सों, अलग-अलग परिवेश और अलग-अलग स्तरों में रहनेवाली इन सभी जातियों में कमोबेश एक ही स्वाभाविक, नैतिक और व्यावहारिक विशेषता दृष्टिगोचर होती है, जो इन्हें अलग-अलग होते हुए भी एक—भारतीय—बनाती है। विभिन्न परंपराओं, संस्कृतियों, विश्वासों—धार्मिक एवं सामाजिक—और मान्यताओं के इस बेजोड़ मिश्रण का हमारे राष्ट्रीय चरित्र और हमारे व्यक्तिगत जीवन पर आज भी गहरा प्रभाव दिखाई देता है। भारतीय सेना का वर्तमान स्वरूप इसका उत्कृष्ट उदाहरण है।

सिंधु घाटी की सभ्यता भारत के अतीत के संबंध में जानकारी प्राप्त करने का प्राचीनतम ज्ञात स्रोत है। प्राचीन भारतीय सभ्यता अथवा भारतीय-आर्य संस्कृति की मूल विशेषता उसका धार्मिक स्वरूप है, जो अपने व्यक्तिगत और सामाजिक कर्तव्यों के निर्वहण पर आधारित था। नैतिकता का पालन करते हुए किसी सैनिक ने यदि अपने कर्तव्य का निर्वहण किया तो उसके अच्छे परिणाम स्वाभाविक हैं। भारतीय सेना आज भी समाज के कल्याण के लिए त्याग की भावना से नीतिपूर्वक कार्य करने में विश्वास करती है।

प्राचीन काल में रामायण और महाभारत लोगों को साहस, स्वाभिमान, सच्चाई, त्याग और कर्तव्य-पालन जैसे नैतिक मूल्यों की प्रेरणा देनेवाले आदर्श स्रोत थे। विश्व में संभवत: ऐसे महाकाव्य कम होंगे, जिनका जनमानस पर इतना व्यापक और गहरा प्रभाव पड़ा हो। भारतीय जनमानस पर तो आज भी इन महाकाव्यों का

गहरा प्रभाव दृष्टिगोचर होता है। इनके अध्ययन से प्राचीन भारत के रहस्यों को समझने में मदद मिलती है; साथ ही इस तथ्य का भी पता चलता है कि लगातार विदेशी आक्रमणों के बावजूद यहाँ के लोगों में व्याप्त एकता की भावना ने अलग-अलग विशेषताओंवाले समाज को भारतीयता के एक सूत्र से जोड़कर रखा।

श्रीमद्भगवद्गीता महाभारत का ही एक अंश है, जिसमें 700 श्लोकों में श्रीकृष्ण का उपदेश है। श्रीमद्भगवद्गीता का आरंभ महाभारत की लड़ाई शुरू होने से पहले युद्धभूमि में अर्जुन और श्रीकृष्ण के बीच वार्त्तालाप से होता है। युद्धभूमि में अपने ही सगे-संबंधियों को सामने देखकर तथा उनके ऊपर अस्त्र-शस्त्र चलाने, उन्हें मारने की कल्पना मात्र से अर्जुन का मन विचलित होने लगता है। वह सोचने लगता है—यह सब आखिर किसके लिए? इस पाप, इस हानि से आखिर क्या प्राप्त किया जा सकता है? इन्हीं विचारों के कारण युद्धभूमि में उसका साहस डगमगाने लगता है। इस प्रकार अर्जुन एक आहत आत्मा के रूप में हो जाते हैं, जो युगों-युगों से परस्पर विरोधी धारणाओं, अनैतिकताओं के बीच उलझकर आहत होती रही है। इस व्यक्तिगत वार्त्तालाप के माध्यम से हम अपने व्यक्तिगत कर्तव्यों और सामाजिक व्यवहार के उत्तरोत्तर उच्च स्तर पर जाकर उसका अनुभव कर सकते हैं तथा यह भी समझ सकते हैं कि सदाचार और आध्यात्मिक दृष्टिकोण के नियंत्रण में ही मानव जीवन की गतिविधियाँ संचालित होनी चाहिए।'[1] वस्तुतः इसमें मानव जीवन के व्यापक उद्देश्य को ध्यान में रखते हुए अपने कर्तव्यों का पालन करने का आह्वान किया गया है। अकर्मण्यता को आदर्श जीवन का शत्रु बताया गया है और जीवन तथा क्रिया-कलापों को युग-काल के सर्वोच्च आदर्शों के अनुसार संचालित करने के लिए कहा गया है। इसमें कर्मशील और कर्तव्य-परायण बने रहने का आह्वान किया गया है; साथ ही इसके पीछे एक आध्यात्मिक आदर्श भी छिपा हुआ है। फल अथवा परिणाम की इच्छा किए बिना कर्म करने पर बल दिया गया है; (क्योंकि) सत्कार्यों का सत्परिणाम ही होगा, यद्यपि कुछ स्थितियों में यह तत्काल स्पष्ट नहीं होता।

800 ई.पू. के आस-पास रचे गए उपनिषद् हमें भारतीय-आर्य चिंतन के विकास में एक कदम और आगे ले जाते हैं। इनमें शरीर और मन की शुद्धता, व्यक्तिगत पूर्णता एवं सत्य की महत्ता पर बल दिया गया है। हमारे व्यक्तिगत, नागरिक, सैनिक एवं राष्ट्रीय चरित्र के निर्माण और उसके दिशा-निर्धारण में उपनिषदों का महत्त्वपूर्ण योगदान रहा है।

उन दिनों के सैनिकों के चारित्रिक गुणों और उनके दृष्टिकोण की दिशा

निर्धारित करने में राजपूतों की वीरता एवं निर्भीकता की कहानियों तथा पंचतंत्र की कहानियों का महत्त्वपूर्ण योगदान रहा। इन कहानियों से उन्हें सत्य का पालन करते हुए और परिणाम की चिंता किए बिना जीवन के अंतिम क्षण तक स्वामीभक्त और अपने कर्तव्य के प्रति निष्ठावान् बने रहने की शिक्षा और प्रेरणा मिली। यह सच है कि इनमें से कुछ कहानियाँ विशुद्ध कल्पना पर आधारित हैं, जबकि कुछ अन्य में कल्पना एवं सच्चाई का सुंदर समन्वय है; किंतु समय के साथ-साथ कल्पना और सच्चाई का यह मिश्रण अक्षुण्ण व अविभाजनीय बन गया।

राजपूत वीरों ने हजारों वर्षों तक अपने साहस, पराक्रम, निर्भीकता, युद्धप्रियता और स्वदेश-प्रेम की परंपरा को बनाए रखा। लड़ाई एक राजपूत का व्यवसाय ही नहीं, बल्कि उसका स्वाभाविक शौक भी है। सामाजिक व्यवस्था में राजपूतों को अपने देश-समाज की बाह्य आक्रमणों से रक्षा करने का दायित्व सौंपा गया। जीवन के आध्यात्मिक क्षेत्र में ब्राह्मणों का वर्चस्व रहा, जबकि शासक वर्ग में राजपूतों को रखा गया। समय के साथ-साथ राजपूतों ने एक सशक्त कुलीन-तंत्र स्थापित कर लिया, जिसमें एक राजपूत अपने सम्मान की रक्षा के लिए मरने-मिटने को तैयार रहता था। राजपूत स्त्रियाँ भी अपने सतीत्व और सम्मान की रक्षा के लिए अपने प्राणों की आहुति देने के लिए तैयार रहती थीं। किंतु राजपूतों में संगठन और एकता की कमी तथा युद्ध के परंपरागत तरीकों एवं रणनीतियों पर उनकी अत्यधिक निर्भरता और व्यक्तिगत पराक्रम व वीरता पर अधिक बल के कारण धीरे-धीरे उनका पतन हो गया। इसके अतिरिक्त 'धर्मयुद्ध' के सिद्धांतों में आवश्यकता से अधिक विश्वास भी उनके पतन का एक कारण रहा। धर्मयुद्ध के सिद्धांत के अनुसार दुश्मन की कमजोरी का फायदा उठाते हुए उसपर हमला करना अपराध था और लड़ाई हमेशा बराबर की शक्तिवाले पक्ष के साथ ही की जाती थी। इससे राजपूतों को हानि हुई, लेकिन वे धर्मयुद्ध का अपना सिद्धांत छोड़ने के लिए तैयार नहीं हुए। बाबर को रोकनेवाले राणा साँगा और उनके बाद महाराणा प्रताप, जिन्होंने बड़ी-बड़ी मुश्किलें सहने के बाद भी अकबर की अधीनता स्वीकार नहीं की, आदर्श जीवन से राजपूतों की पीढ़ियाँ आज भी प्रेरणा ग्रहण कर रही हैं। अंग्रेजों ने जब अपनी सेना में सैनिकों की भरती शुरू की तो राजपूतों को प्रथम वरीयता दी।

भारतीय शासकों में सम्राट् विक्रमादित्य, जिन्होंने विक्रम संवत् प्रारंभ किया था, को भी राष्ट्रीय नायक के रूप में याद किया जाता है। उन्हें एक ऐसे सफल शासक और विजेता के रूप में याद किया जाता रहा है, जिन्होंने विदेशी आक्रमणकारियों को देश से बाहर खदेड़ दिया था। उनसे संबंधित अधिकांश कहानियाँ

उनके व्यक्तिगत त्याग से जुड़ी हुई हैं, जो उन्होंने अपनी प्रजा की भलाई के लिए किए थे। वे अपनी उदारता, सेवा-परायणता, साहस और प्रजा-वत्सलता के लिए प्रसिद्ध हैं। उनके इन्हीं गुणों के कारण परवर्ती शासकों ने 'विक्रमादित्य' की उपाधि धारण करनी शुरू कर दी थी।

कौटिल्य का 'अर्थशास्त्र' चौथी शताब्दी ई. पू. में आया। इसमें मौर्य साम्राज्य की राजनीतिक, सामाजिक, आर्थिक और सैन्य व्यवस्था का वर्णन किया गया है। इसका मूल विषय राजनीति है, जिसके अंतर्गत राजा को उसके ब्राह्मण मंत्री द्वारा शासन की नीतियाँ समझाई गई हैं। कौटिल्य के दर्शन के अनुसार, अपने उद्देश्य की प्राप्ति के लिए—उचित अथवा अनुचित—कोई भी साधन अपनाया जा सकता है; जबकि रामायण और महाभारत के दर्शन के अनुसार ऐसा नहीं है।

क्लॉजविट्ज से बहुत समय पूर्व कौटिल्य ने कहा था कि युद्ध और कुछ नहीं बल्कि राजनीति का ही एक अटूट अंग है। उनके अनुसार, युद्ध को एक लक्ष्य नहीं बल्कि अपने व्यापक हितों और उद्देश्यों को प्राप्त करने का एक साधन माना जाना चाहिए; युद्ध का उद्देश्य सदैव राज्य की भलाई होना चाहिए, शत्रु की पराजय और उसकी बरबादी मात्र नहीं। कौटिल्य की कुछ शिक्षाओं में युद्धकला और युद्धविज्ञान के अरोचक पहलुओं पर भी प्रकाश डाला गया है, जो तत्कालीन परिस्थितियों की वास्तविकता पर आधारित हैं। कौटिल्य का दृष्टिकोण और उनकी शिक्षाएँ व्यावहारिकता पर ज्यादा आधारित हैं।

मौर्य साम्राज्य के पतन के सहस्राधिक वर्षों के बाद दक्षिण भारत में महागणराज्यों का उदय हुआ—आंध्र, जो कुषाणों के समकालीन थे और जिन्हें सातवाहन भी कहा जाता था, शक, चालुक्य, राष्ट्रकूट, पल्लव और चोल। इन राज्यों के शासकों ने श्रीलंका और दक्षिणी बर्मा तक अपनी विजय-पताका फहराई। युद्ध के संदर्भ में भारतीय आर्य सिद्धांतों का दृढ़ता से पालन किया गया। इन शासकों का विश्वास था कि उचित एवं न्यायसंगत उद्देश्य के लिए होनेवाला युद्ध उचित माध्यम और तरीके से ही लड़ा जाना चाहिए। भारत में शासन करनेवाले मुगल अपनी युद्धनीति अथवा सिद्धांत की छाप छोड़े बिना ही पतन को प्राप्त हुए। भारत में अंग्रेजों के आगमन और उसके बाद उनके द्वारा यहाँ अपना शासन स्थापित किए जाने के समय मुगलों की शक्ति उनका मुकाबला करने में सक्षम नहीं रह गई थी। बंगाल में रॉबर्ट क्लाइव ने अपनी कुटिल नीति के बल पर प्लासी के युद्ध (1757 ई.) में सफलता प्राप्त कर ली और इस प्रकार भारत में अंग्रेजी शासन की शुरुआत हुई। क्लाइव ने युद्ध जीतने के लिए अनुचित साधनों का सहारा लिया,

जिसकी भारतीयों ने निंदा की और उसे घृणा की दृष्टि से देखा। किंतु उन्होंने अपने परंपरागत चारित्रिक गुणों और आदर्शों को नहीं छोड़ा। हैदर अली, टीपू सुलतान और सिखों, मराठों एवं गोरखों ने व्यक्तिगत रूप से अंग्रेजों को भारी क्षति पहुँचाई; किंतु दुर्भाग्य यह था कि उन सब में एकता की कमी रही और वे बाहरी शत्रु के खिलाफ एकजुट नहीं हो सके। अंततः अंग्रेजों ने वर्ष 1799 में मैसूर के टीपू सुलतान को पराजित कर दिया। इसके साथ ही ब्रिटिश ईस्ट इंडिया कंपनी और मराठों के बीच टकराव शुरू हो गया। मराठों को कुछ स्थानों पर सफलता जरूर मिली, किंतु मराठा सरदारों में एकता की कमी के कारण सन् 1818 तक मराठा शक्ति का पतन हो गया।

मराठा शक्ति का विकास बहुत तेजी से हुआ था; क्योंकि उसकी स्थापना नए सिद्धांतों और आदर्शों पर की गई थी। मराठा शक्ति की वास्तविक शुरुआत सन् 1659 से मानी जा सकती है, जब छत्रपति शिवाजी ने एक मुगल सेनापति का वध करके उसकी सेना को पराजित किया। मुगलों को देश से बाहर भगाने के लिए शिवाजी ने गुरिल्ला युद्ध की रणनीति अपनाई। उनके अभियान क्षेत्र उत्तरी-पश्चिमी दक्कन और पश्चिमी घाट थे। उन्होंने अपने सैनिकों में एक उच्च आचार-संहिता लागू की थी, जिसके अनुसार लूटमार और स्त्रियों के साथ दुर्व्यवहार करना वर्जित था। उनके सैनिक अनुशासित और सैनिक गुणों से परिपूर्ण थे। मराठा साम्राज्य में जब तक शिवाजी द्वारा स्थापित सिद्धांतों और आदर्शों का पालन किया जाता रहा तब तक वह लगातार फलता-फूलता रहा।

भारतीय सेना के चारित्रिक गुणों के विकास में सिखों की भी महत्त्वपूर्ण भूमिका रही है। गुरु अर्जुन देव की शहादत के बाद सिखों ने अपना शांतिवादी स्वरूप छोड़कर लड़ाका स्वरूप अपना लिया। गुरु अर्जुन देव के पुत्र हरगोविंद, जो सिखों के छठे गुरु हुए, ने अपने समर्थकों को संगठित करके उनसे एक सेना तैयार की। लड़ाका सैनिकों के रूप में सिखों का पूर्ण रूपांतरण सिखों के आठवें गुरु गोविंद सिंह द्वारा किया गया। गुरु की गद्दी पर बैठने के बाद गुरु गोविंद सिंह ने सिखों को एक लड़ाका शक्ति के रूप में संगठित करना शुरू कर दिया। अपने जीवन के लक्ष्य का वर्णन उन्होंने सैनिकों से इस प्रकार किया था—''हर जगह सच्चाई का समर्थन करना तथा पाप और बुराई का अंत करना, जिससे सच्चाई की जीत हो और अन्याय तथा अत्याचार का अंत हो।'' गुरु गोविंद सिंह ने अपने समर्थकों को शस्त्रों के संचालन के प्रशिक्षण के साथ-साथ उन्हें बल-प्रयोग के औचित्य के बारे में भी बताया। उन्होंने कहा था, ''अपने मन को दीपक की तरह

प्रज्वलित करते हुए उसके भीतर स्थित भय को मिटा दो।'' अपने मिशन के लिए उन्होंने 'एक गौरैया को बाज का शिकार करने और एक अकेले आदमी को एक पूरे जत्थे के खिलाफ लड़ने का साहस जुटाने' की शिक्षा देनी शुरू कर दी।[2]

मराठा घुड़सवार। *(साभार : छिना कलेक्शन)*

सिखों के सैन्य इतिहास में गुरु गोविंद सिंह के बाद महाराजा रणजीत सिंह का नाम सम्मान के साथ लिया जाता है, जो सिखों के सबसे प्रिय और श्रद्धेय योद्धा थे। उन्होंने अपने राज्य का विस्तार धार्मिक आधार से हटकर धर्मनिरपेक्ष आधार पर किया। उन्होंने हिंदुओं और मुसलमानों को बिना किसी भेदभाव के समान ओहदे दिए। उन्होंने एक मजबूत सेना तैयार करके भारत को जीतनेवाले पठानों और अफगानों को झुकने के लिए मजबूर कर दिया। रणजीत सिंह का स्वभाव सरल और मिलनसार था। शक्ति की अपनी पराकाष्ठा पर पहुँचने पर भी उन्होंने साधारण जनता से मिलना नहीं छोड़ा था। इससे राज्य की आम जनता का उनके प्रति गहरा लगाव था। युद्ध के संदर्भ में रणजीत सिंह की एक महत्त्वपूर्ण विशेषता थी कि वह युद्ध में सेना का नेतृत्व स्वयं करते थे और सबसे आगे लड़ते हुए वह अपने शेष सैनिकों की तरह ही अपनी जान को जोखिम में डालते थे। उनके इन गुणों का सिखों पर गहरा प्रभाव पड़ा। सिख आज भी भारतीय सेना का एक अभिन्न अंग हैं।

भारत में एकरूप सेना तैयार करने का श्रेय अंग्रेजों को दिया जा सकता है। ब्रिटिशकालीन भारतीय सेना में उत्तम गुणों से युक्त वीर और साहसी सैनिक मौजूद थे, जिन्हें पाकर कोई भी सेना गर्व कर सकती है। सैनिकों की भरती भारत के ग्रामीण क्षेत्रों से की जाती थी। वे शारीरिक रूप से मजबूत, ईमानदारी, स्वामीभक्ति तथा स्वाभिमान जैसे नैतिक मूल्यों में पले-बढ़े होते थे। सामंती व्यवस्था का हिस्सा होने के कारण वे अनुशासित और आज्ञाकारी होते थे। साथ ही, अधिकांश

सैनिक ऐसे परिवारों अथवा कुलों से संबंध रखते थे, जो रणजीत सिंह, शिवाजी, राजपूत राजाओं, सिखों और गोरखों की सेनाओं में सेवा कर चुके थे। इस प्रकार साहस, स्वाभिमान और वफादारी जैसे गुणों पर ही भारतीय सेना की नींव तैयार हुई है और इन्हीं गुणों ने भारतीय सेना को राजनीतिक रूप से असंबद्ध, उद्देश्यपूर्ण और कर्तव्यपरायण बनाए रखा है।

साहस

युद्ध के समय युद्धरत देश का भाग्य युद्ध के परिणाम पर निर्भर करता है और युद्ध का परिणाम प्रायः युद्धरत देश की सेना के सैनिकों के युद्ध-कौशल एवं उनके साहस पर निर्भर करता है। क्या साहस और चरित्र तथा प्रशिक्षण और योग्यता के बीच किसी तरह का संबंध है?

अपनी पुस्तक 'एनाटॉमी ऑफ कॉरेज' (Anatomy of Courage) में लॉर्ड मोरान ने लिखा है—"मेरा विश्वास है कि युद्ध स्वयं में और कुछ नहीं, बस एक और परीक्षा है—चरित्र की, गुणों की।

साहस को खतरे अथवा जोखिम से अलग करके तभी देखा जा सकता है, जब हमें साहस के वास्तविक अर्थ और उसके महत्त्व का ज्ञान हो। शांति के समय में चरित्रवान् बना रहनेवाला व्यक्ति युद्ध में साहसी बन सकता है। वह शांति के समय में स्वार्थी नहीं हो सकता, फिर भी युद्ध में वह निस्स्वार्थी हो सकता है। अरस्तू के अनुसार, चरित्र एक आदत है, स्वभाव है, बुराई की बजाय अच्छाई की चाह है; यह एक नैतिक गुण है, जो शांति के समय में परिपक्वता को प्राप्त होता है और जिसे युद्ध के समय अचानक विकसित नहीं किया जा सकता। क्योंकि युद्ध तो बस हमारे भीतर स्थित अच्छाई और बुराई को बढ़ाता है; यह परिवर्तन नहीं ला सकता। यह तो बस वास्तविकता पर से परदा हटाता है। युद्ध में शामिल किसी व्यक्ति का भाग्य, उसकी हार-जीत युद्ध शुरू होने से पहले ही तय हो जाती है; क्योंकि युद्ध में उसके कार्य अथवा उसका प्रदर्शन साहस अथवा भय द्वारा निर्धारित होता है, युद्ध जिसकी अंतिम परीक्षा है। एक ऐसा आदमी, जिसकी अंतरात्मा अथवा जिसका अंतर्मन ही युद्ध में रत हो, उसकी सफलता का क्या रहस्य है, उसे युद्ध द्वारा सबकुछ स्पष्ट किए जाने से पहले अच्छाई और बुराई अथवा उचित और अनुचित के बारे में एक ही स्पष्ट अनुभव होता है। यदि आप शांति के समय में किसी व्यक्ति में मौजूद विशेषताओं को जानते हैं तो आप युद्ध के समय की उसकी स्थिति को भी जानते हैं।"[3]

वर्ष 1999 में कारगिल का युद्ध हुआ, जिसने पूरे देश के समक्ष साहस का अद्‍भुत उदाहरण प्रस्तुत किया। ''परिस्थितियाँ पूरी तरह दुश्मन के पक्ष में थीं और यही वह मौका था, जिसका हमारे युवा अधिकारी और जवान जान हथेली पर रखकर अपने मिशन पर निकलने के लिए प्रतीक्षा कर रहे थे। भारतीय जनता साँसें थामे सबकुछ देख रही थी। भारतीय सेना के जाँबाज जो कुछ करने जा रहे थे, कुछ लोग तो उसकी कल्पना भी नहीं कर सकते। उन्होंने साहस और वीरतापूर्ण कार्यों से हमारा मस्तक ऊँचा कर दिया। पूरा देश उनकी सुरक्षित वापसी के लिए चिंतित था। कुछ जाँबाज लौटे और कुछ नहीं लौटे। दुश्मन ने उन युवा भारतीय शेरों का लोहा माना और उनके साहस की सराहना की। जो कीमत उन्होंने अदा की, वह अतुलनीय थी। उन्होंने अपना जीवन बलिदान कर दिया—और यह सबकुछ स्वेच्छा से, बिना किसी स्वार्थ के किया था। उन्होंने महान् साहसपूर्ण कार्य किए। उनमें से सभी को पुरस्कृत भी नहीं किया गया।''[4] इस अद्‍भुत पराक्रमपूर्ण प्रदर्शन से पता चलता है कि उन्होंने अपने व्यक्तिगत हित से ऊपर उठकर व्यापक हित और व्यापक उद्‍देश्य के लिए कार्य किया। उन्होंने परिणाम की चिंता किए बिना वही किया, जो उन्हें उचित लगा।

सम्मान

फिलिप मैसॅन ने अपनी पुस्तक 'ए मैटर ऑफ ऑनर : एन एकाउंट ऑफ दि इंडियन आर्मी, इट्स ऑफीसर्स एंड मेन'[5] में सम्मान को आज की भारतीय सेना का स्वरूप निर्धारित करनेवाले एक महत्त्वपूर्ण कारक के रूप में वर्णित किया है। इस संदर्भ में उन्होंने साथियों के प्रति वफादारी, निष्ठा और साहस की भावना को सम्मान के वास्तविक कारक के रूप में बताया है। उनके अनुसार, इन गुणों के बिना सेना का कोई अस्तित्व नहीं है। 31वीं बंगाल नेटिव इन्फैंट्री, जिसे बाद में 1 राजपूत नाम दिया गया, की कहानी से यह बात स्पष्ट हो जाती है। सन् 1805 में यह बटालियन जनरल लेक की फौज का एक हिस्सा थी। लेक ने कई युद्ध जीते थे।

किंतु भरतपुर में उनका बराबर का प्रतिद्वंद्वी मिल ही गया। भरतपुर 7 मील के घेरे में बना एक किला था, जिसकी प्राचीरें मिट्टी की बनी थीं; प्राचीरों की ऊँचाई 80 से 120 फीट तक थी। किले के चारों ओर गहरी और चौड़ी खाइयाँ थीं, जिनमें पानी भरा हुआ था। किले पर तोप के गोलों का भी कोई असर नहीं पड़ रहा था; किले पर दागे जानेवाले गोले उसकी कीचड़-मिट्टी से बनी दीवारों से ही टकराकर रह जाते थे। 9 जनवरी और 21 जनवरी, 1805 को किले पर दो बड़े

शेखावटी बटालियन के राजपूत, लगभग 1890। *(साभार : मेजर जनरल ए.के. वर्मा)*

हमले किए गए; किंतु उसमें भी स्वयं भारी क्षति उठानी पड़ी और असफलता ही हाथ लगी।

20 फरवरी, 1805 को जनरल लेक ने तीसरे हमले का आदेश दिया। हमला सुनियोजित ढंग से नहीं किया गया था; हमले में आगे चलनेवाले सैनिक एक तंग रास्ते में फँस गए, जिससे उन्हें भारी क्षति उठानी पड़ी; बड़ी संख्या में सैनिक हताहत हुए। अंग्रेजों की तीन बटालियनों ने तो आगे जाने से इनकार ही कर दिया। 12वीं नेटिव इन्फैंट्री किसी तरह प्राचीर तक पहुँच गई; लेकिन इतनी छोटी सेना ज्यादा देर तक टिकनेवाली नहीं थी, इसलिए कमांडिंग ऑफिसर ने उसे वापस बुला लिया। 21 फरवरी, 1805 को लेक ने चौथे हमले का आदेश दिया। जवानों ने अपनी संगीनों से दीवारों पर प्रहार करना शुरू कर दिया और ऊपर चढ़ने की कोशिश करने लगे। लेकिन तभी उन पर लाठी और पत्थर बरसने लगे; ऊपर का रास्ता इतना सँकरा था कि बंदूकों से सिर्फ आगे खड़े रक्षक सैनिकों पर हमला किया जा सकता था और उनमें से यदि एक भी नीचे गिरता तो अपने साथ वह इन हमला करनेवाले जवानों को भी लेकर गिरता। इस हमले में लगभग 1 हजार सैनिक हताहत हुए। 2 घंटे की इस लड़ाई में 31वीं बंगाल नेटिव इन्फैंट्री के कुल लगभग 400 जवानों में से 180 जवान हताहत हुए। यह हमला भी असफल रहा। सेना की इकाई का झंडा लेकर चलनेवाला अधिकारी जैसे ही प्राचीर पर पहुँचा, उसे मार

डाला गया। अब 31वीं बंगाल नेटिव इन्फैंट्री को पीछे हटने का आदेश दे दिया गया। भरतपुर में 31वीं नेटिव इन्फैंट्री के असाधारण साहस के उदाहरण इससे पहले भी देखने को मिले थे, किंतु इस बार उसने जिस साहस का प्रदर्शन किया, वह बेजोड़ था। इकाई के झंडे प्राचीर के निकट ही थे, लेकिन वे फटकर इस तरह बिखर गए थे कि लगाने लायक नहीं रह गए थे। अधिकारियों ने उनके स्थान पर नए झंडे लगाने का आदेश दिया। नए झंडे यूनिट क्वार्टर गार्ड में पुराने झंडों के अगल-बगल ही लगा दिए गए; किंतु अगले दिन प्रातः देखा गया तो पुराने झंडों के अवशेष तक वहाँ नहीं थे; उस समय यह कोई नहीं जान सका कि उनका क्या हुआ।

लगभग 21 वर्ष बाद रेजीमेंट को भरतपुर वापस आने का मौका मिला। 18 जनवरी, 1826 को एक बार फिर किले की दीवारों को ढहाने के लिए हमले की तैयारी की जाने लगी। इस बार बड़ी-बड़ी सुरंगें तैयार की गईं और 31वीं बंगाल नेटिव इन्फैंट्री ने जोरदार हमला करके किले और नगर दोनों पर कब्जा कर लिया। अब जाकर उन पुराने झंडों के गायब होने का रहस्य पता चला। वे फिर से देखे गए। सन् 1805 में लॉर्ड लेक के नेतृत्व में उन झंडों को प्राचीर की चोटी के निकट तक ले जानेवाले जवानों ने उन्हें किसी पवित्र अस्थि-अवशेष की तरह सँजोकर रख लिया था, जो वर्षों तक पीढ़ी-दर-पीढ़ी पिता से पुत्र के हाथों में जाते रहे थे और उन्हें भरतपुर पर पुनः-पुनः हमले के समय प्रकट किया जाता था, जब उसपर जीत हासिल करके उनके पिता की बहादुरी और उनके असाधारण साहस का फल उन्हें प्रदान कर दिया जाता। इस कहानी से संकेत मिलता है कि भारतीय सेना का आधार सम्मान पर ही टिका हुआ है। इस बटालियन को एक बार फिर बदल दिया गया। जब भारतीय सेना ने ब्रिगेड ऑफ गार्ड्स बटालियन तैयार की तो 1 राजपूत बटालियन को ब्रिगेड ऑफ गार्ड्स की चौथी बटालियन बना दिया गया। यदि आपने कभी इसमें ऑफिसर मेस को देखा हो तो उसमें एक सिल्वर ट्रॉफी के लकड़ी से बने आधार पर शीशे के छोटे-छोटे टुकड़े देखे होंगे, जिनके नीचे उन पुराने झंडों के टुकड़े हैं। इस प्रकार साहस, सम्मान और सैन्य भावना भारतीय सेना—आज की और कल की भी—में कुछ इस तरह समाई हुई है कि कभी-कभी उसे अलग कर पाना असंभव हो जाता है।

सैन्य भावना

समय के साथ-साथ भारतीय सेना की रेजीमेंट्स अपनी अलग पहचान एवं स्वरूप प्राप्त करने लगीं तथा संबंधित बटालियनों और रेजीमेंट्स के जवान

व्यक्तिगत रूप से उनके साथ जुड़ने लगे। कुछ रेजीमेंट्स का विस्तार तो कुल के आधार पर हुआ। ऐसे कई उदाहरण सामने हैं, जिनमें सैनिकों ने अपनी रेजीमेंट के लिए साहस और बहादुरी के उत्कृष्ट प्रदर्शन किए और उनका श्रेय रेजीमेंट की उस गरिमा को जाता है, जिसे उसके जवानों ने बनाए रखा है। उनके लिए अपनी रेजीमेंट के सम्मान, उसकी गरिमा की रक्षा के लिए अपना जीवन बलिदान करना एक साधारण कार्य है। समय के साथ-साथ सैन्य भावना—अथवा रेजीमेंटल भावना—ने एक धर्म का रूप ले लिया, जिसका पालन करना रेजीमेंट के सैनिकों की उत्तरवर्ती पीढ़ियों ने अपना कर्तव्य समझना शुरू कर दिया। रेजीमेंट के सैनिकों की पीढ़ी-दर-पीढ़ी एक ही रेजीमेंट की बटालियन में सेवा करती रही। रेजीमेंट के जवान प्राय: ऐसे परिवारों से संबंध रखते थे, जो आपस में एक-दूसरे से संबद्ध थे और यह मानकर चलते थे कि खराब प्रदर्शन से न केवल उनकी रेजीमेंट के सम्मान पर आँच आएगी, बल्कि इससे उनके अपने कुल की परंपरा भी प्रभावित होगी। किसी सैनिक के कार्य और उसका प्रदर्शन, विशेषकर युद्ध में, प्रशंसनीय होता था तो वह अपनी रेजीमेंट के साथ-साथ अपने गाँव में भी सिर ऊँचा करके चल सकता था। भारतीय सेना की इकाइयों में रची-बसी रेजीमेंटल भावना और वर्षों से मजबूत बनाती रहनेवाली परंपरा ही भारतीय सेना की वास्तविक शक्ति है।

1971 के भारत-पाक युद्ध में भारत की जीत का श्रेय प्राप्त करनेवाले फील्ड मार्शल सैम मानेकशॉ ने मेजर जनरल जोगिंदर सिंह की पुस्तक 'बिहाइंड द सीन' (Behind the Scene) के प्राक्कथन में भारतीय सेना के राज्य की जनसंख्या के आधार पर मिली-जुली इकाइयों के रूप में प्रस्तावित पुनर्गठन के संबंध में लिखा है—"क्या मराठा, सिख, डोगरा, राजपूत, मद्रास, गोरखा आदि रेजीमेंटों की गरिमा और उनकी उपलब्धियों को भुला दिया जाएगा? भगवान् के नाम पर ऐसी मूर्खता से बचो। न तो भगवान् और न ही आनेवाली पीढ़ियाँ इस प्रकार की व्यवस्था करनेवालों को माफ कर पाएँगी, जो अंतत: भारतीय सेना—जो अब तक स्वयं में बेजोड़ रही है—को अस्थिर और कमजोर ही बनानेवाली है। अनिष्ट हो, ऐसा अपराध करनेवालों का यह अन्याय है—इन प्रसिद्ध और गौरवशाली रेजीमेंटों के साथ भी और पूरे राष्ट्र के साथ भी।" उन्होंने आगे लिखा है—"यदि चापलूस जनरलों द्वारा इस प्रस्तावित अविवेकपूर्ण राजनीतिक फैसले को स्वीकार कर लिया जाता है तो इसका परिणाम अनिष्टकारी होगा।"[6]

सन् 1971 के भारत-पाक युद्ध में भारतीय सेना ने विपरीत परिस्थितियों के

बावजूद इतने कम समय में जो सफलता प्राप्त की, जिस अभूतपूर्व साहस का प्रदर्शन किया, उससे अमेरिकी संवाददाता—जो भारतीय सेना की सैन्य कारवाइयों को प्रत्यक्ष रूप में देख रहे थे—आश्चर्य-चकित थे। वर्ष 1962 के भारत-चीन युद्ध के संबंध में भी उन्होंने खबर दी, जिसमें उन्होंने कहा कि भारतीय सेना के पास और तो कुछ नहीं, बस साहस है और वह भी कूट-कूटकर भरा हुआ है। उसके बाद सन् 1978 में तत्कालीन सेना प्रमुख जनरल टी.एन. रैना के अमेरिकी दौरे के समय उनसे भारतीय रेजीमेंट व्यवस्था के बारे में बार-बार पूछा गया। जनरल रैना ने बताया कि हमारी सेना में रची-बसी रेजीमेंटल भावना ही हमारे सैनिकों में लड़ने का जोश भरती है। उन्होंने अपनी ही रेजीमेंट की एक बटालियन—13 कुमाऊँ—का उदाहरण दिया। 1962 के भारत-चीन युद्ध में 13 कुमाऊँ बटालियन ने अत्यंत विपरीत परिस्थितियों में भी दुश्मन का जमकर मुकाबला किया था; बटालियम के जवान अपनी आखिरी साँस और आखिरी गोली तक लड़ते रहे। पूरी बटालियन में से कुछ ही जवान वापस लौट सके थे। इसी तरह बुमला के मोरचे पर 1 सिख बटालियन के सूबेदार जोगिंदर सिंह और उनकी पलटन को चीनी सैनिकों ने घेर लिया; लेकिन वह दृढ़ता के साथ उनका मुकाबला करते रहे। शुरू में चीनी हमले का मुकाबला करते समय पलटन के कई जवान हताहत हो गए और पलटन की शक्ति पहले से आधी रह गई। सूबेदार जोगिंदर सिंह घायल हो गए थे, लेकिन उन्होंने पोजीशन छोड़ने से इनकार कर दिया। जब उनके पास गोलियाँ खत्म हो गईं तो वे मृत्यु को ललकारते हुए चीनी सैनिकों पर टूट पड़े और संगीनों से उनके सिर पर वार करने लगे। उनके मुँह से उनका प्रसिद्ध युद्ध-घोष निकल रहा था—'जो बोले सोनहाल, सत श्री अकाल!' आगे बढ़ते चीनी सैनिक बड़ी-बड़ी दाढ़ीवाले इन बहादुर योद्धाओं को इस तरह जान पर खेलते देखकर एक बार तो विचलित हो उठे। किंतु मुट्ठी भर ये बहादुर योद्धा चीनी सेना की श्रेष्ठ आग्नेय-शक्ति के सामने ज्यादा देर तक नहीं टिक सके। उनमें से अधिकांश मारे गए या फिर बुरी तरह घायल हो गए; लेकिन उनकी बहादुरी का यह उदाहरण आज भी प्रेरणा का स्रोत बना हुआ है।[7]

5वीं गोरखा राइफल्स की पहली बटालियन में तो ऐसे जवान भी हैं, जिनके परिवार की पाँचवीं पीढ़ी तक इकाई की सेवा कर रही है। उदाहरण के लिए, तीसरी पीढ़ी का एक जवान श्रीलंका में मारा गया। इस बटालियन की परंपरा रही है कि जब भी इसका कोई जवान मारा जाता है, बटालियन का हर सैनिक अपने वेतन में से कुछ रुपए उसके परिवार के लिए निकालता है और

सभी अस्त्र-शस्त्रों का प्रशिक्षण। *(साभार : आर्ट्रैक)*

उसे इकट्ठा करके मृतक जवान के आस-पास के गाँव के किसी जवान के हाथों उसके घर तक पहुँचा दिया जाता है। इस प्रकार पैसा इकट्ठा करके जब मृतक जवान के गाँव का दूसरा सैनिक उसके घर पहुँचा तो वह यह देखकर हैरान रह गया कि मृतक जवान की माँ पहले से ही विलाप कर रही है। वह आश्चर्य में था कि आखिर अपने बेटे की मौत की खबर उसे पहले ही कैसे मिल गई। सैनिक चुपचाप वहीं बैठ गया। तभी मृतक जवान की माँ, जिसका पति भी उसी बटालियन से संबद्ध था, ने कहा, ''अच्छा हुआ कि तुम आ गए; लेकिन बटालियन को कैसे पता चला कि मेरे पति मारे गए?'' अब सैनिक सोचने लगा कि कैसे वह पहले से ही शोक-संतप्त इस महिला को एक और दुःखद समाचार सुनाए कि उसका बेटा भी मारा गया। इसी असमंजस के बीच उसने वह समाचार सुना दिया। पति के बाद अपने बेटे की मौत की खबर सुनकर महिला की आँखों से आँसुओं की कुछ बूँदें तो जरूर टपकीं, लेकिन वह किसी तरह विचलित नहीं दिखाई पड़ी। ''किस तरह मरा मेरा बेटा?'' उसने पूछा, ''क्या उसने एक अच्छे सैनिक की तरह मौत को गले लगाया?'' आए हुए सैनिक के मुँह से पूरी बात सुनकर महिला ने लंबी उसाँस ली। तभी उसका छोटा बेटा जंगल से कंधे पर लकड़ियाँ लेकर लौट आया। माँ ने उसे बताया कि उसका भाई नहीं रहा। अपने उस बेटे की ओर इशारा करते हुए उसने सैनिक से कहा, ''यह तो अच्छा नहीं

होगा कि बटालियन में सेवा करनेवाला हमारे परिवार का कोई भी न हो; परंपरा टूटनी नहीं चाहिए, इसलिए इसे अपने साथ ले जाओ।" माँ की इच्छा के अनुसार उसके बेटे को विधिवत् सेना में भरती करके उसे बटालियन में शामिल कर लिया गया—उसी बटालियन में, जिसमें उससे पहले उसका भाई, उसके पिता और उसके दादा सेवा कर चुके थे। आज उसी बटालियन में वह स्वयं सेवा कर रहा है। व्यक्तिगत हित अथवा संकीर्ण लक्ष्य से परे व्यापक हित अथवा महान् लक्ष्य की भावना ही जवानों को मौत का सामना करने और उनके परिवारों को शोक एवं विपत्ति का सामना करने की शक्ति देती है।

भारत की स्वतंत्रता के पिछले पचास वर्षों में देश की लगभग सभी इकाई-व्यवस्थाओं में ह्रास देखा गया है। सेना को भी इस तरह की समस्या का सामना करना पड़ा है; किंतु उसने अन्य इकाइयों अथवा व्यवस्थाओं की अपेक्षा अपनी कार्य-कुशलता को उच्चतर स्तर तक बनाए रखा है। इसका मूल कारण उसमें व्याप्त सैन्य भावना ही है।

सैन्य अधिकारी और उनके जवान

भारतीय सेना की चारित्रिक विशेषता का एक महत्त्वपूर्ण निर्धारक तत्त्व है—जवानों और उनका नेतृत्व करनेवाले, विशेषकर युद्ध के समय में, अधिकारियों के बीच संबंध। भारतीय सेना का अधिकारी अपने जवानों के आगे-आगे चलता हुआ उनका नेतृत्व करता है और यही कारण है कि युद्धों में हताहत होनेवालों में अधिकारियों की संख्या ज्यादा होती है। कुछ गोरखा बटालियनों के युवा अधिकारी आज भी अपनी पहली छुट्टी में अपने घर न जाकर नेपाल के पहाड़ी इलाकों में स्थित अपने जवानों के घर जाते हैं—उनकी भाषा सीखने के लिए, उनके रीति-रिवाजों को जानने के लिए, उनके रहने के तौर-तरीकों और उनकी मुश्किलों को जानने के लिए। लड़ाई में मार्च के समय या सैन्य अभ्यास के दौरान अधिकारी स्वयं खाने से पहले यह देखता है कि उसके जवानों ने खाया या नहीं; आराम करने से पहले अपने जवानों के आराम का प्रबंध करता है। इस संदर्भ में भारत-पाक युद्ध के समय बँगलादेश की एक घटना उल्लेखनीय है।

5 गोरखा राइफल्स की चौथी बटालियन, जिसे 1971 के युद्ध में पूर्वी पाकिस्तान में उतारा गया था, ने दुश्मन के खिलाफ घमासान लड़ाई लड़ी। समर्पण के समय 7,000 पाकिस्तानी सैनिकों ने 400 जवानोंवाली इस छोटी सी बटालियन के सामने आत्मसमर्पण किया था। सर्दियों का मौसम था और कड़ाके की सर्दी पड़

रही थी। बटालियन के जवान अपने कंबल लेकर नहीं आए थे; सोने के लिए वे नीचे एक बरसाती बिछाते थे और ऊपर से दूसरी बरसाती ओढ़ लेते थे। इसी तरह दो-दो जवान एक साथ सोया करते थे। समर्पण के बाद बटालियन के सेकंड-इन-कमांडर ने पाकिस्तानी सैनिकों का एक ट्रक देखा, जिसमें कंबल लदे हुए थे। उसने पाकिस्तानी जूनियर कमीशंड अधिकारी (JCO) से कहा कि क्या ट्रक में कंबल फालतू हैं और अगर फालतू हैं, तो क्या कुछ कंबल हमारे जवानों को दिए जा सकते हैं, जिसके लिए भुगतान की रसीद दे दी जाएगी। भारतीय अधिकारी की बात सुनकर पाकिस्तानी जूनियर कमीशंड अधिकारी को बड़ा आश्चर्य हुआ कि भारतीय सैनिक अपने साथ कंबल तक नहीं लाए हैं। गोरखा बटालियन के अधिकारी ने मुसकराते हुए उससे कहा, ''हम यहाँ लड़ने के लिए आए हैं, सोने के लिए नहीं।'' थोड़ी देर बाद फिर उसने कहा, ''और अगर कुछ कंबल फालतू हैं तो आप कृपा करके हमारे अधिकारियों को दे दें।'' पाकिस्तानी अधिकारी इस बार और चौंका। उसने आश्चर्य प्रकट करते हुए पूछा, ''ऐसा कैसे हो सकता है कि आपके अधिकारियों के पास भी कंबल नहीं हैं?'' सेकंड-इन-कमांड ने उत्तर दिया, ''जब तक जवानों के पास कंबल नहीं हों तब तक उनके अधिकारी भी कंबल कैसे रख सकते हैं।'' पाकिस्तानी जूनियर कमीशंड अधिकारी एकदम तनकर सीधा हुआ और सलामी की मुद्रा में खड़े होते हुए बोला, ''जनाब, अगर हमारी सेना में आप जैसे अधिकारी होते तो आज हमें ये बुरे दिन न देखने पड़ते।'' सचमुच, भारतीय अधिकारियों और उनके जवानों के बीच ऐसा ही संबंध है, जिसकी एक झलक यहाँ देखी गई।[8]

भारतीय सैनिक अधिकारी अपने जवानों के आगे-आगे चलता हुआ युद्ध करता है। उसका आदर्श वाक्य है—'मेरे पीछे आओ'। अमेरिकी इन्फैंट्री का आदर्श वाक्य भी यही है। वर्ष 1999 में हुए कारगिल युद्ध में कैप्टन विक्रम बत्रा, लेफ्टिनेंट मनोज पांडे, मेजर सोनाम वांगचुक, मेजर विवेक गुप्ता, मेजर राजेश अधिकारी, मेजर पद्मपाणि आचार्य, कैप्टन अनुज नय्यर, कैप्टन केंगुरुसा, लेफ्टिनेंट क्लिफोर्ड नॉनग्रुम और लेफ्टिनेंट बलवान सिंह—आदि अधिकारियों ने अधिकारी-जवान संबंधों का आदर्श उदाहरण प्रस्तुत किया। जो मूल्य उन्होंने चुकाया, वह कम नहीं है; लेकिन यह सब उन्होंने स्वेच्छा से किया। इस तरह के कई अन्य आदर्श उदाहरण भी प्रस्तुत किए गए हैं, भले ही उनके बारे में जानकारी न हो, उन्हें देखनेवाले तो उन्हें याद रखेंगे ही। युद्ध में उत्कृष्ट प्रदर्शन करने की युवा अधिकारियों में एक परंपरा रही है, जो इसी तरह आगे भी निरंतर चलती रहेगी।

राजनीति और सेना

स्वतंत्र भारत के प्रथम सेना प्रमुख जनरल के.एम. करियप्पा ने स्पष्ट कर दिया था कि भारतीय सेना राजनीति से दूर रहेगी। उनके साथ-साथ अन्य वरिष्ठ सैन्य अधिकारियों का भी मानना था कि राजनीति-प्रेरित सेना मुश्किलों का कारण बन सकती है। दुर्भाग्य से, भारत में आज हर जगह राजनीति का रंग दिखाई देता है; लेकिन सेना के कुशलतापूर्वक संचालन के लिए उसे राजनीति की छाया से भी बचाना होगा। एक सैनिक की निष्ठा और कर्तव्य-परायणता अपने देश के प्रति होती है, राजनीति अथवा किसी राजनीतिक दल या राजनेता विशेष के प्रति नहीं। सेना का राजनीतिक मामलों से कोई लेना-देना नहीं होना चाहिए; उसका तो बस एक ही विश्वास होना चाहिए—सरकार के प्रति वफादारी और देश तथा उसकी सेना के सम्मान की रक्षा। विभिन्न उपद्रवों से निपटने के लिए नागरिक प्रशासन की मदद में लगे रहने के बावजूद भारतीय सेना की हस्तक्षेप की नीति कभी नहीं रही है। सेना पूरी निष्ठा से अपने कर्तव्य-पालन में ही लगी रही है।[9]

एक सैन्य अधिकारी और एक भद्र पुरुष

भारतीय सेना के अधिकारी कोर की चरित्रगत विशेषता इंडियन मिलिटरी अकादमी, देहरादून में तैयार की जाती है। अकादमी में प्रवेश लेनेवाले हर युवा कैडेट को पहले 'जेंटलमैन कैडेट' बनाया जाता है। ब्रिटेन या इंग्लैंड की तरह यहाँ जन्म अथवा कुल के आधार पर उपाधि नहीं दी जाती है। इंडियन मिलिटरी अकादमी में 'जेंटलमैन कैडेट' नाम देने का अर्थ है कि उसके आचरण और चरित्र में वे सभी गुण हैं, जो एक सैन्य अधिकारी में होने चाहिए—झूठ न बोलना, चोरी अथवा धोखा न करना, विश्वसनीयता, विचारशीलता, बुद्धिमानी, दूसरों का सम्मान करना—विशेषकर वृद्धों, महिलाओं और बच्चों का। अकादमी में प्रशिक्षण के दौरान व्यक्ति की सोच, व्यक्तित्व और उसकी व्यवहारशीलता पर ज्यादा जोर दिया जाता है। इस प्रकार अकादमी में प्रशिक्षण का प्रमुख उद्‌देश्य चरित्र-निर्माण होता है, जो जवानों का नेतृत्व करनेवाले एक नेता के रूप में अपने कर्तव्यों के सफलतापूर्वक निर्वहण के लिए परम आवश्यक है। अपने अधिकारी के नेतृत्व में चलनेवाले जवानों को इतना विश्वास होता है कि उनका अधिकारी उनसे झूठ नहीं बोलेगा—वह चाहे कितनी भी मुश्किल में क्यों न हो; लड़ाई में आगे बढ़ते समय वह अपनी चिंता करने से पहले अपने जवानों की चिंता करेगा। भारतीय सेना के अधिकारियों का यह आदर्श उल्लेखनीय है—

सबसे पहले देश की सुरक्षा, सम्मान और कल्याण, उसके बाद तुम्हारे (अधिकारियों के) नेतृत्व में चलनेवाले जवानों का सम्मान और उनकी सुविधा; तुम्हारी अपनी सुरक्षा, सम्मान और आराम सबसे बाद में।

इसका अर्थ स्पष्ट है और आरंभ से यही हमारे देश की संस्कृति का मूल तत्त्व रहा है। यही आदर्श उन्हें सेना में शामिल होने के उनके उद्देश्यों को भी प्रकट करता है। इसका अर्थ यह नहीं है कि एक सैन्य अधिकारी को सुख, आराम और सुरक्षा—सबकुछ छोड़ देना चाहिए, बल्कि इसका अर्थ हुआ कि यह सबकुछ उसे सबसे बाद में चाहिए। इस नीति-आदर्श के संबंध में सबसे महत्त्वपूर्ण बात यह है कि इसका पालन न कर सकनेवाला एक सैन्य अधिकारी युद्ध में अपने जवानों का सफलतापूर्वक नेतृत्व नहीं कर सकता। किसी भी देश की सेना के लिए यह एक आवश्यक आदर्श और गुण है। इसके बिना सेना के वास्तविक और मूल अस्तित्व को बनाए नहीं रखा जा सकता। जवानों के सम्मान की बात पहले की गई है, क्योंकि अपने जवानों के मन में सम्मान की भावना भरकर और उनमें उत्साह का संचार करके ही एक अधिकारी स्वयं की और अपने जवानों की इच्छाशक्ति को एक में मिला सकता है और फिर उसे अपने उद्देश्य की पूर्ति के लिए एक मजबूत और अकाट्य हथियार के रूप में प्रयोग कर सकता है। इसके अतिरिक्त

पासिंग आउट परेड, भारतीय सैन्य अकादमी।

अधिकारी को अपनी सुरक्षा, सुविधा और आराम को साथ-साथ लेकर नहीं चलने के लिए कहा गया है; क्योंकि यदि ऐसा होता है तो दोनों के बीच एक प्रकार की होड़ शुरू हो जाएगी, जो घातक सिद्ध हो सकती है। इस आदर्श वाक्य के लिए अकादमी सर फिलिप चेटवुड को आदर के साथ याद करती है।[10]

इंडियन मिलिटरी अकादमी में स्वकीयता (स्वार्थ-भावना) को पूरी तरह मिटा दिया जाता है। यह सच है कि सैन्य-कर्मियों को ऐसी कई स्वतंत्रताओं से वंचित रखा जाता है, जो आम नागरिकों को मौलिक स्वतंत्रता के रूप में मिली हैं। इसका कारण यही है कि सैन्य-कर्मियों को हर स्थिति से निपटने के लिए तैयार किया जाना होता है, ताकि युद्ध की मुश्किलों तथा विपरीत परिस्थितियों में वे विचलित न हों। इंडियन मिलिटरी अकादमी के आदर्श वाक्यांश 'पराक्रम और बुद्धिमत्ता' (Valour and Wisdom) में सुकरात और अरस्तू के दर्शन की झलक मिलती है, जो दूसरों की सेवा में स्वयं पर विजय प्राप्त करने के सिद्धांत पर आधारित है; और राष्ट्रीय रक्षा अकादमी का आदर्श वाक्यांश 'निस्स्वार्थ सेवा' गीता के उपदेशों के आधार पर तैयार किया गया है। इस प्रकार भारतीय सेना की उत्कृष्टता और उसका गौरव निस्स्वार्थ सेवा-भावना पर आधारित है। किंतु इस बात से इनकार नहीं किया जा सकता कि वास्तविकता और आदर्श में परस्पर भेद होता है—भौतिकतावादी समाज में आज कौटिल्य के सिद्धांतों की प्रासंगिकता बढ़ती जा रही है। वास्तविकता प्रायः आदर्श से अलग और कभी-कभी उसके विपरीत होती है। भारतीय सेना को जिन स्थितियों में जम्मू-कश्मीर और पूर्वोत्तर के राज्यों में आतंकवाद का मुकाबला करना पड़ रहा है, वे अत्यधिक मुश्किल स्थितियाँ हैं; ऐसे में नीति-आदर्श का पूरी तरह पालन करना भी कोई कम मुश्किल काम नहीं है, जिसके लिए भारतीय सेना जानी जाती है।

आज, भारतीय सेना की चरित्रगत पहचान के लिए न केवल वैचारिक धरातल पर बल्कि सामाजिक, न्यायिक, आर्थिक एवं वित्तीय क्षेत्रों में भी खतरा पैदा हो गया है। सामाजिक ढाँचा—पूरे विश्व का—क्षीण होता चला जा रहा है और सेना स्वयं को इस दूषित वातावरण से पूरी तरह दूर नहीं रख सकती। सेना के अधिकारी और जवान बाहरी दुनिया के व्यापक क्षेत्र से ही आते हैं, ऐसे में उनमें अलग-अलग व्यक्तिगत मानसिकता का होना स्वाभाविक है। अब भारतीय सेना के चरित्र और उसके आदर्शों को समाज के मार्गदर्शन के लिए आगे लाया जाना चाहिए—उसी समाज के मार्गदर्शन के लिए, जिससे अतीत में स्वयं भारतीय सेना ने अपनी चरित्रगत पहचान प्राप्त की है।

धर्म, आध्यात्मिकता और राष्ट्रीय एकता

भारत एक लोकतांत्रिक और धर्मनिरपेक्ष देश है। यहाँ प्रत्येक नागरिक को अपने स्वयं के धर्म का पालन करने का पूर्ण अधिकार है। ऐसे में भारतीय सेना के चरित्रगत स्वरूप के निर्धारण में धर्म की भूमिका ज्यादा महत्त्वपूर्ण नहीं रह जाती। सच तो यह है कि धर्म का स्थान अध्यात्म ने ले लिया है। यह अध्यात्म ही भारतीय सैनिकों और अधिकारियों का दृष्टिकोण निर्धारित करता है। भारतीय सेना में धर्म को व्यक्तिगत मामला माना गया है और उसमें एकता में अनेकता की विशिष्टता को कायम रखते हुए सभी धर्मों के लोगों की एकता पर जोर दिया जाता है। सिख, गोरखा, गढ़वाल, कुमाऊँ आदि अन्य एकल-वर्गीय इकाइयों में तो धर्म युद्ध और शांति दोनों ही स्थितियों के लिए एक प्रेरक तत्त्व बना हुआ है। इन इकाइयों में धार्मिक क्रियाओं को परेड के रूप में माना जाता है, जिसमें अन्य धर्मों को माननेवाले जवान और अधिकारी भी शामिल होते हैं। इससे सैन्य भावना और अधिकारी-जवान संबंधों को मजबूत बनाने में मदद मिलती है। जहाँ तक मिश्रित वर्गवाली इकाइयों की बात है, पुराने समय में तो मंदिर, मसजिद, गुरुद्वारे और गिरजाघर—सभी कुछ इकाई-क्षेत्र में एक-दूसरे के साथ-साथ ही बने होते थे; किंतु अब ये एक-दूसरे से अलग, किंतु एक ही छत के नीचे देखे जा रहे हैं, जहाँ अलग-अलग धर्मों को माननेवाले लोग एक-दूसरे के धार्मिक क्रियाकलापों में शामिल होते हैं। वस्तुत: यह सबकुछ एक-दूसरे के धर्म के प्रति परस्पर सम्मान की भावना पर आधारित है। सेना के चरित्रगत स्वरूप के संदर्भ में, अध्यात्म के अंतर्गत इस धारणा पर बल दिया जाता है कि ईश्वर एक है, जिसकी सार्वभौम सत्ता है—और दूसरों की भलाई करने से दोनों को लाभ होता है। सच्चाई, ईमानदारी, निस्स्वार्थ भाव से दूसरों की सेवा करना और कर्तव्य-परायणता—यही अध्यात्म और सार्वभौम भाईचारे का मूल तत्त्व है। इससे व्यक्ति का चरित्र-निर्माण होता है, जिससे वह आदर्श मनुष्य और आदर्श सैनिक बनने के योग्य हो जाता है। इस एकता और अखंडता की भावना को सभी वर्गों, संप्रदायों एवं मतों में जाग्रत् करने और उसे मजबूत बनाने के लिए भारतीय सेना ने पुणे में सैन्य अभियांत्रिकी कॉलेज के परिसर में ही राष्ट्रीय समन्वयन संस्थान (National Institute of Integration) की स्थापना की है।

डोगराई (Dograi) की लड़ाई

डोगराई की लड़ाई भारतीय सेना के चारित्रिक मूल्यों और उसकी विशेषताओं का सबसे अच्छा उदाहरण है। यह लड़ाई सन् 1965 के भारत-पाक युद्ध के

दौरान लाहौर से कुछ मील की दूरी पर लड़ी गई थी। यह मात्र जाट रेजीमेंट की जीत नहीं थी, अपितु भारतीय सैनिकों की लड़ने की अद्‌भुत इच्छा-शक्ति और भावनात्मक उत्साह का परिचायक भी थी। यह एक कठिन और भीषण लड़ाई थी—विशेषकर पंजाब रेजीमेंट (पाकिस्तान) के लिए, जिसका लगभग सफाया ही हो गया था। यह लड़ाई कई अर्थों में अनोखी थी। ऐसा उदाहरण बहुत कम ही देखने को मिलता है, जिसमें इतने कम जवानों की शक्तिवाली किसी फौज ने इतनी अधिक बार हमला किया हो और वह भी प्रशंसनीय सफलता के साथ। कमांडिंग ऑफिसर लेफ्टिनेंट कर्नल डेसमंड हाइडी (Desmond Hayde) के नेतृत्व में रेजीमेंट के 523 दृढ़-निश्चयी जाट जवान एक ऐसी दुश्मन फौज पर हमला करने के लिए गए, जो सैनिक शक्ति में ही उससे बड़ी नहीं थी, बल्कि वह एक सुदृढ़ रक्षित क्षेत्र में पूरी तरह मोरचाबंद भी थी और असीमित आर्टिलरी द्वारा समर्थित भी। जाट रेजीमेंट के जवानों ने पूरी लड़ाई के दौरान दृढ़-निश्चय, बहादुरी और अद्‌भुत साहस का प्रदर्शन किया। अंततः बटालियन को जो सफलता मिली, उसके बारे में कभी सोचा भी नहीं जा सकता था। संभवतः ऐसा कभी नहीं हुआ कि एक छोटी सी फौज ने इतनी बड़ी संख्या में दुश्मन के सैनिकों को मार गिराया हो, जिसका अनुपात 8 : 1 था।

ब्रिगेडियर डेसमंड हाइडी की पुस्तक 'बैटिल ऑफ डोगराई' (Battle of Dograi) पर आधारित निम्न अंश से डोगराई की लड़ाई में जाट रेजीमेंट द्वारा किए गए असाधारण प्रदर्शन का विवरण स्पष्ट हो जाता है—

> जाट रेजीमेंट की तीसरी बटालियन ने लड़ाई के लिए अच्छी तैयारी नहीं की थी। सितंबर 1965 में उसे हाल ही में पूर्वी सेक्टर से बुलाया गया था, जहाँ वह बिखरी हुई टुकड़ियों के रूप में तैनात थी; उसे बटालियन या कंपनी स्तर पर प्रशिक्षित भी नहीं किया जा सका था। अगस्त के अंत तक उसके पास टैंकरोधी तोपें भी नहीं थीं। उसके पास जो मोर्टार तोपें और मीडियम मशीन गनें थीं, वे नए मॉडल की थीं और उन्हें लंबी दूरी से दागा भी नहीं जा सकता था। बटालियन में जो अधिकारी उस समय मौजूद थे उन्हें सैनिक पद्धति के अनुसार 'उच्च स्तरीय' नहीं कहा जा सकता था। वे डिफेंस सर्विसेज स्टाफ कॉलेज से शिक्षा-प्राप्त अधिकारी नहीं थे और न ही उन्हें ऐसे किसी स्कूल में शिक्षण-कार्य के लिए उपयुक्त ग्रेड में रखा गया था। किंतु यही वे विशेष बातें थीं, जिन्होंने युद्ध में एक बटालियन की जीत सुनिश्चित की—उसमें लड़ने का उत्साह और इच्छा-शक्ति पैदा करके।
>
> बटालियन के 523 जवानों को खुले क्षेत्र में से अपने लक्ष्य पर हमला करना पड़ा,

जहाँ हर 30 से 50 मीटर की दूरी से उनके ऊपर आग उगलती तोपें दागी जा रही थीं। दुश्मन के साथ आमने-सामने की लड़ाई में आने के लिए उन्हें पहले सुरंगों से होकर निकलना पड़ा, जहाँ उन्हें गोले बरसाती तोपों ओर गोलियों की बौछार का भी सामना करना पड़ा। दुश्मन के साथ आमने-सामने की लड़ाई के दौरान जब एक जवान के बगल में लड़ता हुआ उसका एक साथी मारा गया, तभी लड़ाई ने घमासान रूप ले लिया। पोजीशन पर कब्जा कर लिये जाने के बाद दुश्मन ने तीन प्रत्याक्रमण किए और लड़ाई दूसरे दिन तक चलती रही। रात में भी लड़ाई बंद नहीं हुई। 72 घंटे की लगातार लड़ाई में जाट रेजीमेंट के जवान एक पल को भी सोचने-समझने के लिए नहीं रुके और न ही अपने हाथ ढीले किए। वे तब तक लड़ते रहे जब तक युद्ध-विराम की घोषणा नहीं की गई। 23 सितंबर, 1965 को युद्ध-विराम की घोषणा कर दी गई और लड़ाई समाप्त हो गई। युद्ध-विराम के बाद पता चला कि इस लड़ाई में लगभग 900 पाकिस्तानी सैनिक मारे गए तथा 108 पाकिस्तानी सैनिकों, अधिकारियों को बंधक बना लिया गया, जिनमें 16 पंजाब के कमांडिंग ऑफीसर कर्नल गोलेवाला और मेजर बेग भी शामिल थे।

बटालियन के कई जवान, जो मौत का एक नया रूप देखकर पहले तो भौचक्के से रह गए थे, अटल इरादे के साथ डट गए और अपने खुद के लिए भी खतरा बनते हुए मौका पाते ही भीतर घुसने की कोशिश में लग गए। 'बी' कंपनी के सिपाही बोहित सिंह ऐसे ही एक जवान थे, जो 22 सितंबर को दुश्मन की ओर से किए गए एक प्रत्याक्रमण को नाकाम करने के लिए अपनी लाइट मशीनगन के साथ दुश्मन के घेरे में एक ओर से घुस गए और अपने साथी सैनिकों को बचाने के इस प्रयास में अंतत: मारे गए।

प्रत्येक कंपनी का घायल सैनिक—जो इलाज के लिए स्वयं को युद्ध से मुक्त करा सकता था—अपनी टुकड़ी के साथ रहकर वहीं इलाज करवाना पसंद करता था। ऐसे ही एक थे सूबेदार खजान सिंह, जिनके सिर पर 6 सितंबर, 1965 को पहले ही दिन चोट लग गई थी, और फिर 22 सितंबर को दुबारा चोट लगी, लेकिन वह अस्पताल युद्ध-विराम की घोषणा के बाद ही गए। ऐसे ही एक और वीर योद्धा थे पाले राम, जिनके शरीर में छह गोलियाँ लगी थीं और वह अस्पताल में थे। उन्हें किसी ने बताया कि युद्ध-विराम के बाद पाकिस्तानियों ने फिर से युद्ध शुरू कर दिया है; इतना सुनकर वह लड़ाई के लिए तैयार होने लगे।

विश्वास नहीं होता ! किंतु यह सबकुछ कितना प्रेरणादायक है। 108 अन्य सैनिकों के आगे चलते हुए सूबेदार पाले राम ने जिस साहस के साथ दुश्मन पर हमला बोला, वह बेमिसाल था। पाकिस्तानी तोपें आग उगल रही थीं। गोलियों की लगातार बौछार हो रही थी। ऐसे में 'डी' कंपनी ने डोगराई की ओर से प्रवेश किया। उसकी दाईं ओर से 'सी' कंपनी और बाईं ओर से 'बी' कंपनी आगे बढ़

रही थी। कमांडिंग ऑफिसर का दल बीच में ही कहीं रुक गया था। तीनों कंपनियों को एक साथ मिलकर पोजीशन पर अपने पैर जमाने थे; किंतु जैसे ही 'सी' कंपनी डोगराई की इमारत पर पहुँची, दुश्मन की ओर से अचानक ही उसपर फायरिंग शुरू हो गई। मशीनगनों से निकले आग उगलते गोलों से मानो पूरा वातावरण ही अग्निमय हो गया था। इस दहला देनेवाले हमले को रोकना जरूरी था। तभी सूबेदार पाले राम ने गोलों और गोलियों की बौछार के बीच से आगे बढ़ते हुए अपने साथियों से कहा, 'सब जवान दाहिनी तरफ से मेरे साथ हमला बोलो।' 'सी' और 'डी' कंपनी की पलटनों ने पूरी हिम्मत के साथ हमला शुरू कर दिया। जाट रेजीमेंट के जवान गोलों की आग से बनी दीवार को चीरते हुए आगे बढ़ने लगे। इन 108 बहादुर जवानों में से सिर्फ 27 ही मौत के मुँह से बाहर आ सके थे। पाले राम के सीने और पेट में छह गोलियाँ लगी थीं, फिर भी उन्हें दुश्मन के एक बंकर के ऊपर पाया गया। मानना पड़ेगा कि ये गोलियाँ उस समय से ही उनके पेट और सीने में थीं, जब वह अपने साथियों के साथ दुश्मन पर एकदम टूट पड़े थे। जितना अविश्वसनीय उनका हमला लगता है, उतना ही अविश्वसनीय लगता है कि इतनी गोलियाँ लगने के बाद भी वह बच गए।[11]

डोगराई की पहली लड़ाई के बाद 3 जाट की प्रतिष्ठा बहुत बढ़ गई। कमांडिंग ऑफीसर को फूल-मालाओं से लाद दिया गया था। अपनी योग्यता और क्षमता को सिद्ध करने के लिए बटालियन को इससे ज्यादा और क्या दिखाने की जरूरत थी। लाहौर मोरचे को पहले ही मजबूत कर लिया गया था और उसके लिए कोई खतरा नहीं दिखाई दे रहा था; फिर भी 3 जाट ने डोगराई पर दोबारा हमला कर दिया। उसने यह चिंता नहीं की कि इसमें फिर से उसे भारी क्षति उठानी पड़ेगी, बड़ी संख्या में जवान मारे जाएँगे; और सचमुच ऐसा हुआ भी—216 जवान खेत रहे।

हर सच्चे सैनिक के मन में सम्मान की एक ऐसी भावना छिपी रहती है, जिसमें वह यही सोचता रहता है कि अभी ऐसा कुछ करने के लिए शेष रहता है, जिससे वह अपनी जाति, अपनी रेजीमेंट का नाम रोशन कर सके। इस संदर्भ में 1 राजपूत रेजीमेंट से संबंधित भरतपुर की घटना उल्लेखनीय है, जिसका इसी अध्याय में पहले वर्णन किया जा चुका है।

कुछ इसी तरह का उदाहरण प्रस्तुत करते हुए 3 जाट ने पहले 6-7 सितंबर को ही डोगराई पर कब्जा कर लिया था, जिसके लिए उसे भारी कीमत अदा करनी पड़ी थी; लेकिन शेष ब्रिगेड अभी तक नहीं पहुँच सकी थी। इस कारण उसे डोगराई से हटना पड़ा और एक बार फिर वह एक बड़ी चुनौती बन गया। 3 जाट

के अधिकारियों, जूनियर कमीशंड अधिकारियों और जवानों के बीच देखी गई यह निष्ठा और वफादारी की भावना सचमुच प्रशंसनीय है। इन परिस्थितियों में डोगराई पर कब्जा करने की चुनौती अत्यंत गंभीर थी, जिसे छोड़ा नहीं जा सकता था।

युद्ध के बाद वह स्थान, जहाँ 3 जाट के जवानों ने जान पर खेलकर लड़ाई लड़ी थी और अपनी अमिट छाप छोड़कर अपने प्राण न्योछावर कर दिए थे, साफ हो गया और वहाँ दूर-दूर से आए संवाददाता इकट्ठा हो गए। एक संवाददाता ने प्रश्न किया—3 जाट बटालियन में आखिर ऐसा क्या है कि उसके सभी जवान इतनी बहादुरी से और अपनी जान पर खेलते हुए लड़ाई में भिड़े रहे? कमांडिंग ऑफिसर ने एक मेजर की ओर इशारा करते हुए कहा, "आप इन्हें देख रहे हैं? इनके जैसे अधिकारियों ने सफलतापूर्वक लड़ाई लड़ी, क्योंकि ये अपने जवानों और अपनी रेजीमेंट के लिए समर्पित हैं। इनके लिए अपने जवानों का सम्मान, अपनी रेजीमेंट की इज्जत सर्वोपरि है। इसके लिए ये कुछ भी कर सकते हैं। जहाँ तक जवानों की बात है, उन्होंने जान पर खेलकर लड़ाई लड़ी, क्योंकि इनके जैसे अधिकारियों ने उन्हें ऐसा करने के लिए कहा था।" किंतु दुर्भाग्य से संवाददाता ने इस स्पष्टीकरण का अलग अर्थ लगाकर उसे दूसरी तरह से अपनी पत्रिका में लिखा।

कमांडिंग ऑफिसर ने अपनी पुस्तक 'साइलेंट सेंटिनल' (शांत प्रहरी) हर एक सैनिक की पत्नी को श्रद्धांजलि देते हुए समाप्त की है, जो बड़ी-से-बड़ी मुश्किलों के बावजूद बच्चों को पालने की अपनी जिम्मेदारी खुशी-खुशी उठाती है और कभी कोई शिकायत नहीं करती, यह सोचकर कि उसकी मदद एवं सहयोग से उसका सैनिक पति देश की बेहतर सेवा कर सकता है और अपने कुल का नाम रोशन कर सकता है, जिसका अवसर किसी भी सैनिक के जीवन में एक, और सिर्फ एक, बार आता है।

प्रशिक्षण

सेना में प्रशिक्षण का उद्देश्य सैनिकों को हर आकस्मिक स्थिति, विशेषकर युद्ध के दिनों में, के लिए तैयार करना है। यद्यपि भारत एक शांतिप्रिय देश है, इसलिए यहाँ रक्षा पर किया जानेवाला व्यय विकास पर किए जानेवाले व्यय से कम है; लेकिन इसके साथ-ही-साथ भारत बाह्य शक्तियों से अपनी रक्षा-सुरक्षा की आवश्यकता की उपेक्षा भी नहीं करता। भारत के समृद्ध प्राकृतिक संसाधनों पर आरंभ से ही बाहर के विभिन्न देशों की कुदृष्टि रही है। प्राचीन समय में भारत की

समेकित प्रशिक्षण, इन्फैंट्री सैनिक। *(साभार : आर्ट्रैक)*

सबसे बड़ी कमजोरी थी—राष्ट्रीय एकता की कमी। आज देश की राजनीतिक और आर्थिक कमजोरी एक ऐसा कारक है, जो दुनिया के अधिक ताकतवर देशों को अपना हित साधने का मौका उपलब्ध करवाने के लिए पर्याप्त है। स्वतंत्रता के बाद से भारत को अपने भूभाग, अपनी राष्ट्रीय अखंडता की रक्षा के लिए पाँच लड़ाइयाँ लड़नी पड़ीं, जिनके अनुभवों से हमने सीखा कि बाहरी ताकतों को अपनी कमजोरी का फायदा न उठाने देने और अपनी राष्ट्रीय अखंडता की रक्षा के लिए देश में सैन्य शक्ति का मजबूत होना अत्यावश्यक है।

प्रशिक्षण सेना की वास्तविक सैन्य शक्ति को सुनिश्चित करने के लिए सबसे महत्त्वपूर्ण कारक है। इसमें मानव संसाधन के साथ-साथ इस बात पर भी बल दिया जाता है कि अन्य कारकों की मदद से किस तरह सैनिक की लड़ने और मुकाबला करने की क्षमता को कई गुना बढ़ाया जा सकता है। युद्ध में जवानों की शक्ति और क्षमता तथा उनका कुशल नेतृत्व सबसे महत्त्वपूर्ण है। हालाँकि अब काफी कुछ बदल गया है और तकनीकी विकास के साथ-साथ युद्ध का स्वरूप भी बदल गया है। ऐसे में तकनीक पर आधारित प्रशिक्षण का महत्त्व काफी बढ़ गया है। आज हम एक ऐसे विश्व में आगे बढ़ रहे हैं, जहाँ हर कोई एक-दूसरे से

जुड़ा हुआ है, एक-दूसरे पर आश्रित होता जा रहा है। ऐसे में सशस्त्र बलों, अर्द्धसैनिक बलों, नागरिक सुरक्षा बलों की सभी इकाइयों और अन्य आवश्यक सेवाओं में सामंजस्य और समन्वय की आवश्यकता भी पहले से काफी बढ़ गई है। इन सभी सेवाओं को एक टीम के रूप में कार्य करने की आवश्यकता है। यह सबकुछ सुनिश्चित करने के लिए प्रशिक्षण आवश्यक है, जिससे कम-से-कम संभव समय में और कम-से-कम नुकसान के साथ सफलता प्राप्त की जा सके। वर्ष 1971 के भारत-पाक युद्ध के दौरान कुछ ऐसा ही हुआ था। हमें अतीत की सफलताओं और असफलताओं से सीख लेने की आवश्यकता है, ताकि हम अपनी शक्ति और क्षमता को बढ़ा सकें तथा कमजोरियों को दूर कर सकें।

कौटिल्य का अर्थशास्त्र

प्रशिक्षण आरंभ से ही सैन्य-संचालन का एक महत्त्वपूर्ण अंग रहा है। सम्राट् चंद्रगुप्त मौर्य के प्रधानमंत्री कौटिल्य ने 2000 वर्ष पूर्व ही अपनी पुस्तक 'अर्थशास्त्र' में सैन्य प्रशिक्षण के महत्त्व का उल्लेख किया है। पुस्तक में उसने अपने राजा को क्षेत्रीय (अस्थायी) सेना रखने की बजाय स्थायी सेना रखने की सलाह दी है। कौटिल्य के अनुसार, चूँकि स्थायी सेना राजा के अधीन होती है, इसलिए यह सुनिश्चित करने के लिए कि आवश्यकता पड़ने पर वह अपनी भूमिका को सफलतापूर्वक निभा सके, उसे लगातार प्रशिक्षण में रखा जाता है। प्रशिक्षण के संदर्भ में कौटिल्य ने लिखा है—"इन्फैंट्री, अश्वारोही सेना, रथों और हाथियों को उपग्रहों की युतिवाले दिनों के अतिरिक्त प्रतिदिन सूर्योदय के समय नगर से बाहर प्रशिक्षण के लिए जाना चाहिए। राजा को इसमें व्यक्तिगत रूप से रुचि लेते हुए प्रशिक्षण का लगातार निरीक्षण करना चाहिए।" कौटिल्य ने सेना के प्रत्येक विभाग में 'प्रशिक्षक' रखे जाने की आवश्यकता पर जोर दिया है तथा प्रशिक्षण की विधियों का भी उल्लेख किया है; साथ ही उन्होंने सेना में सैनिकों की भरती के साथ-साथ घोड़ों को पालने पर भी बल दिया है। घुड़सवारी को सम्मान की दृष्टि से देखा जाता था और घोड़ों को अपनी पिछली टाँगों के बल खड़ा होने का प्रशिक्षण दिया जाता था।[12]

मुगल सेना

मुगल सेना एक अवधि के बाद अपनी शक्ति और क्षमता खो बैठी। बाबर के समय में मुगल सेना की संगठनशीलता और गतिशीलता का स्थान अब

अनुशासनहीन, अप्रशिक्षित घुड़सवारों और भारी-भरकम शरीरवाले हाथियों की भीड़ ने ले लिया। मुगल सेना के सैन्य प्रशिक्षण के संदर्भ में फिलिप मैसन ने लिखा है—"योद्धाओं द्वारा स्वयं को सक्षम और योग्य बनाए रखने पर पूरा ध्यान दिया जाता था। वे दिन में दो या तीन बार कसरत के लिए जाया करते थे, आपस में एक-दूसरे से लड़ने का अभ्यास करते थे और स्टील के बने धनुष से कसरत करते थे, जो विशेष रूप से मांसपेशियों को मजबूत बनाने के लिए तैयार किए गए थे। किंतु उनके लिए संयुक्त रूप से किसी सैन्य अभ्यास की व्यवस्था नहीं थी। कूट-रचना एक तरह से शिकार करने के बराबर होती थी, जिसमें किसी बड़े जंगली क्षेत्र को घेर लिया जाता था और सैनिक धीरे-धीरे उसके भीतर घुसते थे।"[13]

छत्रपति शिवाजी के नेतृत्व में मराठा सेना

"पिछली दो शताब्दियों में भारत में हुए सशक्त और प्रभावशाली सेनानायकों में शिवाजी का स्थान अकबर और रणजीत सिंह के मध्य में आता है।"[14] उन्होंने मुगल सेना की कमजोरियों—अनुशासन, गतिशीलता और लोचशीलता की कमी—का लाभ उठाया। अपनी सेना को गुरिल्ला युद्ध में प्रशिक्षित करनेवाले वह पहले शासक थे और अपनी इस रणनीति की मदद से वह मुगल सेना के खिलाफ संघर्ष में काफी सफल भी रहे। अपनी दृढ़ता, ध्येयनिष्ठा, गतिशीलता और संगठनशीलता के बल पर मराठा सेना ने मुगलों, पुर्तगालियों और कई भारतीय राजाओं को भी युद्ध में परास्त किया। किंतु शिवाजी की मृत्यु के बाद मराठों की शक्ति क्षीण हो गई, "क्योंकि उनमें धीरे-धीरे अनुशासन की कमी और विलासिता घर करने लगी थी और वे अपनी स्वयं की रणनीति छोड़कर अंग्रेजों एवं फ्रांसीसियों की नकल करने लगे थे। वे अपनी सेना में बाहर के सैनिकों की भरती करने लगे थे, जो मराठा नहीं थे; साथ ही कमांडर स्तर पर यूरोपीय अधिकारियों की नियुक्ति करने लगे थे। इस प्रकार वे अपनी गतिशीलता और संगठनशीलता खोते चले गए।"[15]

अंग्रेजों का आगमन : युद्ध के स्वरूप और प्रशिक्षण में बदलाव

"इस प्रकार अठारहवीं शताब्दी के मध्य तक भारत के सैनिक परिदृश्य पर बड़े परिवर्तन देखने को मिले। युद्ध और सैनिक-प्रशिक्षण का नया स्वरूप उभरकर सामने आया। यहाँ दो यूरोपीय शक्तियाँ थीं, जो भारतीयों को नई विधि से प्रशिक्षित करके अपनी छोटी फौजों में भरती कर रही थीं। शुरू में तो ऐसा लगता रहा कि

दोनों शक्तियाँ भारत में बनी रहेंगी, लेकिन दोनों में आपसी वैमनस्य और विरोध लगातार बढ़ता जा रहा था। भारतीयों ने अनुभव किया कि दोनों में से कोई एक शक्ति अंततः विजयी होगी और अपने प्रशिक्षण के लिए विजयी शक्ति की प्रशिक्षण-विधि को अपनाना सबसे अच्छा रहेगा।''[16]

प्रथम विश्वयुद्ध (1914-1918)

सन् 1914 में प्रथम विश्वयुद्ध के समय भारतीय सेना में लगभग 1,50,000 सैनिक थे, जो अपने सीमित उद्देश्यों—जिसमें पूर्वोत्तर सीमा प्रांत में शांति-व्यवस्था बनाए रखना सबसे स्पष्ट और महत्त्वपूर्ण था—के लिए पूरी तरह कुशल और सक्षम थी। कुल सैन्य शक्ति का पाँचवाँ हिस्सा अश्वारोही सेना का था; परिवहन के लिए खच्चरों का उपयोग किया जाता था। उसके पास पुरानी पद्धति की बोल्ट-एक्शन राइफलें थीं, जबकि आर्टिलरी नहीं थी। यद्यपि मशीनीकरण की प्रक्रिया भारत में देर से पहुँची, किंतु इससे सेना के रैंकों के तौर-तरीकों में एक और परिवर्तन आया। ब्रेन गन, स्टेनगन, लाइट मशीनगन, मोर्टार, संकेत-प्रणाली आदि काफी कुछ बिलकुल नया था; किंतु भारतीय सैनिकों ने अपनी ग्रहणशीलता एवं बुद्धिमत्ता से जल्दी ही इन सभी हथियारों और उपकरणों के संचालन में कुशलता प्राप्त कर ली और इस प्रकार वे अपने समकक्ष ब्रिटिश सैनिकों की बराबरी में आ गए। सन् 1945 तक भारतीय सेना में कुल सैनिक संख्या लगभग 25,00,000 हो गई, जिन्हें जंगलों और रेगिस्तानों में युद्ध के लिए प्रशिक्षित किया गया था। वे खंदक-युद्ध में कुशल हो गए थे; टैंक और बख्तरबंद वाहन चलाने में उन्हें दक्षता प्राप्त हो गई थी; उनके पास हर प्रकार की तोपें और मशीन गन बटालियनें थीं; परिवहन के लिए वे खच्चरों की अपेक्षा ट्रकों और जीपों पर ज्यादा निर्भर थे। भलीभाँति प्रशिक्षित और सुसज्जित होने के बाद भारतीय सेना ने दिखा दिया कि उसके सैनिक विश्व की किसी भी श्रेष्ठ सेना के सैनिकों से कम नहीं हैं।[17]

द्वितीय विश्वयुद्ध (1939-1945)

सन् 1939 में भारतीय सेना में लगभग 1,89,000 सैनिक थे, जो 1945 में बढ़कर 25,00,000 हो गए। द्वितीय विश्वयुद्ध—जिसने विश्व के अधिकांश देशों को अपनी चपेट में ले लिया था—में भारत ने मध्य-पूर्व और दक्षिण-पूर्व एशिया के लिए एक अड्डे के रूप में कार्य किया। सचमुच भारत एक भंडार-गृह और भरती-स्थल बन गया था। यद्यपि सैनिकों का प्रशिक्षण रेजीमेंटल ट्रेनिंग सेंटरों पर

था, तथापि विशेषीकृत अभियानों और प्रशिक्षकों के लिए कई विशेष स्कूल भी शुरू किए गए थे। भारतीय सैनिकों को हर तरह की स्थिति और स्थान में युद्ध के लिए प्रशिक्षित किया गया था। इस प्रकार वे जर्मनी, इटली और जापान की फौजों के साथ लड़ाई में केवल अपने बल पर सफल हुए।

फील्ड मार्शल स्लिम ने अपनी पुस्तक 'डिफीट इन टू विक्टरी' (Defeat in to Victory) में उन विधियों का उल्लेख किया है, जिनसे वह भारतीय सैनिकों को जापानी सैनिकों के साथ जंगल में लड़ाई लड़ने और उन्हें उनकी ही चाल में मात देने के लिए प्रशिक्षित किया करते थे। स्लिम ने भारतीय सेना के चरित्रगत गुणों और अपनी प्रशिक्षण-पद्धति को आपस में जोड़ दिया; प्रशिक्षण का यह तरीका स्वयं में खूब सफल रहा। उन्होंने आध्यात्मिक, बौद्धिक और भौतिक धरातल पर प्रशिक्षण देने पर बल दिया। स्लिम ने लिखा है—"मेरी भारतीय डिवीजनें सन् 1943 के बाद विश्व की सबसे अच्छी और कुशल डिवीजनों में से थीं। वे कहीं भी जातीं, कुछ भी करतीं, लेकिन अपने इस स्तर को बनाए रखती थीं।"[18]

विजय, विभाजन व स्वतंत्रता

बर्मा में जापानी फौजों को पीछे हटाने में भारतीय सैनिकों की प्रमुख भूमिका रही; इस जीत के बाद दो वर्षों के भीतर ही भारत को स्वतंत्रता मिल गई। किंतु स्वतंत्रता अपने साथ विभाजन की त्रासदी भी लेकर आई, जिसका भारतीय सेना पर गंभीर दुष्प्रभाव पड़ा। जो सैनिक विश्व की कई लड़ाइयों में एक-दूसरे के साथ कंधे से कंधा मिलाकर लड़ते रहे थे, अब उन्हें अलग कर दिया गया—जल्दी ही एक-दूसरे के खिलाफ लड़ने के लिए। भारतीय सेना के लिए शांति काल में सबसे चुनौतीपूर्ण कार्य है—प्रशिक्षण। विद्रोह, उपद्रव और विभिन्न प्राकृतिक आपदाओं के समय सेना को युद्ध के लिए प्रशिक्षित करने में बाधा आती है, जो सेना का मूल स्वरूप बनाए रखने में सहायक होता है। किंतु भारतीय सेना इस प्रकार की स्थितियों में अपनी महत्त्वपूर्ण भूमिका निभाती है, जो राष्ट्रीय विकास का एक हिस्सा है; साथ ही युद्ध के लिए भी तैयार रहती है। भारतीय सेना प्रतिवर्ष लगभग 70,000 नए सैनिकों और 1,000 नए अधिकारियों को सेना में शामिल करती है। उन्हें व्यापक प्रशिक्षण देकर उनकी भूमिकाओं के लिए तैयार किया जाता है। भारतीय सेना में प्रशिक्षण निरंतर चलनेवाली प्रक्रिया है—अधिकारियों के लिए भी और जवानों के लिए भी।

प्रशिक्षण के लिए पिछले कुछ वर्षों में सबसे महत्त्वपूर्ण विकास के अंतर्गत

भारतीय सेना ने एक उच्च क्षमतावाले संगठन—आरट्रैक (ARTRAC—Army Training Command) की स्थापना की, जो प्रशिक्षण से संबंधित नीतियाँ तैयार करता है; प्रशिक्षण के सभी पहलुओं से संबंधित योजनाएँ बनाता है, उनका समन्वयन और संचालन करता है तथा पूरी सेना की संचालन-पद्धतियों की समीक्षा करता है। आर्मी ट्रेनिंग कमांड 1 अक्तूबर, 1991 को मध्य प्रदेश के महू (Mhow) में स्थापित हुआ। बाद में 31 मार्च, 2002 को उसे शिमला में स्थानांतरित कर दिया गया। इसका प्रमुख एक आर्मी कमांडर होता है। आर्मी ट्रेनिंग कमांड सैन्य संचालन, प्रशिक्षण रणनीति और मानव संसाधन विकास से संबंधित नीतियाँ तैयार करने के साथ-साथ सेना के सभी प्रशिक्षण संस्थानों के लिए नोडल एजेंसी के रूप में भी कार्य करता है।

जलीय अवरोध को पार करना। *(साभार : आर्ट्रैक)*

प्रशिक्षण का मूल तत्त्व

आर्मी ट्रेनिंग कमांड (ARTRAC) द्वारा निर्धारित भारतीय सेना के प्रशिक्षण का मूल तत्त्व सैनिकों में ऐसी शक्ति और क्षमता विकसित करना है, जिससे वह युद्ध में दुश्मन पर भारी पड़े और कम-से-कम प्रशिक्षण की कमी के कारण से किसी भी सैनिक अथवा अधिकारी को अपने अंग या अपनी जान न गँवानी पड़े। सेना में प्रशिक्षण का यही मूल तत्त्व है। गतिशीलता, बौद्धिकता और नवीनता अथवा सृजनात्मकता पर आधारित प्रशिक्षण ही अच्छे और कुशल जवान तैयार करता है।

चुनौतियाँ और उनसे निपटने के लिए प्रशिक्षण

सेना का मौलिक दायित्व बाहरी खतरों और आंतरिक संघर्षों से सफलतापूर्वक निपटते हुए देश की अखंडता की रक्षा करना है। विभिन्न प्राकृतिक आपदाओं—भूकंप, बाढ़, सूखा आदि—के दौरान राहत-कार्यों में सरकार की मदद करके और कानून-व्यवस्था बनाए रखने में नागरिक प्रशासन का सहयोग करके भारतीय सेना देश के राष्ट्रीय विकास में भी महत्त्वपूर्ण योगदान देती है। इन सभी स्थितियों से सफलतापूर्वक निपटने के लिए सैन्य प्रशिक्षण एक महत्त्वपूर्ण आवश्यकता है।

अच्छे प्रशिक्षण से कार्य-क्षमता और कार्य-कुशलता तो बढ़ती ही है, साथ ही प्रत्यक्ष और अप्रत्यक्ष स्थितियों से निपटने का आत्मविश्वास भी बढ़ता है। अप्रत्यक्ष अथवा अप्रत्याशित स्थितियों से निपटने की क्षमता विकसित करने के लिए रेजीमेंटल स्तर से लेकर डिवीजन स्तर तक के प्रशिक्षण कार्यक्रमों में इनसे संबंधित प्रशिक्षण कार्यक्रम शामिल किए जाते हैं। सन् 1971 के भारत-पाक युद्ध में भारत की सफलता का मूल आधार प्रशिक्षण ही रहा था, जिसमें ऐसे संभावित युद्ध की स्थिति से निपटने के लिए प्रशिक्षण दिया गया था, जिसकी भारत को आशंका थी।

स्वतंत्रता-प्राप्ति के तुरंत बाद ही सेना को विभाजन से उत्पन्न चुनौतियों से निपटना पड़ा। वर्ष 1947-48 के भारत-पाक युद्ध के बाद भारतीय सेना की प्रशिक्षण प्रक्रिया पुनः शुरू हुई; किंतु यह प्रशिक्षण भी मूलतः इकाई स्तर का ही था, जिसमें कभी-कभी ब्रिगेड हेडक्वार्टर भी भाग लेता था। कोर स्तर का प्रथम अभ्यास 'एक्स दोआबा' (Ex Doaba) था, जो 1958 में पंजाब में किया गया था। यहाँ यह ध्यातव्य है कि स्वतंत्रता से पूर्व युद्ध में किसी ब्रिगेड का नेतृत्व करनेवाला यदि कोई था तो वह जनरल थिमैया थे, और बटालियन का नेतृत्व करनेवाले भी कुछ ही अधिकारी थे। अतः कोर स्तर और उससे ऊपर के स्तर पर अधिकारियों को डिवीजन स्तर के अभ्यास के लिए तैयार करने में कुछ समय लगा। कमांड और कोर स्तर के हाल में किए गए सबसे महत्त्वपूर्ण अभ्यास 'एक्सरसाइज ब्रास टैक्स' (Exercise-Brass Tacks) और 'एक्सरसाइज चेकर बोर्ड' (Exercise-Chequer Board) थे; और 'एक्सरसाइज पराक्रम' (Exercise Parakram) सेना-स्तर का नवीनतम प्रशिक्षण अभ्यास है, जिसमें सेना को संभावित युद्ध के लिए आवश्यक आभियानिक प्रशिक्षण दिया गया।

आभियानिक प्रशिक्षण

भारतीय सेना को ऐसे सैनिक, अधिकारी और इकाइयाँ चाहिए, जिन्हें कहीं भी और किसी भी समय दुश्मन के खिलाफ लड़ने और लड़ाई जीतने के लिए तैनात किया जा सके। आभियानिक प्रशिक्षण से सेना की ये आवश्यकताएँ पूरी हो जाती हैं। इसमें युद्धभूमि से संबंधित वे सभी प्रशिक्षण आते हैं, जिनका डिवीजन अथवा इकाई के नियंत्रण में नियोजन, समन्वयन और संचालन होता है। व्यक्तिगत प्रशिक्षण, इकाई स्तर का प्रशिक्षण, सामूहिक प्रशिक्षण और फायरिंग—सबकुछ आभियानिक प्रशिक्षण का ही हिस्सा है। आभियानिक प्रशिक्षण के दौरान प्राप्त किए गए प्रशिक्षण-स्तर से भारतीय सेना की युद्ध-कुशलता का निर्धारण होता है। भारतीय सेना का प्रशिक्षण-चक्र सामान्यतया वार्षिक आधार पर होता है, जो जुलाई से जून तक चलता है।

सेना मुख्यालय सैन्य प्रशिक्षण के लिए निर्देश जारी करता है, जिनके आधार पर प्रशिक्षण से संबंधित नीतियाँ तैयार की जाती हैं। ये निर्देश सामान्यतया गत वर्ष की प्रशिक्षण रिपोर्टों, वार्षिक पर्यवेक्षण रिपोर्टों और विभिन्न स्रोतों से प्राप्त रिपोर्टों पर आधारित होते हैं। इसके आधार पर अधीनस्थ डिवीजनल कमांडर अपने प्रशिक्षण-निर्देश जारी करते हैं। प्रशिक्षण नीतियों को लागू करने का दायित्व कमांड हेडक्वार्टर पर होता है। निम्न स्तर पर प्रशिक्षण अधिक-से-अधिक विशेषीकृत होता चला जाता है, जिसमें संबंधित डिवीजनों और इकाइयों की आवश्यकताओं को ध्यान में रखकर प्रशिक्षण नीति बनाई जाती है।

भारतीय सेना विश्व की चौथी सबसे बड़ी सेना है, जिसमें लगभग 10 लाख वरदीधारी सैन्यकर्मी हैं। स्वतंत्रता के पश्चात् इसने कारगिल युद्ध को छोड़कर चार बड़ी लड़ाइयाँ लड़ी हैं; साथ ही संवेदनशील सीमाओं पर लगातार डटी रही है और देश के अन्य हिस्सों—खासकर पूर्वोत्तर और कश्मीर—में व्याप्त उपद्रवों से भी लगातार निपटती रही है। हमारे जवानों एवं अधिकारियों की कुशलता और प्रभावशीलता को उच्चतम स्तर पर रखने के लिए कैडेटों को भरती के समय से लेकर सेवानिवृत्ति तक कठोरता और कल्पनाशीलता पर आधारित गहन प्रशिक्षण दिए जाने की आवश्यकता होती है। तकनीकी विकास के साथ-साथ युद्ध के स्वरूप और रणनीति में भी काफी बदलाव आया है। अत: इस परिवर्तन के आधार पर प्रबंधन और प्रशिक्षण की चुनौती भी सेना के सामने है।

अलग-अलग स्थितियों व आवश्यकताओं के लिए अलग-अलग प्रशिक्षण

उत्तर-पूर्व के पहाड़ी और जंगली क्षेत्रों से लेकर पंजाब के समतल मैदानों तक और लद्दाख सेक्टर के ऊँचे बर्फीले पर्वतों तथा बर्फ से ढके मैदानों और हिमानियों से लेकर राजस्थान के रेतीले शुष्क क्षेत्रों तक भारतीय उपमहाद्वीप भौगोलिक विविधताओं से भरा पड़ा है। अत: प्रशिक्षण में भौगोलिक स्थिति, तकनीक और संभावित खतरे को ध्यान में रखने की आवश्यकता होती है। इसमें सीमा पार से चलाए जा रहे आतंकवाद का खतरा भी शामिल है, जिससे सेना के सामने एक अलग चुनौती खड़ी हो गई है।

इकाई और डिवीजन स्तर पर दिया जानेवाला प्रशिक्षण पहले की तरह व्यक्तिगत और सामूहिक प्रशिक्षण पर ही आधारित है। इकाइयों और डिवीजनों के बाहर संस्थागत प्रशिक्षण भी दिया जाता है, जिसमें तकनीकी और रणनीतिक प्रशिक्षण की व्यवस्था होती है। आरंभ में यह प्रशिक्षण विभिन्न प्रशिक्षण केंद्रों पर और बाद में अलग-अलग स्कूलों में दिया जाता है। अधिकारियों को नवीनतम और उन्नत युद्ध-तकनीक तथा युद्ध-कला में दक्षता हासिल करने के लिए प्रोत्साहित करने के उद्देश्य से उन्हें भारत और अन्य देशों के चुने हुए विश्वविद्यालयों और शैक्षिक संस्थानों में अध्ययन करने के लिए अध्ययन-अवकाश देने की नई शुरुआत की गई है।

राष्ट्रीय रक्षा अकादमी (National Defence Academy)

राष्ट्रीय रक्षा अकादमी भारत का अग्रणी संयुक्त सेवा प्रशिक्षण संस्थान है। यह पुणे के निकट खडकवासला में स्थित है। भारत में एक संयुक्त सेवा अकादमी शुरू करने का विचार वर्ष 1945 में रखा गया था। इसकी स्थापना तीनों सेवाओं के भावी अधिकारियों के लिए संयुक्त मूलभूत प्रशिक्षण उपलब्ध कराने के लिए की गई थी। अत: 15 दिसंबर, 1948 को क्लीमेंट टाउन, देहरादून में संयुक्त सेवा शाखा शुरू की गई। वर्ष 1954 में उसे क्लीमेंट टाउन से खडकवासला में स्थानांतरित कर दिया गया और जनवरी 1955 में राष्ट्रीय रक्षा अकादमी ने अपना पहला सत्र प्रारंभ किया। राष्ट्रीय रक्षा अकादमी का पाठ्यक्रम 10+2+3 राष्ट्रीय शिक्षा प्रणाली पर आधारित है, जिसे जवाहरलाल नेहरू विश्वविद्यालय, दिल्ली द्वारा बी.ए. अथवा बी.एस-सी. की डिग्री के समकक्ष मान्यता प्राप्त है।

भारतीय सैन्य अकादमी (Indian Military Academy)

भारतीय सैन्य अकादमी की स्थापना भारत के स्वतंत्रता संग्राम का एक हिस्सा थी, जिसके लिए सर शिवास्वामी अय्यर, पं. मोतीलाल नेहरू, मुहम्मद अली जिन्ना और लाला लाजपत राय जैसे दिग्गजों ने लंबा संघर्ष किया। सभी राजनीतिक दलों के नेता इस माँग पर एकमत और एकजुट थे कि भारत में एक सैन्य अकादमी की स्थापना की जाए। इसका एक महत्त्वपूर्ण राजनीतिक लाभ यह मिला कि सेना में भारतीय सैनिकों को नेतृत्व के लिए भारतीय अधिकारी मिल गए।

अकादमी की स्थापना 1 अक्तूबर, 1932 को की गई। इसके 40 कैडेटोंवाले पहले बैच में सैम मानेकशॉ, स्मिथ दून और मुहम्मद मूसा शामिल थे—ये तीनों ही बाद में अपने-अपने देश, यानी क्रमशः भारत, बर्मा और पाकिस्तान के सेना प्रमुख बने। फील्ड मार्शल सर फिलिप चेटवुड ने 10 दिसंबर, 1932 को अकादमी का औपचारिक उद्घाटन किया। दिसंबर 1934 और मई 1941 के बीच 16 नियमित पाठ्यक्रम संपन्न किए गए और 524 कैडेटों को कमीशन दिया गया। फ्रांस पर जर्मनी के आक्रमण के बाद यह संख्या अचानक तेजी से बढ़ा दी गई; अगस्त 1941 और जनवरी 1946 के बीच 3,387 भारतीय और अंग्रेज कैडेटों को आपातकालीन कमीशन दिया गया।

भारतीय सैन्य अकादमी ने ब्रिगेडियर बैलट्रोप के नियंत्रण में जनवरी 1946 में एक बार फिर नियमित कमीशन के लिए कैडेटों को प्रशिक्षण देना शुरू किया। 1947 में स्वतंत्रता मिलने के बाद अकादमी की संचालन-प्रणाली में परिवर्तन आया। ब्रिगेडियर ठाकुर महादेव सिंह इसके पहले भारतीय कमांडेंट बने। स्वतंत्रता के बाद भारतीय सेना में विभाजन से प्रशिक्षण से संबंधित आवश्यकताओं में बड़ा परिवर्तन आया। अधिकारियों के प्रशिक्षण के लिए वर्ष 1949 में सशस्त्र बल अकादमी की स्थापना की गई और भारतीय सैन्य अकादमी का नाम बदलकर सैनिक शाखा (Military Wing) कर दिया गया। सशस्त्र बल अकादमी के ही एक अंग के रूप में सन् 1950 में संयुक्त सेवा शाखा शुरू की गई, जो बाद में राष्ट्रीय रक्षा अकादमी बन गई। 1954 में राष्ट्रीय रक्षा अकादमी को खडकवासला में स्थानांतरित कर दिया गया।

सन् 1962 में चीन के आक्रमण के बाद भारतीय सैन्य अकादमी का विस्तार किया गया। नवंबर 1962 से लेकर नवंबर 1964 तक आपातकाल के दौरान कुल 4,051 कैडेटों को आपातकालीन कमीशन दिया गया।

INDIAN MILITARY ACADEMY

CHETWODE BUILDING

चेटवुड बिल्डिंग के समक्ष आईएमए का सतर्क प्रहरी। (साभार : आर्टैक)

सन् 1977 में आर्मी कैडेट कॉलेज को अकादमी परिसर में स्थानांतरित कर दिया गया; वर्तमान में यह भारतीय सैन्य अकादमी की एक शाखा के रूप में कार्य कर रहा है। इसमें चयनित नॉन-कमीशंड अधिकारियों को सेना के लिए नियमित अधिकारी के रूप में कमीशन देने के लिए प्रशिक्षित किया जाता है।

ब्रिटिश साम्राज्य की सेवा के लिए अकादमी को सन् 1934 में ध्वज भेंट किए गए। स्वतंत्रता के बाद तत्कालीन राष्ट्रपति डॉ. सर्वपल्ली राधाकृष्णन् ने 1962 में उसे प्रथम भारतीय ध्वज राष्ट्रपति का ध्वज भेंट किया। अकादमी का वर्तमान ध्वज उसे 1976 में तत्कालीन राष्ट्रपति श्री फखरुद्दीन अली अहमद द्वारा भेंट किया गया था।

भारतीय सैन्य अकादमी ने सन् 1957 में अपनी रजत जयंती, 1982 में स्वर्ण जयंती और 1992 में हीरक जयंती मनाई। अकादमी का ध्वज और प्रतीक-चिह्न उसकी मूल भावना का द्योतक है। इसके प्रतीक-चिह्न में अशोक के धर्मचक्र के मध्य में जलती हुई मशाल के साथ एक-दूसरे को प्रतिच्छेदित करती दो तलवारें बनी हुई हैं। उसके ऊपर 'वीरता और विवेक' खुदा हुआ है। ध्वज का रंग स्लेटी और रक्तिम लाल है। स्लेटी रंग शक्ति और उदारता का तथा रक्तिम लाल रंग बलिदान का प्रतीक है।

भारतीय सैन्य अकादमी में प्रवेश के लिए पाँच मुख्य माध्यम हैं—राष्ट्रीय रक्षा अकादमी कैडेट—खडकवासला, पुणे; आर्मी कैडेट कॉलेज; विभिन्न कॉलेजों में संचालित स्नातक सीधी भरती योजना; तकनीकी संस्थानों/कॉलेजों में संचालित तकनीकी स्नातक प्रवेश योजना और विश्वविद्यालय स्नातक प्रवेश योजना; सीधी प्रवेश योजना को छोड़कर अन्य सभी योजनाओं में प्रशिक्षण की अवधि एक वर्ष होती है।

अकादमी में चरित्र-निर्माण और नेतृत्व क्षमता के विकास पर विशेष बल दिया जाता है। इसमें प्रवेश लेने और प्रशिक्षण लेनेवाले कैडेटों को देश का जिम्मेदार नेता और गौरवशाली नागरिक बनाने के लिए उनमें कर्तव्य-पालन और सम्मान की भावना भरी जाती है। साहसिक गतिविधियों और खेलों में कैडेटों की रुचि जगाने के लिए उन्हें खेलों और साहसिक अभियानों के लिए अवसर उपलब्ध कराए जाते हैं। प्रत्येक कैडेट को कम-से-कम एक साहसिक खेल में सक्रिय रूप से भाग लेना आवश्यक होता है। साहसिक गतिविधियों में बेड़े द्वारा नदी पार करना (River-rafting), ऊँची कूद (Para-jumping) और पर्वतारोहण आदि शामिल होते हैं। इसमें शिकार, फोटोग्राफी, पेंटिंग और नाटक आदि के लिए भी प्रोत्साहन दिया जाता है।

युद्ध का अभ्यास। *(साभार : आर्ट्रैक)*

अकादमी में आनेवाले सभी कैडेट स्नातक होते हैं, इसलिए उनके प्रशिक्षण में पूर्ण-विकास पर बल दिया जाता है, जिसमें भावी विकास के लिए व्यापक शैक्षिक आधार उपलब्ध कराना; कैडेटों की विश्लेषण, तर्क और अभिव्यक्ति क्षमता में वृद्धि करना (अंग्रेजी और हिंदी दोनों ही भाषाओं के माध्यम से) और युद्ध में तकनीकी प्रगति के आधार पर वैज्ञानिक प्रवृत्ति विकसित करना शामिल होता है।

वर्ष 1951 से लेकर अब तक अकादमी ने कई मित्र देशों से आनेवाले कैडेटों को प्रशिक्षित किया है—अंगोला, अफगानिस्तान, भूटान, बोत्स्वाना, म्याँमार, घाना, इराक, जमैका, मलेशिया, मालदीव, मॉरीशस, नेपाल, नाइजीरिया, फिलीपींस, सिसली, सिंगापुर, श्रीलंका, दक्षिण अफ्रीका, तंजानिया, टोंगा, युगांडा, जांबिया और यमन पिछले छह दशकों में भारतीय सैन्य अकादमी ने भारत को कई ऐसे अधिकारी दिए हैं, जिन्होंने पूरी निष्ठा और गौरव के साथ देश की सेवा की है। नई-नई चुनौतियों को ध्यान में रखते हुए अकादमी समय-समय पर अपने प्रशिक्षण, प्रशासन तथा ढाँचे की गुणवत्ता में सुधार करती रहती है।

आधुनिक तकनीक, उन्नत और परिष्कृत शस्त्रास्त्र-प्रणाली तथा इन सबके कारण युद्ध के बदलते स्वरूप ने युवा अधिकारियों की नेतृत्व और बौद्धिक क्षमता के स्तर को ऊँचा कर दिया है। आतंकवाद के कारण स्थिति और भी जटिल होती जा रही है। युवा अधिकारियों को युद्ध और आतंकवाद-विरोधी अभियानों में अपने जवानों का नेतृत्व करते हुए देश के लिए अपनी जान न्योछावर करने के लिए तैयार रहना

पड़ता है। इसीलिए कैडेटों के प्रशिक्षण में चरित्र-निर्माण और योग्यता तथा कार्य-क्षमता के लिए आधार तैयार किया जाता है, जिससे युवा अधिकारी आवश्यकता पड़ने पर इस प्रकार की मुश्किल स्थितियों में पूर्ण आत्मविश्वास के साथ और सकारात्मक तथा तत्काल प्रतिक्रिया के लिए तैयार रहें। यही युवा अधिकारी लड़ाई में भारत की ओर से प्रहार झेलते हैं और सीमावर्ती क्षेत्रों में देश की सुरक्षा के लिए हर मुश्किल का सामना करते हुए डटे रहते हैं। इतना ही नहीं, ये युवा अधिकारी संयुक्त राष्ट्र के शांति-स्थापना अभियानों में भी अपनी सक्रिय भूमिका अदा करते हैं।

अधिकारी प्रशिक्षण अकादमी (Officers Training Academy)

अधिकारियों के प्रशिक्षण के लिए वर्ष 1963 में मद्रास (अब चेन्नई) में एक अधिकारी प्रशिक्षण स्कूल की स्थापना की गई। वर्ष 1988 में इस स्कूल का नाम बदलकर इसे अधिकारी प्रशिक्षण अकादमी बना दिया गया। आरंभ में अधिकारी प्रशिक्षण अकादमी का कार्य अल्प सेवा कमीशन के लिए कैडेटों को प्रशिक्षित करना था। सन् 1992 में इसमें महिला कैडेटों को भी प्रशिक्षित करने का कार्य शुरू किया गया। यहाँ प्रतिवर्ष कुल 500 कैडेटों को प्रशिक्षित किया जाता है, जिनमें से 50 महिला कैडेट होती हैं। अधिकारी प्रशिक्षण अकादमी का आदर्श है—'गौरवपूर्ण सेवा' (Serve with Honour), जो अकादमी से कमीशन-प्राप्त अधिकारियों द्वारा की गई निस्स्वार्थ सेवा और उनकी गौरव तथा सम्मान की भावना में स्पष्ट झलकता है।

वार कॉलेज (War College)

महू (Mhow) में स्थित कॉलेज ऑफ कॉम्बैट (युद्ध महाविद्यालय), जिसे कुछ वर्ष पूर्व ही 'वार कॉलेज' का नाम दिया गया है, भारत की अग्रणी संस्थाओं में से एक है। यहाँ कैप्टन से लेकर जनरल स्तर तक के सैन्य अधिकारियों को नेतृत्व और रणनीति से संबंधित प्रशिक्षण दिया जाता है। वार कॉलेज में अधिकारियों को एकीकृत सर्व-हथियार प्रशिक्षण भी दिया जाता है और सैन्य विषयों पर सैद्धांतिक शोध के लिए भी प्रोत्साहन दिया जाता है। वार कॉलेज में प्रतिवर्ष 1,200 अधिकारियों को प्रशिक्षित किया जाता है तथा मध्य और संयुक्त कमांड स्तर पर मित्र देशों के लगभग 100 अधिकारियों को प्रशिक्षित किया जाता है। यह रणनीतिक, आभियानिक एवं उच्च स्तर पर सशस्त्र प्रशिक्षण के लिए एक नोडल एजेंसी के रूप में कार्य करता है।

यहाँ प्रशिक्षण के दौरान कमांडरों को हथियारों एवं सेवाओं के प्रयोग की जानकारी दी जाती है तथा युद्ध में उन्हें एक साथ संयोजित करने की रणनीति भी सिखाई जाती है। यहाँ रणनीतिक सिद्धांत तैयार किए जाते हैं तथा देश-विदेश के तकनीकी एवं रणनीतिक विकास की नई-नई जानकारियाँ प्राप्त करने के लिए अध्ययन किए जाते हैं। यहाँ रणनीति, सैन्य-संचालन और अन्य समसामयिक विषयों पर शोध भी किए जाते हैं।

बख्तरबंद कोर केंद्र एवं स्कूल (Armoured Corps Center and School)

द्वितीय विश्वयुद्ध आरंभ होने के बाद भारतीय कैवेलरी के मशीनीकरण की त्वरित प्रक्रिया शुरू की गई, जिससे भारत में बख्तरबंद कोर के अधिकारियों, जूनियर कमीशंड अधिकारियों और जवानों के लिए प्रशिक्षण संस्थान की आवश्यकता महसूस की गई। परिणामस्वरूप अहमदनगर में युद्ध वाहन स्कूल (Fighting Vehicles School) की स्थापना की गई। बख्तरबंद युद्ध स्कूल (School of Armoured Warfare), जो बख्तरबंद कोर केंद्र एवं स्कूल का एक अंग है, में सैनिकों को हर तरह की लड़ाई और सहायक हथियारों का प्रशिक्षण दिया जाता है, ताकि वे टुकड़ी स्तर से लेकर रेजीमेंट स्तर तक अपनी जिम्मेदारी वहन करने में सक्षम हो सकें।

स्कूल ऑफ आर्टिलरी (School of Artillery)

ब्रिटिश भारतीय सेना के लिए स्कूल ऑफ आर्टिलरी की स्थापना वर्ष 1919 में क्वेटा में की गई थी, जिसे 1923 में काकुल में स्थानांतरित कर दिया गया; दोनों ही स्थान वर्तमान में पाकिस्तान में हैं। स्कूल ऑफ आर्टिलरी की एक शाखा 1 जनवरी, 1941 को महाराष्ट्र में नासिक के निकट देवलाली में स्थापित कर दी गई; यहाँ तोपयुद्ध (Artillery warfare) से संबंधित विभिन्न विषयों का अध्ययन किया जाता है।

वायु रक्षा एवं निर्देशित प्रक्षेपास्त्र स्कूल

विभाजन के बाद कराची में स्थित एंटी-एयरक्राफ्ट स्कूल (Anti-Aircraft School) के भारतीय हिस्से को देवलाली ले जाया गया, जहाँ उसे एंटी-एयरक्राफ्ट शाखा (Anti-Aircraft Wing) के रूप में स्कूल ऑफ आर्टिलरी में मिला दिया

गया। बाद में इसे एंटी-एयरक्राफ्ट विंग (Anti-Aircraft Wing) बना दिया गया। एंटी-एयरक्राफ्ट विंग को अक्तूबर 1989 में उड़ीसा के गोपालपुर में स्थानांतरित कर दिया गया, जहाँ उसे वायु रक्षा एवं निर्देशित प्रक्षेपास्त्र स्कूल का केंद्र बनाया गया। यहाँ अधिकारियों, जूनियर कमीशंड अधिकारियों और नॉन-कमीशंड अधिकारियों को वायु रक्षा एवं तोपचालन से संबंधित तकनीकी और रणनीतिक प्रशिक्षण दिया जाता है; सेना की वायु रक्षा से संबंधित रणनीतिक एवं प्रशिक्षण सिद्धांतों की समीक्षा की जाती है; वायु रक्षा उपकरणों का परीक्षण किया जाता है तथा वायुरक्षा हथियारों के संचालन से संबंधित उपयुक्त नोट और पुस्तकें निकाली जाती हैं।

सैन्य-अभियांत्रिकी कॉलेज

वर्ष 1934 से पूर्व इंजीनियर कोर के अधिकारी सैन्य-अभियंता का पाठ्यक्रम इंग्लैंड के स्कूल ऑफ मिलिटरी इंजीनियरिंग, चैटहाम से तथा मेकैनिकल पाठ्यक्रम कैंब्रिज यूनिवर्सिटी से करते थे। द्वितीय विश्वयुद्ध के दौरान अभियंता अधिकारियों की आवश्यकता बढ़ती जा रही थी; इसलिए बंगलौर, रुड़की और किरकी के अभियंता केंद्रों पर अधिकारी कैडेट प्रशिक्षण इकाइयाँ स्थापित की गईं। सितंबर 1943 में रुड़की में सैन्य-अभियांत्रिकी स्कूल की स्थापना की गई। द्वितीय विश्वयुद्ध के बाद अभियंता कोर के अधिकारियों और अन्य कर्मियों के लिए केंद्रीकृत प्रशिक्षण की आवश्यकता स्पष्ट रूप से अनुभव की जाने लगी। अत: पुणे के निकट डपोडी में एक सैन्य-अभियांत्रिकी स्कूल की स्थापना की गई। नवंबर 1951 में इसका नाम बदलकर सैन्य-अभियांत्रिकी कॉलेज कर दिया गया। सैन्य-अभियांत्रिकी कॉलेज में सभी अभियांत्रिकी विषयों पर तकनीकी और रणनीतिक प्रशिक्षण दिया जाता है; अभियंता आँकड़ों एवं सूचनाओं का विश्लेषण और परीक्षण किया जाता है; अभियंता मामलों से संबंधित उपकरणों का परीक्षण किया जाता है तथा विभिन्न अभियंता परियोजनाओं पर शोध किया जाता है। इसके अतिरिक्त इसमें युद्ध, सिविल, इलेक्ट्रिक और मेकैनिकल इंजीनियरिंग का एक-एक संकाय तथा परमाणु, जैविक एवं रासायनिक संरक्षण का एक संकाय है, जिसमें परमाणु, जैविक एवं रासायनिक युद्ध से संबंधित पाठ्यक्रम संचालित किए जाते हैं।

दूरसंचार अभियांत्रिकी सैन्य कॉलेज

महू (Mhow) में स्थित दूरसंचार अभियांत्रिकी सैन्य कॉलेज सिग्नल कोर

की अग्रणी प्रशिक्षण संस्था है। वर्ष 1946 में स्थापित भारतीय सिग्नल कोर स्कूल का नाम 1948 में बदलकर 'स्कूल ऑफ सिग्नल्स' कर दिया गया। इसमें तकनीक पर आधारित प्रशिक्षण की व्यवस्था करने के लिए 1967 में इसका नाम बदलकर 'दूरसंचार अभियांत्रिकी सैन्य कॉलेज' कर दिया गया। यहाँ सभी रैंक के सैनिकों को युद्ध संचार, इलेक्ट्रॉनिक युद्ध, ऑटोमैटिक डाटा प्रोसेसिंग सिस्टम, इलेक्ट्रो-मैग्नेटिक हस्तक्षेप और इलेक्ट्रो-मैग्नेटिक संगति के तकनीकी और रणनीतिक पहलुओं का प्रशिक्षण दिया जाता है।

इन्फैंट्री स्कूल

इन्फैंट्री स्कूल भारत की सबसे बड़ी और सबसे पुरानी सैन्य संस्था है। इसे सन् 1888 में स्कूल ऑफ मस्केट्री के रूप में शुरू किया गया था; उसके बाद से इसके नाम एवं स्थान में कई बार परिवर्तन किए गए, जो इस प्रकार हैं—

- सतारा एवं बेलगाम में स्थित स्कूल ऑफ मस्केट्री
- पचमढ़ी एवं अहमदनगर में स्थित स्माल आर्म्स स्कूल
- भारतीय नॉन कमीशंड अधिकारी प्रशिक्षण स्कूल, झाँसी
- भारतीय प्लाटून कमांडर्स स्कूल, फैजाबाद
- रणनीति एवं प्रशासन हेतु युद्ध स्कूल, देहरादून।

इन्फैंट्री स्कूल वर्ष 1948 से महू में स्थित है। फरवरी 1971 में इसमें से कॉलेज ऑफ कॉम्बैट (College of Combat) बनाया गया। आर्मी मार्क्समैनशिप यूनिट, जिसने भारत और एशिया में महत्त्वपूर्ण उपलब्धियाँ हासिल की हैं, की स्थापना दिसंबर 1993 में की गई। इन्फैंट्री स्कूल में विभिन्न पाठ्यक्रम संचालित करने के साथ-साथ इन्फैंट्री से संबंधित रणनीतियाँ और युद्ध-तकनीकें विकसित की जाती हैं तथा हथियारों, गोला-बारूद और उपकरणों की नवीनतम प्रवृत्तियों के विकास का अध्ययन एवं मूल्यांकन किया जाता है। इसके अतिरिक्त यहाँ इन्फैंट्री से संबंधित प्रशिक्षण की नीतियाँ तैयार की जाती हैं तथा सेना एवं राष्ट्रीय शूटिंग टीम को प्रशिक्षण भी दिया जाता है। स्कूल का मुख्यालय महू में स्थित है, जहाँ युवा अधिकारी शाखा, सहायक हथियार शाखा, पलटन हथियार शाखा, अध्ययन एवं परीक्षण संकाय तथा आर्मी वर्क्समैनशिप यूनिट स्थित है; कनिष्ठ अधिकारी शाखा बेलगाम में स्थित है, जिसमें कमांडो और प्लाटून कमांडर्स शाखाएँ हैं।

हाई एल्टिट्यूड वारफेयर स्कूल

हाई एल्टिट्यूड वारफेयर स्कूल की स्थापना शुरू में एक स्कीयन स्कूल के रूप में गुलमर्ग में की गई थी। यहाँ स्कीयन तकनीकों, पर्वतारोहण और स्कीयन गश्त का प्रशिक्षण दिया जाता था। 8 अप्रैल, 1962 को इसे 'ए' श्रेणी का दर्जा देकर इसका नाम 'हाई एल्टिट्यूड वारफेयर स्कूल' कर दिया गया। युद्ध के दौरान सक्रिय सैन्य अभियानों में भाग लेनेवाला यह दूसरा प्रशिक्षण संस्थान है। यह देश में शीतकालीन खेलों के लिए नोडल केंद्र भी है।

योग्य एवं कुशल पर्वतारोहियों द्वारा सेना के सैनिकों को पर्वतारोहण का प्रशिक्षण दिया जाता है। छात्र-सैनिकों को बर्फ की दीवारों और हिमशैल की दरारों को पार करने तथा विशेषीकृत हथियार चलाने का प्रशिक्षण दिया जाता है। हाई एल्टिट्यूड वारफेयर स्कूल में प्रशिक्षण प्राप्त पर्वतारोहियों ने हिमालय की ऊँची-ऊँची चोटियों पर चढ़ने में सफलता प्राप्त की है। इस प्रकार के प्रशिक्षण से सैनिकों को हिमालयी क्षेत्र की जलवायु-दशाओं से समायोजन करने एवं सीमा की रक्षा करने की क्षमता विकसित करने में मदद मिलती है।

उपद्रव-विरोधी एवं जंगल युद्ध स्कूल

उपद्रव-विरोधी एवं जंगल युद्ध स्कूल की स्थापना वर्ष 1967 में एक जंगल-युद्ध प्रशिक्षण स्कूल के रूप में मेघालय में जोवाई के निकट मिनक्रे (Mynkre) में की गई थी। बाद में इसे पूर्वी कमान उपद्रव-विरोधी प्रशिक्षण स्कूल बना दिया गया। इसके बाद स्कूल को 'ए' श्रेणी के संस्थान का दर्जा मिल गया। 1 मई, 1970 को इसे मिजोरम के वैरेंगटी में स्थानांतरित कर दिया गया। स्कूल अपने आदर्श के अनुसार छात्रों को 'गुरिल्ला की तरह गुरिल्ला युद्ध करना' सिखाना है। उपद्रव-विरोधी एवं जंगल युद्ध स्कूल भारतीय सेना की नोडल शिक्षण सेवा के रूप में तथा उपद्रव-विरोधी एवं जंगल युद्ध में प्रशिक्षण के लिए एक उत्कृष्ट केंद्र के रूप में कार्य करता है। सन् 1971 के भारत-पाक युद्ध में भाग ले चुका यह स्कूल वर्तमान में उपद्रव-विरोधी अभियानों में हिस्सा ले रहा है।

अन्य प्रशिक्षण संस्थान

इनके अतिरिक्त कुछ अन्य प्रशिक्षण संस्थान भी हैं—

आर्मी सर्विस कोर स्कूल, बरेली; भौतिक प्रबंधन कॉलेज, जबलपुर; सैन्य यांत्रिक अभियांत्रिकी कॉलेज, सिकंदराबाद; सैन्य गुप्तचर प्रशिक्षण स्कूल, पुणे;

सेना चिकित्सा कोर एवं केंद्र, लखनऊ; सैनिक पुलिस कोर स्कूल, बंगलौर; सैनिक कानून संस्थान, कांपटी; सेना शिक्षा कोर प्रशिक्षण कॉलेज एवं केंद्र, पचमढ़ी; सैन्य भौतिक प्रशिक्षण स्कूल, पुणे; सैन्य यांत्रिक परिवहन स्कूल, बंगलौर तथा वायु प्रशिक्षण स्कूल, आगरा आदि। इन प्रशिक्षण संस्थानों के अतिरिक्त संयुक्त सेवा प्रशिक्षण संस्थाएँ भी हैं, जिनका सेना पर गहरा प्रभाव है। ये संस्थाएँ हैं—रक्षा सेवा स्टाफ कॉलेज, रक्षा प्रबंधन कॉलेज और राष्ट्रीय रक्षा कॉलेज।

रक्षा सेवा स्टाफ कॉलेज

रक्षा सेवा स्टाफ कॉलेज (DSSC) भारत के सबसे प्रतिष्ठित सैन्य संस्थानों में से एक है। इसकी स्थापना आर्मी स्टाफ कॉलेज के रूप में वर्ष 1905 में देवलाली में की गई थी। वर्ष 1907 में इसे क्वेटा में स्थानांतरित कर दिया गया। विभाजन के बाद इसका भारतीय हिस्सा दक्षिण भारत में वेलिंगटन में स्थापित किया गया। तब से लेकर आज तक यह पूर्ण एकीकृत रक्षा सेवा स्टाफ कॉलेज के रूप में तीनों सेवाओं—थल, नौ एवं वायु—के मध्यम स्तर के अधिकारियों को प्रशिक्षण देता आ रहा है। यहाँ संचालित पाठ्यक्रमों में तीनों सेवाओं के अधिकारियों को युद्ध एवं शांति काल के आभियानिक एवं स्टाफ कार्यों का प्रशिक्षण देने पर अधिक बल दिया जाता है। अंतरराष्ट्रीय स्तर पर यह एक अग्रणी प्रशिक्षण संस्थान

संयुक्त प्रशिक्षण : बख्तरबंद इन्फैंट्री। *(साभार : आर्ट्रैक)*

है। इसमें विश्व के कई विकसित और विकासशील देश अपने रक्षा अधिकारियों को पाठ्यक्रम में सम्मिलित करते हैं।

रक्षा प्रबंधन कॉलेज

रक्षा प्रबंधन कॉलेज की स्थापना वर्ष 1970 में रक्षा प्रबंधन संस्थान के रूप में सिकंदराबाद में की गई थी। सन् 1960 में इसका नाम बदलकर 'रक्षा प्रबंधन कॉलेज' कर दिया गया। यह रक्षा प्रबंधन के लिए एक राष्ट्रीय केंद्र है। विभिन्न शैक्षिक पाठ्यक्रम संचालित करने के साथ-साथ कॉलेज में रक्षा प्रबंधन के क्षेत्र में शोध भी किए जाते हैं तथा तीनों सेवाओं को उनकी संगठनात्मक समस्याओं का व्यावहारिक हल निकालने के लिए परामर्श सेवाएँ उपलब्ध कराई जाती हैं।

संदर्भ

1. जवाहरलाल नेहरू, 'द डिस्कवरी ऑफ इंडिया' (कलकत्ता, 1946), पृष्ठ 115।
2. खुशवंत सिंह एवं रघु राय, 'द सिख्स' (दिल्ली, 1984), पृष्ठ 14-15।
3. लॉर्ड मोरान, 'द एनाटोमी ऑफ करेज' (लंदन, 1945)।
4. मेजर जनरल इयान कारडोजो, 'परम वीर—अवर हीरोज इन बैटिल' (नई दिल्ली, 2003), पृष्ठ 16।
5. फिलिप मैसन, 'ए मैटर ऑफ ऑनर' (लंदन, 1974), पृष्ठ 14-15।
6. मेजर जनरल जोगिंदर सिंह, 'बिहाइंड द सीन' (नई दिल्ली, 1993), पृष्ठ XVII.
7. मेजर जनरल इयान कारडोजो, 'परम वीर', पृष्ठ 70।
8. आर्मी ट्रेनिंग कमांड, 'लीडरशिप' (शिमला, 1999), पृष्ठ 30।
9. स्टीफन कोहेन, 'दि इंडियन आर्मी' (दिल्ली, 1990), पृष्ठ 166-68।
10. बी.पी.एन. सिन्हा एवं सुनील चंद्र, 'वेलौर एंड विज्डम' (दिल्ली, 1992), पृष्ठ 261।
11. ब्रिगेडियर डेसमंड हायडी, 'द बैटिल ऑफ डोगराई' (दिल्ली, 1991), पृष्ठ 11, 13, 14, 229, 230, 231।
12. एल.एन. रंगराजन (संपादक), कौटिल्य, 'द अर्थशास्त्र' (दिल्ली, 1992), पृष्ठ 692, 693, 701।
13. फिलिप मैसन, 'ए मैटर ऑफ ऑनर', पृष्ठ 46-47।

14. वही, पृष्ठ 51।
15. वही, पृष्ठ 54।
16. वही, पृष्ठ 18।
17. वही, पृष्ठ 469।
18. वही, पृष्ठ 498, 509।

□

राष्ट्र-निर्माण में योगदान

• मेजर जनरल (सेवानिवृत्त) इयान कारडोजो

(अति विशिष्ट सेवा पदक, सेवा पदक)

भारतीय सेना में वस्तुतः भारत की जनता के सभी वर्गों का प्रतिनिधित्व है। इसमें देश के विभिन्न भागों से हर वर्ग, जाति, संप्रदाय के लोगों को बिना किसी भेदभाव के शामिल किया गया है। स्वतंत्रता से पूर्व और स्वतंत्रता के पश्चात् भारतीय सेना द्वारा विभिन्न युद्धों में किए गए उत्कृष्ट प्रदर्शन के लिए यह एक प्रेरणा-स्रोत रहा है। "राष्ट्रीय अखंडता के संदर्भ में यदि बात की जाए तो भारतीय सेना राष्ट्रीयता की जीती-जागती मिसाल है। अलग-अलग भाषाएँ बोलनेवाले, अलग-अलग धर्मों में विश्वास करनेवाले और देश के अलग-अलग क्षेत्रों से आनेवाले सैन्य-कर्मियों में देखा जानेवाला सामंजस्य, एकता और आपसी सहयोग हमारी राष्ट्रीय अखंडता का जीवंत उदाहरण है।"[1]

एक राजनीति-निरपेक्ष सेना

प्रथम सेना प्रमुख फील्ड मार्शल करियप्पा ने भारतीय सेना को पूर्ण राजनीति-निरपेक्ष बनाने का मार्ग प्रशस्त किया। हमारा देश एक लोकतांत्रिक देश है और यहाँ सेना का प्रत्येक सैनिक स्वयं को राजनीति से दूर रखता है। दूसरी ओर, हमारे अधिकांश पड़ोसी देशों में कभी-न-कभी सैनिक शासन की स्थिति आ चुकी है। सचमुच, फील्ड मार्शल करियप्पा ने भारतीय सेना को राजनीति-निरपेक्षता की

ओर ले जाकर राष्ट्र की महान् सेवा की है। उनकी उत्कट देशभक्ति की भावना सेना के सभी रैंकों में व्याप्त हो गई थी।

राजनीति-निरपेक्ष होने के साथ-साथ भारतीय सेना देश की सीमाओं की हर परिस्थिति में रक्षा करके राष्ट्र-निर्माण में महत्त्वपूर्ण योगदान देती है। अपनी पुस्तक 'दि इंडियन आर्मी' में स्टीफन कोहेन ने लिखा है—''परंपरागत राजनीतिक इतिहास में, विशेषकर भारतीय इतिहास में, राष्ट्र-निर्माण की प्रक्रिया में सेना की भूमिका की उपेक्षा की जाती रही है। यह दुर्भाग्यपूर्ण है, क्योंकि राष्ट्रवादी राजनीति और स्वतंत्रता के पश्चात् की राजनीति के क्षेत्र में सेना की प्रभावशाली भूमिका रही है।'' दुर्भाग्य से इस संबंध में आगे स्पष्ट रूप से उन्होंने कुछ नहीं लिखा है।

जो भी हो, भारतीय सेना ने राष्ट्र-निर्माण की दिशा में अपने स्तर पर काफी कुछ किया है, जिसकी उपेक्षा नहीं की जा सकती। अपने तैनाती-क्षेत्रों में विकास पर ज्यादा-से-ज्यादा बल देकर सेना ने प्रत्यक्ष अथवा अप्रत्यक्ष रूप से राष्ट्रीय सुरक्षा, राष्ट्रीय स्थिरता और राष्ट्रीय अर्थव्यवस्था में अपना उल्लेखनीय योगदान दिया है।

प्रथम स्वतंत्रता-संग्राम, 1857

भारत में राष्ट्रवाद की भावना जगाने में भारतीय सेना के योगदान का एक महत्त्वपूर्ण उदाहरण 1857 का स्वतंत्रता संग्राम है। यद्यपि अंग्रेजों ने इसे 'सिपाही विद्रोह' का नाम दिया, लेकिन भारतीय इतिहासकारों के अनुसार यह 'प्रथम स्वतंत्रता-संग्राम' था। हम जानते हैं कि इस संग्राम का राष्ट्रवाद अथवा स्वतंत्रता से कोई लेना-देना नहीं था; किंतु धीरे-धीरे इसने एक युद्ध का रूप ले लिया, जिसमें भारत से ब्रिटिश शासन को उखाड़ फेंकने के लिए लड़ाई लड़ी गई। हालाँकि कई कारणों से यह प्रयास सफल नहीं हो सका, किंतु इसने तत्कालीन ब्रिटिश शासकों पर गहरा प्रभाव डाला और भारत में ब्रिटिश साम्राज्य की जड़ें हिलाकर रख दीं।

अंग्रेजों ने यह अनुभव किया कि राष्ट्रवाद की यह चिनगारी धीरे-धीरे पूरे भारत में फैल जाएगी और उस स्थिति में उनका भारत पर शासन कर पाना मुश्किल हो जाएगा; इसलिए उन्होंने इस चिनगारी को और आगे तक फैलने से रोकने के लिए कई कदम उठाए। भारत में 'बाँटो और राज करो' की नीति अपनाने के साथ-साथ अंग्रेजों ने कई सैन्य इकाइयों के ढाँचे को कुछ इस तरह पुनर्गठित किया कि उनमें एक वर्ग दूसरे वर्ग के मुकाबले में प्रति-संतुलन की स्थिति में रहे। देशी राजाओं के साथ सहायक संधि करके अंग्रेजों ने उन्हें सैन्य-शक्ति की दृष्टि से

'म्यूटिनी मेडल', 1857-58।
(साभार : यूएसआई)

कमजोर कर दिया और सभी सैन्य मामले अंग्रेजों के हाथ में आ गए। उन्होंने सशस्त्र बलों में भारतीयों के नेतृत्व की अनुमति नहीं दी थी। ''यद्यपि भारतीयों को सन् 1862 से ही भारतीय सिविल सेवा में भरती किया जाने लगा था; लेकिन अगले पचास वर्षों तक किसी भी भारतीय को सेना में अधिकारी के रूप में नियुक्त करने की अनुमति नहीं दी गई। सेना में अधिकारी के रूप में कमीशन-प्राप्त अधिकारियों का पहला बैच सन् 1919 में आया।''[2]

वर्ष 1930 में पेशावर में एक और ऐसी घटना हुई, जिससे अंग्रेजों को यह एहसास हुआ कि भारतीय सैनिकों को अपनी इच्छा के अनुसार चलाना एक मुश्किल काम है। 1930 में गढ़वाल रेजीमेंट के सैनिकों ने निहत्थे खुदाई खिदमतगारों पर गोली चलाने का आदेश मानने से इनकार कर दिया था। यह सच है कि यह एक अलग घटना थी, लेकिन गढ़वालियों ने प्रथम विश्वयुद्ध में दो विक्टोरिया क्रॉस और कई अन्य सैन्य सम्मान प्राप्त करके तथा लड़ाइयों में उत्कृष्ट प्रदर्शन करके अपने प्रथम श्रेणी के अनुशासित सैनिक होने की बात पहले ही सिद्ध कर दी थी। यदि ऐसे सैनिक अविभाजित भारत के निहत्थे नागरिकों पर गोली चलाने के अंग्रेज अधिकारियों के आदेश को मानने से इनकार कर सकते थे तो क्या इसमें उनकी राष्ट्रवादिता नहीं झलकती?

आजाद हिंद फौज

सन् 1857 के स्वतंत्रता संग्राम की तरह ही द्वितीय विश्वयुद्ध के दौरान और उसके बाद 'आजाद हिंद फौज' का भी भारतीय राष्ट्रवाद पर गहरा प्रभाव पड़ा। इसने न केवल सेना के भीतर, बल्कि सेना के बाहर भी लोगों में राष्ट्रवाद की भावना को बढ़ावा देने में मदद की; इससे अंग्रेजों ने यह समझ लिया कि भारतीय

अधिकारियों और सैनिकों में उपजी यह राष्ट्र-भावना उनकी स्वाभाविक वृत्ति है। उन्होंने सोचा कि आजाद हिंद फौज के खिलाफ लाल किले में मुकदमा चलाने से लोगों में आजाद हिंद फौज-विरोधी भावना पैदा होगी, किंतु ऐसा नहीं हुआ। इसके विपरीत, इससे देश में आजाद हिंद फौज की लोकप्रियता में वृद्धि ही हुई। बर्मा के युद्ध में लड़नेवाले भारतीय सेना के लगभग 20,000 अधिकारी और जवान आजाद हिंद फौज में शामिल हो गए। इनमें कुछ ऐसे अधिकारी भी थे, जिन्हें अंग्रेजों ने युद्ध से पहले बहुत सोच-समझकर नियुक्त किया था कि वे ब्रिटिश शासन के प्रति वफादार बने रहेंगे। इससे अंग्रेजों को गहरा झटका लगा। इसके अतिरिक्त आजाद हिंद फौज पर मुकदमा चलाए जाने के दौरान अंग्रेजों ने यह भी अनुभव किया कि आजाद हिंद फौज के प्रति भारतीयों की गहरी सहानुभूति है। यह बात ब्रिटिश भारतीय सेना के कमांडर-इन-चीफ जनरल ऑकिनलेक के उस पत्र से स्पष्ट हो जाती है, जो उन्होंने आर्मी कमांडर को लिखा था। इस पत्र का उल्लेख प्रस्तुत पुस्तक में पहले ही किया जा चुका है।

बंबई और कराची में नौसैनिक विद्रोह

आजाद हिंद फौज पर मुकदमा चलाए जाने के कुछ समय बाद ही नौसेना में हुए विद्रोह ने अंग्रेजों को भारतीय सैनिकों की प्रवृत्ति के बारे में एक बार फिर सोचने के लिए मजबूर कर दिया। इससे अंततः अंग्रेजों ने अनुभव किया कि भारत में ब्रिटिश साम्राज्य को बनाए रखने के लिए अब ज्यादा दिनों तक भारतीय सैनिकों पर निर्भर नहीं रहा जा सकता। द्वितीय विश्वयुद्ध के बाद ब्रिटेन आर्थिक रूप से कमजोर हो गया था और वह भारत में अपनी अधिक सेना रखने की स्थिति में नहीं था। क्लीमेंट एटली, जो 1947 में अंग्रेजों के भारत छोड़ने के समय ब्रिटेन के प्रधानमंत्री थे, ने वर्ष 1956 में भारत का दौरा किया। उन्होंने बंगाल के तत्कालीन गवर्नर श्री चक्रवर्ती के साथ बातचीत के दौरान बताया था कि अंग्रेजों द्वारा भारत छोड़ने का निर्णय लेने के लिए कई कारण जिम्मेदार थे, जिनमें सबसे महत्त्वपूर्ण था—ब्रिटिश शासन के प्रति भारतीय सेना की वफादारी समाप्त हो जाना। इस प्रकार, भारत की स्वतंत्रता-प्राप्ति में भारतीय सेना की राष्ट्रीयता की भावना का महत्त्वपूर्ण योगदान रहा।[3]

देश का विभाजन

देश का विभाजन अविभाजित भारत की एकता को बनाए रखने के लिए

दूसरी गंभीर चुनौती थी। विभाजन के दौरान देश के कई हिस्सों में सांप्रदायिक दंगे भड़के, जिसके आगे प्रशासन पूरी तरह से अक्षम हो गया; ऐसी स्थिति में कानून-व्यवस्था बहाल करने की जिम्मेदारी सेना को सौंपी गई। सांप्रदायिकता की स्थिति इतनी गंभीर हो गई थी कि दोनों ही संप्रदायों—हिंदू और मुसलिम—के लोग एक-दूसरे को मिटा देने पर उतारू हो गए थे। ऐसे में अविभाजित भारतीय सेना ने सांप्रदायिक भेदभाव को स्थान न देते हुए पूरे देश के प्रति अपनी जिम्मेदारी निष्ठापूर्वक निभाई; जबकि स्थिति ऐसी बन गई थी कि विश्व की कोई भी—अच्छी-से-अच्छी—सेना स्वयं को संभवतः सांप्रदायिक पक्षपात से नहीं बचा सकती थी, किंतु भारतीय सैनिकों ने यह कर दिखाया। उस समय सभी लोगों ने माना कि देश में शांति-व्यवस्था कायम करने की उम्मीद केवल सेना की ओर से ही बची है।

भारतीय (स्वतंत्र) रियासतों का भारत में विलय

भारत की मजबूत और अनुशासित सेना से स्वतंत्र रियासतों के शासकों को भारतीय संघ में विलय के लिए तैयार करने में बहुत मदद मिली। जूनागढ़, हैदराबाद और गोवा जैसे मामलों में—जहाँ शासकों ने अपनी जनता की इच्छा के बावजूद भारत में शामिल होने से इनकार कर दिया—सेना की मदद लेनी पड़ी।

पाकिस्तान के साथ युद्ध : 1947-48, 1965, 1971 और कारगिल

सेना का सर्वप्रथम दायित्व देश की सीमाओं की बाह्य आक्रमणों से रक्षा करना है। पाकिस्तान के साथ लड़ी गई चार लड़ाइयों के दौरान भारतीय सेना ने अपना यह दायित्व सफलतापूर्वक निभाया। देश की अखंडता की रक्षा करने के साथ-साथ भारतीय सेना ने विश्व को यह भी दिखा दिया कि भारतीय सैनिकों और अधिकारियों में मजबूत इच्छा-शक्ति, दृढ़-निश्चय और बड़ी-से-बड़ी कठिन परिस्थितियों में भी जीत हासिल करने की क्षमता है। अपने दायित्वों का सफलतापूर्वक निर्वहण करने के लिए सेना को बड़ी कीमत चुकानी पड़ी है, इसलिए हमें ऐसी प्रवृत्तियों से बचने की आवश्यकता है, जिनसे भविष्य में इस प्रकार की स्थिति उत्पन्न हो।

नागरिक प्रशासन में सहयोग

विभिन्न प्रकार की प्राकृतिक और राष्ट्रीय आपदाओं के दौरान सेना द्वारा

कारगिल की लड़ाई, 1999। *(साभार : रक्षा मंत्रालय, जनसंपर्क विभाग)*

प्रशासन को दी जानेवाली मदद की बात तो सर्वविदित ही है; किंतु इतना ही नहीं, भारतीय सेना सीमा क्षेत्रों में स्वास्थ्य, शिक्षा आदि जन-कल्याण के कार्यों में भी महत्त्वपूर्ण योगदान देती रही है। सेना की धारणा के अनुसार वह भारतीय समाज का एक महत्त्वपूर्ण अंग है; और भारत के नागरिकों की सुरक्षा एवं उनका हित सुनिश्चित करना उसकी पहली प्राथमिकता है।

ऑपरेशन 'सहयोग'

यद्यपि स्वतंत्रता के बाद से ही सेना की नीति सीमा क्षेत्रों में उसके निकट रहनेवाले लोगों की देखभाल रखने की रही है, तथापि इस संबंध में पहली अनौपचारिक योजना सन् 1992 में उल्फा के खिलाफ सैन्य काररवाई के सफलतापूर्वक पूर्ण होने के बाद बनाई गई। 4 कोर द्वारा शुरू की गई इस कल्याणकारी योजना को 'ऑपरेशन सहयोग' का नाम दिया गया। सेना के संसाधनों और कुछ धन की मदद से सेना ने असम के लोगों को आत्मनिर्भर बनाकर वहाँ सामान्य स्थिति बहाल करने में उल्लेखनीय योगदान दिया। विद्यालयों के भवनों की मरम्मत करवाई गई, धार्मिक स्थलों की सफाई और सजावट की गई, बस स्टैंड बनवाए गए, सड़कों की मरम्मत करवाई गई और चिकित्सा शिविर बनवाए गए, जहाँ पर

हजारों ग्रामीणों का इलाज किया जाता था; इनके अतिरिक्त स्कूलों में खेलों का प्रशिक्षण दिया गया तथा खेल प्रतियोगिताएँ भी आयोजित की गईं।

इन सभी गतिविधियों में असम के लोगों ने गहरी रुचि दिखाई और इनसे लाभ भी उठाया। इनकी उपयोगिता को देखते हुए असम सरकार ने इस कार्यक्रम के लिए 4 लाख रुपए दिए, जिसका उपयोग कार्यक्रम को और व्यापक तथा उपयोगी बनाने में किया गया। किंतु दुर्भाग्य से सरकार की ओर से आगे और आर्थिक सहयोग नहीं मिला और सेना के संसाधनों का गैर-सैनिक उद्देश्य के लिए उपयोग किए जाने की कुछ सीमाएँ भी थीं; इस कारण से एक वर्ष के बाद ही इस कार्यक्रम में ढील आने लगी और सैनिक भी सीमा पर अपनी ड्यूटी और प्रशिक्षण के लिए चले गए। 'ऑपरेशन सहयोग' से काफी पहले से ही सैनिक इकाइयाँ प्राय: सीमा क्षेत्र के किसी एक गाँव को गोद लेती आ रही हैं। इस प्रक्रिया के अंतर्गत जम्मू-कश्मीर और पूर्वोत्तर में तैनात इकाइयाँ किसी एक गाँव को गोद लेती हैं और उसे अपना स्वयं का गाँव मानकर ग्रामीणों के रहन-सहन के स्तर में सुधार की दिशा में कार्य करती हैं। ग्रामीणों की चिकित्सा के लिए इकाई के डॉक्टरों एवं नर्सों को गाँव में भेजा जाता है और जहाँ स्कूलों की सुविधा नहीं होती है वहाँ इकाई के शिक्षकों को भेजकर ग्रामीणों को पढ़ाया जाता है। गाँव में समय-समय पर दंत-चिकित्सकों के द्वारा सर्वेक्षण करवाया जाता है तथा दाँत की बीमारीवाले ग्रामीणों को इलाज के लिए दंत-चिकित्सा केंद्रों में बुलाया जाता है। गाँव की सड़कों और पगडंडियों की मरम्मत करने तथा खेल के मैदान तैयार करने एवं जल-व्यवस्था में सुधार करने के लिए सेना के अभियंताओं और उपकरणों की मदद ली जाती है। इन क्रिया-कलापों से सीमा-क्षेत्र के लोगों के विकास में तो मदद मिलती ही है, साथ ही सेना और आम जनता को एक-दूसरे के और निकट लाने में भी मदद मिलती है।

ऑपरेशन 'उजाला'

'ऑपरेशन उजाला' 15 कोर द्वारा जम्मू-कश्मीर में शुरू किया गया था। इसका मुख्य उद्देश्य देश की जनता के एक बड़े वर्ग की समस्याओं और चिंताओं को दूर करने का सार्थक प्रयास करते हुए उसकी उदासीन और कभी-कभी विरोधी धारणा को बदलना तथा लोगों के कुछ चुने हुए कार्यों में उन्हें प्रोत्साहन और सहयोग उपलब्ध कराना था। इसके लिए चुने गए कार्यक्षेत्र शिक्षा, स्वयं सहायता और सहकारी कार्यक्रम रखे गए थे। ये सभी उद्यम सहकारिता पर आधारित थे,

जिनके लिए आरंभिक पूँजी सेना रेजीमेंट की ओर से दी गई थी और उम्मीद की गई थी कि उद्यमों की सफलता के लिए कारपोरेट सेक्टर उनमें वित्तीय सहयोग देगा। सेना की ओर से निर्णय लिया गया कि वह सिर्फ धन के सदुपयोग में मदद करेगी और उसके लेन-देन की जिम्मेदारी कारपोरेट सेक्टर द्वारा नामांकित स्थानीय लोगों के हाथ में होगी। 'ऑपरेशन उजाला' में निम्नलिखित कार्यक्षेत्रों को शामिल किया गया था—बच्चों की शिक्षा की व्यवस्था करना, सहकारी स्वयं-सहायता उद्यमों में सहयोग करना, उत्पादित वस्तुओं के लिए बाजार ढूँढ़ना, मेधावी बच्चों को अच्छी शिक्षा संस्थाओं में प्रवेश दिलाना, विशेषीकृत चिकित्सा सुविधा उपलब्ध कराना, शैक्षिक एवं सांस्कृतिक कार्यक्रम आयोजित करना आदि।

'ऑपरेशन उजाला' का प्रभाव सीमित ही रहा, क्योंकि इसमें कारपोरेट सेक्टर की ओर से पर्याप्त सहायता नहीं मिल सकी; किंतु इसके परिणामों से एक बात स्पष्ट हो गई कि उपयुक्त उद्यमों के लिए यदि पर्याप्त धन उपलब्ध कराया जाता तो उनमें विकास की अच्छी संभावनाएँ थीं। भारत सरकार ने इसके अच्छे और सकारात्मक परिणामों को देखते हुए इसका विस्तार 15 कोर के पूरे क्षेत्र तक कर दिया और इस प्रकार एक नई योजना तैयार की गई, जिसके परिणामस्वरूप 'ऑपरेशन सद्‌भावना' शुरू किया गया।

ऑपरेशन 'सद्‌भावना'

कश्मीर घाटी के लोगों का दिल जीतने और साथ-ही-साथ सीमा क्षेत्रों में घुसपैठ को कम करने के लिए 'ऑपरेशन सद्‌भावना' शुरू किया गया। इसमें शिक्षा, कंप्यूटर शिक्षा का विकास, मानव संसाधन विकास, चिकित्सा, जलापूर्ति, विद्युत् आपूर्ति और खेल के मैदानों के विकास पर बल दिया गया।

ऑपरेशन 'सद्‌भावना' के अंतर्गत चलाई गई परियोजनाओं का नियंत्रण कोर हेडक्वार्टर स्तर पर था, जबकि धन के वितरण का कार्य इकाई स्तर पर बाँटा गया था। तीन वर्ष तक चलनेवाली ऐसी योजनाओं को शामिल किया गया था, जिनसे स्थानीय जनता को अधिक-से-अधिक लाभ मिल सके। रक्षा मंत्रालय की ओर से इसके लिए 3.5 करोड़ रुपए मंजूर किए गए थे। इसके अंतर्गत चलाई गई योजनाएँ अत्यंत उपयोगी रहीं, जिनसे स्थानीय लोगों ने भरपूर लाभ उठाया है। ऑपरेशन सद्‌भावना से घाटी के कई दूर-दराज के गाँव लाभान्वित हुए हैं। नए स्कूलों का निर्माण किया गया है और पुराने स्कूलों में अतिरिक्त सुविधाएँ उपलब्ध कराकर उनके स्तर को ऊपर उठाया गया है। स्थानीय लोगों को सूचना तकनीकी से लाभान्वित

कराने के लिए कंप्यूटर प्रशिक्षण केंद्र खोले गए हैं और चिकित्सा सुविधाओं में वृद्धि करके लोगों के स्वास्थ्य के स्तर में सुधार किया गया है।

सीमा-क्षेत्रों में रहनेवालों की मदद करने की इस उपयोगी योजना से काफी लाभ मिला है। सीमा-क्षेत्रों में शिक्षा एवं जीवन-स्तर में सुधार की दिशा में सेना का योगदान उल्लेखनीय रहा है और आवश्यकतानुसार यह निरंतर चलता रहेगा।

पर्यावरण प्रबंधन

भारत गंभीर जल संकट से गुजर रहा है। प्रदूषण के कारण स्वच्छ पेयजल की लगातार कमी होती जा रही है। कृषि योग्य भूमि के लिए जल नहीं मिल रहा है और हजारों गाँव ऐसे हैं, जहाँ लोगों को स्वच्छ पेयजल उपलब्ध नहीं है। उन्नीसवीं शताब्दी से लेकर अब तक जल-प्रबंधन के क्षेत्र में दो प्रमुख परिवर्तन हुए हैं। पहला, स्थानीय समुदायों ने जल-प्रबंधन के लिए प्राथमिक एजेंसी के रूप में कार्य करना बंद कर दिया और इस कारण वे अपने जल संसाधनों का संरक्षण करने में अक्षम हो गए हैं।

परिणामस्वरूप वर्षा-जल इकट्ठा करने की प्रक्रिया पर ध्यान नहीं दिया जा रहा है और भूगर्भिक जल पर निर्भरता बढ़ती जा रही है। इन कारणों से जल संसाधन में ह्रास हुआ है। इसके अतिरिक्त कृषि योग्य भूमि तैयार करने के लिए तालाबों और जंगलों को नष्ट करके उस पर खेती की जाने लगी है। कुओं, तालाबों और बाँधों की उचित देखभाल की कमी के कारण यह समस्या और भी गंभीर हो गई है। इस स्थिति को सुधारने के उद्देश्य से लैंसडाउन में स्थित गढ़वाल राइफल्स रेजीमेंटल सेंटर ने लैंसडाउन में उपलब्ध जल संसाधनों को समृद्ध बनाने के लिए रचनात्मक कदम उठाए हैं, जिससे प्रतिवर्ष 1,700 मि.मी. औसत वर्षा जल को संयोजित किया जा रहा है।

वर्ष 1931 में किए गए एक मानचित्र सर्वेक्षण के अनुसार लैंसडाउन में 35 प्राकृतिक झरने हैं, किंतु 1999 में किए गए एक सर्वेक्षण से पता चला कि इनमें से केवल 8 झरनों में ही जल आता है, जबकि शेष सूख गए हैं। पर्यावरण और भू-पारिस्थितिकी के संरक्षण के लिए इन सूखे झरनों में जल का प्रवाह शुरू करने की एक बहुमुखी योजना शुरू की गई। सभी परियोजनाएँ रेजीमेंटल सेंटर द्वारा स्वयं अपने बल पर शुरू की गई थीं। इनके अंतर्गत रेजीमेंटल सेंटर ने पुराने तालाबों की मरम्मत करवाई तथा नए तालाब खुदवाए और वर्षा के जल को इन तालाबों में संगृहीत करने के लिए प्रबंध किए। यह जल नहाने, कपड़े धोने और कुछ स्थितियों

में पीने के लिए भी उपयुक्त है। इसके अतिरिक्त रेजीमेंटल सेंटर ने लैंसडाउन में 2 पक्के बाँध तथा 12 अन्य कच्चे बाँध (रेत आदि की बोरियों से) निर्मित किए हैं, जिनमें प्राकृतिक स्रोतों से जल इकट्ठा करके उन्हें पुनः प्रवाहित करने में मदद मिलेगी और नालों के आस-पास वन-संपदा में वृद्धि होगी तथा वर्षा की मात्रा भी बढ़ेगी।

रेजीमेंटल सेंटर ने गाँवों में जल-प्रबंधन के प्रति जागरूकता पैदा करने का कार्य किया है और वर्षा जल के संरक्षण में ग्रामीणों की मदद भी कर रहा है। इससे सेना ने न केवल राष्ट्रीय विकास को बल दिया है, बल्कि गढ़वाल के लोगों को सेना से जोड़ने का कार्य भी किया है।

भू-पारिस्थितिकी संरक्षण

अवैध खनन और विभिन्न उद्योगों की गैर-जिम्मेदाराना निपटारण विधि तथा वनोन्मूलन के कारण भू-पारिस्थितिकी के लिए उत्पन्न खतरे के प्रति सेना सदैव ही चिंतित रही है। उसने अपने क्षेत्रों में वनारोपण और पर्यावरण संरक्षण करके जानवरों और पक्षियों का संरक्षण भी किया है। भू-पारिस्थितिकी की बिगड़ी हुई स्थिति को सुधारने के उद्देश्य से पर्यावरण एवं वन मंत्रालय तथा रक्षा मंत्रालय के संरक्षण में भू-पारिस्थितिकी कार्यबल गठित किया गया है। इसके अंतर्गत शिवालिक और निम्न हिमालय क्षेत्र सहित विभिन्न राज्यों के भू-पारिस्थितिकी की दृष्टि से संवेदनशील क्षेत्रों को लिया गया है।

भू-पारिस्थितिकी कार्यबल भू-पारिस्थितिकी की समस्याओं को दूर करने तथा भूतपूर्व सैन्य कर्मियों के पुनर्वास के लिए गठित किए गए हैं। वर्तमान में भारत के चार राज्यों में कुल पाँच भू-पारिस्थितिकी कार्यबल कार्य कर रहे हैं। सेना के प्रत्येक कमांड हेडक्वार्टर में एक-एक भू-पारिस्थितिकी प्रकोष्ठ और सेना मुख्यालय में क्वार्टर मास्टर जनरल की शाखा में एक भू-पारिस्थितिकी प्रकोष्ठ बनाया गया है।

भू-पारिस्थितिकी संरक्षण का कार्य विभिन्न राज्यों के वन विभागों के दिशा-निर्देशन एवं देख-रेख में और स्थानीय सैन्य इकाई के प्रशासनिक नियंत्रण में पर्यावरण एवं वन मंत्रालय द्वारा किया जाता है। इस दिशा में प्रयास सन् 1983 में शुरू किए गए। इसके अंतर्गत मसूरी के आस-पास शिवालिक क्षेत्र में लाखों पेड़-पौधे और झाड़ियाँ लगाए गए, पुराने बाँधों की मरम्मत की गई तथा नए बाँध बनाए गए, जल-संरक्षण स्रोतों और तालाबों का निर्माण एवं मरम्मत की गई। 1 इन्फैंट्री

बटालियन (टी ए) ने स्थानीय लोगों की मदद से इस क्षेत्र में 209 छोटे बाँध और 9 जल-संयोजन तालाब तैयार किए हैं। नए पौधे लगाकर वनोन्मूलन से उत्पन्न समस्याओं को कम किया गया है तथा मिट्टी के कटाव को भी कम कर लिया गया है। जिन क्षेत्रों में ये परियोजनाएँ चलाई जा रही हैं, वहाँ गाँवों, स्कूलों, कॉलेजों और कारखानों में जन-जागरण अभियान चलाकर लोगों में भू-पारिस्थितिकी की समस्या के प्रति जागरूकता बढ़ाई गई है।

भू-पारिस्थितिकी कार्य बलों की सफलता को देखकर जम्मू-कश्मीर, पंजाब, उड़ीसा, नगालैंड, मणिपुर, त्रिपुरा, असम और कर्नाटक राज्यों ने भी अपने यहाँ भू-पारिस्थितिकी असंतुलन को दूर करने के लिए भू-पारिस्थितिकी कार्यबल गठित किए जाने की इच्छा जताई है। इन राज्यों में भी इस प्रकार के कार्य बल गठित करके भारतीय जनता को सेना के और अधिक निकट लाया जा सकेगा, जिससे अंततः राष्ट्रीय विकास और राष्ट्र निर्माण की प्रक्रिया को बल मिलेगा।

आपदा प्रबंधन और सेना

भारतीय सेना को हर प्रकार की आपातकालीन परिस्थितियों और आपदाओं में त्वरित काररवाई के लिए प्रशिक्षण दिया जाता है। वस्तुतः इस प्रकार की स्थितियों में राहत एवं बचाव कार्यों में सेना महत्त्वपूर्ण भूमिका निभाती है। जब सभी राहत एवं बचाव कार्य एजेंसियाँ असफल हो जाती हैं, तब सेना की मदद ली जाती है। इस प्रकार के बचाव एवं राहत कार्यों में सफलतापूर्वक सहयोग करने के लिए और उस स्तर को बनाए रखने के लिए सेना अपने बलों को प्रशिक्षण देती रहती है तथा अपनी व्यवस्था की समीक्षा भी करती है।

कुछ क्षेत्रों में तो इस प्रकार की प्राकृतिक आपदाएँ अकसर आती रहती हैं। उदाहरण के लिए, असम में ब्रह्मपुत्र नदी में प्रतिवर्ष आनेवाली बाढ़। ऐसे क्षेत्रों के लिए सेना पहले से पूरा प्रबंध करके रखती है, ताकि त्वरित काररवाई करके ज्यादा-से-ज्यादा लोगों को आपदा से बचाया जा सके। इसके लिए नए तरह के संगठन तैयार करने पर विचार किया जा रहा है, क्योंकि अब तक यह स्पष्ट होता जा रहा है कि यद्यपि किसी आपदा के समय सेना की मदद अन्य सभी विकल्पों की असफलता के बाद ही ली जानी चाहिए, लेकिन ऐसे कार्यों में उसे प्रथम विकल्प के रूप में प्रयोग में लाया जा रहा है। आपदा जितनी गंभीर होती है, यह बात उतनी ही ज्यादा सच होती है। इसका कारण यह है कि राज्य अथवा जिला प्रशासन इस प्रकार की स्थिति से निपटने का प्रबंध कर पाने में स्वयं को असमर्थ

मार्च पास्ट करती हुईं एनसीसी की महिला कैडेट। *(साभार : आर्ट्रैक)*

पाता है। लातूर में आए भूकंप, मालपा में हुए भू-स्खलन, वर्ष 1999 में उड़ीसा में आए चक्रवात, 2001 में गुजरात के भुज में आए भूकंप और दिसंबर 2004 में आई सुनामी आपदा के समय यह बात पूरी तरह स्पष्ट हो गई थी।[4]

आपातकालीन नियोजन सेना द्वारा राष्ट्रीय, राज्य एवं क्षेत्रीय स्तर पर किया जाता है तथा संयुक्त अभियान का नियंत्रण एकीकृत रक्षा स्टाफ के हेडक्वार्टर के पास होता है। आपातकालीन योजना तैयार कर लिये जाने के बाद सिविल सेवाओं के साथ नियमित अभ्यास किए जाते हैं और आपदा की गंभीरता के अनुसार नियोजन में समय-समय पर परिवर्तन किया जाता रहता है। नियमित रूप से आनेवाली आपदाओं और उसके दौरान बचाव एवं राहत कार्यों में ली जानेवाली सेना की मदद से यह बात स्पष्ट हो जाती है कि सेना देश की जनसंख्या के एक बड़े हिस्से के राहत एवं बचाव कार्य में महत्त्वपूर्ण भूमिका निभाती है और इसके माध्यम से वह राष्ट्रीय विकास में अपना योगदान देती है।

राष्ट्रीय कैडेट कोर (NCC) के माध्यम से युवाओं को प्रशिक्षण एवं प्रोत्साहन

नौसेना और वायुसेना के सहयोग से भारतीय सेना राष्ट्रीय कैडेट कोर (NCC) के माध्यम से देश के छात्र समुदाय को प्रशिक्षित और प्रेरित करने की दिशा में

महत्त्वपूर्ण कार्य कर रही है। इसमें विभिन्न संस्थागत प्रशिक्षण कार्यक्रमों और खेलों के माध्यम से छात्रों में नेतृत्व की क्षमता, अनुशासन, साहस, आत्मविश्वास और धर्मनिरपेक्ष दृष्टिकोण पैदा किया जाता है। वर्तमान में नेशनल कैडेट कोर में कुल कैडेटों की संख्या लगभग 11.6 लाख है, जिनमें से 8-9 लाख कैडेट सेना इकाइयों के हैं।

आंतरिक सुरक्षा में सेना की भूमिका

हाल के वर्षों में देश के आंतरिक भागों में अशांति बढ़ी है, जिससे सेना को हमारे अपने ही लोगों के खिलाफ पुलिस की ड्यूटी जैसे काम में लगाया जाता रहा है; किंतु इस तरह ड्यूटी में सेना को लगातार लगाते रहने का कोई लाभ नहीं है। भारतीय सेना मानवाधिकार प्रकोष्ठ बनानेवाली विश्व की पहली सेनाओं में से एक है।

भारतीय सेना : जनता की सेना

युद्ध अथवा शांतिकाल में सेना का प्रदर्शन काफी हद तक इस बात पर निर्भर करता है कि उसकी जड़ें अपने देश की जनता में कितनी गहराई से जमी हुई हैं। युद्ध में अच्छा प्रदर्शन करने के लिए सैनिक में पारिवारिक, सामुदायिक और

एनसीसी कैडेट फायरिंग रेंज में। *(साभार : आर्ट्रैक)*

राष्ट्रीय हित की भावना होनी चाहिए। इतिहास ऐसे उदाहरणों से भरा पड़ा है, जिनमें सैनिकों और सेनाओं ने अपने देश की जनता की रक्षा के लिए उत्कृष्ट प्रदर्शन किया है। स्वतंत्रता के बाद भारतीय सेना द्वारा लड़ी गई लड़ाइयों में यह बात साफ दिखाई देती है। फील्ड मार्शल करियप्पा स्मारक व्याख्यान में श्री जे.एन. दीक्षित ने कहा था—"हमारे सुरक्षा बलों की आभियानिक क्षमता, दृढ़ इच्छा-शक्ति, निष्ठा और सामूहिक मनोवैज्ञानिक लोच (उदारता) उनके भारतीय सांस्कृतिक-सामाजिक चरित्र में गहराई से जमे होने और उन्हें जनता द्वारा मिलनेवाले समर्थन एवं सहयोग पर निर्भर है।"[5]

निष्कर्ष के रूप में कहा जा सकता है कि स्वतंत्रता से पूर्व और स्वतंत्रता के बाद राष्ट्र-निर्माण एवं राष्ट्रीय विकास की प्रक्रिया में भारतीय सेना की उल्लेखनीय भूमिका रही है, जो इसी तरह जारी रहनी चाहिए; क्योंकि इससे सेना एवं भारतीय जनता के बीच और अधिक निकटता बढ़ेगी तथा दोनों के बीच संबंध मजबूत होंगे। इन्हीं संबंधों के बल पर सैनिक देश की एक पुकार पर अपने देशवासियों की रक्षा के लिए अपने प्राणों की बाजी लगा देते हैं।

संदर्भ

1. लेफ्टिनेंट जनरल एस.के. सिन्हा, 'इंडियन आर्मी : बिफोर एंड आफ्टर इंडिपेंडेंस—इट्स रोल इन नेशन बिल्डिंग', फील्ड मार्शल करियप्पा स्मारक व्याख्यान, 1995-2000 (नई दिल्ली, 2001), पृष्ठ 54।
2. वही, पृष्ठ 46।
3. वही, पृष्ठ 50।
4. वही, पृष्ठ 56।
5. जे.एन. दीक्षित, 'अवेयरनेस ऑफ डिफेंस मैटर्स एमंग्स्ट पोलिटीशिएंस, ब्यूरोक्रेट्स एंड पब्लिक' (कॉजेज एंड इफेक्ट्स)—मीजर्स टू प्रोमोट अवेयरनेस, फील्ड मार्शल करियप्पा स्मारक व्याख्यान, 1995-2000, पृष्ठ 68।

□

भावी संभावनाएँ

• **लेफ्टिनेंट जनरल (सेवानिवृत्त) विजय ओबराय**

(परम विशिष्ट सेवा पदक, अति विशिष्ट सेवा पदक, विशिष्ट सेवा पदक)

भारतीय सेना के भावी आकार, स्वरूप, गतिविधि और उद्देश्य को प्रभावित करनेवाले कई राष्ट्रीय और अंतरराष्ट्रीय कारक हैं, जिनका प्रभाव सैन्य क्षेत्र तक ही सीमित नहीं है, बल्कि पूरे देश की कार्य-प्रणाली और उसकी नीतियों की दिशा भी काफी हद तक उनके आधार पर ही निर्धारित होती है। भारतीय सेना आरंभ से ही राष्ट्र और उसके नागरिकों की सेवा करती आ रही है। इस संदर्भ में उसने अनेक विपरीत परिस्थितियों से ऊपर उठते हुए अपने परंपरागत चरित्र को बनाए रखा है। स्वतंत्रता के बाद से सेना ने देश की जनता के हर वर्ग में अपना स्थान बना लिया है। किसी भी परिस्थिति—युद्ध, राष्ट्रीय आपदा अथवा शांति—में भारतीय सेना ने राष्ट्र और उसके नागरिकों के प्रति अपने दायित्वों से मुख नहीं मोड़ा है, बल्कि पूरी निष्ठा और वफादारी से उसने अपने कर्तव्यों को निभाया है।

देश के दुश्मनों ने जब भी हमारी सीमाओं में घुसने अथवा हमारी प्रभुसत्ता, अखंडता को चुनौती देने की कोशिश की, हमारी सेना ने उनका मुकाबला करके उन्हें मार भगाया और दुबारा ऐसा दुःसाहस न करने का सबक भी सिखाया। देश में प्राकृतिक अथवा मनुष्य द्वारा उत्पन्न आपदाओं के दौरान जब भी सेना को मदद के लिए बुलाया गया, उसने पूरे समर्पण के साथ प्रशासन और नागरिकों को मदद पहुँचाई। स्वतंत्रता के बाद से भारत की राष्ट्रीय सुरक्षा, राष्ट्र-निर्माण और राष्ट्रीय

पोखरण II मई 1998; भारत के परमाणु विस्फोट का परीक्षण स्थल; इस घटना ने दक्षिण एशिया में तमाम सुरक्षा समीकरण बदल डाले।

विकास में अपना निस्स्वार्थ योगदान देकर भारतीय सेना ने अपने उच्च आदर्श और गौरवशाली परंपरा को सदैव बनाए रखा है।

इस प्रकार आगामी दशकों में भारतीय सेना के सामने आनेवाली चुनौतियाँ और उसकी जिम्मेदारियाँ तो स्पष्ट हैं, किंतु उसकी कार्य-प्रणाली में परिवर्तन स्वाभाविक है। भारतीय सेना एक गतिशील और लोचशील संगठन है। इसने समय-समय पर बदलते परिवेश और परिस्थितियों के अनुसार स्वयं को ढाला है; किंतु तकनीकी क्षेत्र में हो रहे तीव्र विकास से आनेवाले दशकों में परिवर्तन की गति के तेज होने की संभावना है। ऐसे में सेना को भी बदलते तकनीकी परिवेश के अनुसार स्वयं को तेज़ी से ढालना होगा। दूसरी बात, हमारी सामाजिक स्थिति में भी तेजी से बदलाव आ रहा है; चूँकि भारतीय सेना एक लोकतांत्रिक देश की अनुशासित और जिम्मेदार सेना है, इसलिए देश की सामाजिक स्थितियों में आनेवाले बदलावों का इस पर गहरा प्रभाव पड़ता है। इस प्रकार राष्ट्रीय और अंतरराष्ट्रीय स्तर पर तकनीकी प्रगति के कारण आनेवाले बदलावों तथा भारतीय समाज में आ रहे बदलावों के चलते भारतीय सेना के सामने कुछ नई चुनौतियाँ आ सकती हैं—लगातार और तेजी से बदलती परिस्थितियों के अनुसार स्वयं को ढालना। किंतु अपनी संगठनात्मक लोचशीलता, गतिशीलता और अनुशासन के बल पर हमारी

सेना इन सभी चुनौतियों से आसानी से और सफलतापूर्वक निपटने में सक्षम है; बशर्ते उसे पर्याप्त वित्तीय मदद उपलब्ध कराई जाए और साथ ही राजनीतिक नेतृत्व एवं देश के नागरिकों का सहयोग व समर्थन उसे मिलता रहे।

आगामी दशकों की नीतियाँ और रणनीतियाँ

स्वतंत्रता के पश्चात् पिछले लगभग 58 वर्षों में भारत के राजनीतिक नेतृत्व ने देश में कोई औपचारिक राष्ट्रीय सुरक्षा नीति तैयार करने और उसे लागू करने की दिशा में रुचि नहीं दिखाई है; इस प्रकार देश में औपचारिक राष्ट्रीय सुरक्षा रणनीति के अभाव में सैन्य ढाँचे, रणनीतियों, सिद्धांतों और अन्य रणनीतिक पहलुओं से संबंधित कोई औपचारिक सुरक्षा रणनीति बनाने में एक बड़ी बाधा आई है, जो अपने आप में दुर्भाग्यपूर्ण है।

किसी राष्ट्र की सुरक्षा रणनीति उसके राष्ट्रीय हितों और उद्‌देश्यों को ध्यान में रखकर तैयार की जाती है। भारत का प्राथमिक उद्‌देश्य देश और देश की जनता का पूर्ण सामाजिक-आर्थिक विकास करना रहा है। हमारे राष्ट्रीय हित और उद्‌देश्य संक्षेप में इस प्रकार हैं—

- देश को पूर्ण धर्मनिरपेक्ष और बहु-सांस्कृतिक राष्ट्र के रूप में विकसित करना, जिसमें लिंग, जाति, धर्म, संप्रदाय के भेदभाव से परे सभी को भाषण और विचार-अभिव्यक्ति की स्वतंत्रता तथा समान अवसर उपलब्ध हों।
- पूर्ण और निरंतर आर्थिक विकास के लिए सुरक्षित, शांत वातावरण सुनिश्चित करना, जिसके बिना उपर्युक्त लक्ष्य हासिल नहीं किया जा सकता।
- देश की प्रभुसत्ता, एकता और राष्ट्रीय अखंडता को बनाए रखना।
- अंतरराष्ट्रीय मामलों में अपनी भूमिका और नीतियाँ सुनिश्चित करना।[2]
- उपर्युक्त सभी लक्ष्य हासिल करने के लिए देश में आंतरिक एवं बाह्य सुरक्षा का वातावरण सुनिश्चित करना आवश्यक है। देश के पूर्ण एवं अंतिम विकल्प के रूप में भारतीय सेना आंतरिक उपद्रवों और बाह्य आक्रमणों से राष्ट्रीय आदर्शों तथा राष्ट्रीय हितों की रक्षा के लिए उत्तरदायी है।
- इस प्रकार भारत की राष्ट्रीय नीति कुछ इस तरह हो सकती है—'एक मजबूत, आर्थिक रूप से संमृद्ध और संयुक्त लोकतांत्रिक भारत का निर्माण

करना, जो आंतरिक व बाह्य खतरों से पूरी तरह मुक्त हो और क्षेत्र में एक प्रभावशाली भूमिका निभाते हुए विश्व-समुदाय में अपने लिए उपयुक्त और गौरवपूर्ण स्थान सुनिश्चित करें।'[3]

राष्ट्रीय सुरक्षा रणनीति पर जितना राष्ट्रीय हितों और उद्देश्यों का प्रभाव पड़ता है उतना ही राष्ट्रीय, क्षेत्रीय और वैश्विक मामलों का भी। सुरक्षा से संबंधित अंतरराष्ट्रीय प्रवृत्तियाँ आनेवाले दशकों में स्वतः ही स्पष्ट हो जानेवाली हैं। यद्यपि परमाणु-युद्ध की संभावनाएँ धीरे-धीरे कम हुई हैं, तथापि परमाणु हथियारों का उत्पादन लगातार बढ़ता जा रहा है। जहाँ तक परंपरागत युद्ध की बात है, कुछ सीमित परंपरागत लड़ाइयों से इनकार नहीं किया जा सकता; लेकिन ये सीमित परंपरागत लड़ाइयाँ धीरे-धीरे सीमा पार आतंकवाद, जातीय संघर्ष और प्रायोजित उपद्रव अथवा आतंकवाद का रूप लेती जा रही हैं। परंपरागत युद्ध लड़ने की स्थिति में भी अंतरराष्ट्रीय स्तर पर अपनी प्रभावशाली भूमिका निभानेवाले देश व्यक्तिगत अथवा सामूहिक रूप से उसमें हस्तक्षेप करेंगे—केवल युद्ध का क्षेत्र व्यापक होने से रोकने के लिए ही नहीं, बल्कि यह सुनिश्चित करने के लिए भी कि युद्धरत देश परमाणु-युद्ध की दहलीज तक न पहुँच सकें।

भारत की सैन्य रणनीति का उद्देश्य देश और देश के राष्ट्रीय हितों की रक्षा करना है, जो आंतरिक और बाह्य खतरों को समाप्त करके प्राप्त किया जा सकता है। विरोधियों अथवा शत्रुओं को अपने रास्ते से हटाने के लिए भारत के पास उन्हें परास्त करने की क्षमता, साधन और त्वरित काररवाई की इच्छाशक्ति का होना आवश्यक है। इस प्रकार किसी बड़ी शक्ति के हस्तक्षेप को रोकने के लिए हमारे पास उच्च स्तरीय क्षमता होनी चाहिए, जिसके लिए रक्षा क्षेत्र में हमें अपनी विश्वसनीय और प्रभावशाली उपस्थिति सुनिश्चित करने की आवश्यकता है। भारत की सैन्य रणनीति सभी प्रकार की संभावित लड़ाइयों—अत्यधिक गंभीर परंपरागत लड़ाई, जो परमाणु हथियारों के परदे के पीछे लड़ी जा सकती है—से लेकर छोटी-छोटी और सीमित लड़ाइयों तक, जिनमें उपद्रव, आतंकवाद और घुसपैठ आदि शामिल हैं—के लिए प्रभावशाली बनाए जाने की आवश्यकता है। आनेवाले दशकों में भी भारतीय सेना का दायित्व और उसकी भूमिका आंतरिक उपद्रव अथवा बाह्य शक्तियों के विरुद्ध देश की भौगोलिक अखंडता एवं एकता की रक्षा करते हुए उसका राष्ट्रीय हित सुनिश्चित करने की होगी।[4]

सुरक्षा की स्थिति

इक्कीसवीं शताब्दी के पहले कुछ दशकों में एशिया में शक्ति-संतुलन के बहुकेंद्रित स्थिति में होने की संभावना है, जिसमें चीन, भारत और जापान शक्ति के केंद्र हो सकते हैं। क्षेत्रीय गुटबाजी का प्रभाव रणनीति और आर्थिक मामलों पर भी देखने को मिलेगा।

ऐसे में भारत का प्रभाव-क्षेत्र न केवल दक्षिण एशिया तक, बल्कि उत्तरी हिंद महासागर क्षेत्र तक भी होना चाहिए। क्षेत्र में एक सशक्त और प्रभावशाली शक्ति के रूप में भारत की उपस्थिति दो कारकों पर निर्भर करेगी—प्रथम, संगठनात्मक स्थिरता, आर्थिक विकास एवं सैन्य शक्ति—जिसमें परमाणु क्षमता भी शामिल है; दूसरा, भारत यह सब अकेला नहीं कर सकता, इसलिए एक मजबूत और विश्वसनीय क्षेत्रीय ढाँचे की आवश्यकता है।

पिछले दो दशकों से सेना लगातार आंतरिक खतरों—आतंकवाद, विद्रोह और परोक्ष युद्ध—से निपटने में लगी रही है। निस्संदेह इसका सेना की युद्ध की तैयारी पर विपरीत प्रभाव पड़ा है। ऐसे में सेना के ढाँचे का पुनर्गठन करके उसमें दो प्रकार के बलों का गठन किया जा सकता है—लड़ाई लड़ने अथवा विरोधियों से निपटने के लिए एक परंपरागत सेना, आंतरिक अशांति अथवा उपद्रव से निपटने के लिए एक आंतरिक सुरक्षा बल—यही इस समस्या का सबसे अच्छा हल हो सकता है। यद्यपि इसमें कुछ बड़े सुधार और पुनर्गठन की आवश्यकता होगी, तथापि मौजूदा राष्ट्रीय राइफल्स और असम राइफल्स को सुनिश्चित करना चाहिए कि यह ज्यादा कठिन कार्य नहीं है।

बाह्य खतरे अथवा चुनौतियाँ

आनेवाले दशकों में भारत के लिए बाह्य खतरों एवं चुनौतियों को प्रभावित करनेवाले कई प्रकार के ऐतिहासिक, सैद्धांतिक, भू-राजनीतिक, आर्थिक और तकनीकी कारक होंगे। चीन और पाकिस्तान के साथ लगनेवाली लंबी विवादित सीमा और उनके द्वारा अवैध रूप से कब्जा किए गए भूभाग से संबंधित समस्याओं के निपटारे की संभावनाएँ नहीं हैं। ये दोनों ही पड़ोसी देश इसी तरह तनाव और अशांति पैदा करते रहेंगे। हमें अपने विशाल अंतरदेशीय भूभाग की रक्षा करने की भी आवश्यकता है।

चीन

पिछले कुछ वर्षों में चीन के साथ संबंधों में सुधार आया है और चीन अपना पुराना विरोधी रुख छोड़ता हुआ दिखाई देता है। वर्ष 1993 के शांति समझौते से सीमा-विवादों में नरमी आई है, जबकि एक-दूसरे के प्रति विश्वास बढ़ाने और संबंधों को सुधारने की प्रक्रिया तेज हुई है। इससे इस क्षेत्र में शांति और स्थिरता को बढ़ावा मिल रहा है; किंतु कुछ अन्य बातें भी हैं, जिन्हें ध्यान में रखना आवश्यक है। यद्यपि चीन ने सेना के आधुनिकीकरण को 'चार आधुनिकीकरण क्षेत्रों' में सबसे अंत में रखा है, तथापि वास्तविकता यह है कि चीन का सैन्य व्यय विश्व में तीसरे नंबर पर है—और वर्तमान में संभवत: दूसरे नंबर पर आ गया है। वह अपनी सेना का तेजी से आधुनिकीकरण करने में लगा है और बाह्य क्षेत्रीय क्षमता को बढ़ाने पर विशेष ध्यान दे रहा है। इसका रक्षा सहयोग कार्यक्रम—जिसमें कई क्षेत्रों में हर प्रकार की सहायता और सहयोग शामिल है—भारत के आस-पास के लगभग सभी देशों के साथ चल रहा है। विशेष चिंता की बात है—पाकिस्तान के साथ उसके तेजी से बढ़ते निकट संबंध, जो उसके द्वारा पाकिस्तान को परंपरागत युद्ध उपकरणों, हथियारों तथा परमाणु व मिसाइल तकनीक उपलब्ध कराने की बात से स्पष्ट हो जाता है।

यह तो पूरी तरह स्पष्ट है कि चीन के सारे प्रयास और उद्यम महाशक्ति का स्तर प्राप्त करने के इर्द-गिर्द ही घूम रहे हैं, ताकि पहले वह अमेरिका की बराबरी कर सके और फिर उससे आगे निकल सके। यद्यपि इसमें 40-50 वर्षों का समय लग सकता है, लेकिन इतना तो निस्संदेह कहा जा सकता है कि चीन जल्दी ही एशिया प्रशांत क्षेत्र में प्रमुख शक्ति बनने वाला है। वह आर्थिक और सैनिक दृष्टि से मजबूत भी बनता जा रहा है। इस प्रकार, यह संभव है कि इस क्षेत्र में तेजी से उभरते दो शक्तिशाली राष्ट्रों—चीन और भारत—के राष्ट्रीय हित भविष्य में किसी बिंदु पर आपस में टकरा सकते हैं। अत: भारत को इस प्रकार की स्थिति के लिए सैनिक और कूटनीतिक दोनों दृष्टियों से तैयार रहना होगा। भविष्य में एशिया की भू-राजनीति और सामाजिक स्थिरता पर शक्तिशाली चीन का वर्चस्व बना रहेगा।

पाकिस्तान

पाकिस्तान की गतिविधियों के रुख और उसकी वैचारिक पृष्ठभूमि का प्रभाव भारत के सुरक्षा-वातावरण पर स्थायी रूप से पड़ता रहेगा। भारत की बराबरी करने की उसकी चाह—भले ही ऐसा संभव नहीं है—और किसी भी तरह से

कश्मीर को पाकिस्तान में मिलाने के उसके एकमात्र उद्‌देश्य के चलते उत्पन्न समस्याओं से निपटने के लिए भारत को तैयार रहना होगा—राजनीतिक इच्छा-शक्ति, कूटनीति अथवा आवश्यकता पड़ने पर सैन्य बलों की मदद से भी।

पाकिस्तानी शासक वर्ग भौगोलिक, राजनीतिक और आर्थिक वास्तविकताओं को स्वीकार करने में सक्षम नहीं दिखाई देता; ऐसे में उसके साथ युद्ध की आशंका बने रहने की संभावना है। वस्तुतः पाकिस्तान के शासकों ने अपने देश के लोगों में यह बनावटी डर बैठा दिया है कि भारत पूरी तरह से पाकिस्तान को मिटा देने में लगा है; जबकि वास्तविकता यह है कि भारत का ऐसा कोई इरादा न तो पहले कभी रहा है और न ही आज है।

पिछले दो दशकों से पाकिस्तान भारत में आतंकवाद फैलाने में लगा रहा है; पहले पंजाब में, फिर कश्मीर में और अब देश के कई अन्य हिस्सों में भी। पाकिस्तानी खुफिया एजेंसी आई.एस.आई. के माध्यम से भारत के खिलाफ आतंकवाद और विद्रोह फैलाकर—जिसे वह अपनी राजनीति मानता है—पाकिस्तान लगातार भारत को अस्थिर और कमजोर बनाने के प्रयास में लगा है। भारत और विश्व की ओर से पड़ रहे दबावों के बावजूद जम्मू-कश्मीर में उसकी ये गतिविधियाँ लगातार जारी हैं। यद्यपि पाकिस्तान का कहना है कि भारत के साथ उसकी समस्या मात्र कश्मीर मामले को लेकर है, लेकिन वास्तविकता कुछ और है; भारत और पाकिस्तान के बीच तनाव का कारण कश्मीर नहीं है, बल्कि इसमें तो उसकी कई मूलभूत कमजोरियों का ही असर दिखाई देता है—उदाहरण के लिए, पाकिस्तान में लगातार जारी अलगाववादी हिंसा, जेहाद, कट्टरवाद, कलाशनिकोव (Kalashnikov) संस्कृति, कमजोर अर्थव्यवस्था और विभिन्न प्रांतों में असमान विकास। पाकिस्तान अमेरिका और खाड़ी देशों की ओर से मिलनेवाली सहायता पर ही निर्भर रहा है। इसके सामंती शासन-तंत्र ने देश के लोगों में कट्टरवाद और भारत के खिलाफ नफरत का बीज बोने का काम किया है, जो आज भी जारी है। इसके शासक वर्ग, खासकर पंजाबी जमींदारों, नौकरशाह और जनरलों का राजनीतिक ढाँचे पर पूरा दबदबा रहा है और अर्थव्यवस्था पर भी उनकी मजबूत पकड़ बनी हुई है।

अन्य पड़ोसी देश

भारत की भौगोलिक अथवा समुद्री सीमा अपने सभी पड़ोसी देशों के साथ मिलती है। भारत की भौगोलिक स्थिति, आकार, जनसंख्या और आर्थिक शक्ति

के कारण कभी-कभी उसे प्रभुत्ववादी देश के रूप में प्रस्तुत किया जाता रहा है; जबकि वास्तविकता यह है कि भारत की महत्त्वाकांक्षाओं और उसके हितों से बढ़कर कुछ भी नहीं है। बहरहाल नेपाल, भूटान, मालदीव, श्रीलंका के साथ भारत के अच्छे संबंध हैं। बँगलादेश के साथ कुछ मतभेद हैं—अवैध प्रवास (शरणार्थी) और जल के बँटवारे को लेकर। किंतु ये मतभेद आपसी सद्भाव द्वारा दूर किए जा सकते हैं। इन सभी देशों की पृष्ठभूमि लगभग एक जैसी रही है, जैसी भारत की है। ये सभी देश लगभग एक जैसी समस्याओं से जूझ रहे हैं; उदाहरण के लिए, गरीबी, निरक्षरता, अपर्याप्त स्वास्थ्य सुविधाएँ और पिछड़ापन। अपने नागरिकों के जीवन-स्तर को बेहतर बनाने के लिए इन्हें शांति और स्थिरता की आवश्यकता है।

इन पड़ोसी देशों में आनेवाली किसी प्रकार की अशांति अथवा अस्थिरता का प्रभाव भारत की सुरक्षा पर अवश्य पड़ेगा। अतः भारत को क्षेत्रीय सहयोग का वातावरण तैयार करने की आवश्यकता है। भारत के लिए ये पड़ोसी देश महत्त्वपूर्ण भी हैं, क्योंकि इनके सहयोग और समर्थन के बिना वह विश्व समुदाय में अपने लिए उपयुक्त और प्रभावशाली स्थिति प्राप्त नहीं कर सकता।

हिंद महासागर

उत्तरी हिंद महासागर क्षेत्र भारत की सुरक्षा की दृष्टि से एक महत्त्वपूर्ण क्षेत्र है। इसकी लंबी तटरेखा और दूर तक फैले भूभाग—जो सुरक्षा की दृष्टि से महत्त्वपूर्ण हैं—के अतिरिक्त भारत के समुद्री व्यापार का एक बड़ा भाग इस रास्ते से ही होता है। भविष्य में इसके और बढ़ने की संभावनाएँ हैं। अतः समुद्र को मुक्त रखना आवश्यक है। भारत में आयात किया जानेवाला तेल खाड़ी के देशों से आता है और यदि उसे बंद कर दिया जाता है अथवा उस पर रोक लगा दी जाती है तो देश के हितों को काफी नुकसान पहुँचेगा।

भारत के 21 लाख वर्ग किलोमीटर 'विशिष्ट आर्थिक क्षेत्र' (Exclusive Economic Zone) में संसाधनों की खोज एवं दोहन और भारतीय सामुद्रिक हितों की रक्षा करना एक महत्त्वपूर्ण जिम्मेदारी है। क्षेत्र के बाहरी हिस्से में सैन्य बलों की उपस्थिति से भी क्षेत्रीय अशांति और अस्थिरता बढ़ती है, इसलिए इस पर भी नजर रखी जानी चाहिए।

अमेरिका

अमेरिका को प्राय: भारत का पड़ोसी नहीं माना जाता है। इसका कारण यह है कि अमेरिका प्रशांत महासागर के दूसरी ओर स्थित है। स्मरण रहना चाहिए कि हिंद महासागर के डाइगो गार्सिया में अमेरिका ने एक बड़ा अड्डा स्थापित किया है, जो आभियानिक दृष्टि से हमेशा सक्रिय रहता है। इसके अतिरिक्त खाड़ी क्षेत्र में भी अमेरिकी सैन्य बल स्थायी रूप से जम गए हैं और 11 सितंबर, 2001 की आतंकवादी घटना के बाद से अफगानिस्तान, पाकिस्तान और इराक में भी जमे हुए हैं।

आज अमेरिका विश्व की एकमात्र महाशक्ति है और अपना यह स्तर बनाए रखने के लिए वह हरसंभव उपाय करेगा। निकट भविष्य में उसके महाशक्ति बने रहने की संभावनाएँ हैं। अत: यह भारत के हित में होगा कि वह अमेरिका के साथ सभी क्षेत्रों में संबंध बढ़ाए; विशेषकर ऐसे क्षेत्रों में, जो प्रत्यक्ष अथवा अप्रत्यक्ष रूप से सुरक्षा के पहलुओं को प्रभावित करते हों।

आंतरिक खतरे और चुनौतियाँ

क्षेत्रीय और विश्व मामलों में अपना महत्त्वपूर्ण स्थान बनाने में भारत को कई आंतरिक चुनौतियों का भी सामना करना पड़ रहा है। अक्षम होता प्रशासन, भ्रष्टाचार, सामाजिक एवं आर्थिक अलगाव जैसे कारक ही इन आंतरिक चुनौतियों के लिए जिम्मेदार हैं। इससे देश और जनता के सामाजिक, आर्थिक और तकनीकी विकास पर विपरीत प्रभाव पड़ता है। यही आंतरिक चुनौतियाँ जब गंभीर आंतरिक खतरे का रूप ले लेती हैं तो इनसे बाह्य खतरों की आशंका भी बढ़ जाती है। इसके अतिरिक्त इनके कारण बाह्य चुनौतियों से निपटने की क्षमता और इच्छा-शक्ति भी कम हो जाती है।

आंतरिक चुनौतियाँ हालाँकि सेना से संबंधित नहीं हैं। पर उनका राजनीतिक और आर्थिक हल निकाला जाना चाहिए, लेकिन उसमें सेना की भूमिका भी महत्त्वपूर्ण हो सकती है। पाकिस्तान द्वारा जम्मू-कश्मीर में चलाए जा रहे परोक्ष युद्ध और देश के अन्य हिस्सों, विशेषकर पूर्वोत्तर, में चल रहे उपद्रवों से निपटने के लिए सैन्य बलों की आवश्यकता है। कुछ आंतरिक चुनौतियाँ, जिनका विशुद्ध राजनीतिक अथवा आर्थिक हल निकाला जा सकता है, इस प्रकार हैं।

आर्थिक एवं तकनीकी

निम्न उत्पादकता, सकल घरेलू उत्पाद की धीमी विकास दर, धन का असमान

व पक्षपातपूर्ण वितरण व प्रतियोगी भावना की कमी तथा विभागीय अथवा संगठनात्मक भ्रष्टाचार—आदि प्रमुख समस्याएँ और चुनौतियाँ हैं, जिनसे तत्काल निपटने की आवश्यकता है। इस प्रकार की आंतरिक समस्याओं से बाह्य चुनौतियों को भी बढ़ावा मिलता है। इनके अतिरिक्त अर्थव्यवस्था को कमजोर करने में कर चोरी, स्टॉक मार्केट में चलनेवाली सट्टेबाजी, अवैध रूप से की जानेवाली धन की उगाही और काले धन को सफेद में बदलनेवाली गतिविधियाँ भी कम जिम्मेदार नहीं हैं। ये सभी चुनौतियाँ अंतत: अर्थव्यवस्था को कमजोर करके राजकोषीय घाटे को बढ़ानेवाली हैं, जिनसे अर्थव्यवस्था के लिए बाह्य चुनौतियों को भी बढ़ावा मिलता है। अत: इनसे निपटने के लिए आर्थिक एवं राजनीतिक उपाय किए जाने चाहिए।

पर्यावरणीय एवं भू-पारिस्थितिकीय

अनियंत्रित जनसंख्या वृद्धि, वनोन्मूलन, भू-जैविक संसाधनों का ह्रास, जल एवं खाद्यान्न की कमी, नई-नई स्वास्थ्य समस्याएँ और बार-बार आनेवाली प्राकृतिक आपदाएँ—ये सभी पर्यावरणीय एवं भू-पारिस्थितिकीय असंतुलन के लिए जिम्मेदार कारक हैं। इनका लोगों के जीवन पर प्रत्यक्ष प्रभाव पड़ता है। इन समस्याओं के प्रति लोगों की उदासीनता के कारण दक्षिण एशिया, और विशेष रूप से भारत, विभिन्न प्रकार की गंभीर चुनौतियों से जूझ रहा है।

जनसांख्यिकीय

भारत जनसांख्यिकी असंतुलन की समस्या से जूझ रहा है। गाँवों की दयनीय स्थिति के कारण लोग गाँव से शहर की ओर पलायन कर रहे हैं। इसके अतिरिक्त बँगलादेश और नेपाल जैसे गरीब पड़ोसी देशों से लोग अवैध रूप से भारत में लगातार आकर बसते जा रहे हैं। इस अवैध प्रवास को उनकी सरकारों की ओर से भी बढ़ावा मिल रहा है। इससे सामाजिक एवं राजनीतिक अव्यवस्था तथा अशांति की समस्या गंभीर होती जा रही है। समय रहते इस पर रोक लगाने की आवश्यकता है। भारत को अपनी पश्चिमी सीमाओं के साथ-साथ उत्तर-पूर्वी सीमाओं पर भी सतर्क नजर रखनी होगी। इस प्रकार के अवैध प्रवास से सुरक्षा बलों के लिए सीमा प्रबंधन की एक बड़ी चुनौती खड़ी हो गई है।

आर्थिक

आर्थिक शक्ति किसी राष्ट्र की समृद्धि एवं वास्तविक शक्ति का आधार

होती है। भारत को अपनी राजनीतिक एवं रणनीतिक छवि सुधारने के लिए अपनी आर्थिक शक्ति को मजबूत बनाने की आवश्यकता है। पूरे देश में उच्च एवं संतुलित आर्थिक विकास आवश्यक है। हमें वितरण से संबंधित समस्याओं तथा आर्थिक एवं सामाजिक असमानताओं को दूर करने की आवश्यकता है। उत्पादन-स्तर एवं आय को बढ़ाकर, निवेश एवं आय के वितरण में सुधार करके आंतरिक स्थिरता सुनिश्चित की जा सकती है। यदि इन आर्थिक चुनौतियों पर ध्यान नहीं दिया जाता तो इनसे हमारी राष्ट्रीय सुरक्षा और अखंडता के लिए खतरा पैदा हो सकता है।

अन्य कारक

जातीय संघर्ष, अलगाववादी हिंसा और सांप्रदायिक झगड़े आदि कुछ अन्य कारक हैं, जिनका हमारी राष्ट्रीय सुरक्षा व्यवस्था पर विपरीत प्रभाव पड़ता है। बड़े पैमाने पर अवैध रूप से छोटे हथियारों के उत्पादन ने समस्या को और भी जटिल बना दिया है। इन समस्याओं से हमारे धर्मनिरपेक्ष स्वरूप और सामाजिक मूल्यों को प्रत्यक्ष खतरा है।

युद्ध का बदलता स्वरूप

सैन्य मामलों में क्रांति

सैन्य मामलों में आ रही क्रांति अब सभी प्रकार के सैन्य अभियानों पर अपना सीधा प्रभाव डालेगी। सैन्य मामलों में क्रांति मूल रूप से तकनीकी पर आधारित है, जो उच्च प्रौद्योगिकी वाले अस्त्र-शस्त्रों, सेंसरों, संचार एवं सूचना प्रौद्योगिकी के क्षेत्र में होनेवाली तकनीकी प्रगति एवं माइक्रोचिप के विकास का प्रत्यक्ष परिणाम है।

सूचना प्रौद्योगिकी का प्रयोग करने के मामले में भारतीय सेना अभी अपेक्षाकृत निम्न स्तर पर है। सचमुच, नई-नई तकनीकों ने सूचना की उपलब्धता को आसान बना दिया है और इस कारण यह युद्ध में प्रयोग में लाया जानेवाला एक अच्छा हथियार भी बन गया है। नित नई विकसित होती प्रौद्योगिकी से युद्ध का स्वरूप काफी जटिल होता जा रहा है। सूचना युग के युद्धों में—चाहे वे परंपरागत अथवा सीमित युद्ध हों या परमाणु युद्ध—अधिक जटिल नियोजन और समन्वयन आवश्यक होगा, जिसमें स्थिति से निपटने के लिए सूचना एवं आँकड़ों के त्वरित आदान-प्रदान की क्षमता और निर्णय लेने के लिए सहायक प्रणालियों की आवश्यकता होगी। व्यवस्थाओं और प्रणालियों का संयोजन और समन्वयन अत्यंत आवश्यक

है। इससे हम 'तंत्रों का तंत्र' की अवधारणा को समझ सकते हैं। ऐसे में भारतीय सेना को आनेवाले दशकों में सूचना प्रौद्योगिकी एवं सूचना-युद्ध पर जोर देना होगा।

कुछ ऐसी महत्त्वपूर्ण प्रौद्योगिकियाँ पहले से ही प्रयोग में लाई जा रही हैं, जिनके कारण युद्ध के स्वरूप पर गहरा प्रभाव पड़ा है। उनका संक्षेप में वर्णन इस प्रकार है—

आग्नेयास्त्र

लक्ष्य-साधन की परिशुद्धता, अधिक मारक क्षमता और तीव्र ह्रास-शक्ति आधुनिक आग्नेय-शक्ति की मुख्य विशेषताएँ हैं।

कूट-रचना

आधुनिक युद्धक्षेत्र में कूट-रचना के सभी पहलू आगे आ गए हैं। कूट-रचना वस्तुतः बहुआयामी होती है और हाल के वर्षों में ऊर्ध्वाधर आयाम ने महत्त्वपूर्ण स्थान ले लिया है।

पारदर्शिता

इस क्षेत्र में हुई प्रगति ने सचमुच रात को दिन में बदल दिया है। सैनिकों की अवलोकन अथवा पर्यवेक्षण क्षमता कई गुना बढ़ गई है। हर तरह की स्थितियों में पर्यवेक्षण करने में सक्षम सेसरों, रात में देखने के लिए सहायक उपकरणों और कृत्रिम उपग्रहों के व्यापक प्रयोग से सभी प्रकार के अभियानों का स्वरूप बदलता जा रहा है।

सूचना प्रौद्योगिकी

युद्ध के स्वरूप पर सूचना प्रौद्योगिकी के प्रभाव का उल्लेख पहले ही किया जा चुका है। इस संदर्भ में C4I2 (कमान, नियंत्रण, संचार, कंप्यूटर, सूचना एवं गुप्तचर) प्रणालियों, नेटवर्क संचार, इलेक्ट्रॉनिक युद्ध के सभी पहलुओं और सूचना-युद्ध का उल्लेख करना आवश्यक है, जिनके कारण भविष्य के युद्धों का स्वरूप और रणनीति पूरी तरह से बदलती जा रही है। भारतीय सेना को सूचना ग्रहण करके उसकी प्रोसेसिंग और उसका वितरण करने की क्षमता हासिल करनी होगी; इस प्रकार की प्रौद्योगिकी का आदान-प्रदान अपने शत्रुओं के साथ करने से बचना होगा।

प्रक्षेपास्त्र

प्रक्षेपास्त्रों के विकास से युद्ध में एक नया आयाम जुड़ गया है। कई प्रकार के प्रक्षेपास्त्रों का विकास हो चुका है; उदाहरण के लिए—जमीन से जमीन पर मार करनेवाले, हवा से हवा में मार करनेवाले, हवा से जमीन पर मार करनेवाले आदि। इनसे लक्ष्य-साधन की परिशुद्धता, मारक दूरी और क्षमता में वृद्धि हुई है।

रोटरी विंग क्षमता

युद्धक्षेत्र में हेलीकॉप्टरों का उपयोग आजकल कई कार्यों के लिए किया जा रहा है। आक्रमण, गहन सर्वेक्षण, हेलीलिफ्ट और C3I आदि के लिए विशेष हेलीकॉप्टर तैयार किए जा चुके हैं।

गोला-बारूद

परंपरागत गोला-बारूद ने अब नया रूप धारण कर लिया है; इनसे युद्ध से होनेवाली क्षति और भी बढ़ गई है। अब अत्यधिक घातक प्रकार के गोला-बारूद 'ब्रिलिएंट' के विकास की प्रक्रिया चल रही है।

व्यक्तिगत हथियार

तकनीकी प्रगति के इस युग में भी सैनिकों के साथ रहनेवाले व्यक्तिगत हथियारों की आवश्यकता है; भविष्य में इन हथियारों को हलका, उच्च तकनीकवाला और अंत:परिवर्तनीय बनाया जाएगा, जिन्हें हर तरह की जलवायु अथवा क्षेत्र में प्रयोग में लाया जा सकेगा।

मारक क्षमता-रहित हथियार

ये हथियार वर्तमान हथियार प्रणाली का ही परिवर्तित रूप हैं, जिनका प्रयोग विशेषकर निम्न-स्तरीय संघर्ष की स्थितियों में किया जाता है। इनमें उच्च-स्तरीय लोचशीलता होती है।

व्यापक स्तर पर हो रहे क्रांतिकारी तकनीकी परिवर्तन के चलते सेना को भी अपने प्रशिक्षण, नेतृत्व, रणनीति, संगठन और तकनीक में व्यापक स्तर पर परिवर्तन करना आवश्यक हो गया है।

तकनीकी प्रगति के कारण वर्तमान में आ रहे बदलावों की प्रकृति '90 के दशक में आई सूचना प्रौद्योगिकी क्रांति की प्रकृति से भी अलग है। इस प्रकार के

अभूतपूर्व परिवर्तन, या यों कहें, रूपांतरण का मुख्य आधार, तीन प्रमुख प्रौद्योगिकियों का विकास रहा है—बायो-इंजीनियरिंग, नैनो-इंजीनियरिंग एवं रोबोटिक्स और कृत्रिम गुप्तचर। दूसरी बात, यह ऐसी क्रांति है, जो अभूतपूर्व गति से फैलती जा रही है। पिछली शताब्दी में देखे गए परिवर्तनों पर नजर डालने से पता चलता है कि नित नई प्रौद्योगिकियों का विकास तेजी से हो रहा है और ये प्रौद्योगिकियाँ स्वयं में पूरी तरह से अनोखी हैं। इस प्रकार का परिवर्तन लोगों अथवा संस्थाओं को प्रतिक्रिया के लिए अधिक मौका नहीं देता।[5]

भावी युद्धक्षेत्र का स्वरूप

भावी विश्व की प्रकृति परिवर्तनशील होगी। हमारे संभावित विरोधी विभिन्न उन्नत तकनीकों सहित अत्याधुनिक और उन्नत हथियारों से सुसज्जित होंगे, जो विश्व-बाजार में आसानी से उपलब्ध हैं।

भावी अभियानों को परंपरागत युद्ध अथवा सीमित या निम्न गहनतावाले युद्ध के रूप में वर्गीकृत करना कठिन है। परमाणु हथियारों की उपस्थिति भी अभियानों के नियोजन और स्वरूप को गहराई से प्रभावित करेगी। भावी युद्धक्षेत्र में अपेक्षाकृत हलके व टिकाऊ युद्ध उपकरणों की तैनाती क्षमता में वृद्धि होगी और उन्नत सूचना प्रौद्योगिकी के प्रयोग से सेना को अपने निर्णायक अभियान में मदद मिलेगी। रणनीतिक और आभियानिक कूट-रचना की स्वतंत्रता सुनिश्चित करने के लिए फौजों को उन्नत, किंतु आसान प्रयोगवाले सेंसरों द्वारा संरक्षित किया जाएगा। कुल मिलाकर भावी अभियानों की जटिलताओं से निपटने के लिए सेना को टुकड़ी स्तर से लेकर उप-इकाई, इकाई और डिवीजन स्तर तक संगठित करने की आवश्यकता होगी।

भावी युद्ध में छोटी अवधि की तथा तेज व घातक लड़ाइयाँ होंगी, जिनमें अपेक्षाकृत अधिक परिशुद्धतावाले और भारी क्षति पहुँचानेवाले हथियारों का प्रयोग किया जाएगा। लड़ाइयाँ सभी छह स्वरूपों में लड़ी जाएँगी—जमीनी, हवाई, समुद्री, अंतरिक्ष, साइबर और धरातलीय। विभिन्न प्रकार के सेंसरों और रात में देखने में सहायक उपकरणों के प्रयोग के कारण युद्धक्षेत्र में पूरी पारदर्शिता होगी। इस प्रकार भावी युद्धक्षेत्र में सभी अभियान संयुक्त और संयोजित होंगे; और दूसरे आयाम (हवाई अभियान) का ज्यादा-से-ज्यादा सहारा लिया जाएगा—अभियानों के लिए भी और सैन्य-संचालन के लिए भी। विभिन्न प्रकार की युद्ध तकनीकें और इलेक्ट्रॉनिक युद्ध का निर्णय लेने की क्षमता तथा निर्णय की प्रकृति पर प्रभाव पड़ेगा। साथ-ही-

साथ सूचना-युद्ध—जिसमें जनमत को अपने पक्ष में करना भी शामिल है—युद्ध की दिशा निर्धारित करने का एक आवश्यक सहायक साधन होगा।

अभियानों की गतिशीलता, रात-दिन की लड़ाइयों और हानि की ऊँची दर से लड़ाई में शामिल सभी लोगों पर ज्यादा भौतिक और मनोवैज्ञानिक दबाव पड़ेगा। निष्कर्ष रूप में, निम्नलिखित तीन प्रकार के कारक भावी युद्धक्षेत्र और युद्ध को प्रभावित करनेवाले होंगे—

मुख्य अथवा मूल कारक

इसमें आग्नेय-शक्ति और कूट-रचना को शामिल किया जा सकता है। सटीक निशानेवाले, लंबी दूरी तक मार करनेवाले और उच्च शक्तिवाले घातक आग्नेयास्त्र निर्णायक सिद्ध होंगे। इनके प्रयोग की अधिकता और लोचशीलता महत्त्वपूर्ण होगी। गतिशीलता और तेजी से पुनः संगठित होने की क्षमता का कूट-रचना पर सीधा प्रभाव होगा। लड़ाइयों का परिणाम सैन्य-बलों के अलग-अलग घटकों के बीच समन्वय और जुड़ाव के स्तर द्वारा निर्धारित होगा।

पूरक कारक

इसमें ज्ञान अथवा जानकारी, मानसिक गतिशीलता अथवा बुद्धिमत्ता और लक्षित सैन्य-संचालन जैसे कारकों को शामिल किया जा सकता है। ज्ञान अथवा जानकारी के तीन पहलू हैं—युद्ध का बारीकी से अध्ययन करने की क्षमता, ज्ञान-आधारित सेंसर और दोष-रहित ऑटोमैटेड डाटा लिंक की क्षमता। मानसिक गतिशीलता लगातार नई-नई सूचनाएँ प्राप्त करने के लिए आवश्यक है। लक्षित सैन्य-संचालन तीसरा पूरक कारक है।

मनोवैज्ञानिक कारक

इन कारकों में दुश्मन की इच्छा-शक्ति और मनोबल को गिराना तथा कमांडरों को भ्रम में डालना शामिल है।

कम तीव्रतावाले भावी युद्ध अभियान

यह अनुमान पहले ही लगाया जा चुका है कि भविष्य में युद्ध छेड़ने के लिए कम तीव्रतावाली लड़ाइयों का सहारा ही ज्यादा लिया जाएगा। ये लड़ाइयाँ कई रूपों में होंगी और उनकी तीव्रता अथवा प्रचंडता कई कारकों द्वारा निर्धारित की

जाएगी। इस प्रकार के भावी अभियानों की कुछ मुख्य विशेषताएँ इस प्रकार होंगी—

- उच्च तकनीकवाले छोटे अस्त्रों, स्वचालित हथियारों, हाथ से छोड़े जानेवाले रॉकेटों और प्रक्षेपास्त्रों का उत्पादन और प्रयोग। परिष्कृत और कुछ सुरक्षित संचार प्रणाली का प्रयोग। आतंक की स्थिति पैदा करने पर अधिक निर्भरता।
- मीडिया के माध्यम से अधिक-से-अधिक विरोधी प्रचार। वस्तुतः प्रचार आतंकवादियों का प्रमुख साधन है; सच ही कहा गया है कि प्रचार विद्रोह और आतंकवाद के लिए ऑक्सीजन का काम करता है।
- मीडिया पर दबाव बनाकर—वह चाहे बंदूक की नोक पर हो या किसी अन्य माध्यम से—उसे सच्चाई को तोड़-मरोड़कर प्रस्तुत करने के लिए मजबूर करना।
- व्यापक राजनीतिक दबाव—राष्ट्रीय एवं अंतरराष्ट्रीय दोनों स्तरों पर सरकार की कमजोरी अथवा अक्षमता की स्थिति में यह दबाव और भी बढ़ जाता है।
- मानवाधिकार संगठनों, सरकारी और गैर-सरकारी संगठनों का दबाव।
- बाहरी समर्थन, जिससे तोड़-फोड़, अंतरराष्ट्रीय दबाव और हस्तक्षेप की स्थिति उत्पन्न होती है। इस तरह की स्थिति को रोकने के लिए सतर्क और कुशल सीमा-प्रबंधन की आवश्यकता होती है।
- उपर्युक्त स्थितियों के कारण सुरक्षा बलों को अपने कार्य में मुश्किलों और बाधाओं का सामना करना पड़ता है, जिससे उनकी क्षमता और प्रभावशीलता में कमी आती है। उनकी भूमिका अत्यधिक जटिल हो जाती है, क्योंकि उन्हें अपनी प्रत्येक कारवाई के दौरान इस बात का विशेष ध्यान रखना होता है कि उससे मानवाधिकार का किसी प्रकार हनन न हो। सुरक्षा बलों की सभी कारवाइयों पर मीडिया की नजर होती है। कई वैधानिक सीमाएँ भी हैं, जिनका युद्ध अभियानों पर प्रभाव पड़ता है।
- भावी लड़ाइयों का आधार और उद्देश्य राष्ट्रीय एवं राजनीतिक हित ही होगा, लेकिन उसपर विश्व-समुदाय की आवाजें अपेक्षाकृत तेज होंगी।
- तकनीक, अधिक-से-अधिक धन का प्रयोग और मीडिया—ये भावी युद्ध के घोषित तत्त्व होंगे। युद्ध में गतिशीलता और भू-राजनीतिक जटिलताओं की प्रवाहशीलता के लिए सेना की नियोजन प्रक्रिया की

समीक्षा, परिवर्तित रणनीति, सिद्धांत और कूटनीति तथा प्रशिक्षण की आवश्यकता होगी।

सैन्य पुनर्संयोजन

अपने अतीत के गौरव के पीछे चलते-चलते कई सेनाएँ अपनी वास्तविक शक्ति और क्षमता खो बैठती हैं। प्रथम विश्वयुद्ध के बाद फ्रांस की सेना के साथ यही हुआ था। द्वितीय विश्वयुद्ध और कोरिया युद्ध के बाद अमेरिका को भी इसी समस्या से जूझना पड़ा। भारतीय सेना जैसा विशाल सैन्य संगठन स्वाभाविक रूप से परिवर्तनरोधी है; जबकि यह एक ओर तो उस भारतीय समाज का प्रतिनिधित्व करता है, जिसकी वह लगातार सेवा करता आ रहा है और दूसरी ओर वह नए उभरते सुरक्षा वातावरण और भावी युद्धक्षेत्र के स्वरूप और वातावरण का प्रतिबिंब है। वैश्विक, क्षेत्रीय और राष्ट्रीय स्तर पर बदलते सुरक्षा वातावरण को ध्यान में रखते हुए सेना को उसके अनुसार अपनी कार्य-प्रणाली में परिवर्तन और अपने ढाँचे का पुनर्संयोजन करना होगा, जिससे वह राष्ट्र की पूर्ववत् कुशलतापूर्वक सेवा कर सके।[6]

परिवर्तन जारी है; यह अवश्यंभावी भी है। इसे रोकने के लिए कुछ नहीं किया जा सकता। इस परिवर्तन का अपने हित के लिए बुद्धिमत्तापूर्ण इस्तेमाल किया जाना चाहिए; अपने विरोधियों की अपेक्षा अधिक तेजी से और अधिक अच्छे ढंग से उसका प्रयोग करते हुए अपनी संगठनात्मक क्षमता और प्रभावशीलता में सुधार लाना चाहिए।[7]

पुनर्संयोजन का अर्थ सिर्फ संगठनात्मक ढाँचे में परिवर्तन से ही नहीं है। इसमें सिद्धांतों व रणनीतियों की समीक्षा और उनमें आवश्यक परिवर्तन, आंतरिक संघर्षों का कुशल प्रबंधन, मानव संसाधन विकास का उन्नयन और सैन्य संचालन में प्रवाहशीलता तथा सेना की प्रशिक्षण-प्रणाली का आधुनिकीकरण भी शामिल है।

संभावित सुरक्षा-वातावरण के साथ समायोजन करने की क्षमता, मानव-शक्ति और हथियारों एवं उपकरणों के बीच संतुलन तथा पर्याप्त वित्त की उपलब्धता पुनर्संयोजन को प्रभावित करनेवाले कारक हैं।

संघर्ष का स्वरूप

सेना का संगठनात्मक ढाँचा ऐसा होना चाहिए कि वह राष्ट्र की अपेक्षाओं को पूरा करते हुए उसका राष्ट्रीय हित सुनिश्चित करने में सक्षम हो। क्षेत्र के भीतर

भारतीय आर्टिलरी बोफोर्स तोपें उच्च कोण पर गोले दागती हुईं, कारगिल 1999।

(साभार : रक्षा मंत्रालय, जनसंपर्क विभाग)

राष्ट्र की महत्त्वाकांक्षाओं को पूरा करने के लिए सेना के प्रभावशाली योगदान की आवश्यकता है। हमें क्षेत्र में अपना प्रमुख स्थान बनाने के साथ-साथ विश्व के रणनीतिक मामलों में भी अपनी महत्त्वपूर्ण भूमिका सुनिश्चित करनी है। इसके लिए सेना के पास निम्नलिखित क्षेत्रों में प्रभावशाली शक्ति और क्षमता होनी चाहिए—

परमाणु

सर्वप्रथम हमें संपूर्ण संगठनात्मक ढाँचे को परमाणु युद्ध की आवश्यकताओं को ध्यान में रखते हुए तैयार करना होगा। हमें अपने परमाणु सिद्धांत को परिष्कृत करना होगा, जिसका मूल उद्देश्य युद्ध की स्थिति को रोकना ही होना चाहिए और दुश्मन की ओर से पहले हमले की स्थिति में परमाणु-विकल्प का प्रयोग करना भी होना चाहिए। हमारी प्रतिक्रियात्मक और प्रतिशोधात्मक क्षमता भी मजबूत व जोरदार होनी चाहिए। इसके लिए पर्याप्त युद्ध-सामग्री के साथ-साथ अच्छी आपूर्ति व्यवस्था भी आवश्यक है। हमें अपनी मौजूदा प्रक्षेपास्त्र क्षमता को मजबूत बनाने की आवश्यकता है, जिससे सेना हर प्रकार के प्रक्षेपास्त्रों से सुसज्जित हो, जो सभी संभव लक्ष्यों तक पहुँच सके।

परंपरागत

परंपरागत सुदृढ़ता और रोकथाम की शक्ति का महत्त्व बना रहेगा। सेना की परंपरागत क्षमता हमारे संभावित दुश्मनों की अपेक्षा ज्यादा मजबूत होनी चाहिए। परंपरागत सैन्य बलों के मामले में सेना को पाकिस्तान के खिलाफ अपनी प्रभावशाली क्षमता को बनाए रखना होगा। इसके अतिरिक्त सेना को युद्ध की स्थिति से पहले दुश्मन की ओर से की गई किसी भी आक्रामक काररवाई का मुँहतोड़ जवाब देने की क्षमता रखनी चाहिए। चीन के संदर्भ में बात करें तो सेना के पास सुदृढ़ रक्षात्मक स्थिति के साथ-साथ सीमित आक्रामक क्षमता भी होनी चाहिए। इसके अतिरिक्त सेना के पास शक्ति-प्रदर्शन की क्षमता का होना भी आवश्यक है।

कम तीव्रतावाली लड़ाई

सेना को अपनी परंपरागत क्षमता में कमी या ह्रास किए बिना उपद्रवों से निपटने में सक्षम होना चाहिए। उसे भारत के किसी भी हिस्से में उच्च स्तरीय उपद्रव और परोक्ष युद्ध, जो वर्तमान में पाकिस्तान द्वारा जम्मू-कश्मीर में चलाया जा रहा है—का मुकाबला करने की प्रभावशाली क्षमता रखनी चाहिए।

शांति-स्थापना

संयुक्त राष्ट्र के संरक्षण में चलाए जा रहे शांति-स्थापना अभियानों में सेना को अपनी अधिक व्यापक भूमिका निभानी होगी।

अवधारणात्मक ढाँचा

भावी युद्ध सिर्फ जीत के लिए नहीं, बल्कि राजनीतिक हित के उद्देश्य से भी लड़े जाएँगे। परंपरागत तरीके से लड़ाई लड़कर भूभाग पर कब्जा करने, सैन्य बलों अथवा रणनीतिक संसाधनों को नष्ट करने और मोरचाबंद सेना पर हमला करने की धारणा आधुनिक युद्ध में धीरे-धीरे अप्रासंगिक होती जा रही है। इसकी बजाय भावी सैन्य अभियानों का लक्ष्य दुश्मन को रणनीतिक रूप से असहाय और अस्त-व्यस्त कर देना होगा।

रणनीतिक रूप से असहाय और अस्त-व्यस्त होने की स्थिति में कमांडरों पर अधिक प्रभावी मनोवैज्ञानिक दबाव बन जाता है, जिससे उनकी निर्णय लेने की क्षमता और इच्छा-शक्ति पर विपरीत प्रभाव पड़ता है। वह स्वयं को चारों ओर से फँसा हुआ महसूस करने लगता है। सूचना-युद्ध के साथ-साथ भूभाग की हानि

और सैन्य बलों को क्षति पहुँचाकर तथा दुश्मन को एकाएक मोरचा बदलने के लिए मजबूर करके तथा उसकी कमान और नियंत्रण-प्रणाली को क्षतिग्रस्त करके दुश्मन पर जबरदस्त मनोवैज्ञानिक दबाव बनाया जाता है, इससे उसका मनोबल टूट जाए।

युद्ध को रोकना सेना का प्राथमिक लक्ष्य होना चाहिए। यह तभी संभव है, जब उसके पास सुदृढ़ क्षमता हो तथा उसे देश की राजनीतिक इच्छा-शक्ति का समर्थन प्राप्त हो। इसके लिए सैन्य और राजनीतिक, दोनों ही स्तरों पर पारदर्शिता का होना अत्यंत आवश्यक है। बिना युद्ध किए दुश्मन को रोकने में असमर्थता की स्थिति में सैन्य विकल्प का प्रयोग करने में कोई हिचक नहीं होनी चाहिए और युद्ध छिड़ जाने पर सेना को अपने अभियानों के साथ आगे बढ़ने की पूरी स्वतंत्रता दे दी जानी चाहिए।

भावी युद्ध में परिणाम काफी हद तक आभियानिक स्तर की लड़ाई की सफलता अथवा असफलता पर निर्भर करेगा, इसलिए सेना को युद्ध के आभियानिक स्तर पर ज्यादा-से-ज्यादा बल देना चाहिए। इसके अतिरिक्त अभियानों के बीच रणनीतिक अथवा सैन्य-संचालन संबंधी रुकावट नहीं होनी चाहिए और साथ-ही-साथ—जो इससे भी महत्त्वपूर्ण है—एक समय में एक ही मोरचे पर हमला करना चाहिए, जिससे दुश्मन को अधिक-से-अधिक नुकसान पहुँचाया जा सके।

संचार, कूट-रचना, आक्रामक शक्ति और गहन निरीक्षण का अधिक-से-अधिक इस्तेमाल करके सेना को आभियानिक स्तर पर संपूर्ण लड़ाई की योजना बनाने की आवश्यकता होती है। इस संपूर्ण लड़ाई में दुश्मन के सैनिक और राजनीतिक नेतृत्व पर जबरदस्त मानसिक दबाव बनाने पर ज्यादा जोर दिया जाना चाहिए, दुश्मन के मनोबल और उसकी इच्छा-शक्ति को कमजोर करने के लिए सेना को शक्तिशाली आग्नेयास्त्रों का प्रयोग करना चाहिए। भावी अभियानों में सेना को उपयुक्त पोजीशन में रहते हुए दुश्मन पर विनाशकारी हमला करने की आवश्यकता होगी। यह तभी संभव है, जब सेना में दुश्मन को भ्रम में डालकर तेजी से कूट-रचना करने की क्षमता विकसित हो।

निर्णायक और जोरदार सैन्य अभियान के नियोजन और उसके समन्वयन के लिए सेना को अपनी परंपरागत रणनीति और संगठनात्मक ढाँचे को पुनर्संयोजित करने की आवश्यकता है। त्रिआयामी युद्ध पर ध्यान केंद्रित करने के लिए सेना को अपनी सैद्धांतिक रणनीति में परिवर्तन करना जरूरी होता है। हमले की ऊर्ध्वाधर तीव्रता से जमीनी अभियानों की प्रभावशीलता में वृद्धि होगी। भविष्य में सेना के

युद्ध के आधारभूत तरीकों में बदलाव के लिए हवाई युद्ध की कुशलता आवश्यक होगी। भविष्य में सेना की ऊर्ध्वाधर कूट-रचना इकाइयों को गुप्तचर कार्यों के लिए हवाई मंच भी तैयार करने की आवश्यकता होगी। कुल मिलाकर दुश्मन की कूट-रचना क्षमता को कम करने या उसे नष्ट करने के लिए मजबूत और प्रभावशाली गुप्तचरी तथा पर्यवेक्षण व्यवस्था का होना अति आवश्यक है।

आनेवाले दशकों में जमीनी सैन्य काररवाइयों में सैन्य उड्डयन की महत्त्वपूर्ण भूमिका होगी। यह तभी संभव है, जब सैन्य-उड्डयन में तेजी से गुणात्मक तथा परिमाणात्मक—दोनों ही रूपों में विकास हो। इक्कीसवीं शताब्दी की कूटनीतिक लड़ाई में अपनी प्रभावशाली शक्ति दिखाने के लिए सेना को परिष्कृत, हलके और मध्यम हेलीकॉप्टरों तथा हमला करनेवाले हेलीकॉप्टरों का प्रयोग करना होगा।[8] सेना को सभी क्षेत्रों की खोज की ओर उनका उपयोग करना चाहिए। दूसरे शब्दों में, सेना को अपना स्वयं का सक्षम प्रक्षेपास्त्र तैयार करना चाहिए, जिसमें सातों युद्ध-प्रणालियों के परंपरागत कार्य करने में सक्षम हवाई वाहन शामिल हैं—कमान एवं नियंत्रण, गुप्तचर, आग्नेय, वायु रक्षा, कूट-रचना, सैन्य-संचालन और गतिशीलता। रणनीतिक और कूटनीतिक स्तर पर तैयार किए गए इस ऊर्ध्वाधर घटक में मानव-चालित एवं मानव-रहित, दोनों प्रकार के उन्नत और परिष्कृत वाहन होने चाहिए।[9]

भविष्य में लड़ाइयाँ जीतने के लिए कहीं भी और किसी भी समय तैनात किए जाने योग्य गतिशील तथा लोचशील सैन्य बलों का अत्यधिक महत्त्व होगा। अतः सेना को निर्णायक अभियानों में सफलता प्राप्त करने के लिए अधिक मारक क्षमता से युक्त गतिशील सेना तैयार करनी चाहिए, जो सूचना प्रौद्योगिकी में भी पूरी तरह से दक्ष हो। दुश्मन का मनोबल उस स्थिति में स्वयं ही टूटता नजर आएगा, जब वह स्वयं को चारों ओर से घिरा हुआ और जोखिमपूर्ण स्थिति में पाएगा।

सेना को अपनी प्रतिरक्षात्मक मानसिकता को छोड़कर आक्रामक मानसिकता अपनानी होगी। पर्वतीय इलाकों में अपनी गतिशीलता बनाए रखने के लिए नए तरीके अपनाने होंगे, जहाँ लंबे समय के प्रतिरक्षात्मक दृष्टिकोण के कारण प्रतिरक्षात्मक मानसिकता बनती चली गई है।

आंतरिक संघर्षों का प्रबंधन

स्वतंत्रता के बाद से ही भारत विभिन्न प्रकार के आंतरिक संघर्षों से जूझ रहा है। इन संघर्षों से निपटने में संबंधित राज्य के पुलिस बल और केंद्र सरकार की

असफलता के कारण कई मामलों में सेना की मदद भी ली जाती रही है। सन् 1980 और '90 के दशकों में पंजाब में सिख उग्रवादियों से निपटने के लिए सेना को तैनात करना पड़ा था। इन सिख उग्रवादियों ने पाकिस्तान की मदद से पंजाब में आतंक का राज कायम कर रखा था। पंजाब की जनता के सक्रिय सहयोग से सेना और पुलिस द्वारा चलाए गए जोरदार अभियानों के बल पर पंजाब से उग्रवाद और आतंकवाद को समाप्त किया जा सका।

इसके अतिरिक्त पाकिस्तान द्वारा जम्मू-कश्मीर में वर्ष 1989 से चलाए जा रहे परोक्ष युद्ध से निपटने के लिए सेना व्यापक अभियान चला रही है। अपने देश के और विदेशी आतंकवादियों को हर तरह की मदद देकर पाकिस्तान जम्मू-कश्मीर में आतंकवाद को बढ़ावा देता रहा है। इस अतिरिक्त चुनौती से निपटने के लिए जम्मू-कश्मीर राज्य में सेना का एक बड़ा हिस्सा तैनात किया गया है।

पूर्वोत्तर राज्यों में उग्रवाद का मुकाबला करने के लिए सेना के नियंत्रण में कार्य कर रही असम राइफल्स सेना के साथ-साथ ही उग्रवाद-विरोधी अभियानों में भाग ले रही है। पंजाब में उग्रवाद के चरम पर पहुँच जाने की स्थिति में एक अन्य अर्द्धसैनिक बल—राष्ट्रीय राइफल्स—का गठन करना पड़ा था। इसका प्रशिक्षण, सुसज्जीकरण और नेतृत्व पूरी तरह से सेना के द्वारा ही किया गया। वर्तमान में राष्ट्रीय राइफल्स जम्मू-कश्मीर में आतंकवाद और उग्रवाद से निपटने के लिए सफलतापूर्वक अभियान चला रही है।

आतंकवाद एवं विद्रोह की वर्तमान स्थिति को देखते हुए अनुमान लगाया जा सकता है कि आनेवाले वर्षों में देश में किसी-न-किसी प्रकार के आंतरिक संघर्ष की स्थिति बनी रहेगी, जिसे हमारे विरोधी देशों द्वारा समर्थन और बढ़ावा मिलता रहेगा।

यद्यपि देश में पुलिस बलों में काफी वृद्धि की गई है, लेकिन वे या तो उग्रवाद जैसी इन आंतरिक चुनौतियों से सफलतापूर्वक निपटने में सक्षम नहीं हैं या फिर वे ऐसा चाहते ही नहीं हैं। परिणामस्वरूप, स्पष्ट है कि आंतरिक सुरक्षा से संबंधित चुनौतियों—उग्रवाद, विद्रोही गतिविधियों और परोक्ष युद्ध—से निपटने में सेना की तैनाती आनेवाले वर्षों में भी जारी रहेगी। किंतु इससे सेना की लड़ने की क्षमता पर विपरीत प्रभाव पड़ता है, इसलिए इस प्रवृत्ति और स्थिति को बदलने की आवश्यकता है।

आंतरिक सुरक्षा चुनौतियों से निपटने के लिए सेना के अंतर्गत ही अलग से एक आंतरिक सुरक्षा बल तैयार किया जाना चाहिए। यह आंतरिक सुरक्षा बल चार

स्तरीय होना चाहिए, जिससे स्थिति की गंभीरता के अनुसार उपयुक्त बल तैनात करके उससे सफलतापूर्वक निपटा जा सके—

प्रथम स्तर—स्थानीय स्तर पर कानून-व्यवस्था के लिए स्थानीय पुलिस बल।

द्वितीय स्तर—स्थानीय पुलिस बल की नियंत्रण क्षमता से बाहर की आंतरिक सुरक्षा चुनौती का मुकाबला करने के लिए राज्य सशस्त्र बल।

तृतीय स्तर—उच्च स्तरीय आंतरिक सुरक्षा चुनौतियों और निम्न स्तरीय उग्रवाद से निपटने के लिए केंद्रीय पुलिस बल।

चतुर्थ स्तर—उग्रवाद, आतंकवाद और परोक्ष युद्ध की स्थिति से निपटने के लिए सेना का आंतरिक सुरक्षा बल।

आंतरिक सुरक्षा बल सेना का ही एक अभिन्न हिस्सा होना चाहिए और उसे आवश्यकतानुसार उपयुक्त कमान हेडक्वार्टर के माध्यम से नियंत्रित एवं तैनात किया जाना चाहिए।

वास्तव में, आंतरिक संघर्षों अथवा समस्याओं का हल राजनीतिक नेतृत्व के हाथ में है। सेना तो अपने अभियानों द्वारा आतंकवाद अथवा उग्रवाद की स्थिति को नियंत्रण में लाकर राजनीतिक बातचीत की प्रक्रिया बहाल करने के लिए उपयुक्त वातावरण तैयार कर सकती है। अच्छा और चुस्त प्रशासन तथा संतुलित सामाजिक-आर्थिक विकास आंतरिक सुरक्षा से संबंधित समस्याओं को हल करने का सबसे अच्छा माध्यम है। हालाँकि आतंकवादियों तथा उग्रवादियों द्वारा इस प्रक्रिया में बाधा डाले जाने की संभावना अधिक बनी रहती है, लेकिन ऐसी स्थिति में लगातार प्रयास करना भी जरूरी है।

उग्रवादी गतिविधियों से निपटने के लिए संभवतः चुस्त और प्रभावशाली गुप्तचर व्यवस्था ही एकमात्र महत्त्वपूर्ण माध्यम है। अतः सभी गुप्तचर एजेंसियों को इस प्रकार की चुनौतियों से निपटने में लगे बल के सर्वोच्च हेडक्वार्टर के नियंत्रण में रखा जाना। इस संबंध में अतीत के हमारे अनुभवों को संतोषजनक नहीं कहा जा सकता। उग्रवाद, विद्रोही गतिविधियों और परोक्ष युद्ध से सफलतापूर्वक निपटने के लिए अब आवश्यक हो गया है कि हम अपनी पुरानी नौकरशाही प्रणाली को समाप्त करें, अन्यथा हम इन समस्याओं को दूर करने में सक्षम नहीं हो सकते और ये समस्याएँ धीरे-धीरे विस्फोटक स्थिति पैदा कर देंगी।

मानव संसाधन विकास

भारतीय सेना में देश के अत्यधिक भौगोलिक विभिन्नतावाले अलग-अलग हिस्सों से मानव संसाधनों का इस्तेमाल किया जा रहा है। भविष्य के युद्ध की जटिलताओं को देखते हुए सेना को अपने मानव-संसाधन का उच्च-स्तरीय विकास करना चाहिए, ताकि वह भविष्य की चुनौतियों का सफलतापूर्वक सामना कर सके। अच्छे प्रशिक्षण से उनकी कुशलता और क्षमता को कई गुना बढ़ाकर तथा उनमें सेना के उच्च आदर्श और मूल्य उभारकर उन्हें मारक यंत्र के रूप में बदलने की जरूरत है।[10]

उत्कृष्टता हासिल करने के लिए सेना में मानव संसाधनों का कुशल और समन्वयपूर्ण संगठन, उच्च स्तरीय आदर्श और प्रेरणा अत्यंत आवश्यक है। सेना को अपने प्रयासों, उद्यमों की योजना तैयार करने और उसे कार्यरूप देने की आवश्यकता है, ताकि वह आनेवाले दशकों में बेहतर प्रदर्शन कर सके। यह नियोजन देश के बदलते सामाजिक-आर्थिक परिदृश्य और सेना के भावी दायित्वों एवं अभियानों को ध्यान में रखकर किया जाना चाहिए।

प्रभावकारी कारक

विज्ञान और प्रौद्योगिकी में हो रही तीव्र प्रगति, अस्त्र-प्रणालियों पर पड़नेवाला उनका प्रभाव और इन सबके कारण लगातार बदलता युद्ध का स्वरूप—इन स्थितियों में अपनी क्षमता और प्रभावशीलता बनाए रखने के लिए सेना को उच्च स्तरीय योग्यता, कुशलता और अधिक स्वायत्तता की आवश्यकता है। सेना के मानव संसाधन के समग्र और संपूर्ण विकास की योजना तैयार करने में शिक्षा का उच्च स्तर, जन-संचार माध्यमों का विकास और सेना के सभी रैंकों की महत्त्वाकांक्षा—इन सभी कारकों की महत्त्वपूर्ण भूमिका है। आनेवाले दशकों में मानव संसाधन और मानव व्यवहार को प्रभावित करनेवाले अन्य कारक हैं—जागरूकता, अधिक मुक्त और उदार समाज, आर्थिक विकास और लगातार बढ़ती आर्थिक एवं सामाजिक विकास की संभावनाएँ तथा इन विषयों से संबंधित कुछ अन्य मामले। समाज के मूल्यों-आदर्शों में आ रहे ह्रास और बढ़ते उपभोक्तावाद को भी नियंत्रित किए जाने की आवश्यकता है।

सेना की परंपरागत पहचान और उसका गौरव, उसकी विरासत और राष्ट्र-निर्माण तथा राष्ट्रीय विकास में उसका योगदान—ये सभी ऐसे कारक हैं, जो मानव संसाधन को प्रत्यक्ष रूप से प्रभावित करनेवाले हैं। अतः मीडिया की मदद से लोगों

को इन तथ्यों से पूरी तरह अवगत कराने की आवश्यकता है, ताकि अधिकतम कुशल प्रतिभावान् और मानव-शक्ति को सेना की ओर आकर्षित किया जा सके। भरती प्रणाली में भी पूर्ण पारदर्शिता लाने की आवश्यकता है।[11]

भावी आदर्श एवं मूल्य

भारतीय संस्कृति मूल रूप से आध्यात्मिकता पर आधारित रही है। हमारे मूल्य एवं आदर्श इस धारणा पर आधारित हैं कि सामाजिक परिवेश को मानव-विकास से अलग करके नहीं देखा जा सकता है। इस धारणा से मानवीय अनुभूतियों, त्याग एवं बलिदान की भावना और समाज के प्रति जिम्मेदारी की भावना के विकास को बल मिलता है। सेना को इन मूल्यों का विकास करने की आवश्यकता है।

देशभक्ति, त्याग और सम्मान की भावना हमारे सैन्य मूल्यों के आधारभूत तत्त्व बने रहेंगे। व्यक्तित्व, नेतृत्व गुणों और सेना के मूल आदर्शों के विकास पर अधिक बल देना होगा। यह प्रक्रिया उसी समय से शुरू होनी चाहिए, जब कोई सैनिक अथवा कैडेट सेना में पहली बार शामिल होता है। प्रशिक्षण केंद्रों—जहाँ रंगरूटों और युवा कैडेटों को प्रशिक्षित किया जाता है—को इसके लिए उपयुक्त वातावरण उपलब्ध कराना चाहिए। प्रशिक्षण का उद्देश्य सैनिकों में विशिष्ट योग्यताएँ, क्षमताएँ और कुशलताएँ विकसित करने के साथ-साथ उनमें वास्तविक मूल्यों एवं आदर्शों का विकास करना भी होना चाहिए।

सेना के वरिष्ठ अधिकारी सेना के वास्तविक मूल्यों, आदर्शों के पोषक और संरक्षक हैं। सेना के सभी सैनिक उनके आदर्शों पर चलते हुए उत्कृष्ट व आदर्श सेवा का उदाहरण प्रस्तुत करते हैं। इस प्रकार, इन वरिष्ठ अधिकारियों को प्रेरक भूमिका निभाने की आवश्यकता है, जिससे प्रेरणा और प्रोत्साहन लेकर अन्य रैंक भी उत्कृष्ट प्रदर्शन करते हुए आनेवाली पीढ़ी के लिए आदर्श प्रस्तुत करें।

नेतृत्व

सेना की क्षमता और उसकी श्रेष्ठता उसके अधिकारियों की क्षमता और श्रेष्ठता पर निर्भर करती है। सेना को इनके लिए ऐसा वातावरण तैयार करना होगा कि ये सैनिक नेता परिवर्तन के इस युग में लगातार विकसित और परिवर्धित होते हुए राष्ट्र का भविष्य सुरक्षित एवं सुनिश्चित कर सकें। उच्च गुणों और आदर्शोंवाले युवा पुरुषों और महिलाओं को एक विश्व स्तरीय सैन्य संगठन—भारतीय सेना—में सेवा करने के अवसर के रूप में सेना में अपनी भूमिका अदा करनी चाहिए;

एक ऐसे संगठन में, जो उन्हें स्वयं को उच्च आदर्शों और मूल्योंवाले नेता के रूप में विकसित करने का अवसर प्रदान करता है।[12]

आनेवाले वर्षों में सैन्य-नेतृत्व को प्रभावित करनेवाले कई कारक होंगे, लेकिन परंपरागत अनुभव और कुशल नेतृत्व का महत्त्व भी बना रहेगा। सैन्य-नेतृत्व को संयुक्त अभियानों, बड़े शांति-स्थापना अभियानों, आंतरिक संघर्षों और असैनिक दायित्वों के लिए स्वयं को तैयार करना होगा। इसके अतिरिक्त उन्हें अन्य सेवाओं, अभिकरणों और दूसरे देशों की सेनाओं की कार्य-प्रणाली को भी समझना होगा। उन्हें अपने कमान क्षेत्र की विभिन्न संस्कृतियों, भाषाओं से स्वयं को जोड़ना होगा, ताकि वे वहाँ के लोगों के साथ सीधे संपर्क में रह सकें।

प्रौद्योगिकी-आधारित परिवर्तनों के कारण सैन्य संगठनों पर समायोजन का जबरदस्त दबाव पड़ेगा। भविष्य के नियोजन में असैनिक विकल्पों सहित अन्य सभी विकल्पों पर ध्यान दिए जाने की आवश्यकता होगी। वरिष्ठ सैनिक अधिकारियों को बदलते परिवेश में कार्य करने की क्षमता और कुशलता हासिल करनी होगी। उन्हें बजट-प्रक्रिया और मूल्य-प्रणाली को भी समझना होगा।

कैरियर प्लानिंग मानव-संसाधन विकास का मुख्य बिंदु है। सेना को अपने अधिकारियों और अधीनस्थ सैन्य कर्मियों के बीच से असंतोष की भावना को समाप्त करने की आवश्यकता है। कैरियर प्लानिंग—यानी कर्मियों को और अधिक चुनौतीपूर्ण दायित्व स्वीकार करने के लिए तैयार करने—का मुख्य उद्देश्य उनकी महत्त्वाकांक्षाओं के अनुसार होना चाहिए। निस्संदेह कुछ ऐसी बुराइयाँ हैं, जो अधिकारी कोर तक पहुँच चुकी हैं; हालाँकि सेना ने अपने परंपरागत मूल्यों और अपनी संगठनात्मक शक्ति के बल पर उन्हें दबा दिया है, लेकिन उनसे सेना के चरित्र पर विपरीत प्रभाव पड़ रहा है। अधिकारी कैडर की बात करते समय **'कैरियरिज्म', 'सेल्फ-प्रमोशन'** और **'जीरो-डिफेक्ट्स'** जैसे शब्दों का प्रयोग बार-बार किया जाता है। इसके लिए संभवतः अधीनस्थों में विश्वास की कमी तथा पूर्णता पर अत्यधिक जोर देनेवाली संस्कृति ही जिम्मेदार कारक हैं। इन बुराइयों को दबाने की बजाय इन्हें जड़ से मिटाने की आवश्यकता है।

भावी युद्ध और सुरक्षा वातावरण के लिए स्वतंत्र रूप से काररवाई की योजना बनाने और उसे कुशलतापूर्वक संचालित करने की योग्यता एवं दक्षता रखनेवाले सैन्य अधिकारियों की आवश्यकता होगी। इसमें अवसर का लाभ उठाने और नपा-तुला जोखिम लेने की योग्यता एवं क्षमता शामिल है। एक अच्छा नेता अनुभव करने, सीखने और प्रतिक्रिया करने के लिए नई-नई युक्तियों, तकनीकों

और प्रक्रियाओं का सहारा लेता है। सेना को चरित्रवान् नेताओं की आवश्यकता है, जो तत्काल निर्णय लेकर उसके अनुसार काररवाई करने में सक्षम हों। इसके लिए प्रोत्साहन प्रणाली में इस तरह बदलाव लाना होगा, जिससे सैन्य कर्मी में चरित्र की शक्ति को पुरस्कृत और प्रोत्साहित किया जा सके। साथ ही, कुछ न करनेवालों को दंडित करने की व्यवस्था भी की जानी चाहिए।

वर्तमान में एक अधिकारी अपने सेवाकाल में सेना के विभिन्न विभागों से होकर गुजरता है। कमान से वह स्टाफ पोजीशन तक प्राप्त करता है और फिर वापस उसी स्तर पर पहुँचता है; इस बीच अतिरिक्त रेजीमेंटल सेवायोजन अथवा प्रशिक्षक के रूप में उसे कुछ अंतराल भी मिलते हैं।

सेना अपने अधिकारियों को थोड़ी-थोड़ी अवधि के लिए कई नियुक्तियों पर भेजती है, लेकिन इस अवधि में उसके कार्यकाल के दौरान इस ओर ध्यान नहीं दिया जाता कि किस नियुक्ति पर उसने कौन सी विशेषज्ञता हासिल की। आजकल तो 'जनरल' पदवी पर जोर दिया जा रहा है; किंतु भविष्य के लिए पदवी नहीं, बल्कि 'विशेषज्ञता' की आवश्यकता होगी। ऐसे में एक बात यह उठती है कि हर कोई आभियानिक क्षेत्र में ही जाना चाहेगा, जहाँ पुरस्कारों की अधिकतम उम्मीद होती है। इसका समाधान यह है कि नई व्यवस्था कुछ इस प्रकार की होगी, जिसमें हर क्षेत्र में 'सफलता' और 'पुरस्कार' के पर्याप्त अवसर होंगे।

विविध पहलू

प्रशिक्षण इस दिशा में एक महत्त्वपूर्ण कारक होगा। मानव संसाधन विकास के लिए अच्छा और प्रभावशाली प्रशिक्षण अत्यंत महत्त्वपूर्ण है। प्रशिक्षण की आवश्यकताओं की पहचान करना, कार्यों का विश्लेषण करना, पाठ्य-चर्या विकसित करना और उसकी समीक्षा करना अत्यंत आवश्यक है।

रेजीमेंटल प्रणाली सेना की सबसे बड़ी शक्ति है। इससे हमारे मन में गर्व की भावना पैदा होती है और हमारा मनोबल ऊँचा उठता है। रेजीमेंटल परंपरा को बनाए रखना आवश्यक है। एक व्यक्ति जिसे अपना सबकुछ समझता है, जिसका सम्मान करता है, उसके लिए वह मर-मिटने को तैयार रहेगा; भारतीय सेना में यह रेजीमेंट और बटालियन ही है, जिसके लिए एक सैनिक अपनी जान न्योछावर करने को तैयार रहता है। अतीत में इस रेजीमेंटल प्रणाली को समाप्त करने की कोशिशें की गईं, लेकिन सेना की ओर से उसका कड़ा विरोध किया गया। यह प्रणाली भविष्य में भी अनवरत चलती रहनी चाहिए।

सैन्य संचालन

भारतीय सेना का सैन्य संचालन ढाँचा कई मामलों में पुराना और मूल्य-निरपेक्ष है। यह ढाँचा स्वतंत्रता से पूर्व की प्रणाली पर आधारित है। अब तक कुछ परिवर्तन जरूर किए गए हैं; लेकिन उनमें से अधिकांश किसी स्थिति या आवश्यकता विशेष को ध्यान में रखते हुए ही किए गए हैं। हमारा सैन्य संचालन ढाँचा एक लंबी शृंखला है।

कंप्यूटरीकरण के माध्यम से इसका आधुनिकीकरण किया गया है; लेकिन वास्तव में पूरी प्रणाली को ही बदलने की आवश्यकता है। इस पर ज्यादा विस्तार से चर्चा करना यहाँ संभव नहीं है, इसलिए कुछ महत्त्वपूर्ण सुझाव ही प्रस्तुत किए जा रहे हैं—

- तीनों सेवाओं के समन्वित सैन्य संचालन नियोजन के लिए एक रक्षा सैन्य संचालन एजेंसी बनाने की आवश्यकता है। इसमें तीनों सेवाओं की प्रापण शाखा के प्रमुखों को शामिल किया जाना चाहिए। यह एजेंसी सैन्य संचालन के सभी पहलुओं के लिए उत्तरदायी होनी चाहिए।
- सेना मुख्यालय में सैन्य-संचालन की सभी कार्य-प्रणालियों को एक व्यक्ति के नियंत्रण में रखा जाना चाहिए, जो सभी प्रकार के सैन्य संचालन मामलों में चीफ ऑफ द आर्मी स्टाफ के समकक्ष होगा।
- सैन्य संचालन सेवाओं के ढाँचे को पुनर्संयोजित करने की आवश्यकता है। वर्तमान में हमारी सेना में बहुत ज्यादा सेवा कोर हैं। इन्हें मिलाकर तीन कोर—युद्ध सहायता, उपकरण सहायता, परिवहन सहायता—में पुनर्गठित किया जाना चाहिए।

सैन्य संचालन ढाँचे के पुनर्संयोजन के लिए निम्नांकित बिंदुओं पर विशेष बल दिया जाना चाहिए—

- वितरण व प्रापण के समय को कम करने, हस्त-चालन और संचलन को कम करने के लिए ऑटोमेशन में वृद्धि।
- विस्तृत सूची को छोटा करना।
- मरम्मत और रख-रखाव की व्यवस्था को अधिक-से-अधिक चुस्त बनाना
- आर्थिक विकास, सामग्री की उपलब्धता में सामान्य सुधार, पारदर्शिता और व्यापक पैमाने पर ऑटोमेशन से सैन्य-संचालन व्यवस्था सुदृढ़ बनेगी।

- ‘व्यापार’ पर निर्भरता, ‘बी’ वाहनों की मरम्मत, अड्डों-बेड़ों की मरम्मत और सामान्य वस्तुओं के लिए सिविल एजेंसियों पर निर्भरता। यहाँ तक कि विस्फोटक, प्राइमर, कारतूस की डिब्बियाँ और फ्यूज आदि भी बाहर से लिये जा सकते हैं।

प्रशिक्षण

‘ज्ञान की परिणति क्षमता के रूप में होनी चाहिए’-क्लॉजविट्ज

लड़ने की शक्ति सिर्फ शस्त्र से नहीं आती है; इसके लिए व्यक्तिगत योग्यता और क्षमता की आवश्यकता होती है। मशीनों से सहायता ली जा सकती है, लेकिन युद्ध का मुख्य काम तो व्यक्तिगत योग्यता के बल पर चलता है। भविष्य के युद्ध की जटिलता को देखते हुए उच्च कोटि का प्रशिक्षण और नेतृत्व आवश्यक है।

प्रौद्योगिकी के क्षेत्र में हो रहे क्रांतिकारी परिवर्तनों से सैन्य अभियानों की गति में वृद्धि हुई है; किंतु युद्धक्षेत्र में सिर्फ प्रौद्योगिकी के बल पर सफलता हासिल नहीं की जा सकती। कमांडरों को समन्वित निर्णय लेने होंगे और कुशल सैनिकों द्वारा उसपर अमल किए जाने की आवश्यकता होगी। अमेरिका के पूर्व राष्ट्रपति थियोडोर रूजवेल्ट ने एक बार कहा था—“अच्छे जहाज और अच्छी बंदूकों को अच्छा हथियार कहा जा सकता है, और सबसे अच्छा हथियार बेकार होता है, वह उसी के हाथ से चलता है जो उससे लड़ना जानता हो।”

नई चुनौतियों का सफलतापूर्वक सामना करने के लिए सेना को अपनी प्रशिक्षण प्रणाली में सुधार करने की आवश्यकता है। यद्यपि प्रशिक्षण के तीनों आयामों—व्यक्तिगत, संस्थागत और यूनिट स्तर—का महत्त्व सेना के प्रशिक्षण के आधार के रूप में अगले कुछ दशकों तक बना रहेगा, तथापि उसकी दिशा व उद्देश्य में बदलाव लाना होगा। भविष्य में व्यक्तिगत कुशलता का महत्त्व और भी ज्यादा होगा। व्यक्तिगत कुशलता में मस्तिष्क-स्फूर्ति और कंप्यूटर दक्षता भी शामिल होगी। संस्थागत प्रशिक्षण में आधुनिक साधनों का प्रयोग करके महत्त्वपूर्ण सूचनाएँ ज्यादा-से-ज्यादा लोगों तक पहुँचाई जानी चाहिए। प्रशिक्षण संस्थानों के प्रशिक्षण पाठ्यक्रमों का समय-समय पर पुनरीक्षण, संशोधन और आधुनिकीकरण किया जाना चाहिए। इकाई स्तर पर दिया जानेवाला प्रशिक्षण अभियानपरक और कार्यों

के आधार पर होना चाहिए। सबसे बड़ी चुनौती है—कल के लिए मजबूत आधार तैयार करते हुए सेना को आज के लिए तैयार रखने की।

प्रशिक्षण के लिए एक अन्य रणनीति—दूर-शिक्षा के माध्यम से प्रशिक्षण—अपनाने की आवश्यकता है। इसमें तकनीकी और भाषा प्रशिक्षण, व्यावसायिक विकास और आत्मविकास शामिल है। दूर-शिक्षा के माध्यम से प्रशिक्षण से सेना नियमित और संस्थागत तरीके से बड़ी संख्या में कैडेटों या सैनिकों को प्रशिक्षण उपलब्ध करवा सकती है। इसके लिए टेली-ट्रेनिंग, कंप्यूटर-आधारित शिक्षण, सीडी-रोम, वीडियो टेप और इंटरनेट जैसी तकनीकें उपलब्ध हैं।

इक्कीसवीं शताब्दी के पहले कुछ दशकों में भारतीय सेना को अपने प्रशिक्षण में निम्नांकित पहलुओं पर ध्यान केंद्रित करना होगा—

- प्रशिक्षण को अधिक केंद्रित, उद्देश्यपरक और मूल्य-सापेक्ष बनाने के लिए व्यवस्था आधारित प्रशिक्षण।
- सभी रैंकों की व्यावसायिक सैन्य शिक्षा और सामान्य शिक्षा को उन्नत बनाना। विभिन्न पाठ्यक्रमों के लिए अधिक-से-अधिक अधिकारियों और कनिष्ठ अधिकारियों को विश्वविद्यालयों में भेजना।
- आधुनिक प्रशिक्षण माध्यमों को अपनाकर और प्राथमिकीकरण के द्वारा प्रशिक्षण को मूल्य-सापेक्ष बनाना।
- आभियानिक उपकरणों की बजाय अनुकरण और कंप्यूटर पर आधारित प्रशिक्षण पर बल देना; कंप्यूटर साक्षरता का प्रसार करना।
- अधिकारियों, जूनियर कमीशंड अधिकारियों, पर्याप्त संख्या में जवानों को कंप्यूटर शिक्षा में साक्षर बनाना। धीरे-धीरे सेना के सभी रैंकों में कंप्यूटर साक्षरता का प्रसार करना।
- इकाई, डिवीजन और संस्थान स्तर पर प्रशिक्षण ढाँचे में व्यापक सुधार करना।
- वरिष्ठ कमांडरों को प्रशिक्षित करने के लिए औपचारिक प्रशिक्षण कार्यक्रम आयोजित करना।
- कूट-रचना, आक्रामक काररवाई और कमान की निर्देशक शैली के प्रशिक्षण पर अधिक बल देना।[13]

भारतीय सेना को भविष्य के लिए स्वयं को तैयार करके रखते हुए अपनी शक्ति और क्षमता को बनाए रखना चाहिए। तभी वह अपनी कुशलता और श्रेष्ठता

को कायम रखने में सक्षम होगी। उसे आर्डेंट डू पिक की यह बात सदैव याद रखनी चाहिए—"लड़ाई में सैनिक ही पहला हथियार है।"[14]

सेना की सबसे बड़ी आवश्यकता है—तैयारी। अधिकारी और सैनिक अपने कैरियर का बड़ा हिस्सा युद्ध के लिए तैयारी में लगाते हैं। इसी का परिणाम है कि सेना के कनिष्ठ और वरिष्ठ—दोनों प्रकार के अधिकारी कुशल और विश्वसनीय बन जाते हैं। देश को चाहिए कि वह उन्हें झगड़े शांत करने के लिए ही नहीं बल्कि उनके त्याग और बलिदान के लिए भी याद करे। सेना ने देश को कभी निराश नहीं किया है; सचमुच, बड़ी-से-बड़ी मुश्किलों का भी उसने दृढ़ता से सामना किया है। भविष्य में भी उसे अपना यह आदर्श बनाए रखना चाहिए। राष्ट्र के अंतिम हथियार के रूप में उसे अपनी उत्कृष्टता, अपने आदर्शों के साथ कभी समझौता नहीं करना चाहिए। उसे हर कीमत पर राष्ट्र की इच्छा का सम्मान करना चाहिए और उस पर अपनी इच्छा कभी नहीं थोपनी चाहिए।[15]

भारतीय सेना के गौरवशाली इतिहास और उसके भविष्य को इन शब्दों में बेहतर ढंग से प्रस्तुत किया जा सकता है—"एक गौरवशाली अतीत, सफल वर्तमान और उत्साहपूर्ण भविष्य!"

संदर्भ

1. आर्मी ट्रेनिंग कमांड, 'ए क्वेस्ट फॉर एक्सीलेंस—ट्रेनिंग दि इंडियन आर्मी' (शिमला)।
2. आर्मी ट्रेनिंग कमांड, 'फंडामेंटल्स, डॉक्ट्रिन एंड कॉन्सेप्ट्स—इंडियन आर्मी' (शिमला), पृष्ठ 6-7।
3. वही, पृष्ठ 7।
4. वही, पृष्ठ 10।
5. किप पी. न्यूग्रेन, 'इमर्जिंग टेक्नोलॉजीज एंड एक्सपोनेंशियल चेंज : इंप्लीकेशंस फॉर आर्मी ट्रांसफॉर्मेशन पैरामीटर्स', वॉल्यूम XXXII, सं. 2, ग्रीष्म 2002, पृष्ठ 86-89।
6. वही, पृष्ठ 90-92।
7. वही, पृष्ठ 93।
8. लेफ्टिनेंट जनरल विजय ओबेरॉय, 'एयर पॉवर एंड ज्वॉइंट ऑपरेशन—डॉक्ट्रिनल एंड ऑर्गनाइजेशनल चैलेंजेस' 26 नवंबर, 2002 को सेंटर फॉर एयर पाँवर स्टडीज द्वारा आयोजित एक सेमिनार में प्रस्तुत किया गया एक पत्र।
9. लेफ्टिनेंट कर्नल रिचर्ड सी. हब्बलीब एवं अन्य, 'थ्री डाइमेंशनल बैटलस्पेस'

आर्म्ड फोर्सेज जर्नल इंटरनेशनल, दिसंबर 1988, पृष्ठ 50–51।

10. 'ह्यूमन रिसोर्स डेवलपमेंट डॉक्ट्रिन', का प्राक्कथन, आर्मी 7 ट्रेनिंग नोट एटीएन/5/एलएमएस/98, हेडक्वार्टर्स आर्मी ट्रेनिंग कमांड, 16 अप्रैल, 1998।
11. वही, पृष्ठ 16।
12. किप पी. न्यूग्रेन, 'इमर्जिंग टेक्नोलॉजीज एंड एक्सपोनेंशियल चेंज : इंप्लीकेशंस फॉर आर्मी ट्रांसफॉर्मेशन', पृष्ठ 94।
13. 'ए क्वेस्ट फॉर एक्सीलेंस—ट्रेनिंग दि इंडियन आर्मी', पृष्ठ 263–67।
14. 'ऑप्टिमाइजिंग फ्यूचर बैटल कमांड टेक्नोलॉजीज', मिलिटरी रिव्यू, मार्च-अप्रैल, 1998।
15. लेफ्टिनेंट जनरल एस.के. सिन्हा, 'फील्ड मार्शल के.एम. करियप्पा मेमोरियल लेक्चर', पृष्ठ 61।

□

भारतीय सेना के प्रमुख

कमांडर-इन-चीफ (स्वतंत्रता-पूर्व)

1. मेजर स्ट्रिंगर लॉरेंस	जनवरी 1748
2. कर्नल जॉन एड्लरक्रॉन	1754
3. कर्नल रॉबर्ट क्लाइव	दिसंबर 1756
4. मेजर जॉन कैलॉड	25 फरवरी, 1760
5. मेजर जॉन कार्नेक	31 दिसंबर, 1760
6. लेफ्टिनेंट कर्नल आयर कूटे	अप्रैल 1761
7. मेजर थॉमस एडम्स	1763
8. मेजर जॉन कार्नेक	जनवरी 1764
9. मेजर हेक्टर मुनरो	जुलाई 1764
10. ब्रिगेडियर जनरल जॉन कार्नेक	जनवरी 1765
11. मेजर जनरल रॉबर्ट क्लाइव	अप्रैल 1765
12. कर्नल रिचर्ड स्मिथ	29 जनवरी, 1767
13. ब्रिगेडियर जनरल सर रॉबर्ट बार्कर	24 मार्च, 1770
14. कर्नल एलेक्जेंडर चैपमैन	18 जनवरी, 1774
15. लेफ्टिनेंट जनरल सर जॉन क्लैवरिंग	2 नवंबर, 1774
16. लेफ्टिनेंट जनरल सर आयर कूटे	25 मार्च, 1779
17. लेफ्टिनेंट जनरल रॉबर्ट स्लोपर	21 जुलाई, 1785
18. लेफ्टिनेंट जनरल चार्ल्स अर्ल कॉर्नवालिस	12 सितंबर, 1786
19. मेजर जनरल सर रॉबर्ट एबरक्रांबी	28 अक्तूबर, 1793
20. लेफ्टिनेंट जनरल सर अल्योर्ड क्लार्क	16 मार्च, 1797

21. लेफ्टिनेंट जनरल गेरार्ड लेक (बाद में लॉर्ड लेक) 13 मार्च, 1801
22. जनरल चार्ल्स मार्क्विस कॉर्नवालिस 30 जुलाई, 1805
23. जनरल गेरार्ड लॉर्ड लेक 5 अक्तूबर, 1805
24. लेफ्टिनेंट जनरल जॉर्ज हेविट 17 अक्तूबर, 1807
25. लेफ्टिनेंट जनरल सर जॉर्ज न्यूजेंट 14 जनवरी, 1812
26. जनरल फ्रांसिस, अर्ल ऑफ मॉइरा (बाद में मार्क्विस ऑफ हेस्टिंग्स) 4 अक्तूबर, 1813
27. ले. जनरल सर एडवर्ड पैजेट 13 जनवरी, 1823
28. जनरल शेपिलटन, लॉर्ड कांबरमेयर 7 अक्तूबर, 1825
29. जनरल जॉर्ज, द अर्ल ऑफ डलहौजी 1 जनवरी, 1830
30. जनरल सर एडवर्ड बार्नेस 10 जनवरी, 1832
31. जनरल लॉर्ड विलियम एच.सी.बेंटिंक 15 अक्तूबर, 1833
32. लेफ्टिनेंट जनरल सर हेनरी फेन 5 सितंबर, 1835
33. मेजर जनरल सर जास्पर निकोलस 7 दिसंबर, 1839
34. जनरल सर हग गॅफ बर्ट (बाद में लॉर्ड गफ) 8 अगस्त, 1843
35. जनरल सर चार्ल्स जेम्स नैपियर 7 मई, 1849
36. जनरल सर विलियम मेनार्ड गोम 6 दिसंबर, 1850
37. जनरल जॉर्ज एन्सॅन 23 जनवरी, 1856
38. लेफ्टिनेंट जनरल सर पैट्रिक ग्रांट 17 जून, 1856
39. जनरल सर कॉलिन कैंपबेल 13 अगस्त, 1857
40. जनरल सर हग एच. रोज 4 जून, 1860
41. जनरल सर विलियम रोज मेंसफील्ड 23 मार्च, 1865
42. जनरल लॉर्ड नैपियर ऑफ मागदल 9 अप्रैल, 1870
43. जनरल सर फ्रेड पी. हेनीज 10 अप्रैल, 1876
44. जनरल सर डोनाल्ड एम. स्टीवर्ट 8 अप्रैल, 1881
45. जनरल सर फ्रेड एस. रॉबर्ट्स 28 नवंबर, 1885
46. जनरल सर ज्यो. एस. व्हाइट 8 अप्रैल, 1893
47. लेफ्टिनेंट जनरल सर चार्ल्स एडवर्ड नायर्न 20 मार्च, 1898
48. जनरल सर डब्ल्यू.एस.ए. लॉकहर्ट 4 नवंबर, 1898
49. जनरल सर ए.पी. पॉमर 19 मार्च, 1900
50. जनरल विस्काउंट किचनर ऑफ खार्तूम 28 नवंबर, 1902
51. जनरल सर ओ' मूरे क्रीग 10 सितंबर, 1909

52. जनरल सर बी. डफ	8 मार्च, 1914
53. जनरल सर सी.सी. मोनरो	1 अक्तूबर, 1916
54. जनरल लॉर्ड रॉलिंसन ऑफ ट्रेंट	21 नवंबर, 1920
55. फील्ड मार्शल लॉर्ड बर्डवुड	अगस्त 1926
56. फील्ड मार्शल सर फिलिप डब्ल्यू. चेटवुड	30 नवंबर, 1930
57. जनरल सर रॉबर्ट ए. कैसेल्स	30 नवंबर, 1935
58. जनरल सर सी.जे.ई. ऑकिनलेक	27 जनवरी, 1941
59. जनरल सर एलन एस. हार्टली	17 जनवरी, 1942
60. फील्ड मार्शल विस्काउंट वैवेल	7 मार्च, 1942
61. फील्ड मार्शल सर सी.जे.ई. ऑकिनलेक	21 जून, 1943
62. जनरल सर रॉबर्ट लॉकहर्ट	30 नवंबर, 1945 (स्वतंत्रता-प्राप्ति तक)

स्वतंत्रता के पश्चात्

1. जनरल सर रॉबर्ट लॉकहर्ट	15 अगस्त, 1947 से 31 दिसंबर, 1947
2. जनरल सर रॉय बुचर	1 जनवरी, 1948 से 14 जनवरी, 1949
3. जनरल के.एम. करियप्पा	15 जनवरी, 1949 से 14 जनवरी, 1953
4. जनरल महाराज राजेंद्रसिंहजी	15 जनवरी, 1953 से 31 मार्च, 1955

चीफ ऑफ द आर्मी स्टाफ (सेना प्रमुख)

5. जनरल महराज राजेंद्र सिंहजी	1 अप्रैल, 1955 से 14 मई, 1955
6. जनरल एस.एम. श्रीनगेश	15 मई, 1955 से 7 मई, 1957
7. जनरल के.एस. थिमैया	8 मई, 1957 से 7 मई, 1961
8. जनरल पी.एन. थापर	8 मई, 1961 से 19 नवंबर, 1962
9. जनरल जे.एन. चौधुरी	20 नवंबर, 1962 से 7 जून, 1966
10. जनरल पी.पी. कुमारमंगलम	8 जून, 1966 से 7 जून 1969
11. जनरल एस.एच.एफ.जे. मानेकशॉ	8 जून, 1969 से 31 दिसंबर, 1972
12. फील्ड मार्शल एस.एच.एफ.जे. मानेकशॉ	1 जनवरी, 1973 से 15 जनवरी, 1973
13. जनरल जी.जी. बेवूर	16 जनवरी, 1973 से 31 मई, 1975
14. जनरल टी.एन. रैना	1 जून, 1975 से 31 मई, 1978
15. जनरल ओ.पी. मल्होत्रा	1 जून, 1978 से 31 मई, 1981
16. जनरल के.वी. कृष्णा राव	1 जून, 1981 से 31 जुलाई, 1983

17. जनरल ए.एस. वैद्य	1 अगस्त, 1983 से 31 जनवरी, 1986
18. जनरल के. सुंदरजी	1 फरवरी, 1986 से 30 अप्रैल, 1988
19. जनरल वी.एन. शर्मा	1 मई, 1988 से 30 जून, 1990
20. जनरल एस.एफ. रोड्रीग्स	1 जुलाई, 1990 से 30 जून, 1993
21. जनरल बी.सी. जोशी	1 जुलाई, 1993 से 18 नवंबर, 1994
22. जनरल एस. रॉयचौधुरी	22 नवंबर, 1994 से 30 सितंबर, 1997
23. जनरल वी.पी. मलिक	1 अक्तूबर, 1997 से 30 सितंबर, 2000
24. जनरल एस. पद्मनाभन	1 अक्तूबर, 2000 से 31 दिसंबर, 2002
25. जनरल एन.सी. विज	1 जनवरी, 2003 से 31 जनवरी, 2005
26. जनरल जोगिंदर जगजीत सिंह	1 फरवरी, 2005 से अब तक

□

'परम वीर चक्र' से सम्मानित सैनिक एवं अधिकारी

1947-48 मेजर सोमनाथ शर्मा, 4 कुमाऊँ, 3 नवंबर, 1947 बडगाम, कश्मीर (मरणोपरांत)।

नायक जदुनाथ सिंह, 1 राजपूत, 13 अक्तूबर, 1948, नौशेरा, कश्मीर (मरणोपरांत)।

कंपनी हवलदार मेजर पीरू सिंह, 6 राजपूताना राइफल्स, 17-18 जुलाई, 1948, टिथवाल, कश्मीर (मरणोपरांत)।

लांस नायक करम सिंह—एम. एम. 1 सिख, 13 अक्तूबर, 1948, टिथवाल, कश्मीर।

सेकंड लेफ्टिनेंट राम राघोबा राणे, इंजीनियर्स, 8 अप्रैल, 1948, नौशेरा/राजौरी, कश्मीर।

1961 कैप्टन जी.एस. सलारिया, 3/1 गोरखा राइफल्स, 5 दिसंबर, 1961, एलिजाबेथविले, कटांगा, कांगो (मरणोपरांत)।

1962 सूबेदार जोगिंदर सिंह, 1 सिख, 23 अक्तूबर, 1962, टोंगपेनला, नेफा (NEFA) मरणोपरांत।

मेजर शैतान सिंह, 13 कुमाऊँ, 18 नवंबर 1962, रिजांगला, लद्दाख (मरणोपरांत)।

मेजर धन सिंह थापा, 1/8 गोरखा राइफल्स, 20 अक्तूबर, 1962, लद्दाख।

1965 कंपनी क्वार्टर मास्टर हवलदार अब्दुल हमीद, 4 ग्रेनेडियर्स, 10 सितंबर, 1965, चीमा, खेमकरण (मरणोपरांत)।

लेफ्टिनेंट कर्नल ए.बी. तारापोर, 17 हॉर्स, 15 अक्तूबर, 1965, फिल्लौरा, सियालकोट, पाकिस्तान (मरणोपरांत)।

1971	लांस नायक अल्बर्ट एक्का, 14 गार्ड्स, 3 दिसंबर, 1971, गंगासागर, बँगलादेश (मरणोपरांत)।
	फ्लाइंग ऑफिसर निर्मल जीत सिंह सेखों, भारतीय वायुसेना, 14 दिसंबर, 1971, श्रीनगर, जम्मू-कश्मीर (मरणोपरांत)।
	सेकंड लेफ्टिनेंट अरुण खेत्रपाल, 17 हॉर्स, 16 दिसंबर, 1971, जटपाल, शकरगढ़, पाकिस्तान (मरणोपरांत)।
	मेजर होशियार सिंह, 3 ग्रेनेडियर्स, 17 दिसंबर, 1971, बसंतर नदी, शकरगढ़, पाकिस्तान।
1987	नायब सूबेदार बाना सिंह, 8 जम्मू व कश्मीर लाइट इन्फैंट्री, 23 जून, 1987, सियाचिन ग्लेशियर, जम्मू-कश्मीर।
	मेजर रामास्वामी परमेश्वरन, 8 महार, 25 नवंबर, 1987, श्रीलंका (मरणोपरांत)।
1999	कैप्टन विक्रम बत्रा, 13 जम्मू व कश्मीर राइफल्स, 20 जून, 1999, पॉइंट 5140, द्रास/कारगिल, जम्मू-कश्मीर (मरणोपरांत)।
	लेफ्टिनेंट मनोज कुमार पांडे, 1/11 गोरखा राइफल्स, 23 जून, 1999, खालूबार-बटालिक, कारगिल, जम्मू-कश्मीर (मरणोपरांत)।
	ग्रेनेडियर योगेंद्र सिंह यादव, 18 ग्रेनेडियर्स, 4 जुलाई, 1999, टाइगर हिल, कारगिल, जम्मू-कश्मीर।
	राइफलमैन संजय कुमार, 13 जम्मू व कश्मीर राइफल्स, 4 जुलाई, 1999, फ्लैट टॉप एरिया, कारगिल, जम्मू-कश्मीर।

□

परिशिष्ट–3

'विक्टोरिया क्रॉस' प्राप्त करनेवाले भारतीय

प्रथम विश्वयुद्ध

1. सिपाही (बाद में सूबेदार) खुदा दाद खान, 129 बलूची रेजीमेंट, 31 अक्तूबर, 1914।
2. जमादार (बाद में सूबेदार) मीर दोस्त (इंडियन ऑर्डर ऑफ मेरिट, ओ.बी.आई.) सरदार बहादुर, 55 कोक्स राइफल्स (फ्रंटियर फोर्स)—57 राइफल्स, 26 अप्रैल, 1915।
3. नायक (बाद में सूबेदार) दरवान सिंह नेगी, 1/39 गढ़वाल राइफल्स, 23–24 नवंबर, 1914।
4. लांस नायक (बाद में जमादार) लाला, 41 डोगरा रेजीमेंट, 21 जनवरी, 1916।
5. रिसालदार बदलू सिंह, 14 जाट लांसर्स, 23 सितंबर, 1918।
6. लांस दफेदार (बाद में रिसालदार), गोविंद सिंह, 28 लाइट कैवेलरी, 1 फरवरी, 1917।
7. राइफलमैन कुलबीर थापा, 2/3 गोरखा राइफल्स, 25 सितंबर, 1918।
8. राइफलमैन गबर सिंह नेगी, 2/39 गढ़वाल राइफल्स, 10 मार्च, 1915।
9. नायक (बाद में सूबेदार) शाह अहमद खान, 89 पंजाब, 12–13 अप्रैल, 1916।
10. सिपाही (बाद में लांस नायक) छत्ता सिंह, 9 भोपाल इन्फैंट्री, 13 जनवरी, 1916।
11. राइफलमैन (बाद में नायक) कर्ण बहादुर राणा, 2/3 गोरखा राइफल्स, 10 अप्रैल, 1918।

वजीरिस्तान

1. सिपाही (बाद में मानद कैप्टन) ईशर सिंह, 28 पंजाब, 10 अप्रैल, 1921।

द्वितीय विश्वयुद्ध

1. सेकंड लेफ्टिनेंट (बाद में ले. जनरल) पी.एस. भगत, रॉयल बांबे सैपर्स एंड माइनर्स, रॉयल इंडियन इंजीनियर्स, जुलाई 1941।
2. सूबेदार रिछपाल राम, 4/6 राजपूताना राइफल्स, फरवरी 1941।
3. हवलदार (बाद में मानद कैप्टन) प्रकाश सिंह, 5/8 पंजाब रेजीमेंट जनवरी, 1943।
4. सूबेदार (बाद में सूबेदार मेजर) लालबहादुर थापा, 1/2 गोरखा राइफल्स, अप्रैल 1943।
5. कंपनी हवलदार मेजर चेलू राम, 4/6 राजपूताना राइफल्स, अप्रैल 1943।
6. हवलदार (बाद में मानद कैप्टन) गजे घाले, 2/5 गोरखा राइफल्स (फ्रंटियर फोर्स), मई 1943।
7. नायक (बाद में जमादार) नंद सिंह, 1/11 सिख रेजीमेंट, मार्च 1944।
8. जमादार अब्दुल हफीज, 3/9 जाट रेजीमेंट, अप्रैल 1944।
9. सिपाही (बाद में हवलदार) कमल राम, 3/8 पंजाब रेजीमेंट, मई 1944।
10. राइफलमैन गंजू लामा, 1/7 गोरखा राइफल्स, जून 1944।
11. नायक (बाद में मानद कैप्टन) अमन सिंह राय, 2/5 गोरखा राइफल्स (फ्रंटियर फोर्स), जून 1944।
12. सूबेदार नेत्र बहादुर थापा, 2/5 गोरखा राइफल्स (फ्रंटियर फोर्स), जून 1944।
13. नायक यशवंत गाडगे, 3/5 मराठा लाइट इन्फैंट्री, जुलाई 1944।
14. राइफलमैन तूल बहादुर पुन, 3/6 गोरखा राइफल्स, जून 1944।
15. राइफलमैन शेर बहादुर थापा, 1/9 गोरखा राइफल्स, सितंबर 1944।
16. सूबेदार राम सरूप सिंह, 2/1 पंजाब रेजीमेंट, अक्तूबर 1944।
17. सिपाही भंडारी राम, 16/10 बलूच रेजीमेंट, नवंबर 1944।
18. राइफलमैन थमन गुरुंग, 1/5 गोरखा राइफल्स (फ्रंटियर फोर्स), नवंबर 1944।
19. जमादार प्रकाश सिंह, 14/13 फ्रंटियर फोर्स राइफल्स, फरवरी 1945।
20. लांस नायक शेरशाह, 7/16 पंजाब रेजीमेंट, जनवरी 1945।
21. नायक ज्ञानसिंह, 4/15 पंजाब रेजीमेंट, मार्च 1945।
22. नायक फजलदीन, 7/10 बलूच रेजीमेंट, मार्च 1945।
23. राइफलमैन बाणभगत गुरुंग, 3/2 गोरखा राइफल्स, मार्च 1945।
24. सिपाही नामदेव जाधव, 1/5 मराठा लाइट इन्फैंट्री, अप्रैल 1945।

25. हवलदार उमराव सिंह, इंडियन आर्टिलरी, दिसंबर 1944।
26. लेफ्टिनेंट करमजीत सिंह जज, 4/15 पंजाब रेजीमेंट, मार्च 1945।
27. सिपाही अली हैदर, 6/13 फ्रंटियर फोर्स राइफल्स, अप्रैल 1945।
28. राइफलमैन लछिमन गुरुंग, 4/8 गोरखा राइफल्स, मई 1945।

□

परिशिष्ट-4

संयुक्त राष्ट्र अभियानों में भाग लेनेवाले भारतीय सैन्य अधिकारी

क्रम	इकाई	देश	अवधि	नाम
1.	2 पैरा	कोरिया	सितंबर 1952–मार्च 1954	ले. कर्नल टी.आर. जेटली
2.	5 राजपूताना राइफल्स	कोरिया	अगस्त 1953–फरवरी 1954	ले. कर्नल पी.एस. थापा
3.	3 डोगरा	कोरिया	अप्रैल 1953–मार्च 1954	ले. कर्नल एम.जी. हजारी
4.	6 जाट	कोरिया	सितंबर 1953–मार्च 1954	ले. कर्नल एम.आर. बुधवार
5.	3 गढ़वाल राइफल्स	कोरिया	अगस्त 1953–मार्च 1954	ले. कर्नल बी.एस ग्रेवाल
6.	3 पैरा	मिस्त्र	नवंबर 1956–दिसंबर 1957	ले. कर्नल ओंकार देव
7.	1 पैरा	गाजा	नवंबर 1957–दिसंबर 1958	ले. कर्नल के. गिल
8.	2 ग्रेनेडियर्स	गाजा	नवंबर 1958–दिसंबर 1959	ले. कर्नल अमरीक सिंह
9.	4 कुमाऊँ	गाजा	दिसंबर 1959–नवंबर 1960	ले. कर्नल तेज बहादुर कपूर

10.	4 राजपूत	गाजा	नवंबर 1960– नवंबर 1961	ले. कर्नल प्रेम लाल
11.	2 जाट	कांगो	मार्च 1961– मई 1962	ले. कर्नल रघुराज सिंह
12.	3/1 गोरखा राइफल्स	कांगो	अप्रैल 1961– अप्रैल 1962	ले. कर्नल एस.एस. मैत्रा
13.	2 सिख	गाजा	नवंबर 1961– मार्च 1962	ले. कर्नल डी.एन. कामरान
14.	2/5 गोरखा राइफल्स	कांगो	मार्च 1962– अप्रैल 1963	ले. कर्नल जेड.सी. बख्शी
15.	4 राजपूताना राइफल्स	कांगो	मार्च 1962– अप्रैल 1963	ले. कर्नल एफ.पी. शिंदे
16.	4 मद्रास	कांगो	मई 1962– अप्रैल 1963	ले. कर्नल डी.एस. रंधावा
17.	2 मराठा लाइट इन्फैंट्री	गाजा	नवंबर 1962– नवंबर 1963	ले. कर्नल जे.डी. स्टैनली
18.	9 डोगरा	गाजा	नवंबर 1963– नवंबर 1964	ले. कर्नल एम.आर.पी. वर्मा
19.	4 गार्ड्स	गाजा	नवंबर 1964– अक्तूबर 1965	ले. कर्नल एस.पी. मल्होत्रा
20.	3 पंजाब	गाजा	अक्तूबर 1965– अक्तूबर 1966	ले. कर्नल बी.एन. बाली एवं ले. कर्नल सी.एस. भुल्लर
21.	1 सिख लाइट इन्फैंट्री	गाजा	अक्तूबर 1965– अक्तूबर 1966	ले. कर्नल ई. डब्ल्यू. कारवाल्हो
22.	1 असम	कंबोडिया	जून 1992– अप्रैल 1993	कर्नल एस.के. तिवारी
23.	4 जम्मू व कश्मीर राइफल्स	कंबोडिया	मार्च 1993– अक्तूबर 1993	कर्नल ए.एन. बहुगुणा
24.	11 बिहार	सोमालिया	अक्तूबर 1993– नवंबर 1994	कर्नल डी.के. मोहन
25.	5 महार	सोमालिया	अक्तूबर 1993– नवंबर 1994	कर्नल सुरेंदर सिंह

26.	2 जम्मू व कश्मीर लाइट इन्फैंट्री	सोमालिया	अक्तूबर 1993–नवंबर 1994	कर्नल अनिल मलिक
27.	1/3 गोरखा राइफल्स	रवांडा	अक्तूबर 1994–अगस्त 1996	कर्नल एन.के. सिंह
28.	14 पंजाब	अंगोला	मार्च 1995–अगस्त 1996	कर्नल के. अरोड़ा
29.	16 गार्ड्स	सहारा	अगस्त 1996–जून 1997	कर्नल आर.के. मनोचा
30.	2/4 गोरखा राइफल्स	लेबनान	सितंबर 1998–जनवरी 2000	कर्नल जी.एस. बटब्याल
31.	2 मद्रास	लेबनान	नवंबर 1999–नवंबर 2000	कर्नल सी.के.एस. मान एवं कर्नल के.बी. माल
32.	5/8 गोरखा राइफल्स	सिएरा लिओन	अक्तूबर 1999–सितंबर 2000	कर्नल सतीश कुमार
33.	18 ग्रेनेडियर्स	सिएरा लिओन	जून 2000–अप्रैल 2001	कर्नल खुशाल ठाकुर
34.	5/9 गोरखा राइफल्स	लेबनान	दिसंबर 2000–दिसंबर 2001	कर्नल राकेश विरमानी
35.	12 मराठा लाइट इन्फैंट्री	इथोपिया/इरीट्रिया	जून 2001–जुलाई 2002	कर्नल जी. शंकर
36.	1/11 गोरखा राइफल्स	लेबनान	नवंबर 2001–दिसंबर 2002	कर्नल अमूल अस्थाना
37.	27 राजपूत	इथोपिया/इरीट्रिया	जुलाई 2002–नवंबर 2002	कर्नल एस. भट्टाचार्य
38.	8 सिख	लेबनान	नवंबर 2002–नवंबर 2003	कर्नल रोमेश घई
39.	15 सिख लाइट इन्फैंट्री	इथोपिया/इरीट्रिया	जुलाई 2003–जुलाई 2004	कर्नल ए.एस. रावत
40.	10 गढ़वाल राइफल्स	लेबनान	नवंबर 2003–नवंबर 2004	कर्नल शिवेंद्र सिंह
41.	13 कुमाऊँ	इथोपिया/इरीट्रिया	अगस्त 2004–अब तक	कर्नल आर.जी. पाटिल
42.	15 असम	लेबनान	नवंबर 2004–अब तक	कर्नल टी.संबइया

43.	10 बिहार	कांगो	नवंबर 2004–अब तक	कर्नल के.पी.आर. हरि
44.	22 ग्रेनेडियर्स	कांगो	जनवरी 2005	कर्नल अजित सिंह
45.	3 महार	कांगो	फरवरी 2005	कर्नल एन.आर. इंदुरकर
46.	हेडक्वार्टर 30 (I) इन्फैंट्री ब्रिगेड	कांगो	जनवरी 2005	ब्रिगेडियर विक्रम पुरी

□

परिशिष्ट-5

संयुक्त राष्ट्र सैन्य बलों के भारतीय कमांडर

ले. जनरल के.एस. थिमैया (बाद में जनरल)	अध्यक्ष, तटस्थ राष्ट्र स्वदेश वापसी आयोग (कोरिया)
जनरल के.एस. थिमैया (से.नि.)	फोर्स कमांडर, यू.एन.एफ.आई. सी.वाई.पी. (साइप्रस)
मेजर जनरल एस.पी.पी. थोराट (बाद में लेफ्टिनेंट जनरल)	कमांडर, कस्टोडियन फोर्स (कोरिया)
मेजर जनरल पी.एस. ज्ञानी (बाद में लेफ्टिनेंट जनरल)	फोर्स कमांडर, यू.एन.ई.एफ. (गाजा); यू.एन.एफ.आई.सी. वाई.पी. (साइप्रस) एवं यू.एन.वाई. ओ.एम. (यमन)
ब्रिगेडियर आई.जे. रिखे (बाद में मेजर जनरल)	फोर्स कमांडर, यू.एन.ई.एफ. (गाजा); यू.एन.वाई.ओ.एम. (यमन) एवं सैन्य सलाहकार—महासचिव, संयुक्त राष्ट्र संघ
मेजर जनरल दीवान प्रेम चंद (बाद में लेफ्टिनेंट जनरल)	फोर्स कमांडर, ओ.एन.यू.सी. (कांगो); यू.एन.एफ.आई.सी. वाई.पी. (साइप्रस) तथा यू.एन.टी.ए.जी. (नामीबिया)
लेफ्टिनेंट जनरल सतीश नांबियार	फोर्स कमांडर एवं मिशन प्रमुख, यू.एन.पी.आर.ओ.एफ.ओ.आर. (पूर्व

	यूगोस्लाविया)
मेजर जनरल विजय जेटली	फोर्स कमांडर, यू.एन.ए.एम. एस.आई.एल. (सिएरा लिओन)
मेजर जनरल एल.एम. तिवारी	फोर्स कमांडर, यू.एन.आई.एफ. आई.एल. (लेबनान)
ब्रिगेडियर वी.एम.पाटिल (बाद में लेफ्टिनेंट जनरल)	सहायक मुख्य सैन्य पर्यवेक्षक (इराक)
ब्रिगेडियर वाई.के. सक्सेना	डिप्टी फोर्स कमांडर, यू.एन.ए. वी.ई.एम. (अंगोला)
ब्रिगेडियर शिव कुमार	डिप्टी फोर्स कमांडर, यू.एन.ए. एम.आई.आर. (रवांडा)
ब्रिगेडियर जी. आत्मनाथन	डिप्टी फोर्स कमांडर, यू.एन. आई.एफ.आई.एल. (लेबनान)
मेजर जनरल राजेंद्र सिंह	फोर्स कमांडर, यू.एन.एम.ई.ई., (इथोपिया/इरीट्रिया)
मेजर जनरल रणधीर के. मेहता	सैन्य सलाहकार, डी.पी.के. ओ., यू.एन.एच.क्यू.

□

संयुक्त राष्ट्र अभियानों में भारतीय सेना का योगदान

क्रम	सं.रा. अभियान	देश और अवधि	सेना का योगदान	सैन्य संख्या
1.	NNRC	कोरिया, 1950–53	ब्रिगेडियर ग्रुप एवं चेयरमैन	6,000
2.	UNMIC	भारत–चीन, 1954	चेयरमैन/वाइस चेयरमैन	7,000
3.	UNEF-I	मिस्र–इजराइल, 1956	11 बटालियन एवं फोर्स कमांडर	12,000
4.	UNOGIL	लेबनान, 1958	सैन्य अधिकारी	20
5.	ONUC	कांगो, 1960–64	2 ब्रिगेडियर ग्रुप एवं रीजनल कैडर, विशेष प्रतिनिधि, महासचिव	12,000
6.	UNSF	पश्चिमी ईरान, 1962	सैन्य पर्यवेक्षक एवं फोर्स कमांडर	12
7.	UNYOM	यमन,1963	फोर्स कमांडर एवं एम. आई.एल./ओ.बी. एस.	25
8.	UNFYCIP	साइप्रस, 1964	फोर्स कमांडर	03
9.	DOMREP	डोमिनिका, 1965	सैन्य सलाहकार	01
10.	UNIFIL	लेबनान, 1998	बटालियन ग्रुप एवं स्टाफ ऑफिसर	5,716

11.	UNIMOG	ईरान–इराक, 1988	सहायक मुख्य पर्यवेक्षक एवं सं.रा. सैन्य पर्यवेक्षक	06
12.	UNAVEM-I	अंगोला, 1989	सं.रा. सैन्य पर्यवेक्षक	08
13.	UNTAG	नामीबिया, 1989	फोर्स कमांडर एवं स्टाफ ऑफिसर	02
14.	UNIKOM	कुवैत/इराक, 1991	चीफ ऑफ स्टाफ एवं 7 सं.रा. सैन्य पर्यवेक्षक प्रतिवर्ष	66
15.	ONUCA	निकारगुआ, 1989	सं.रा. सैन्य पर्यवेक्षक	05
16.	UNAVEM-III	अंगोला, 1991	चीफ ऑफ स्टाफ एवं सं.रा. सैन्य पर्यवेक्षक	09
17.	ONUSAL	अल सल्वाडोर, 1991	सं.रा. सैन्य पर्यवेक्षक	04
18.	UNAMIC	कंबोडिया, 1991	सं.रा. सैन्य पर्यवेक्षक	06
19.	UNPROFOR	पूर्व यूगोस्लाविया, 1992	फोर्स कमांडर एवं सैन्य पर्यवेक्षक	02
20.	UNTAC	कंबोडिया, 1992–93	बटालियन/फील्ड एंबुलेंस/सैन्य पर्य. एवं सं.रा. सैन्य पर्यवेक्षक	1,700
21.	UNOSOM-II	सोमालिया, 1992–94	ब्रिगेडियर ग्रुप एवं सैन्य पर्यवेक्षक	7,000
22.	UNUMOZ	मोजांबिक, 1992	इंजी./हे. क्वा. लॉजिस्टिक कंपनी एवं सं.रा. सैन्य पर्यवेक्षक	600
23.	UNOMIL	लाइबेरिया, 1993	सं.रा. सैन्य पर्यवेक्षक	17
24.	UNMETZ	कंबोडिया, 1993	सं. रा. सैन्य पर्यवेक्षक	13
25.	UNSORG	रवांडा, 1994–96	बटालियन इंजीनियर एवं सिग्नल कंपनी/चीफ ऑफ स्टाफ/स्टाफ ऑफिसर/सं.रा. सैन्य पर्यवेक्षक	1,000

26	UNAMIR	हैती, 1993	सिविल पुलिस	50
27.	UNAVEM-III	अंगोला, 1995-97	बटालियन ग्रुप, इंजी. कं./स्टाफ ऑफिसर/ सं.रा. सैन्य पर्यवेक्षक एवं डिप्टी फोर्स कमांडर	2,000
28.	UNMIBH	बोस्निया-हर्जेगोविना, 1997	इंजी. ऑफीसर/ डिमानिंग ग्रुप/ सिविल पुलिस	135
29.	UNOMSIL	सिएरा लिओन, 1998	मुख्य सैन्य पर्यवेक्षक, सं.रा. सैन्य पर्यवेक्षक एवं मेडिकल टीम	31
30.	MONUA	अंगोला, 1997-99	मेकैनिकल कंपनी/ स्टाफ ऑफिसर एवं सं.रा. सैन्य पर्यवेक्षक	330
31.	UNAMSIL	सिएरा लिओन, 1999-2001	फोर्स कमांडर, सीट कमांडर एवं सैनिक	4,765
32.	UNAMIK	कोसोवो, 2000	सिविल पुलिस	540
33.	UNMEE	इथोपिया-इरीट्रिया, 2001	स्टाफ ऑफिसर, सं.रा. सैन्य पर्यवेक्षक एवं सैनिक	5,293
34.	MONUC	डेमोक्रेटिक रिप. ऑफ कांगो, 1999	उड्डयन इकाई, सं.रा. सैन्य पर्यवेक्षक एवं गार्ड कंपनी	3,322
35.	UNMA	अंगोला, 2002	लॉजिस्टिक ऑफिसर	02
36.	UNGCI	इराक, 2000	गार्ड कमांडर	02
37.	MONUIC	आइवरी कोस्ट, 2003	संपर्क अधिकारी	13
38.	UNOB	बुरुंडी, जून 2004 और उसके बाद	स्टाफ ऑफिसर एवं सैन्य पर्यवेक्षक	08
39.	UNAMIS	सूडान, जुलाई 2004 और उसके बाद	स्टाफ ऑफिसर एवं सैन्य पर्यवेक्षक	03

कुल	69,709

भारत ने संयुक्त राष्ट्र के कुल 39 अभियानों (जिनमें 3 पुलिस अभियान भी शामिल हैं) में भाग लिया है। इन अभियानों में उसने अपने 69,709 सैनिकों की तैनाती की, जिनमें से 109 सैनिक सेवा के दौरान वीरगति को प्राप्त हुए।

□

खेल एवं साहसिक गतिविधियों के लिए पुरस्कार

पर्वतारोहण

पद्मश्री एवं अर्जुन पुरस्कार

कर्नल एन. कुमार

मेजर एच.पी.एस. अहलूवालिया

लेफ्टिनेंट कर्नल ए.एस. चीमा

अर्जुन पुरस्कार

मेजर मुल्क राज

कैप्टन ए.के. चक्रवर्ती

लेफ्टिनेट बी.एन. राणा

कैप्टन पी. सिंह

कैप्टन सी. जोशी

कैप्टन वी. बहुगुणा

हवलदार बालकृष्ण

कर्नल बी.एस. संधू

ब्रिगेडियर के. खुल्लर

एथलेटिक्स

पद्मश्री एवं अर्जुन पुरस्कार

मानद कैप्टन श्रीराम सिंह शेखावत

सूबेदार चाँद राम

पद्मश्री

नायब सूबेदार मिल्खा सिंह

अर्जुन पुरस्कार

मानद कैप्टन भीम सिंह

सूबेदार दीनाराम यादव

हवलदार हरनेक सिंह

मेजर जोगिंदर सिंह बैंस

सूबेदार माखन सिंह

मानद कैप्टन प्रद्युम्न सिंह

मानद कैप्टन चाँद राम

कैप्टन सुरेश यादव

हवलदार त्रिलोक यादव

साहसिक खेल

अर्जुन पुरस्कार

लेफ्टिनेंट कर्नल के.एस. राव

बॉक्सिंग

पद्मश्री और अर्जुन पुरस्कार

सूबेदार कौर सिंह

द्रोणाचार्य और अर्जुन पुरस्कार

मानद कैप्टन हवा सिंह

अर्जुन पुरस्कार

सूबेदार बख्शीश सिंह

सूबेदार बिरेंदर सिंह थापा

सूबेदार चंद्र नारायण

सूबेदार चेयांदनी सी. मकइया

सूबेदार डेनिस स्वामी

सूबेदार गणपति मनोहरन

सूबेदार मेजर गोपाल नारायण देवांग

नायब सूबेदार गुरचरन सिंह

सूबेदार इसाक अमलदास

मानद कैप्टन जस लाल प्रधान

सूबेदार मुकुंद किल्लेकर

सूबेदार मेहताब सिंह नागल

सूबेदार मुनिस्वामी वेणु

सूबेदार मेजर सीरा जयराम

मानद कैप्टन पदम बहादुर माल

बास्केटबाल

अर्जुन पुरस्कार

सूबेदार गुरदयाल सिंह

हवलदार हरिदत्त कापरी

नायब सूबेदार कुशी राम

सूबेदार ओमप्रकाश ढल

सूबेदार राधेश्याम विजयरानिया

मेजर सर्वजीत सिंह

एक्वेस्ट्रियन

पद्मश्री और अर्जुन पुरस्कार

दफेदार रघुवीर सिंह

अर्जुन पुरस्कार

मेजर अधिराज सिंह

कर्नल गुलाम मुहम्मद खान

कर्नल हरिंदर सिंह सोढ़ी

मेजर जितेंदर जीत सिंह अहलूवालिया

दफेदार खान मुहम्मद खान

कर्नल रूपिंदर सिंह बार

गोल्फ

अर्जुन पुरस्कार

कैप्टन प्रेम गोपाल सेठी

क्रिकेट

पद्मभूषण

कर्नल सी.के. नायडू

पद्मश्री

कैप्टन विजय सैमुअल हजारे

कबड्डी

अर्जुन पुरस्कार

रिसालदार अशन कुमार

सूबेदार हरदीप सिंह भुल्लर

पोलो

अर्जुन पुरस्कार

कर्नल कुलदीप सिंह गारचा

कर्नल रविंदर सिंह सोढ़ी

ब्रिगेडियर वीरेंद्र पाल सिंह

नौका-चालन

अर्जुन पुरस्कार

सूबेदार दलवीर सिंह राठौर

कर्नल मोहम्मद अमीन नायक

कर्नल प्रवीण कुमार ओबेराय

मेजर राजेंद्र सिंह भानवाला

हॉकी

पद्मभूषण

मेजर ध्यान चंद

पद्मश्री और अर्जुन पुरस्कार

मानद कैप्टन शंकर लक्ष्मण

अर्जुन पुरस्कार

कर्नल बलबीर सिंह खुल्लर

कर्नल हरचरण सिंह

मानद कैप्टन वी.जे. पीटर

तैराकी

अर्जुन पुरस्कार

मानद कैप्टन बजरंगी प्रसाद शुक्ल

भारोत्तोलन

अर्जुन पुरस्कार

सूबेदार मेजर मेहर चंद भास्कर

सूबेदार परमजीत शर्मा

कुश्ती

पद्मश्री

मानद कैप्टन लीला राम

कैप्टन मास्टर चंदगी राम

अर्जुन पुरस्कार

मानद कैप्टन मुख्तियार सिंह

सूबेदार सुरेंद्र सिंह वाल्दिया

सूबेदार उदय चंद

निशानेबाजी

अर्जुन पुरस्कार

मानद कैप्टन भगीरथ समाई

नौकायन

अर्जुन पुरस्कार

मेजर अफसर हुसैन

लेफ्टिनेंट ध्रुव भंडारी

स्क्वैश रैकेट्स

अर्जुन पुरस्कार

मेजर कुलबीर सिंह जैन

कर्नल राजकुमार मनचंदा

सेना पुरस्कार

भारतीय सेना का कंचनजंगा अभियान-1977

परम विशिष्ट सेवा पदक

कर्नल एन. कुमार

कीर्ति चक्र

मेजर (बाद में कर्नल) प्रेम चंद

नायक एन.डी. शेरपा

विशिष्ट सेवा पदक

मेजर एस. सेन

कैप्टन जय बहुगुणा

कैप्टन एस.ए. क्रुज

कंपनी हवलदार मास्टर छेरिंग नरबू

हवलदार खुशाल सिंह

नायक गोहाक सोनम

सिपाही रेकजिन नामग्याल

शौर्य चक्र

स्व. हवलदार सुखविंदर सिंह

सेना पदक

मेजर एस.एस. सिंह

कैप्टन के.आई. कुमार

कंपनी हवलदार मास्टर कुरा राम

कंपनी हवलदार मास्टर निर्मल सिंह

साल्तोरो काँगड़ी, सिया काँगड़ी और इंदिरा कोल अभियान

कीर्ति चक्र

कर्नल एन. कुमार

सेना पदक

सूबेदार देश राज शर्मा

हवलदार कमल सिंह बिष्ट

हवलदार विनोद कुमार

विशिष्ट सेवा पदक

मेजर ए.सी. चोपड़ा

कैप्टन आर.डी. वाधवा

भारतीय सेना का एवरेस्ट अभियान-2001

अति विशिष्ट सेवा पदक

कर्नल के. कुमार

विशिष्ट सेवा पदक

ब्रिगेडियर राकेश धीर

शौर्य चक्र

लेफ्टिनेंट कर्नल एस.सी. शर्मा

मेजर अजय कोथियाल

कैप्टन एस.एस. शेखावत

नायब सूबेदार अमर प्रकाश

नायब सूबेदार टी.बी. बुढाथोकी (Budhathoki)

नायब सूबेदार चंचल सिंह

नायब सूबेदार मोहिंदर सिंह

नायब सूबेदार जिग्मे नामग्याल

नायब सूबेदार सी.एन. बोध

नायब सूबेदार नील चंद

हवलदार भाग चंद

नायब सूबेदार पाल्देन गाच्छो

सेना पदक

कर्नल राजेंद्र सिंह

ले. कर्नल डी.सी. ठाकुर

मेजर टी.बी. राणा

मेजर आनंद स्वरूप

सूबेदार विजेंदर सिंह

सूबेदार रॉबिन कुमार थापा

हवलदार मंधोज गुरुंग

लांस/हवलदार निम बहादुर

रोहित गुरुंग

□

परिशिष्ट-8

प्रधानमंत्री (पं. नेहरू) के नाम सरदार पटेल का पत्र

7 नवंबर, 1950

प्रिय जवाहरलाल,

इलाहाबाद से वापस आने और उसी दिन मंत्रिमंडल की बैठक, जिसमें मुझे मात्र पंद्रह मिनट की पूर्व सूचना पर भाग लेना पड़ा था, के बाद से मैं चिंतित हूँ। मैं सारे दस्तावेज नहीं पढ़ सका था, पर बाद में मैं तिब्बत की समस्या पर गंभीरतापूर्वक सोच रहा हूँ और इस संबंध में जो भी बातें मेरे मन में आ रही हैं, उनसे मैं आपको भी अवगत करा देना चाहता हूँ।

मैंने विदेश मंत्रालय और पेकिंग में मौजूद हमारे राजदूत तथा उनके माध्यम से चीनी सरकार के बीच हुए पत्र-व्यवहार का गहन अध्ययन किया है। मैंने इस पत्र-व्यवहार को भारतीय राजदूत और चीनी सरकार—दोनों के दृष्टिकोण से देखने की कोशिश की; लेकिन दुःख की बात है कि दोनों में से किसी का भी दृष्टिकोण मुझे अनुकूल नहीं लगा।

चीन सरकार अपने शांतिपूर्ण इरादों का प्रदर्शन करके हमें भ्रमित कर रही है। मेरा अपना विचार है कि उसने तिब्बत की समस्या के शांतिपूर्ण हल के अपने तथाकथित इरादे की बात करके हमारे राजदूत को किसी तरह विश्वास में ले लिया है।

इसमें संदेह की कोई बात नहीं कि चीन इस पत्र-व्यवहार के दौरान भी तिब्बत पर आक्रमण की तैयारी में ही लगा रहा होगा। मेरा अनुमान है कि चीन का अंतिम इरादा हमारे साथ विश्वासघात करने का है।

विडंबना यह है कि तिब्बतियों का हम पर अत्यधिक विश्वास है; वे हमारा मार्गदर्शन

चाहते हैं और हम उन्हें चीनी कूटनीति या द्वेषपूर्ण चाल से मुक्त कराने में सक्षम नहीं हो पा रहे हैं। अब तक की स्थिति से साफ लगता है कि हम दलाई लामा का बचाव नहीं कर पाएँगे।

चीनी सरकार की नीति और उसकी कारवाइयों का औचित्य अथवा स्पष्टीकरण प्राप्त करने के लिए हमारे राजदूत को बड़ी मुश्किलें आई हैं। जैसा कि विदेश मंत्रालय ने अपने एक टेलीग्राम में टिप्पणी करते हुए लिखा था कि हमारी (भारत की) ओर से अपनी स्थिति रखने में एक-दो मामलों में उनकी (राजदूत की) ओर से दृढ़ता की कमी और अनावश्यक खेद-प्रकाश की बात देखने को मिली। तिब्बत में एंग्लो-अमेरिकन्स की ओर से चीन को खतरे की बात की तो कोई विवेकशील व्यक्ति कल्पना भी नहीं कर सकता। इसलिए यदि चीनी इस पर विश्वास करते हैं, तो इसका मतलब है कि वे हमें एंग्लो-अमेरिकन्स की कूटनीति की कठपुतली समझ रहे होंगे। यदि ऐसा है, तो इससे पता चलता है कि हम भले ही चीन को मित्र मान रहे हैं, लेकिन चीन हमें अपने मित्र के रूप में नहीं देख रहा है। साम्यवादी सोच—'जो उनके साथ नहीं है, वह जरूर उनके खिलाफ है'—के अनुसार चलें, तो यह एक महत्त्वपूर्ण संकेत है, जिस पर हमें विचार करना चाहिए।

हम पिछले कई महीनों से संयुक्त राष्ट्र संघ में चीन की सदस्यता और फारमोसा के मुद्दे पर अमेरिका की ओर से आश्वासन दिए जाने की बात को लेकर अकेले ही चीन के समर्थन में लगे रहे हैं। अमेरिका, ब्रिटेन और संयुक्त राष्ट्र संघ के साथ अपनी बातचीत और अपने पत्र-व्यवहार में हमने चीन के वैध दावों का समर्थन करने के लिए क्या कुछ नहीं किया। इसके बावजूद चीन को हम पर विश्वास नहीं है; वह अब भी हमें संदेह की नजर से ही देख रहा है और लगता है, उसके मन में हमारे प्रति संदेह के साथ-साथ शत्रु-भाव भी है—चाहे थोड़ा ही सही।

मुझे तो चिंता हो रही है कि हम चीन को अपने अच्छे इरादों, मित्रता और सद्भाव में विश्वास दिलाते हुए कहीं और आगे न बढ़ जाएँ। पेकिंग में हमारे राजदूत हैं, जिन्हें हमारी ओर से मित्रतापूर्ण दृष्टिकोण रखने की जिम्मेदारी सौंपी गई है। लेकिन लगता है, वह भी चीनियों की धारणा को बदलने में असफल ही रहे हैं। चीन की ओर से मिले आखिरी टेलीग्राम में तिब्बत में चीनी सैन्य बलों के प्रवेश को लेकर हमारे विरोध की बात को जिस तरह प्रस्तुत किया गया है और जिस तरह हमारी नीतियों और विचारों पर विदेशी प्रभाव की बात लिखी गई है, उससे लगता है कि उनकी सोच हमारे प्रति सद्भावपूर्ण नहीं है।

यह सब एक मित्र की भाषा नहीं हो सकती, यह तो एक शत्रु की ही भाषा लगती है।

इन परिस्थितियों में हम यह सोचने के लिए विवश हो गए हैं कि चीन को तिब्बत

पर अधिकार करके हमारे दरवाजे तक पहुँचने में ज्यादा देर नहीं लगने वाली। इतिहास साक्षी है कि हमने अपनी उत्तर-पश्चिमी सीमा की ओर कभी विशेष चौकसी या चिंता नहीं दिखाई है। हिमालय पर्वत उत्तर की ओर से संभावित किसी भी खतरे को रोकनेवाला संतरी माना जाता है। तिब्बत के साथ हमारे मित्रतापूर्ण संबंध थे, उसने हमारे लिए कभी मुश्किल पैदा नहीं की। चीनी आपस में बँट गए। उनकी अपनी घरेलू समस्याएँ जरूर थीं, लेकिन उनसे हमारे सीमा प्रांत को कभी खतरे की कोई बात देखने में नहीं आई।

सन् 1914 में हमने तिब्बत के साथ एक समझौता किया था, जिसे चीन ने मान्यता नहीं दी। लगता है, हमने तिब्बत की स्वायत्तता को स्वतंत्र संधि मान लिया है। हमें बस चीन के प्रति-हस्ताक्षर की जरूरत थी। स्वायत्तता के संदर्भ में चीन का अभिप्राय कुछ अलग लगता है। ऐसे में हम आसानी से समझ सकते हैं कि चीन जल्दी ही उन सभी समझौतों को मानने से इनकार कर देगा, जो हमने तिब्बत के साथ पहले किए हैं। इससे तिब्बत के साथ किए गए हमारे सभी वाणिज्यिक और सीमा समझौते अर्थहीन हो जाएँगे, जो पिछले पचास वर्षों से लागू हैं।

चीन अब विभाजित नहीं रहा। वह संगठित और मजबूत हो गया है। हमारी सीमा में उत्तर और उत्तर-पूर्व में हिमालय क्षेत्र के इर्द-गिर्द जो जनसंख्या निवास करती है, वह जातीय और सांस्कृतिक आधार पर मंगोलों से भिन्न नहीं है।

अनिर्धारित सीमा और उसके आस-पास रहनेवाली जनसंख्या की चीनियों अथवा तिब्बतियों से समानता—यह सब हमारे और चीन के बीच मुश्किलें खड़ी कर सकता है। हाल का कड़वा इतिहास भी बताता है कि साम्यवाद साम्राज्यवाद से बचानेवाला कवच नहीं है; साम्यवादी भी उतने ही अच्छे या बुरे हैं, जितने अन्य। इस संदर्भ में चीन की महत्त्वाकांक्षाएँ हिमालय के ढालों तक ही सीमित नहीं हैं, बल्कि उनमें असम के कुछ महत्त्वपूर्ण हिस्से भी शामिल हैं।

बर्मा में भी उनकी (चीनियों की) महत्त्वाकांक्षाएँ हैं। बर्मा के साथ एक और समस्या है कि उसके पास कोई मैकमोहन रेखा नहीं है, जिसके आधार पर समझौते की बात भी की जा सके।

चीनी साम्राज्यवाद और साम्यवादी साम्राज्यवाद पश्चिमी शक्तियों के विस्तारवाद या साम्राज्यवाद से अलग है। चीन का साम्राज्यवाद वैचारिक आधार पर तैयार हुआ है, जो उसे दस गुना ज्यादा खतरनाक बना देता है। वैचारिक विस्तारवाद के पीछे जातीय, राष्ट्रीय और ऐतिहासिक दावे छिपे हुए हैं। ऐसे में उत्तर और उत्तर-पूर्व में दिखाई देनेवाला खतरा साम्यवादी और साम्राज्यवादी—दोनों तरह का हो जाता है। उधर, उत्तर-पश्चिम और पश्चिम की ओर से खतरों की स्थिति पहले जैसी ही बनी हुई है और इधर, उत्तर और उत्तर-पूर्व की ओर से एक नया खतरा तैयार हो गया है। इस प्रकार, कई शताब्दियों के बाद अब भारत को पहली बार दोनों ओर की सीमाओं पर साथ-साथ और बराबर ध्यान

देना पड़ेगा। अब तक हमारे रक्षा उपायों का मूल्यांकन पाकिस्तान की स्थिति को सामने रखकर ही किया जाता रहा है।

मेरा विचार है कि अब हमें उत्तर और उत्तर-पूर्व में साम्यवादी चीन से सतर्क रहना होगा—ऐसे साम्यवादी चीन से, जिसकी अपनी निश्चित महत्त्वाकांक्षाएँ हैं, जो किसी भी तरह से हमारे अनुकूल नहीं हैं।

मैं इस महत्त्वपूर्ण सीमा समस्या के राजनीतिक पहलू पर भी अपने विचार रखना चाहता हूँ। हमारे उत्तरी और उत्तर-पश्चिमी प्रवेश मार्गों पर नेपाल, भूटान, सिक्किम, दार्जिलिंग और असम के आदिवासी क्षेत्र स्थित हैं। संचार की दृष्टि से ये सभी क्षेत्र कमजोर हैं। यहाँ कोई सतत रक्षा रेखा नहीं है। घुसपैठ की खूब संभावनाएँ हैं। पुलिस सुरक्षा है भी, तो वह बहुत सीमित क्षेत्र तक ही है।

ये क्षेत्र किसी भी साधन से हमारे निकट संपर्क में नहीं हैं। यहाँ रहनेवाले लोगों की भारत में पूर्ण निष्ठा नहीं है। यहाँ तक कि दार्जिलिंग और कलिमपोंग क्षेत्र मंगोल-समर्थक विचारों के प्रभाव से भी मुक्त नहीं हैं। पिछले तीन वर्षों में हम नगा और असम के अन्य पहाड़ी आदिवासियों के साथ अच्छा संपर्क नहीं बना पाए हैं। यूरोपीय मिशनरी उनके निकट संपर्क में रहे हैं और उनका दृष्टिकोण भारत या भारतीयों के प्रति कभी भी सद्भावपूर्ण नहीं रहा है। सिक्किम में अभी कुछ समय पहले तक राजनीतिक अशांति फैली थी। संभव है, वहाँ असंतोष बढ़ रहा हो। भूटान की स्थिति अपेक्षाकृत शांतिपूर्ण है, लेकिन उसका कोई विशेष लाभ नहीं है। भूटान में भी संघर्ष की स्थिति बनी हुई है।

इन परिस्थितियों में लोगों को नए खतरे की ओर से सतर्क करना या उनकी सुदृढ़ रक्षा-व्यवस्था करना बहुत कठिन काम है; लेकिन सतर्कता, दृढ़ता और स्पष्ट नीति के बल पर इस कठिनाई को दूर किया जा सकता है। मैं विश्वास के साथ कह सकता हूँ कि चीनी और उनका प्रेरणास्रोत, यानी सोवियत रूस अपनी महत्त्वाकांक्षाएँ पूरी करने के लिए इन संवेदनशील क्षेत्रों, अर्थात् हमारी कमजोरियों का फायदा उठाने का कोई भी मौका नहीं छोड़ेंगे।

मेरे निष्कर्ष के अनुसार इस स्थिति में हमें शांत होकर नहीं बैठना चाहिए। हमें अपने उद्देश्यों और उन्हें प्राप्त करने के तरीकों के बारे में स्पष्ट राय बनानी होगी। इस मामले में किसी भी कमजोरी या गलती से हमारी कठिनाइयाँ बढ़ सकती हैं और वह खतरा भी बढ़ सकता है, जो अब साफ दिखाई दे रहा है।

इन बाह्य खतरों के साथ-ही-साथ अब हमें गंभीर आंतरिक समस्याओं का सामना करना पड़ेगा। मैं इन मामलों पर गुप्तचर ब्यूरो की रिपोर्ट विदेश मंत्रालय को भेजने के लिए पहले ही कह चुका हूँ। इधर, भारतीय कम्युनिस्ट पार्टी को विदेशी कम्युनिस्टों से संपर्क बनाने या हथियार आदि प्राप्त करने में कुछ कठिनाइयाँ आ रही हैं।

किंतु अब चीनी कम्युनिस्टों और उनके माध्यम से अन्य विदेशी कम्युनिस्टों तक

पहुँचने के लिए उनके पास आसान रास्ता हो जाएगा। इससे जासूसों और कम्युनिस्टों की घुसपैठ और भी आसान हो जाएगी। तेलंगाना और वारंगल के कम्युनिस्टों से निपटने की बजाय हम पहले उत्तर और उत्तर-पूर्व के लिए उत्पन्न खतरे से निपट सकते हैं, जहाँ उन्हें हथियारों और गोला-बारूदों की आपूर्ति के लिए चीनी कम्युनिस्टों की मदद मिल सकती है।

इस पूरी स्थिति से कई समस्याएँ उठ खड़ी हुई हैं, जिनपर हमें जल्दी ही किसी निष्कर्ष पर पहुँचना होगा, ताकि हम अपनी सुरक्षा रणनीति और तैयारी तथा आंतरिक समस्याओं से निपटने की नीतियाँ तैयार कर सकें और उस पर तत्काल काररवाई कर सकें।

हमें सीमा के साथ-साथ इन संवेदनशील क्षेत्रों की प्रशासनिक और राजनीतिक समस्याओं से भी निपटना होगा, जिनका जिक्र मैं पहले कर चुका हूँ।

इन सभी समस्याओं की सूची बनाना मेरे लिए संभव नहीं है, लेकिन मैं कुछ समस्याओं का उल्लेख कर रहा हूँ, जिनका मेरे विचार से तत्काल हल निकालने की आवश्यकता है और जिन्हें ध्यान में रखकर हमें अपनी प्रशासनिक या सैन्य नीति निर्धारित करके उस पर अमल करना है—

1. सीमा प्रांत तथा आंतरिक सुरक्षा के लिए चीन की ओर से खतरे की सैन्य एवं गुप्तचर समीक्षा।
2. हमारी सैन्य स्थिति और सुरक्षा बलों की आवश्यक तैयारी—विशेषकर महत्त्वपूर्ण मार्गों अथवा क्षेत्रों की रक्षा को ध्यान में रखते हुए, जिन पर विवाद खड़ा होने की आशंका है—की समीक्षा।
3. इन नए खतरों को ध्यान में रखकर हमारे सैन्य बलों की शक्ति का मूल्यांकन और यदि आवश्यक हो तो छँटनी की योजना पर पुनर्विचार।
4. हमारी रक्षा आवश्यकताओं की पूर्ति के लिए एक स्थायी और दीर्घकालीन नीति की जरूरत है। मेरा अपना मानना यह है कि जब तक हम हथियारों और उपकरणों की आपूर्ति सुनिश्चित नहीं कर पाते तब तक हम उत्तर और उत्तर-पश्चिम तथा पूर्वोत्तर के लिए उत्पन्न खतरों से सफलतापूर्वक निपटने में सक्षम नहीं हो सकते।
5. संयुक्त राष्ट्र संघ में चीन के प्रवेश को लेकर उठे सवाल के संदर्भ में चीन ने जिस तरह हमें झिड़की दी और तिब्बत की समस्या में वह जो तरीके अपना रहा है, उसे देखकर तो मुझे लगता है कि हम अपनी बात भी उसके सामने नहीं रख सकते। कोरियाई युद्ध में चीन की सक्रिय भूमिका को लेकर उसे संयुक्त राष्ट्र संघ से बहिष्कृत कर दिए जाने का डर भी बना हुआ है। इस मामले पर हमें अपना दृष्टिकोण स्पष्ट करना होगा।

6. उत्तरी और उत्तर-पूर्वी सीमा को सुदृढ़ करने के लिए उठाए जानेवाले राजनीतिक और प्रशासनिक कदम। इसमें पूरी सीमा शामिल है—नेपाल, भूटान, सिक्किम, दार्जिलिंग और असम के आदिवासी क्षेत्र।
7. सीमा क्षेत्रों के साथ-साथ उनसे घिरे राज्यों—उत्तर प्रदेश, बिहार, बंगाल और असम—में भी आंतरिक सुरक्षा के कारगर उपाय।
8. इन क्षेत्रों में तथा सीमा-चौकियों पर रेल, सड़क और वायु-संचार में सुधार।
9. सीमा-चौकियों पर पुलिस गश्त और गुप्तचर व्यवस्था।
10. ल्हासा और ग्यांग्त्से तथा यातुंग में हमारे मिशनों का भविष्य और व्यापारिक मार्गों की रक्षा के लिए हमारे पास उपलब्ध सुरक्षा बल।
11. मैकमोहन रेखा से संबंधित हमारी नीति।

ये कुछ ऐसे सवाल हैं, जो मेरे मस्तिष्क में घूम रहे हैं। हो सकता है, इन सवालों पर सोचना चीन, रूस, अमेरिका, ब्रिटेन और बर्मा के साथ हमारे संबंधों पर इनसे भी बड़े सवाल पैदा करे। लेकिन वे सामान्य प्रकृति के सवाल होंगे; यद्यपि उनमें से कुछ काफी महत्त्वपूर्ण भी हैं—उदाहरण के लिए, चीन के साथ बर्मा के संबंधों को मजबूत बनाने हेतु हमें बर्मा के साथ निकट संबंध स्थापित करने की बात पर गंभीरतापूर्वक सोचने की जरूरत थी। मैं इस संभावना से इनकार नहीं कर सकता कि हमारे ऊपर दबाव बनाने से चीन बर्मा पर दबाव बना सकता है। बर्मा के साथ लगनेवाली हमारी सीमाएँ खुली हैं और चीन के भूभागीय दावे जोरों पर हैं, अपनी मौजूदा स्थिति में बर्मा चीन के दावे का समर्थन करके उसका सहयोग कर सकता है।

मेरा सुझाव है कि इन समस्याओं पर विचार-विमर्श करके इनके लिए तत्काल उठाए जा सकनेवाले कदमों का निर्धारण करने के लिए तथा अन्य समस्याओं से निपटने के लिए उनकी तत्काल और त्वरित जाँच के संबंध में आवश्यक औपचारिकताएँ पूरी करने के लिए हमें जल्दी ही एक बैठक बुलाकर उस पर चर्चा करनी चाहिए।

—वल्लभभाई पटेल

कालानुक्रम

2000 ई.पू.	भारोपीयों का प्रवेश।
900-800 ई.पू.	मंगोलों का आक्रमण।
537 ई.पू.	फारस के साइरस का भारत पर आक्रमण।
517-509 ई.पू.	डेरियस ने सिंधु के पश्चिमी तट को जीता।
327-325 ई.पू.	सिकंदर का भारत पर आक्रमण।
326 ई.पू.	हिदास्पीज (Hydaspes) की लड़ाई।
323-297 ई.पू.	चंद्रगुप्त मौर्य का शासन काल, अर्थशास्त्र की रचना।
274-232 ई.पू.	अशोक का शासन काल, कलिंग युद्ध।
200-160 ई.पू.	मौर्य साम्राज्य का पतन।
80-40 ई.पू.	शकों का भारत पर आक्रमण।
01-50 ई.	कुषाणों का उदय।
78-103 ई.	कनिष्क का शासन काल।
200 ई.	दक्षिण भारत में संघर्ष।
200-50 ई.	कुषाणों का पतन।
300 ई.	मगध का पुनरुत्थान, चंद्रगुप्त प्रथम का शासन काल।
330-413 ई.	गुप्त साम्राज्य का विस्तार।
450-80 ई.	हूणों और गुप्त साम्राज्य के बीच लड़ाइयाँ।
400-575 ई.	पल्लवों का पुनरुत्थान।
550-600 ई.	चालुक्यों का उदय।
575-600 ई.	पांड्यों का पुनरुत्थान।
500-600 ई.	सैन्य-ग्रंथ 'शिव-धनुर्वेद' की रचना।
600-800 ई.	हर्षवर्धन ने उत्तर भारत को जीता और पुल्केशिन द्वितीय का दक्षिण भारत पर वर्चस्व।
600-813	दक्कन में पल्लवों, चोलों, चालुक्यों और पांड्यों में लगातार संघर्ष।
650-707	अरबों की बलूचिस्तान पर विजय।
708-712 ई.	अरबों की सिंध पर विजय।
800-900	बंगाल के पालों, प्रतिहारों और दक्कन के राष्ट्रकूटों में त्रिकोणीय संघर्ष।
977-1030	महमूद गजनवी ने भारत पर 17 बार आक्रमण किए।

1175	मुहम्मद गोरी का भारत पर पहला आक्रमण।
1191	तराइन की पहली लड़ाई; पृथ्वीराज चौहान ने मुहम्मद गोरी को हराया।
1192	तराइन की दूसरी लड़ाई; मुसलमान पृथ्वीराज चौहान को बंदी बनाकर अजमेर ले गए (और बाद में उनकी हत्या कर दी); मुहम्मद गोरी ने उत्तर भारत को जीता।
1207–10	गुलाम वंश की स्थापना।
1299–1308	मंगोलों का भारत पर आक्रमण; अलाउद्दीन खिलजी ने उन्हें हराकर भारत से बाहर खदेड़ा।
1398–99	तैमूर का भारत पर आक्रमण।
1526	बाबर का भारत पर आक्रमण; पानीपत की पहली लड़ाई में बाबर ने इब्राहिम लोदी को हराया; बाबर ने भारत में पहली बार तोपखाने का प्रयोग किया; भारत में मुगल शासन का आरंभ।
1599	ब्रिटिश ईस्ट इंडिया कंपनी की स्थापना।
1700–50	भारत में शासन के लिए चार बड़ी शक्तियों—मराठा महासंघ, अफगान, अंग्रेज और फ्रांसीसी—के बीच संघर्ष।
1739	नादिरशाह का भारत पर आक्रमण।
1744–48	फ्रांसीसियों और अंग्रेजों के बीच कर्नाटक की पहली लड़ाई।
1749–54	कर्नाटक की दूसरी लड़ाई।
1751	रॉबर्ट क्लाइव ने अर्काट पर कब्जा किया।
1757	प्लासी का युद्ध।
1761	पानीपत की दूसरी लड़ाई; अहमदशाह दुर्रानी ने मराठों को हराया।
1766–69	हैदरअली और अंग्रेजों के बीच पहला मैसूर युद्ध।
1780–83	हैदरअली और अंग्रेजों के बीच दूसरा मैसूर युद्ध।
1789–92	टीपू सुलतान और अंग्रेजों के बीच तीसरा मैसूर युद्ध।
1799	चौथा मैसूर युद्ध। श्रीरंगपट्टनम की लड़ाई में टीपू सुलतान मारा गया।
1799–1802	रणजीत सिंह का उदय।
1803–05	दूसरा मराठा युद्ध। अरगाँव, दिल्ली और लसवारी की लड़ाइयाँ।
1806	वेल्लोर में सिपाही विद्रोह।

1814–16	गोरखा युद्ध।
1817–18	तीसरा मराठा युद्ध।
1839–42	प्रथम अफगान युद्ध।
1843	सिंध पर अंग्रेजों की विजय।
1845–46	पहला सिख युद्ध। मुडकी, फिरोजशाह, अलीवाल की लड़ाइयाँ।
1848–49	दूसरा सिख युद्ध। रामनगर, चिलियाँवाला और गुजरात की लड़ाइयाँ।
1857–58	भारत का प्रथम स्वतंत्रता–संग्राम।
1859	ईस्ट इंडिया कंपनी के अधिकारों का ब्रिटिश क्राउन को हस्तांतरण। भारतीय सेना के पुनर्गठन के लिए पील कमीशन का गठन।
1860	चीन में दूसरा अफीम युद्ध।
1863	सेना का पुनर्गठन (भारतीय और ब्रिटिश सैनिकों का अनुपात 3 : 1 किया गया)।
1878–80	द्वितीय अफगान युद्ध।
1879	सेना पुनर्गठन आयोग गठित।
1885–93	सेना में लड़ाका जाति संबंधी धारणा शुरू।
1895	प्रेसीडेंसी सेना समाप्त। चार कमानें—पंजाब, बंगाल, मद्रास और बंबई—स्थापित।
1901	इंपीरियल कैडेट कोर की स्थापना।
1903	किचनर द्वारा सेना का पुनर्गठन। 'भारतीय सेना' शब्द का प्रयोग आधिकारिक तौर पर शुरू।
1914–18	प्रथम विश्वयुद्ध; ब्रिटिश–भारतीय सेना का विस्तार; भारतीय जवानों ने बेल्जियम, फ्रांस, पूर्वी अफ्रीका, फारस (ईरान), मेसोपोटामिया (इराक), मिस्र, फिलिस्तीन और अफगानिस्तान में लड़ाइयाँ लड़ीं।
1919	तृतीय अफगान युद्ध।
1920	इराक में अरबों का विद्रोह। सेना के पुनर्गठन के लिए ईशर कमेटी गठित।
1922	बहु–बटालियन रेजीमेंटों के रूप में भारतीय सेना का पुनर्गठन।
1926	भारतीय सैंडहर्स्ट कमेटी (स्कीन कमेटी) की रिपोर्ट प्रस्तुत।

1939–45	द्वितीय विश्वयुद्ध; फ्रांस, पश्चिमी रेगिस्तान, उत्तरी अफ्रीका, सीरिया, इरीट्रिया, सोमालिया, मिस्र, फारस, इराक, बर्मा, मलाया और हांगकांग में भारतीय सेना की तैनाती।
1946	दक्षिण-पूर्व एशिया में अभियान।
अगस्त 1947	भारत स्वतंत्र; पाकिस्तान का निर्माण।
1947–48	कश्मीर को लेकर भारत-पाकिस्तान के बीच पहली लड़ाई।
13–17 सितंबर, 1948	ऑपरेशन पोलो; हैदराबाद रियासत का भारतीय संघ में विलय।
1953–56	कोरिया में कस्टोडियन फोर्स इंडिया के रूप में संयुक्त राष्ट्र का पहला मिशन। नगालैंड में सशस्त्र विद्रोह शुरू।
दिसंबर 1961	ऑपरेशन 'विजय' संपन्न और गोवा, दमन एवं दीव मुक्त।
अक्तूबर-नवंबर 1962	भारत-चीन युद्ध।
अक्तूबर 1962	मिजो नेशनल फ्रंट का गठन।
अप्रैल-मई 1965	कच्छ के रण की घटना।
सितंबर 1965	भारत-पाकिस्तान के बीच पहला बड़ा युद्ध।
1966	मिजोरम में विद्रोह की शुरुआत।
सितंबर 1967	नाथु ला की घटना।
3–21 दिसंबर, 1971	भारत-पाक युद्ध और बँगलादेश का उदय।
18 मई, 1974	पोखरण में भारत ने अपना पहला परमाणु परीक्षण किया।
1 जून, 1975	विशेषज्ञ समिति का गठन।
अप्रैल 1984	सियाचिन में अभियान शुरू।
जून 1984	पंजाब में 'ऑपरेशन ब्लू स्टार'।
जनवरी 1986	सेना का 'ब्रासटैक्स' अभ्यास।
जुलाई 1987–मार्च 1990	श्रीलंका में 'ऑपरेशन पवन'।
3–13 नवंबर, 1988	मालदीव में 'ऑपरेशन कैक्टस'।
1989	पंजाब व जम्मू-कश्मीर में ऑपरेशन 'रक्षक'।
नवंबर 1990–जून 1991	ऑपरेशन 'बजरंग'।
1991–92	ऑपरेशन 'राइनो'।
11 मई, 1998	भारत ने पोखरण में अपना दूसरा परमाणु परीक्षण किया।
दिसंबर 2001	ऑपरेशन 'पराक्रम'

□

संदर्भ-ग्रंथ सूची

- ब्रिगेडियर गुलजार अहमद, 'पाकिस्तान मीट्स इंडिया'ज चैलेंज', देहरादून, 1991।
- फील्ड मार्शल अलेक्जेंडर, 'मेमॉयर्स 1940–1945', लंदन, 1962।
- एनॉन, 'द टाइगर किल्स', बंबई, 1944।
- एनॉन, 'द टाइगर स्ट्राइक्स', कलकत्ता, 1942।
- एनॉन, 'द टाइगर ट्रायंफ्स', लंदन, 1946।
- ए.जे. बार्कर, 'द मार्च ऑन दिल्ली', लंदन, 1963।
- सूबीमल भट्टाचार्य, 'आई–काड्र्स एंड इमीग्रेशन', द स्टेट्समैन, 5 अक्तूबर, 2002।
- लेफ्टिनेंट जनरल के.एस. बरार, 'ऑपरेशन ब्लू स्टार—द ट्रू स्टोरी', नई दिल्ली, 1993।
- लेफ्टिनेंट एफ.जी. कार्डिव, 'ए स्केच ऑफ द सर्विसेज ऑफ द बंगाल आर्मी', कलकत्ता, 1903।
- इयान कारडोजो, 'परम वीर—अवर हीरोज इन बैटल', दिल्ली, 2003।
- पॉल कैरेल, 'द फॉक्सेज ऑफ द डेजर्ट', लंदन, 1960।
- एस.पी. चमोली, 'राफ्टिंग डाउन द मिस्टिक ब्रह्मपुत्र', नई दिल्ली, 1992।
- ब्रिगेडियर अमजद अली चौधरी, 'सितंबर 1965—बिफोर एंड आफ्टर', देहरादून, 1991।
- राज चेंगप्पा, 'वेपंस ऑफ वार, वेपंस ऑफ पीस', नई दिल्ली, 2002।
- स्टीफेन पी. कोहेन, 'दि इंडियन आर्मी', दिल्ली, 1990।
- जॉन कोनेल, 'ऑकिनलेक', लंदन, 1959।
- इंजीनियर कोर, 'हिस्ट्री ऑफ कोर ऑफ इंजीनियर्स इंडियन आर्मी, 1947–72', 1980।
- वी.आर.आर. दीक्षितार, 'वार इन एंशियंट इंडिया', 1948।
- इन्फैंट्री एवं लांसर महानिदेशालय प्रकाशक शाखा, 'इन्फैंट्री : ए ग्लिंट ऑफ द बायोनेट', नई दिल्ली, 2002।
- जे.एन. दीक्षित, 'असाइनमेंट कोलंबो', दिल्ली, 1998।
- मेजर जनरल जे.जी. इलियट, 'ए रोल ऑफ ऑनर', लंदन, 1965।
- अब्राहम एरली, 'एंपरर्स ऑफ द पीकॉक थ्रोन', दिल्ली, 1997।
- हंफ्री इवांस, 'थिमैया ऑफ इंडिया', न्यूयॉर्क, 1960।
- मेजर जनरल जे.एफ.सी. फुलर, 'इंडिया इन रिवोल्ट', लंदन, 1931।
- बायरन फारवेल, 'आर्मीज ऑफ द राज', वाइकिंग, अमेरिका, 1989।

- मेजर जनरल जे.एफ.सी. फुलर, 'द सेकंड वर्ल्ड वार 1939-45', लंदन, 1948।
- ब्रियान गार्डनर, 'जर्मन ईस्ट : द स्टोरी ऑफ द फर्स्ट वर्ल्ड वार इन ईस्ट अफ्रीका', लंदन, 1963।
- आर. गोपालकृष्णन, 'इंसर्जेंट नॉर्थ-ईस्टर्न रीजन ऑफ इंडिया', नई दिल्ली, ओमसंस, 1994।
- भारत सरकार, 'कारगिल रिव्यू कमेटी रिपोर्ट', नई दिल्ली, 2000।
- भारत सरकार, 'पंजाब की स्थिति पर श्वेत-पत्र', नई दिल्ली, 1984।
- भारत सरकार, 'चाइनीज एग्रेशन इन वार एंड पीस', फरीदाबाद, 1962।
- पर्सिवाल ग्रीफिथ, 'ब्रिटिश इंपैक्ट ऑन इंडिया', लंदन, 1952।
- वी. ग्रोवर, (संपादक), 'मालदीव—गवर्नमेंट एंड पॉलिटिक्स', नई दिल्ली
- लैंब, हैरॉल्ड, 'द मार्च ऑफ द बार्बरिएंस', 1941।
- डेसमंड हाइडी, 'द बैटल ऑफ डोगराई', देहरादून, 1991।
- एच.एम.आई., दार्जिलिंग, 'हिमालयन माउंटेनियरिंग जर्नल्स, वॉल्यूम XX और XXII', 1993, 1995-96।
- आई.एम.एफ., 'इंडियन माउंटेनियर्स', सं. 37, 2002।
- लेफ्टिनेंट जनरल जे.एफ.आर. जैकब, 'सरेंडर एट ढाका', नई दिल्ली, 1997।
- कौटिल्य, 'अर्थशास्त्र', दिल्ली, 1987।
- जॉन केआय, 'द गिलगित गेम : ए 'ग्रेट गेम' इनसाइट', न्यूटन अबॉट, 1979।
- जॉन कीगन, 'ए हिस्ट्री ऑफ वारफेयर', न्यूयॉर्क, 1993।
- मैसन कैंडेथ, 'एबोड ऑफ स्नो', न्यूयॉर्क, 1955।
- ब्रिगेडियर सी.बी. खंडूरी, 'फील्ड मार्शल के.एम. करियप्पा', नई दिल्ली, 2000।
- कैप्टन एम.एस. कोहली, 'लास्ट ऑफ दि अन्नपूर्णाज', नई दिल्ली, 1962।
- वही, 'माउंटेनियरिंग इन इंडिया', नई दिल्ली, 1989।
- वही, 'नाइन एटॉप एवरेस्ट', दिल्ली, 1996।
- मेजर जनरल अशोक कृष्ण, 'इंडियाज आर्म्ड फोर्सेज—फिफ्टी ईयर्स ऑफ वार एंड पीस', नई दिल्ली, 1998।
- कर्नल एन. कुमार एवं कपिल मल्होत्रा, 'कामेट ईस्ट, कामेट वेस्ट', नई दिल्ली, 1987।
- कर्नल एन. कुमार, 'कंचनजंगा', नई दिल्ली, 1978।
- वही, 'इंडो जर्मन इंदूस बोट एक्सपेडीशन', नई दिल्ली, 1978।
- 'ईयर्स ऑफ वार एंड पीस', नई दिल्ली, 1998।
- कर्नल एन. कुमार एवं कपिल मल्होत्रा, 'कामेट ईस्ट, कामेट वेस्ट', नई दिल्ली, 1987।

- कर्नल एन. कुमार, 'कंचनजंगा', नई दिल्ली, 1978।
- वही, 'इंडो जर्मन इंदूस बोट एक्सपेडीशन', नई दिल्ली, 1978।
- वी. लांगर, 'रेड कोट्स टू ऑलाइव ग्रीन', मद्रास, 1974।
- किरणशंकर मैत्रा, 'द नॉक्सियस वेब; इंसर्जेंसी इन द नॉर्थ-ईस्ट', नई दिल्ली, 2000।
- फ्रेड मजदलानी, 'कैसिनो-पोर्ट्रेट ऑफ ए बैटल', लंदन, 1957।
- फिलिप मैसन, 'ए मैटर ऑफ ऑनर', लंदन, 1974।
- जॉन मास्टर्स, 'द रोड पास्ट मांडले', लंदन, 1961।
- नेविले मैक्सवेल, 'इंडिया'ज-चाइना वार', लंदन, 1970।
- ले. जनरल मेनीजेस, 'फाइडलिटी एंड ऑनर, दि इंडियन आर्मी', नई दिल्ली, 1993।
- आर.ए. राजा मेनन, 'ए न्यूक्लियर स्ट्रेटेजी फॉर इंडिया', नई दिल्ली, 2000।
- मिलिट्री हिस्ट्री टीम, 'इंडियन मिलिट्री एकेडमी, द जेंटलमैन कैडेट्स मिलिट्री हिस्ट्री बुक', देहरादून, 1998।
- रक्षा मंत्रालय, भारत सरकार, 'वार्षिक रिपोर्ट 2000-2001'।
- युवा मामले एवं खेल मंत्रालय, भारत सरकार, 'खेल पुरस्कार 2002'।
- फील्ड मार्शल विस्काउंट मांटगुमरी, 'ए हिस्ट्री ऑफ वारफेयर', लंदन, 1968।
- लिन मोंट्रोज, 'वार थ्रू द एजेज' न्यूयॉर्क, 1960।
- एलन मूरहेड, 'अफ्रीकन ट्रिलॉजी', देहरादून, 1978।
- लॉर्ड मोरान, 'एनाटॉमी ऑफ करेज', लंदन, 1945।
- ए. मुखर्जी, 'द वार इन श्रीलंका—अन एंडिंग कॅनफ्लिट्स', नई दिल्ली, 2000।
- जेन मुहम्मद मूसा, 'माई वर्सन—इंडिया-पाकिस्तान वार 1965', नई दिल्ली, 1991।
- ब्रिगेडियर विजय के. नायर, 'न्यूक्लियर इंडिया', नई दिल्ली, 1992।
- जवाहरलाल नेहरू, 'द डिस्कवरी ऑफ इंडिया', कलकत्ता, 1947।
- एन.आई.एम. उत्तरकाशी, 'सीपॉय एंड द राज—1860-1940', लंदन, 1994।
- ओवन फ्रैंक, 'द कैंपेन इन बर्मा', लंदन, 1946।
- मेजर जनरल डी.के. पालित, 'द लाइटनिंग कैंपेन', नई दिल्ली, 1972।
- वही, 'वार इन द हाई हिमालयाज', नई दिल्ली, 1991।
- के.सी. परवाल, 'द रेड ईगल्स', नई दिल्ली, 1982।
- फ्रेंच पैट्रिक, 'यंगहस्बैंड' लंदन, 1994।
- जी. पर्कोविच, 'इंडियाज न्यूक्लियर बॉम्ब', नई दिल्ली, 1999।
- मेजर के.सी. परवाल, 'इंडियन आर्मी ऑफ्टर इंडिपेंडेंस', नई दिल्ली, 1990।
- ले. जनरल वी.आर. राघवन, 'सियाचिन कॅनफ्लिक्ट विदाउट एंड', नई दिल्ली, 2000।
- जनरल के.वी. कृष्णा राव, 'इन द सर्विस ऑफ द नेशन', नई दिल्ली, 2001।
- वही, 'प्रीपेयर ऑर पेरिस', नई दिल्ली, 1991।

- रोसेन, स्टीफेन पीटर, 'सोसाइटीज एंड मिलिट्री पॉवर', दिल्ली, 1996।
- जनरल शंकर रॉयचौधुरी, 'ऑफिसियली एट पीस', नई दिल्ली, 2002।
- ले. कर्नल जे.आर. सहगल, 'द अनफॉट वार ऑफ 1962', नई दिल्ली, 1975।
- सर लेफ्टिनेंट जनरल एस.सी. देशपांडे, 'असाइनमेंट जाफना', नई दिल्ली, 1992।
- जदुनाथ सरकार, 'मिलिट्री हिस्ट्री ऑफ इंडिया', कलकत्ता, 1960।
- विक्टोरिया शोफील्ड, 'कश्मीर इन द क्रॉस फायर', नई दिल्ली, 1997।
- लेफ्टिनेंट जनरल डॉ. रामनारायण शर्मा, 'रोल ऑफ दि इंडियन आर्मी इन द फर्स्ट वर्ल्ड वार', दिल्ली, 1987।
- लेफ्टिनेंट कर्नल गौतम शर्मा, 'नेशनलाइजेशन ऑफ दि इंडियन आर्मी', दिल्ली, 1996।
- वही 'अवर आर्म्ड फोर्सेज', नई दिल्ली, 1998।
- एयर कमोडोर जसजीत सिंह (संपादक), 'कारगिल 1999—पाकिस्तान्स फोर्थ वार फॉर कश्मीर', नई दिल्ली, 1989।
- अमरिंदर सिंह, 'ए रिज टू फॉर : वार इन द कारगिल हाइट्स', नई दिल्ली, 2001।
- जसवंत सिंह, 'डिफेंडिंग इंडिया', बंगलौर, 1999।
- खुशवंत सिंह एवं रघु राय, 'द सिक्ख्स', दिल्ली, 1984।
- लेफ्टिनेंट जनरल दीपेंदर सिंह, 'आई.पी.के.एफ. (इंडियन पीस कीपिंग फोर्स) इन श्रीलंका', नई दिल्ली, 1991।
- लेफ्टिनेंट जनरल हरबख्श सिंह, 'इन द लाइन ऑफ ड्यूटी', नई दिल्ली, 2000।
- वही, 'वार डिस्पैचेज—इंडो-पाक कॉन्फ्लिक्ट 1965', नई दिल्ली, 1991।
- मेजर जनरल सुखवंत सिंह, 'द लिबरेशन ऑफ बँगलादेश', नई दिल्ली, 1981।
- बूलकंबी रॉबर्ट, 'द कैंपेंस ऑफ वैबेल, 1939-43', लंदन, 1959।
- बी.पी.एन. सिंह एवं सुनील चंद्रा, 'वैलोर एंड विज्डम', दिल्ली, 1992।
- लेफ्टिनेंट जनरल एस.के. सिंह, 'इंडियन आर्मी बिफोर एंड ऑफ्टर इंडिपेंडेंस—इट्स रोल इन नेशन बिल्डिंग', फील्ड मार्शल के.एम. करिअप्पा स्मारक व्याख्यान, 1995-2001, नई दिल्ली, 2001।
- फील्ड मार्शल सर विलियम स्लिम, 'डिफीट इन टू विक्टरी', लंदन, 1956।
- एन.आर. नारायण स्वामी, 'टाइगर्स ऑफ श्रीलंका—फ्रॉम बॉयज टू गुरिल्लाज', दिल्ली, 1994।
- एशले जे. टेलिस, 'स्टेबिलिटी इन साउथ एशिया', देहरादून, 2000।
- जॉन टेरायन, 'द ग्रेट वार', लंदन, 1965।
- कारगिल समीक्षा समिति, 'फ्रॉम सरप्राइज टू रेकॅनिंग', नई दिल्ली, 2000।
- चार्ल्स चेनिविक्स ट्रेंच, 'दि इंडियन आर्मी एंड द किंग्स एनेमीज', लंदन, 1988।

- लेफ्टिनेंट जनरल हरि उनियाल, 'रोल एंड एंप्लॉयमेंट ऑफ कोर ऑफ इंजीनियर्स इन मिटीगेशन, रिलीफ एंड रिहैबिलिटेशन एफर्ट्स, सेमिनार ऑन डिसास्टर मैनेजमेंट एंड दि आर्म्ड फोर्सेज—ए नेशनल एफर्ट, 11 सितंबर, 2002, नई दिल्ली, सेना मुख्यालय और इंस्टीट्यूशन ऑफ इंजीनियर्स द्वारा आयोजित।
- मेजर जनरल अशोक कल्याण वर्मा, 'कारगिल : ब्लड ऑन द स्नो', नई दिल्ली, 2002।
- कर्नल ए.पी. वैवेल, 'द पेलेस्टाइन कैंपेन', लंदन, 1928।
- रॉबर्ट वूलकांबी, 'द कैंपेन्स ऑफ वैवेल, 1939-43', लंदन, 1959।